"十四五"职业教育国家规划教材

内外科护理

NEIWAIKE HULI

主　　编◎陈晓燕
执行主编◎周娟仙
副 主 编◎叶燕滨　徐元智

图书在版编目（CIP）数据

内外科护理/周娟仙执行主编. —北京：北京师范大学出版社，2015.6（2025.7重印）

（“十四五”职业教育国家规划教材）

ISBN 978-7-303-18564-1

Ⅰ.①内… Ⅱ.①周… Ⅲ.①内科学—护理学—中等专业学校—教材 ②外科学—护理学—中等专业学校—教材 Ⅳ.①R473

中国版本图书馆 CIP数据核字（2015）第037296号

出版发行：北京师范大学出版社 https://www.bnupg.com
北京市西城区新街口外大街 12-3号
邮政编码：100088

印　　刷：天津旭非印刷有限公司
经　　销：全国新华书店
开　　本：787 mm × 1092 mm　1/16
印　　张：32.75
字　　数：740 千字
版　　次：2015 年 6 月第 1 版
印　　次：2025 年 7 月第 12 次印刷
定　　价：85.00 元

策划编辑：庞海龙　　责任编辑：王　婉
美术编辑：焦　丽　　装帧设计：锋尚设计
责任校对：陈　民　　责任印制：赵　龙

中等职业教育护理专业
产教融合课改教材编写指导委员会

主　　任：朱永祥

副 主 任：程江平　崔　陵

委　　员：洪彬彬　钱文君　夏向荣

鲍加农　吕永城　孙坚东

朱孝平　马雪梅　林建仁

何　山　郑海湧

《内外科护理》编写组

主　　编：陈晓燕

执行主编：周娟仙

副 主 编：叶燕滨　徐元智

编写人员：（以姓氏笔画为序）

孔　蓉　叶燕滨　冯　艳

吴欲晓　沈剑飞　张小芬

张海霞　陈丽文　陈晓燕

邵曙霞　周娟仙　徐元智

凌杨青

内容简介

本书为“十四五”职业教育国家规划教材，教材编写紧紧围绕中等卫生职业教育护理专业培养目标，以国家卫生和计划生育委员会执业护士资格考试大纲为依据，以能力培养为核心，结合护理专业改革发展的新理论、新技能，将内科护理和外科护理课程内容按人体系统整合为《内外科护理》，以工学结合为导向，护理程序为主线，选择典型临床案例为载体，按完成临床护理工作任务需要组织教材内容。该书共十二个项目，每个项目下有若干个任务，包括循环系统疾病病人的护理（包含循环系统疾病常见症状与体征的护理、心力衰竭病人的护理等十大任务），消化系统疾病病人的护理（包含消化系统疾病常见症状与体征的护理、胃十二指肠疾病病人的护理等十四大任务），呼吸系统疾病病人的护理（包含呼吸系统疾病常见症状与体征的护理、肺炎病人的护理等八大任务），泌尿系统疾病病人的护理（包含泌尿系统疾病常见症状与体征的护理、肾小球肾炎病人的护理等八大任务），损伤病人的护理（包含创伤、烧伤、毒蛇咬伤病人的护理等六大任务），皮肤与皮下组织疾病病人的护理（包含皮肤及皮下软组织化脓性感染、手部急性化脓性感染病人的护理两大任务），肌肉、骨骼系统疾病病人的护理（包含颈肩腰腿痛、化脓性骨髓炎病人的护理等五大任务），血液系统疾病病人的护理（包含血液系统疾病常见症状与体征的护理、贫血病人的护理等四大任务），内分泌系统疾病病人的护理（包含甲状腺功能亢进、糖尿病病人的护理两大任务），神经系统疾病病人的护理（包含颅内压增高、颅脑损伤病人的护理等四大任务），肿瘤病人的护理（包含食管癌、大肠癌、肝癌病人的护理等六大任务），围手术期病人的护理（包含认识麻醉和手术前、手术室、手术后护理四大任务）。

前 言

党的二十大报告从“实施科教兴国战略，强化现代化建设人才支撑”的高度，对“办好人民满意的教育”作出专门部署，凸显了教育的基础性、先导性、全局性地位，彰显了以人民为中心发展教育的价值追求，为推动教育改革发展指明了方向。《职业教育法》的修订颁布，明确了职业教育是与普通教育具有同等重要地位的教育类型。新时代要进一步加强党对职业教育的领导，坚持“立德树人”总目标，贯彻落实《关于推动现代职业教育高质量发展的意见》，持续推进“教师、教材、教法”改革，努力提升学生职业核心素养。

“护理专业课程改革成果教材”丛书中的《内外科护理》是中等职业卫生学校护理专业的核心课程，是国家护士执业资格考试必考课程。本课程共十二个项目，每个项目下若干个任务，内容包括呼吸、循环、血液等九大系统的常见病、多发病及损伤、肿瘤、围手术期病人的护理等护理领域的众多知识和技能。

《内外科护理》教材适应中职护理课程改革的需要，以“育人育才并举，育才先育人”的思想为指导，以卫生职业教育“三个对接”(理论教学与护士执业资格考试标准对接，技能训练与临床操作对接，学生职业素养培养与医护人员职业道德、职业规范对接）为理念，充分体现以能力为本位，坚持理论为临床护理实践服务。为了使内容更贴近临床护理实际，我们邀请了临床一线护理专家共同参与编写工作。本教材具有以下三大特性：

1．实用性：根据护理职业岗位及国家卫生和计划生育委员会执业护士资格考试大纲要求和学生发展需求，将内、外科护理课程内容按人体系统整合为《内外科护理》，构建更加富有护理专业特色的课程框架及教学内容体系。基于护理工作程序和护理专业“工作任务与职业能力分析”，构建“项目—任务”的结构体例，有效实现与临床护理岗位的零距离对接。

2．适用性：针对中职护理学生实际情况和对教育规律的综合考虑，教材内部结构分为正文系统和非正文系统。正文系统每一任务设有情景案例、任务分解、综合应用、学习反思等部分（循环、消化、呼吸、泌尿、血液系统五大项目中常见症状与体征护理任务除外），恰当地处理重点、难点与拓展性知识、能力的关系。如《情景案例病人的护理评估分析表》，引导学生以案例为线索结合课程内容，完成个性化的护理评估分析，培养学生的评判性思维能力。非正文系统以知识拓展、护考知识链接、护考练兵场等方式与正文系统互联，为学生搭建“通畅、高速、立交、开放”的课程学习系统，丰富学生的知识视野，有效实现与护士执业资格考试对接。

3．趣味性：教材信息量大，配合文字注解的典型图片，激发学生学习兴趣，使学生想学、易学、爱学，加强学生对课程知识的理解与记忆。

编者衷心感谢浙江省护理学会陈爱初会长及金华职业技术学院章晓幸教授对本教材的指导。

由于水平、时间所限，本教材中不妥、错误及遗漏之处在所难免，恳请使用本书的教师及同学们批评指正，以使我们的教材质量不断提高。

周娟仙

目 录

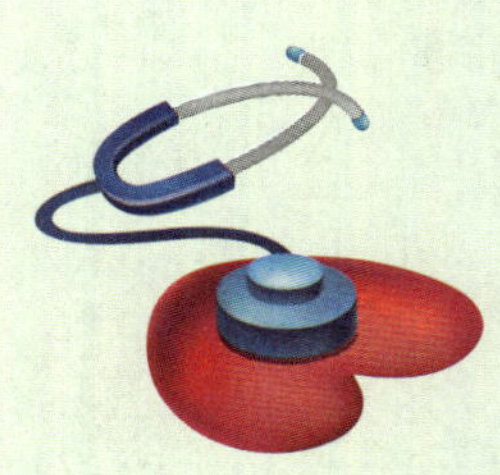

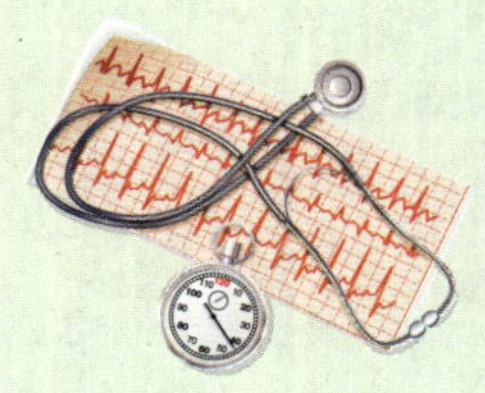

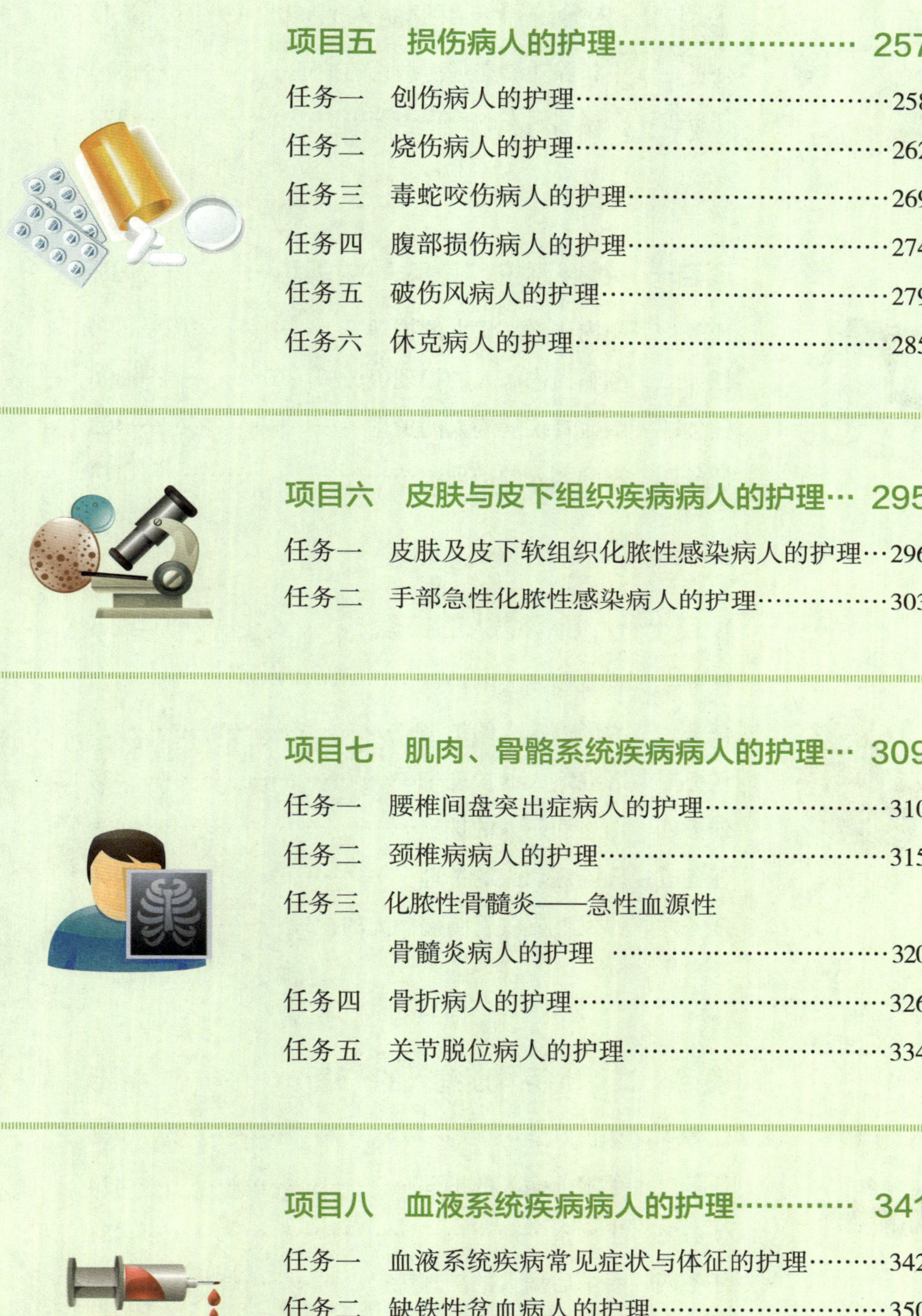

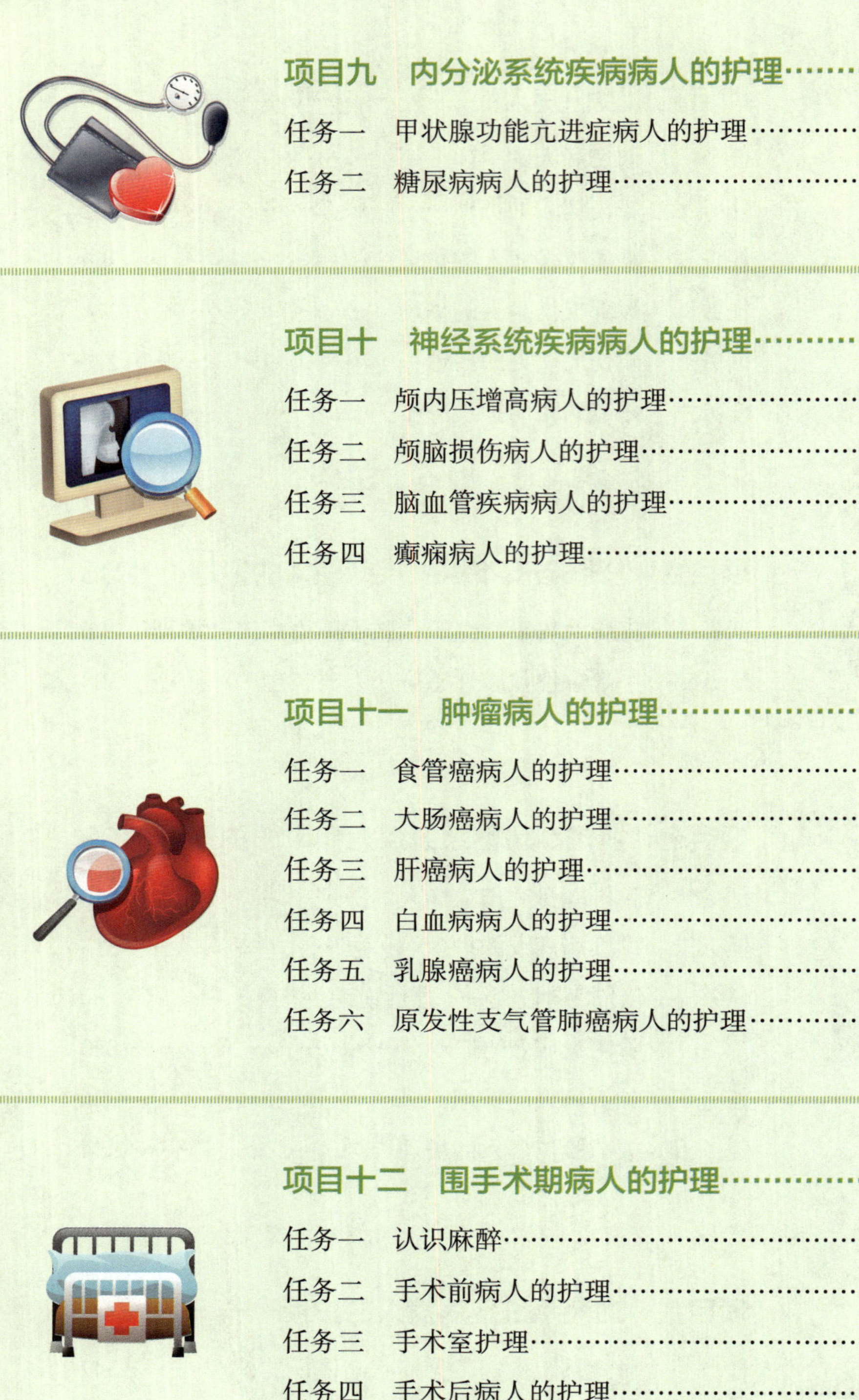

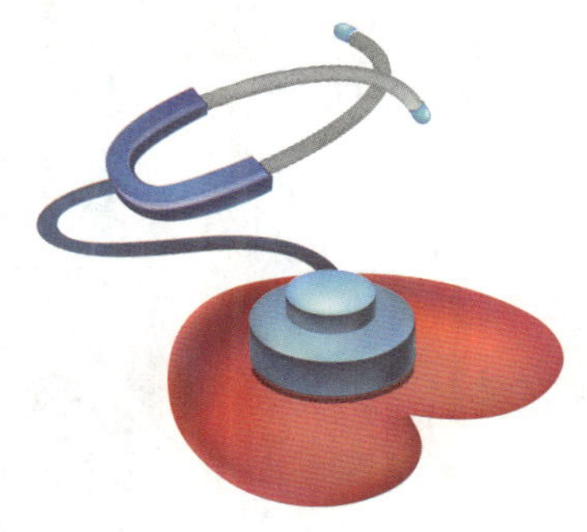

项目一

循环系统疾病病人的护理

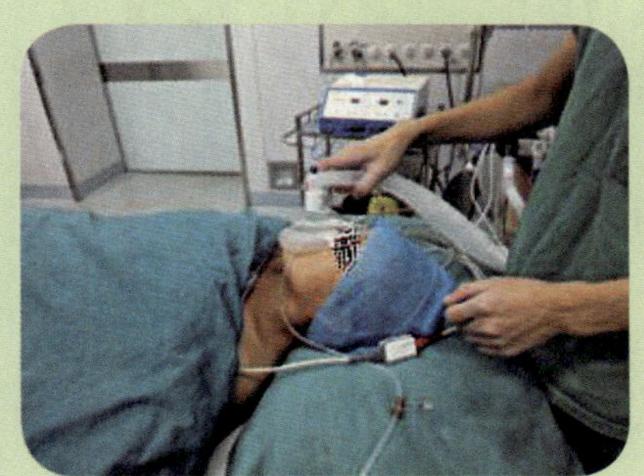

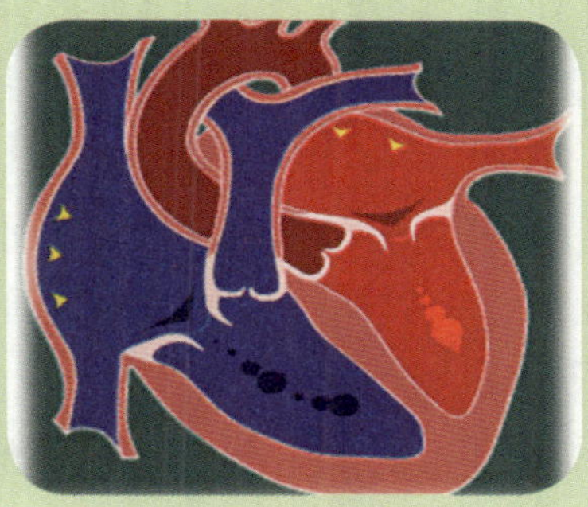

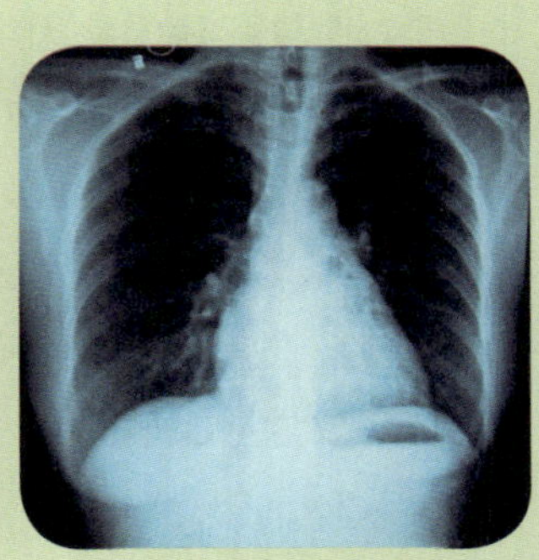

任务一　循环系统疾病常见症状与体征的护理

我们的目标是……

- 了解循环系统疾病常见症状与体征的发生机制。
- 熟悉循环系统疾病常见症状与体征的护理诊断。
- 掌握循环系统疾病常见症状与体征的护理要点。

我们的任务是……

- 学会循环系统疾病常见症状与体征的护理评估。
- 提出循环系统疾病常见症状与体征的主要护理诊断。
- 初步实施循环系统疾病常见症状与体征的护理措施。

任务实施中……

一、概述

循环系统由心脏、血管和调节循环的神经体液组成（图1-1）。其主要功能是为全身组织器官运输血液，将氧、营养物质和激素等供给组织，并将组织代谢废物运走，以保证人体正常新陈代谢的需要。

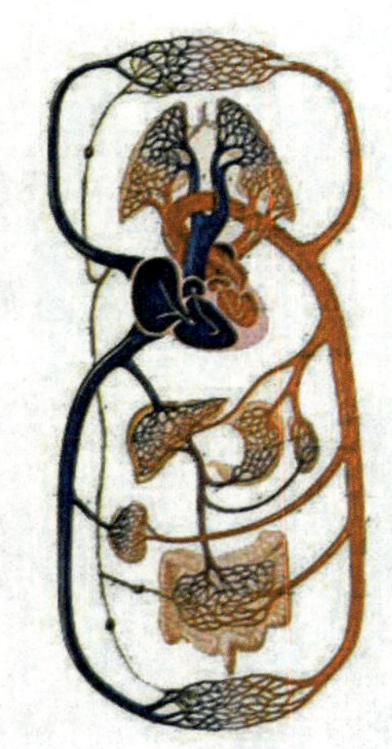

图 1-1　循环系统的组成

循环系统疾病包括心脏和血管疾病，合称为心血管疾病。引起心血管疾病的病因多且复杂。随着人民生活水平的提高，我国心血管疾病的发病率及死亡率不断上升，已成为居民死亡的首要原因。临床常见症状如下：

1．心源性呼吸困难　是指由于各种心血管疾病引起病人呼吸时自觉空气不足，呼吸费力，并伴有呼吸频率、深度与节律异常。最常见的病因是左心衰竭。

2．心源性水肿　是指由于心功能不全，引起体循环静脉淤血，致使机体组织间隙有过多的液体积聚。最常见的病因是右心衰竭和全心衰竭。

3．心悸　是指一种自觉心脏跳动的不适感或心慌感。心悸严重程度与病情不一定成正比。心悸一般无危险性，但严重心律失常所致者可发生猝死。

4．心前区疼痛　是指由各种理化因素刺激支配心脏、主动脉或肋间神经的感觉纤维引起的心前区或胸骨后疼痛。最常见的原因是心绞痛及急性心肌梗死。

5．晕厥　是指由一时性、广泛性脑供血不足所致的短暂意识丧失。晕厥可由多种病因引起，心源性晕厥是指心脏病引起心排血量骤减或心脏停搏，导致脑组织缺氧而发生的晕厥，最严重的为阿-斯综合征（Adams-Stokes syndrome）。

二、护理评估

（一）健康史

1．病因　心源性呼吸困难最常见的病因是各种心脏病引起的左心衰竭，如冠心病、高血压心脏病等。心源性水肿最常见的病因是心脏病引起的右心衰竭和全心衰竭，如慢性肺源性心脏病、风湿性心瓣膜病等。心律失常、心搏增强、心血管神经炎症等可引起心悸。冠心病、梗阻性肥厚性心肌病、主动脉夹层等可引起心前区疼痛。

2．诱因　常由于感染、体力劳动、紧张等诱发呼吸困难、心悸、心前区疼痛等；水、钠摄入过多是引起水肿的常见诱因。

（二）身体状况

1．心源性呼吸困难　根据病情轻重可有以下表现形式。

（1）劳力性呼吸困难：是左心衰竭最早出现的症状。特点是在体力活动时发生或加重，休息后缓解或消失。开始多发生在较重体力活动时，随着病情进展，轻微体力活动时即可出现。

（2）夜间阵发性呼吸困难：为左心衰竭的典型表现。病人入睡后突然因憋气而惊醒，被迫坐起（图1-2），呼吸深快，大多于端坐休息后可自行缓解。重者可有哮鸣音，称之为“心源性哮喘”。

图 1-2　心源性呼吸困难

（3）端坐呼吸：肺淤血达到一定程度时，病人不能平卧，因平卧时回心血量增多且横膈上抬，使呼吸困难加重。高枕卧位、半卧位甚至端坐时，方可使憋气好转。

（4）急性肺水肿：是左心衰竭呼吸困难最严重的形式。

2．心源性水肿　心源性水肿的特点是首发于身体下垂部位，如足踝部及胫前，常为凹陷性（图1-3）。常伴随皮肤溃破、压疮、感染及水、电解质紊乱等。

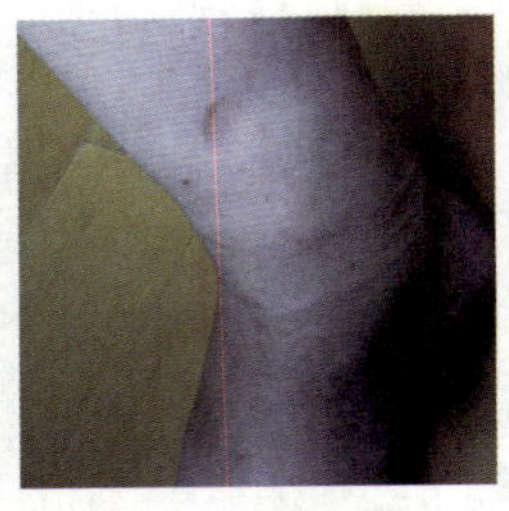
图 1-3　心源性水肿

3．心悸　心悸严重程度与病情不一定成正比。心悸一般无危险性，但严重心律失常所致者可发生猝死。

4．心前区疼痛　注意疼痛的部位、性质和程度、持续时间、诱发因素和缓解因素。伴大汗、血压下降或休克者，多见于心肌梗死、夹层动脉瘤等；伴有咳嗽、呼吸困难者，见于急性心包炎；伴失眠、多梦者，见于心脏神经症。

5．晕厥　一般脑血流中断2~4秒即产生黑蒙，中断5~10秒可出现意识丧失；超过15秒除意识丧失外，还可出现抽搐。伴面色苍白、出冷汗、恶心及乏力者多见于血管舒缩性晕厥或低血糖性晕厥。

（三）心理-社会状况

病人可因呼吸困难、水肿、心悸、胸痛等反复发作，而产生紧张、焦虑、抑郁甚至恐惧等不良情绪。

（四）辅助检查

1．血液检查　常用的有血常规、血脂、血清心肌酶、电解质、血培养等检查。

2．心电图检查　心电图是循环系统最常用的无创性检查之一，主要用于各种心律失常、心肌梗死等疾病的诊断和监测。动态心电图可提供受检者全天的动态心电活动信息。

3．超声心动图检查　用于了解心脏结构、心内或大血管内血流方向和速度、心瓣膜活动度、瓣膜口的面积等情况。

4．心血管造影　可选择左、右心室造影和主动脉、肺动脉造影等，可明确诊断心脏和大血管病变的性质和部位，为介入治疗提供依据。

三、护理诊断

1．气体交换受损　与肺淤血、肺水肿或伴肺部感染有关。

2．体液过多　与水钠潴留、体循环淤血有关。

3．疼痛：胸痛　与心脏缺血缺氧有关。

4．有受伤的危险　与晕厥发作有关。

护理目标

病人呼吸困难明显改善或消失；水肿减轻或消失；胸痛减轻或消失；无晕厥，情绪稳定，能积极配合治疗和护理。

四、护理措施

表 1-1　循环系统疾病病人常见症状与体征的护理

护理流程	护理要点	护理措施重点分析
1．一般护理	(1) 休息与体位：嘱病人卧床休息，控制情绪，根据不同症状采取舒适体位，如呼吸困难者取半卧位、下肢水肿者抬高下肢等。 (2) 饮食护理：给予低盐、低胆固醇、清淡易消化饮食，不食刺激性食物和饮料，避免饱餐。	呼吸困难、水肿病人体位________，水肿病人饮食要点________。
2．病情监测	(1) 观察病人呼吸困难、血气分析等指标。 (2) 记录24小时液体出入量。 (3) 观察疼痛部位、性质、持续时间等，严密监测病人心率及心律变化。	水肿病人应严格记录________。
3．对症护理 吸氧	(1) 呼吸困难者遵医嘱给氧，根据缺氧情况选择氧流量。 (2) 嘱水肿病人抬高水肿部位，并做好皮肤护理，防止皮肤压疮。 (3) 嘱心前区疼痛病人要立即停止活动，放松，给药。	缓解呼吸困难最有效的措施是________。
4．用药护理	(1) 遵医嘱用药，胸痛者给予解痉镇痛、镇静药。 (2) 应用利尿剂时监测水、电解质的变化。 (3) 给药时严格控制滴速，防止急性肺水肿发生。	心衰病人静脉给药时，滴速控制为________。
5．心理护理	保持情绪稳定。	
6．健康指导	(1) 疾病预防指导：避免引起心悸、心前区疼痛的各类诱因。 (2) 用药指导：遵医嘱服药，观察药物疗效及不良反应。出现严重心律失常伴晕厥、抽搐者，及时报告医生。	

护理评价

护理目标的达成情况。

护考知识链接……

1．营养心脏的血管是冠状动脉。

2．心脏的传导系统包括窦房结、结间束、房室结、希氏束、左右束支及其分支和浦肯野纤维。

3．心源性呼吸困难最常见的病因是左心衰竭，常见类型有劳力性呼吸困难（最早发生），夜间阵发性呼吸困难（典型表现）、端坐呼吸和急性肺水肿（最严重）。

4．心源性水肿最常见的病因是右心衰竭，最早出现在身体下垂部位，呈凹陷性。

5．一般脑血管血流中断2~4秒即产生黑蒙，中断5~10秒可出现意识丧失，超过15秒除意识丧失外，还可出现抽搐。

护考练兵场……

A_1型题（单选题）

1．左心衰竭的基本表现是（　　）

A．胸腔积液　　B．腹水　　C．下肢水肿

D．呼吸困难　　E．头痛失眠

2．护理心源性水肿病人，不正确的方法是（　　）

A．测体重、腹围每日一次　　B．给予低钠、低热量、易消化食物

C．每日进液量控制在500ml左右　　D．下肢水肿时应抬高下肢

E．输液时滴速一般不超过20～30滴/分

3．心源性水肿常首先表现为（　　）

A．心前区水肿　　B．眼睑水肿　　C．足踝部、胫骨前水肿

D．胸腔积液或心包积液　　E．腹水

A_2/A_3型题（单选题）

4．王先生，患有心脏病，出现心悸，心率30～40次/分，律齐。首选的措施是（　　）

A．加强巡视　　B．心电监护　　C．安慰病人

D．立即报告医生　　E．做好生活护理

5．病人，男性，60岁。因心前区压榨样疼痛4小时余伴冷汗、恐惧，来院急诊。护士采取的措施中哪项不妥（　　）

A．拍X线胸片　　B．抽血送检　　C．简单护理体检

D．心电监护　　E．监测血压

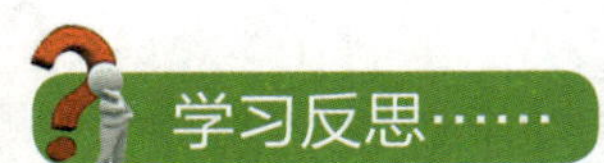

我学会了……

我掌握了……

我的问题……

任务二　慢性心力衰竭病人的护理

我们的目标是……

- 了解慢性心力衰竭的定义、分类。
- 熟悉慢性心力衰竭病人的护理诊断。
- 掌握慢性心力衰竭病人的典型症状及护理措施。

我们的任务是……

- 学会慢性心力衰竭病人的护理评估。
- 根据情景案例提出主要的护理诊断。
- 初步实施慢性心力衰竭病人的护理措施。

任务实施中……

临床情景——心内科

张某，男性，51岁。因劳累后胸闷、心悸3年，咳嗽、痰中带血1个月，双下肢浮肿3天入院。病人3年前常于劳累或剧烈运动后出现心悸、气短，休息可缓解。近半年来感觉轻微的劳动即可引起不适，休息不能缓解。1个月前因着凉感冒后出现咽痛、咳嗽、痰中带血，心悸、气短，在社区医院用“止咳药、青霉素、地高辛”等药治疗，未见好转。3天前上述症状加重，并出现下肢水肿，遂送入医院治疗。体格检查：神志清，慢性病容，T 38.5℃，P 106次/分，R 26次/分，BP 135/75mmHg（1mmHg=0.133kPa），HR 32次/分，心律不齐，心音强弱不等，心尖部闻及舒张期隆隆样杂音和收缩期吹风样杂音。病人口唇发绀，颈静脉怒张，腹软，肝肋下2cm，质中，双下肢轻度水肿。X线检查：左心房、左心室扩大。心电图检查示心房颤动。10年前患过心脏病，且一直在服用地高辛。

问题1. 张某存在哪些身心状况？

问题2. 目前张某存在哪些护理问题？

问题3. 若你是当班护士，你如何进行护理？

根据本任务的临床情景，完成表1-2。

表 1-2　情景案例病人的护理评估分析

评估项目	评估要点
1．健康史	性别________；年龄________ 现病史（病情、诊疗过程、现自觉症状等）________ 起病情况（时间、原因或诱因、症状、体征等）________ 既往史（疾病、生活、家族史等）________
2．身体状况	症状________ 体征________
3．心理-社会状况	（伴有的心理状况）________
4．辅助检查	（项目名称及结果）________
结论：病人可能得了________，伴有________	

一、概述

心力衰竭（简称心衰）是指各种心脏疾病导致心功能不全的一种临床综合征，绝大多数情况下是指心肌收缩力下降使心排血量不能满足机体代谢的需要，器官、组织血液灌注不足，同时出现肺循环和（或）体循环淤血的表现，又称为充血性心力衰竭。按照发生部位可分为左心衰竭、右心衰竭和全心衰竭；按照起病急缓可分为急性心力衰竭和慢性心力衰竭。

慢性心力衰竭是大多数心血管疾病的最终归宿，也是主要的死亡原因。

二、护理评估

（一）健康史

1．病因　各种心脏病。一是原发性心肌病变如冠心病、心肌炎和心脏病等；二是使心脏负荷加重的各类疾病，如增加心脏后负荷的有高血压、主动脉瓣狭窄、肺动脉高压等，而心瓣膜关闭不全、室间隔缺损、甲状腺功能亢进（简称甲亢）、严重贫血等均可加重心脏前负荷。

2．诱因　常见诱因有感染（呼吸道感染是最常见、最重要的诱因）；心律失常，如心房颤动；劳累过度、情绪激动；妊娠与分娩；血容量增加（如输液过快过多）；其他如治疗不当、合并甲亢或贫血等。

（二）身体状况

根据不同的发病原因，慢性心衰病人的身体状况表现复杂，具体见表1-3。

表 1-3　慢性心力衰竭病人的身体状况

类型	症状	体征
左心衰：肺循环淤血+心排血量降低	(1) 呼吸困难（劳力性、夜间阵发性、端坐呼吸及急性肺水肿） (2) 咳嗽、咳痰、咯血（白色或粉红色泡沫痰，为肺泡、支气管淤血，肺毛细血管破裂所致） (3) 心排血量降低（疲倦、乏力、头晕、心悸、少尿）	(1) 两肺底湿啰音或哮鸣音 (2) 心率加快、心脏增大、舒张期奔马律及交替脉（特征性体征） (3) 紫绀
右心衰：体循环淤血	主要表现为各脏器淤血（消化道症状如厌食、恶心、呕吐；肾淤血可出现尿量减少和夜尿增多等症状）	(1) 水肿（典型体征） (2) 颈静脉征（主要体征） (3) 肝大和压痛，发绀
全心衰	同时具有左、右心衰竭的表现，当右心衰竭出现时，肺淤血的表现可减轻	

（三）心理-社会状况

心力衰竭病人由于长期的疾病折磨和体力活动受限，影响正常工作和生活，病人常产生焦虑、内疚、绝望，甚至恐惧情绪。家属和亲人或因长期照顾病人而忽视病人的心理感受，病人缺乏心理社会支持。

（四）辅助检查

1．X线检查　可显示心影大小、肺淤血程度等。如左心衰竭可见左心室增大；肺淤血时肺门血管影增强，Kerley-B线是慢性肺淤血的特征表现。

2．超声心动图检查　提供心腔大小变化、心瓣膜结构及功能情况。

3．有创性血流动力学检查　通过漂浮导管测定肺毛细血管楔嵌压、心排出量、心脏指数及中心静脉压。

（五）治疗要点

慢性心力衰竭宜采取长期的综合性治疗措施，包括对原发病的病因和诱因的治疗、改善心室功能、对症治疗等。原则是改善血流动力学和修复心脏病变部分，目的是缓解症状、改善生活质量、防止心肌损害进一步加重，降低死亡率。

三、护理诊断

1．气体交换受损　与左心衰竭致肺循环淤血有关。

2．活动无耐力　与心排血量下降有关。

3．体液过多　与右心衰竭致体循环淤血及水、钠潴留有关。

4．潜在并发症　洋地黄中毒。

护理目标

病人呼吸困难明显改善；水肿减轻；活动耐力增强；情绪稳定，能陈述本病的健康保健知识。

四、护理措施

表 1-4 慢性心力衰竭病人的护理

护理流程	护理要点	案例重点分析
1．一般护理	（1）安置病人卧床休息，以减轻心脏负荷，严格限制体力活动，保证充分的卧床休息时间。 （2）给氧，氧流量2～4L/min。 （3）饮食护理：低热量、低钠（$<5g/d$）、高蛋白、高维生素及清淡易消化饮食，少食多餐，不宜过饱。避免食用产气或辛辣等刺激性食物，避免饮用浓茶、咖啡，预防便秘。	张某的体位________，给氧流量________，饮食护理要点________。
2．病情监测	重点监测：生命体征（呼吸、心率及血压的变化），24小时液体出入量、血钾和肾功能。	张某的监测需要点________。
3．用药护理	遵医嘱用药，观察疗效和不良反应。如用利尿剂应记录24小时出入液量，监测水、电解质变化情况，尤其是血钾浓度；扩血管用药期间监测血压，避免体位突然改变；应用强心剂注意个体差异，避免中毒反应；应用β受体阻滞剂注意心衰情况稳定后从小剂量开始，逐渐增量，长期维持等。	常用药________，药物不良反应________。
	（1）预防：准确掌握常用药的用法，严格给药。病情较重者，用负荷量加维持量，病情较轻者采用维持量。西地兰稀释后从静脉注射，适用于急性心衰或慢性心衰加重者。 （2）观察：①胃肠道反应：食欲缺乏最早出现，继之恶心、呕吐；②神经系统：如头痛、乏力、眩晕及幻觉，黄绿视光等；③心血管系统：是比较严重的毒性反应，表现为各种类型的心律失常，最常见的是室性期前收缩二联律，快速型心律失常伴有传导阻滞是洋地黄中毒的特征性表现。 （3）处理：①停用洋地黄及排钾利尿剂；②血钾低应补充钾盐，口服或静脉补钾；③纠正心律失常，根据情况选择利多卡因或阿托品。	洋地黄效果观察________，中毒的处理________。
4．心理护理	安慰病人，稳定情绪，减轻焦虑，促使早日康复。	
5．健康指导	（1）疾病预防指导：避免上呼吸道感染、淋雨受寒、疲劳、情绪激动等诱因。 （2）自我监测指导：指导病人及家属自我测量脉搏，观察病情，如有病情加重，随时复诊。	张某健康教育重点________。

护理评价

护理目标的达成情况。

护考知识链接……

1．心功能分级，根据分级安排休息和活动（表1-5）。

表 1-5　NYHA（1928）心功能分级及护理

级别	临床特点	护理要点
Ⅰ级	体力活动不受限，日常活动不引起过度的乏力、心悸、呼吸困难及心绞痛等。即心功能代偿期。	避免重体力劳动和剧烈运动。
Ⅱ级	体力活动轻度受限，休息时无症状，日常活动即可引起上述症状。亦称Ⅰ度或轻度心衰。	限制体力活动，增加午休时间。
Ⅲ级	体力活动明显受限，休息时无症状，低于日常的活动即可引起上述症状。亦称Ⅱ度或中度心衰。	严格限制体力劳动及活动，保证充分的卧床休息时间。
Ⅳ级	不能从事任何体力活动，休息时亦有充血性心衰或心绞痛症状，体力活动后加重。亦称Ⅲ度或重度心衰。	绝对卧床休息，生活由他人照顾。

2．诱发心衰最常见的因素是呼吸道感染。

3．左心衰主要表现为肺循环淤血；右心衰主要表现为体循环淤血。

4．洋地黄治疗心衰的机制是增强心肌收缩；护士在给病人使用洋地黄之前应测脉率或心率，如脉率低于60次/分，应停药。

5．心衰的用药及护理要点见表1-6。

表 1-6　慢性心力衰竭的用药护理

类型 特点	利尿剂	血管扩张剂	强心剂	β 受体阻滞剂
常用药	保钾：螺内酯、氨苯蝶啶 排钾：氢氯噻嗪、呋塞米	扩小静脉：硝酸酯类 扩小动脉：卡托普利	洋地黄：地高辛 β受体兴奋剂：多巴胺	美托洛尔 卡维地洛
作用机制	心衰治疗中最常用，通过排水、排钠减轻液体潴留。	扩张小静脉减轻心脏前负荷；扩张小动脉减轻心脏后负荷。	洋地黄具有正性肌力作用，减慢心率；增加心排血量而不增加心肌耗氧量。	减轻儿茶酚胺对心肌的毒性作用。
不良反应	主要引起水、钠、钾的代谢紊乱；氢氯噻嗪还可引起高尿酸血症。	血压过低；咳嗽、头晕、肾损害、高血钾及血管神经性水肿等。	治疗量和中毒量很接近，易出现中毒反应。	有负性肌力作用，临床应用须慎重。

续表

特点＼类型	利尿剂	血管扩张剂	强心剂	β受体阻滞剂
注意事项	(1) 记录24小时出入液量，定期测量体重及腹围。 (2) 监测水、电解质变化情况，尤其是血钾浓度。 (3) 防止利尿引起低血钾。 (4) 肾功能不全者禁用保钾类利尿剂，糖尿病、痛风病人慎用噻嗪类利尿剂。 (5) 利尿剂不应在夜间使用，以免影响病人休息。	(1) 用药期间监测血压，避免体位突然改变。 (2) 卡托普利用药期间监测血钾、肾功能变化。	(1) 严格遵医嘱给药，注意个体差异，如老年人、心肌缺氧、肝肾功能不全等病人应慎用。 (2) 静脉给药务必稀释、缓慢静注，并监测呼吸、血压。 (3) 不宜与奎尼丁、维拉帕米、硝苯地平、抗甲状腺药物合用；与钙剂合用时，间隔4小时以上。 (4) 给药期间监测血药浓度、心电图、血压、肝肾功能及中毒反应。 (5) 脉率低于60次/分或节律不规则应暂停用药，通知医生。	(1) 心衰情况稳定后从小剂量开始，逐渐增量，长期维持。 (2) 禁用于支气管哮喘、心动过缓、二度及以上房室传导阻滞病人。 (3) 用药期间监测血压、心率。

护考练兵场……

A_1型题（单选题）

1．心力衰竭最常见的诱发因素是（　　）

A．过度劳累　　B．心律失常　　C．摄入盐过多

D．洋地黄应用不当　　E．感染

2．心力衰竭病人长期服用噻嗪类利尿药会导致（　　）

A．低钙血症　　B．低血糖　　C．高镁血症

D．低钾血症　　E．高尿酸血症

A_2/A_3型题（单选题）

3．男性，60岁，冠心病病人，采购完日用品后上4层楼时，出现心悸、气短，可判断为（　　）

A．心功能0级　　B．心功能Ⅰ级　　C．心功能Ⅱ级

D．心功能Ⅲ级　　E．心功能Ⅳ级

（4～5题共用题干）女性，35岁，风湿性心脏病心力衰竭病人，应用洋地黄和利尿剂后，出现恶心、呕吐。心电图示：室性期前收缩二联律、三联律。

4．首先应采取以下哪项护理措施（　　）

A．卧床休息，给氧　　B．加用血管扩张剂　　C．补充钾、钠盐

D．立即停用洋地黄　　E．静脉注射高渗葡萄糖液

5．其次应注意补充（　　）

A．硫酸镁　　B．氯化钙　　C．高渗葡萄糖

D．钾盐及苯妥英钠　　E．碘剂

综合运用……

（接前述案例）张某病情好转出院。

问题：作为责任护士，请结合案例制定一份健康教育处方。

学习反思……

我学会了……

我掌握了……

我的问题……

任务三　急性心力衰竭病人的护理

我们的目标是……

- 了解急性心力衰竭的定义、发病机制。
- 熟悉急性心力衰竭病人的护理诊断。
- 掌握急性心力衰竭病人的典型症状及护理措施。

我们的任务是……

- 学会急性心力衰竭病人的护理评估。
- 根据情景案例提出主要的护理诊断。
- 初步实施急性心力衰竭病人的护理措施。

任务实施中……

临床情景——心内科

李大爷，74岁，慢性心衰18年。昨日在家与家属发生争吵，情绪激动，随即家属发现该病人突然坐起，并出现呼吸困难、烦躁伴窒息感、剧烈咳嗽，咳粉红色泡沫痰，遂急诊送入院。查体：脉搏112次/分，呼吸32次/分，听诊两肺部满布湿啰音和哮鸣音。

问题1. 李大爷目前病情发生了什么变化？存在哪些身心状况？

问题2. 此时李大爷存在的最主要的护理问题是什么？

问题3. 若你是当班护士，如何救护李大爷？

根据本任务的临床情景，完成表1-7。

表 1-7　情景案例病人的护理评估分析

评估项目	评估要点
1．健康史	性别________；年龄________ 现病史（病情、诊疗过程、现自觉症状等）________ 起病情况（时间、原因或诱因、症状体征等）________ 既往史（疾病、生活、家族史等）________
2．身体状况	症状________ 体征________
3．心理-社会状况	(伴有的心理状况)________
4．辅助检查	(项目名称及结果)________
结论：病人可能得了________，伴有________	

一、概述

急性心力衰竭主要是指急性心脏病变引起心排血量显著、急骤降低，导致组织器官灌注不足和急性淤血综合征。临床上以急性左心衰较常见，主要表现为急性肺水肿，重者伴心源性休克。病情危急，需要及时抢救。

二、护理评估

(一) 健康史

急性左心衰在原有心脏病变的基础上均可发生。

1．病因　慢性心肌损害如广泛的心肌梗死、心肌炎等；急性心脏负荷加重，如突发严重心脏瓣膜疾病，高血压心脏病血压急剧升高等；大量心包积液、严重心律失常。

2．诱因　急性感染、严重心律失常、过度疲劳、静脉输液过多过快等诱发。

（二）身体状况

1．症状　急性左心衰发病急骤，主要表现为急性肺水肿，发展极为迅速，且十分危险。病人突然出现严重的呼吸困难伴有窒息感，端坐呼吸、烦躁不安、面色苍白、大汗淋漓及皮肤湿冷，并频繁咳嗽，咳大量粉红色泡沫痰。

2．体征　呼吸频率常达30～40次/分，心尖区可闻及舒张期奔马律，双肺满布湿啰音及哮鸣音。严重者出现心源性休克甚至死亡。

（三）心理-社会状况

病情突然加重，病人产生恐怖窒息感。

（四）治疗要点

减轻心脏负荷，增强心肌收缩力，解除支气管痉挛，去除诱因和病因。常用药有吗啡、利尿剂、血管扩张剂等。

三、护理诊断

1．气体交换受损　与肺淤血、肺水肿或伴肺部感染有关。

2．恐惧　与突然病情加重、产生窒息感等有关。

护理目标

病人呼吸困难明显改善；咳嗽、咳痰消失；情绪稳定，能陈述本病的健康保健知识。

四、护理措施

表 1-8　急性心力衰竭病人的护理

护理流程	护理要点	案例重点分析
1．一般护理 重症监护	（1）置病人于危重监护病房，立即协助病人取坐位，双腿下垂，以利于呼吸和减少静脉回心血量，减轻心脏负荷。 （2）给予高流量（6～8L/min）鼻导管吸氧，经20%～30%乙醇湿化吸入，降低肺泡内泡沫的表面张力，从而消除肺泡内泡沫，有利于改善通气。	李大爷的体位________，吸氧流量________。

续表

护理流程	护理要点	案例重点分析
2. 病情监测	持续心电监护，注意监测生命体征、尿量及心电图；同时观察意识、皮肤温度、颜色及肺部啰音等情况。必要时安置漂浮导管，严密监测血流动力学指标，准确判断病情变化。	病情监测重点________。
3. 用药护理  微泵	(1) 吗啡：遵医嘱缓慢静脉注射吗啡，可镇静、减慢心率，扩张小血管而减轻心脏负荷。 (2) 利尿剂：观察尿量和血压变化。 (3) 血管扩张剂：遵医嘱应用硝普钠、硝酸甘油或酚妥拉明静脉输液。 (4) 洋地黄制剂：适用于快速心房颤动。 (5) 氨茶碱：可解除支气管痉挛，并有正性肌力及扩血管、利尿作用。	李大爷的主要用药________，注意事项________。
4. 心理护理	安抚病人情绪，做好心理护理与健康教育。	
5. 健康指导	嘱病人积极治疗原发性心脏病；避免加重心衰损害的因素；输液时控制量和速度。	健康教育要点________。

护理评价

护理目标的达成情况。

护考知识链接……

1. 急性心衰中以急性左心衰最常见，主要表现为急性肺水肿。
2. 急性左心衰的典型表现：突发严重呼吸困难、咳大量粉红色泡沫痰，两肺满布湿啰音。
3. 急性心衰的抢救要点，如端坐位，高流量吸氧，遵医嘱用药。

护考练兵场……

A_1/A_2型题（单选题）

1. 病人，男性，50岁。突发呼吸困难，听诊发现两肺满布湿啰音。考虑病人发生了（　　）
   A. 急性肺水肿　　B. 支气管扩张症　　C. 支气管哮喘
   D. 肺不张　　E. 胸腔积液
2. 急性肺水肿病人，医生要求护士给予酒精湿化吸氧，其目的是（　　）
   A. 减少呼吸道分泌物　　B. 促进肺血液循环，减轻肺水肿
   C. 扩张支气管，改善通气　　D. 降低肺泡内泡沫的表面张力
   E. 有利于清除呼吸道内的分泌物

3．病人，男性，64岁。突然心悸、气促，咳粉红色泡沫痰，血压195/90mmHg（26/12kPa），心率136次/分。应首先备好下列哪组药物（　　）

A．西地兰，硝酸甘油，异丙肾上腺素　　B．硝普钠，西地兰，呋塞米

C．胍乙啶，酚妥拉明，西地兰　　D．毒毛花苷K，硝普钠，普萘洛尔

E．硝酸甘油，西地兰，多巴胺

综合运用……

（接前述案例）李大爷病情稳定好转出院。

问题：作为责任护士，请结合案例制定一份健康教育处方。

学习反思……

我学会了……

我掌握了……

我的问题……

任务四　心律失常病人的护理

我们的目标是……

- 了解心律失常的定义、分类。
- 熟悉心律失常病人的护理评估和护理诊断。
- 掌握心律失常病人的典型心电图特征及护理措施。

我们的任务是……

- 学会心律失常病人的护理评估。
- 根据情景案例提出主要的护理诊断。
- 初步实施心律失常病人的护理措施。

任务实施中……

临床情景——心内科

杨老师，男性，58岁。阵发性胸闷、心悸1周，活动后症状加重。原有高胆固醇血症10余年，从未治疗。检查：病人神志清，精神软，情绪紧张，心率108次/分，心律不规则，心搏提前，S_1增强。心电图示频发性室性期前收缩，24小时动态心电图显示室性期前收缩8685次，心脏彩超未见异常。

问题1. 杨老师可能患有什么疾病？存在哪些身心状况？

问题2. 此时杨老师存在的最主要的护理问题是什么？

问题3. 若你是当班护士，如何对杨老师实施护理？

根据本任务的临床情景，完成表1-9。

表 1-9　情景案例病人的护理评估分析

评估项目	评估要点
1．健康史	性别________；年龄________；职业________ 现病史（病情、诊疗过程、现自觉症状等）________ 起病情况（时间、原因或诱因、症状体征等）________ 既往史（疾病、生活、家族史等）________
2．身体状况	症状________ 体征________
3．心理-社会状况	（伴有的心理状况）________
4．辅助检查	（项目名称及结果）________
结论：病人可能得了________，伴有________	

一、概述

心律失常是指心脏冲动传导（图1-4）、起源、频率、节律、速度或激动顺序的异常。其发病的基本原理是多种原因引起心肌细胞的自律性、兴奋性及传导性改变，导致心脏冲动形成和（或）传导异常。

心律失常按发生机制可分为冲动形成异常和冲动传导异常。前者包括窦性心律失常和异位心律，冲动传导异常主要有生理性和病理性传导异常。

1．窦性心律失常　可分为：① 窦性心动过速；② 窦性心动过缓；③ 窦性心律不齐；④ 窦性停搏。

2．异位心律　可分为：① 期前收缩（房性、房室交界性、室性）；② 阵发性心动过速（房性、房室交界

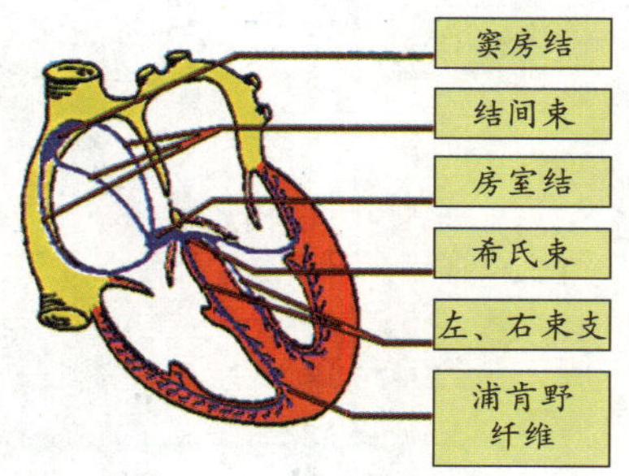

图 1-4　心脏冲动传导

性、室性）；③ 心房扑动、心房颤动；④ 心室扑动、心室颤动。

3．冲动传导异常　主要有房室传导阻滞，包括一度、二度和三度。

二、护理评估

（一）健康史

1．病因　有心源性和非心源性病因。心源性病因主要指各种器质性心脏病，如冠心病、高血压心脏病、风湿性心脏病、心肌病等；非心源性病因主要有发热、贫血、休克、缺氧、甲亢，水、电解质和酸碱失衡，药物影响等。

2．诱因　情绪激动、劳累、酗酒、药物等可诱发。

（二）身体状况

心律失常的表现取决于心律失常的类型、心室率的快慢、发作持续时间的长短及对血流动力学的影响，也和引发心律失常的基础疾病的严重程度有关，具体见表1-10。

表 1-10　各类心律失常的临床特点

类型	症状	体征
窦性心律失常	窦速多无症状或仅有心悸；窦缓可有心排血量下降的表现。	窦速时，心率>100次/分；窦缓时，心率<60次/分。
期前收缩	多数有心悸或心跳骤停感；频发性期前收缩可有头晕、乏力、晕厥。	心律不规则，心搏提前，S_1增强，S_2减弱，代偿间歇，可有细脉。
阵发性心动过速	室上性多表现为心悸、乏力、胸闷；室性多有晕厥、呼吸困难、低血压，甚至抽搐及心绞痛。	室上性时心律规则，S_1强弱不等；室性时心律略不规则，S_1强弱不等。
扑动与颤动	房扑或房颤时多有心悸、乏力、胸闷，重者心衰、晕厥；室颤时病人立即出现意识丧失、抽搐、呼吸停顿，甚至死亡。	房颤时S_1强弱不等，心室律绝对不规则，脉搏短绌；室颤时脉搏触不到，心音听不到，血压测不到。
房室传导阻滞	一度无症状；二度可有乏力、头晕、短暂晕厥；三度可出现心绞痛、心衰、脑缺血，重者出现阿-斯综合征、猝死。	一度S_1减弱；二度一型S_1减弱至心搏脱落，二度二型S_1恒定，心搏脱落；三度心率慢而规则，S_1强弱不等，间或出现大泡音。

（三）心理-社会状况

由于病情反复发作，病人出现心悸、胸闷、乏力等，易导致病人紧张、焦虑等情绪。

（四）辅助检查

心电图是诊断心律失常最重要的检查方法，其他还可用动态心电图等。各类型心律失常心电图特征见表1-11。

表 1-11　各类型心律失常心电图特征

类型	心电图特征	图示
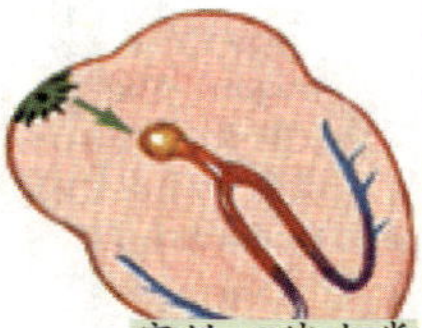 窦性心律失常	成人窦性心律在100～150次/分。	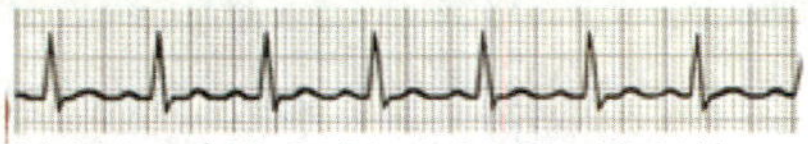 符合基本窦性心律特点，P-P 间期 < 0.60 秒（HR > 100 次 / 分）
	成人窦性心律<60次/分。	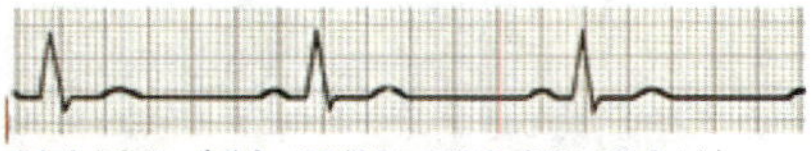 符合基本窦性心律特点，P-P 间期 > 1.00 秒（HR < 60 次 / 分）
	窦性P波，P-P间期长短不一，相差0.12秒以上。	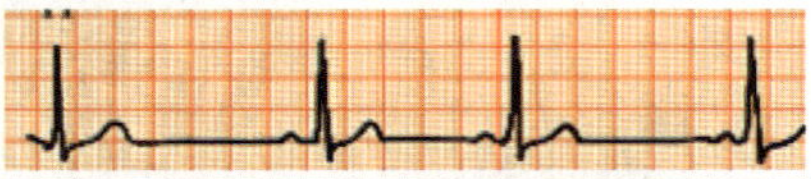
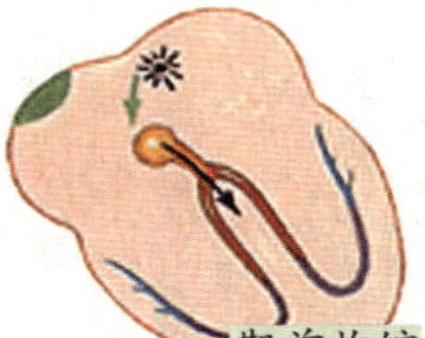 期前收缩	P’波提前，QRS波正常，P’-R间期≥0.12秒，代偿间歇不完全。	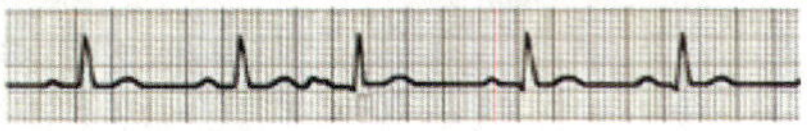
	提前的QRS波群宽大畸形；无P波；T波反向；完全代偿间歇。	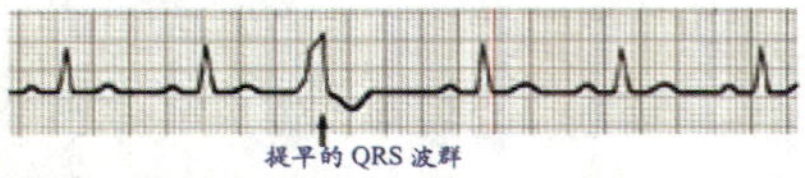 提早的 QRS 波群
	提前出现的QRS波群；逆行P’波；完全性代偿间期。	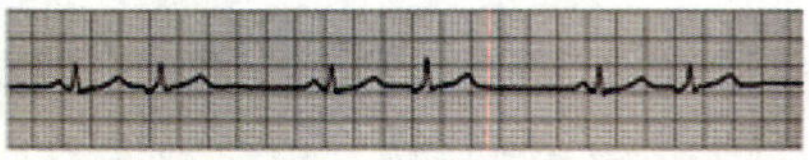
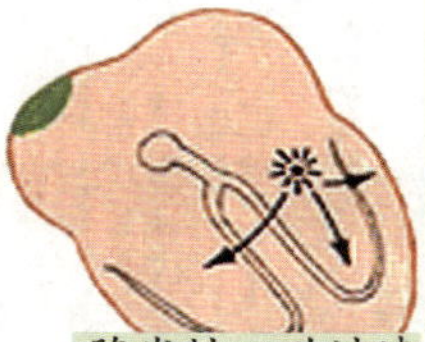 阵发性心动过速	连续3个或3个以上快速均齐的QRS波群；心率 150～250次/分。	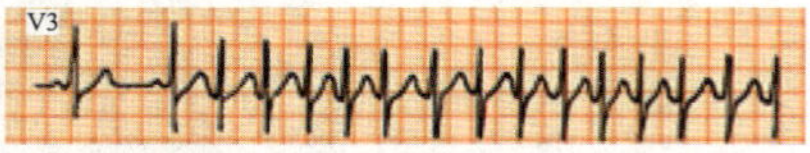 V3
	3个或3个以上室性期前收缩连续出现，心室率140～200次/分。	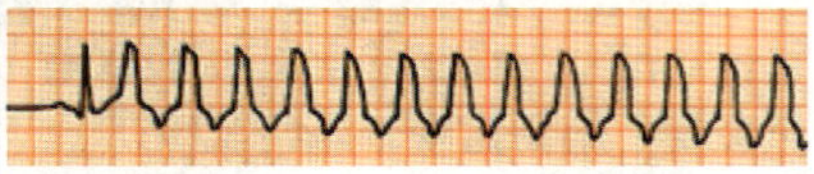
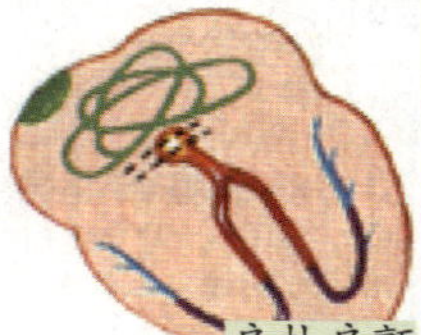 房扑房颤	P波消失，代之以心房扑动波（F波），频率为250～350次/分。	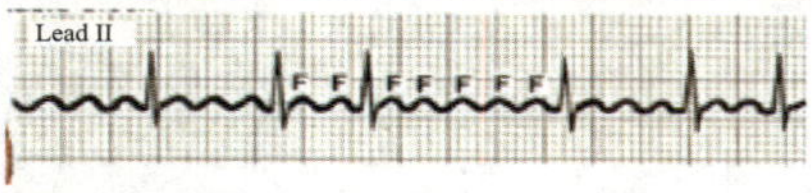 Lead II　F F F F F F F
	P波消失，代之以房颤波，R-R间期绝对不等。	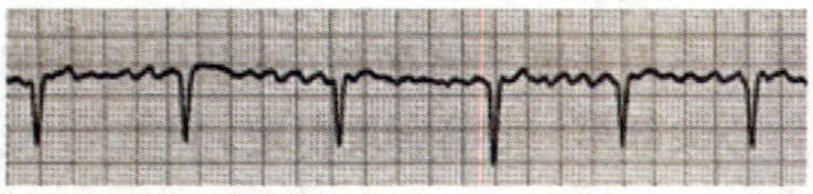
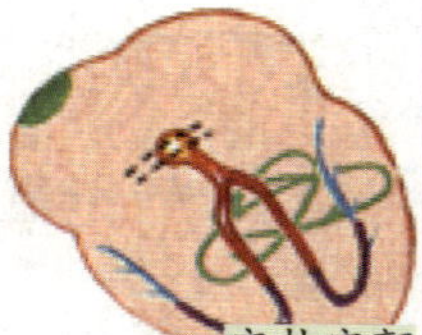 室扑室颤	P-QRS-T波群消失，代之以150～300次/分的正弦波。	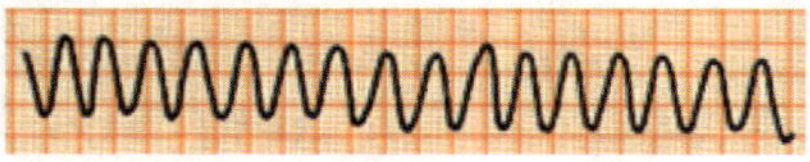
	P-QRS-T波群消失，代之以不规则的室颤波，频率为150～500次/分。	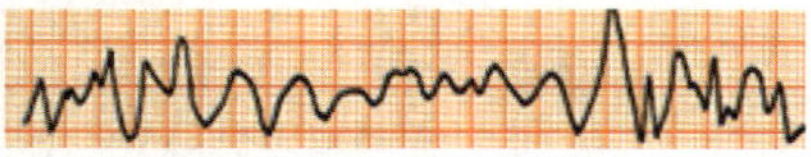
房室传导阻滞（窦房传导阻滞、房室传导阻滞、室内传导阻滞） 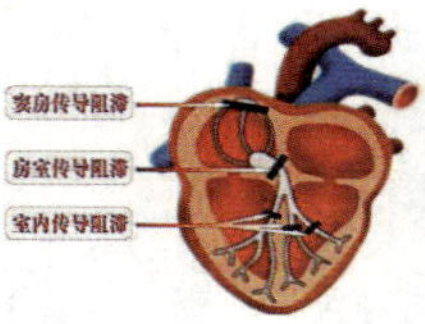	一度：P-R间期>0.20秒，每个P波后都有QRS波群（无脱落）	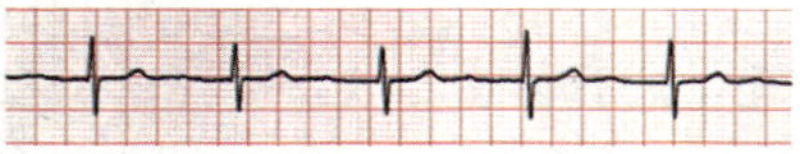
	二度1型：P-R间期逐渐延长，直至QRS波群脱落 二度1型：P-R间期固定，间歇性QRS波脱落，2：1或3：2	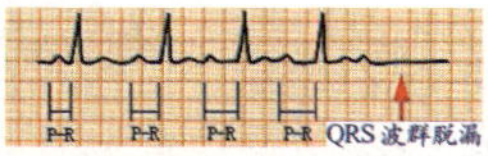 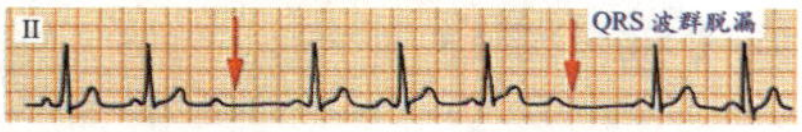 P-R　P-R　P-R　P-R　QRS 波群脱漏 II　QRS 波群脱漏
	三度：P-P相等，R-R相等，P与QRS无关（房室分离）	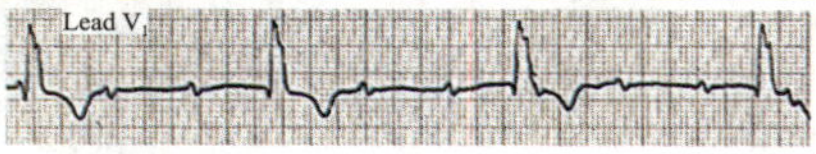 Lead V1

（五）治疗要点

无症状者一般不需治疗，严密观察。有症状者要加强病因治疗，合理使用药物治疗，此外还有心脏电复律、人工起搏、射频消融术等。

三、护理诊断

1．活动无耐力　与心律失常引起心排血量减少，机体缺血缺氧有关。
2．焦虑　与病情反复，缺乏有效治疗有关。
3．潜在并发症　心搏骤停。

护理目标

病人心悸、胸闷减轻，活动耐力增强；情绪稳定；能陈述心律失常的预防保健知识。

四、护理措施

表 1-12　心律失常病人的护理

护理流程	护理要点	案例重点分析
1．一般护理	（1）休息与活动：嘱病人多休息，如症状明显，取半卧位或高枕卧位休息，避免左侧卧位；严重心律失常发作时绝对卧床休息。 （2）饮食：避免过饱及刺激性饮食，应选用低脂、易消化、营养丰富的饮食，少食多餐，保持大便通畅。	杨老师的休息体位________，饮食护理要点________。
2．病情监测 心电监护	密切观察病情（生命体征、神志、面色等），严重者实施心电监护；房颤病人同时测量脉搏和心率1分钟；关注随时有猝死危险的心律失常（阵发性室性心动过速、室颤、三度房室传导阻滞等）病人，如发现立即报告医生，协助急救。	病情监测重点________。
3．用药护理	严格遵医嘱按时按量给药，静脉注射时速度要慢（5～15分钟内完成），尽量用输液泵调节速度；用药前、中、后观察心率和心律等的变化，注意药物的疗效及不良反应。如奎尼丁有心脏毒性，利多卡因可引起中枢抑制，胺碘酮可导致肺纤维化等。	杨老师的常用药________，注意事项________。
4．心理护理	关心病人，解除病人焦虑情绪，以免诱发或加重病情；指导病人采用放松术，适当参加社交活动和娱乐活动。	

续表

护理流程	护理要点	案例重点分析
5．健康指导  监测脉搏	（1）疾病预防指导：积极治疗原发病，避免各种诱因，有晕厥史的病人避免从事驾驶、高空等有危险的工作。严格遵医嘱服药，不可自行增减药量或撤换药物；教会病人及家属测量脉搏的方法及徒手心肺复苏法。 （2）生活指导：适当休息与活动，指导病人正确选择食物，改变不良的饮食习惯，保持大便通畅。	健康指导要点________。

护理评价

护理目标的达成情况。

护考知识链接……

1．心脏的正常起搏点位于窦房结；正常情况下心电图的P-R间期为0.12～0.20秒。

2．房颤病人应同时测量心率和脉搏1分钟。

3．房性期前收缩、室性期前收缩、心房颤动及心室颤动的心电图特征。

4．室性心律失常治疗首选药是利多卡因，心房颤动治疗首选同步电复律，心室颤动治疗首选非同步电复律。

5．快速终止室上性阵发性心动过速的方法有屏气、按摩颈动脉窦或刺激咽部引起呕吐反射。

6．随时有猝死危险的心律失常有阵发性室性心动过速、心室颤动及三度房室传导阻滞。

护考练兵场……

A_1型题（单选题）

1．心电图中代表心房除极时电位变化的是（　　）

A．P波　　B．P-R间期　　C．QRS波群

D．S-T段　　E．T波

2．某病人以心房颤动诊断入院，此时应注意观察（　　）

A．F波的频率　　B．血压的变化　　C．脉搏的改变

D．病人的主诉　　E．心室率的改变

3．临床上最危急的心律失常是（　　）

A．心房颤动　　B．室上性心动过速　　C．房室传导阻滞

D．心室颤动　　E．室性心动过速

A_2/A_3型题（单选题）

（4～6题共用题干）病人，男性，28岁。自觉突然心慌、胸闷，听诊心率200次/分，心律齐，心音均等，血压正常。

4．考虑病人是（　　）

A．窦性心动过速　　B．室性心动过速　　C．心室颤动
D．室上性心动过速　　E．心房颤动

5．若该病人病史尚不清楚，病情发作持续时间较久，适宜采用何种较简单的措施（　　）

A．刺激呕吐反射或嘱屏气　　B．静脉推注新福林　　C．口服阿托品
D．静脉推注西地兰　　E．静脉推注利多卡因

6．若心电监护仪上出现完全不规则的大波浪状曲线，且QRS波与T波消失，下列哪项处理不妥（　　）

A．可施行同步电除颤复律　　B．准备心肺复苏　　C．准备急救物品
D．立即通知医生进行抢救　　E．可于心内注射利多卡因

综合运用……

（接前述案例）某日护士查房发现杨老师心电监护仪中，心电图显示心率160次/分，连续多个快速均齐的QRS波群，节律规则，P波不易辨认；杨老师自诉胸闷、气促。

问题：（1）杨老师又发生了什么情况？
（2）若你是当班护士，如何救护？
（3）请结合案例制定一份健康教育处方。

我学会了……
我掌握了……
我的问题……

任务五　原发性高血压病人的护理

我们的目标是……

▲ 了解原发性高血压的定义、分类。

▲ 熟悉原发性高血压病人的护理诊断。
▲ 掌握原发性高血压病人的典型症状、护理措施。

我们的任务是……

▲ 学会原发性高血压病人的护理评估。
▲ 根据情景案例提出主要的护理诊断。
▲ 初步实施原发性高血压病人的护理措施。

任务实施中……

临床情景——心内科

李阿姨，50岁。发现高血压已10年，间断性服用降压药。近1个月血压逐渐增高，3天来头痛加重，恶心、呕吐伴烦躁、视力模糊而来院急诊。查体：P 100次/分，BP 254/117mmHg（33.8/15.6kPa），HR 100次/分，律齐，主动脉瓣区第二心音亢进，可闻及收缩期杂音；腹软，双下肢无水肿，神经系统检查无异常。心电图示左心室肥大，眼底有出血。李阿姨自述平时喜食腌制食物，体型肥胖。

问题1. 入院后对李阿姨进行护理评估需要收集哪些方面的资料？

问题2. 针对李阿姨的身心状况，她存在哪些护理问题？

问题3. 若你是当班护士，如何对她进行救护？

根据本任务的临床情景，完成表1-13。

表 1-13　情景案例病人的护理评估分析

评估项目	评估要点
1．健康史	性别________；年龄________ 现病史（病情、诊疗过程、现自觉症状等）________ 起病情况（时间、原因或诱因、症状体征等）________ 既往史（疾病、生活、家族史等）________
2．身体状况	症状________ 体征________
3．心理-社会状况	（伴有的心理状况）________
4．辅助检查	（项目名称及结果）________
结论：病人可能得了________，伴有________	

一、概述

高血压指体循环动脉收缩压和（或）舒张压持续升高，是以体循环动脉压升高、周围小动脉阻力增高同时伴不同程度心排血量和血容量增加为主要表现的临床综合征。临床上可分为原发性和继发性两大类。绝大多数病人的高血压原因不明，称原发性高血压；约5%的高血压是继发于某些疾病基础上的症状，称继发性高血压。

高血压分级：我国采用国际统一的高血压诊断标准，即非药物状态下，收缩压≥140mmHg和（或）舒张压≥90mmHg。高血压的分级标准见表1-14。

表 1-14　血压水平的定义和分类（WHO/ISH）

分类	收缩压（mmHg）	舒张压（mmHg）
理想血压	<120	<80
正常血压	<130	<85
正常高值	130～139	85～89
高血压	≥140	≥90
1级高血压（轻度）	140～159	90～99
2级高血压（中度）	160～179	100～109
3级高血压（重度）	≥180	≥110
单纯收缩期高血压	≥140	<90

高血压危险分层标准：高血压的治疗和预后要综合考虑血压水平、心血管疾病的危险因素及相关临床症状，心血管绝对危险分为4类，即低危、中危、高危和很高危，具体见表1-15。

表 1-15　高血压病人心血管危险分层标准

其他危险因素和病史	血压（mmHg）		
	1级高血压	2级高血压	3级高血压
无	低危	中危	高危
1~2个其他危险因素	中危	中危	很高危
≥3个其他危险因素，或靶器官损害	高危	高危	很高危
临床并发症合并糖尿病	很高危	很高危	很高危

二、护理评估

（一）健康史

1．病因　目前认为原发性高血压是在一定遗传背景下由于后天环境因素作用，血压调节机制失代偿引起。

2．危险因素　遗传因素，长期摄盐过多、摄入高蛋白质饮食和摄入饱和脂肪酸过多，烟酒嗜好，肥胖，心脏病、肾脏疾病、糖尿病、高脂血症及痛风等病史，男性>55岁、女性>65岁等。

（二）身体状况

1．一般表现　高血压大多起病缓慢，早期多无症状，部分病人可有头痛、头晕、心悸、耳鸣、失眠等不适表现。随着病情发展，可出现高血压危象、高血压脑病及心、脑、肾等靶器官的损害。

2．恶性或急进型高血压　少数病人病情急剧发展，血压显著升高，舒张压持续≥130mmHg，伴头痛、视力模糊、眼底出血、渗出和视神经盘水肿。肾损害突出，出现持续性蛋白尿、血尿等，常死于肾衰竭、脑卒中或心衰。

3．高血压急症和亚急症

高血压急症指原发性或继发性高血病人，在某些诱因作用下，血压突然显著升高（一般超过 180/ 120mmHg），同时伴有进行性心、脑、肾等重要靶器官功能不全的表现。高血压急症包括高血压脑病、颅内出血（脑出血和蛛网膜下腔出血）、脑梗死、急性心力衰竭、急性冠状动脉综合征、主动脉夹层动脉瘤、子痫和急性肾小球肾炎等。

高血压亚急症指血压显著升高但不伴靶器官损害，病人可以有血压明显升高的症状，如头痛、胸闷、鼻出血和烦躁不安等。

（三）心理-社会状况

由于高血压迁延不愈，需终生用药，并发症多而严重，病人容易出现精神紧张、烦躁不安、焦虑及忧郁。

（四）辅助检查

1．实验室检查　后期可出现蛋白尿、血尿、管型尿，血尿素氮、肌酐增高，血清总胆固醇、三酰甘油增高，血糖及血尿酸升高。

2．影像学检查　X线检查显示左心室增大；超声心动图检查了解心腔大小、心脏舒缩功能。

3．眼底检查　可出现视网膜动脉狭窄、痉挛、渗出、出血等。

（五）治疗要点

治疗要点包括改善生活行为，合理应用降压药（利尿剂、β受体阻滞剂、钙通道阻滞剂、血管紧张素转换酶抑制剂和血管紧张素Ⅱ受体阻滞剂），积极治疗高血压急症，首选硝普钠。

三、护理诊断

1．疼痛：头痛　与血压升高有关。

2．有受伤的危险　与头晕、视力模糊有关。

3．知识缺乏　缺乏高血压的相关知识。

4．潜在并发症　高血压急症。

病人头痛明显缓解；恶心、呕吐消失；能陈述高血压的预防保健知识。

四、护理措施

表 1-16　原发性高血压病人的护理

护理流程	护理要点	案例重点分析
1．一般护理	（1）休息和活动：① 适当休息，保证充足的睡眠，选择合适的运动，如慢跑、步行等，重症病人应增加卧床休息时间，协助生活料理；② 保持病室安静，减少刺激，限制探视；③ 避免受伤，如避免迅速改变体位等危险因素。 （2）饮食护理：① 减少钠盐摄入，每人每日食盐量不超过6g；② 补充钙和钾盐，多吃新鲜蔬菜、多饮牛奶；③ 减少脂肪摄入；④ 限制饮酒，每日不超过相当于50g乙醇的量。	李阿姨休息和活动________，饮食护理要点________。
2．病情监测	（1）定期监测并记录血压、心率、脉搏等。 （2）密切观察靶器官受损表现及有无并发症：如有无失语及神志改变、肢体活动障碍；有无蛋白尿、少尿、无尿；有无眼底出血、水肿；有无心源性呼吸困难、紫绀等。	病情监测重点________。
3．用药护理	服用药物时从小剂量开始，遵医嘱按时、按量服药及调整剂量，不可自行增减药量、漏服或补服以及突然撤换药物，以防血压突然改变（过低或过高）。用药期间动作改变不宜太快，洗澡水不可过热，站立时间不可太久，头晕时立即平卧、抬高下肢。	常用药________，注意事项________。
4．高血压急症护理	① 定期监测血压，观察病情变化，发现血压急剧升高、剧烈头痛、意识障碍等，立即通知医生；② 置病人半卧位，抬高床头，绝对卧床休息，安定情绪，必要时给予镇静剂；③ 保持呼吸道通畅，吸氧；④ 连接好心电、血压和呼吸监护仪；⑤ 建立静脉通路，遵医嘱给予硝普钠，每5～10分钟测血压一次，使血压缓慢下降并保持在安全范围内，若出现血管过度扩张表现，如心悸、烦躁、肌肉抽动等，应停止输液、降低床头，报告医生。	对李阿姨紧急救护措施________。
5．心理护理	指导病人学会自我调节，使用放松技术，如心理训练、音乐治疗和缓慢呼吸等减轻精神压力。对易激动的病人做好家属工作，给病人以理解、宽容与支持，保证病人有安静舒适的休养环境。	

续表

护理流程	护理要点	案例重点分析
6．健康指导	（1）疾病预防指导：①向病人介绍高血压的有关知识，教会病人和家属正确测量血压的方法；②长期用药，指导用药细则，嘱病人严格遵医嘱服药，不可随意增减药量，或漏服、补吃药物，或突然停药；③定期复查。 （2）生活指导：① 戒烟、戒酒或限制饮酒可使血压下降；② 减轻和控制体重，体重减轻10%，收缩压可降低6.6mmHg，体重减轻也可提高降压药疗效；③ 合理膳食，限制脂肪摄入，低盐饮食（<6g/d），多吃含钾丰富的蔬菜、水果；④ 增加体力活动，每日适度运动可使血压下降达11/6mmHg；⑤ 减轻精神压力，保持心理平衡。	健康指导要点________。

护理评价

护理目标的达成情况。

护考知识链接……

1．高血压主要受累的靶器官是脑、心、肾、眼，原发性高血压最危险的并发症是脑出血。

2．高血压急症：指短时期内（数小时或数天）血压重度升高，舒张压持续＞130mmHg和（或）收缩压＞200mmHg，伴有重要器官组织如心脏、脑、肾脏、眼底及大动脉的严重功能障碍或不可逆性损害。

3．高血压危象和高血压脑病的临床表现；高血压危象首选药是硝普纳。

4．高血压病人要限制食盐摄入量（<6g/d）；用药时从小剂量开始；用药期间防止直立性低血压（禁止长时间站立，不用过热的水洗澡和蒸气浴，改变体位动作缓慢），当出现头晕、眼花、恶心、眩晕等时应立即平卧。

护考练兵场……

A_1型题（单选题）

1．下列疾病中哪项是原发性高血压最常见的死亡原因（　　）

A．尿毒症　　B．心律失常　　C．高血压危象

D．脑血管意外　　E．心力衰竭

2．高血压发病机制中占主导地位的是（　　）

A．血容量过多　　B．内分泌因素　　C．肾功能异常

D．高级神经中枢功能失调　　E．血管内皮功能异常

A_2/A_3型题（单选题）

3．某病人高血压病史20年，护理该病人时，下列哪项措施不正确（　　）

A．改变体位时动作宜缓慢　　B．保持大便通畅　　C．沐浴时水温不宜过高

D．协助用药尽快将血压降至较低水平

E．头晕、恶心时协助其平卧并抬高下肢

（4～5题共用题干）某高血压病人，男性，33岁。自诉头晕、头痛，舒张压持续在100~110mmHg，必须用药才能控制。辅助检查：X线胸片示心室肥大，尿蛋白（+）。

4．该病人的诊断为（　　）

A．一期高血压　　B．二期高血压　　C．三期高血压

D．高血压危象　　E．高血压脑病

5．某原发性高血压（二期）病人，突然血压升至230/130mmHg，伴剧烈头痛、恶心、呕吐、抽搐及嗜睡，应该考虑发生了（　　）

A．高血压危象　　B．高血压脑病　　C．短暂性脑缺血发作

D．脑栓塞　　E．脑出血

综合运用……

（接前述案例）李阿姨在家与家人发生冲突，情绪激动，突然剧烈头痛、呕吐，继而意识模糊，急诊入院。

问题：（1）李阿姨又发生了什么情况？

（2）若你是当班护士，如何救护？

（3）请结合案例制定一份健康教育处方。

我学会了……

我掌握了……

我的问题……

任务六　冠心病——心绞痛病人的护理

我们的目标是……

- 了解心绞痛的定义、分类。
- 熟悉心绞痛病人的护理诊断。
- 掌握心绞痛病人的典型症状、护理措施。

我们的任务是……

- 学会心绞痛病人的护理评估。
- 根据情景案例提出主要的护理诊断。
- 初步实施心绞痛病人的护理措施。

任务实施中……

临床情景——心内科

吴某，男性，45岁。发作性胸痛半年，每当急走或骑自行车上坡时感觉左胸压榨样疼痛，停止活动后几分钟可以缓解，今再次发作后入院。查体：心率110次/分，血压140/96mmHg，面色苍白、冷汗，听诊心尖部收缩期杂音。做冠状动脉造影示冠状动脉有狭窄。

问题1. 吴某可能患有什么疾病，有哪些身心状况？

问题2. 针对吴某的身心状况，目前存在的护理问题有哪些？

问题3. 若你是当班护士，如何对他进行救护？

根据本任务的临床情景，完成表1-17。

表 1-17　情景案例病人的护理评估分析

评估项目	评估要点
1．健康史	性别________；年龄________ 现病史（病情、诊疗过程、现自觉症状等）________ 起病情况（时间、原因或诱因、症状体征等）________ 既往史（疾病、生活、家族史等）________
2．身体状况	症状________ 体征________

续表

评估项目	评估要点
3．心理–社会状况	(伴有的心理状况)________
4．辅助检查	(项目名称及结果)________
结论：病人可能得了________，伴有________	

一、概述

冠状动脉（图1-5）粥样硬化性心脏病简称冠心病，是指冠状动脉粥样硬化后使动脉管腔狭窄或闭塞，导致心肌缺血缺氧甚至坏死而引起的心脏病，又称为缺血性心脏病。

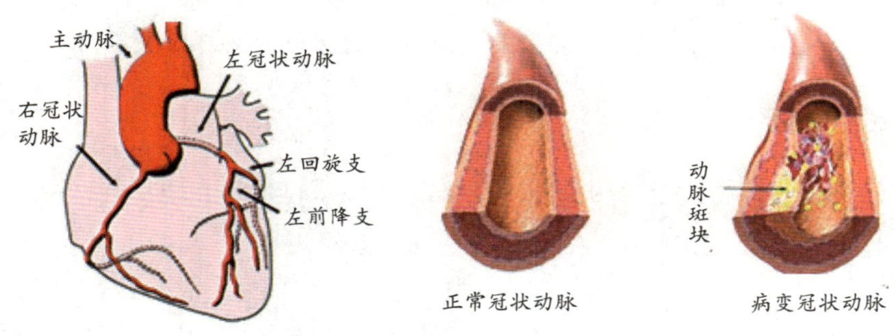

图 1-5　冠状动脉（正常 / 病变）

冠状动脉粥样硬化的危险因素主要包括：① 血脂异常：是动脉粥样硬化最危险的因素；② 高血压；③ 吸烟；④ 糖尿病；⑤ 年龄、性别；⑥ 其他：如肥胖、家族史、饮食习惯、性格特点及缺少活动等。

冠心病的临床分型——1979年WHO将冠心病分为5型：① 无症状性心肌缺血（隐匿型冠心病）：病人无自觉症状，但在各种状态下心电图均出现缺血的改变；② 心绞痛型：发作性胸骨后疼痛，为一过性心肌缺血引起；③ 心肌梗死型：冠状动脉闭塞导致心肌急性缺血性坏死所致；④ 缺血性心肌病型：由于长期心肌缺血引起心肌纤维化所致；⑤ 猝死型：严重室性心律失常引起心脏骤停而猝死。

心绞痛是由于冠状动脉供血不足，心肌急剧的、暂时的缺血缺氧引起的临床综合征。由于冠状动脉的供血不够心肌代谢的需要，心肌急剧的、暂时的缺血缺氧，代谢产物刺激心脏自主神经传入纤维而产生心绞痛。

二、护理评估

（一）健康史

1．病因　冠状动脉粥样硬化（最基本），主动脉瓣狭窄或关闭不全，梅毒性主动脉炎，肥厚型心肌病等。

2．诱因　劳累、情绪激动、受寒、饱食、急性循环衰竭等。

（二）身体状况

1．症状　发作性胸痛。典型的疼痛特点：① 部位：胸骨体上、中段之后，可波及心前区，可放射至左肩、左臂内侧无名指和小手指；② 性质：压迫、发闷、紧缩感，常迫使病人停止原来的活动，直至症状缓解；③ 诱因：劳累、情绪激动、饱食、受寒、阴雨气候、吸烟、心动过速等；④ 持续时间：3～5分钟，一般不超过15分钟；⑤ 缓解方式：休息或舌下含服硝酸甘油后几分钟内缓解。

2．体征　平时无异常，发作时自动停止原先的活动，心率加快、血压升高、面色苍白、出冷汗，部分病人有暂时性心尖部收缩期杂音、舒张期奔马律及交替脉。

（三）心理-社会状况

当疾病反复发作时，病人易产生紧张、焦虑、恐惧或抑郁等心理。

（四）辅助检查

1．心电图检查　是诊断心绞痛最常见的检查方法。静息心电图大多正常，发作时可有ST-T改变以R波为主的导联，ST段压低，T波低平或倒置，发作后数分钟恢复原状。

2．冠状动脉造影检查　可见冠状动脉及其分支狭窄的部位及程度，有确诊价值。

3．其他检查　放射性核素检查可显示心肌缺血；二维超声心动图、冠状动脉内超声显像、血管镜。

（五）治疗要点

治疗原则是改善冠状动脉的血供，减轻心肌的氧耗，治疗动脉粥样硬化。

1．发作时的治疗　发作时立即休息，停止一切活动；应用快作用的硝酸酯制剂——硝酸甘油，以扩张冠状动脉，增加血流量，减轻心脏负荷，缓解疼痛。

2．缓解期治疗　避免诱发因素；使用预防发作的药物，如硝酸酯制剂、β受体阻滞剂、钙通道阻滞剂等，以及经皮冠状动脉腔内成形术（PTCA），冠状动脉搭桥术等。

三、护理诊断

1．疼痛　与心肌缺血缺氧有关。

2．活动无耐力　与心肌氧的供需失衡有关。

3．焦虑　与心绞痛发作时濒死感，反复发作影响工作、生活，担心预后等有关。

护理目标

病人胸痛消失；活动耐力增强；能陈述心绞痛的预防保健知识。

四、护理措施

表 1-18　心绞痛病人的护理

护理流程	护理要点	案例重点分析
1．一般护理	嘱病人卧床休息，发作时立即停止活动；吸氧，2～4L/min；给予低盐、低脂、高维生素和易消化的饮食，保持大便通畅，保持情绪稳定。	吴某休息________，给氧________。
2．病情监测	监测生命体征及心电图变化，观察胸痛特点及并发症情况。	
3．用药护理	发作时选用硝酸酯制剂，如硝酸甘油0.5mg，舌下含化，1～2分钟起效。用药期间平卧，且要注意输液速度和给药浓度，防止低血压。如果疼痛持续15~30分钟未缓解，应警惕急性心肌梗死的发生。	硝酸酯类用药注意事项________。
4．心理护理	专人守护病人，给予心理安慰，增加病人的安全感，指导病人采取放松技术，缓解焦虑。	
5．健康指导	（1）疾病预防指导：积极控制危险因素，避免各种诱发因素，指导正确用药，学会观察不良反应和疗效，定期复查。 （2）生活指导：指导病人生活规律，合理饮食，适当运动，心情愉快。	指导吴某保健的要点________。

护理评价

护理目标的达成情况。

护考知识链接……

心绞痛发生的原因是冠状动脉管腔狭窄或痉挛，最有效的治疗方式是硝酸甘油舌下含化。

护考练兵场……

A_1型题（单选题）

1．缓解心绞痛作用最快的药物是（　　）

A．硝苯地平　　B．安痛定　　C．冠心苏合胶囊
D．洋地黄类　　E．硝酸甘油

2．心绞痛病人疼痛发作时，首要的护理措施是（　　）
A．给予吸氧　　B．立即描记心电图　　C．病人立即安静平卧或半卧
D．建立静脉通路　　E．观察疼痛性质

A_2型题（单选题）

3．某老人晨练时心绞痛发作，随即含服硝酸甘油0.5mg，一分钟后眼前发黑、恶心，应协助（　　）
A．扶持站立不动　　B．活动四肢　　C．立即平卧
D．喝汤或温开水　　E．再含服硝酸甘油0.3mg

综合运用……

（接前述案例）吴某病情好转出院。

问题：作为责任护士，请结合案例制定一份健康教育处方。

我学会了……

我掌握了……

我的问题……

任务七　冠心病——心肌梗死病人的护理

我们的目标是……

- 了解心肌梗死的病因、发病机制。
- 熟悉心肌梗死病人的护理诊断。
- 掌握心肌梗死病人的典型症状、护理措施。

我们的任务是……

- ▲ 学会急性心肌梗死病人的护理评估。
- ▲ 根据情景案例提出主要的护理诊断。
- ▲ 初步实施急性心肌梗死病人的护理措施。

任务实施中……

临床情景——心内科

王大爷，60岁。心绞痛5年，近1个月来发作频繁。今晚7点饱餐后看足球比赛，突感左胸剧烈压榨样疼痛，并向左肩、左上肢内侧放射，舌下含服硝酸甘油3片，疼痛无缓解，并持续约1小时，急诊入院。体检：T 37℃，P 100次/分，R 24次/分，BP 100/70mmHg，意识清楚，表情痛苦，面色苍白，烦躁不安。双肺呼吸音正常，心界不大，心率100次/分，律齐，无心脏杂音。心电图检查示：V1～V5导联可见病理性Q波，ST段弓背向上抬高，T波倒置。

问题1. 王大爷可能患有什么疾病，有哪些依据？

问题2. 针对王大爷的身心状况，他存在哪些护理问题？

问题3. 若你是当班护士，如何对他进行救护？

根据本任务的临床情景，完成表1-19。

表 1-19　情景案例病人的护理评估分析

评估项目	评估要点
1．健康史	性别________；年龄________ 现病史（病情、诊疗过程、现自觉症状等）________ 起病情况（时间、原因或诱因、症状体征等）________ 既往史（疾病、生活、家族史等）________
2．身体状况	症状________ 体征________
3．心理-社会状况	（伴有的心理状况）________
4．辅助检查	（项目名称及结果）________
结论：病人可能得了________，伴有________	

一、概述

心肌梗死是在冠状动脉病变的基础上，发生冠状动脉血供急剧减少或中断，使相应的心肌严重而持久地急性缺血而导致心肌坏死，是冠心病的严重类型。

冠状动脉粥样硬化致使管腔狭窄，或者不稳定粥样斑块破溃出血或形成血栓，使血管完全闭塞，心肌发生严重而持久的缺血30分钟以上，即可发生心肌梗死。

二、护理评估

（一）健康史

1．病因　冠状动脉粥样硬化，其粥样斑块脱落出血，使管腔闭塞。

2．诱因　冠心病危险因素及心绞痛发作史；休克、脱水、出血、外科手术及严重心律失常等（使心排血量减少，冠状动脉灌注减少）；重体力活动、情绪激动、血压突然升高、饱餐及用力排便等诱因（心肌耗氧量增加，冠状动脉供血不足）。

（二）身体状况

1．症状

（1）先兆症状：发病前数日有乏力、胸部不适，活动时心悸、气急、烦躁、心绞痛等前驱症状；或心绞痛发作频繁，持续时间较长，程度严重，硝酸甘油疗效差，诱因不明显等。

（2）典型发作：胸痛是最早的、最突出的症状。疼痛部位和性质与心绞痛相似，但疼痛程度较心绞痛更为剧烈，持续时间更久，硝酸甘油无明显效果。病人常有烦躁不安、恐惧、濒死感等，部分病人疼痛部位在上腹部或颈背部，易被误诊为急腹症或骨关节痛。同时还可能出现：① 全身症状：有发热、心动过速等；② 胃肠道症状：伴恶心、呕吐、上腹部胀痛；③ 心律失常：多发生于起病24小时内，以室性心律失常尤其是室性期前收缩最多见；④ 休克；⑤ 心力衰竭。

2．体征　叩诊心浊音界增大，听诊心率不规则，心尖区第一心音减弱，可闻及舒张期奔马律，部分病人出现心包摩擦音。血压下降，出现心律失常、休克及心力衰竭时有相应的体征。

3．并发症　乳头肌功能失调或断裂；心脏破裂；栓塞；心室壁瘤；心肌梗死后综合征。

（三）心理–社会状况

病人因突发剧痛而产生恐惧或濒死感；因活动无耐力、自理能力下降而出现焦虑和悲观情绪。

（四）辅助检查

1．心电图检查　表现为坏死区出现宽而深的Q波（病理性Q波），损伤区出现ST段抬高呈弓背向上，缺氧区示T波倒置（图1-6）。

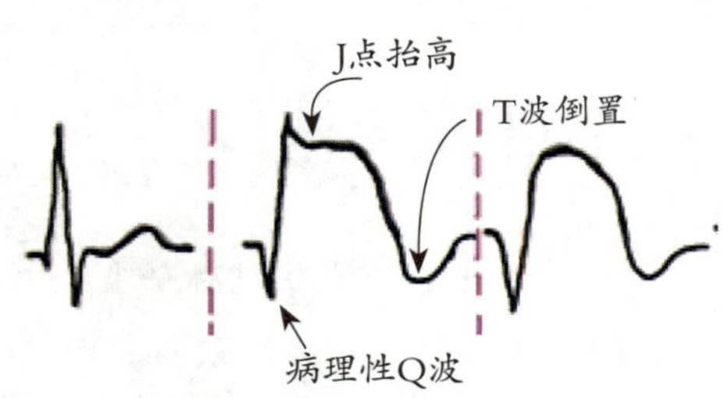

图 1-6　心肌梗死动态心电图变化

2．实验室检查

（1）血液检查：起病24～48小时后，白细胞升高、血沉加快，持续1～3周。

（2）血清心肌坏死标志物检查：① 肌钙蛋白（cTn）I或T出现并增高，cTn是诊断心肌梗死最特异和敏感的首选标志物，是诊断心梗最有意义的标志物；② 血清心肌酶中的肌酸激酶（CPK）、天门冬氨酸氨基转移酶（AST）、乳酸脱氢酶（LDH）增高；③ 肌红蛋白增高最早，但特异性不高。

（五）治疗要点

原则是保护和维持心功能，防止梗死面积的扩大，缩小心肌缺血的范围，及时处理严重心律失常、心衰竭和各种并发症，防止猝死的发生。

1．解除疼痛　① 哌替啶（杜冷丁）肌内注射或吗啡皮下注射，休克、昏迷病人禁用；② 疼痛较轻者可用可待因、罂粟碱；③ 硝酸甘油或硝酸异山梨酯等。

2．再灌注心肌　起病3～6小时最多在12小时内，使闭塞的冠状动脉再通。① 溶栓疗法，常用药物有尿激酶（UK，为我国应用最广的溶栓药）、链激酶（SK）或重组链激酶（rSK）及组织型纤维蛋白溶酶原激活剂等；② 紧急经皮冠状动脉介入治疗（PCI）。

3．对症治疗　消除心律失常，控制休克，治疗心力衰竭。

4．其他治疗　如积极抗凝等。

三、护理诊断

1．急性疼痛：胸痛　与心肌缺血坏死有关。

2．活动无耐力　与心肌氧的供需失衡有关。

3．恐惧　与剧烈胸痛伴濒死感有关。

4．潜在并发症　心律失常、心衰、休克等。

护理目标

病人急性胸痛消失；活动耐力增强；情绪稳定，能陈述心肌梗死的预防保健知识。

四、护理措施

表 1-20　心肌梗死病人的护理

护理流程	护理要点	案例重点分析
1．一般护理	(1) 嘱病人绝对卧床休息，如病情稳定无并发症，24小时内床上行肢体活动；第3天病房内走动；梗死后4～5天逐步增加活动。 (2) 鼻导管吸氧，氧流量为2～5L/min，以增加心肌氧的供应，减轻缺血和疼痛。 (3) 饮食护理：急性期 2～3日内以流质为主，以后逐渐过渡到低钠、低脂、低胆固醇清淡饮食，提倡少食多餐。 (4) 保持大便通畅：嘱病人便时避免用力，以防诱发心力衰竭甚至心脏骤停，便秘时遵医嘱给予缓泻剂，必要时给予甘油灌肠。	王大爷休息与活动的安排________，吸氧的流量________，饮食护理要点________。
2．病情监测	重点监测：在冠心病监护病房（CCU）监护3～5天；监测肺毛细血管压和静脉压；备好抢救用物及药品；若发现心律失常、心力衰竭和休克等早期征象，应立即报告医师并协助抢救。	病情监测要点________。
3．用药护理	(1) 吗啡或哌替啶：注意有无呼吸抑制、脉搏加快、血压下降等不良反应。 (2) 硝酸酯类药物：监测血压变化，严格控制输液量和滴速。 (3) 溶栓药物：用药前询问病人有无活动性出血、脑血管病等溶栓禁忌证，检查血常规、出凝血时间和血型；溶栓过程中观察有无过敏反应如寒战、发热、皮疹、低血压和出血等；用药后监测心电图、心肌酶及出凝血时间。	王大爷主要用药________，注意事项________。
4．心理护理	专人看护，给予心理支持，缓解紧张、恐惧心理。	
5．健康指导	(1) 疾病预防指导：嘱病人随身携带“保健盒”；定期复查，有危急征兆时立即就诊。 (2) 生活指导：合理膳食，均衡营养，低饱和脂肪酸、低胆固醇饮食，戒烟，适当有规律地运动，避免剧烈运动；保持乐观平和的心态，积极配合治疗。	指导王大爷日常保健要点________。

护理评价

护理目标的达成情况。

护考知识链接……

1．心肌梗死最早、最突出的症状是心前区疼痛，经休息和含服硝酸甘油不缓解。

2．急性心肌梗死病人死亡的主要原因是心律失常，其中室颤是早期病人死亡的主要原因。

3．急性心肌梗死典型心电图改变为宽而深的病理性Q波，ST段抬高弓背向上，T波倒置。

4．急性心肌梗死24小时内禁用洋地黄制剂；急性期绝对卧床休息。

5．溶栓治疗成功的表现：① 胸痛于2小时内基本消失；② 心电图ST段于2小时内回降大于50%；③ 2小时内出现再灌注性心律失常；④ 血清肌酸磷酸激酶同工酶（CK-MB）峰值提前出现（14小时内）。

护考练兵场……

A_1型题（单选题）

1．急性心肌梗死最重要的护理措施是（　　）

A．绝对卧床休息　　B．吸氧　　C．心理护理

D．饮食护理　　E．建立静脉通道

2．急性心肌梗死病人最早出现、最为突出的症状是（　　）

A．大汗　　B．疼痛　　C．面色苍白

D．发热　　E．恶心、呕吐

A_2型题（单选题）

3．某急性心肌梗死病人入院2小时后病情恶化死亡，其最可能的死因是（　　）

A．心源性休克　　B．急性右心衰竭　　C．心脏破裂

D．心律失常　　E．脑缺氧

综合运用……

（接前述案例）王大爷病情好转出院。

问题：作为责任护士，请结合案例制定一份健康教育处方。

我学会了……

我掌握了……

我的问题……

任务八　心瓣膜病病人的护理

我们的目标是……

- 了解心瓣膜病的定义、分类及发病机制。
- 熟悉心瓣膜病病人的护理诊断。
- 掌握心瓣膜病病人的典型症状、护理措施。

我们的任务是……

- 学会心瓣膜病病人的护理评估。
- 根据情景案例提出主要的护理诊断。
- 初步实施心瓣膜病病人的护理措施。

任务实施中……

临床情景——心内科

沈女士，35岁。风心病二尖瓣狭窄伴关闭不全、全心衰6年，每年冬季好发心衰，平日坚持服用地高辛及利尿剂。近一周来咳嗽吐黄痰，2天来心跳加速，气短加重入院。体检：T 38.2℃，R 28次/分，BP 100/70mmHg，神志清，半卧位，口唇、面颊、甲床发绀，可见颈静脉怒张，心界扩大，心尖部杂音，心率120次/分，律齐，两肺满布干、湿 音，肝肋下2指，双下肢凹陷性水肿。X线检查示左心增大、肺动脉段突出，有肺淤血症，右心室扩大。心电图示肺性P波。

问题1. 沈女士存在哪些身心状况？

问题2. 针对沈女士的身心状况，她存在哪些护理问题？

问题3. 若你是当班护士，如何对她进行救护？

根据本任务的临床情景，完成表1-21。

表 1-21　情景案例病人的护理评估分析

评估项目	评估要点
1．健康史	性别________；年龄________ 现病史（病情、诊疗过程、现自觉症状等）________

续表

评估项目	评估要点
1．健康史	起病情况（时间、原因或诱因、症状体征等）________ 既往史（疾病、生活、家族史等）________
2．身体状况	症状________ 体征________
3．心理–社会状况	（伴有的心理状况）________
4．辅助检查	（项目名称及结果）________
结论：病人可能得了________，伴有________	

一、概述

心瓣膜（图1-7）病指由于炎症、黏液样变、退行性变、先天性畸形、缺血性坏死、创伤等原因引起单个或多个瓣膜结构（包括瓣叶、瓣环、腱索或乳头肌）的功能或结构异常，导致瓣口狭窄或关闭不全，血流动力学显著改变的一组疾病。风湿性心瓣膜病，是由风湿性炎症过程所致的瓣膜损害，主要累及40岁以下人群，最常受累的瓣膜是二尖瓣，其次是主动脉瓣。

图 1-7　心脏瓣膜

二、护理评估

（一）健康史

1．病因　风湿性瓣膜病（链球菌感染）、动脉硬化及老年退行性改变所致瓣膜钙化增厚、黏液样变性等。

2．诱因　呼吸道感染、风湿活动、心律失常、妊娠等。

（二）身体状况

心瓣膜病病人的表现因病变部位不同而异，具体见表1-22。

表 1-22　心瓣膜病的临床特征

类型	症状	体征	并发症
二尖瓣狭窄	代偿期：无症状或仅有轻微症状 失代偿期：呼吸困难（最常见）、咳嗽、咯血	视诊：二尖瓣面容 触诊：心尖部舒张期震颤 听诊：心尖部第一心音亢进，心尖部舒张期隆隆样杂音 右心体征：颈静脉怒张、肝大等	充血性心力衰竭（晚期主要死因） 心律失常（房颤多见） 栓塞（脑栓塞多见） 急性肺水肿 肺部感染 感染性心内膜炎

续表

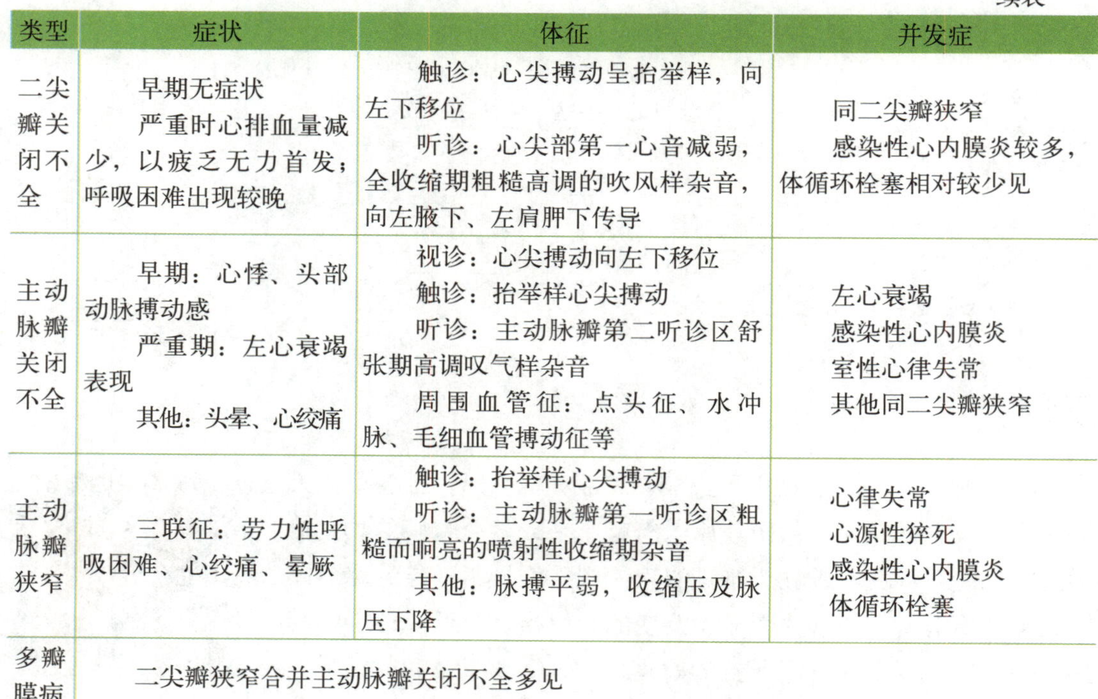

类型	症状	体征	并发症
二尖瓣关闭不全	早期无症状 严重时心排血量减少，以疲乏无力首发；呼吸困难出现较晚	触诊：心尖搏动呈抬举样，向左下移位 听诊：心尖部第一心音减弱，全收缩期粗糙高调的吹风样杂音，向左腋下、左肩胛下传导	同二尖瓣狭窄 感染性心内膜炎较多，体循环栓塞相对较少见
主动脉瓣关闭不全	早期：心悸、头部动脉搏动感 严重期：左心衰竭表现 其他：头晕、心绞痛	视诊：心尖搏动向左下移位 触诊：抬举样心尖搏动 听诊：主动脉瓣第二听诊区舒张期高调叹气样杂音 周围血管征：点头征、水冲脉、毛细血管搏动征等	左心衰竭 感染性心内膜炎 室性心律失常 其他同二尖瓣狭窄
主动脉瓣狭窄	三联征：劳力性呼吸困难、心绞痛、晕厥	触诊：抬举样心尖搏动 听诊：主动脉瓣第一听诊区粗糙而响亮的喷射性收缩期杂音 其他：脉搏平弱，收缩压及脉压下降	心律失常 心源性猝死 感染性心内膜炎 体循环栓塞
多瓣膜病	二尖瓣狭窄合并主动脉瓣关闭不全多见		

（三）心理-社会状况

风湿性疾病好发于女性和寒冷潮湿季节，病程长，病人常有焦虑、压抑等心理。

（四）辅助检查

1．超声心动图检查　是诊断心瓣膜病最有价值的诊断方法。

2．X线检查　二尖瓣狭窄可见左心房及右心室增大，心影呈梨形（图1-8）；二尖瓣关闭不全可见左心房与左心室增大；主动脉瓣关闭不全可见左心室增大，心影呈靴型（图1-9）；主动脉瓣狭窄可见左心室增大和主动脉瓣钙化影。

3．心电图检查　二尖瓣狭窄时，出现二尖瓣型P波（图1-10）；二尖瓣关闭不全时主要表现为左心室肥厚及特异性ST-T改变，此外还有各种类型的心律失常。

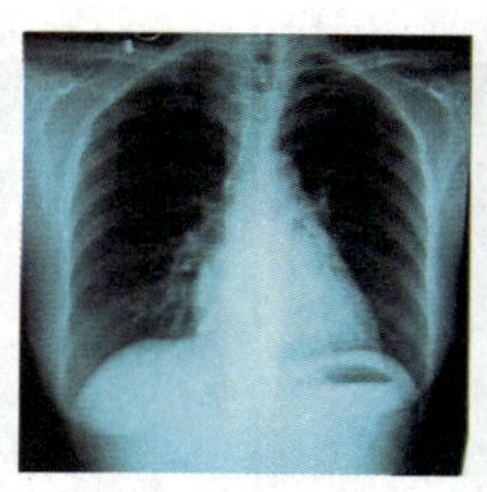

图 1-8　梨形心

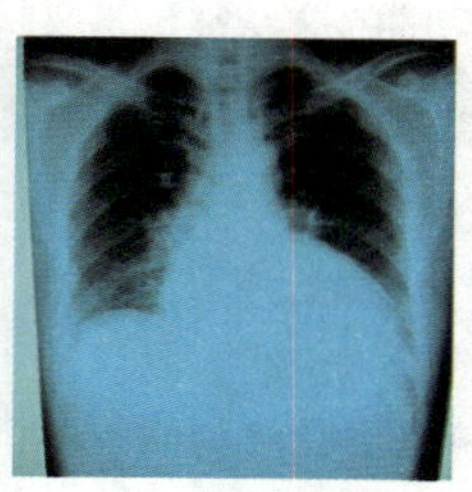

图 1-9　靴形心

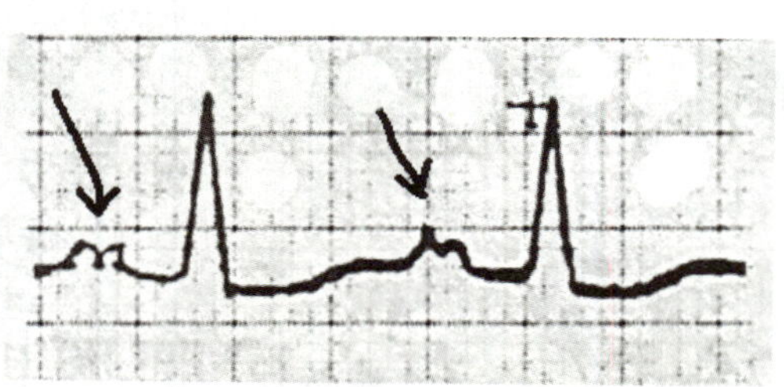

图 1-10　二尖瓣型 P 波

（五）治疗要点

原则是预防风湿热和感染性心内膜炎，改善心功能、减轻症状及预防并发症，控制病情进展。风湿活动者，终身应用苄星青霉素；预防感染，避免诱因，定期复查；必要时手术及介入治疗。

三、护理诊断

1．活动无耐力　与心肌氧的供需失衡有关。

2．有感染的危险　与风湿活动、心功能下降及肺淤血导致抵抗力下降有关。

3．潜在并发症　心律失常、心衰、休克等。

护理目标

病人活动耐力增强，抵抗力增强，能有效预防并发症的发生。

四、护理措施

表 1-23　心瓣膜病病人的护理

护理流程	护理要点	案例重点分析
1．一般护理	（1）嘱病人注意休息，在风湿活动时应卧床休息，如果发现左心房内有巨大附壁血栓者应绝对卧床休息。 （2）饮食护理：给予高热量、高蛋白、低胆固醇、丰富维生素及易消化饮食。	沈女士休息与饮食的护理要点________。
2．病情监测	重点观察病人生命体征及意识变化，有无风湿活动的表现，有无心力衰竭的表现，有无栓塞征象等。一旦发生栓塞，应立即通知医生并协助处理。	病情监测重点________。
3．用药护理	遵医嘱用药，如抗生素、利尿剂、洋地黄及各类抗心律失常的药物，并观察疗效及药物不良反应。	
4．心理护理	安慰病人，使病人能够消除消极情绪，积极配合治疗。	
5．健康指导	（1）疾病预防指导：告知病人本病的病因、诱因及病程进展等情况；坚持遵医嘱用药，定期门诊复查；有手术适应证者尽早择期手术。 （2）生活指导：预防各类感染，加强营养，合理锻炼，增强自身抵抗力，学会自我护理和观察病情的方法。	指导沈女士健康保健的要点________。

护理评价

护理目标的达成情况。

知识拓展……

➢ 风湿性疾病病人的临床特征

风湿性疾病简称风湿病，是一组以内科治疗为主的肌肉骨骼系统疾病。临床特征主要有关节疼痛、肿胀、活动功能障碍，病程进展缓慢，发作和缓解交替，部分病人出现不同程度的皮肤、脏器功能损害，病变累及多个系统，且多次发作可造成严重后果。临床常见的有系统性红斑狼疮和类风湿关节炎。

➢ 系统性红斑狼疮病人的护理

系统性红斑狼疮是一种多因素参与的、特异性自身免疫性结缔组织病。本病多发于女性，目前认为本病是由遗传、性激素(雌激素)、环境、药物等因素诱发的自身免疫性疾病。

本病是缓解和急性发作交替进行的，活动期病人多有疲乏、发热、体重下降等全身症状。局部有皮肤损害，常于颜面、四肢等暴露部位出现对称性皮疹。典型者面颊及鼻梁部位可见不规则的水肿性鲜红或紫红色蝶形红斑（图1-11），部分病人可有光过敏现象，无痛性口腔溃疡等。约85%病人有指、腕、膝关节的不对称的间歇性多关节痛，大多不致残。同时伴有多器官损害，如肾、心血管、肺和胸膜、血液系统、脑、眼等均有不同程度的损害，其中肾损害是本病死亡的常见原因。

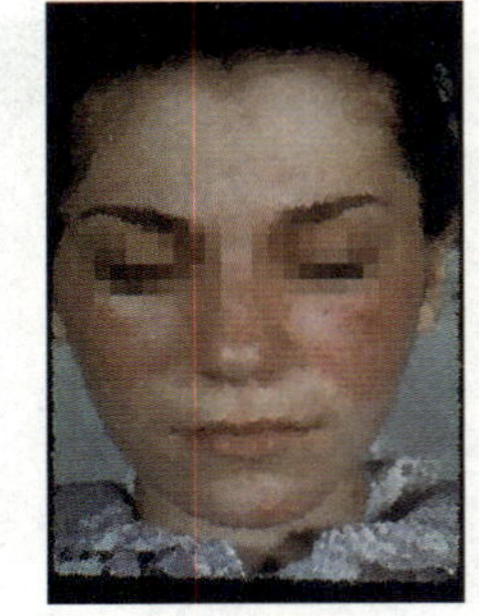

图 1-11　面部蝶形红斑

临床上常用的检查方法有血液检查及免疫学检查（抗核抗体的敏感性较高，抗双链DNA和抗Sm抗体的特异性较高）。本病目前不能根治，但合理治疗能缓解病情进展，糖皮质激素是目前的治疗首选药。

本病的护理要点有急性期卧床休息，缓解期适当活动，避免劳累及日光照射等。做好皮肤、口腔护理，严密监测注意有无脏器损害。观察药物疗效及不良反应，如非甾体类抗炎药可引起胃肠道反应，应饭后服用；糖皮质激素主要不良反应有满月脸、血压升高、电解质紊乱、感染等，应定期监测血压、血糖、尿糖变化。

➢ 类风湿关节炎病人的护理

类风湿关节炎是一种主要侵犯关节，以慢性、对称性、周围性多关节炎性病变为主要特征的全身性自身免疫性疾病。其发病可能与感染有关，基本病理改变是滑膜炎。

关节损害是本病最主要的病变形式，典型表现为对称性多关节炎。最常侵犯的关节依次是腕、近端指间、掌指关节。具体表现为晨僵、关节肿痛、畸形（图1-12）和功能障碍，其次还有类风湿结节及类风湿血管炎等。

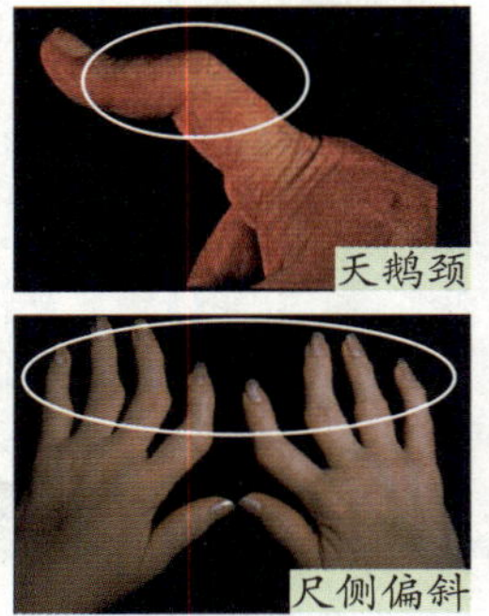

图 1-12　类风湿关节炎

本病常用的检查有血液检查、关节滑液检查和关节X线检查。常用治疗药物有非甾体类抗炎药、慢作用抗风湿药及糖皮质激素等。

本病的护理要点有急性期卧床休息，限制关节活动，保持肢体功能位；缓解后及早活动，防止关节僵硬和畸形；自理缺陷时协助做好生活护理，观察药物不良反应，关心与鼓励病人等。

护考知识链接……

1．风湿性心瓣膜病的主要致病菌是A族乙型溶血性链球菌，本病最常累及的瓣膜是二尖瓣。

2．二尖瓣狭窄最常见的早期症状是劳力性呼吸困难，其咯血的原因是肺静脉曲张出血。

3．二尖瓣狭窄最重要的体征是二尖瓣面容及心尖区闻及舒张期隆隆样杂音。

4．诊断风湿性心瓣膜病最可靠的方法是超声心动图检查。

5．主动脉瓣狭窄典型的三联征是劳力性呼吸困难、心绞痛、晕厥。

护考练兵场……

A_1型题（单选题）

1．在我国，二尖瓣关闭不全最常见的病因是（　　）

A．二尖瓣脱垂　B．风心病　C．感染性心内膜炎

D．二尖瓣环和环下部钙化　E．冠心病

2．风湿性心脏病病人首要的潜在并发症是（　　）

A．充血性心力衰竭　B．心律失常　C．栓塞

D．感染　E．亚急性感染性心内膜炎

3．风湿性心瓣膜病病人腿部适当活动，目的是（　　）

A．减轻心脏负担　B．预防风湿复发　C．防止附壁血栓形成

D．防止动脉栓塞　E．防止下肢静脉血栓形成

4．风湿性心脏病病人并发哪种心律失常时，易引起栓塞（　　）

A．窦性心动过缓　B．心房颤动　C．窦性心动过速

D．过早搏动　E．三度房室传导阻滞

A_2型题（单选题）

5．某病人护理体检发现皮肤苍白，有水冲脉，颈动脉搏动明显，毛细血管搏动征阳性，脉压增大，心尖向左下移动，主动脉瓣第二听诊区有舒张期杂音。此病人可能患有（　　）

A．主动脉瓣狭窄　B．二尖瓣狭窄　C．主动脉瓣关闭不全

D．二尖瓣关闭不全　E．甲状腺功能亢进

综合运用……

（接前述案例）沈女士在家休养时不慎感冒，夜间突然出现呼吸困难，端坐位，面色苍白，口唇青紫，大汗淋漓，急诊入院。

问题：(1) 沈女士又发生了什么情况？

(2) 若你是当班护士，如何救护？

(3) 请结合案例制定一份健康教育处方。

学习反思……

我学会了……

我掌握了……

我的问题……

任务九　心脏其他疾病病人的护理

我们的目标是……

- 了解心内膜炎、心肌炎、心包炎及心肌病的定义、分类。
- 熟悉心内膜炎、心肌炎、心包炎及心肌病病人的护理诊断及护理要点。

我们的任务是……

- 学会心内膜炎、心肌炎、心包炎及心肌病病人的护理评估。
- 提出心内膜炎、心肌炎、心包炎及心肌病的护理诊断。
- 初步实施心内膜炎、心肌炎、心包炎及心肌病病人的护理措施。

一、概述

感染性心内膜炎是指心脏内膜表面的微生物感染，伴赘生物形成。主要病因为心瓣膜病，其次为先天性心脏病。根据病程可分为亚急性和急性，致病菌分别是草绿色链球菌和金黄色葡萄球菌。血培养是诊断本病的最重要方法，药敏试验可为治疗提供依据。首选青霉素或青霉素联合庆大霉素。

心肌炎指心肌本身的炎症变化，可分为感染性（由细菌、病毒、螺旋体、立克次体及真菌等引起）和非感染性（由过敏、变态反应、化学、物理或药物引起）两类。病毒性心肌炎是由嗜心肌性病毒（以柯萨奇A、B组病毒和ECHO病毒常见）感染引起的。

心肌病是指伴有心脏功能障碍的心肌疾病。根据病理生理学特点将心肌病分为扩张型心肌病、肥厚型心肌病、限制型心肌病、致心律失常型右室心肌病、未分类心肌病、特异性心肌病。

心包炎指多种因素引起的心包脏层和壁层炎性病变。临床上常见类型有急性心包炎和慢性缩窄性心包炎。心脏压塞时行心包穿刺术。

二、护理评估

表 1-24　心脏其他疾病的临床特征

评估项目	评估要点
感染性心内膜炎	发热是最常见的症状，可闻及心脏杂音，部分可引起动脉栓塞及周围体征（瘀点、指/趾甲下线状出血、Osler结节、Janeway损害）。 血培养是主要的诊断方法，而血、尿常规及超声心动图检查可协助诊断。
心肌炎	有病毒感染前驱症状，然后出现心悸、气促、心前区不适、呼吸困难、水肿、阿-斯综合征等心脏受累表现。体检时发现心脏扩大，与体温升高不相称的心动过速，各类心律失常。 常用的检查方法有血液检查（血沉增快）、病原学检查等。
心肌病 肥厚型　扩张型	扩张型心肌病是最常见的类型，左心室或双心室扩大，有收缩功能障碍，常伴心律失常。 肥厚型心肌病的心室肥厚，血液充盈受限，常为青少年猝死的原因。主要症状为劳力性呼吸困难、心悸、胸痛和猝死。 X线、超声心动图检查可出现心影、心腔增大，对诊断本病具有非常大的价值。

续表

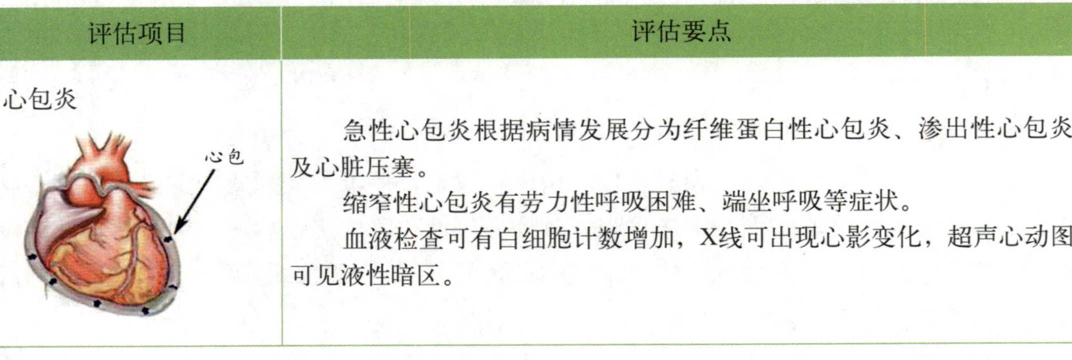

评估项目	评估要点
心包炎 心包	急性心包炎根据病情发展分为纤维蛋白性心包炎、渗出性心包炎及心脏压塞。 缩窄性心包炎有劳力性呼吸困难、端坐呼吸等症状。 血液检查可有白细胞计数增加，X线可出现心影变化，超声心动图可见液性暗区。

三、护理诊断

1．体温过高　与感染有关。

2．活动无耐力　与心肌受损或心排血量降低有关。

3．疼痛：胸痛　与心肌耗氧增加，冠状动脉供血不足有关。

4．潜在并发症　心律失常、心衰、休克等。

护理目标

病人体温逐渐恢复正常；胸痛减轻或消失；活动耐力增强；能有效减少并发症的发生。

四、护理措施

表 1-25　心脏其他疾病病人的护理

护理流程	护理要点	护理措施重点分析
1．一般护理	（1）卧床休息：急性者卧床休息，限制活动；缓解期适当活动，限制体力劳动，避免剧烈运动。有严重心律失常和心力衰竭的病人，应绝对卧床休息。 （2）饮食护理：给予高蛋白、高维生素、清淡易消化饮食，心力衰竭病人应限制钠盐和水的摄入，注意少食多餐，避免饱餐。 （3）根据病情需要，给予吸氧。	病人休息与活动的安排________，饮食要点________。
2．病情监测	重点监测病人的生命体征、意识状态及胸痛的部位、性质及呼吸困难的程度，必要时进行心电监护。观察有无心力衰竭、心律失常及各类并发症。	

续表

护理流程	护理要点	护理措施重点分析
3．用药护理	（1）长期、大剂量静脉应用抗生素时，可用静脉留置针以保护静脉。 （2）遵医嘱给予洋地黄、抗心律失常药物、β 受体阻滞剂等，密切观察心率、心律的变化。	病人的主要用药________，注意事项________。
4．心理护理	医护人员多与病人沟通，帮助病人树立战胜疾病的信心；安慰病人，使病人保持稳定的情绪。	
5．健康指导	（1）疾病预防指导：向病人及家属讲解疾病的相关知识，日常生活中注意避免诱发因素。教会病人及家属自测脉搏和脉律，自我监测病情变化，若有异常，及时就医。 （2）生活指导：嘱病人平时合理安排休息与活动，避免剧烈运动与劳累，注意保暖，避免感冒。	指导病人日常保健要点________。

护理评价

护理目标的达成情况。

护考知识链接……

1．急性感染型心内膜炎主要的致病菌是金黄色葡萄球菌，亚急性感染型心内膜炎的主要致病菌是草绿色链球菌。
2．感染型心内膜炎最常见的症状是发热，最常见的并发症是心力衰竭，最有价值的诊断方法是血培养。
3．纤维蛋白性心包炎主要症状是心前区疼痛，其典型体征是心包摩擦音；心包积液时最突出的症状是呼吸困难；心脏压塞时可出现奇脉（吸停脉）。
4．采集血培养标本注意事项：未经治疗的亚急性病人，应在第1天间隔1小时采血1次，共3次；如次日未见细菌生长，重复采血3次后，开始抗生素治疗；已用抗生素者，停药2～7天后采血；急性病人应在入院后立即安排采血，在3小时内每隔1小时采血1次，共取3次血标本后，按医嘱开始治疗；本病的菌血症为持续性，无需在体温升高时采血；每次采血10～20ml，同时做需氧菌和厌氧菌培养。
5．心包穿刺术中严格无菌操作，随时夹闭胶管，防止空气进入心包腔，控制抽液量，防止急性右心室扩张，若抽出鲜血，立即停止操作。操作后继续心电监护，做好引流管护理。
6．梗阻性肥厚型心肌病病人，心绞痛发作时不宜用硝酸酯类药物。

护考练兵场……

A$_1$型题（单选题）

1. 引起病毒性心肌炎最常见的病原体是（　　）
   A. 流感病毒　B. 埃可病毒　C. 柯萨奇病毒
   D. 轮状病毒　E. 腺病毒
2. 与病毒性心肌炎病人的体征不符的是（　　）
   A. 第一心音低钝　B. 交替脉　C. 心率增快，与体温升高成正比
   D. 心脏扩大　E. 舒张期奔马律
3. 肥厚型心肌病病人出现胸痛时选用的药物是（　　）
   A. β受体阻滞药　B. 硝酸甘油　C. 洋地黄制剂
   D. 丹参滴丸　E. 镇痛药
4. 肥厚型心肌病的特征表现是（　　）
   A. 心肌肥厚，心室腔变小　B. 奇脉　C. 交替脉
   D. 心包摩擦音　E. 心尖部舒张期隆隆样杂音
5. 下列哪种疾病最常测到水冲脉（　　）
   A. 颅内压增高　B. 房室传导阻滞　C. 主动脉瓣关闭不全
   D. 高血压性心脏病　E. 心包积液
6. 纤维蛋白性心包炎的典型体征是（　　）
   A. 高热　B. 呼吸困难　C. 心包摩擦音
   D. 水肿　E. 发绀

我学会了……

我掌握了……

我的问题……

任务十　周围血管疾病病人的护理

我们的目标是……

- 了解周围血管疾病发生的病因、病理。
- 熟悉周围血管疾病病人的临床特点、护理诊断。
- 掌握周围血管疾病病人的护理措施。

我们的任务是……

- 学会周围血管疾病病人的护理评估。
- 根据情景案例提出主要的护理诊断。
- 初步实施周围血管疾病病人的护理措施。

任务实施中……

临床情景——心血管科

崔先生，65岁，农民。双下肢静脉曲张伴酸胀15年。15年前病人两小腿内侧出现静脉屈曲，开始无自觉症状，以后静脉曲张逐渐加重并向上延伸，伴患肢酸胀，长久站立后尤为明显。病人长期从事重体力劳动，其父有静脉曲张病史。检查病人双下肢内侧静脉屈曲成团，明显突出皮面，两小腿皮肤色素沉着。双侧深静脉通畅试验提示深静脉均通畅。

问题1. 崔先生可能得了什么病？存在哪些身心状况？

问题2. 根据崔先生的身心状况，他存在哪些护理问题？

问题3. 若你是当班护士，你如何护理崔先生？

根据本任务的临床情景，完成表1-26。

表 1-26　情景案例病人的护理评估分析

评估项目	评估要点
1．健康史	性别________；年龄________；职业________ 现病史（病情、诊疗过程、现自觉症状等）________ 起病情况（时间、原因或诱因、症状体征等）________ 既往史（疾病、生活、家族史等）________

续表

评估项目	评估要点
2．身体状况	症状________ 体征________
3．心理–社会状况	（伴有的心理状况）________
4．辅助检查	（项目名称及结果）________
结论：病人可能得了________，伴有________	

一、概述

周围血管疾病常见的有下肢静脉曲张和血栓闭塞性脉管炎。

下肢静脉曲张是指下肢表浅静脉因血液回流障碍而引起的静脉迂曲和扩张，晚期常并发小腿慢性溃疡。原发性下肢静脉曲张最多见，由先天性静脉壁薄弱，瓣膜发育不良，后天长期腹内压增高引起。大隐静脉曲张较小隐静脉曲张多见。

血栓闭塞性脉管炎，也称Buerger病，是一种以累及肢体中、小动静脉为主的慢性、进行性、非化脓性炎症和闭塞性疾病。病变多发生在下肢中、小动静脉（胫前、胫后动脉），尤其是下肢的小动脉，小静脉也常受累。好发于男性青壮年。主要与吸烟、寒冷、潮湿等外部因素和男性激素、自身免疫功能紊乱等内部因素有关。

二、护理评估

（一）原发性下肢静脉曲张

1．健康史　评估病人的身体状况，有无慢性咳嗽、妊娠、习惯性便秘。了解病人的工作性质是否为长期站立或重体力劳动。

2．身体状况　在小腿部浅静脉曲张、屈曲、隆起，似蚯蚓状（图1-13），直立时更明显；站立过久或走长路时，常感下肢沉重发胀、小腿酸痛、易疲劳。后期，小腿部皮肤常出现营养障碍，表现为萎缩、干燥、毛发脱落、色素沉着、足背水肿，轻微损伤后即造成经久不愈的溃疡。若曲张静脉破裂，则可引起大量出血。

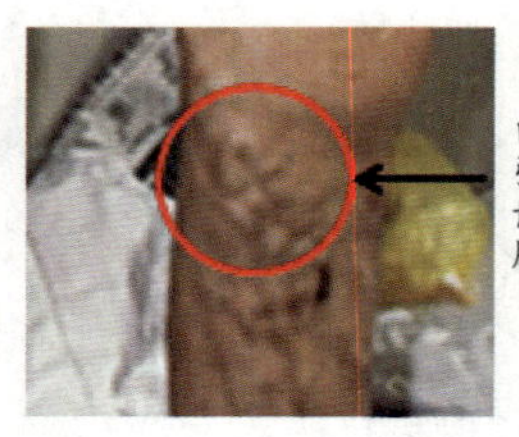

图 1-13　静脉曲张

3．心理–社会状况　静脉曲张病程长，下肢酸胀易疲劳，溃疡经久不愈，病人常为之苦恼、焦虑。

4．辅助检查

（1）深静脉通畅试验：又称波氏试验，即Perthes试验，是检查深静脉是否通畅的方法（图1-14）。

1）方法：病人站立，大腿中部绑扎止血带以阻断下肢浅静脉，嘱病人用力踢腿20次或反复下蹲10余次后，观察静脉曲张程度变化。

2）结果：活动后曲张静脉消失或充盈减轻，表示深静脉通畅；活动后曲张、充盈更明显，表示深静脉不通畅。

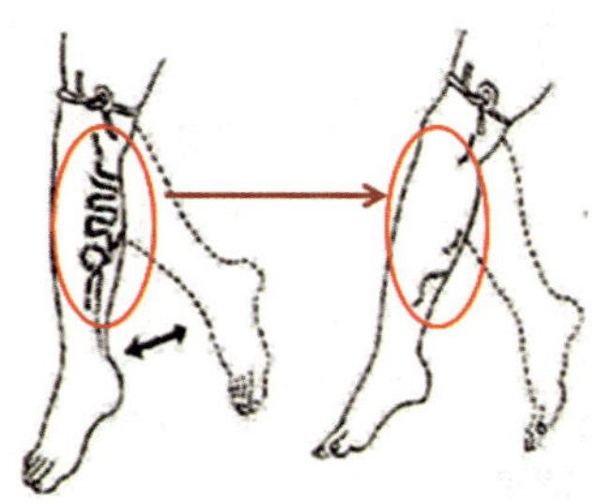

图 1-14　深静脉通畅试验

（2）浅静脉及交通支瓣膜功能试验：又称曲氏试验，即Trendelenburg试验，是检查大隐静脉及交通静脉瓣膜功能的试验。

1）大隐静脉瓣膜功能试验（曲氏试验Ⅰ）：让病人仰卧、抬高患肢，充分排空浅静脉内血液，在大腿根部扎止血带，阻断大隐静脉，然后让病人站立，10秒钟内放松止血带，如出现大隐静脉自上而下的反向充盈，说明大隐静脉瓣膜功能损害。

2）交通支瓣膜功能试验（曲氏试验Ⅱ）：方法与试验Ⅰ相同，但在病人站立后不松止血带。若曲张静脉迅速充盈，说明交通支静脉瓣膜功能不全。

5．治疗要点

（1）非手术方法

1）适应证：症状轻、症状局限、妊娠等。

2）方法：患肢穿弹力袜或用弹力绷带，避免久站、久坐；间歇抬高患肢。

（2）硬化剂注射法

1）适应证：术后残留病变，术后复发。

2）方法：常用5%鱼肝油酸钠、酚甘油液等。绷带包扎3～6周，避免久站，鼓励行走。

（3）手术疗法是最根本的治疗方法。

1）方法：高位结扎大隐或小隐静脉，大隐或小隐静脉主干及曲张静脉剥脱。

2）禁忌证：深静脉不通畅。

（二）血栓闭塞性脉管炎

1．健康史　询问病人有无长期吸烟史，生活环境是否潮湿、寒冷，有无损伤和感染病史。了解病人有无自身免疫功能紊乱、性激素和前列腺素失调及遗传病史。

2．身体状况　主要表现为不同程度的缺血症状。临床上按缺血程度，可分为三期。

（1）局部缺血期（早期或Ⅰ期）：以血管痉挛为主，间歇性跛行，游走性静脉炎，足背及胫后动脉搏动减弱。

（2）营养障碍期（中期或Ⅱ期）：血栓形成，特征性表现为静息痛，足背及胫后动脉搏动消失。

（3）坏疽期（组织坏死期或晚期、Ⅲ期）：动脉完全闭塞，干性坏疽，继发感染时，转为湿性坏疽，疼痛剧烈，屈膝抱足为坏疽期典型体位。

3．心理–社会状况　病人患肢剧烈疼痛、反复发作、丧失劳动能力，严重影响生活等，易出现焦虑、悲观情绪。

4．辅助检查

（1）测定皮肤温度：若双侧肢体对应部位皮肤温度相差2℃以上，提示皮温降低侧动脉血流减少。

（2）肢体抬高试验

（3）多普勒超声检测

（4）动脉造影

5．治疗要点

（1）非手术治疗：绝对禁烟、防止受凉、受潮和外伤。可采用止痛、药物治疗、高压氧疗等。不可使用热疗，以免组织需氧量增加而加重症状。

（2）手术治疗：腰交感神经切除术、动脉重建术、游离血管蒂大网膜移植术、分期动静脉转流术、截肢术。

三、护理诊断

1．组织灌注量改变　与静脉淤血及血管闭塞有关。

2．皮肤完整性受损　与皮肤营养障碍并发感染有关。

3．焦虑或恐惧　与对疾病存在错误认识，担心手术及预后有关。

护理目标

病人下肢静脉淤血症状缓解，皮肤营养状况改善；情绪稳定，积极配合治疗及护理。

四、护理措施

表 1-27　周围血管疾病病人的围手术期护理

护理流程	护理要点	案例重点分析
1．术前护理	（1）严格备皮：术前应淋浴、修剪趾甲，备皮范围包括脐以下至整个患肢，注意清洗肛门和会阴。若术中需植皮时，还应做好供皮区皮肤准备。	备皮________，减轻水肿________，局部护理________。

续表

护理流程	护理要点	案例重点分析
	（2）抬高患肢：可减轻症状。合并下肢水肿者，术前数日抬高患肢，减轻水肿，利于术后伤口愈合。 （3）局部护理：并发小腿慢性溃疡者，术前加强换药，局部包扎，避免渗液污染周围皮肤，术前2～3天用70%乙醇擦拭周围皮肤，每日1～2次。	
2．术后护理 足背屈伸运动	（1）一般护理：对行大隐静脉高位结扎加分段剥脱术后病人，应抬高患肢30°，同时做足背屈伸运动，以促进静脉血回流。注意保持弹力绷带适宜的松紧度。弹力绷带一般需维持2周才可拆除。如无异常情况，术后24～48小时，应鼓励病人下地行走。 （2）观察并发症：如发现有局部出血、感染和血栓性静脉炎等并发症表现，应及时报告医生妥善处理。	一般护理________，并发症观察________。
3．健康指导	（1）患肢穿弹力袜或用弹力绷带，以利于血液回流。 （2）适当卧床休息、抬高患肢、避免站立过久。 （3）患肢应避免外伤，以防止曲张静脉破裂引起大出血。	指导崔先生保健的侧重点________。

护理评价

护理目标的达成情况。

护考知识链接……

1．原发性下肢静脉曲张最多见，由先天性静脉壁薄弱，瓣膜发育不良，后天长期腹内压增高引起。大隐静脉曲张较小隐静脉曲张多见。

2．下肢静脉曲张最早表现为站立过久或走长路时，常感下肢沉重发胀、小腿酸痛、易疲劳。最主要的表现为小腿部浅静脉隆起、曲张，直立时明显。后期小腿部皮肤常出现营养障碍，表现为皮肤萎缩、干燥、毛发脱落、色素沉着、足背水肿。

3．下肢静脉造影是诊断下肢静脉曲张最重要、最有效的方法。

4．护理下肢静脉曲张的重要措施：活动时患肢穿弹力袜或用弹力绷带；避免久站、久坐；注意休息，抬高患肢；保持大小便通畅，防止腹内压增高。术后48小时鼓励病人下床活动，目的是预防下肢静脉血栓形成。术后弹力绷带维持2周。

5．血栓闭塞性脉管炎的发生主要与吸烟、寒冷、潮湿等外部因素和男性激素、自身免疫功能紊乱等内部因素有关。

6．血栓闭塞性脉管炎局部缺血期典型表现为间歇性跛行，营养障碍期典型表现为静息痛。

7．血栓闭塞性脉管炎病人要绝对戒烟，因烟碱对血管有直接收缩作用，影响病人预后。

8．血栓闭塞性脉管炎病人肢体要注意保暖，但应避免直接加温，如使用热水袋、热垫、热水泡足等。

9．血栓闭塞性脉管炎病人应取头高脚低位。静脉重建术后抬高患肢30°，卧床制动1周；动脉重建术后平放患肢，卧床制动2周。

10．要鼓励血栓闭塞性脉管炎病人多做Buerger运动（病人平卧，患肢抬高45°，维持1～2分钟，然后双足下垂于床边4～5分钟，同时双足和足趾向上、下、内、外各个方向运动10次，再将患肢平放休息2分钟，如此反复5次），可被动增加末梢血液循环，促进侧支循环建立。

护考练兵场……

A_1/A_2型题（单选题）

1．病人，女性，40岁，教师。右下肢静脉迂曲扩张15年，长期站立有酸胀感，近2年右足靴区颜色加深、肿胀，大隐静脉瓣膜功能试验（+），深静脉通畅试验（–）。诊断可能是（　　）

A．单纯性下肢静脉曲张　B．原发性下肢深静脉瓣膜功能不全

C．下肢深静脉血栓形成　D．动静脉瘘　E．血栓性浅静脉炎

2．决定大隐静脉曲张病人能否手术的检查是（　　）

A．浅静脉瓣膜功能试验　B．交通静脉瓣膜功能试验　C．深静脉通畅试验

D．肢体抬高试验　E．直腿抬高试验

3．关于血栓闭塞性脉管炎，错误的是（　　）

A．一种进行缓慢的周围血管血栓闭塞性疾病

B．主要分布于北方有长期吸烟史的男性人群

C．病变主要累及下肢中小动静脉，尤其是动脉

D．同时有代偿性侧支循环形成，可望不治而愈

E．血栓闭塞性脉管炎的炎症本质是慢性非化脓性炎症

4．血栓闭塞性脉管炎营养障碍期的主要表现是（　　）

A．肢端发黑干性坏疽　B．间歇性跛行　C．游走性静脉炎

D．静息痛　E．趾端经久不愈的溃疡

5．李先生，40岁，长期吸烟，左下肢间歇性跛行及反复发作的游走性静脉炎多年。可能的诊断是（　　）

A．动脉栓塞　B．血栓闭塞性脉管炎　C．动脉闭塞性硬化症

D．雷诺综合征　E．大动脉炎

综合运用……

（接前述案例）崔先生病情好转出院。

问题：作为责任护士，请结合案例制定一份健康教育处方。

我学会了……

我掌握了……

我的问题……

聚焦二十大……

习近平总书记在二十大报告中指出：我们要坚持教育优先发展、科技自立自强、人才引领驱动，加快建设教育强国、科技强国、人才强国，坚持为党育人、为国育才，全面提高人才自主培养质量，着力造就拔尖创新人才，聚天下英才而用之。

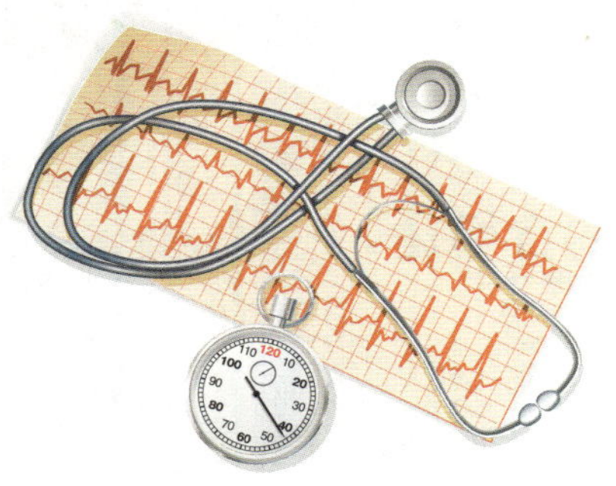

项目二

消化系统疾病病人的护理

腹泻病人禁忌

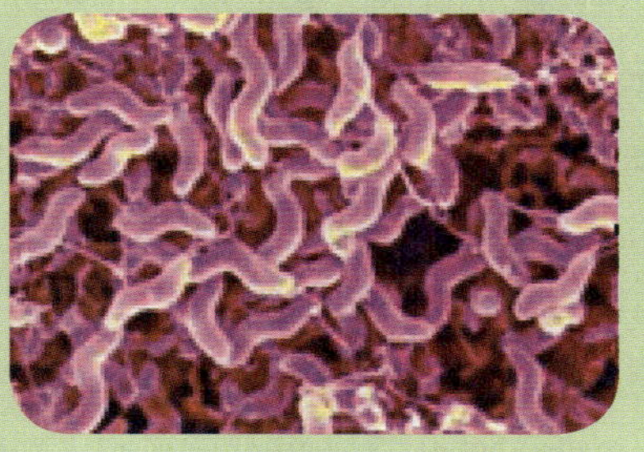

任务一　消化系统疾病常见症状与体征的护理

我们的目标是……

- 了解消化系统疾病常见症状的定义。
- 熟悉消化系统疾病常见症状与体征的主要护理诊断。
- 掌握消化系统疾病常见症状与体征的护理措施。

我们的任务是……

- 学会消化系统疾病常见症状与体征的护理评估。
- 提出消化系统疾病常见症状与体征的主要护理诊断。
- 初步实施消化系统疾病常见症状及体征的护理措施。

任务实施中……

一、概述

消化系统由消化管和消化腺组成。前者包括口腔、咽、食管、胃、肠和肛门，后者包括唾液腺、肝、胰和消化管内的黏膜腺。消化系统的基本生理功能是摄取、转运、消化食物、吸收营养和排泄废物。消化系统除保证人体获得能源、维持生命外，还能分泌多种激素，参与消化系统生理功能的调节。消化系统疾病多呈慢性病程，易造成严重的消化和呼吸功能障碍。消化系统疾病的常见症状有恶心与呕吐、腹胀、腹痛、腹泻等。

1．恶心、呕吐　恶心为上腹部不适、紧迫欲吐的感觉。呕吐是指通过胃的强烈收缩迫使胃或部分小肠内容物经食管、口腔排出体外的现象。

胃源性呕吐常见于急慢性胃肠炎、消化性溃疡、幽门梗阻等。反射性呕吐常见于腹腔脏器病变如胆囊炎、胰腺炎、腹膜炎、肠梗阻等。幽门梗阻呕吐常发生在晚上或夜间；妊娠呕吐多发生在清晨。 呕吐大量隔夜宿食见于幽门梗阻；有蒜臭味见于有机磷农药中毒；上消化道出血时呕吐物呈咖啡色甚至鲜红色；低位肠梗阻呕吐时，呕吐物可呈粪样；颅内高压所致者，多无恶心先兆，呕吐呈喷射状，呕吐后无轻松感。

2．腹痛　腹痛是指局部的感觉神经纤维受到炎症、缺血、损伤及理化因子等因素刺激后，产生冲动传至痛觉中枢，所产生的疼痛感。常见于腹部疾病、腹外脏器疾病及功能性胃肠病等。一般腹痛部位多为病变部位，如胃、十二指肠疾病多位于上腹部，阑尾炎疼痛多位于右下腹麦氏点，弥漫性腹痛见于腹膜急、慢性炎症。阵发性剑突下钻顶样疼痛常为胆道蛔虫病。急性胰腺炎引起的上腹部剧烈疼痛向腰背部呈带状放射；急性胆囊炎、胆石症引起的疼痛向下腹、会阴部、同侧腹股沟放射。

3．腹泻　腹泻是指排便次数增多，粪质稀薄，或带有黏液、脓血或未消化的食物。腹泻分为急性与慢性两种，超过两个月者属慢性腹泻。大量水泻易导致脱水和电解质丢失。

4．便秘　便秘是指排便次数减少，每周排便3次，排便困难，粪便干结。按病程或起病方式分为急性便秘和慢性便秘；按有无器质性病变分为器质性便秘和功能性便秘；按粪块积留的部位分为结肠便秘和直肠便秘；按结肠、直肠平滑肌功能状态分为弛缓性便秘和痉挛性便秘。

二、护理评估

（一）健康史

1．恶心、呕吐病人　询问病人最近工作、心理压力及饮食情况；有无前庭功能障碍、药物影响及颅内高压等；有无尿毒症、酮症酸中毒、低钾血症引起的代谢障碍；有无胃肠和肝、胆、胰疾病以及泌尿、心血管等系统疾病的病史。

2．腹痛病人　询问病人有无腹部脏器、腹外脏器及某些全身性疾病病史，如胃炎、肠炎、肠梗阻、急性心肌梗死、糖尿病酮症酸中毒等。

3．腹胀病人　询问病人有无急性胃扩张、幽门梗阻、急性胰腺炎、肠梗阻等病史；有无肝硬化、结核性腹膜炎等病史；有无溃疡性结肠史；有无低钾血症、腹部外伤及腹部手术史等。

4．腹泻病人　询问病人有无服用番泻叶、硫酸镁等药物史；有无饮食不当，如进食不洁或刺激性食物、聚餐史；有无肠道或全身性感染及胃肠道手术史等。

（二）身体状况

1．呕吐的表现

（1）呕吐的特征：注意呕吐的时间、频率、方式、呕吐物的量与性状。妊娠、尿毒症多为清晨空腹呕吐。幽门梗阻多在下午或晚间呕吐，量大，含酸性发酵宿食，不含胆汁。急性胰腺炎可出现频繁剧烈的呕吐，呕吐胃内容物甚至胆汁。上消化道出血时呕吐物呈咖啡色，甚至鲜红色。低位肠梗阻呕吐出现迟而少，呕吐物可呈粪样。颅内高压所致者，多无恶心先兆，呈喷射状，呕吐后无轻松感。

（2）呕吐与进食的关系：精神性呕吐，常在进食过程中或餐后即刻呕吐，量少，呕吐后可再进食。餐后较久或数餐后呕吐见于幽门梗阻。餐后近期呕吐，特别是集体发病者，多由食物中毒所致。

2．腹痛的表现

（1）腹痛的特征：腹痛的部位、性质和程度常与疾病有关。如急性胰腺炎多表现为中上腹持续性剧痛或阵发性加剧，可为钝痛、刀割样痛等；胃、十二指肠溃疡穿孔多为突发的中上腹部刀割样剧痛；急性弥漫性腹膜炎多表现为持续性、广泛性剧烈腹痛伴腹壁肌紧张或板样强直；胆道蛔虫症典型表现为突发性剑突下钻顶样剧烈疼痛。

（2）影响疼痛的因素：消化性溃疡病人的腹痛与进食有关，胃溃疡表现为餐后痛，十二指肠溃疡表现为饥饿痛；急性胰腺炎病人进食或饮酒后疼痛加重，取弯腰抱膝位疼痛可减轻；胆结石病人进食油腻食物可使腹痛加剧。

3．腹胀的表现

（1）腹胀的特征：急性胰腺炎引起的腹胀常与腹痛同时存在；幽门梗阻多表现为上腹部饱胀不适，以餐后为甚，呕吐后可减轻；腹膜炎病人常有腹胀感，伴腹水时加重。

（2）伴随症状：肝硬化引起的腹胀常伴有食欲减退、恶心、呕吐等肝功能减退和门静脉高压的表现；急性胰腺炎引起的腹胀多伴有腹痛、恶心与呕吐，严重时出现麻痹性肠梗阻；低钾血症引起的腹胀常伴有软弱无力、厌食、恶心与呕吐等表现。

4．腹泻的表现

（1）腹泻的特征：急性感染性腹泻者，每天排便次数可多达10次以上，如为细菌感染，常有黏液血便或脓血便；阿米巴痢疾的粪便呈暗红色或果酱样；慢性腹泻者，每天多排便数次，可为稀便，也可带黏液和脓血。重型腹泻常合并水、电解质和酸碱平衡紊乱。

（2）伴随症状：伴有里急厚重者见于急性细菌性痢疾、直肠炎症等；伴重度失水者见于霍乱、细菌性食物中毒及尿毒症。

（三）心理-社会状况

长期反复恶心与呕吐、腹痛、腹胀、腹泻，可使病人紧张、烦躁不安，甚至有焦虑和恐惧心理。

（四）辅助检查

1．实验室检查　包括粪便检查，血液、尿液检查，腹水检查。

2．内镜检查　常用胃、十二指肠肠镜，结肠镜和腹腔镜等。

3．活组织检查　取活组织做组织病理学检查具有确诊价值。

4．影像学检查　包括B超、X线检查，即腹部平片、胃肠造影、CT检查等。

5．腹腔穿刺术　腹腔穿刺抽取少量腹水做检验，可明确腹腔积液的性质，协助病因诊断。

三、护理诊断

1．体液不足　与剧烈的呕吐有关。

2．腹痛　与胃肠道炎症、溃疡及肿瘤等病变累及脏器包膜、腹膜壁层或腹部的感觉神经有关。

3．腹泻　与胃肠道疾病或全身疾病有关。

4．有体液不足的危险　与严重腹泻导致体液丢失有关。

5．焦虑　与胃肠道积气、积食有关。

护理目标

病人生命体征正常；无恶心、呕吐；无腹痛、腹泻等；情绪稳定；能积极配合治疗和护理。

四、护理措施

表 2-1　消化系统疾病病人常见症状与体征的护理

护理流程	护理要点	护理措施重点分析
1．一般护理 腹泻病人禁忌	(1) 休息与体位：呕吐时应协助病人取侧卧位，头偏向一侧。腹泻病人全身症状明显者应卧床休息，注意腹部保暖；慢性、轻症者可适当活动。 (2) 饮食护理：腹泻病人给予少渣、低脂、低纤维素食物为主，避免刺激性食物。急性腹泻应酌情给予禁食、流质、半流质或软食。呕吐后及时清除呕吐物，给病人漱口，清洗被污染的床褥、衣被等。用纱布清洁口腔时，避免刺激舌、咽及上腭等。	呕吐病人休息________，饮食护理________。
2．病情监测	监测血电解质和酸碱平衡状态。持续性呕吐时，可引起代谢性碱中毒，观察并记录呕吐的时间、次数、方式，呕吐物的量、颜色、气味及成分等。观察腹痛的规律和特点，监测生命体征及腹部体征的变化，及时发现并发症。	病情监测重点________。
3．皮肤护理	腹泻病人加强肛周皮肤护理，排便后温水清洗肛周，局部用药。	皮肤护理________。
4．用药护理	剧烈呕吐不能进食或严重水、电解质紊乱时，主要通过静脉输液给予纠正。	

续表

护理流程	护理要点	护理措施重点分析
5．健康指导	保持情绪稳定；遵医嘱服药，观察药物疗效及不良反应；识别并发症并及时就诊。	保健指导侧重点______。

护理评价

护理目标的达成情况。

护考知识链接……

1．胃壁分为黏膜层、黏膜下层、肌层和浆膜层。黏膜层由3种细胞构成。壁细胞分泌盐酸和内因子；主细胞分泌胃蛋白酶原；黏液细胞分泌碱性黏液。
2．成年人食管长约25cm，门齿距食管起点约15cm。
3．胃排空时间为4～6小时。
4．袋状往返运动是空腹时大肠最常见的运动形式。

护考练兵场……

A_1/A_2型题（单选题）

1．病人呕血时，护士为其采取哪种体位可以减少并发症（　　）

A．平卧位，头偏向一侧　B．端坐卧位　C．头低足高位
D．头高足低位，头偏向一侧　E．半坐位，头偏向一侧

2．人体食管的长度约为（　　）

A．25cm　B．28cm　C．30cm
D．45cm　E．50cm

3．空腹时大肠最常见的运动形式是（　　）

A．集团蠕动　B．袋状往返运动　C．分节推进运动
D．移行性复合运动　E．蠕动

学习反思……

我学会了……

我掌握了……

我的问题……

任务二 慢性胃炎病人的护理

我们的目标是……

- 了解慢性胃炎的定义、分类。
- 熟悉慢性胃炎病人的主要护理诊断。
- 掌握慢性胃炎病人的身体状况、护理措施。

我们的任务是……

- 学会慢性胃炎病人的护理评估。
- 根据情景案例提出主要的护理诊断。
- 初步实施慢性胃炎病人的护理措施。

任务实施中……

临床情景——消化内科

沈大爷，60岁。近2年反复上腹部胀痛，反酸嗳气，食欲减退，平时嗜酒和浓茶。一周前上述症状加重，伴纳差、乏力、恶心、呕吐，来院就诊。护理体检：T 37.0℃，P 78次/分，R 18次/分，BP 130/70mmHg，神志清，精神可，心肺听诊无异常，腹软，上腹部压痛明显，无反跳痛，肠鸣音正常。胃镜检查：慢性浅表性胃炎。治疗方法：抑制胃酸分泌，支持补液等治疗。

问题1. 沈大爷可能得了什么病？存在哪些身心状况？

问题2. 根据沈大爷的身心状况，他存在哪些护理问题？

问题3. 若你是当班护士，你如何护理沈大爷？

根据本任务的临床情景，完成表2-2。

表 2-2 情景案例病人的护理评估分析

评估项目	评估要点
1．健康史	性别________；年龄________ 现病史（病情、诊疗过程、现自觉症状等）________ 起病情况（时间、原因或诱因、症状体征等）________ 既往史（疾病、生活、家族史等）________

续表

评估项目	评估要点
2．身体状况	症状________ 体征________
3．心理-社会状况	（伴有的心理状况）________
4．辅助检查	（项目名称及结果）________
结论：病人可能得了________，伴有________	

一、概述

胃炎是指任何病因引起的胃黏膜炎症，是最常见的消化道疾病之一。按临床发病急缓和病程长短，一般将胃炎分为急性胃炎和慢性胃炎。慢性胃炎主要是由幽门螺杆菌（Hp）感染引起的胃黏膜慢性炎症。我国目前采用国际上新悉尼系统分类法，将慢性胃炎分为浅表性、萎缩性和特殊类型三大类。

二、护理评估

（一）健康史

1．幽门螺杆菌感染是慢性胃炎最主要的病因。

2．自身免疫反应，如白癜风、恶性贫血等。

3．理化因素影响如吸烟，长期摄食粗糙或刺激性食物、酗酒、高盐饮食，经常服用非甾体类抗炎药等。

4．其他因素如年龄、环境等。

（二）身体状况

1．症状　症状缺乏特异性，如上腹痛（图2-1）或不适、食欲减退、饱胀、嗳气、反酸、恶心等。

2．体征　上腹部轻度压痛，部分病人无明显体征。

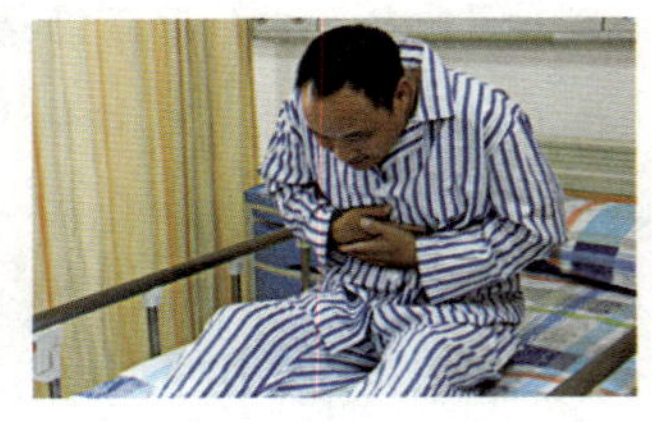

图 2-1　上腹痛

（三）心理-社会状况

病人易产生焦虑、忧虑等情绪，少数病人因害怕癌变而恐惧。

（四）辅助检查

1．胃液检查　有无胃酸减少或缺乏有助于胃炎的分型。

2．血清学检查　自身免疫性胃炎血清促胃液素水平增高，可测得抗壁细胞抗体和抗内因子抗体阳性。

3．幽门螺杆菌检测　有助于病因诊断。

4．胃镜及活组织检查　是最可靠的诊断方法（图2-2）。

（1）慢性浅表性胃炎：可见红斑、黏膜粗糙不平、出血点、黏膜水肿、渗出等表现。

（2）慢性萎缩性胃炎：可见黏膜红白相间，血管显露，色泽灰暗，皱襞细小，或表现为黏膜呈颗粒状或结节状。

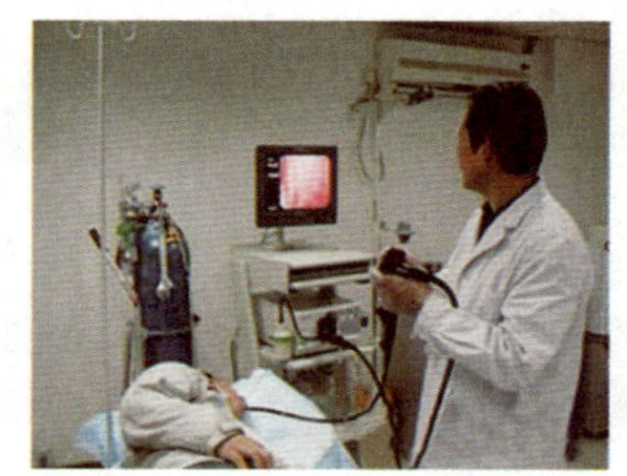

图 2-2　胃镜检查

（五）治疗要点

治疗原则是消除病因、缓解症状、控制感染、防治癌前病变。对幽门螺杆菌感染者，治疗方案见消化性溃疡；非甾体类抗炎药引起者，停药并给予抗酸药；有胆汁反流者，可用氢氧化铝凝胶来吸附，或予以硫糖铝及促胃动力药以中和胆盐，防止反流；自身免疫性胃炎伴有恶性贫血者，可注射维生素B_{12}纠正。

三、护理诊断

1．疼痛　与胃黏膜慢性炎症有关。

2．营养失调：低于机体需要量　与畏食、消化吸收不良有关。

护理目标

病人疼痛减轻或消失；情绪稳定；能简单陈述慢性胃炎的预防保健知识。

四、护理措施

表 2-3　慢性胃炎病人的护理

护理流程	护理要点	案例重点分析
1．一般护理	（1）休息：急性发作期卧床休息；恢复期生活规律。 （2）饮食护理：急性发作期给予无渣、半流质的温热饮食，如牛奶、米汤等；恢复期给予高热量、高蛋白、高维生素易消化饮食。规律进食，少食多餐，避免粗糙、过咸、过冷、过热和刺激性强的饮食，如辛辣食物、浓茶、咖啡等。	沈大爷的休息________，饮食护理________。

续表

护理流程	护理要点	案例重点分析
2．病情监测	观察腹痛的部位、性质，呕吐物与大便的颜色、量、性质，密切观察病人病情变化。	沈大爷病情监测重点________。
3．用药护理	遵医嘱服用多潘立酮等促胃肠动力药，加速胃排空；应在饭前服用，不宜与阿托品等解痉药合用。	服药注意事项________。
4．心理护理	安慰病人，保持情绪稳定，减轻焦虑，促进早日康复。	
5．健康指导	避免诱发因素，保持良好心态，生活规律，注意劳逸结合；避免应用对胃黏膜有刺激性的药物；合理安排休息与睡眠，促进康复。	沈大爷保健的侧重点________。

护理评价

护理目标的达成情况。

护考知识链接……

1．目前认为慢性胃炎90%由幽门螺杆菌感染引起。

2．慢性胃炎症状缺乏特异性：上腹痛或不适、食欲减退、饱胀、嗳气、反酸、恶心等症状，少数病人有呕血或黑粪表现。

3．自身免疫性胃炎伴有恶性贫血者，可注射维生素B_{12}纠正。

4．胃镜及活组织检查是最可靠的诊断方法。

5．硫糖铝在餐前1小时或睡前服用效果最好，如需同时应用制酸剂，需在硫糖铝服用前半小时或服后1小时给予。

6．胃酸缺乏者可酌情食用酸性食物如山楂、食醋、浓肉汤、鸡汤等。

护考练兵场……

A_1型题（单选题）

1．诊断慢性胃炎最有价值的检查是（　　）

A．胃液分析　　B．血清学检查　　C．胃镜及胃黏膜活组织检查

D．幽门螺杆菌检测　　E．X线钡餐检查

2．对慢性胃炎病人的健康指导不正确的是（　　）

A．注意休息，减少活动　　B．可进食浓茶、咖啡等流质饮食

C．戒除烟酒　　D．不可暴饮暴食　　E．保持轻松愉快的心情

A_3/A_4型题（单选题）

（3～4题共用题干）王先生，32岁，既往健康，无消化道疾病病史。昨晚和朋友大量饮酒，今晨起上腹疼痛不适，黑粪2次，呕吐1次，呕吐物中有少量咖啡色物。

3．该病人最可能的临床诊断是（　　）

A．急性糜烂出血性胃炎　　B．消化性溃疡　　C．慢性浅表性胃炎

D．慢性萎缩性胃炎　　E．胃癌

4．为进一步明确诊断拟进行胃镜检查，检查时间最好在（　　）

A．出血后12小时内　　B．出血后24~48小时内　　C．出血停止后24~48小时内

D．出血后48~72小时内　　E．出血停止后72小时以内

综合运用……

（接前述案例）沈大爷病情好转出院。

问题：作为责任护士，请结合案例制定一份健康教育处方。

学习反思……

我学会了……

我掌握了……

我的问题……

任务三　消化性溃疡病人的护理

我们的目标是……

- 了解消化性溃疡的治疗原则。
- 熟悉消化性溃疡的危险因素、主要护理诊断。
- 掌握消化性溃疡的定义、病人身体状况及护理措施。

我们的任务是……

▲ 学会消化性溃疡病人的护理评估。

▲ 根据情景案例提出主要的护理诊断。

▲ 初步实施消化性溃疡病人的护理措施。

任务实施中……

临床情景——消化科

钱先生，55岁。反复中上腹疼痛3年余，疼痛呈烧灼感，常有午夜痛，进食后疼痛能缓解。近日来症状加重。护理体检：T 36.5℃，P 78次/分，R 18次/分，BP 132/70mmHg，神志清，精神可，全身皮肤、巩膜无黄染，淋巴结无肿大，腹软，上腹部有压痛，肠鸣音正常，双下肢无浮肿。纤维胃镜检查见十二指肠球部黏膜潮红水肿，球腔变形变小，前壁近大弯处有一椭圆形溃疡，边缘光滑，表面覆盖厚白苔，周围黏膜明显水肿。幽门螺杆菌阳性。治疗方法：抑制胃酸分泌，保护胃黏膜，根除幽门螺杆菌。

问题1. 钱先生可能得了什么病？存在哪些身心状况？

问题2. 根据钱先生的身心状况，他存在哪些护理问题？

问题3. 若你是当班护士，你如何护理钱先生？

根据本任务的临床情景，完成表2-4。

表 2-4　情景案例病人的护理评估分析

评估项目	评估要点
1．健康史	性别________；年龄________ 现病史（病情、诊疗过程、现自觉症状等）________ 起病情况（时间、原因或诱因、症状体征等）________ 既往史（疾病、生活、家族史等）________
2．身体状况	症状________ 体征________
3．心理-社会状况	（伴有的心理状况）________
4．辅助检查	（项目名称及结果）________
结论：病人可能得了________，伴有________	

一、概述

消化性溃疡主要指发生在胃和十二指肠的慢性溃疡，即胃溃疡（GU）和十二指肠溃疡（DU），因溃疡形成与胃酸/胃蛋白酶的消化作用有关，故称消化性溃疡（图2-3）。

幽门螺杆菌（图2-4）感染是消化性溃疡发病的主要病因，消化性溃疡的最终形成是由于胃酸/胃蛋白酶对黏膜自身消化，而胃酸又在其中起主要作用。非甾体类抗炎药、胃黏膜屏障、吸烟、遗传因素、胃十二指肠运动异常、应激等也会导致消化性溃疡。

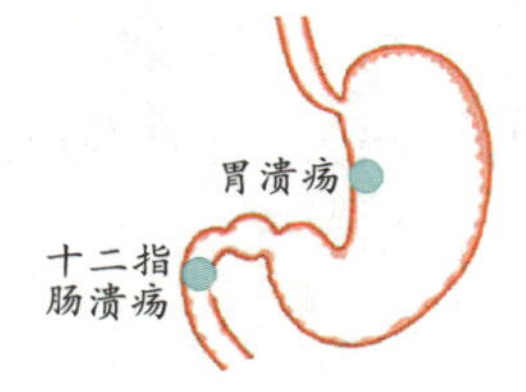

图 2-3　胃、十二指肠溃疡

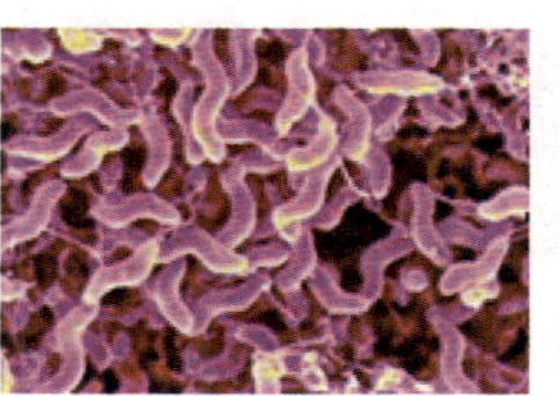
图 2-4　幽门螺杆菌

二、护理评估

（一）健康史

1．病因　幽门螺杆菌感染、非甾体类抗炎药为主要病因，另外，胃酸/胃蛋白酶作用、肾上腺皮质激素、遗传因素等也能引起。

2．诱因　摄取粗糙和刺激性食物、饮料及烈酒，不定时的饮食习惯，精神因素，吸烟等。

（二）身体状况

1．症状　大多数消化性溃疡有三大特征：① 慢性过程，反复发作；② 周期性发作；③ 节律性上腹痛（表2-5），为本病特征。胃溃疡好发于胃小弯，十二指肠溃疡好发于十二指肠球部，前壁较常见。

表 2-5　胃溃疡和十二指肠溃疡上腹痛特点比较

疼痛特点	胃溃疡	十二指肠溃疡
时间	进餐后0.5～1小时，至下次进餐前消失	进餐后2～3小时，至下次进餐后缓解，常有午间痛
部位	剑突下正中或偏左	上腹正中或稍偏右
性质	烧灼或痉挛感	钝痛或烧灼感
规律	进餐—疼痛—缓解	疼痛—进餐—缓解

2．体征　溃疡活动期可有剑突下固定而局限的压痛点，缓解期无明显体征。

3．并发症　出血、穿孔、幽门梗阻、癌变（详见本项目任务四）。

（三）心理-社会状况

病人常因病程呈慢性经过、反复发作，产生悲观、茫然的情绪。当发生严重并发症时，病人自感危及生命，常有焦虑不安或恐惧感。

（四）辅助检查

1．胃镜及活组织检查　确诊消化性溃疡的首选方法，是术前最可靠的检查，也是最有价值的诊断方法。胃镜检查可直接观察溃疡部位、病变大小和性质。

2．X线检查　溃疡的X线直接征象是龛影，对溃疡有确诊价值。

3．幽门螺杆菌检测　对病因治疗提供依据。

（五）治疗要点

治疗目的在于消除病因、控制症状、治愈溃疡、防止复发和避免并发症发生。

1．一般治疗　生活规律，劳逸结合，避免精神紧张。定时进餐，避免粗糙、辛辣、过咸食物及烈酒、浓茶、咖啡等饮料，戒烟。

2．药物治疗

（1）降低胃酸的药物治疗：① 抗酸药：常用药物有氢氧化铝，餐后1小时和睡前服用，避免与奶制品同服；② H_2受体拮抗剂：常用药物有西咪替丁、法莫替丁，餐中或餐后即刻服用，阻止组胺与H_2受体结合，使壁细胞分泌胃酸减少；③ 质子泵抑制剂：以奥美拉唑为代表，是目前最强的胃酸分泌抑制药，抑制壁细胞膜上H^+-K^+-ATP酶来达到抑酸的目的。

（2）保护胃黏膜的药物：如枸橼酸铋钾，餐前半小时口服，避免舌苔发黑，吸管直接吸入，硫糖铝宜在进餐前1小时服用，还有前列腺素类药物。

（3）根治幽门螺杆菌的治疗：目前推荐以质子泵抑制剂和（或）胶体铋剂为基础，加上两种抗生素的三联或四联治疗方案。

3．手术治疗　适用于溃疡大出血、急性穿孔、瘢痕性幽门梗阻、胃溃疡疑有癌变及正规内科治疗无效的顽固性溃疡。手术方法：胃大部切除术和迷走神经切断术。

三、护理诊断

1．疼痛：腹痛　与十二指肠溃疡有关。

2．焦虑　与病情反复发作有关。

3．营养失调：低于机体需要量　与疼痛导致摄入量减少、消化吸收障碍有关。

4．潜在并发症　上消化道出血（最常见）、穿孔、幽门梗阻、癌变。

护理目标

病人腹痛缓解或明显减轻；出现并发症能及时发现；情绪稳定，对治疗有信心；能简单陈述合理饮食、规律生活的方法。

四、护理措施

表 2-6　消化性溃疡病人的护理

护理流程	护理要点	案例重点分析
1．一般护理	(1) 休息与体位：溃疡活动期，应卧床休息；溃疡缓解期，鼓励病人适当活动。 (2) 饮食护理 进餐方式：① 规律进食，定时定量；② 少食多餐，避免过饱；③ 细嚼慢咽，中和胃酸。 食物选择：① 应选择营养丰富，易于消化的食物；② 在溃疡活动期，主食应以面食为主；③ 脱脂牛奶具有中和胃酸的作用，可适量摄取，宜安排在两餐之间；④ 脂肪摄取也应适量；⑤ 避免食用对胃黏膜有较强刺激的生、冷、硬食物及粗纤维多的蔬菜、水果；⑥ 忌用强刺激胃酸分泌的食品和调味品。	钱先生的休息________，饮食护理________，进餐方式________，食物选择________。
2．病情监测	观察疼痛的规律和特点；监测生命体征及腹部体征的变化，及时发现并发症；对突发性腹部剧痛，应注意有无穿孔的发生。	钱先生病情监测重点________。
3．用药护理	(1) 降低胃酸的药物治疗：如抗酸药，常用药物有氢氧化铝；如H_2受体拮抗剂，常用药物有西咪替丁；如质子泵抑制剂，以奥美拉唑为代表。 (2) 保护胃黏膜的药物：如枸橼酸铋钾、硫糖铝等药物。 (3) 根治幽门螺杆菌的治疗：目前推荐质子泵抑制剂和（或）胶体铋剂为基础加上两种抗生素的三联或四联治疗方案。 遵医嘱用药，注意药物作用及注意事项。	药物的选择及注意事项________。
4．心理护理	安慰病人，指导放松心态，积极配合治疗护理，争取早日康复出院。	
5．健康指导	规律讲解引起和加重溃疡病的相关因素，养成良好的饮食习惯及卫生习惯，戒烟、酒，避免摄入刺激性食物；遵医嘱服药，观察药物疗效及不良反应；识别并发症并及时就诊。	保健的侧重点________。

护理评价

护理目标的达成情况。

护考知识链接……

1．消化性溃疡的主要致病菌为幽门螺杆菌。
2．消化性溃疡的主要病因是胃酸分泌过多。
3．消化性溃疡主要的症状是上腹痛。胃溃疡疼痛节律为进食—疼痛—缓解。十二指肠溃疡病人疼痛节律为疼痛—进食—缓解。
4．消化性溃疡确诊的方法为胃镜检查。溃疡穿孔确诊的方法是X线检查（主要看游离气体）。
5．H_2受体拮抗剂治疗消化性溃疡的作用机制：能阻止组胺与H_2受体相结合，使壁细胞分泌胃酸减少。常用药物有西咪替丁、雷尼替丁和法莫替丁。
6．质子泵阻滞剂治疗消化性溃疡的作用机制：可以抑制壁细胞分泌H离子的最后环节H^+-K^+-ATP酶（质子泵），减少胃酸分泌。常用药物有奥美拉唑、兰索拉唑等。
7．消化性溃疡病人的饮食护理：嘱病人定时进餐，少量多餐；进餐时应细嚼慢咽，不宜过快、过饱；溃疡活动期病人每天可进餐5～6顿；同时以清淡、富有营养的饮食为主，应以面食为主食，或软饭、米粥等。

护考练兵场……

A_1/A_2型题（单选题）

1．消化性溃疡最主要的病因是（　　）

A．服用阿司匹林　　B．幽门螺杆菌感染　　C．遗传
D．饮食不当　　E．大量饮酒

2．典型胃溃疡病人上腹部疼痛节律性特点是（　　）

A．疼痛—进食—缓解　　B．进食—缓解—疼痛　　C．缓解—疼痛—进食
D．进食—疼痛—缓解　　E．疼痛—进食—疼痛

A_3/A_4型题（单选题）

病人，男性，48岁，反复反酸、嗳气5年。每次餐后中、上腹胀痛，持续1～2小时。近日，上腹胀痛较以往严重。

3．护士发现患者呕吐宿食，考虑其出现的并发症可能是（　　）

A．低钾血症　　B．代谢性酸中毒　　C．幽门梗阻

D．癌变　　E．穿孔

4．今晨，患者突然出现面色苍白、大汗淋漓、四肢厥冷、烦躁不安，测血压78/44mmHg（10.4/5.8kPa）。此时，护士考虑最支持诊断的粪便性状是（　　）

A．黏液便　　B．脓血便　　C．稀便

D．脂肪便　　E．柏油便

综合运用……

（接前述案例）钱先生病情好转出院。

问题：作为责任护士，请结合案例制定一份健康教育处方。

任务四　消化性溃疡病人的外科护理

我们的目标是……

- 了解消化性溃疡外科治疗适应证。
- 熟悉消化性溃疡外科病人的护理评估及主要护理诊断。
- 掌握消化性溃疡外科病人的主要护理措施。

我们的任务是……

- 学会消化性溃疡外科病人的护理评估。
- 根据情景案例提出主要的护理诊断。
- 初步实施消化性溃疡外科病人的护理措施。

（接任务三案例）钱先生经过一段时间治疗后，病情稳定出院，因在医院感觉饮食清淡，要求妻子今晚做辣椒炒蛋，晚餐胃口大开，晚饭后突然感觉上腹疼痛不适，疼痛剧烈，呈刀割样，后波及全腹，因疼痛难忍紧急入院。体检：患者面色苍白，呈急性痛苦面容，脉搏95次/分，血压95/62mmHg，全腹压痛、反跳痛、肌紧张。立位X线检查发现膈下半月形游离气体，腹腔穿刺抽出液呈黄色混浊状，无臭味，带食物残渣。医生决定行手术治疗。

问题1. 钱先生可能得了什么病？存在哪些身心状况？

问题2. 根据钱先生的身心状况，他存在哪些护理问题？

问题3. 若你是当班护士，你如何护理钱先生？

根据本任务的临床情景，完成表2-7。

表 2-7　情景案例病人的护理评估分析

评估项目	评估要点
1．健康史	性别________；年龄________ 现病史（病情、诊疗过程、现自觉症状等）________ 起病情况（时间、原因或诱因、症状体征等）________ 既往史（疾病、生活、家族史等）________
2．身体状况	症状________ 体征________
3．心理-社会状况	（伴有的心理状况）________
4．辅助检查	（项目名称及结果）________
结论：病人可能得了________，伴有________	

一、概述

消化性溃疡外科治疗适用于溃疡大出血、急性穿孔、瘢痕性幽门梗阻、胃溃疡疑有癌变及正规内科治疗无效的顽固性溃疡。

二、护理评估

（一）健康史

大多数病人有消化性溃疡病史，发病前常有自觉症状加重等溃疡活动表现的病史。

了解病人有无消化性溃疡病史；了解病人有无长期生活过度紧张、作息及饮食不规律、溃疡反复发作等病史；了解病人有无暴饮暴食、进食辛辣等刺激性食物、过度劳累等诱发因素。

（二）身体状况

溃疡大出血、急性穿孔、瘢痕性幽门梗阻、胃溃疡癌变各自特点见表2-8。

表 2-8 消化性溃疡并发症

并发症	临床表现
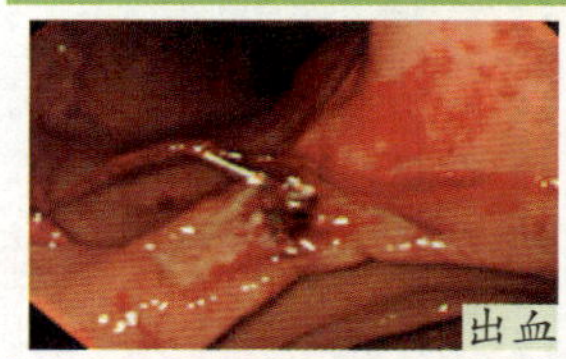 出血	出血是消化性溃疡最常见的并发症。十二指肠溃疡出血的发生率比胃溃疡高。出血量的多少主要与被溃疡侵蚀基底血管的大小有关。十二指肠溃疡出血多位于球部后壁，胃溃疡出血多位于胃小弯。轻者仅表现为排柏油样便，重者可出现呕血甚至低血容量性休克。
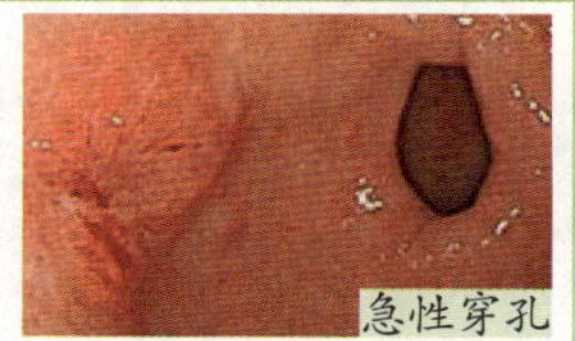 急性穿孔	急性穿孔常发生于十二指肠溃疡。急性穿孔是消化性溃疡最严重的并发症。常位于十二指肠前壁，穿孔后胃肠道的内容物渗入腹腔而引起急性弥漫性腹膜炎，主要表现为骤起上腹部刀割样剧痛，迅速蔓延至全腹，腹肌呈“板样”强直，有明显压痛和反跳痛。
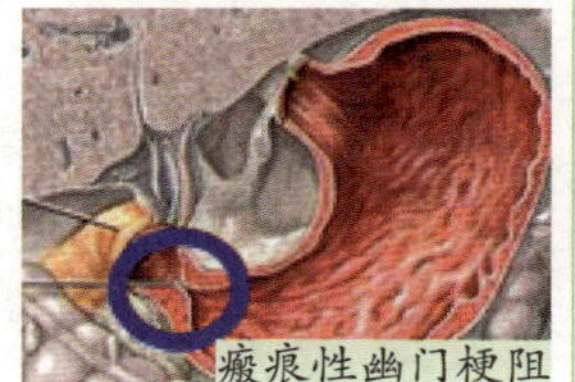 瘢痕性幽门梗阻	瘢痕性幽门梗阻主要发生于十二指肠溃疡或幽门管溃疡。呕吐是最为突出的症状，呕吐物为宿食，呕吐量大，不含胆汁，有腐败酸臭味。腹部检查上腹可见胃型和蠕动波，可闻及振水声。严重者频繁呕吐可致脱水和低钾低氯性碱中毒，常继发营养不良。
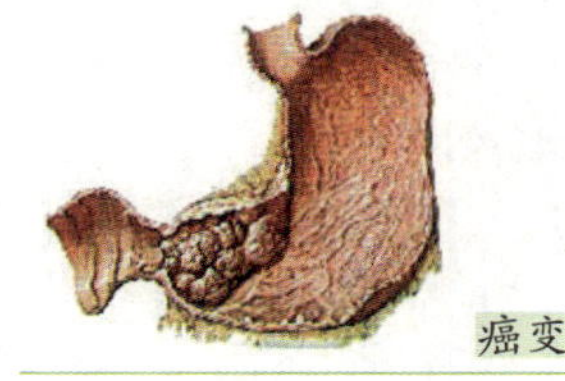 癌变	少数胃溃疡可发生癌变，十二指肠溃疡则少见。发生癌变时，疼痛节律发生改变，变成无规律性。

（三）心理–社会状况

对突然出现的剧烈腹痛、呕血及黑便或其他严重病变，病人无足够的心理准备，易出现紧张、焦虑情绪。另外，因对手术不了解，病人可能产生恐惧心理。

（四）辅助检查

1．胃镜检查　是术前最可靠的检查，也是最有价值的诊断方法。胃镜检查可直接观察溃疡部位、病变大小、性质。可在直视下取活组织行病理学检查。

2．胃酸测定　迷走神经切断术前后测定胃酸对评估神经切断是否完整有帮助，胃酸测定前必须停服抗酸药物。

（五）治疗要点

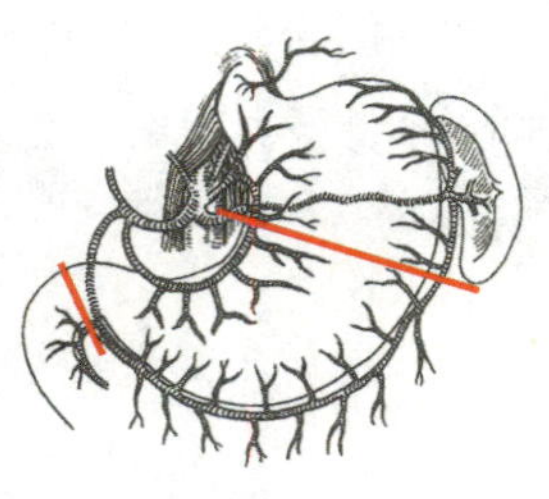

图 2-5　胃大部切除范围

目前主要的手术方法有胃大部切除术和迷走神经切断术。

1．胃大部切除术　是最常用的方法，适用于胃十二指肠溃疡。传统的切除范围为胃的远侧2/3～3/4，包括胃体的大部、整个窦部、幽门和十二指肠壶腹部的近侧（图2-5）。

（1）毕Ⅰ式：适用于胃溃疡治疗，方法是胃大部切除后，将残胃与十二指肠吻合（图2-6）。优点是重建后的胃肠道接近于正常的解剖生理状态。

（2）毕Ⅱ式：适用于各种胃、十二指肠溃疡治疗，特别是十二指肠溃疡。方法是切除远端胃大部后，缝闭十二指肠残端，残胃与上段空肠吻合（图2-7）。优点是胃空肠的张力低，术后溃疡不易复发；缺点是改变了正常的解剖生理状态，易发生胃肠道功能紊乱。

2．迷走神经切断术　原理是消除了迷走神经引起的促胃液素分泌，从而阻断了胃相胃酸分泌，术后胃酸分泌量大大下降。

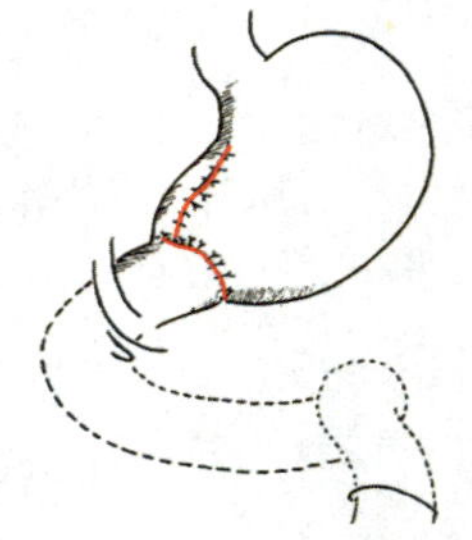

图 2-6　毕Ⅰ式胃大部切除术

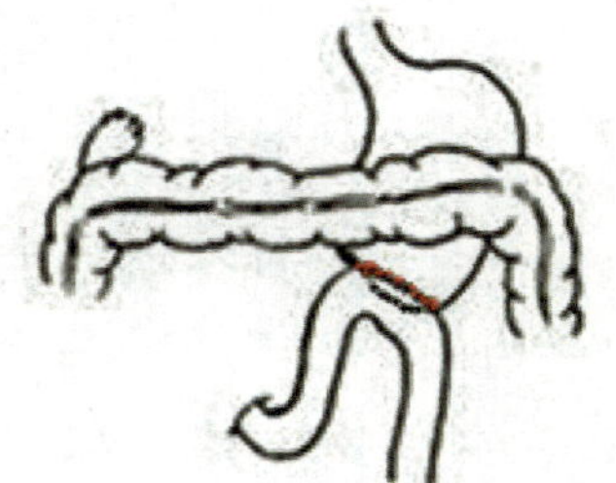

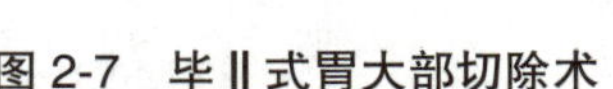

图 2-7　毕Ⅱ式胃大部切除术

三、护理诊断

1．急性疼痛：腹痛　与十二指肠溃疡穿孔有关。

2．营养失调：低于机体需要量　与呕吐、消化吸收障碍有关。

3．焦虑　与病情突然加重、出现并发症或对手术担忧有关。

4．潜在并发症　术后出血、术后梗阻、十二指肠残端破裂、倾倒综合征等。

护理目标

病人腹痛减轻或消失；营养状况改善，机体抵抗力及手术耐受力增强；情绪稳定，对治疗有信心；能配合治疗及护理；病人并发症得到有效预防及治疗。

四、护理措施

表 2-9　消化性溃疡病人的外科护理

护理流程	护理要点	案例重点分析
1．术前护理	(1) 卧位：无休克者宜取半卧位，有利于腹腔炎症局限于盆腔，减轻中毒症状。 (2) 禁食、胃肠减压：严禁饮食，及时行胃肠减压，吸出胃肠道内容物及气体，改善胃肠道血供及减少消化道内容物自穿孔处流入腹腔。 (3) 输液：按医嘱做好静脉输注抗生素等输液护理。 (4) 病情观察：密切监测病人意识、生命体征、腹部症状与体征的变化，观察并记录呕吐情况。 (5) 治疗配合：按医嘱用药，如应用抗生素、镇痛剂等。 (6) 心理护理：向病人讲解手术的大致过程，解答病人的疑惑，减轻焦虑情绪。 (7) 护理常规：腹部术前护理常规如心理护理、备皮、备血、药敏试验、术前用药等。	钱先生的术前护理________。
2．术后护理	(1) 体位与活动：血压稳定后改半卧位；若病情允许，鼓励病人早期活动，防止肠粘连。 (2) 饮食护理：术后胃肠减压期间禁饮食，并做好口腔护理。肠蠕动恢复后，拔除胃管，进少量水或米汤，拔管后第2日改为半量流质饮食，第3日进全量流食，如进流食后无不适症状，第4日改为半流质饮食。术后10～14天改为软食。避免进食牛奶、豆类等产气食物，忌生、冷、硬和刺激性食物，少食多餐。 (3) 密切观察神志、生命体征、腹部情况、伤口敷料及引流情况，发现异常及时通知医生。 (4) 治疗配合：① 补液与营养，按医嘱静脉输注营养液；② 加强引流管如胃肠减压管、腹腔引流管的护理。 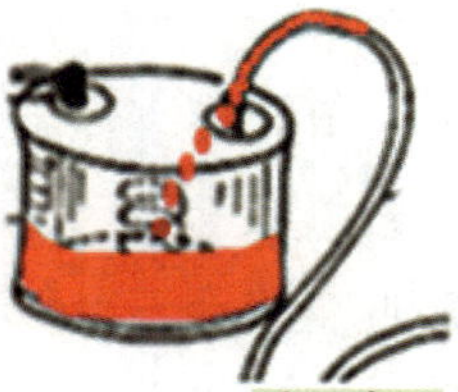 胃肠减压 (5) 并发症的观察与护理 1) 吻合口出血：为早期并发症。表现为术后短期内从胃管引流出大量鲜血。多采用非手术疗法，禁食、应用止血药、输新鲜血。如病人出血量大、有休克征象，应立即给予平卧、加快输液速度，抗休克治疗；止血效果不理想时应尽早手术。 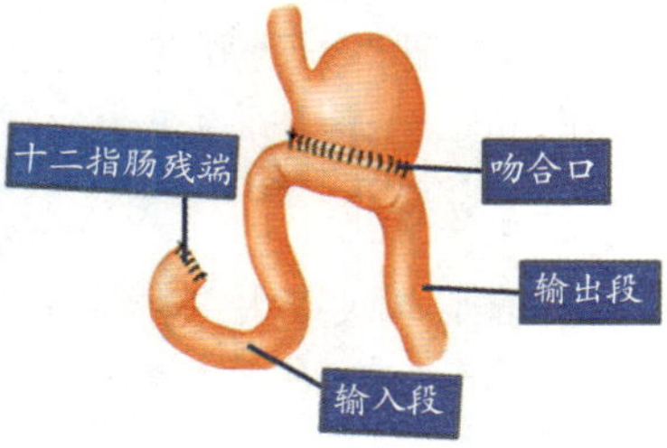 十二指肠残端 吻合口 输出段 输入段	钱先生的术后饮食护理________。 钱先生术后并发症的观察与护理________。

续表

护理流程	护理要点	案例重点分析
2．术后护理	2）十二指肠残端破裂：是毕Ⅱ式胃大部切除术后近期的严重并发症，多发生于术后24～48小时。表现为右上腹突发剧痛等急性弥漫性腹膜炎症状。需手术处理，应立即通知医生，并做好急诊手术前准备。 3）吻合口梗阻：表现为进食后呕吐，呕吐物不含胆汁。一般经禁食、胃肠减压、补液等措施，多可使梗阻缓解。 4）输入段肠袢梗阻：慢性不全性输入段梗阻；急性完全性输入段梗阻。 5）输出段肠袢梗阻：表现为上腹饱胀、呕吐食物和胆汁，先行非手术疗法，若不缓解，应立即手术。 6）倾倒综合征：一般在进食后尤其是进甜流质饮食30分钟内出现，持续15～60分钟，饭后平卧可减轻症状。	
3．健康指导	（1）饮食指导：少食多餐，每日6餐。出现切口部位红肿或有疼痛、腹胀、停止排气排便等症状时，应及时就医。 （2）活动：适当运动，以轻体力劳动为主。	钱先生的保健侧重点________。

护理评价

护理目标的达成情况。

护考知识链接……

1．消化性溃疡合并穿孔主要表现为腹部剧痛和具有急性腹膜炎的体征。

2．瘢痕性幽门梗阻主要发生于十二指肠溃疡或幽门管溃疡。呕吐是最为突出的症状，呕吐物为宿食，呕吐量大，不含胆汁。

3．少数胃溃疡可发生癌变。发生癌变时，疼痛节律发生改变，变成无规律性。

4．胃大部切除术是外科治疗最常用的方法。

5．瘢痕性幽门梗阻术前特殊的护理措施是术前3天每晚用300～500ml温等渗盐水洗胃。

6．胃大部切除术后早期并发症为吻合口出血，常发生在术后24小时内，表现为术后短期内从胃管引流出大量鲜血。

7．十二指肠残端破裂是毕Ⅱ式胃大部切除术后近期严重并发症，多发生于术后3～6天，应立即手术处理。

8．输入段肠袢梗阻：① 慢性不全性输入段梗阻：食后数分钟至30分钟即发生上腹胀痛和绞痛，伴呕吐，呕吐物主要为胆汁，多数可用非手术疗法使症状改善和消失，少数需再次手术；② 急性完全性输入段梗阻：突发剧烈腹痛，呕吐频繁，呕吐物量少，不含胆汁，上腹偏右有压痛及包块，随后病人可能出现烦躁、脉速和血压下降，应及早手术治疗。

9．倾倒综合征：① 临床症状：一般在进食后尤其是进甜流质饮食30分钟内出现，持续15～60分钟，饭后平卧可减轻症状。早期餐后症状群主要包括两组症状：一组是胃肠道症状，最常见的是稍食即饱感，随后发生上腹部胀满不适、恶心呕吐，吐出物为碱性，含胆汁，腹部有绞痛，肠鸣音增加，腹泻、便稀等；另一组是神经循环系统症状，心悸、心动过速、出汗、眩晕、苍白、发热、无力、血压降低等；② 指导病人少食多餐，细嚼慢咽，避免摄入大量过甜、过热的流质饮食，饮食摄入应为低糖、高蛋白质食物。餐后平卧10～20分钟。

护考练兵场……

A_1/A_2型题（单选题）

1．瘢痕性幽门梗阻病人最容易出现下列哪种电解质和酸碱失衡（　　）

A．高钾性酸中毒　B．低钾、低氯性酸中毒　C．低钙、低镁性碱中毒

D．低钠、低钾性碱中毒　E．高氯性酸中毒

2．对消化性溃疡急性穿孔非手术治疗病人最重要的护理措施是（　　）

A．禁饮食　B．取半卧位　C．有效的胃肠减压

D．按医嘱及时应用抗生素　E．输液

3．病人，女性，47岁。患胃溃疡病数年。今日饱餐后突然上腹剧痛，急诊入院。查体：意识淡漠，血压70/40mmHg（9.3/5.3kPa），腹肌紧张呈板状。考虑最可能的并发症是（　　）

A．幽门梗阻　B．急性胃穿孔　C．胃溃疡急性出血

D．急性阑尾炎　E．慢性胃穿孔

4．病人，女性，46岁。胃大部切除术后1周，进食后上腹饱胀并呕吐，呕吐食物无胆汁。最可能发生的并发症是（　　）

A．吻合口梗阻　B．吻合口近侧空肠梗阻　C．吻合口远侧空肠梗阻

D．十二指肠残端破裂　E．倾倒综合征

A_3/A_4型题（单选题）

王先生，49岁，患胃溃疡病数年。昨晚突发剧烈腹痛入院，诊断为胃溃疡穿孔行急诊手术。该病人在术后第10天，突发上腹部剧痛，呕吐频繁，含食物和胆汁，呕吐后症状缓解。

5．考虑该病人并发了下列哪种并发症（　　）

A．倾倒综合征　B．输入段肠袢梗阻　C．吻合口梗阻

D．十二指肠残端破裂　E．输出段梗阻

6．该病人在术后2周时，某次进食10～20分钟后出现上腹饱胀、恶心、呕吐、头晕、心悸、出汗、腹泻等。应考虑并发了下列哪种并发症（　　）

A．吻合口炎症　　B．吻合口梗阻　　C．倾倒综合征

D．低钾血症　　E．代谢性酸中毒

综合运用……

（接前述案例）钱先生病情好转出院。

问题：作为责任护士，请结合案例制定一份健康教育处方。

学习反思……

我学会了……

我掌握了……

我的问题……

任务五　上消化道出血病人的护理

我们的目标是……

- 了解上消化道出血的辅助检查、治疗要点。
- 熟悉上消化道出血的病因、主要护理诊断。
- 掌握上消化道出血的定义、病人身体状况及护理措施。

我们的任务是……

- 学会上消化道出血病人的护理评估。
- 根据情景案例提出主要的护理诊断。
- 初步实施上消化道出血病人的护理措施。

任务实施中……

临床情景——消化内科

陆先生，43岁。长期嗜酒，间歇性乏力、纳差2年，呕血、黑便5天，昏睡不醒2天入院，呕出咖啡色液体约1200ml，柏油样黑便约600g，既往有乙肝病史。查体：T 38.2℃，P 110次/分，R 22次/分，BP 75/45mmHg，肝病面容，颈部可见蜘蛛痣，四肢湿冷，心率110次/分，腹壁静脉可见曲张，脾肋下4cm，肝脏未及，腹水征阳性。胃镜检查：上消化道出血。实验室检查：大便隐血试验阳性。治疗方法：积极补充血容量、止血、去除病因、防治并发症。

问题1. 陆先生可能得了什么病？存在哪些身心状况？

问题2. 根据陆先生的身心状况，他存在哪些护理问题？

问题3. 若你是当班护士，你如何护理陆先生？

根据本任务的临床情景，完成表2-10。

表 2-10　情景案例病人的护理评估分析

评估项目	评估要点
1．健康史	性别________；年龄________ 现病史（病情、诊疗过程、现自觉症状等）________ 起病情况（时间、原因或诱因、症状体征等）________ 既往史（疾病、生活、家族史等）________
2．身体状况	症状________ 体征________
3．心理–社会状况	（伴有的心理状况）________
4．辅助检查	（项目名称及结果）________
结论：病人可能得了________，伴有________	

一、概述

上消化道出血是指屈氏韧带（又称Treitz韧带）以上的消化道，包括食管、胃、十二指肠、胰、胆道病变引起的出血，以及胃－空肠吻合术后的空肠病变出血。上消化道大出血一般指在数小时内失血量超过1000ml或循环血容量的20%，主要表现为呕血和（或）黑粪，并伴有血容量减少引起的急性周围循环衰竭。

上消化道出血最常见的病因是消化性溃疡，最严重的病因是肝硬化食管－胃底静脉曲张破裂出血。

二、护理评估

（一）健康史

1．上消化道疾病　如消化性溃疡、胃癌、胆道疾病、食管－胃底静脉曲张等。

2．全身性疾病　如血液病、尿毒症、应激性溃疡等。

3．其他　如胃肠吻合术后空肠溃疡、胰腺疾病等。

（二）身体状况

1．呕血与黑粪　是上消化道出血的特征性表现。出血部位在幽门以上者常有呕血和黑粪，幽门以下者可仅表现为黑粪。如黑粪呈柏油样（图2-8），黏稠而发亮，是因血红蛋白中铁与肠内硫化物作用形成硫化铁所致。

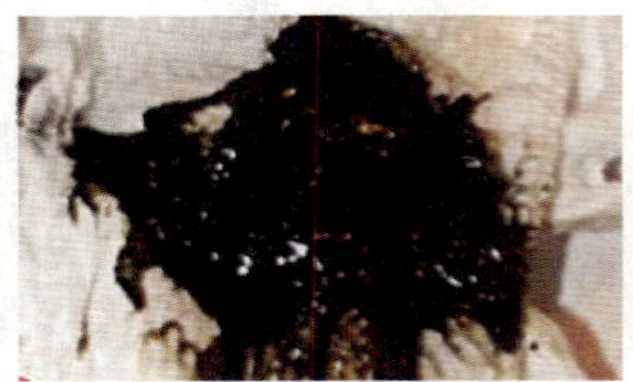

图 2-8　柏油样黑便

2．失血性周围循环衰竭　上消化道大出血呈休克状态时，表现为面色苍白、血压下降、脉压变小、呼吸急促、四肢湿冷、口唇发绀、心率加快、烦躁不安或神志不清等一系列组织缺血的表现。

3．发热　大量出血后，多数病人在24小时内出现发热，一般不超过38.5℃，可持续3～5天。

4．氮质血症　在上消化道大量出血后，大量血液蛋白质的消化产物在肠道被吸收，血中尿素氮（BUN）浓度可暂时性升高，称为肠源性氮质血症。常在出血后数小时开始上升，24～48小时达高峰，如无继续出血，2～4天降至正常。

（三）心理-社会状况

病人由于大量呕血、黑粪以及周围循环衰竭而产生恐惧、紧张、焦虑、烦躁心理。反复出血的病人容易产生悲观情绪。

（四）辅助检查

1．实验室检查　包括血常规、肝肾功能、粪便隐血试验等。消化道出血时，出血量在5ml即可表现为大便隐血试验阳性。

2．胃镜检查　是上消化道出血病因诊断的首选检查。一般多在出血后24～48小时内做急诊胃镜检查。

3．X线钡餐造影检查　对经胃镜检查出血原因不明或怀疑病变在十二指肠降段以下小肠段者，有特殊的诊断价值。

（五）治疗要点

治疗原则：积极补充血容量、止血、去除病因、防治并发症。

1．补充血容量　保持血红蛋白在90～100g/L为佳。

2．止血措施

（1）非曲张静脉上消化道大量出血：① 药物止血：针对消化性溃疡和急性胃黏膜损害引起的出血，常用H_2受体拮抗剂或质子泵抑制剂；② 内镜直视下止血：适用于有活动性出血或暴露血管的溃疡。

（2）食管－胃底静脉曲张破裂出血：① 药物止血：血管加压素为常用药物；② 气囊压迫止血：药物不能控制出血时使用三腔双囊管压迫止血，必要时内镜直视下止血，持续压迫最长时间不超过24小时。

三、护理诊断

1．体液不足　与上消化道出血有关。

2．活动无耐力　与失血性周围循环衰竭有关。

3．恐惧　与消化道出血对生命威胁有关。

4．潜在并发症　失血性休克。

护理目标

病人神志清楚；生命体征正常；无呕血、黑便；情绪稳定；能简单陈述上消化道出血的预防保健知识。

四、护理措施

表 2-11　上消化道出血病人的护理

护理流程	护理要点	案例重点分析
1．一般护理	（1）休息与体位：大出血时病人取平卧位并将下肢略抬高，呕吐时头偏向一侧。 （2）饮食：急性大出血伴恶心、呕吐者应禁食。	陆先生的体位________，饮食护理________。
2．病情监测	大出血时，每15~30分钟测血压、脉搏一次，观察生命体征、神志、皮肤色泽、末梢循环及尿量的变化，记录24小时出入液量，必要时心电监护。	病情监测重点________。

续表

护理流程	护理要点	案例重点分析
3. 用药护理	立即建立静脉通道，遵医嘱补充血容量，配合医师止血治疗，肝病导致出血者宜输新鲜血，使用血管加压素止血，应注意滴速，观察有无恶心、心悸等不良反应。	药物选择及注意事项________。
4. 健康指导	(1) 疾病预防指导：掌握上消化道出血的病因和诱因，一旦出现异常应及时就诊。 (2) 生活指导：指导病人保持良好的情绪，避免长期精神紧张，合理安排休息与活动，禁烟酒、浓茶、咖啡及刺激性食物。	保健的侧重点________。

护理评价

护理目标的达成情况。

护考知识链接……

1. 上消化道大出血：在数小时内失血量超过1000ml。主要表现：呕血和（或）黑便。呕血与黑粪是上消化道出血的特征性表现。出血部位在幽门以上者常有呕血和黑粪，幽门以下者可仅表现为黑粪，黑粪呈柏油样。
2. 上消化道出血最常见的病因：消化性溃疡。
3. 肝硬化合并静脉高压病人引起上消化道出血的原因：食管－胃底静脉曲张破裂。
4. 上消化道出血病因诊断的首选检查：内镜检查。一般在上消化道出血后24～48小时内进行。
5. 上消化道出血伴休克时首要的治疗护理措施：立即建立静脉通道，迅速补充血容量。
6. 因肝硬化引起上消化道大出血的病人需输新鲜血，因库存血含氨多易诱发肝性脑病。
7. 食管－胃底静脉曲张破裂出血应选用：气囊管压迫止血。
8. 上消化道大出血病人首要的护理问题：体液不足。
9. 上消化道大出血时护士应首先采取的措施：迅速建立有效的静脉通道，及时、准确地补充血容量。
10. 三腔二囊管的护理
    (1) 插管后在病人床前备有剪刀，以备在气囊破裂造成窒息时紧急抢救使用。
    (2) 放置三腔二囊管12～24小时后应放气数分钟再注气加压。
    (3) 出血停止后，放出囊内气体，继续观察24小时，未再出血可考虑拔管。
11. 上消化道出血病人如为少量出血，无呕吐、无明显活动出血时可给予温凉、清淡、无刺激性的饮食；消化性溃疡出血停止24小时后再给予温流质饮食；食管－胃底静脉曲张破裂出血者一般于出血停止后48～72小时后再试给予半量冷流质饮食。

三腔二囊管压迫止血术利用气囊压力直接压迫胃底和食管下段静脉予以止血。协助病人取平卧位，头偏向一侧，清洁鼻腔，协助插三腔管（具体操作同插胃管），协助充气、牵引，先向胃囊注气200~300ml，末端反折夹紧，再向食管囊注气100~150ml，末端反折夹紧。出血停止后，放松牵引，放出气囊气体，保留管道继续观察24小时，未再出血可考虑拔管。

12．粪便隐血试验阳性提示每日出血量在5~10ml及以上；黑粪提示出血量在50~100ml及以上；胃内积血量达250~300ml时出现呕血；出血量不超过400ml时，一般不出现全身症状；出血量超过1000ml时，可出现急性周围循环衰竭的表现，严重者可引起失血性休克。

13．继续或再次出血的判断

（1）反复呕血，呕吐物由咖啡色转为鲜红色。

（2）黑粪次数及量增多，伴肠鸣音亢进。

（3）红细胞计数、血红蛋白测定不断下降，网织红细胞计数不断增高。

（4）在补液足够，尿量正常的情况下，血尿素氮持续或再次增高。

（5）原有脾大、门静脉高压的病人，在出血后常暂时缩小，如不见脾恢复肿大提示有继续出血。

（6）病人血压、脉搏稳定在正常水平，大便转为黄色，血尿素氮恢复正常，提示出血停止。

护考练兵场……

A_1/A_2型题（单选题）

1．上下消化道的分界线是（　　）

A．食管穿膈处　　B．回肠　　C．十二指肠空肠曲

D．十二指肠乳头　　E．屈氏韧带

2．病人，女性，57岁。胃溃疡15年，持续上腹痛2个月。服用西咪替丁、奥美拉唑、制酸药等效果不显著，近日黑粪多次。根据病情首先考虑的情况是（　　）

A．胃溃疡伴上消化道出血　　B．胃溃疡癌变　　C．出凝血异常

D．幽门梗阻　　E．溃疡活动期伴下消化道出血

3．病人，男性，56岁。疑为上消化道出血，做隐血试验前3天，应嘱病人选择的食物是（　　）

A．菠菜　　B．动物血　　C．豆制品

D．香菇　　E．牛肉

A_3/A_4型题（单选题）

（4～5题共用题干）病人，女性，54岁。主诉反复上腹疼痛，空腹时疼痛明显，进餐后可缓解，夜间上腹痛明显，排黑粪3天，急诊入院。

4．分诊护士判断病人最有可能是发生了（　　）

A．胃溃疡出血　　B．十二指肠溃疡出血　　C．消化道出血

D．胃炎出血　　E．肝硬化出血

5．分诊护士认为病人的出血量最可能为（　　）

A．20ml　　B．60ml　　C．110ml

D．120ml　　E．150ml

综合运用……

（接前述案例）陆先生病情好转出院。

问题：作为责任护士，请结合案例制定一份健康教育处方。

我学会了……

我掌握了……

我的问题……

任务六　急性阑尾炎病人的护理

我们的目标是……

- 了解急性阑尾炎的病理分类。
- 熟悉急性阑尾炎病人的护理评估及主要护理诊断。
- 掌握急性阑尾炎病人的典型身体状况及主要护理措施。

我们的任务是……

- 学会急性阑尾炎病人的护理评估。
- 根据情景案例提出主要的护理诊断。
- 初步实施急性阑尾炎病人的护理措施。

任务实施中……

张某，男性，23岁，转移性右下腹痛1天入院。张某昨晚跟朋友聚餐后突感上腹及脐周隐痛，恶心、呕吐，吐出胃内容物1次，晨起自觉上腹及脐周痛不明显，但右下腹疼痛剧烈，恶心、呕吐加剧，伴头晕、乏力，急诊入院。查体：T 38.0℃，P 86次/分，R 20次/分，BP 105/72mmHg，双肺呼吸音清，腹平坦，右下腹麦氏点压痛、反跳痛明显，无腹肌紧张，结肠充气试验阳性。血常规：白细胞计数为11×10^9/L，中性粒细胞88%；尿常规无明显异常。超声检查发现阑尾肿大。

问题1. 张某可能得了什么病？存在哪些身心状况？

问题2. 根据张某的身心状况，他存在哪些护理问题？

问题3. 若你是当班护士，你如何护理张某？

根据本任务的临床情景，完成表2-12。

表 2-12　情景案例病人的护理评估分析

评估项目	评估要点
1．健康史	性别________；年龄________ 现病史（病情、诊疗过程、现自觉症状等）________ 起病情况（时间、原因或诱因、症状体征等）________ 既往史（疾病、生活、家族史等）________
2．身体状况	症状________ 体征________
3．心理-社会状况	（伴有的心理状况）________
4．辅助检查	（项目名称及结果）________
结论：病人可能得了________，伴有________	

一、概述

急性阑尾炎是腹外科最常见的急腹症之一，多发生在20～30岁的青壮年。阑尾腔阻塞是阑尾炎发生的重要原因。阑尾是与盲肠相通的弯曲盲管，管腔狭小，蠕动缓慢，易被食物残渣、粪石等阻塞。梗阻时腔内分泌物积聚，压力增高，血循环受阻，黏膜受损，细菌即可乘机侵入引起感染；又因阑尾动脉是终末动脉，管壁极易坏死、穿孔。胃肠功能紊乱如急性肠炎等可造成阑尾管壁肌痉挛，血运障碍而致阑尾发炎。

急性阑尾炎根据其病理严重程度可分为单纯性、化脓性、坏疽及穿孔性、阑尾周围脓肿4种病理类型（表2-13）。

表 2-13　急性阑尾炎分类及特点

病理分型	特点
急性单纯性阑尾炎	炎症早期，感染侵犯黏膜和黏膜下层，阑尾壁充血肿胀，阑尾腔内和浆膜面有炎性渗出。
急性化脓性阑尾炎	病变扩展致阑尾壁各层并有小脓肿形成，表面覆以脓性渗出物，可形成局限性腹膜炎。
坏疽及穿孔性阑尾炎	阑尾腔内积脓，压力不断升高致阑尾壁缺血坏死，呈紫色或灰黑色，腔内充满血性脓液，部分病人可发生穿孔，导致急性弥漫性腹膜炎。
阑尾周围脓肿	急性阑尾炎化脓坏疽、穿孔的过程较慢时，大网膜将阑尾包裹并粘连形成炎性包块。

二、护理评估

（一）健康史

了解有无暴饮暴食、过度疲劳等诱因，有无急性肠炎等。

（二）身体状况

1．腹痛　急性阑尾炎的典型症状是转移性右下腹痛。因初期炎症仅局限于黏膜和黏膜下层，由内脏神经反射引起脐周或上腹痛，范围弥散。数小时后炎症波及壁腹膜，刺激了躯体神经，此时疼痛转移并固定于右下腹部。少数病例开始即出现右下腹疼痛。

2．消化道症状　发病早期有轻度厌食、恶心、呕吐等症状，部分病人可有腹泻或便秘等。

3．全身症状　急性单纯性阑尾炎，体温多在38℃以下，乏力、头痛等全身症状轻，炎症较重时可出现体温升高、脉率增快等全身中毒症状；阑尾穿孔时体温可达39℃以上，如发生门静脉炎可出现寒战、高热和轻度黄疸。

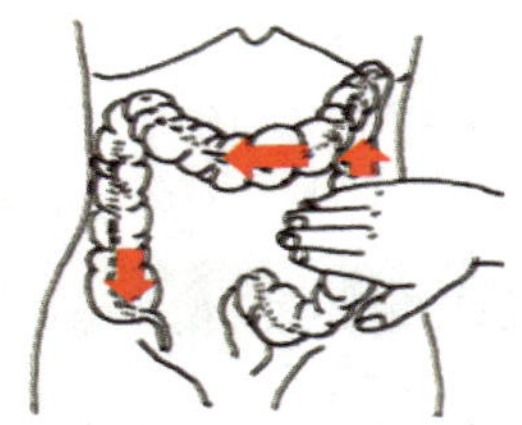

图 2-9　结肠充气试验

4．体征　急性阑尾炎最重要的体征是右下腹固定压痛，压痛点常在麦氏点，即右髂前上棘与脐连线的中外1/3交界处。压痛点可随阑尾位置的变异而改变，但压痛点始终在右下腹一个固定的位置上。结肠充气试验、腰大肌试验、闭孔内肌试验、直肠指诊，可作为辅助诊断的依据。结肠充气试验：病人仰卧位，先用一手压住左下腹结肠区，再用另一手反复按压其上端，结肠内积气可传至盲肠和阑尾，引起病人右下腹疼痛为试验阳性（图2-9）。

（三）心理-社会状况

本病起病急，病人及家属易焦虑。

（四）辅助检查

1．实验室检查　多数病人血常规检查示白细胞计数和中性粒细胞比例升高。

2．B超检查　可显示阑尾肿大或阑尾周围脓肿。

（五）治疗要点

急性阑尾炎首选手术治疗。非手术治疗仅适用于早期单纯性阑尾炎或有手术禁忌证者，包括禁食、补液、应用抗生素治疗等。阑尾周围脓肿先应用抗生素控制症状，一般3个月后行手术切除阑尾。

三、护理诊断

1．急性疼痛：腹痛　与阑尾炎症刺激、手术创伤有关。

2．体温过高　与阑尾化脓感染有关。

3．潜在并发症　切口感染、腹腔内出血、腹腔脓肿、粘连性肠梗阻、肠瘘。

护理目标

病人腹痛等不适感消失；体温恢复正常；情绪稳定；病人并发症得到有效预防和处理。

四、护理措施

表 2-14　急性阑尾炎病人的围手术期护理

护理流程	护理要点	案例重点分析
1．术前护理	（1）卧位：宜取半卧位，有利于减轻腹痛，改善呼吸与循环功能。 （2）饮食与输液：按医嘱禁食或进流质饮食，并做好静脉输液护理。 （3）病情观察：观察神志、生命体征、腹部症状和体征及血白细胞计数的变化。注意病程中腹痛突然减轻，可能是因为阑尾腔梗阻解除、病情好转，但如果腹痛暂时减轻后又明显加剧，则可能由阑尾坏疽穿孔、腔内压力骤减引起。 （4）治疗配合：① 抗感染：遵医嘱应用有效抗生素；② 对症护理：发热者，给予物理降温；病情观察期间慎用或禁用镇痛药如吗啡、哌替啶，以免掩盖病情。 （5）腹部术前常规护理：心理护理、备皮、备血、药物过敏试验、术前用药。术前不灌肠、不用泻药。	病人的体位________。 病人饮食________，监测重点________。
2．术后护理	（1）体位与活动：全麻清醒或硬膜外麻醉后6 小时，血压稳定者改半卧位；鼓励病人早期活动，轻症病人于手术当日即可下床活动，促进肠蠕动恢复，防止肠粘连。 （2）饮食：术后肛门排气后可给予流质饮食，如无不适渐改半流质饮食。术后1周内禁食牛奶或豆制品等易致腹胀食物。 （3）密切观察生命体征与病情变化。 （4）治疗配合：遵医嘱应用抗生素，并做好静脉输液护理。 （5）术后并发症的护理：① 腹腔内出血：常发生在术后24小时内，应立即平卧，迅速建立静脉通路，报告医生并做好术前准备；② 切口感染：术后最常见的并发症，表现为术后3～5日体温升高，伤口局部有红肿热痛，甚至触及波动感，按医嘱给予抗生素、理疗等；③ 腹腔脓肿；④ 粘连性肠梗阻；⑤ 粪瘘。	
3．健康指导	出院后注意养成良好的饮食、卫生及生活习惯，餐后不做剧烈运动。	

护理评价

护理目标的达成情况。

护考知识链接……

1．阑尾管腔阻塞是急性阑尾炎最常见的原因，淋巴滤泡增生是阑尾管腔阻塞的主要原因。

2．急性阑尾炎的典型症状是转移性右下腹痛。急性阑尾炎最重要的体征是右下腹固定压痛，压痛点常在麦氏点，即右髂前上棘与脐连线的中外1/3交界处。

3．急性阑尾炎首选手术治疗。术后鼓励病人早期活动，促进肠蠕动恢复，防止肠粘连。

4．腹腔内出血常发生在术后24小时内，是最严重的术后并发症，切口感染是最常见的术后并发症。

护考练兵场……

A_1/A_2型题（单选题）

1．吕某，女性，38岁。转移性右下腹痛4小时，伴恶心、呕吐、发热。最能提示该病人患有阑尾炎的体征是（　　）

A．移动性浊音　　B．右下腹固定压痛　　C．肠鸣音亢进

D．肠型、蠕动波　　E．肝浊音界缩小

2．急性穿孔性阑尾炎术后鼓励病人早期下床的目的是为了防止（　　）

A．腹腔内出血　　B．肠粘连　　C．切口裂开

D．便秘　　E．尿潴留

3．阑尾炎病人出现寒战、高热和黄疸，说明可能发生了（　　）

A．切口感染　　B．粘连性肠梗阻　　C．门静脉炎

D．膈下脓肿　　E．盆腔脓肿

A_3/A_4型题（单选题）

（4~5题共用题干）病人，男性，25岁，转移性右下腹痛6小时。查体：体温38.1℃，血压正常；右下腹有固定的压痛点，无腹肌紧张。临床诊断为急性阑尾炎，经术前准备后行阑尾切除手术。

4．护士行急症手术前准备工作，应除外（　　）

A．禁食，禁饮　　B．麻醉前用药　　C．通便灌肠

D．练习深呼吸、有效咳嗽　　E．交叉配血试验

5．术后最常见的并发症是（　　）

A．切口感染　　B．脓毒症　　C．痢疾

D．膈下脓肿　　E．盆腔脓肿

综合运用……

（接前述案例）张某病情好转出院。

问题：作为责任护士，请结合案例制定一份健康教育处方。

学习反思……

我学会了……

我掌握了……

我的问题……

任务七　肠梗阻病人的护理

我们的目标是……

- 了解肠梗阻的定义、分类。
- 熟悉肠梗阻病人的护理评估及主要护理诊断。
- 掌握绞窄性肠梗阻病人的特点及主要护理措施。

我们的任务是……

- 学会肠梗阻病人的护理评估。
- 根据情景案例提出主要的护理诊断。
- 初步实施肠梗阻病人的护理措施。

任务实施中……

临床情景——消化外科

李某，男性，45岁。因腹部持续性胀痛、阵发性加重伴呕吐，排便、排气停止2天入院。1年前曾做过阑尾切除术。体检：T 37.2℃，P 90次/分，R 20次/分，BP 110/75mmHg；神志清醒，皮肤干燥，腹部稍隆，未见肠型，腹肌无紧张，下腹散在轻压痛、肠鸣音亢进，可闻气过水声。血常规检查示白细胞计数16.5×10^9/L，中性粒细胞比例80%。腹部X线检查可见多个气液平面。暂行保守治疗。

问题1. 李某可能得了什么病？存在哪些身心状况？

问题2. 根据李某的身心状况，他存在哪些护理问题？

问题3. 若你是当班护士，你如何护理李某？

根据本任务的临床情景，完成表2-15。

表 2-15 情景案例病人的护理评估分析

评估项目	评估要点
1．健康史	性别________；年龄________ 现病史（病情、诊疗过程、现自觉症状等）________ 起病情况（时间、原因或诱因、症状体征等）________ 既往史（疾病、生活、家族史等）________
2．身体状况	症状________ 体征________
3．心理–社会状况	（伴有的心理状况）________
4．辅助检查	（项目名称及结果）________
结论：病人可能得了________，伴有________	

一、概述

肠内容物由于各种原因不能正常运行、顺利通过肠道称肠梗阻。肠梗阻是常见的外科急腹症之一。不同类型肠梗阻其发病机制、治疗及预后等不同，其主要分类方法见表2-16。

表 2-16 肠梗阻分类

分类性质	类型
按基本病因	机械性肠梗阻、动力性肠梗阻、血运性肠梗阻
按肠壁血供有无障碍	单纯性肠梗阻、绞窄性肠梗阻
按梗阻发生部位	高位肠梗阻、低位肠梗阻
按梗阻的程度	完全性肠梗阻、不完全性肠梗阻
按梗阻发生的快慢	急性肠梗阻、慢性肠梗阻

临床上常按肠梗阻发生的基本病因分为以下3类：

1．机械性肠梗阻　临床最常见，指机械性因素引起的肠腔狭窄或完全堵塞。主要原因有：① 肠腔堵塞，如结石、粪块、寄生虫及异物等；② 肠管受压，如粘连带压迫，肠管扭转或肿瘤压迫等；③ 肠壁病变，如肠肿瘤、先天性肠道闭锁等。

2．动力性肠梗阻　是神经反射或毒素刺激造成的肠壁功能紊乱，使肠蠕动丧失或肠管痉挛，但无器质性肠管狭窄。可分为：① 麻痹性肠梗阻，较常见，见于弥漫性腹膜炎后期、腹内手术后早期、低钾血症等；② 痉挛性肠梗阻，见于肠道功能紊乱和慢性铅中毒。

3．血运性肠梗阻　较少见，指肠系膜血管受压、栓塞或血栓形成，肠管血运障碍，继而肠管失去蠕动能力，可迅速发生肠坏死。

二、护理评估

（一）健康史

了解有无腹部手术史，有无腹腔炎症、肿瘤病史及习惯性便秘等。

（二）身体状况

1．症状　肠梗阻的四大症状是腹痛、呕吐、腹胀及肛门排气、排便停止。

（1）腹痛：单纯性机械性肠梗阻，由于梗阻部位以上肠蠕动增强，病人表现为阵发性腹部绞痛；绞窄性肠梗阻表现为腹痛发作间隙时间缩短，呈持续性剧烈腹痛伴阵发性加重；麻痹性肠梗阻呈持续性胀痛。

（2）呕吐：早期为反射性，呕吐物为食物及胃液；此后，呕吐随梗阻部位高低而有所不同，一般梗阻部位愈高，呕吐出现越早、越频繁，高位梗阻时呕吐物主要是胃及十二指肠内容物；低位梗阻时，呕吐出现迟而少，吐出物可呈粪样物；结肠梗阻时，到晚期才出现呕吐。若呕吐物为血性或棕褐色液体，是肠管血运障碍的表现。

（3）腹胀：腹胀出现在梗阻发生一段时间之后，其程度与梗阻部位有关。高位肠梗阻者腹胀不明显，低位者腹胀明显；麻痹性肠梗阻为全腹均匀性腹胀；绞窄性肠梗阻为不对称的局限性腹胀。

（4）肛门排气、排便停止：见于急性完全性肠梗阻，是肠梗阻最典型的症状，但梗阻早期尤其是高位梗阻者可因梗阻以下肠内尚残存粪便和气体，仍可有少量排便。不完全性梗阻者可有多次少量排气、排便；绞窄性肠梗阻如肠套叠、肠系膜血管栓塞或血栓形成，可排出血性黏液样便。

2．体征

（1）腹部体征：① 视诊：机械性肠梗阻常可见肠型及蠕动波，腹痛发作时更明显；② 触诊：单纯性机械性肠梗阻腹壁软，可有轻压痛；绞窄性肠梗阻压痛明显且固定，有腹膜刺激征；③ 叩诊：绞窄性肠梗阻时，腹腔有渗液，可有移动性浊音；④ 听诊：机械性肠梗阻时肠鸣音亢进，有气过水声或金属音；麻痹性肠梗阻时肠鸣音减弱或消失。

（2）全身体征：单纯性肠梗阻早期无明显全身表现，严重脱水或绞窄性肠梗阻时，可出现脉搏细速、血压下降、面色苍白、四肢发凉等中毒和休克征象。

临床常见类型

1．粘连性肠梗阻：临床最常见类型。往往有腹腔手术、炎症、外伤等病史，以腹部手术后发生的最多见，常在肠粘连的基础上，由肠功能紊乱等因素诱发。主要表现为机械性肠梗阻的特点，为阵发性腹部绞痛，肠鸣音亢进，呈气过水声或金属音。腹部X线检查可见多个气液平面。治疗以非手术处理为主。

2. 肠套叠：多见于2岁左右的小儿，主要表现为便血，呈果酱样血便。幼儿型肠套叠三大典型表现：腹痛（突然发作的剧烈疼痛）、腹部包块（腊肠样光滑可推动有压痛肿块）、便血（果酱样黏液血便）。治疗一般采用空气灌肠或钡剂灌肠。

3. 肠扭转：一段肠袢沿其系膜长轴旋转而导致的闭袢性肠梗阻。小肠扭转多见于青壮年，常在饱食后立即进行剧烈运动而发病。表现为突发脐周剧烈绞痛，频繁呕吐，腹胀不对称，腹痛常伴腰背部牵涉痛，病人早期即可发生休克。腹部X线检查符合绞窄性肠梗阻的影像特点。因肠扭转极易发生绞窄性肠梗阻，应及时手术治疗。乙状结肠扭转多见于男性老年人，常有便秘习惯，钡剂灌肠尖端呈“鸟嘴”状；应及时手术治疗。

4. 蛔虫性肠梗阻：多见于2～10岁儿童，因蛔虫聚集成团堵塞肠腔引起，多为不完全性梗阻。表现为脐周阵发性疼痛或呕吐，肠鸣音亢进，采用非手术治疗。

（三）心理-社会状况

病人对突然发病及剧烈疼痛会产生恐惧心理；家属看到病人痛苦难忍，非常焦虑，迫切希望能尽早解除病人痛苦，但又怕手术危险而产生矛盾心理。

（四）辅助检查

主要有X线检查。一般肠梗阻发生4～6小时后，立位或侧卧位X线可见气液平面及胀气肠袢。绞窄性肠梗阻时可见孤立、突出和胀大的肠袢；乙状结肠扭转，钡剂灌肠检查时可见钡剂在扭转处受阻，尖端呈“鸟嘴”状。

（五）治疗要点

解除梗阻和纠正因梗阻引起的全身性生理紊乱是治疗肠梗阻的要点。

（1）非手术治疗：主要适用于单纯性粘连性肠梗阻、麻痹性肠梗阻。包括禁食、胃肠减压、解痉止痛、防治感染，纠正水、电解质及酸碱平衡紊乱。

（2）手术治疗：症状无缓解可行手术治疗。

三、护理诊断

1．急性疼痛：腹痛　与肠管痉挛、手术创伤等有关。
2．舒适的改变　与腹胀、呕吐等有关。
3．焦虑或恐惧　与对疾病认识不足及担心疾病预后有关。
4．潜在并发症　肠坏死、腹腔感染、休克。

护理目标

病人腹痛等不适感缓解或消失；体液平衡得以维持；情绪稳定，能够主动配合治疗和护理；病人并发症得到有效预防和处理。

四、护理措施

表 2-17　肠梗阻病人的护理

护理流程	护理要点	案例重点分析
1．非手术疗法及术前护理 胃肠减压	（1）卧位：取低半卧位。休克者应改成平卧位，并将头偏向一侧。 （2）饮食护理：绝对禁食、禁水；梗阻解除后12小时可进少量流质饮食，24小时后试进半流质饮食。梗阻解除的重要标志是肛门排气、排便。 （3）病情观察：非手术期间应密切监测生命体征、腹部症状体征及辅助检查变化，高度警惕绞窄性肠梗阻的发生。若出现下列情况应高度怀疑发生绞窄性肠梗阻的可能，并立即告知医生：①腹痛发作急剧，为持续性剧烈疼痛；呕吐早而频繁；②有明显腹膜刺激征，肠鸣音减弱或消失；体温增高，脉搏增快，白细胞计数增高；③腹胀不对称，腹部有隆起或触及有压痛包块；④呕吐物、胃肠减压抽出液、肛门排出物呈血性，或腹穿抽出血性液；⑤病情发展快，早期出现休克，抗休克疗效不显著；⑥经积极非手术治疗症状体征无明显改善；⑦腹部X线检查见到孤立、突出、胀大的肠袢，位置固定。 （4）安慰病人，动员其家属、好友给予更多关心照顾，减轻焦虑，促使早日康复。 （5）治疗配合：①胃肠减压：是最重要的措施，吸出梗阻部位以上的气体和液体，减轻腹胀；②解痉止痛：单纯性肠梗阻可遵医嘱肌注阿托品以减轻疼痛，禁用吗啡类止痛剂，以免掩盖病情；③记录出入液量和合理补液，防止休克；④防治感染：遵医嘱应用有效、足量抗生素控制感染；⑤符合手术指征者：积极做好术前常规护理，如备皮、备血等。	李某进食的标志________。 李某发生绞窄性肠梗阻的表现________。

续表

护理流程	护理要点	案例重点分析
2．术后护理	原则上同腹部术后常规护理，但注意以下两点： （1）体位与活动：血压稳定后改半卧位；病情允许时，鼓励病人早期活动，防止肠粘连。 （2）饮食：禁食期间给予补液，肛门排气后，即可拔除胃管，拔管当日给予少量流质饮食，如无不适渐改为半流质饮食。忌生硬、油炸及刺激性食物（酒、辛辣食物）。	
3．健康指导	（1）疾病预防指导：告诉病人注意饮食卫生，防止肠道感染；进食营养丰富、易消化吸收的食物；避免暴饮暴食及饭后剧烈运动，保持大便通畅；反复发生粘连性肠梗阻的病人少食粗纤维食物。 （2）生活指导：保持心情愉悦，每天进行适量体育锻炼。	李某健康指导________。

护理评价

护理目标的达成情况。

护考知识链接……

1．肠梗阻最典型的症状是肛门停止排气、排便。

2．小肠扭转多见于青壮年，常在饱食后剧烈运动而发病。

3．一般肠梗阻发生4～6小时后腹部X线检查可见气液平面。

4．非手术治疗期间，最重要的护理措施是保持有效的胃肠减压，梗阻解除的重要标志是肛门排气、排便。

5．术后早期下床活动，防止发生肠粘连。

护考练兵场……

A_1型题（单选题）

1．高位小肠梗阻呕吐的特点是（　　）

A．呕吐物带血性　　B．呕吐早、频繁　　C．呕吐呈溢出性

D．呕吐宿食　　E．呕吐晚，粪臭味

2．小儿肠套叠大便特点是（　　）

A．血样便　　B．果酱样便　　C．黏液便

D．柏油样便　　E．陶土样便

3．肠梗阻的四大症状是（　　）

A．恶心、腹痛、腹胀、肠鸣音亢进　　B．腹痛、肠型、呕吐、排气排便停止

C．腹痛、腹胀、呕吐、排气排便停止　　D．腹痛、腹胀、呕吐、发热

E．腹痛、肠鸣音亢进、呕吐、发热

4．单纯性机械性肠梗阻的临床特点是（　　）

A．阵发性腹痛伴肠鸣音亢进　　B．持续性绞痛，频繁呕吐

C．持续性剧痛，腹胀不对称　　D．持续性胀痛，肠鸣音消失

E．腹胀明显，肛门停止排气

5．绞窄性肠梗阻的表现不包括（　　）

A．持续性剧烈腹痛　　B．早期出现休克　　C．腹膜刺激征

D．肠鸣音活跃　　E．腹腔穿刺抽出血性液体

A_3/A_4型题（单选题）

（6~8题共用题干）病人，男性，35岁。急性阑尾炎术后发生粘连性肠梗阻，脐周阵发性疼痛3天，恶心、呕吐较频繁，尿少，口渴明显。查体：脉搏94次/分，血压97/69mmHg，腹胀不明显，偶见肠型，脐右侧有轻压痛，肠鸣音亢进。采用禁食、胃肠减压、输液及应用抗生素等非手术治疗。

6．为了纠正脱水，护士首先应给此病人输入的液体是（　　）

A．5%碳酸氢钠　　B．0.45%氯化钠注射液　　C．右旋糖酐

D．平衡盐溶液　　E．10%葡萄糖溶液

7．非手术治疗中，护士应采取的最重要的护理措施是（　　）

A．密切观察病情　　B．应用镇痛药　　C．保持有效的胃肠减压

D．肠外营养支持　　E．禁食

8．护士告诉病人，如果出现了下列哪种情况可以解除胃肠减压（　　）

A．腹部无压痛　　B．引流液减少　　C．呕吐停止

D．肛门排气排便　　E．未见肠型

综合运用……

（接前述案例）李某在住院当天晚上突然出现腹部持续性剧烈绞痛。体检：T 38.9℃，P 120次/分，R 24次/分，BP 80/58mmHg，面色苍白，四肢湿冷，尿量减少，腹肌紧张，下腹有明显压痛、反跳痛，听诊肠鸣音消失。血常规提示白细胞计数为30×10^9/L。胃肠减压抽出物为暗红色，腹腔穿刺抽出血性液体。抗休克治疗效果不明显。

问题：(1) 李某发生了什么情况？依据是什么？

(2) 若你是当班护士，如何护理李某？

(3) 请结合案例制定一份健康教育处方。

我学会了……

我掌握了……

我的问题……

任务八　腹外疝病人的护理

我们的目标是……

- 了解腹外疝的定义、病因。
- 熟悉腹股沟直疝与斜疝的区别，腹外疝病人的主要护理诊断。
- 掌握腹外疝病人的身体状况及护理措施。

我们的任务是……

- 学会腹外疝病人的护理评估。
- 根据情景案例提出主要的护理诊断。
- 初步实施腹外疝病人的护理措施。

任务实施中……

临床情景——消化外科

患儿程某，男，4岁，发现阴囊肿块近半年。患儿平时在站立时阴囊出现肿块，呈梨形，平卧时可消失。体检：T 36.8℃，P 100次/分，R 20次/分，BP 90/60mmHg，触诊发现外环扩大，手指压迫内环处，嘱患儿站立咳嗽，肿块不再出现。血常规检查正常；透光试验阴性。拟诊腹外疝，准备在全麻下行疝囊高位结扎术治疗。

问题1. 患儿程某可能得了什么病？存在哪些身心状况？

问题2. 根据患儿程某的身心状况，他存在哪些护理问题？

问题3. 若你是当班护士，你如何护理患儿程某？

根据本任务的临床情景，完成表2-18。

表 2-18 情景案例病人的护理评估分析

评估项目	评估要点
1．健康史	性别________；年龄________ 现病史（病情、诊疗过程、现自觉症状等）________ 起病情况（时间、原因或诱因、症状体征等）________ 既往史（疾病、生活、家族史等）________
2．身体状况	症状________ 体征________
3．心理–社会状况	（伴有的心理状况）________
4．辅助检查	（项目名称及结果）________
结论：病人可能得了________，伴有________	

一、概述

（一）定义

腹内脏器或组织连同腹膜壁层经腹壁薄弱点或缺损处向体表突出而形成的包块称腹外疝。

（二）病因

腹壁强度降低和腹内压增高是腹外疝发生的主要原因。

1．腹壁强度降低为腹外疝发病的解剖基础。

（1）先天性因素：在胚胎发育过程中，某些器官或组织穿过腹壁造成腹壁强度降低，如精索或子宫圆韧带穿过的腹股沟管、股动静脉穿过的股管、脐血管穿过的脐环和腹股沟三角区。

（2）后天性因素：腹部手术切口愈合不良、外伤或感染造成腹壁缺损，年老体弱、久病或过度肥胖造成肌肉萎缩等，均可导致腹壁强度降低。

2．腹内压增高为腹外疝形成的重要诱因，如慢性咳嗽、便秘、排尿困难、腹水、妊娠、举重、婴儿经常啼哭等。

（三）病理解剖

典型的腹外疝包括疝囊、疝环、疝内容物、疝外被盖四个部分。

1．疝囊　是壁腹膜经疝环向外突出所形成的囊袋状物，一般呈梨形或半球形。

2．疝环　是腹壁的薄弱或缺损处，疝囊从疝环突出。如腹股沟管的内环、股管的股环等，通常以疝环所在的解剖部位为疝命名。

3．疝内容物　是突入疝囊内的腹内脏器或组织，最常见为小肠，其次为大网膜。

4．疝外被盖　是覆盖在疝囊外的腹壁各层组织。

（四）分类

根据腹外疝发生部位分为腹股沟疝（包括斜疝和直疝）、股疝、脐疝、切口疝等，其中以腹股沟疝最多见。腹股沟疝在男性发病率明显高于女性，男女之比为15：1。临床分类见表2-19。

表 2-19　腹外疝的临床分类

临床分型	临床特点
易复性疝	易复性疝最为常见。当病人站立、行走或劳动等致腹内压增高时突出，疝内容物与疝囊间无粘连，平卧或用手推送疝块，疝内容物很容易回纳至腹腔内。
难复性疝	疝内容物不能完全回纳入腹腔内但并不引起严重症状者，常因疝内容物反复突出，致疝囊颈受摩擦损伤并与疝囊壁产生粘连，疝内容物大多为大网膜。
嵌顿性疝	腹内压骤然升高而疝环较小时，较多的疝内容物强行扩张疝囊颈挤入疝囊，并随即被弹性回缩的疝环卡住而不能回纳入腹腔内，即称嵌顿性疝。
绞窄性疝	若嵌顿时间过久、未能及时解除，肠管及其系膜持续受压可使动脉血流受阻，嵌顿的疝内容物发生缺血坏死，称绞窄性疝。

二、护理评估

（一）健康史

了解病人是否存在腹壁肌肉薄弱或缺损，有无腹部外伤或手术史；详细询问病人是否存在慢性咳嗽、长期便秘、排尿困难、腹水、前列腺增生等导致腹内压增高的因素。

（二）身体状况

1．易复性疝　病人多无自觉症状或仅有局部坠胀不适。主要表现为可复性肿块，无触痛，回纳疝块后，可触及腹壁缺损处，嘱病人咳嗽，检查者指尖有冲击感。

2．难复性疝　由于反复脱出，疝内容物与腹壁发生粘连不能完全回纳。疝块不易回纳，可有坠胀、隐痛不适。

滑动性疝：少数病程长、疝环大的腹外疝，如果邻近腹腔间位脏器如盲肠或乙状结肠等也伴随小肠、网膜等滑入疝囊，则这些间位脏器就成为疝囊壁的一部分，这种疝称滑动性疝，也属难复性疝。

3．嵌顿性疝与绞窄性疝　嵌顿性疝表现为在腹内压骤升时疝块突然增大，剧烈疼痛，平卧或用手推送不能使之回纳。肿块张力高且硬，有明显触痛。如嵌顿的内容物为肠袢，可有腹部绞痛、呕吐等机械性肠梗阻表现。绞窄性疝时病人可有急性腹膜炎体征如腹部压痛、肌紧张等。

4．腹股沟疝

(1) 腹股沟斜疝：腹内脏器或组织从腹股沟管的深环（内环）突出，经过腹股沟管向体表突出而形成的包块称为腹股沟斜疝，是临床最多见的腹外疝。除局部有坠胀感外，一般无明显症状，主要表现为腹股沟区出现可复性肿块，可降入阴囊。

(2) 腹股沟直疝：腹内脏器或组织从腹股沟三角（Hesselbach三角，海氏三角）向体表突出而形成的包块称为腹股沟直疝。一般无自觉症状，当病人站立、行走或劳动等致腹内压增高时，在腹股沟内侧端、耻骨结节外上方出现一半球形肿块，不降入阴囊。疝块容易回纳，极少发生嵌顿。

腹股沟斜疝与直疝鉴别要点见表2-20。

表 2-20　腹股沟斜疝与直疝的鉴别

鉴别要点	斜疝	直疝
好发人群	儿童、青壮年	老年人
突出途径	腹股沟管	直疝三角
疝块外形	梨形	半球形
回纳后压迫深环	不再突出	仍可突出
嵌顿机会	较多	极少

（三）心理-社会状况

病人因疝块反复突出影响工作、学习、生活而感到焦虑不安，产生惊慌情绪；对手术存在顾虑。

（四）辅助检查

1．透光试验　腹股沟斜疝透光试验阴性，此检查方法可与鞘膜积液鉴别。

2．实验室检查　疝内容物继发感染时，血常规检查示白细胞计数和中性粒细胞比例升高；粪便检查显示隐血试验阳性或见白细胞。

3．X线检查　嵌顿性疝或绞窄性疝时X线检查可见肠梗阻征象。

（五）治疗要点

1．非手术治疗　1岁以下婴幼儿可暂不手术，采用棉束带或绷带压住腹股沟管深环，防止疝块突出。年老体弱或伴有其他严重疾病而不能手术者，白天可在回纳疝块后，将医用疝带的软垫顶住疝环，阻止疝块突出。

2．手术治疗　治疗腹股沟疝最有效的方法是手术，包括单纯疝囊高位结扎术和疝修补术两种。儿童期腹外疝治疗可采用单纯疝囊高位结扎术。成人腹外疝可采用传统疝修补术、无张力疝修补术等。

3．嵌顿性疝和绞窄性疝的治疗　嵌顿性疝原则上需要紧急手术治疗，以防疝内容物缺血坏死。如嵌顿时间为3～4小时，无腹部压痛或腹肌紧张等腹膜刺激征者，以及年老体弱或伴有其他较严重疾病而估计肠袢尚未绞窄坏死者，可行手法复位。手法复位后，必须严密观察腹部体征，一旦出现腹膜炎或肠梗阻的表现，应尽早手术探查。绞窄性疝须紧急手术治疗。

三、护理诊断

1．知识缺乏　缺乏对腹外疝知识的了解。

2．急性疼痛：腹痛　与疝内容物嵌顿或绞窄及手术创伤有关。

3．潜在并发症　肠绞窄坏死、阴囊血肿或水肿、切口感染。

护理目标

病人腹痛减轻或消失；情绪稳定；病人及家属能说出预防腹外疝复发的相关知识。

四、护理措施

表 2-21　腹外疝病人的围手术期护理

护理流程	护理要点	案例重点分析
1．术前护理	（1）休息与活动：择期手术病人术前体位和活动一般不受限制，但巨大疝病人应卧床休息2~3日；防止受凉，保证充分休息。 （2）饮食与输液：进易消化、富含纤维素饮食；术前晚常规禁饮食；并按医嘱做好静脉输注抗生素等输液护理。 （3）病情观察：观察腹部情况，若出现明显腹痛，伴疝块突然增大，紧张发硬且触痛明显，不能回纳腹腔，应高度警惕嵌顿性疝的可能，需立即通知医生，及时处理。 （4）治疗配合：术前有咳嗽、便秘、排尿困难或腹水等引起腹内压增高的因素应先期处理，控制诱因以防术后复发；对吸烟者要求戒烟；注意保暖，预防感冒。 （5）心理护理：向病人及家属解释腹外疝的病因和诱因，以及手术的必要性，消除紧张和顾虑。 （6）术前准备：① 严格备皮：防止切口感染，避免疝复发；术前嘱病人沐浴，仔细剃尽阴毛，注意防止剃破皮肤；② 术前晚灌肠通便，防止术后便秘和腹胀；进入手术室前排空小便；③ 术前其他准备如备血、皮试等；④ 嵌顿性或绞窄性疝应做好紧急术前准备。	程某的术前准备________。
2．术后护理	（1）体位与活动：传统腹外疝修补术的病人，术后应平卧3天，髋关节微屈，腘窝下垫枕，以减轻腹股沟切口的张力和腹内压力，同时利于切口愈合和减轻伤口疼痛。采用无张力修补术的病人可早期离床活动。 （2）饮食：术后6～12小时无恶心、呕吐，可进流质食物，次日可进软食或普食。 （3）病情观察：注意生命体征的变化，严密观察切口敷料有无渗血、阴囊有无肿胀。 （4）治疗配合：术后切口部位常规压迫以减少渗血；为避免阴囊内积血、积液，可使用阴囊托或丁字带托起阴囊；遵医嘱应用抗生素。 （5）防止复发：注意保暖，防止受凉引起咳嗽致腹内压增加。若咳嗽则用手按压切口。	程某的术后体位________。
3．出院指导	出院后注意休息，逐渐增加活动量，3个月内不宜剧烈活动。尽量避免哭闹、下蹲、跑步等。多食蔬菜、水果、防止便秘。防止感冒。	指导程某家属________。

护理评价

护理目标的达成情况。

护考知识链接……

1．腹壁强度降低和腹内压增高是腹外疝发生的主要原因。

2．腹股沟斜疝是临床最多见的腹外疝。

3．若病人出现明显腹痛，伴疝块明显增大，紧张发硬且触痛明显，不能回纳腹腔，应高度警惕嵌顿性疝的可能，需立即通知医生，及时处理。若嵌顿时间过久，疝内容物发生缺血坏死，即为绞窄性疝，须紧急手术治疗。

4．采用传统腹外疝修补术的病人，术后应平卧3天，髋关节微屈，腘窝下垫枕，以减轻腹股沟切口的张力和腹内压力，同时利于切口愈合和减轻伤口疼痛。

5．斜疝修补术后预防阴囊肿胀最主要的措施是沙袋压迫伤口12～24小时，用丁字带托起阴囊。

6．病人出院后逐渐增加活动量，3个月内应避免重体力劳动或提举重物。

护考练兵场……

A_1型题（单选题）

1．腹外疝最重要的发病原因是（　　）

A．慢性咳嗽　　B．长期便秘　　C．排尿困难

D．腹壁有薄弱点或缺损　　E．经常从事导致腹内压增高的工作

2．腹股沟斜疝，疝内容物最多见的是（　　）

A．盲肠　　B．阑尾　　C．大网膜

D．膀胱　　E．小肠

3．疝内容物发生缺血坏死，此类疝称为（　　）

A．易复性疝　　B．难复性疝　　C．嵌顿性疝

D．腹股沟斜疝　　E．绞窄性疝

4．腹股沟斜疝疝块突然增大、不能回纳，疝块紧张发硬伴疼痛和压痛。考虑其可能是（　　）

A．易复性疝　　B．难复性疝　　C．嵌顿性疝

D．腹股沟斜疝　　E．绞窄性疝

A_3/A_4型题（单选题）

（5～8题共用题干）病人，男性，60岁。阴囊肿物2个月，开始提重物时，阴囊出现肿块，可用手还纳，无痛。近日站立时阴囊肿块即出现，诊断为腹股沟斜疝。拟行手术治疗。

5．术前给予病人的护理措施，不正确的是（　　）

A．积极消除便秘，治疗咳嗽

B．按下腹部手术进行皮肤准备

C．给予肥皂水清洁灌肠

D．术晨进流质饮食

E．术前排空膀胱

6．术后病人采取平卧位，腘窝下垫软枕，其主要目的是（　　）

A．减轻腹壁张力，促进切口愈合

B．保持肢体功能位，促进病人舒适

C．防止疝块脱出，预防复发

D．减少阴囊血肿的发生

E．减轻切口疼痛和渗血

7．预防术后阴囊血肿的主要措施是（　　）

A．保持敷料清洁、干燥

B．屈膝仰卧位

C．肢体制动，绝对卧床

D．常规应用止血药

E．托起阴囊，沙袋压迫伤口

8．术后预防疝复发的出院指导主要是（　　）

A．术后坚持进半流质饮食

B．保持大便通畅

C．预防感冒

D．术后早期咳嗽时用手轻按伤口

E．3个月内避免重体力劳动

综合运用……

张先生，60岁。有便秘史多年，发现右侧腹股沟可复性肿块2年。4小时前，抬重物时突感疝块明显增大，腹痛难忍，呕吐数次，伴发热、全身不适。查体：右腹股沟及阴囊可扪及肿块，张力高，明显触痛，全腹有压痛、腹肌紧张。白细胞计数明显增高。准备急诊手术治疗。

问题：（1）张先生发生了什么情况？

（2）若你是当班护士，如何救护？

（3）请结合案例制定一份健康教育处方。

学习反思……

我学会了……

我掌握了……

我的问题……

任务九　直肠肛管良性疾病病人的护理

我们的目标是……

- 了解常见直肠肛管良性疾病的类型、主要特点。
- 熟悉常见直肠肛管良性疾病的特点及主要护理诊断。
- 掌握内痔病人的典型身体状况及主要护理措施。

我们的任务是……

- 学会直肠肛管良性疾病病人的护理评估。
- 根据情景案例提出主要的护理诊断。
- 初步实施直肠肛管良性疾病病人的护理措施。

任务实施中……

临床情景——消化外科

姜大爷，61岁，平时爱打麻将。1年来反复出现排便时粪便表面带血，无疼痛，未做处理。中秋节晚餐时吃了辣椒螃蟹，当天晚上就感觉肛门有些不舒服，排便时手纸上有血及大便带血。入冬以来，姜大爷的病情越来越重，每次排便后都有小肉团脱出，开始用手可以推回，逐渐越来越困难。今天早晨姜大爷肛门口的肉团再次脱出后无法缩回，家人将他送到医院。体检：T 37.2℃，P 74次/分，R 16次/分，BP 145/92mmHg，病人神志清醒，营养良好，心肺检查未发现阳性体征，肝脾肋下未及。经肛门视诊发现：肛门外缘有肿块脱出，脱出物充血水肿明显。电子肛肠镜检查，发现齿状线上方有多个红色赘生物，触之出血。治疗方法：行吻合器痔上黏膜环切术（PPH）。

问题1. 姜大爷可能得了什么病？存在哪些身心状况？

问题2. 根据姜大爷的身心状况，他存在哪些护理问题？

问题3. 若你是当班护士，你如何护理姜大爷？

根据本任务的临床情景，完成表2-22。

表 2-22　情景案例病人的护理评估分析

评估项目	评估要点
1．健康史	性别________；年龄________ 现病史（病情、诊疗过程、现自觉症状等）________ 起病情况（时间、原因或诱因、症状体征等）________ 既往史（疾病、生活、家族史等）________
2．身体状况	症状________ 体征________
3．心理–社会状况	（伴有的心理状况）________
4．辅助检查	（项目名称及结果）________
结论：病人可能得了________，伴有________	

一、概述

常见的直肠肛管良性疾病有痔、肛裂、肛瘘、直肠肛管周围脓肿、直肠息肉等，都属于外科范畴的常见疾病。直肠肛管良性疾病的发生与病人的饮食习惯、排便习惯等生活方式有密切联系。常见直肠肛管良性疾病的主要特点见表2-23。

表 2-23　常见直肠肛管良性疾病的主要特点

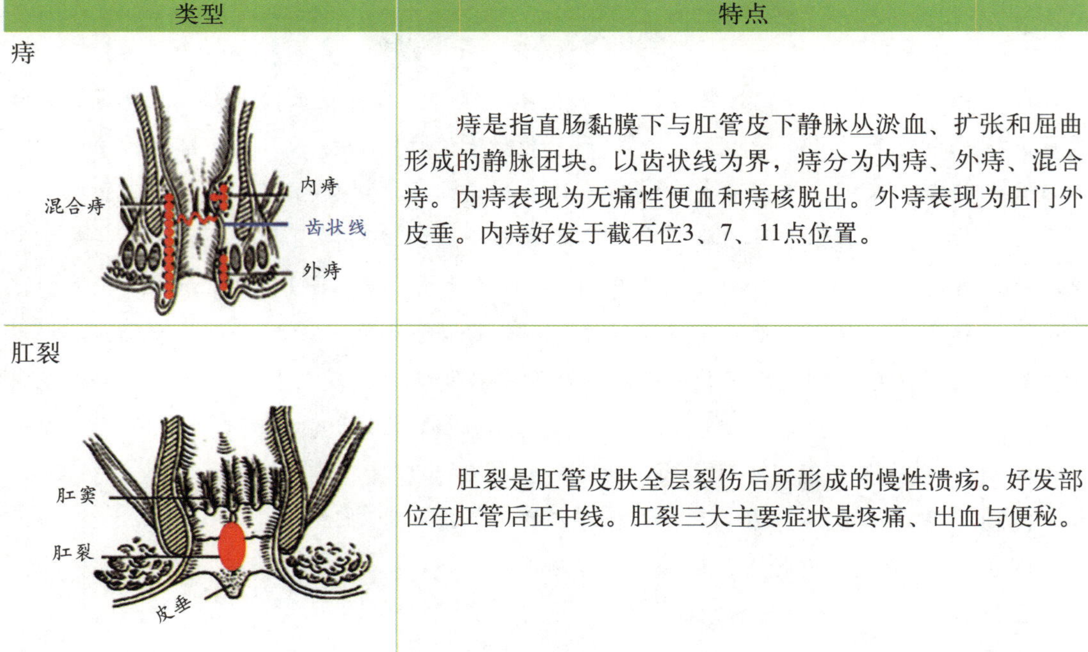

类型	特点
痔	痔是指直肠黏膜下与肛管皮下静脉丛淤血、扩张和屈曲形成的静脉团块。以齿状线为界，痔分为内痔、外痔、混合痔。内痔表现为无痛性便血和痔核脱出。外痔表现为肛门外皮垂。内痔好发于截石位3、7、11点位置。
肛裂	肛裂是肛管皮肤全层裂伤后所形成的慢性溃疡。好发部位在肛管后正中线。肛裂三大主要症状是疼痛、出血与便秘。

续表

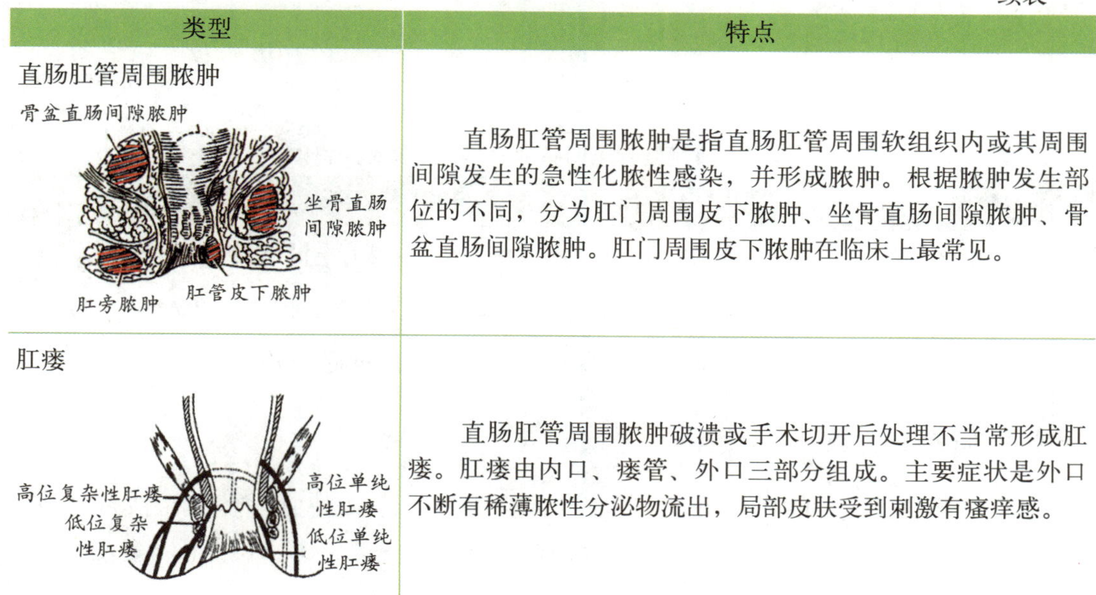

类型	特点
直肠肛管周围脓肿	直肠肛管周围脓肿是指直肠肛管周围软组织内或其周围间隙发生的急性化脓性感染，并形成脓肿。根据脓肿发生部位的不同，分为肛门周围皮下脓肿、坐骨直肠间隙脓肿、骨盆直肠间隙脓肿。肛门周围皮下脓肿在临床上最常见。
肛瘘	直肠肛管周围脓肿破溃或手术切开后处理不当常形成肛瘘。肛瘘由内口、瘘管、外口三部分组成。主要症状是外口不断有稀薄脓性分泌物流出，局部皮肤受到刺激有瘙痒感。

二、护理评估

（一）健康史

了解有无长时间站、坐或长期便秘、排尿困难、妊娠等引起腹内压增高的因素；有无直肠、肛管炎症；有无长期饮酒、喜辛辣食物等。

（二）身体状况

1．痔　常见病，多发病。分为内痔、外痔和混合痔。内痔主要表现是排便时无痛性出血和痔核脱出，内痔的常见症状是排便时无痛性间歇性出血，血液呈鲜红色。内痔分为三期，具体见表2-24。

表 2-24　内痔分期及其特征

分期	便血	痔核脱出	疼痛
Ⅰ期	便时出血或便后滴血	无	无
Ⅱ期	便时出血加重，甚至呈喷射状	有，自行回纳	无
Ⅲ期	出血量常减少	有，不能自行回纳	继发感染时疼痛，痔核嵌顿于肛外时可有剧痛
Ⅳ期	偶有出血	长期脱出	不能回纳或回纳后又即脱出

2．肛裂　最主要的症状是排便时及排便后肛门部疼痛。排便时因肛管扩张刺激溃疡创面造成剧痛，数分钟至10分钟后疼痛停止或减轻，称为间歇期，但随之肛门括约肌收

缩，压迫肛裂溃疡部，出现更为剧烈持久的疼痛。

3．直肠肛管周围脓肿　多数继发于肛窦炎，少数可因直肠肛管损伤后感染所致。三种直肠肛管周围脓肿的临床特点见表2-25。

表 2-25　直肠肛管周围脓肿的分类及其临床特点

类型	局部症状	全身症状
肛门周围皮下脓肿	肛周持续性疼痛、皮肤红肿、压痛，脓肿形成后有波动感	较轻
坐骨直肠窝脓肿	肛门疼痛、局部皮肤红肿热痛，有时发生直肠刺激征或排尿困难	明显
骨盆直肠窝脓肿	不明显，当炎症波及直肠和膀胱时可出现直肠刺激征或排尿困难	明显

（三）心理-社会状况

直肠肛管良性疾病的病程迁延时间长，反复发作的疼痛和便血或身体上散发出的异味，在生活和工作中给病人带来痛苦和不适而产生焦虑和恐惧心理，甚至精神委靡。

（四）辅助检查

1．检查体位　① 膝胸卧位：临床最常用，适用于较短时间的检查，如门诊病人；② 左侧卧位：适用于年老体弱者；③ 截石位：适用于肛门手术；④ 蹲位：适用于检查内痔脱出或直肠脱垂等（图2-10）。

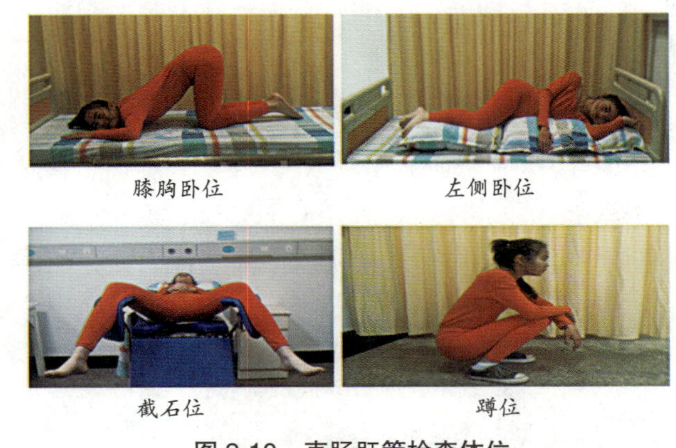

图 2-10　直肠肛管检查体位

2．肛门视诊、直肠指检及内镜检查

（1）痔：直肠指检可触及柔软、有蒂的肿物或无蒂、基底较宽、活动、表面光滑的球形肿物。肛门镜检查之前应先做肛门视诊和直肠指检，如有局部炎症、肛裂、妇女月经期或直肠指检时病人感到剧烈疼痛应暂缓检查，肛门镜检时还可以取组织行活检。内镜可以对不同肠段进行直视和病理检查。

（2）肛裂：肛裂病人严禁做直肠指检，以免引起剧痛。肛门视诊时在肛管的后正中线可发现溃疡裂隙、前哨痔、肥大的肛乳头，即肛裂三联征。

(3) 直肠肛管周围脓肿：① 肛门周围皮下脓肿：一般不做直肠指检，肛门视诊可见病变处明显红肿，检查有硬结和压痛，脓肿形成后可有波动感，穿刺可抽出脓液；② 坐骨直肠窝脓肿：脓肿形成后直肠指检时可于肛管内触及疼痛隆起、波动感，穿刺可抽出脓液；③ 骨盆直肠窝脓肿：直肠指检时可于肠壁较深处触及痛性包块、波动感，穿刺可抽出脓液。

(4) 肛瘘：视诊可见肛周皮肤有突起或凹陷的外口，挤压时有少量脓液排出；直肠指检可触及条索状瘘管。

(五) 治疗要点

1. 痔　① 非手术治疗适用于Ⅰ～Ⅱ期内痔。硬化剂注射法，因并发症较多，临床上已不使用；胶圈套扎法，利用橡皮圈的弹性套扎痔核，使痔核缺血坏死脱落，痔核较多时，可分次套扎。② 手术治疗：单纯痔切除术，目前临床常用吻合器痔上黏膜环切术(PPH)；血栓性外痔常采用手术剥除血栓，结扎血管。

2. 肛裂　① 调节饮食；② 肛门坐浴；③ 口服缓泻剂等润肠通便；④ 扩张肛管：病人取侧卧位，局麻后，润滑双手示指轻轻插入肛门向两侧扩张肛管，维持扩张5分钟，但复发率较高，可并发出血等。

3. 直肠肛管周围脓肿　发病初期，局部热敷、理疗或温水坐浴，保持大便通畅，应用抗生素控制感染。脓肿形成后应立即切开引流。

4. 肛瘘　需手术治疗。低位肛瘘采用瘘管切开术或瘘管切除术；高位肛瘘以挂线疗法为主，复杂性肛瘘需分期处理。挂线疗法是将线由肛瘘外口穿进，贯通瘘管后从内口引出，头尾打结，坠铅悬锤，挂在上面，肛瘘挂线术机制是瘘管与挂线直接接触，被勒紧的瘘道组织因缺血而坏死，瘘管慢慢被剖开，同时在逐渐切开过程中，基底创面也会开始逐渐生长愈合，由于括约肌是被慢慢切割的，断端分离不大，不会引起肛门失禁。

三、护理诊断

1. 舒适的改变　与痔核脱出、手术创伤有关。

2. 知识缺乏　缺乏对痔相关知识的了解。

3. 潜在并发症　术后出血、尿潴留、肛门狭窄等。

护理目标

病人不适感缓解或消失；能说出痔的发病及预防因素等相关知识；并发症得到有效预防和处理。

四、护理措施

表 2-26　直肠肛管良性疾病病人的围手术期护理

护理流程	护理要点	案例重点分析
1．术前护理	（1）饮食：术前1日给予流质饮食，术日晨禁饮食。 （2）肠道准备：术前排空大便，必要时术日晨清洁灌肠。 （3）皮肤准备：做好手术野皮肤准备，保持肛门会阴部皮肤清洁。 （4）心理护理：向病人说明手术治疗的必要性，并讲解PPH的相关知识，耐心解答病人的问题，缓解焦虑。	姜大爷术前护理________。
2．术后护理	（1）饮食：术后6小时内可进流质食物，1天后改为普食，多食新鲜蔬菜和水果。 （2）病情观察：术后24小时内观察伤口敷料渗血情况及病人面色变化，监测生命体征，及时发现出血并报告医生。 （3）缓解疼痛：肛管手术后因括约肌痉挛，或肛管内敷料填塞过多而加剧伤口疼痛。术后1～2天内可给予止痛药。肛管内敷料填塞松紧适宜。 （4）排便：术后保持排便通畅，如排便不畅则根据医嘱口服液体石蜡等使大便软化，便后坐浴，并换药。肛门坐浴可清洁局部、改善局部血液循环、促进炎症吸收。坐浴可用1∶5000高锰酸钾溶液3000ml，温度为40～43℃，每日2～3次，每次 20～30分钟。 （5）预防感染：遵医嘱应用抗生素。 （6）并发症的观察及处理：术后6小时内应鼓励病人自行排尿。术后应定时测量血压、脉搏，观察敷料渗液情况，及时发现术后出血，术后出血是最常见的并发症。	姜大爷术后排便、坐浴及用药的护理________。
3．健康指导	（1）养成定时排便的习惯。 （2）鼓励常做肛门坐浴。 （3）鼓励多吃蔬菜和水果，如火龙果、香蕉等；多饮水，少吃辛辣刺激性食物。 （4）避免久站或久坐，适当运动，包括全身运动及肛门舒缩运动（每次肛门运动时，持续肛门缩紧3秒以上，然后放松，连续进行10～15分钟，每日3～4次，坚持数日便有疗效）。	指导姜大爷保健要点________。

护理评价

护理目标的达成情况。

护考知识链接……

1．内痔主要表现是排便时无痛性出血和痔核脱出。
2．反复形成脓肿是肛瘘的特点。
3．肛裂三大主要症状是疼痛、出血与便秘。肛裂的三大体征是肛裂、前哨痔、乳头状肥大，称为肛裂“三联征”。
4．肛门坐浴的作用：清洁肛门、改善局部血循环、促进炎症吸收、促进裂口愈合及缓解肛门括约肌痉挛、减轻疼痛。
5．术后出血是直肠肛管手术最常见的并发症。

护考练兵场……

A_1型题（单选题）

1．内痔常见的早期特点是（　　）
A．肛门疼痛　　B．痔核脱垂　　C．大便时滴血
D．黏液血便　　E．肛门周围红肿

2．肛门直肠检查时，适用于年老体弱病人的体位是（　　）
A．左侧卧位　　B．膝胸卧位　　C．蹲位
D．截石位　　E．俯卧位

3．肛裂病人排便后出现第二次持续疼痛的主要原因是（　　）
A．肛管内括约肌痉挛性收缩　　B．局部感染导致　　C．心理作用
D．合并血栓性内痔　　E．粪便刺激

4．直肠肛管疾病病人温水坐浴和换药的正确步骤是（　　）
A．先换药、再大便、后坐浴　　B．先坐浴、再大便、后换药
C．先大便、再换药、后坐浴　　D．先坐浴、再换药、后大便
E．先大便、再坐浴、后换药

A_2/A_3型题（单选题）

5．杜先生，36岁，肛门周围脓肿手术切开引流术后。手术当日，伤口疼痛，夜间不能入睡。值班护士采取的护理措施中错误的是（　　）
A．观察引流液颜色和量　　B．保持引流通畅　　C．涂敷消炎止痛软膏
D．伤口内填塞敷料　　E．敷料渗透后及时更换

（6～8题共用题干）病人，女性，31岁，会计。喜食辛辣食物，平日体健，患痔疮4年，近期无痛性便血加重，在排便时间歇滴血，痔核脱出肛门外，排便后需用手还纳。

6．最可能的诊断是（　　）

A．内痔第Ⅰ期　　B．内痔第Ⅱ期　　C．内痔第Ⅲ期

D．混合性痔　　E．血栓性外痔

7．痔切除术后护理正确的是（　　）

A．术后7天内每天做一次灌肠　　B．一旦出现尿潴留应立即导尿

C．仰卧于硬板床　　D．排便后先伤口换药，然后坐浴

E．第一次排便前适当给予止痛药

8．以下出院指导中不正确的是（　　）

A．定时排便　　B．避免辛辣食物　　C．多休息少运动

D．加强肛门括约肌舒缩功能练习　　E．每次排便后清洁肛周皮肤

综合运用……

（接前述案例）姜大爷病情好转出院。

问题：作为责任护士，请结合案例制定一份健康教育处方。

我学会了……

我掌握了……

我的问题……

任务十　肝硬化病人的护理

我们的目标是……

▲ 了解肝硬化病人的辅助检查、治疗原则。

▲ 熟悉肝硬化病人的发病高危因素、主要护理诊断。

▲ 掌握肝硬化的定义、病人身体状况及护理措施。

我们的任务是……

- ▲ 学会肝硬化病人的护理评估。
- ▲ 根据情景案例提出主要的护理诊断。
- ▲ 初步实施肝硬化病人的护理措施。

任务实施中……

临床情景——消化内科

潘先生，47岁，工人。有慢性乙型肝炎病史20年，乏力、纳差2个月，腹胀、少尿半个月。肝功能检查：反复有异常。体检：生命体征无异常，消瘦，神志清醒，肝病面容，巩膜轻度黄染，肝掌（+），左侧面部和颈部可见蜘蛛痣，腹部明显膨隆，未见腹壁静脉曲张，移动性浊音（+），双下肢轻度水肿。血常规：白细胞3.6×10^9/L，红细胞1.8×10^9/L，血小板56×10^9/L。B超示：肝硬化伴大量腹水，脾肿大。治疗方法：护肝、营养支持、利尿、输注白蛋白。

问题1. 潘先生可能得了什么病？存在哪些身心状况？

问题2. 根据潘先生的身心状况，他存在哪些护理问题？

问题3. 若你是当班护士，你如何护理潘先生？

根据本任务的临床情景，完成表2-27。

表 2-27　情景案例病人的护理评估分析

评估项目	评估要点
1. 健康史	性别________；年龄________；职业________ 现病史（病情、诊疗过程、现自觉症状等）________ 起病情况（时间、原因或诱因、症状体征等）________ 既往史（疾病、生活、家族史等）________
2. 身体状况	症状________ 体征________
3. 心理-社会状况	（伴有的心理状况）________
4. 辅助检查	（项目名称及结果）________
结论：病人可能得了________，伴有________	

一、概述

肝硬化是一种由不同病因引起的慢性、进行性、弥漫性肝病。是在肝细胞广泛变性和坏死基础上，肝脏纤维组织弥漫性增生，并形成再生结节和假小叶，导致肝小叶正常结构和血管解剖的破坏。引起肝硬化的病因很多，我国以病毒性肝炎最为常见，国外以酒精中毒居多。

二、护理评估

（一）健康史

引起肝硬化的病因很多，如病毒性肝炎（主要是乙型、丙型或丁型肝炎重叠感染）、慢性酒精中毒、胆汁淤积、循环障碍、日本血吸虫病、化学毒物或药物、营养障碍、遗传或代谢疾病等。

（二）身体状况

肝硬化起病隐匿，发展缓慢，可潜伏3～5年甚至10年以上。

1．代偿期　症状较轻，以乏力、食欲减退较为突出，可伴有上腹不适、恶心、厌油腻、腹胀及腹泻等非特异性症状。肝轻度增大，质偏硬，无或伴轻度压痛，脾轻度增大。肝功能正常或仅有轻度酶学异常。

2．失代偿期

（1）肝功能减退的表现

1）全身表现：营养状况较差，表现为消瘦乏力。可有精神不振、不规则发热、水肿等，重者面色灰暗（肝病面容）、皮肤干枯等。

2）消化道症状：食欲减退是最常见的症状，稍进油腻肉食易引起腹泻。大量腹水时，腹胀是病人最难忍受的症状。半数以上病人有轻度黄疸，少数有中、重度黄疸（图2-11），黄疸时可出现皮肤瘙痒。

3）出血倾向和贫血：常有鼻腔、牙龈出血，皮肤紫癜和胃肠道出血倾向，女性病人常有月经过多。营养不良、肠道吸收障碍和脾功能亢进等因素可引起不同程度的贫血。

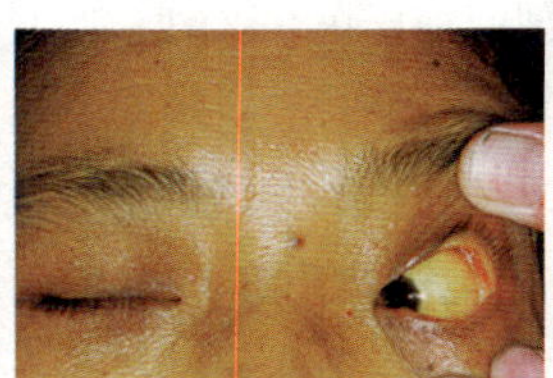

图 2-11　巩膜黄染

4）内分泌失调：由于肝功能减退，雌激素灭活作用减弱，男性病人常有性功能减退和乳房发育等；女性病人可出现月经失调、闭经及不孕等。部分病人出现蜘蛛痣（图2-12），主要分布在面部、颈部、上胸、肩背和上肢等上腔静脉分布的区域；手掌大、小鱼际和指端腹侧皮肤发红，称为肝掌。肝功能减退时，可引起水钠潴留而致尿量减少和水肿。

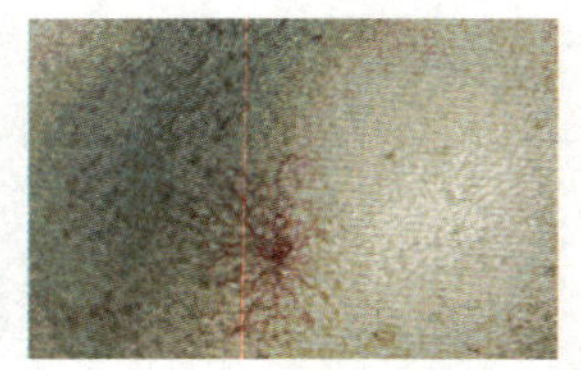

图 2-12　蜘蛛痣

（2）门静脉高压的表现

1）脾大、脾功能亢进：在门静脉高压症早期即可有程度不一的脾脏充血、肿大。多为晚期出现脾功能亢进，导致白细胞、血小板和红细胞计数减少。

2）侧支循环的建立和开放：① 食管和胃底静脉曲张；② 腹壁静脉曲张：在脐周和腹壁可见迂曲的静脉；③ 痔静脉扩张：可扩张形成痔核，破裂时引起便血。临床上重要的侧支循环食管下端和胃底静脉曲张，是引起上消化道大出血的重要原因。

3）腹水：腹水（图 2-13）是肝硬化失代偿期最突出的临床表现。腹水形成的主要因素：① 门静脉压力增高；② 血浆胶体渗透压下降：低蛋白血症，血浆白蛋白低于30g/L；③ 有效循环血容量不足。

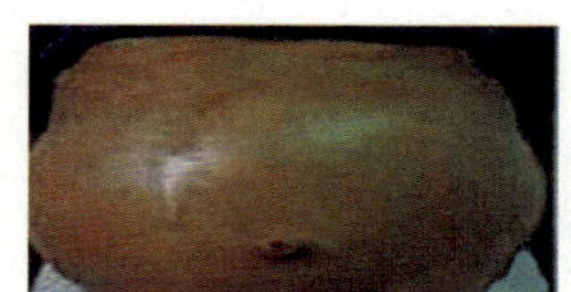

图 2-13　腹水

3．肝脏体征　早期肝脏增大，表面尚平滑，质地稍硬；晚期缩小，表面可呈结节状，质地坚硬，一般无压痛。

4．并发症　上消化道出血（本病最常见的并发症）；感染；肝性脑病（本病最严重的并发症，也是最常见的死亡原因）；原发性肝癌；肝肾综合征；电解质和酸碱平衡紊乱等。

（三）心理-社会状况

病人常因疾病迁延而产生焦虑、紧张、抑郁及恐惧等心理；因家属对病人的关心和支持不足及医疗费用保障不足，病人产生抑郁、绝望等心理。

（四）辅助检查

1．血常规检查　脾功能亢进时红细胞或全血细胞减少。

2．肝功能检查　代偿期正常或轻度异常，失代偿期转氨酶常有轻、中度增高，清蛋白与球蛋白比例降低或倒置。

3．腹水检查　一般为漏出液，若并发自发性腹膜炎、结核性腹膜炎或癌变，则腹水性质发生相应变化。

4．影像学检查　食管吞钡X线检查显示食管静脉曲张呈现虫蚀样或蚯蚓状充盈缺损，胃底静脉曲张呈菊花样充盈缺损。超声显像、CT和MRI检查可显示肝、脾形态改变及腹水征象。

（五）治疗要点

肝硬化治疗应采取综合性措施。

1．非手术治疗　首先针对病因治疗，注意休息和饮食。代偿期可服用抗纤维化的药物（如秋水仙碱）及中药，忌用对肝脏有损害的药物。失代偿期主要是对症治疗、改善肝功能和防治并发症。

2．手术治疗　有手术适应证者慎重选择时机进行手术治疗，手术方式有分流术、断流术、脾切除术、腹腔－静脉转流术。肝移植手术是治疗晚期肝硬化的新方法。

（1）分流术：选择肝门静脉系与腔静脉系的主要血管进行手术吻合，使压力较高的门静脉血分流到腔静脉内，从而降低门静脉压力，预防出血。常用方式有门－腔静脉分流术、脾－肾静脉分流术等。分流术的缺点是可加重肝功能损害，还可因门静脉血未经肝处理而直接流入体循环易致肝性脑病。

（2）断流术：在脾切除的同时，阻断门－奇静脉的交通支反常血流，从而控制食管－胃底静脉的曲张及破裂出血。常用的手术方式是贲门周围血管离断术。

（3）脾切除术：对严重脾大合并脾功能亢进者应行此手术，对于肝功能较好的晚期血吸虫性肝硬化病人疗效较好。

（4）腹腔－静脉转流术：适用于顽固性腹水病人。

三、护理诊断

1．营养失调：低于机体需要量　与肝功能减退、门静脉高压引起消化和吸收障碍有关。

2．体液过多　与肝功能减退、门静脉高压引起水钠潴留有关。

3．潜在并发症　上消化道出血、肝性脑病。

护理目标

病人生命体征正常；腹水减轻或消失；下肢水肿消失；情绪稳定；能简单陈述肝硬化的预防保健知识。

四、护理措施

表 2-28　肝硬化病人的护理

护理流程	护理要点	案例重点分析
1．一般护理	（1）休息：代偿期病人宜适当减少活动量，失代偿期病人应以卧床休息为主，可适当活动。 （2）饮食护理：予以高热量、高蛋白质、高维生素及易消化饮食。肝功能显著损害或有肝性脑病先兆时，应限制或禁食蛋白质。	潘先生的休息________，饮食护理________。
2．病情监测	（1）准确记录24小时液体出入量，定期测量腹围和体重，以观察腹水消长情况。 （2）密切监测血清电解质和酸碱平衡的变化。 （3）注意有无呕血和黑粪，有无精神异常，有无腹痛、腹胀，有无少尿、无尿及恶心等表现。	病情监测重点________。

续表

护理流程	护理要点	案例重点分析
3．腹水病人的护理	轻度腹水者尽量取平卧位，抬高下肢，大量腹水者可取半卧位；给予低盐或无盐饮食，钠限制在每天500～800mg；进水量限制在每天1000ml左右；主要应用螺内酯和呋塞米，应用利尿剂时应注意维持水、电解质和酸碱平衡，利尿速度不宜过快，体重减轻以每天不超过0.5kg为宜。	腹水饮食护理________，药物选择及注意事项________。
4．心理护理	安慰病人，指导其放松心态，积极配合治疗护理，争取早日康复出院。	
5．围手术期护理	（1）术前护理：① 除术前常规准备外，术前2日按医嘱应用抗生素预防感染；术前一般不放置胃管；② 分流术术前2～3日口服新霉素等肠道杀菌药及甲硝唑，减少肠道氨的产生，以预防术后肝性脑病；术前1日晚清洁灌肠，避免术后肠胀气，压迫血管吻合口；③ 脾－肾静脉分流术者，需明确肾功能正常；④ 严重肝病病人手术前，需要补充维生素K。 （2）术后护理：① 体位：分流术后为防止吻合口破裂出血，术后48小时内平卧位或15°半卧位；避免过分活动，翻身动作宜轻柔，一般术后需卧床1周；分流术后短期内可发生下肢肿胀，可予适当抬高；② 饮食：肠蠕动恢复后，可先给流质饮食，再逐步过渡到正常饮食；分流术后应限制蛋白质饮食；忌粗糙、过热食物，禁烟酒；③ 脾切除术后防止静脉血栓形成：术后2周内定期复查血小板计数，如超过600×10^9/L时，立即通知医生协助抗凝处理，脾切除术后不再使用维生素K及其他止血药。	术前护理________，术后护理________。
6．健康指导	（1）疾病预防指导：向病人及家属介绍肝硬化的基本知识，分析和消除不利于家庭及个人应对的各种因素。 （2）用药指导：遵医嘱服药，不可擅自用药，教会病人观察药物疗效及不良反应。 （3）生活指导：给予精神支持和生活照顾，学会识别并发症，及早就医。	保健侧重点________。

护理评价

护理目标的达成情况。

护考知识链接……

1．肝硬化发生的主要原因为病毒性肝炎。

2. 肝硬化代偿期：症状较轻，以乏力、食欲减退较为突出，可伴有上腹不适、恶心、厌油腻、腹胀及腹泻等非特异性症状。

3. 肝硬化失代偿期

（1）肝功能减退的表现：① 全身表现：消瘦乏力，精神不振，皮肤干枯，面色灰暗（肝病面容）等；② 消化道症状：食欲减退是最常见的症状；③ 内分泌失调：男性病人常有性功能减退和乳房发育等，女性病人可出现月经失调、闭经及不孕等；④ 出血倾向和贫血：常有鼻腔、牙龈出血，皮肤紫癜和胃肠道出血倾向。

（2）门静脉高压的临床表现：脾大、脾功能亢进，侧支循环的建立和开放包括食管－胃底静脉，腹壁静脉曲张，痔静脉扩张。

4. 肝硬化形成侧支循环时，最重要的交通支是食管－胃底静脉。

5. 肝硬化的并发症：上消化道出血，感染，肝性脑病，原发性肝癌，肝肾综合征，电解质和酸碱平衡紊乱。

6. 肝硬化最常见的并发症为上消化道出血，多突然发生大量呕血或黑粪。

7. 肝硬化最严重的并发症为肝性脑病，亦是常见死亡原因。

8. 肝硬化病人若在短期内出现肝增大，且表面有肿块，持续肝区疼痛，应考虑并发了原发性肝癌。

9. 肝硬化肝功能检查：代偿期正常或轻度异常，失代偿期转氨酶常有轻、中度增高，清蛋白降低，球蛋白增高，清蛋白与球蛋白比例降低或倒置。

10. 肝硬化伴腹水的病人每日进水量应限制在1000ml左右。

11. 肝硬化病人通常每次排放腹水量为4～6L，根据具体病情，排放量可能达到10L，如果进行腹水排放，每放液1L，就需要为病人静脉输注白蛋白8～10g。

12. 肝硬化病人的饮食护理：给予高热量、高蛋白、高维生素、易消化的食物，应忌酒，避免进食粗糙、刺激性食物。

13. 如肝功能损害显著或有肝昏迷先兆者、血氨偏高者应限制或禁止蛋白质；有腹水时应给予低盐饮食，限制进水量。

14. 肝硬化腹腔穿刺放腹水后，为防止腹内压骤降，护士应缚紧腹带。

15. 腹水形成的主要因素：门静脉压力增高；低蛋白血症，血浆白蛋白低于30g/L；肝淋巴液生成过多；抗利尿激素增多；继发性醛固酮增多等。

16. 分流术后为防止吻合口破裂出血，术后48小时内平卧位或15°半卧位，一般术后需卧床1周；脾切除术后2周内定期复查血小板计数，如超过600×10^9/L时，立即通知医生协助抗凝处理，脾切除术后不再使用维生素K及其他止血药，防止静脉血栓形成。

护考练兵场……

A$_1$/A$_2$型题（单选题）

1．肝硬化病人出现全血细胞减少的原因主要是（　　）

A．血液稀释　B．脾功能亢进　C．肝衰竭

D．营养不良　E．失血过多

2．病人，男性，62岁。患肝硬化4年，近一周来发热、腹痛、尿少，全腹压痛伴轻反跳痛，移动性浊音阳性。腹水常规为渗出液（白细胞分类以多核为主），血常规检查有核左移。应首先采取的治疗措施是（　　）

A．进营养丰富的饮食　B．利尿、镇痛等对症处理　C．输白蛋白，增强抵抗力

D．早期、足量、联合应用抗生素　E．按腹水培养结果选用抗生素

3．肝硬化病人肝功能减退的临床表现除外（　　）

A．贫血　B．脾大　C．肝掌

D．恶心、呕吐　E．蜘蛛痣

综合运用……

（接前述案例）潘先生病情好转出院。

问题：作为责任护士，请结合案例制定一份健康教育处方。

我学会了……

我掌握了……

我的问题……

任务十一　肝性脑病病人的护理

我们的目标是……

- 了解肝性脑病的治疗原则、辅助检查。
- 熟悉肝性脑病的主要护理诊断。
- 掌握肝性脑病的定义、病人身体状况及护理措施。

我们的任务是……

- 学会肝性脑病病人的护理评估。
- 根据情景案例提出主要的护理诊断。
- 初步实施肝性脑病病人的护理措施。

任务实施中……

临床情景——消化内科

顾先生，42岁，长期嗜酒。1天前突然昏迷住院，有肝硬化病史10年余。病人面色明显灰暗，肝掌，巩膜黄染，颈部可见蜘蛛痣。查体：T 36.4℃，P 90次/分，R 20次/分，BP 112/70mmHg，昏迷，两肺呼吸音清，未闻及干湿啰音，腹平，质软，无压痛，移动性浊音阴性，肠鸣音正常，双下肢无浮肿。入院常规检查乙肝三系HBsAg（+）、HBeAg（+）、HBcAg（－）。肝功能检查：A/G倒置；ALT：70U/L。B超显示：肝硬化，脾肿大。治疗方法：消除诱因、对症处理等综合治疗。

问题1. 顾先生可能得了什么病？存在哪些身心状况？

问题2. 根据顾先生的身心状况，他存在哪些护理问题？

问题3. 若你是当班护士，你如何护理顾先生？

根据本任务的临床情景，完成表2-29。

表 2-29　情景案例病人的护理评估分析

评估项目	评估要点
1．健康史	性别________；年龄________ 现病史（病情、诊疗过程、现自觉症状等）________ 起病情况（时间、原因或诱因、症状体征等）________ 既往史（疾病、生活、家族史等）________
2．身体状况	症状________ 体征________
3．心理-社会状况	（伴有的心理状况）________
4．辅助检查	（项目名称及结果）________
结论：病人可能得了________，伴有________	

一、概述

肝性脑病又称肝昏迷，是严重肝病引起的、以代谢紊乱为基础的中枢神经系统功能失调综合征，主要临床表现为意识障碍、行为失常和昏迷等。病毒性肝炎后肝硬化是最常见的病因。

二、护理评估

（一）健康史

1．病因　重症病毒性肝炎、中毒性肝炎、药物性肝炎、妊娠期急性脂肪肝等。各种严重肝病或广泛的门体分流是引起肝性脑病最常见的原因，其中病毒性肝炎后肝硬化最多见。

2．诱因　上消化道出血、高蛋白饮食、大量排钾利尿剂及放腹水、感染、药物（如利尿剂），长期使用止痛、镇静、麻醉药以及肝功能受损的药物，便秘等。

（二）身体状况

临床上根据意识障碍程度、神经系统表现和脑电图改变分为 4 期。

1．Ⅰ期（前驱期）　轻度的性格改变和行为异常。表现为欣快激动或淡漠寡言，衣冠不整，随地便溺。对答尚准确，但吐字不清且较缓慢。可有扑翼样震颤，脑电图多正常。

2．Ⅱ期（昏迷前期）　以睡眠障碍、意识错乱、行为失常为主要表现。定向力和理解力减退，不能完成简单的计算和构图。言语不清，书写障碍，举止反常。多有睡眠时间倒错，昼睡夜醒。部分病人可能出现幻觉、狂躁等较严重的精神症状。病人可有扑翼样震颤，脑电图有特征性改变。

3．Ⅲ期（昏睡期） 以昏睡和精神错乱为主，病人大部分时间呈昏睡状态，但可被唤醒，醒时尚能对答。扑翼样震颤仍可引出，脑电图有异常波形。

4．Ⅳ期（昏迷期） 神志完全丧失，不能唤醒。脑电图明显异常。

以上各期分界不清，前后期临床表现可有重叠，其程度可因病情发展或治疗好转而变化。

（三）心理-社会状况

病人肝病较为严重，大脑处于抑制状态，无法收集实际心理资料。

（四）辅助检查

1．脑电图检查 有诊断价值且有一定的预后意义。特征性改变可出现θ波、昏迷期出现δ波。

2．血氨检查 正常人空腹时静脉血氨为40～70μg/dl。慢性肝性脑病尤其是有门腔分流的病人多有血氨增高。

3．简单智力测验 目前认为智力测验对于诊断早期肝性脑病最有意义。常规使用数字连接试验，此外还可用书写、画图、搭积木等进行测试。

（五）治疗要点

肝性脑病尚无特效疗法，治疗采用综合措施。如消除诱因；减少肠内毒物的生成和吸收；促进有毒物质的代谢清除，纠正氨基酸代谢紊乱；纠正水、电解质和酸碱失衡等。

三、护理诊断

1．急性意识障碍 与未经肝脏解毒的有毒代谢产物引起大脑功能紊乱有关。

2．营养失调：低于机体需要量 与代谢紊乱、进食少等有关。

3．潜在并发症：脑水肿 与脑细胞代谢障碍有关。

护理目标

病人意识清醒，生命体征正常；情绪稳定；能简单陈述肝性脑病的预防保健知识。

四、护理措施

表 2-30　肝性脑病病人的护理

护理流程	护理要点	案例重点分析
1．一般护理	（1）休息：绝对卧床休息，专人护理。 （2）饮食护理：① 暂停蛋白质摄入，待神志清醒后，可逐渐增加蛋白质饮食，以植物蛋白为主；② 供给足够的热量，主食以碳水化合物为主；③ 提供丰富的维生素，禁用维生素 B_6；④ 减少脂肪摄入；⑤ 腹水者限制水、钠摄入。	顾先生休息________，饮食护理________。
2．病情监测	密切观察肝性脑病的早期征象，判断病人意识障碍的程度。观察病人思维及认知的改变，监测并记录病人生命体征及瞳孔变化。	病情监测重点________。
3．用药护理	遵医嘱用药，注意药物不良反应及注意事项。新霉素副作用是引起听力和肾损害；应用谷氨酸钾和谷氨酸钠时，病人尿少时少用钾盐；应用精氨酸时，滴注速度不宜过快；乳果糖肠内产气较多；大量输注葡萄糖过程中，必须警惕低钾血症、心力衰竭和脑水肿。	药物的选择及注意事项________。
4．避免诱发因素	避免应用催眠镇静药、麻醉药等；避免快速利尿和大量放腹水；防止感染；防止大量输液；保持大便通畅，防止便秘。便秘者可用生理盐水或弱酸溶液灌肠，忌用肥皂水灌肠。	诱发因素________。
5．健康指导	（1）疾病预防指导：避免肝性脑病的诱发因素、感染，保持大便通畅等。 （2）饮食指导：根据病情坚持合理的饮食原则，戒烟酒。 （3）用药指导：遵医嘱用药，了解药物不良反应，并定期随访。	保健的侧重点________。

护理评价

护理目标的达成情况。

护考知识链接……

1．病毒性肝炎后肝硬化是肝性脑病最常见的病因。

2．肝性脑病诱因包括上消化道出血，大量排钾利尿、放腹水，高蛋白饮食，感染，药物如利尿剂、安眠药、镇静药、麻醉药等，便秘。

3．肝性脑病的临床表现

Ⅰ期（前驱期）：轻度性格改变和行为失常；

Ⅱ期（昏迷前期）：意识错乱、睡眠障碍、行为失常为主；

Ⅲ期（昏睡期）：昏睡和精神错乱为主；

Ⅳ期（昏迷期）：神志完全丧失，不能唤醒。

4．肝性脑病灌肠液应选择生理盐水或弱酸性溶液；灌肠液禁用肥皂水。

5．肝性脑病的饮食护理：限制蛋白质摄入，供给足够的热量和维生素，以糖类为主要食物。显著腹水者限制水、钠摄入，钠应少于250mg/d，日入水量一般为尿量加1000ml。

护考练兵场……

A_1/A_2型题（单选题）

1．肝性脑病病人出现睡眠障碍、意识模糊，突出表现在（　　）

A．肝性脑病前期　　B．肝性脑病昏迷前期　　C．肝性脑病昏睡期

D．肝性脑病昏迷期　　E．亚临床肝性脑病病人

2．护理肝性脑病病人，错误的是（　　）

A．忌食蛋白质　　B．防止感染　　C．放大量腹水

D．禁用或慎用安眠药　　E．便秘时用弱酸性溶液灌肠

3．肝性脑病病人发生便秘，灌肠时禁用（　　）

A．生理盐水　　B．肥皂水　　C．新霉素液

D．弱酸性液　　E．石蜡油

A_3/A_4型题（单选题）

（4～5题共用题干）赵先生，50岁，因肝硬化腹水入院。放腹水后出现精神错乱、幻觉、嗜睡伴有扑翼样震颤、脑电图异常等。

4．此时病人处于肝性脑病的（　　）

A．前驱前　　B．昏迷前期　　C．昏睡期

D．浅昏迷期　　E．深昏迷期

5．遵医嘱用硫酸镁导泻，不属于重点观察的内容是（　　）

A．体温　　B．脉搏　　C．血压

D．尿量　　E．排便量

综合运用……

（接前述案例）顾先生病情好转出院。

问题：作为责任护士，请结合案例制定一份健康教育处方。

学习反思……

我学会了……

我掌握了……

我的问题……

任务十二　胆道疾病病人的护理

我们的目标是……

- 了解胆石症的病因、分类。
- 熟悉胆石症及胆道感染病人的护理评估及主要护理诊断。
- 掌握胆石症及胆道感染病人的典型身体状况及主要护理措施。

我们的任务是……

- 学会胆石症及胆道感染病人的护理评估。
- 根据情景案例提出主要的护理诊断。
- 初步实施胆石症及胆道感染病人的护理措施。

任务实施中……

临床情景——消化外科

陈女士，65岁。右上腹疼痛伴寒战、发热1天入院。病人前1天因进食油腻食物后出现右上腹疼痛，为阵发性剧烈绞痛，向右肩背部放射，伴寒战、发热，恶心、呕吐，呕吐物为胃内容物。查体：T 39.5℃，P 92次/分，R 22次/分，BP 105/72mmHg，神志清醒，寒战高热，巩膜黄染，右上腹压痛明显，有肌紧张及反跳痛，未见肠型和肠蠕动波。血常规：白细胞为13×10^9/L，中性粒细胞67%。B超显示胆总管结石。诊断为“胆总管结石”，择日行胆总管切开取石加T管引流术。

问题1. 陈女士可能得了什么病？存在哪些身心状况？

问题2. 根据陈女士的身心状况，她存在哪些护理问题？

问题3. 若你是当班护士，你如何护理陈女士？

根据本任务的临床情景，完成表2-31。

表 2-31　情景案例病人的护理评估分析

评估项目	评估要点
1．健康史	性别________；年龄________ 现病史（病情、诊疗过程、现自觉症状等）________ 起病情况（时间、原因或诱因、症状体征等）________ 既往史（疾病、生活、家族史等）________
2．身体状况	症状________ 体征________
3．心理-社会状况	（伴有的心理状况）________
4．辅助检查	（项目名称及结果）________
结论：病人可能得了________，伴有________	

一、概述

胆道疾病包括胆石症、胆道感染、胆道蛔虫病以及胆道肿瘤和畸形等，而以前两者多见。胆道感染可引起胆石症，胆石症可导致胆道梗阻而诱发感染，胆道蛔虫病又是引起胆道感染和胆石病的重要原因。因此，胆道蛔虫、胆石和感染之间相互联系、相互影响，互为因果。

本任务主要涉及胆石症和胆道感染病人的护理。胆石症是指发生在胆囊和胆管的结石所引起的病症，是胆道系统的常见病、多发病，随年龄增长发病率增加，女性高于男性。

（一）病因

胆石症病因复杂，至今未完全阐明，主要与代谢异常和胆道感染等因素有关。

1．代谢异常　由于饮食、代谢因素，胆汁中胆固醇呈过饱和状态，进而发生沉淀和结晶，形成胆固醇结石。

2．胆道感染　由于胆汁滞留，细菌或寄生虫入侵而致胆道感染，胆汁中的大肠埃希菌产生β-葡萄糖醛酸酶，使可溶性的结合胆红素水解为游离胆红素，后者与钙结合后沉淀析出形成胆红素结石。虫卵、成虫尸体也可作为核心形成结石。

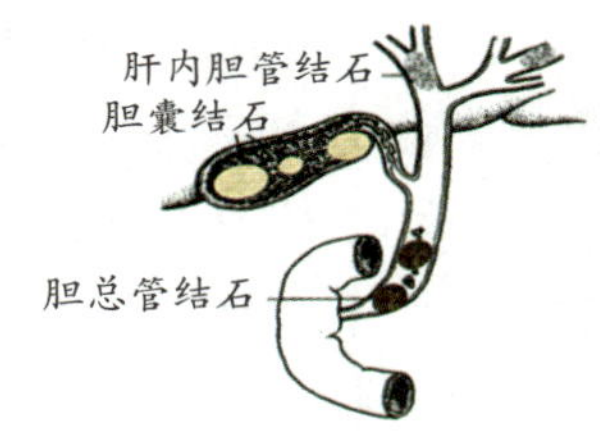

图 2-14　胆石分类

（二）分类

按结石所在的部位可分为胆囊结石、肝外胆管结石和肝内胆管结石（图2-14）。胆囊结石的发病率高于胆管结石，胆固醇结石多于胆色素结石。按所含化学成分分为胆固醇结石（80%发生在胆囊内）、胆色素结石（75%分布在肝内外胆管）、混合性结石。

二、护理评估

（一）健康史

对中年妇女特别是肥胖者应了解饮食习惯；有无胰腺炎病史等。

（二）身体状况

1．胆囊结石与急性胆囊炎　当胆囊结石嵌顿伴发急性感染时可出现急性胆囊炎特点，具有下列症状与体征：① 胆绞痛：多于进食油腻食物、饱餐或体位改变时，胆囊收缩，结石移位嵌顿于胆囊颈，胆汁排空受阻，胆囊内压力增高致胆囊强力收缩而出现剧烈腹痛，称胆绞痛，疼痛位于右上腹，呈阵发性绞痛，常向右肩胛和背部放射；② 多伴消化道症状；③ 感染中毒症状：因炎症毒素吸收，可有体温升高、脉快等表现；④ 病程早期可出现墨菲征（Murphy征）阳性，墨菲征阳性是急性胆囊炎的典型体征。

2．胆管结石与急性胆管炎

（1）肝外胆管结石与急性胆管炎：肝外胆管结石一般可无症状，但当结石阻塞胆管并继发感染时，出现典型的临床表现，即夏柯（Charcot）三联征：① 腹痛（胆绞痛）：位于剑突下或右上腹，呈阵发性、刀割样剧痛，或持续性疼痛伴阵发性加剧，常向右肩背部放射；主要是结石嵌顿于胆总管下端或壶腹部，刺激胆管平滑肌，引起Oddi括约肌痉挛所致；② 寒战高热：通常继绞痛发生后出现，可高达40℃，为胆管梗阻后继发感染，脓性胆汁和细菌逆流随肝静脉扩散所致；③ 黄疸：结石堵塞胆管后，胆红素逆流入血，病人出现黄疸。

（2）肝内胆管结石与胆管炎：单纯性肝内胆管结石可无症状或肝区有患侧胸背部持续性胀痛，合并感染时除有夏柯三联征外，还易并发胆源性肝脓肿，感染反复发作可致胆汁性肝硬化、门静脉高压等。

（3）急性梗阻性化脓性胆管炎（AOSC）：是在胆道感染的基础上，并发胆道系统的急性化脓性细菌感染，亦称急性重症胆管炎（ACST），发病急、病情发展快，除具有一般胆道感染的典型夏柯三联征外，还出现血压下降和中枢神经系统抑制表现，称为雷诺（Reynolds）五联征，是最为严重的胆道疾病，病死率较高。起病初期即出现突发性剑突下或右上腹痛，为本病的首发症状；继之寒战、高热，伴恶心、呕吐；多数病人可出现明显黄疸；近半数病人很快出现神经系统症状，如表情淡漠、烦躁、嗜睡甚至昏迷；重者可在短期内出现代谢性酸中毒、感染性休克等表现。体格检查时可见急性面容、神志改变、发绀；体温可持续高达39～40℃，出冷汗，脉搏快而弱，可达120次/分或以上，血压下降。腹部触诊可有不同程度的上腹压痛或腹膜刺激征，可有肝肿大和肝区叩痛，若未及时治疗可致死亡。

3．胆管蛔虫病　儿童、青少年多见，常有驱蛔虫史。临床特点为症状剧烈，但体征轻微，“症征不符”为本病特点。主要症状是病人突发的剑突下或上腹部阵发性钻顶样剧烈疼痛，可向右肩背部放射，坐卧不安，大汗淋漓，常伴恶心、呕吐，可吐蛔虫。疼痛可反复发作，持续时间不等，可突然自行缓解，间歇期宛如常人。由于蛔虫钻入引起的梗阻多为不完全性，因而黄疸较少见或较轻。病人体征轻微，腹肌软，仅有剑突下或右上腹深压痛，间歇期无体征。

（三）心理-社会状况

胆道疾病与病人的生活方式、习惯等有密切关系，干预其生活习惯或行为，可使病人不适应；症状的反复发作，并发症的出现，会使病人焦虑，被告知手术时，易有恐惧感。

（四）辅助检查

1．B超检查　是最常用的无创性检查方法，胆道疾病首选的检查。检查胆囊时，需禁食12小时、禁饮4小时以上，前1天晚餐进清淡素食。

2．CT检查　能提供胆道扩张的范围、梗阻的部位、胆囊、胆管及胰腺肿块等。

3．经皮肝穿刺胆道造影（PTC）　可清晰显示肝内、外胆管和梗阻部位，是当前胆道外科的一项重要诊断技术，但有可能发生胆漏、出血、胆道感染等并发症，故术前应检查凝血功能及注射维生素类药物2～3天，必要时应用抗生素，术前应做碘过敏试验。经皮肝穿刺置管引流（PTCD）可引流胆汁，缓解黄疸。

4．经内镜逆行胆胰管造影（ERCP）　应用纤维十二指肠镜通过乳头部插管至胆管或胰管内，插管后注入造影剂，可了解十二指肠乳头情况，清晰显示胆胰管系统，鉴别肝内、外胆管梗阻的部位和病变范围。可有急性胰腺炎、胆管炎、肠穿孔等并发症。

5．术中、术后胆道造影　胆道手术中，经胆管置管注入造影剂直接造影，可清楚显示肝内、外胆管，了解胆管内病变。术后可经T管注入造影剂造影，以判定有无残余结石或胆管狭窄。胆道T管拔管前，一般常规行胆道造影。

6．磁共振成像（MRI）或磁共振胆胰管成像（MRCP）　可显示整个胆道系统的影像，在诊断梗阻性黄疸方面具有重要价值。

（五）治疗要点

1．非手术治疗　病情较轻的急性胆囊炎、胆石症病人，可予禁食、胃肠减压、补液治疗，记录液体出入量、控制感染，解痉止痛。伴严重心血管疾病不能耐受手术者，在上述治疗基础上加强全身支持治疗。胆管蛔虫病以非手术治疗为主，包括解痉镇痛，利胆驱虫，口服食醋、30%硫酸镁、中药乌梅汤等，驱虫药选用哌嗪、左旋咪唑等，应在清晨空腹或晚上临睡前服用，最好在症状缓解期进行。

2．手术治疗

（1）胆囊结石与胆囊炎：胆囊切除术是最佳选择。胆囊切除术首选腹腔镜胆囊切除术（LC）。

（2）胆管结石与胆管炎：① 胆总管探查或切开取石、T管引流术；② 经内镜Oddi括约肌切开取石术；③ 胆总管空肠Roux-en-Y吻合术。

（3）急性梗阻性化脓性胆管炎：紧急手术解除胆道梗阻并置管引流，以有效减压和减轻感染，通常采用胆总管切开减压、取石、T管引流术。准备手术时，必须全身支持治疗，边抗休克边手术，扩容，改善微循环，纠正代谢性酸中毒，必要时使用激素等治疗。对症治疗如降温、吸氧，联合足量、有效抗生素控制感染。

三、护理诊断

1．焦虑、恐惧　与胆道疾病反复发作和担心手术及预后有关。

2．急性疼痛：腹痛　与胆石嵌顿、Oddi括约肌痉挛、感染等有关。

3．体温升高　与胆道感染细菌毒素吸收等有关。

4．营养失调：低于机体需要量　与食欲缺乏、高热、呕吐等有关。

5．潜在并发症　感染性休克、胆瘘、腹腔感染、急性胰腺炎、肝功能不全等。

护理目标

病人腹痛等不适感缓解或消失；体温恢复正常；体液平衡得以维持；情绪稳定，能够主动配合治疗和护理；营养失调得到改善；病人并发症得到有效预防和处理。

四、护理措施

表 2-32　胆石症及胆道感染病人的围手术期护理

护理流程	护理要点	案例重点分析
1．术前护理 巩膜黄染	（1）卧位：宜取半卧位，改善呼吸与循环功能。 （2）饮食与输液：暂禁食、禁饮，并按医嘱做好静脉输注抗生素等输液护理。 （3）对症护理：黄疸病人皮肤瘙痒时外用炉甘石洗剂止痒，温水擦浴。胆绞痛发作者，遵医嘱给予解痉止痛药物，常用哌替啶、山莨菪碱（654-2）或阿托品，但勿使用吗啡，因其能使Oddi括约肌痉挛，加重胆道梗阻。 （4）如需行胆道其他检查时，做好检查前及检查后的相关护理。 （5）病情观察：密切观察神志、生命体征、腹部症状和体征、黄疸等。 （6）术前护理：腹部术前常规护理如心理护理、备皮、备血、药敏试验，术前用药等。	陈女士术前护理________。
2．术后护理 腹腔镜切口 腹腔引流	（1）体位与活动：血压稳定后改半卧位；若病情允许，鼓励病人早期活动，防止肠粘连。 （2）饮食：禁食期间给予补充液体和电解质，肛门排气后方可进食；低脂饮食1个月以上，且以少食多餐为原则。 （3）密切观察生命体征、黄疸、腹部体征变化，胃肠减压、伤口敷料及腹腔引流情况。 （4）皮肤护理：如有胆汁渗漏应涂以氧化锌软膏保护。 （5）治疗配合：遵医嘱使用抗生素，并做好静脉输液护理。 （6）治疗配合：遵医嘱使用抗生素及止痛剂。保持伤口清洁、干燥，如有渗液及时更换敷料。 （7）做好T管引流的护理（见护考知识链接）。	陈女士术后T管引流的护理________。
3．健康指导	（1）饮食指导：选择低脂、高糖、高蛋白、高维生素、易消化饮食，忌油腻食物及饱餐。肥胖者应适当减肥。 （2）养成良好的工作、休息和饮食规律。避免劳累及精神高度紧张，保持心情愉快。 （3）向带T管出院病人解释T管的重要性，告知出院后的注意事项、T管的护理。 （4）定期复诊。	

护理评价

护理目标的达成情况。

护考知识链接……

1. 胆囊结石并发急性胆囊炎主要症状是右上腹阵发性绞痛，向右肩胛和背部放射，称为胆绞痛，墨菲征阳性是急性胆囊炎的典型体征。
2. 胆管结石梗阻继发急性胆管炎时可出现典型的夏柯三联征，即腹痛、寒战高热、黄疸。急性梗阻性化脓性胆管炎，除具有一般胆道感染的典型夏柯三联征外，还出现血压下降和中枢神经系统抑制表现，称雷诺五联征。雷诺五联征是急性梗阻性化脓性胆管炎的典型体征。
3. 胆管蛔虫病主要症状是突发上腹部阵发性钻顶样剧烈疼痛。
4. 胆绞痛发作时禁忌吗啡，以免引起胆道下端括约肌痉挛，加重梗阻。
5. T管引流的护理

（1）目的：① 引流胆汁和减压；② 引流残余结石；③ 支撑胆道；④ 经T管溶石或造影。

（2）护理要点

1）妥善固定、保持引流通畅：改变体位或活动时注意引流袋位置应低于腹壁引流口高度，防止胆汁逆流引起感染。注意检查T管是否通畅，避免引流管受压、折叠、扭曲、阻塞，应经常向远端挤捏。如有阻塞，应用无菌生理盐水缓慢冲洗，不可用力推注。

2）注意观察胆汁颜色、性状，有无鲜血、结石及沉淀物。正常胆汁呈深绿色或棕黄色，透明，无沉淀物。颜色过淡或过于稀薄，说明肝功能不佳；混浊表示有感染；有泥沙样沉淀物，说明有残余结石。胆汁引流量一般每天300～700ml，量少可能因T管阻塞或肝功能衰竭所致，量过多应考虑胆总管下端不通畅。

3）如病人体温下降，大便颜色加深，黄疸消退，说明胆道炎症消退，胆汁能顺利进入肠道；否则表示胆总管下端尚不通畅。如有发热和腹痛，出现腹膜刺激征，应考虑胆汁渗漏致胆汁性腹膜炎的可能，及时联系医生处理。

4）保持无菌和清洁：每日更换引流袋，但不必每日或定时冲洗T管。

5）拔管：T管一般放置2周左右。拔管指征：无腹痛、发热和黄疸，另外，观察病人大便颜色是否正常，胆汁引流量是否逐渐减少。引流液颜色应呈透明金黄色，无脓液、结石，无沉渣及絮状物。拔管前准备：拔管前先在饭前、饭后1小时夹管，拔管前1～2天全天夹管，夹管时病人如无腹痛、发热、黄疸等表现，说明胆总管通畅，可以拔管。拔管前还要在X线下经T管做胆管造影，造影后须立即接好引流管继续引流2～3天引流造影剂，减少造影后反应和继发感染，如情况正常，造影后2～3天拔管。拔管后处理：拔管后局部伤口用凡士林纱布填塞，1～2天会自行封闭。拔管时引流口可有少量胆汁带出，为正常现象，拔管后1周内警惕有无胆汁外漏甚至发生腹膜炎等情况，观察病人体温、有无黄疸和腹痛发作，以便及时处理。

护考练兵场……

A$_1$型题（单选题）

1．胆固醇结石好发于（　　）

A．胆总管　B．左肝管　C．右肝管

D．胆囊　E．肝内胆管

2．提示胆总管下段梗阻的情况是（　　）

A．胆汁浑浊　B．胆汁量过多　C．胆汁量过少，色深

D．胆汁量少而色淡　E．胆汁棕色，稠厚

3．胆总管引流选用（　　）

A．橡皮片引流条　B．T形引流管　C．凡士林纱布引流条

D．烟卷引流条　E．橡皮管引流

4．急性梗阻性化脓性胆管炎最常见的梗阻因素是（　　）

A．胆道肿瘤　B．胆管结石　C．胆道蛔虫

D．胆管扭转　E．胆道狭窄

5．急性梗阻性化脓性胆管炎最关键的治疗是（　　）

A．及时应用抗生素　B．应用肾上腺皮质激素　C．及时应用升压药

D．紧急胆道减压　E．纠正水、电解质、酸碱失衡

A$_2$/A$_3$型题（单选题）

6．某女，因急性梗阻性化脓性胆管炎收入院，3小时后出现休克。病人休克属于（　　）

A．低血容量性休克　B．创伤性休克　C．感染性休克

D．心源性休克　E．过敏性休克

（7～9题共用题干）田女士，50岁。右上腹部疼痛1天，体温39℃，巩膜黄染，B超显示胆总管结石。医生诊断为急性胆管炎，暂行保守治疗。

7．如急腹症病人诊断未明确时，腹痛剧烈者禁用下列哪种药物（　　）

A．阿托品　B．硫酸镁　C．吗啡

D．654-2　E．安定

8．在病情观察中，护士发现下列哪种情况，应立即报告医生，需急诊手术治疗（　　）

A．进行性加重的腹痛　B．血压下降，神志不清　C．墨菲征阳性

D．高热、寒战　E．白细胞计数增高

9．若病人因病情加重需转为手术治疗，胆道手术后第3天，护士查房时发现T管无胆汁流出，病人诉腹部胀痛。首先应（　　）

A．用无菌生理盐水冲洗T管　B．检查T管是否受压扭曲　C．用注射器抽吸T管

D．准备T管造影　E．继续观察，暂不处理

综合运用……

（接前述案例）若陈女士在住院第2天突然病情加重，为持续性剧烈腹痛，向右肩背部放射，伴寒战、发热，尿色深，呈浓茶色。查体：T 39.1℃，P 92次/分，R 22次/分，BP 85/60mmHg，急性病容，反应迟钝，皮肤巩膜黄染，心肺未见异常，腹平坦，右上腹压痛、反跳痛及肌紧张，未见肠型和肠蠕动波，肠鸣音减弱。辅助检查：血白细胞计数 20×10^9/L，中性粒细胞90%，尿胆红素阳性；B超检查显示“胆总管结石”。

问题：（1）陈女士发生了什么情况？

（2）若你是当班护士，如何救护？

（3）请结合案例制定一份健康教育处方。

我学会了……

我掌握了……

我的问题……

任务十三　急性胰腺炎病人的护理

我们的目标是……

- ▲ 了解急性胰腺炎的分类及高危因素。
- ▲ 熟悉急性胰腺炎的治疗要点、主要护理诊断。
- ▲ 掌握急性胰腺炎的定义、病人身体状况及护理措施。

我们的任务是……

- ▲ 学会急性胰腺炎病人的护理评估。
- ▲ 根据情景案例提出主要的护理诊断。
- ▲ 初步实施急性胰腺炎病人的护理措施。

朱先生，46岁，企业老总。昨晚跟朋友吃火锅，酒足饭饱后突然上腹部持续性刀割样剧痛，向左腰背部放射，伴腹胀、频繁呕吐，呕吐物为胃内容物。护理体检：T 38.9℃，P 116次/分，R 26次/分，BP 88/50mmHg；病人烦躁不安，痛苦面容，皮肤巩膜无黄染，腹膨隆，上腹压痛。检查：血清淀粉酶6400U/L，血清钙1.9mmol/L，血白细胞18×10^9/L。治疗方法：禁食、胃肠减压，对症处理。

问题1. 朱先生可能得了什么病？存在哪些身心状况？

问题2. 根据朱先生的身心状况，他存在哪些护理问题？

问题3. 若你是当班护士，你如何护理朱先生？

根据本任务的临床情景，完成表2-33。

表 2-33 情景案例病人的护理评估分析

评估项目	评估要点
1．健康史	性别________；年龄________；职业________ 现病史（病情、诊疗过程、现自觉症状等）________ 起病情况（时间、原因或诱因、症状体征等）________ 既往史（疾病、生活、家族史等）________
2．身体状况	症状________ 体征________
3．心理-社会状况	(伴有的心理状况)________
4．辅助检查	(项目名称及结果)________
结论：病人可能得了________，伴有________	

一、概述

急性胰腺炎是多种病因导致胰酶在胰腺内被激活后引起胰腺组织自身消化、水肿、出血甚至坏死的化学性炎症。临床上以急性上腹痛、恶心、呕吐、发热和血胰酶增高为特点。我国以胆道疾病为常见病因，其中胆石症最为常见，而大量饮酒和暴饮暴食为常见诱因。

二、护理评估

（一）健康史

1．病因　急、慢性胆道疾病，胰、十二指肠疾病，腹部手术与创伤，内分泌与代谢疾病等。

2．诱因　酗酒和暴饮暴食等。

（二）身体状况

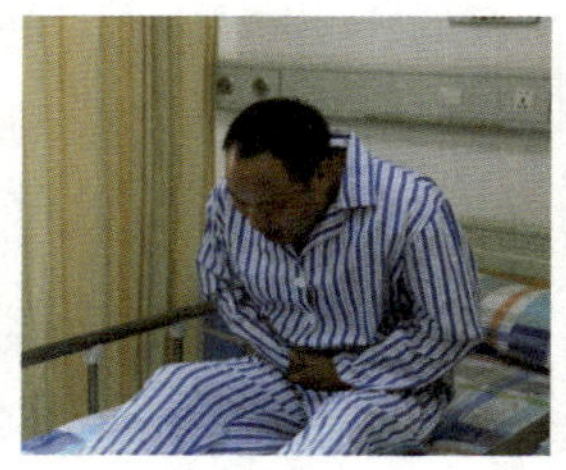

图 2-15　腹痛

1．症状　腹痛（图2-15）为本病的主要症状和首发症状，呈持续性刀割样疼痛，向腰背部呈带状放射，取弯腰屈膝侧卧位可减轻疼痛；恶心、呕吐、腹胀及黄疸；发热；水、电解质及酸碱平衡紊乱，呕吐频繁者可有代谢性碱中毒，低钙血症可引起手足抽搐，为预后不良的表现；低血压和休克。

2．体征　轻症急性胰腺炎腹部体征较轻，多数有上腹压痛，但无肌紧张和反跳痛，可有肠鸣音减弱；重症急性胰腺炎，痛苦表情，脉搏增快，呼吸急促，血压下降，出现急性腹膜炎体征如腹肌紧张，全腹显著压痛和反跳痛，伴麻痹性肠梗阻时有明显腹胀，肠鸣音减弱或消失。少数病人由于胰酶或坏死组织液沿腹膜后间隙渗到腹壁下，致两侧腰部皮肤呈暗灰蓝色，称Grey-Turner征，或出现脐周围皮肤青紫，称Cullen征。

3．并发症　主要见于重症急性胰腺炎。局部并发症有胰腺脓肿、假性囊肿；全身并发症有急性呼吸窘迫综合征、急性肾衰竭、心律失常与心力衰竭、糖尿病等。

（三）心理–社会状况

病人痛苦呻吟、烦躁不安，紧张、焦虑，甚至感到有死亡的威胁。

（四）辅助检查

1．血清淀粉酶测定　血清淀粉酶一般在起病后2～12小时开始升高，48小时后开始下降，持续3～5天。血清淀粉酶超过正常值3倍即可诊断本病。尿淀粉酶升高较晚，常在发病后12～14小时开始升高，持续1～2周逐渐恢复正常。

2．血清脂肪酶测定　常在病后24～72小时开始升高，持续7～10天，对就诊较晚的病人有诊断价值，且特异性也较高 。

3．C反应蛋白（CRP）　胰腺坏死时反应蛋白明显升高。

4．血生化检查　可有血钙降低，低血钙程度与临床严重程度平行，若低于1.5mmol/L则预后不良。

5．影像学检查　腹部X线平片可见肠麻痹或麻痹性肠梗阻征象。

（五）治疗要点

1．减少胰腺外分泌　治疗急性胰腺炎最重要的措施是减少胰液分泌，而减少胰液

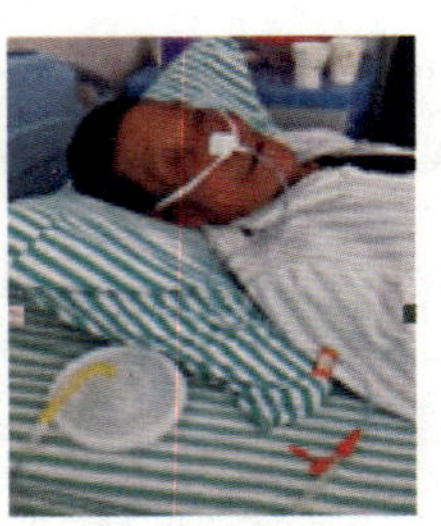
图 2-16 胃肠减压

分泌最重要的措施是禁食和胃肠减压（图2-16）；静脉输液和营养支持；应用抗胆碱药及减少胃酸分泌药如阿托品、山莨菪碱等；应用抑制胰腺外分泌的药物如生长抑素奥曲肽、施他宁等；糖皮质激素。

2．解痉止痛　常用阿托品、山莨菪碱肌内注射，疼痛剧烈者可用哌替啶止痛，禁用吗啡，以免引起Oddi括约肌痉挛。

3．抗休克及纠正水、电解质平衡紊乱，补充液体和电解质。

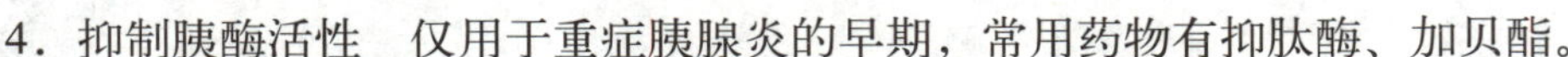
4．抑制胰酶活性　仅用于重症胰腺炎的早期，常用药物有抑肽酶、加贝酯。

5．防治各种并发症。

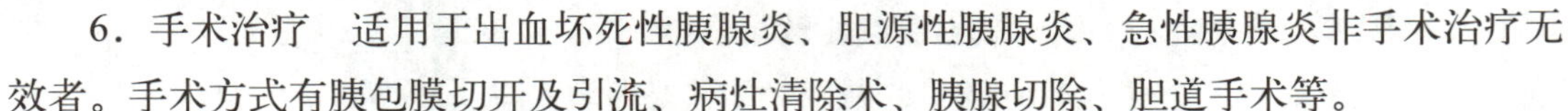
6．手术治疗　适用于出血坏死性胰腺炎、胆源性胰腺炎、急性胰腺炎非手术治疗无效者。手术方式有胰包膜切开及引流、病灶清除术、胰腺切除、胆道手术等。

三、护理诊断

1．疼痛　与胰腺及周围组织炎症有关。

2．体液不足　与呕吐、禁食、胃肠减压或出血有关。

3．体温过高　与胰腺炎症、坏死或继发感染有关。

4．潜在并发症　急性腹膜炎、休克、急性呼吸窘迫综合征、急性肾衰竭等。

护理目标

病人生命体征正常；疼痛减轻或消失；无恶心、呕吐；能陈述急性胰腺炎的预防保健知识。

四、护理措施

表 2-34　急性胰腺炎病人的护理

护理流程	护理要点	案例重点分析
1．一般护理 弯腰屈膝侧卧位	（1）休息与体位：绝对卧床休息，协助病人取弯腰、屈膝侧卧位。 （2）饮食与胃肠减压：多数病人需禁食1～3天，明显腹胀者应给予胃肠减压；禁食期间每日应补液3000ml以上。	朱先生休息________，饮食护理________。
2．病情监测	观察呕吐物的量和性质；行胃肠减压时观察引流物的性质和量；观察病人腹部症状和体征的变化等。	病情监测重点________。

续表

护理流程	护理要点	案例重点分析
3．对症护理	遵医嘱给予解痉镇痛药阿托品，效果不佳时配合使用哌替啶，但禁用吗啡，以免引起Oddi括约肌痉挛。	药物选择及注意事项______。
4．心理护理	安慰病人，指导其放松心态，积极配合治疗护理，争取早日康复出院。	
5．健康指导	（1）疾病预防指导：向病人和家属讲解胰腺炎的发病原因、诱发因素及疾病过程。 （2）生活指导：避免暴饮暴食及刺激性强的食物，戒烟酒，防止复发，定期门诊复诊。	保健侧重点______。

护理评价

护理目标的达成情况。

护考知识链接……

1．急性胰腺炎的主要病因为胆道疾病，其中胆石症最为常见。

2．急性胰腺炎的主要表现和首发症状为腹痛，常位于中上腹，常向腰背部呈带状放射。

3．病人出现烦躁不安、皮肤苍白、湿冷等低血压或休克表现时提示出现坏死性胰腺炎。

4．急性坏死性胰腺炎出现低钙血症提示预后不佳。

5．急性胰腺炎首选的辅助检查为血清淀粉酶测定。血清（胰）淀粉酶起病后6～12小时开始升高，48小时下降，持续3～5天，血清（胰）淀粉酶超过正常值3倍可确诊为本病。血清脂肪酶测定：常在起病后24～72小时开始升高，持续7～10天，对就诊较晚的病人有诊断价值，且特异性也较高。

6．胰腺坏死时C反应蛋白明显升高。

7．急性胰腺炎首选的治疗措施为禁食和胃肠减压。

8．急性胰腺炎病人屈膝侧卧位可减轻疼痛；急性胰腺炎病人禁用吗啡，因吗啡可引起Oddi括约肌痉挛，加重疼痛。

9．急性胰腺炎发作时，应禁食并给予胃肠减压。

10．重症病人抢救配合

（1）维持水、电解质平衡，特别注意血压、神志及尿量的变化。

（2）如出现低血容量性休克的表现，积极配合医生进行抢救。

（3）立即协助病人取中凹卧位，注意保暖，给予氧气吸入。

(4) 建立静脉通路，按医嘱输注液体、血浆或全血；如血压仍不回升，遵医嘱给予升压药。

(5) 迅速准备好抢救物品，如静脉切开包、人工呼吸器、气管切开包等。

护考练兵场……

A_1/A_2型题（单选题）

1．急性胰腺炎是（　　）

A．感染性疾病　　B．遗传性疾病　　C．自身免疫性疾病

D．自身消化性疾病　　E．结缔组织疾病

2．病人，男性，41岁。8小时前饮酒后出现上腹绞痛，向肩部放射。急诊医师怀疑为急性胰腺炎，此时最具有诊断学意义的实验室检查是（　　）

A．血清脂肪酶测定　　B．尿淀粉酶测定　　C．血钙测定

D．血清淀粉酶测定　　E．血白细胞计数

A_3/A_4型题（单选题）

（3～5题共用题干）病人，女性，27岁，聚餐后突感上腹部持续剧痛，伴恶心、呕吐，3小时后就诊。查体：体温38.5℃，脉搏105次/分，呼吸23次/分，血压79/49mmHg，心肺检查无异常，上腹部压痛及反跳痛，肠鸣音消失，血淀粉酶增高，血白细胞16×10^9/L，中性粒细胞0.90，血钙下降。

3．护士向病人解释其患病的诱因是（　　）

A．胆总管结石　　B．十二指肠液反流　　C．特异性感染

D．暴饮暴食　　E．胰管结石

4．病人所患疾病最可能为（　　）

A．急性梗阻性化脓性胆管炎　　B．胆道蛔虫病　　C．急性出血坏死性胰腺炎

D．急性胆囊穿孔　　E．急性腹膜炎

5．首选的检查方法是（　　）

A．血常规　　B．血淀粉酶　　C．X线立位平片

D．B超　　E．腹腔穿刺

综合运用……

（接前述案例）朱先生病情好转出院。

问题：作为责任护士，请结合案例制定一份健康教育处方。

我学会了……

我掌握了……

我的问题……

任务十四　急腹症病人的护理

我们的目标是……

▲ 了解急腹症的病因。

▲ 熟悉急腹症病人的护理评估及主要护理诊断。

▲ 掌握急腹症病人的身体状况及主要护理措施。

我们的任务是……

▲ 学会急腹症病人的护理评估。

▲ 根据情景案例提出主要的护理诊断。

▲ 初步实施急腹症病人的护理措施。

任务实施中……

杨某，男性，35岁。被汽车撞伤2小时，腹痛剧烈急诊入院。查体：T 36℃，P 118次/分，R 22次/分，BP 89/60mmHg；意识尚清楚，面色苍白，全身冷汗，四肢发凉。触诊胸左侧壁第7、8肋处有疼痛，左季肋区可见皮肤擦伤，全腹有压痛、反跳痛、肌紧张，移动性浊音阳性，肠鸣音减弱。左下腹腹腔穿刺抽出不凝固血液，其他未见异常。入院后立即做好术前准备，急诊行剖腹探查术。

问题1．杨某可能得了什么病？存在哪些身心状况？

问题2．根据杨某的身心状况，他存在哪些护理问题？

问题3．若你是当班护士，你如何护理杨某？

根据本任务的临床情景，完成表2-35。

表 2-35　情景案例病人的护理评估分析

评估项目	评估要点
1．健康史	性别________；年龄________ 现病史（病情、诊疗过程、现自觉症状等）________ 起病情况（时间、原因或诱因、症状体征等）________ 既往史（疾病、生活、家族史等）________
2．身体状况	症状________ 体征________
3．心理–社会状况	（伴有的心理状况）________
4．辅助检查	（项目名称及结果）________
结论：病人可能得了________，伴有________	

一、概述

急腹症是指以急性腹痛为主要特征，需要早期诊断和紧急处理的腹部外科疾病。其发病急、变化快，如延误诊治，可造成严重后果。

（一）病因

1．感染性疾病　引起急腹症的常见感染性疾病有：① 外科疾病，如急性胆囊炎、胆管炎、胰腺炎、阑尾炎，消化道或胆囊穿孔、肝或腹腔脓肿溃破；② 妇产科疾病，如急性盆腔炎；③ 内科疾病，如急性胃肠炎或大叶性肺炎。

2．出血性疾病　常见于：① 外科疾病，如腹部外伤导致的肝脾破裂、腹腔内动脉瘤破裂、肝癌破裂等；② 妇产科疾病，如异位妊娠或巧克力囊肿破裂出血。

3．空腔脏器梗阻　常见于外科疾病，如肠梗阻、肠套叠、结石或蛔虫症引起的胆道梗阻、泌尿系结石等。

4．缺血性疾病　常见于：① 外科疾病，如肠扭转、肠系膜动脉栓塞、肠系膜静脉血栓形成；② 妇产科疾病，如卵巢或卵巢囊肿扭转。

（二）病理生理

1．内脏痛　病理性刺激由自主神经或内脏神经感觉纤维传至中枢神经系统，内脏痛特点为疼痛定位不精确；对切、刺、割、灼等刺激不敏感，对牵拉、膨胀、痉挛、缺血及炎症刺激敏感；常伴有消化道症状或情绪精神反应。

2．牵涉痛　又称放射痛，发生内脏痛的同时，在体表的某一部位也出现疼痛感觉。

3．躯体痛　壁腹膜受体神经支配，躯体痛可产生体表相应部位持续性锐痛，感觉敏锐、定位准确。

二、护理评估

（一）健康史

1．了解发病前饮食情况　急性腹痛常与饮食有关，如有溃疡病史者在饱食后突发上腹剧痛可考虑穿孔；酗酒或饱食后发生上腹痛，有发生急性胰腺炎的可能；吃油腻食物常是胆绞痛发作的诱因。

2．询问既往病史　既往有腹部手术史而出现慢性或急性腹痛，多为粘连性肠梗阻；高血压、高血脂病人在动脉硬化的基础上易发生肠系膜动脉栓塞或血栓形成，导致肠管坏死。

3．有无不当运动史　饱餐后剧烈活动时突然腹痛可能是肠扭转。

（二）身体状况

腹痛是急腹症的主要临床症状，常同时伴随恶心、呕吐、腹胀等消化道症状或发热。临床习惯将急腹症分为外科急腹症、妇科急腹症和内科急腹症。

1．外科急腹症　① 一般先有腹痛，后出现发热等伴随症状；② 腹痛或压痛部位较固定，程度重；③ 常可出现腹膜刺激征，甚至休克；④ 可伴有腹部肿块或其他特征性体征及辅助检查表现。

常见外科急腹症的临床特点如下：

（1）炎症性病变：一般起病缓慢，腹痛由轻至重，呈持续性；有固定的压痛点，可伴有反跳痛和肌紧张；有体温升高，血白细胞及中性粒细胞增高。

（2）穿孔性病变：腹痛突然，呈刀割样持续性剧痛；迅速出现腹膜刺激征，容易波及全腹，但病变处最为显著；有气腹表现如肝浊音界缩小或消失，X线见膈下游离气体；有移动性浊音，肠鸣音消失；选择性腹腔穿刺有助于诊断。

（3）出血性病变：多在外伤后迅速发生，也见于肝癌破裂出血；以失血表现为主，常导致失血性休克，可有不同程度的腹膜刺激征；腹腔积血在500ml以上时可叩出移动性浊音；腹腔穿刺可抽出不凝固血液，必要时给予腹腔灌洗等检查。

(4) 梗阻性病变：起病较急，以阵发性绞痛为主；发病初期多无腹膜刺激征；结合其他伴随症状如呕吐、大便改变、黄疸、血尿等和体征，以及有关辅助检查，将有助于对肠绞痛、胆绞痛、肾绞痛的病情诊断和估计。

(5) 绞窄性病变：病情发展迅速，常呈持续性腹痛阵发性加重或持续性剧痛；容易出现腹膜刺激征或休克；可有黏液血便或腹部局限性固定性浊音等特征性表现；根据化验结果及其他辅助检查可明确诊断。

2．妇科急腹症　常见于异位妊娠、巧克力囊肿破裂、急性盆腔炎。妇科腹痛的特点是：① 以突发性下腹部疼痛或盆腔内痛为主，向会阴部放射；伴恶心、呕吐和肛门坠胀感；② 常伴有白带增多、阴道不规则流血，有停经史或与月经周期有关。

3．内科急腹症　常见于急性胃肠炎、大叶性肺炎、心肌梗死等。内科腹痛的特点是：① 一般先发热或先呕吐，后有腹痛；伴有咳嗽、胸闷、气促、心悸等症状；② 腹痛或压痛多无固定部位，程度较轻，无明显腹肌紧张。

（三）心理–社会状况

外科急腹症由于起病急、病情重、发展迅速，病情多变，病人产生强烈的恐惧感。

（四）辅助检查

1．腹腔穿刺　根据所抽出液体的性质、颜色深浅、混浊度或涂片显微镜检查、淀粉酶值测定结果等，可估计急腹症的病因及病情程度。

2．腹腔灌洗　对腹腔穿刺无结果的急性腹膜炎、腹部损伤进行此项检查，常能得到有重要价值的评估资料。

3．实验室检查　包括三大常规（血、尿、粪常规）、血生化（肝、肾功能）和血黏度检查。血红蛋白和红细胞计数降低提示腹腔内出血，白细胞及中性粒细胞升高程度与腹腔内感染程度成正比，尿液中有红细胞提示泌尿系统结石，血、尿淀粉酶升高表示有急性胰腺炎的可能。

4．影像学检查　包括X线、B超、CT、MRI、选择性腹腔动脉造影或腹腔镜等特殊检查。

（五）治疗要点

对诊断未明确的病人禁用吗啡、哌替啶等镇痛药，以免掩盖病情，但可用阿托品等解痉药。

1．非手术治疗　适用于：① 诊断明确、病情较轻者，如禁食、胃肠减压，补液、解痊和抗生素治疗；② 诊断明确，但病情危重、不能耐受麻醉和手术者；③ 诊断不明，但病情尚稳定、无明显腹膜炎体征者。

2．手术治疗　适用于：① 诊断明确、需立即处理者，如腹部外伤、溃疡穿孔致弥漫性腹膜炎、化脓性或坏疽性胆囊炎、化脓性梗阻性胆管炎、急性阑尾炎等；② 对诊断不明，但腹痛和腹膜炎体征加剧，全身中毒症状加重者，应在经非手术治疗的同时，积极完善术前准备，尽早进行手术治疗。

三、护理诊断

1．恐惧　与突然发病、剧烈疼痛、紧急手术、担心预后等因素有关。

2．急性疼痛　与腹腔炎症、出血等病变有关。

3．体液不足　与腹腔内出血有关。

4．潜在并发症　腹腔脓肿。

护理目标

病人腹痛缓解，自述可忍耐；情绪稳定，恐惧减轻；体液不足状况得以改善。

四、护理措施

表 2-36　急腹症病人的护理

护理流程	护理要点	案例重点分析
1．一般护理	（1）卧位：无休克时取半卧位。 （2）饮食护理：根据病情及医嘱做好饮食管理。一般病人入院后暂禁饮食。对诊断不明确或病情较重者必须严格禁饮食。 （3）其他护理：做好口腔护理、生活护理等。 （4）心理护理：耐心做好解释，安慰、支持鼓励病人。	杨某的饮食护理________。
2．病情监测	（1）密切监测生命体征、腹部症状和体征、神志等变化，做好记录。动态观察实验室检查结果变化。 （2）观察期间或非手术治疗期间，如发现以下情况，应及时与医师联系，考虑转为手术处理。① 全身情况不良或发生休克；② 腹膜刺激征明显；③ 有明显内出血表现；④ 经非手术治疗短期内（6～8小时）病情未见改善或趋于恶化等。	杨某观察期间护理________。

续表

护理流程	护理要点	案例重点分析
3．治疗配合	(1) 输液或输血：建立通畅的静脉输液通道，必要时输血。防治休克，纠正水、电解质、酸碱失衡，纠正营养失调。 (2) 抗感染：遵医嘱应用有效的抗生素。 (3) 胃肠减压：根据病情或医嘱决定是否实行胃肠减压。但急性肠梗阻和胃肠道穿孔或破裂者必须行胃肠减压，并保持有效引流。 (4) 疼痛护理：病情观察期间应慎用止痛剂，对诊断明确的单纯性胆绞痛、肾绞痛等可给予解痉止痛剂，凡诊断不明或治疗方案未明确者禁用吗啡、哌替啶等麻醉性镇痛药，以免掩盖病情。对已决定手术者，为减轻痛苦，可根据医嘱适当使用止痛剂。 (5) 诊断不明时，应严格执行“四禁”：禁饮食、禁用吗啡类止痛剂、禁服泻药、禁止灌肠，蛔虫性肠梗阻者口服液体石蜡、肠套叠的灌肠复位等治疗性措施除外。	杨某病情观察时应严格执行“四禁”________。
4．围手术期护理	(1) 术前准备：及时做好皮试、备皮、配血等准备；急腹症病人一般禁止灌肠，禁止服用泻药，以免造成感染扩散或病情加重。 (2) 参照腹部具体疾病的术后护理措施。	病人的围手术期护理________。
5．健康指导	(1) 疾病预防指导：指导病人积极控制急腹症的诱因和原发病的病情，如避免饱餐后剧烈运动，消化性溃疡病人要按时服药，正规治疗，避免暴饮暴食。 (2) 生活指导：指导病人加强营养、促进康复；手术治疗者术后注意早期活动，预防粘连性肠梗阻。	

护理评价

护理目标的达成情况。

护考知识链接……

急腹症病人在观察病情时，对诊断不明确或病情较重者，应做到四禁：禁饮食、禁用吗啡类止痛剂、禁服泻药、禁止灌肠，但蛔虫性肠梗阻病人口服液状石蜡或肠套叠早期灌肠复位等治疗措施例外。

护考练兵场……

A_1型题（单选题）

1．外科急腹症的特点是（　　）

A．先发热呕吐后腹痛　B．先腹痛后发热　C．以腹泻、心悸为主要症状
D．腹部压痛不明显　E．排便后腹痛好转

2．可以施行灌肠的急腹症是（　　）

A．肠套叠早期　B．绞窄性肠梗阻　C．肠穿孔
D．肝癌破裂出血　E．急性化脓性阑尾炎

3．下列哪项是急腹症最突出的临床表现（　　）

A．腹痛　B．发热　C．恶心、呕吐、腹泻
D．腹胀　E．白细胞增高

A_2/A_3型题（单选题）

4．病人，男性，37岁，有溃疡病史。中午饱餐后诱发急性穿孔，其临床表现下列错误的是（　　）

A．腹痛剧烈，可呈刀割样　B．腹膜刺激征明显　C．改变体位可减轻疼痛
D．腹式呼吸减弱或消失　E．肠鸣音减弱或消失

（5～6题共用题干）病人，男性，48岁。突发持续性剧烈腹痛入院，入院后给予非手术治疗及护理。

5．观察病情时，最应注意的局部体征是（　　）

A．肠鸣音的变化　B．腹壁静脉曲张　C．腹式呼吸运动的大小
D．腹膜刺激征　E．移动性浊音

6．此时处理不当的是（　　）

A．禁食、禁饮　B．先应用镇痛剂缓解疼痛　C．禁用泻药或灌肠
D．胃肠减压　E．观察腹痛及腹部体征变化

综合运用……

李某，女性，30岁。晚饭后突发上腹剧烈疼痛1小时，渐波及全腹，伴恶心、呕吐，吐出胃内容物。腹部检查：全腹压痛、反跳痛及肌紧张，右上腹及右下腹尤为明显；肝浊音界消失。其他检查未见明显异常。既往有消化性溃疡史多年。

问题：(1) 李某发生了什么情况？

(2) 若你是当班护士，如何救护？

(3) 请结合案例制定一份健康教育处方。

学习反思……

我学会了……

我掌握了……

我的问题……

聚焦二十大……

习近平总书记在二十大报告中指出：人民健康是民族昌盛和国家强盛的重要标志。实施积极应对人口老龄化国家战略，发展养老事业和养老产业，优化孤寡老人服务，推动实现全体老年人享有基本养老服务。

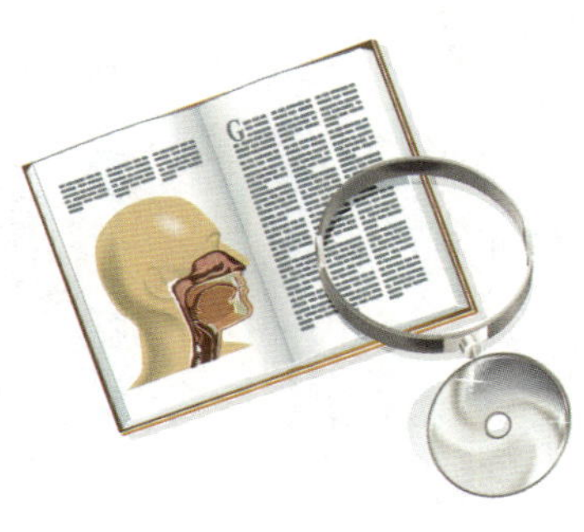

项目三

呼吸系统疾病病人的护理

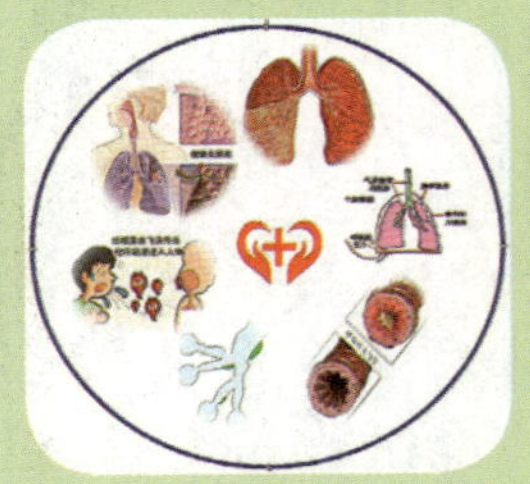

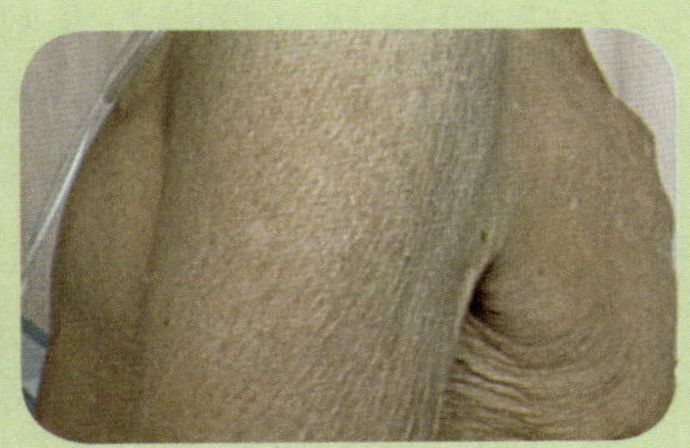

任务一 呼吸系统疾病常见症状与体征的护理

我们的目标是……

- 了解呼吸系统疾病常见症状与体征的定义、病因。
- 熟悉呼吸系统疾病常见症状与体征的护理诊断。
- 掌握呼吸系统疾病常见症状与体征的护理措施。

我们的任务是……

- 学会呼吸系统疾病常见症状与体征的护理评估。
- 提出呼吸系统疾病常见症状与体征的主要护理诊断。
- 初步实施呼吸系统疾病常见症状与体征的护理措施。

任务实施中……

一、概述

呼吸系统由呼吸道和肺构成；呼吸道包括鼻、咽、喉、气管及支气管，为传送气体的通道；肺包括支气管在肺内的各级分支和大量的肺泡（图3-1）。

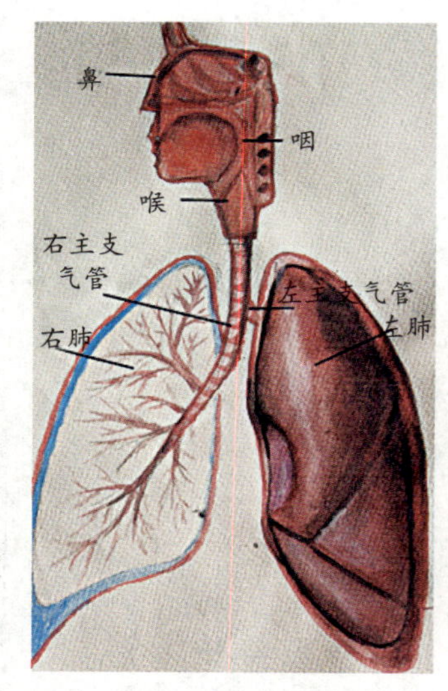

图3-1 呼吸系统正常解剖结构

呼吸系统的主要功能是进行气体交换，即吸入氧气，呼出二氧化碳。呼吸是维持人体生命活动的基本条件之一。由于呼吸系统与外界相通，有害物质可直接侵入损害呼吸道。

最常见的病因是感染，其他致病因素有大气污染、吸烟、损伤、肿瘤、变态反应等。近年来，慢性阻塞性肺疾病、支气管哮喘等发病率呈增高趋势，许多疾病呈慢性病程，肺功能逐渐损害，最终使病人致残甚至死亡。因此呼吸系统疾病的防治与护理十分重要。呼吸系统疾病的常见症状和体征如下：

图 3-2　咯血

1．咳嗽与咳痰　咳嗽是一种反射性防御动作，借以清除呼吸道分泌物及气道内异物；咳嗽无痰或痰量甚少，称为干性咳嗽。痰由支气管黏膜的分泌物或肺泡的渗出物所形成，咳嗽伴有痰液即为咳痰，又称为湿性咳嗽。

2．咯血　咯血是指喉部以下的呼吸道或肺部组织出血经口腔咯出（图3-2）。主要见于呼吸系统疾病和循环系统疾病，此外还可见于血液病、某些急性传染病及风湿性疾病等。

3．胸痛　胸痛是指胸部的感觉神经纤维受到某些因素（如炎症、缺血、缺氧、物理和化学因素等）刺激后，冲动传至大脑皮质的痛觉中枢而引起的局部疼痛，主要由胸部疾病所致。

4．肺源性呼吸困难　呼吸困难是指病人主观感觉空气不足、呼吸不畅，客观表现为呼吸费力，严重者鼻翼扇动、端坐呼吸、发绀，辅助呼吸肌参与呼吸运动，并有呼吸频率、深度及节律异常。肺源性呼吸困难是由呼吸系统疾病引起的通气、换气功能障碍，导致缺氧和（或）二氧化碳潴留所致。

二、护理评估

（一）健康史

1．呼吸道－肺疾病　急慢性支气管炎、支气管哮喘、支气管扩张、肺炎、肺结核、肺癌、肺尘埃沉着病（又称尘肺）、肺纤维化等。

2．胸膜－胸壁疾病　胸膜炎、自发性气胸、带状疱疹、肋间神经炎、非化脓性肋软骨炎、胸壁外伤等。

3．心血管疾病　二尖瓣狭窄、左心衰竭、肺淤血、肺梗死、心包炎、心绞痛、急性心肌梗死、主动脉夹层等。

4．理化刺激　异物、粉尘、吸烟、刺激性气体、过冷过热的空气等。

5．其他　血液病、急性传染病、食管癌、食管炎、纵隔肿瘤、膈下脓肿、子宫内膜异位症等。

6．医源性损伤　反复经气管吸痰、气管插管、气管切开、支气管镜活检、漂浮导管等致损伤。

（二）身体状况

1．咳嗽、痰的特点

（1）咳嗽持续时间：如为短期咳嗽，常为急性上呼吸道感染、急性支气管炎、大叶性肺炎等。咳嗽持续数月，甚至数年，提示有慢性呼吸系统炎症，如慢性支气管炎、支气管扩张、肺结核等。

（2）咳嗽频度和程度：干性咳嗽及痰量较少的单声轻咳，可见于喉炎、结核早期、气管受压等。多痰而剧烈的咳嗽多见于肺、支气管的严重感染。阵发性或痉挛性咳嗽可见于异物刺激、百日咳、支气管内膜结核或支气管肿瘤。

（3）咳嗽音色：咳嗽低微、声音嘶哑见于声带炎症、喉炎、喉癌、声带麻痹。咳嗽伴金属音见于肺癌、主动脉瘤或纵隔肿瘤压迫气管或支气管。

（4）咳嗽与气候变化的关系：慢性支气管炎多在冬季及气候突变时发病，上呼吸道感染多在受凉后发生。

（5）咳嗽与时间、体位的关系：慢性支气管炎和支气管扩张病人常在清晨起床或夜间刚躺下时咳嗽加剧并咳出大量脓痰，夜间咳嗽伴喘息应考虑左心衰竭、慢性阻塞性肺疾病（COPD）、哮喘等。

（6）咳痰量：痰量少时仅数毫升，多者数百毫升，一般将24小时痰量超过100ml称为大量痰，多见于支气管扩张、肺脓肿。痰量减少而全身情况不改善，提示支气管阻塞，痰液不能顺利排出。

（7）痰的性状：分黏液性、浆液性、脓性、血性和混合性5种。① 黏液性痰：黏稠、无色透明或略呈灰色，见于支气管炎、支气管哮喘、早期肺炎等炎症性疾病；② 浆液性痰：稀薄而有泡沫，由毛细血管内液体渗入肺泡所致，见于肺淤血、肺水肿等；③ 脓痰：黄色或黄绿色、黄褐色的脓状，主要由大量脓细胞构成，可见于各种化脓性感染；大量脓痰静置后可分为3层，上层为泡沫黏液，中层为浆液，下层为脓及坏死组织，见于支气管扩张症、肺脓肿等；④ 血痰：肺内带血丝或大量鲜红色带泡沫样血痰，为喉部以下的呼吸器官出血所致，见于肺结核、支气管扩张、肺癌等；⑤ 混合性痰：由上述两种或三种痰混合而成，如黏液脓性痰、浆液血性痰等。

（8）痰的颜色：① 红色或棕红色：可由混有血液或血红蛋白所致；鲜红色血丝痰常见于早期肺结核或病灶播散时；粉红色泡沫样痰为急性肺水肿特征；铁锈色痰多由于血红蛋白变性所致，见于大叶性肺炎、肺梗死等；② 黄色或黄绿色：由于含有大量脓细胞所致，铜绿假单胞菌感染或干酪性肺炎时常呈黄绿色；③ 棕褐色或巧克力色痰：见于阿米巴肺脓肿；④ 烂桃样灰黄色：由于肺的坏死组织分解所致，见于肺吸虫病；⑤ 黑色：由于吸入大量尘埃或长期吸烟所致，见于煤矿工人、锅炉工人或大量吸烟者。

（9）痰的气味：刚排出的痰液一般无味，恶臭味痰提示厌氧菌感染。血性痰液呈血腥味。

2．咯血的表现

（1）程度：① 痰中带血：痰内混有少量血丝；② 小量咯血：24小时咯血量小于100ml；③ 中等量咯血：24小时咯血量在100～500ml；④ 大量咯血：一次咯血量大于300ml或24小时咯血量大于500ml。咯血量的多少与受损血管的性质及数量有直接关系，而与疾病严重程度不完全相关。

（2）窒息表现：咯血病人出现情绪紧张、面色灰暗、胸闷及咯血不畅等为窒息先兆，应予警惕。若出现表情恐怖、张口瞠目、双手乱抓、大汗淋漓、唇指发绀，甚至意识丧失等提示窒息已发生。

3．胸痛的表现

（1）性质：呈隐痛、钝痛、灼痛、刀割样痛或压榨性疼痛。心绞痛呈压榨样，肺癌呈胸部闷痛，侵及壁层胸膜或肋骨可出现隐痛、进行性加剧甚至刀割样痛，肋间神经痛呈阵发性灼痛或刺痛。

（2）部位、影响因素及伴随表现：① 胸壁、肋骨、肋间神经痛多限于局部，伴有压痛，当深呼吸、咳嗽或运动时加重；② 急性胸膜炎多为单侧性胸痛，深呼吸、咳嗽时疼痛加剧，屏气时疼痛消失；③ 自发性气胸在剧烈劳动、深吸气或咳嗽时突然发生剧烈疼痛，屏气时疼痛消失，可伴气急、发绀；④ 肺结核、肺癌可同时伴咳嗽、咯血；⑤ 心绞痛常在体力劳动、饱餐、情绪激动时突然发生胸骨后压榨性剧痛，并向左肩部或颈部放射；⑥ 纵隔肿瘤疼痛位于胸骨后，呈持续性，吞咽时加重，伴吞咽困难，进食后疼痛加重或因摄入过热、过冷、粗糙食物及饮酒而胸痛加剧者，应考虑食管癌；⑦ 带状疱疹局部皮肤发红，疱疹沿肋间神经分布，不超过前、后正中线。

4．肺源性呼吸困难的表现

（1）肺源性呼吸困难的分类见表3-1。

表 3-1　肺源性呼吸困难的分类

类型	病因	临床表现
吸气性呼吸困难	与大气道狭窄有关。如喉头水肿、喉头痉挛、气管异物、气管及大支气管的炎症等。	吸气显著困难为特点，吸气费力、吸气时间延长。严重者三凹征并伴干咳及高调的吸气性哮鸣音。
呼气性呼吸困难	与小气道痉挛、狭窄、肺组织弹性减弱有关。如支气管哮喘、阻塞性肺气肿等。	呼气明显费力，呼气延长伴有广泛哮鸣音为特点。
混合性呼吸困难	与呼吸面积减少、肺换气功能受损有关。如重症肺炎、肺结核、大量胸腔积液、气胸等。	吸气和呼气均感费力，呼吸浅而快。

（2）肺源性呼吸困难的分度见表3-2。

表 3-2　呼吸困难程度及日常生活自理能力评价

分度	呼吸困难程度	日常生活自理能力水平
Ⅰ度	日常体力活动无不适，中、重度活动时出现气促。	正常，无气促。
Ⅱ度	与同龄健康人以同等速度平地行走时无气促，但登高或上楼时出现气促。	满意，有轻度气促，但日常生活可自理，不需要帮助或停顿。
Ⅲ度	与同龄健康人以同等速度行走时呼吸困难。	尚可，有中度气促，日常生活虽可自理，但必须停下来喘气，费时、费力。
Ⅳ度	以自己的步速平地行走100米或数分钟即有呼吸困难。	差，有显著呼吸困难，日常生活自理能力下降，需部分帮助。
Ⅴ度	洗脸、穿衣甚至休息时也有呼吸困难。	困难，日常生活不能自理，完全需要帮助。

（三）心理-社会状况

可因久咳不愈、疼痛而产生焦虑、抑郁甚至恐惧等不良情绪；可因咯血、呼吸困难而出现精神紧张、焦虑、烦躁不安甚至恐惧等心理反应。家属可因病人久病不愈、对咯血认识不足、照顾能力有限或经济负担等，产生焦虑、恐慌或社会问题等。

（四）辅助检查

1. 血常规检查　白细胞计数增高、中性粒细胞增多常见于肺部感染。

2. 痰液检查　是诊断病因、疗效观察和判断预后的重要检查。其中痰培养+药物敏感试验可指导治疗。

3. 动脉血气分析　可测定呼吸功能及体内电解质与酸碱度的变化，评估给予人工呼吸机治疗者的呼吸功能，以调整呼吸机的参数。

4. 胸部X线、CT检查　是发现胸部病变的主要方法之一。

5. 肺功能测定　可了解肺功能的基本状态，明确肺功能障碍的程度和类型。

6. 纤维支气管镜检查　有助于肺部疾病的诊断和进行止血治疗等。

三、护理诊断

1. 清理呼吸道无效　与呼吸道炎症，痰液黏稠，以及疲乏、胸痛、意识障碍等导致无效咳嗽有关。

2．有窒息的危险　与呼吸道分泌物多、无力排痰、咯血不畅有关。

3．气体交换受损　与呼吸道痉挛、呼吸面积减少、换气功能障碍有关。

4．胸痛　与病变累及胸膜或肋骨、胸骨及肋间神经等有关。

护理目标

病人能有效咳嗽，清除痰液；咯血减少或停止；呼吸困难和胸痛减轻或消失。

四、护理措施

表 3-3　呼吸系统疾病病人常见症状与体征的护理

护理流程	护理要点	护理措施重点分析
1．一般护理	（1）环境与休息：保持室内空气新鲜、流通，安静，温度在18～20℃，湿度在50%～60%。注意保暖，保证病人充分休息，必要时卧床。呼吸困难者取半坐位或端坐位；咯血者静卧或绝对卧床，头偏向一侧，窒息时取头低足高位；胸痛者患侧卧位。 （2）避免诱因：避免到空气污染的公共场所，避免刺激性气体吸入，如有哮喘避免过敏原（尘螨、花粉等）。戒烟。 （3）饮食护理：给予高热量、高蛋白、高维生素、高纤维、清淡易消化饮食。鼓励多饮温开水，病情允许，保证每天1.5L以上。	呼吸困难病人的体位__________，咳嗽病人每天饮水量________。
2．病情监测	（1）观察并记录生命体征和意识及有无发绀、呼吸困难等。 （2）观察咳嗽、咳痰，痰液的量、颜色、黏稠度及气味等。 （3）注意观察有无咯血及窒息先兆，警惕窒息的发生等。 （4）观察并记录有无胸痛及有无盗汗、消瘦、贫血等全身症状等。	观察发绀__________，观察咯血量__________，观察窒息先兆________。

续表

护理流程	护理要点	护理措施重点分析
3．对症护理 雾化吸入 机械吸痰	（1）促进有效排痰（胸部物理疗法，CPT）。 1）指导病人有效咳嗽：适用于神志清醒，尚能咳嗽者。病人取坐位或立位，先行5～6次深而慢的呼吸，然后在一次深吸气后屏住呼吸3～5秒并保持张口状，先咳嗽数次将痰咳到咽喉部附近，再迅速用力咳嗽将痰咳出。 2）胸部叩击：适用于久病体弱、长期卧床、排痰无力者。病人取侧卧位，护士将手的五指指腹并拢、向掌心微弯曲呈空心掌状，自下而上、由外向内迅速而有节律地叩击病人胸壁，震动气道，每一肺叶叩击1～3分钟，120～180次/分，同时鼓励病人咳嗽，以促进痰液排出。胸部叩击力量要适中，以不使病人感到疼痛为宜，每次叩击以5～15分钟为宜。 3）湿化和雾化疗法：适用于痰液黏稠和排痰困难者。有超声雾化吸入法和蒸汽吸入法。临床上常在湿化的同时加入某些药物如痰溶解剂、抗生素及平喘药等，达到祛痰、抗感染、止咳及平喘作用。 4）体位引流：适用于肺脓肿、支气管扩张有大量痰液排出不畅时。详见本项目下支气管扩张病人的护理。 5）机械吸痰：适用于痰液黏稠而无力咳出，意识不清或排痰困难者，可经病人的口、鼻腔、气管插管或气管切开处进行负压吸痰。每次吸引时间少于15秒，两次抽吸间隔时间大于3分钟，并在吸痰前、中、后适当提高吸入氧的浓度，避免吸痰引起低氧血症。 （2）咯血：①大咯血时应绝对卧床休息，暂时禁食，小量咯血宜进少量温凉流质饮食；②病人异常紧张时护士守护在床旁安慰，说明情绪放松有利止血；嘱病人勿屏气，以免诱发喉头痉挛、血液引流不畅形成血块导致窒息；③遵医嘱使用止血剂、镇静剂、小剂量止咳剂等，禁用吗啡、哌替啶，以免抑制呼吸。 （3）缓解呼吸困难：氧疗是最有效的治疗方法。给氧流量一般为2～4L/min，根据病情和血气分析结果采取不同的给氧浓度，并专人负责监护，密切观察疗效。 （4）缓解胸痛：①指导病人在咳嗽或深呼吸时用手按压疼痛部位制动，减轻疼痛；②胸痛因活动而加重者可在呼气末用宽胶布（约15cm）固定患侧胸廓，降低呼吸幅度，缓解疼痛；③采用局部冷湿敷或肋间神经封闭疗法；④对剧烈疼痛者，如癌症引起的胸痛，可遵医嘱应用麻醉性镇静药，观察并记录药物疗效及不良反应；⑤指导病人采用放松疗法，如局部按摩、穴位按压、听音乐等，转移病人的注意力，使疼痛减轻。	有效排痰适用于________病人，胸部叩击适用于________病人，胸部叩击力度要________。 呼吸困难病人的体位________，缓解呼吸困难最有效的治疗方法________。

续表

护理流程	护理要点	护理措施重点分析
4．用药护理	（1）按医嘱应用抗生素、祛痰剂、支气管舒张药、止血、止痛镇静、抗结核等药物。 （2）掌握药物的剂量、用法，特别是年老体弱者；注意观察疗效及不良反应。	
5．窒息的救护  头低足高位	畅通气道是关键。 （1）置病人头低足高位，轻拍背部使血块排出。 （2）清除口、鼻腔内凝血块或用吸引器吸出血块，必要时气管插管或气管镜下吸取血块。 （3）气道通畅后，病人自主呼吸未恢复，应行人工呼吸；高流量吸氧或按医嘱给予呼吸兴奋药警惕再窒息的可能。不应立即使用镇静、镇咳药。	大咯血窒息救护的关键是________，窒息抢救的体位________。
6．健康指导	（1）心理指导：控制情绪、保持精神愉快、心态平和，增强战胜疾病的信心。 （2）药物指导：告知药物的作用、副作用、用法、用量、用药途径等。 （3）休息、运动指导：合理安排休息与运动，促进康复。 （4）定期复查：发现咳嗽、咳痰加剧，或发绀、咯血、胸闷、胸痛、发热等情况及时就诊。	

护理评价

护理目标的达成情况。

护考知识链接……

1．呼吸道以环状软骨为界，分为上、下呼吸道。

2．三凹征是指吸气时胸骨上窝、锁骨上窝、肋间隙出现明显凹陷，是由于上部气道部分梗阻所致吸气性呼吸困难。常见于气管异物、喉水肿、白喉等。

3．铁锈色痰见于肺炎球菌肺炎；粉红色泡沫状痰见于急性肺水肿；恶臭痰多见于肺部厌氧菌感染；红棕色胶冻样痰见于克雷白杆菌肺炎；透明黏液痰见于支气管炎、哮喘等。

4．大咯血护理及窒息的救护

大咯血护理：① 应绝对卧床休息，暂时禁食；② 护士守护在床旁安慰，使其放松情绪，嘱病人勿屏气，以免诱发喉头痉挛、血液引流不畅形成血块导致窒息；③ 遵医嘱用药，禁用吗啡、哌替啶，以免抑制呼吸。

窒息的救护：畅通气道是关键。① 置病人头低足高位，轻拍背部使血块排出；② 清除口、鼻腔内凝血块或用吸引器吸出血块，必要时气管插管或气管镜下吸取血块；③ 气道通畅后，无自主呼吸者行人工呼吸；高流量吸氧或按医嘱给予呼吸兴奋药警惕再窒息的可能。

护考练兵场……

A_1型题（单选题）

1．在正常情况下，呼吸中枢发出呼吸冲动，依赖于血液中哪种物质浓度变化的刺激（　　）

A．二氧化碳　　B．氧气　　C．一氧化氮

D．碳酸氢根　　E．酸碱度

2．影响肺泡内氧气与血红蛋白结合的最重要因素是（　　）

A．肺泡间质的厚度　　B．肺泡壁完整性　　C．血红蛋白量

D．血液流速　　E．肺泡内氧浓度

3．咯血病人出现烦躁不安、张口瞠目、两手乱抓等窒息表现，护士应首先采取的措施是（　　）

A．头低足高位，头偏向一侧　　B．去枕平卧位

C．平卧位，头偏向一侧　　D．端坐位　　E．患侧卧位

4．以呼气性呼吸困难为主要表现的是（　　）

A．急性喉炎　　B．肺炎　　C．慢性支气管炎

D．支气管哮喘和肺气肿　　E．胸腔积液

5．吸气性呼吸困难严重者可出现三凹征，三凹征是指（　　）

A．胸骨上窝、锁骨上窝和肋间隙在吸气时明显下陷

B．胸骨上窝、锁骨上窝和肋间隙在呼气时明显下陷

C．胸骨上窝、锁骨下窝和肋间隙在吸气时明显下陷

D．胸骨下窝、锁骨上窝和肋间隙在吸气时明显下陷

E．胸骨上窝、锁骨下窝和肋间隙在呼气时明显下陷

A_2/A_3型题（单选题）

6．病人，女性，46岁。咳嗽，咳痰，痰液黏稠，不易咳出。对此提出的护理诊断或问题是（　　）

A．活动无耐力　　B．气体交换受损　　C．清理呼吸道无效

D．低效性呼吸形态　　E．知识缺乏

7．针对上述患者下列哪项不是有效排痰的护理措施（　　）

A．指导有效咳嗽　　B．用祛痰药　　C．叩背

D．体位引流　　E．机械排痰

8．病人，男性，56岁。诊断为支气管扩张，咯血500ml。此时病人应取（　　）

A．头低足高位，头偏向一侧　　B．去枕平卧位　　C．平卧位，头偏向一侧

D．端坐位　　E．患侧卧位

（9~10题共用题干）病人，男性，89岁。患慢性支气管扩张17年，近2周来加重入院，病人入院后出现频繁咳嗽，咳痰、痰稠不易咳出。2分钟前夜班护理发现病人剧烈咳嗽，突然呼吸极度困难，喉部有痰鸣音，表现恐怖，两手乱抓。

9．护士应该判断病人最可能发生了（　　）

A．急性心肌梗死　　B．病人从噩梦中惊醒　　C．出现急性心力衰竭

D．呼吸道痉挛导致缺氧　　E．痰液堵塞气道导致窒息

10．此时护士最恰当的处理是（　　）

A．扩张冠状动脉　　B．立即清除呼吸道痰液　　C．应用呼吸兴奋剂

D．应用糖皮质激素　　E．给予强心治疗

我学会了……

我掌握了……

我的问题……

任务二　肺炎球菌肺炎病人的护理

我们的目标是……

▲ 了解肺炎球菌肺炎的定义。

▲ 熟悉肺炎球菌肺炎病人的护理诊断。

▲ 掌握肺炎球菌肺炎病人的典型症状、护理措施。

我们的任务是……

- 学会肺炎球菌肺炎病人的护理评估。
- 根据情景案例提出主要的护理诊断。
- 初步实施肺炎球菌肺炎病人的护理措施。

任务实施中……

临床情景——呼吸内科

王某，男性，32岁。4天前因体力劳动时淋雨出现寒战、高热、咳嗽，右侧胸痛1天，前来医院就诊。目前咳少量铁锈色痰，易咳出。王某既往体健。体格检查：T 39.2℃，P 96次/分，R 22次/分，BP 110/80mmHg，神志清楚，急性病容，口角有疱疹，右下肺呼吸运动减弱，触诊语颤增强，叩诊呈浊音；左肺呼吸音清，右肺呼吸音增强，可闻及湿啰音，深吸气时有胸膜摩擦音。血常规白细胞14.96×10^9/L，中性粒细胞83.7%；胸部X线见右下肺大片状密度增高影。

问题1. 王某可能得了什么病？存在哪些身心状况？

问题2. 根据王某的身心状况，他存在哪些护理问题？

问题3. 若你是当班护士，你如何护理王某？

根据本任务的临床情景，完成表3-4。

表 3-4　情景案例病人的护理评估分析

评估项目	评估要点
1．健康史	性别________；年龄________； 现病史（病情、诊疗过程、现自觉症状等）________ 起病情况（时间、原因或诱因、症状体征等）________ 既往史（疾病、生活、家族史等）________
2．身体状况	症状________ 体征________
3．心理–社会状况	（伴有的心理状况）________
4．辅助检查	（项目名称及结果）________
结论：病人可能得了________，伴有________	

一、概述

肺炎是指终末气道、肺泡和肺间质的炎症，可由病原微生物、理化因素、免疫损伤、过敏及药物所致，以细菌性肺炎最常见。细菌性肺炎最常见的病原菌为肺炎链球菌；社区获得性肺炎的主要病原菌为肺炎链球菌；医院获得性肺炎的常见病原菌为革兰阴性杆菌。肺炎分类见表3-5。

表 3-5　肺炎分类

分类性质	类型
按解剖位置	大叶性肺炎、小叶性肺炎、间质性肺炎
按病因	细菌性肺炎、非典型病原体所致肺炎、病毒性肺炎、其他病原体所致的肺炎等
按患病环境	社区获得性肺炎、医院获得性肺炎

本任务主要介绍肺炎球菌肺炎病人的护理。

二、护理评估

肺炎球菌肺炎是由肺炎链球菌引起的、以肺实变为特征的肺炎（图3-3），是最常见的感染性肺炎。多见于健康青壮年男性。

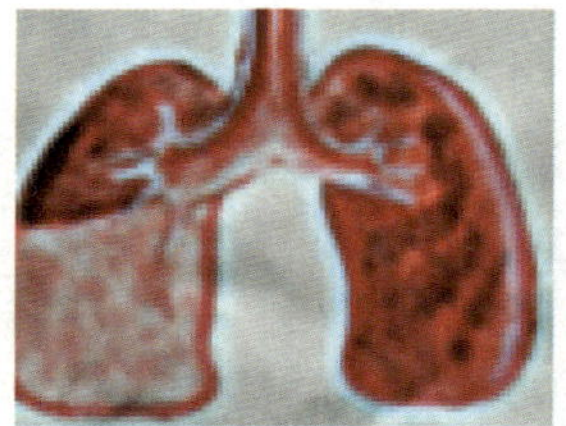

图 3-3　肺炎球菌肺炎

（一）健康史

1．病因　肺炎球菌为革兰阳性球菌，是寄居在人体口腔及鼻咽部的一种正常菌群，当呼吸道局部防御能力及全身抵抗力降低时，其向下侵入肺泡引起肺炎。

2．诱因　常见因素有上呼吸道感染、淋雨、受凉、疲劳等。

（二）身体状况

1．症状

（1）全身症状：起病急骤，寒战、高热、数小时内体温可高达39～41℃，呈稽留热型。全身肌肉酸痛。

（2）呼吸道症状：早期可有干咳、少量黏液痰，典型症状为咳铁锈色痰（图3-4），患侧胸痛明显。

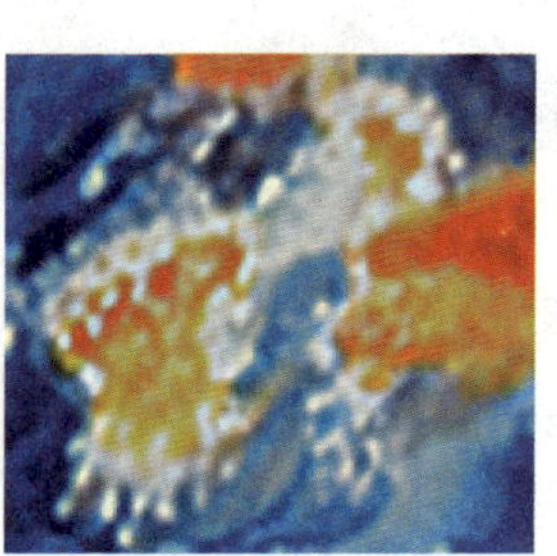

图 3-4　铁锈色痰

2．体征　急性病容，口角有疱疹，患侧肺呼吸运动减弱，触诊语颤增强，叩诊呈浊音，听诊可闻及支气管呼吸音、湿啰音，深吸气时有胸膜摩擦音。

3．并发症　重症病人可并发感染性休克，称中毒性肺炎或休克型肺炎，主要表现为血压下降至80/50mmHg以下、面色苍白、四肢厥冷、脉搏细速、少尿或无尿、意识模糊、烦躁等征象。

（三）心理-社会评估

本病起病急骤，病人及家属没有思想准备而出现焦虑等。

（四）辅助检查

1．血常规检查　白细胞计数（10～20）×10^9/L，中性粒细胞比例多在80%以上。

2．胸部X线检查　患侧肺可见大片状密度增高影。

3．痰液检查　痰涂片可做出初步的病原诊断，痰培养可确定病原菌。

（五）治疗要点

肺炎链球菌肺炎治疗首选的抗生素为青霉素。抗生素疗程一般为7天或热退后3天即可停药。如3天后体温不降或降后复升，应考虑肺炎链球菌的肺外感染或其他疾病存在的可能。并发休克型肺炎者除早期使用足量、有效抗生素外，尚需进行抗休克治疗。

三、护理诊断

1．体温过高　与肺炎有关。

2．疼痛　与炎症累及胸膜有关。

3．焦虑　与担心疾病误工造成经济损失有关。

4．知识缺乏　缺乏肺炎的预防保健知识。

护理目标

病人体温逐渐恢复正常；胸痛减轻或消失；情绪稳定；能陈述肺炎的预防保健知识。

四、护理措施

表 3-6 肺炎球菌肺炎病人的护理

护理流程	护理要点	案例重点分析
1．一般护理	(1) 安置病人卧床休息，取患侧卧位，减轻胸痛、气促。保持室内空气流通与新鲜，维持适宜的温度和湿度。根据病情做好保暖、降温工作。保证休息与睡眠。 (2) 给氧，氧流量2～4L/min。 (3) 饮食护理：给予高热量、高蛋白、高维生素、易消化流质或半流质饮食，多饮水（1500～2000ml/d）。	王某的体位________，给氧流量________，饮食________。
2．病情监测	(1) 观察生命体征（体温骤降，血压＜80/50mmHg）、尿量、意识、皮肤颜色和温度等。 (2) 早期发现休克肺，立即通知医生并配合抢救。	王某的监测重点________。
3．用药护理 注射用青霉素钠	遵医嘱应用抗生素（首选青霉素），观察疗效和不良反应。	王某的首选抗生素________。
4．休克型肺炎的救护 ICU救护	(1) 安置病人在ICU或抢救室，取中凹卧位，减少搬动，注意保暖。 (2) 高流量吸氧。 (3) 尽快建立两条静脉通道，遵医嘱迅速补充血容量，首选低分子右旋糖酐，纠正酸中毒，应用糖皮质激素、血管活性药物，早期、足量、联合使用抗生素等。 (4) 严密监测生命体征、神志及尿量等变化。	
5．心理护理	安慰病人，协助病人积极争取家庭、社会的支持，以减轻焦虑，促使早日康复，早日返岗。	
6．健康指导	(1) 疾病预防指导：避免上呼吸道感染、淋雨受寒、过度疲劳、醉酒等诱因。 (2) 生活指导：指导病人加强营养，劳逸结合。易感者注射肺炎球菌疫苗。	指导王某保健的侧重点______。

护理评价

护理目标的达成情况。

护考知识链接……

1．细菌性肺炎最常见的病原菌为肺炎链球菌；社区获得性肺炎的主要病原菌为肺炎链球菌；医院获得性肺炎的常见病原菌为革兰阴性杆菌。
2．肺炎链球菌肺炎典型者咳铁锈色痰。
3．肺炎链球菌肺炎治疗首选的抗生素为青霉素，疗程一般为7天或热退后3天即可停药。
4．出现下列情况应考虑有休克型肺炎的可能：① 精神症状；② 体温不升或过高；③ 心率＞140次/分；④ 血压下降；⑤ 脉搏细弱，四肢厥冷，冷汗多，发绀；⑥ 白细胞过高（$>30\times10^9/L$）或过低（$<4\times10^9/L$）。
5．休克型肺炎首要的治疗措施是补充血容量。

护考练兵场……

A_1型题（单选题）

1．治疗肺炎球菌肺炎首选抗生素为（　　）
A．链霉素　　B．青霉素　　C．卡那霉素
D．庆大霉素　　E．先锋霉素

2．院内感染所致肺炎中，主要病原体是（　　）
A．真菌　　B．病毒　　C．耐药金黄色葡萄球菌
D．革兰阴性杆菌　　E．肺炎球菌

3．院外感染所致肺炎中，主要病原体是（　　）
A．肺炎克雷白杆菌　　B．流感嗜血杆菌　　C．金黄色葡萄球菌
D．肺炎球菌　　E．支原体

4．肺炎球菌肺炎的抗生素治疗停药指标是（　　）
A．热退停药　　B．热退后3天　　C．热退5～7天
D．症状体征消失　　E．胸片示病变消散

5．下列哪项对肺炎球菌肺炎的诊断最有价值（　　）
A．高热、咳铁锈色痰　　B．白细胞升高，核左移，胞质有中毒颗粒
C．胸片显示大片均匀致密影呈肺叶或肺段分布　　D．肺部湿啰音
E．痰培养肺炎球菌阳性

A_2/A_3型题（单选题）

6．病人，男性，30岁。5天前淋雨后发冷、发热、胸痛、咳嗽、呼吸困难，既往体健。查体：左肺下部叩诊浊音，可闻及水泡音，白细胞$32\times10^9/L$。胸片示左肺下叶大片状致密阴影。考虑诊断为（　　）

A．浸润型肺结核　　B．阻塞性肺炎　　C．肺脓肿
D．肺炎球菌肺炎　　E．病毒性肺炎

7．病人，女性，68岁。患大叶性肺炎，高热昏迷10天，10天内给予大量抗生素治疗。近日发现其口腔黏膜破溃，创面上附着白色膜状物，拭去附着物可见创面轻微出血。为该病人口腔护理时，最适宜的漱口液是（　　）
A．生理盐水　　B．0.1%醋酸　　C．朵贝尔液
D．0.002%呋喃西林溶液　　E．1%～4%碳酸氢钠溶液

8．病人，男性，20岁。长跑后冲凉水浴，当晚突发寒战、高热，右胸痛就诊。查面色潮红、呼吸急促、痛苦呻吟，以肺炎收住院。病人的面容属于（　　）
A．高热病容　　B．急性病容　　C．慢性病容
D．病危面容　　E．休克面容

（9~10题共用题干）病人，男性，20岁。突然寒战、高热、咳嗽，咳少量黏液痰，时有铁锈色痰。

9．下列哪种疾病可能性最大（　　）
A．支气管炎继发感染　　B．病毒性肺炎　　C．支原体肺炎
D．肺炎球菌肺炎　　E．肺炎杆菌肺炎

10．该病人需住院治疗，其饮食原则是给予（　　）
A．低盐饮食　　B．普食
C．高蛋白质、高热、高维生素、易消化的流质或半流质饮食
D．低脂饮食　　E．少渣半流质饮食

综合运用……

（接前述案例）王某若突然意识模糊，T 37.9℃，BP 80/50mmHg，HR＞140次/分，面色苍白，四肢湿冷，尿量减少，血白细胞＞30×10^9/L。

问题：（1）王某又发生了什么情况？
（2）若你是当班护士，如何救护？
（3）请结合案例制定一份健康教育处方。

我学会了……
我掌握了……
我的问题……

任务三　支气管扩张病人的护理

我们的目标是……

- 了解支气管扩张的定义、病因、辅助检查。
- 熟悉支气管扩张病人的护理诊断。
- 掌握支气管扩张病人的身体状况、护理措施。

我们的任务是……

- 学会支气管扩张病人的护理评估。
- 根据情景案例提出主要的护理诊断。
- 初步实施支气管扩张病人的护理措施。

任务实施中……

临床情景——呼吸内科

张先生，36岁。反复咳嗽，咳大量脓痰、痰中带血十多年。近2天受凉后出现发热、咳嗽加剧，咳大量脓痰（每天痰量达150ml），静置后呈分层现象，恶臭味。童年时曾患麻疹合并肺炎。体格检查：T 38.5℃，P 96次/分，R 23次/分，BP 100/70mmHg，神志清醒，精神一般，口唇微绀，右侧下胸部、背部闻及局限、固定的湿啰音，心律齐，腹软，双下肢无明显浮肿，杵状指（趾）。胸片、CT显示：肺叶下纹理紊乱呈卷发状改变。血常规：白细胞 14.5×10^9/L。

问题1. 张先生可能得了什么病？存在哪些身心状况？

问题2. 根据张先生的身心状况，他存在哪些护理问题？

问题3. 若你是当班护士，如何为张先生进行体位引流护理？

根据本任务的临床情景，完成表3-7。

表 3-7 情景案例病人的护理评估分析

评估项目	评估要点
1. 健康史	性别________；年龄________； 现病史（病情、诊疗过程、现自觉症状等）________ 起病情况（时间、原因或诱因、症状体征等）________ 既往史（疾病、生活、家族史等）________
2. 身体状况	症状________ 体征________
3. 心理-社会状况	（伴有的心理状况）________
4. 辅助检查	（项目名称及结果）________
结论：病人可能得了________，伴有________	

一、概述

支气管扩张是指直径大于2mm的支气管其管壁的肌肉和弹性组织被破坏引起的慢性异常扩张（图3-5）。本病男性多于女性，随着免疫接种及抗生素的应用，发病率已明显降低。

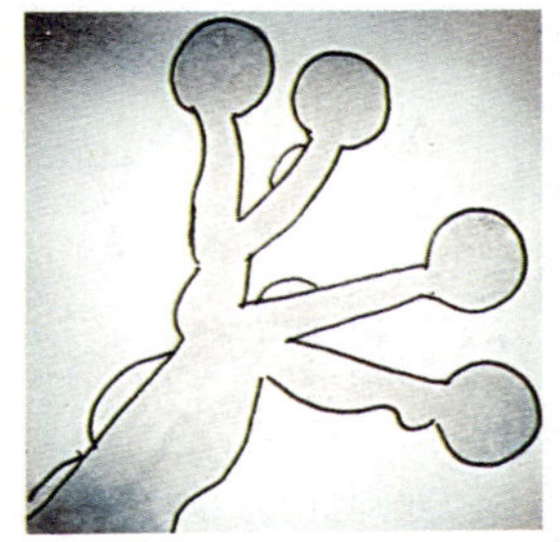

图 3-5 支气管扩张示意图

二、护理评估

（一）健康史

1．支气管－肺组织感染和阻塞　婴幼儿麻疹、百日咳后并发的支气管肺炎是支气管－肺组织感染和支气管阻塞所致的支气管扩张最常见的原因，感染与阻塞两者互为因果，促使支气管扩张的发生和发展。

2．支气管先天性发育缺损和遗传因素　较少见。

（二）身体状况

1．症状

（1）慢性咳嗽、大量脓痰：咳嗽、痰量与体位改变有关。痰液静置后出现分层现象（图3-6）（上层为泡沫，中层为混浊黏液，下层为坏死组织沉淀物）。若混合厌氧菌感染，则痰与呼气有恶臭味。

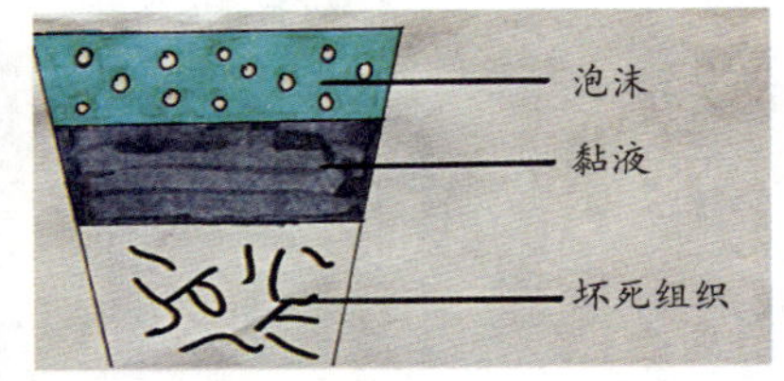

图 3-6 痰液分层现象示意图

（2）反复咯血：50%～70%病人反复咯血。部分发生于上叶的支气管扩张，引流较好，痰量不多或无痰，以反复咯血为唯一症状，称为干性支气管扩张。

（3）继发肺部感染：同一肺段反复发生肺炎并迁延不愈。

（4）慢性感染中毒症状：发热、乏力、食欲减退、贫血等。

2．体征　早期或干性支气管扩张多无明显体征，病变严重或继发感染时在患侧下胸部、背部可闻及局限、固定的湿啰音。

（三）心理-社会状况

病人因病情反复发生而焦虑、烦躁等；大咯血或反复咯血不止时，病人常会出现紧张、恐惧等心理反应。

（四）辅助检查

1．胸部X线检查　典型X线表现为“轨道”征或卷发样阴影。

2．胸部CT检查　是目前主要的诊断方法。

3．支气管造影　可确诊本病。

4．纤维支气管镜检查　有助于发现病人出血的部位及支气管阻塞原因。

5．实验室检查　痰涂片或细菌培养发现致病菌；继发急性感染时血白细胞计数和中性粒细胞计数会增多。

（五）治疗要点

支气管扩张病人治疗原则主要是控制感染（选用抗生素的标准为痰培养及药物敏感试验）和促进痰液引流（如体位引流等）；必要时考虑外科手术切除。

三、护理诊断

1．清理呼吸道无效　与痰液黏稠、量多、无效咳嗽引起痰液不易排出有关。

2．有窒息的危险　与痰多、黏稠、大咯血而不能及时排出有关。

3．体温过高　与肺组织的炎性坏死有关。

4．焦虑　与疾病迁延、个体健康受到威胁有关。

护理目标

病人能有效咳嗽、咳痰；无窒息发生；体温逐渐恢复正常；情绪稳定。

四、护理措施

表 3-8　支气管扩张病人体位引流的护理

护理流程	护理要点	案例重点分析
1．操作前准备	（1）病人准备：向病人讲明体位引流的目的及注意事项，征得病人同意、配合。 （2）环境准备：环境安静、整洁、空气新鲜，温、湿度适宜。 （3）用物准备：体位引流用物、吸引器及复苏设备。 （4）护士准备：工作衣帽穿戴整齐，剪指甲，洗手等。	
2．操作中护理	（1）安置体位：依病变部位不同而采取不同的体位。原则上抬高患肺位置，引流支气管开口向下，有利于分泌物随重力作用流入大支气管和气管排出。 （2）促进有效引流：辅以胸部物理疗法，如指导病人有效咳嗽、同时叩击患部等以提高引流效果。 （3）引流时间：引流宜在饭前1小时进行。视病情可从每日5～10分钟逐渐增加到每次15～20分钟，每日1～3次。 （4）重点观察：病人痰液的颜色、量、性质及反应，如心悸、发绀、呼吸困难等，如有上述症状应立即停止引流，通知医生并协助处理。	张先生引流的体位________，张先生引流时的观察重点________。
3．操作后护理	（1）一般护理：引流结束后给予病人漱口，保持口腔清洁，整理床单位，安置病人休息。 （2）病情观察：观察并记录引流出痰液的量、颜色、气味等，必要时取标本送检。	病情观察记录的内容________。
4．注意事项	（1）体位引流是借助重力作用使受累肺段支气管内的分泌物排出体外的方法。适用于支气管扩张、肺脓肿等大量痰液排出不畅者及支气管碘油造影术前和术后。 （2）患有呼吸功能不全有严重呼吸困难者、近2周内有大咯血者、严重心血管疾病及年老体弱者禁止体位引流。	

护理评价

护理目标的达成情况。

护考知识链接……

1．支气管扩张最常见的病因为婴幼儿期的麻疹、百日咳、支气管肺炎。

2．支气管扩张病人咳嗽、咳痰多见于晨起及晚上临睡时。

3．痰液放置后出现分层现象提示支气管扩张。

4．痰及呼气具有臭味提示厌氧菌感染。

5．干性支气管扩张的主要症状为咯血。

6．支气管扩张病人急性感染时，选用抗生素的标准为痰培养及药物敏感试验。

7．支气管扩张病人最主要的护理问题为清理呼吸道无效（出现大量痰液时）/有窒息的危险（出现大咯血时）。

8．支气管扩张病人最主要的处理措施为体位引流。

（1）引流宜在饭前1小时进行。

（2）依病变部位不同而采取不同的体位（图3-7）。原则上抬高患肺位置，引流支气管开口向下，有利于分泌物随重力作用流入大支气管和气管排出。

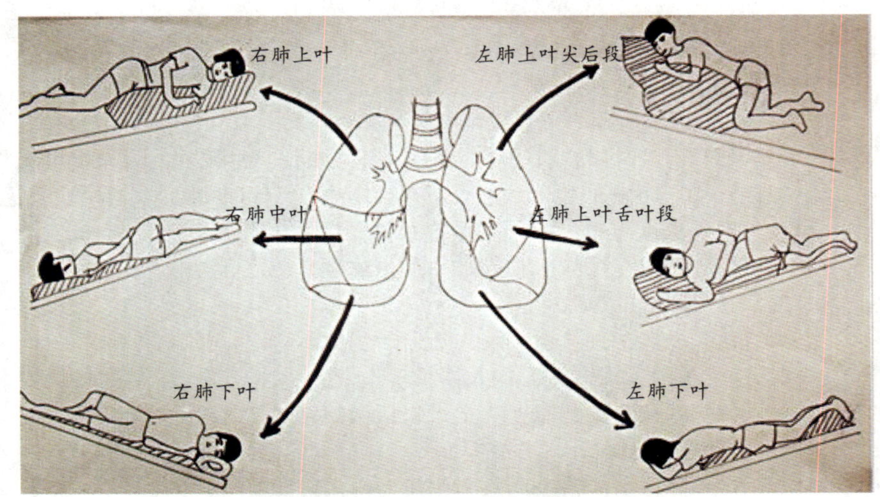

图3-7　体位引流示意图

（3）引流过程中注意观察病情，若病人出现心悸、发绀、呼吸困难等情况，应及时中止引流；患有呼吸功能不全有严重呼吸困难者、近2周内有大咯血者、严重心血管疾病及年老体弱者禁止体位引流。

护考练兵场……

A_1型题（单选题）

1．支气管扩张的主要发病因素是（　　）

A．先天性发育缺损　　B．有害气体的吸入（大气污染）

C．长期大量的吸烟　　D．支气管肺组织的感染和支气管阻塞

E．遗传因素

2．支气管扩张的主要治疗是（　　）

A．手术治疗　　B．气功锻炼

C．保持呼吸道通畅和控制感染

D．治疗鼻窦炎和上呼吸道感染

E．预防应用气管炎疫苗

3．支气管扩张的典型临床表现为（　　）

A．慢性咳嗽，黏液或泡沫状痰，气急，低热，两肺底啰音

B．慢性咳嗽，大量脓痰，反复咯血，常有肺部感染，局限性肺下部湿啰音

C．发热，刺激性咳嗽，黏液脓性痰；两肺呼吸音增粗，散在干湿性啰音

D．高热，咳嗽，黏液血性痰，一侧胸痛和呼吸音减低

E．发热，黏液血性痰；两肺底啰音

4．关于支气管扩张的发病机制，叙述正确的是（　　）

A．先天性发育缺损

B．支气管－肺组织感染和支气管阻塞

C．肺结核和慢性肺脓肿伴支气管慢性炎症

D．肿瘤压迫引起支气管部分或完全阻塞

E．缺氧性肺血管收缩

5．清除支气管扩张病人痰液最有效的措施为（　　）

A．指导有效咳嗽　　B．体位引流　　C．湿化呼吸道

D．帮助翻身，拍背　　E．鼻导管吸痰

A_2/A_3型题（单选题）

6．病人，女性，20岁。自幼咳嗽，经常于感冒后加重，咳大量脓痰，无咯血。考虑诊断为（　　）

A．慢性支气管炎　　B．慢性肺脓肿　　C．支气管扩张

D．先天性支气管囊肿　　E．肺结核

7．病人，女性，38岁。近4年反复痰中带血或大咯血。轻咳黏液痰，无低热。胸片检查示“左下肺纹理增粗、紊乱呈卷发样，余肺清晰”。诊断可能是（　　）

A．慢性支气管炎　　B．风心病　　C．支气管扩张

D．支气管内膜结核　　E．肺癌早期

8．病人，女性，45岁。反复咳嗽、咳脓痰20余年。支气管造影证实左肺下叶支气管扩张。近一周发热，痰量增多。下列哪项处理是错误的（　　）

A．应用祛痰药　　B．手术治疗　　C．体位引流

D．选用敏感抗生素　　E．痰细菌学检查

（9～10题共用题干）病人，男性，62岁。有长期吸烟史。反复咳嗽、咳脓痰20余年，再发2天来诊入院。体检：右下肺可闻及固定湿啰音。胸片示右下肺纹理增多，可见卷发影。

9．该病人可能是患了（　　）

A．肺癌　　B．肺炎　　C．肺结核

D．支气管扩张　　E．慢性支气管炎

10．该病最常见的病因是（　　）

A．先天性发育缺损　　B．支气管－肺组织感染和支气管阻塞

C．肺结核和慢性肺脓肿伴支气管慢性炎症

D．肿瘤压迫引起支气管部分或完全阻塞　　E．缺氧性肺血管收缩

综合运用……

（接前述案例）病人张某突然咯血200ml再次入院，体温37.4℃，感胸闷。

问题：（1）张某又发生了什么情况？

（2）若你是当班护士，如何救护？

（3）请结合案例制定一份健康教育处方。

我学会了……

我掌握了……

我的问题……

任务四　慢性阻塞性肺疾病、慢性肺源性心脏病病人的护理

我们的目标是……

- 了解慢性阻塞性肺疾病及肺源性心脏病的病因、治疗要点。
- 熟悉慢性阻塞性肺疾病及肺源性心脏病病人的护理评估、护理诊断。
- 掌握慢性阻塞性肺疾病及肺源性心脏病病人的护理措施。

我们的任务是……

- 学会慢性阻塞性肺疾病、慢性肺源性心脏病病人的护理评估。
- 根据情景案例提出主要的护理诊断。
- 初步实施慢性阻塞性肺疾病、慢性肺源性心脏病病人的护理措施。

任务实施中……

临床情景——呼吸内科

王大爷，72岁。因反复咳嗽、咳痰、气促20余年，再发伴加重一周来院就诊。病人吸烟50年，20年前病人出现晨起经常咳嗽，咳痰，为白色黏痰，并逐渐出现气短，症状进行性加重，活动后明显。一周前感冒后出现咳嗽加重，咳痰多，痰液呈脓性，并感心悸、呼吸困难、乏力，食欲差，恶心。体检：T 37.5℃，P 110次/分，R 28次/分，BP 120/82mmHg；神志清，呼吸急促，口唇发绀，颈静脉充盈，桶状胸，叩诊过清音。听诊：肺动脉瓣区第二心音亢进，双肺底偶有湿啰音，心音遥远，三尖瓣区可闻及收缩期杂音和剑突下心脏搏动，腹软，肝肋下3cm，全腹无压痛，肝颈反流征阳性，双下肢不肿。实验室检查：红细胞5.8×10^{12}/L，血红蛋白162g/L，白细胞12×10^{9}/L，中性粒细胞86%；血气分析：PaO_2 60mmHg，$PaCO_2$ 45mmHg。X线显示：双肺透亮度增高，肺A段凸出，右心室扩大。肺功能检查显示：FEV1/FVC<80%，残气量增加。治疗方法：吸氧、抗感染、平喘、祛痰等。

问题1. 王大爷可能得了什么病？存在哪些身心状况？

问题2. 根据王大爷的身心状况，他存在哪些护理问题？

问题3. 若你是当班护士，你如何护理王大爷？

根据本任务的临床情景，完成表3-9。

表 3-9　情景案例病人的护理评估分析

评估项目	评估要点
1. 健康史	性别________；年龄________ 现病史（病情、诊疗过程、现自觉症状等）________ 起病情况（时间、原因或诱因、症状体征等）________ 既往史（疾病、生活、家族史等）________
2. 身体状况	症状________ 体征________
3. 心理–社会状况	（伴有的心理状况）________
4. 辅助检查	（项目名称及结果）________
结论：病人可能得了________，伴有________	

一、概述

（一）慢性阻塞性肺疾病（简称慢阻肺，COPD）

当慢性支气管炎和（或）阻塞性肺气肿病人，肺功能检查出现气流受限并且不能完全可逆且呈进行性发展时，则诊断为COPD。COPD是呼吸系统的常见病与多发病，严重影响病人的劳动能力与生活质量。

1．慢性支气管炎（简称慢支） 是气管、支气管黏膜及其周围组织的慢性非特异性炎症。临床上以咳嗽、咳痰或伴有喘息为主要症状，每年发病持续3个月，连续2年或2年以上，并可除外咳嗽、咳痰、喘息症状的其他疾病。多见于老年人。

2．慢性阻塞性肺气肿（简称肺气肿） 是指终末细支气管远端的气道弹性减退、肺泡过度膨胀充气和肺泡壁弹性减弱和破坏，融合成肺大泡。

（二）慢性肺源性心脏病（简称慢性肺心病）

肺心病是由肺组织、肺动脉血管或胸廓的慢性病变引起肺组织结构和功能的异常，造成肺血管阻力增高，肺动脉高压，右心负荷加重，以致右心室肥厚、扩张，甚至发生右心衰竭的心脏病。

二、护理评估

（一）健康史

1．慢性阻塞性肺疾病病因 COPD是多种因素反复作用的结果，与下列因素有关：① 吸烟；② 病毒感染（鼻病毒、流感病毒、腺病毒及呼吸道合胞病毒）或细菌感染（肺炎球菌和流感嗜血杆菌）；③ 大气污染；④ 气候（冷空气刺激）；⑤ 遗传因素（α1抗胰蛋白酶缺乏）。

2．慢性肺源性心脏病病因 ① 支气管－肺疾病以COPD最为多见（占80%～90%）；② 胸廓运动障碍性疾病较少见；③ 肺血管疾病；④ 其他如原发性肺泡通气不足等。

（二）身体状况

1．慢性阻塞性肺疾病

(1) 症状：慢性咳嗽、咳痰、进行性加重的呼吸困难（COPD标志性症状）、喘息和胸闷等。

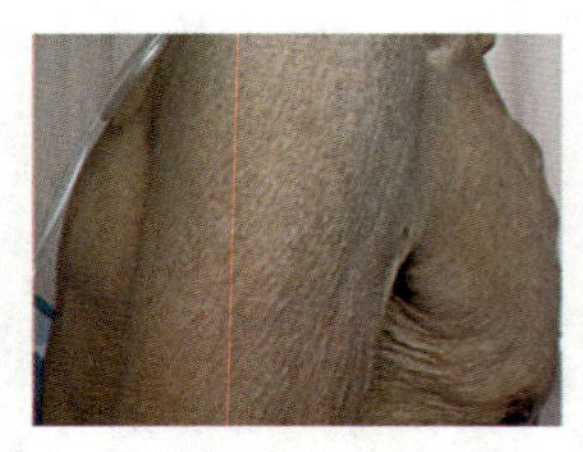

图 3-8 桶状胸

(2) 体征：早期无明显体征，发展到肺气肿时病人呈桶状胸（图3-8）、触诊语颤减弱、叩诊为过清音、心浊音界缩小、肝上界下移，听诊呼吸音减弱，呼气延长，心音遥远，合并呼吸道感染时可出现干、湿啰音。

（3）分期：按病程分为急性加重期（短期内咳嗽、咳痰、喘息加重，可伴有发热等）和稳定期（咳嗽、咳痰、喘息等症状稳定或轻微）。

2．慢性肺源性心脏病

（1）肺、心功能代偿期（包括缓解期）：主要为COPD表现，即慢性咳嗽、咳痰、喘息，进行性呼吸困难加重、心悸、乏力等。肺动脉瓣区可有第二心音亢进，提示肺动脉高压；三尖瓣区出现收缩期杂音或剑突下示心尖搏动，多提示右心肥厚、扩大。

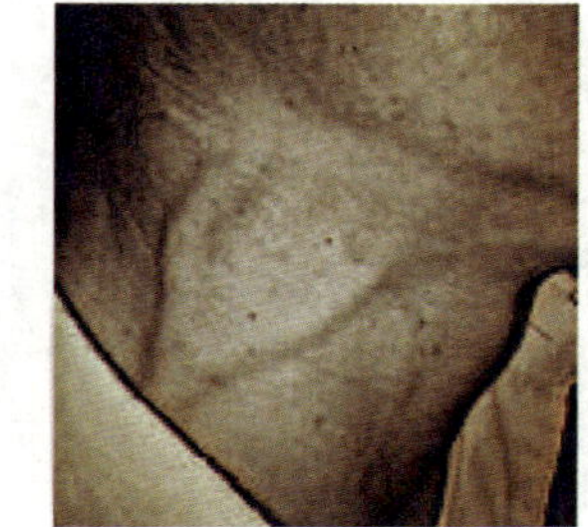

图 3-9　颈静脉怒张

（2）肺、心功能失代偿期（包括急性加重期）：以呼吸衰竭（呼吸道感染为主要诱因）为突出表现，若出现头痛、昼睡夜醒、神志恍惚、谵妄、躁动、抽搐，提示发生了肺性脑病；心力衰竭以水肿、颈静脉怒张（图3-9）、肝肿大等右心衰竭为主要表现。

3．并发症　可并发肺性脑病、自发性气胸、心律失常、酸碱失衡及电解质紊乱等。

（三）心理-社会状况

病人因病情反复发生而焦虑、烦躁等。

（四）辅助检查

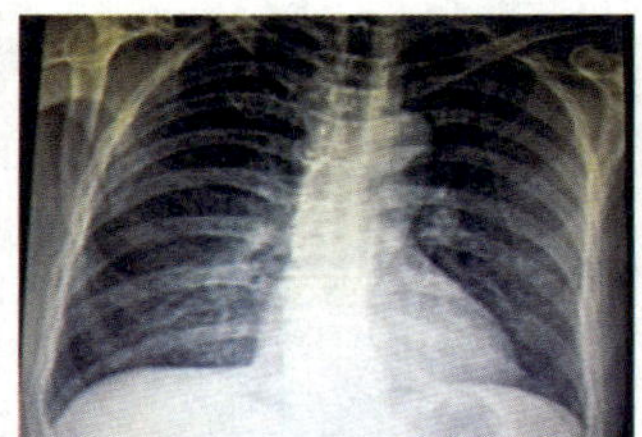

图 3-10　右心室增大

1．血常规检查　红细胞计数与血红蛋白增高，细菌感染时白细胞及中性粒细胞增高。

2．X线检查　早期可无变化，随病情发展可出现肺纹理粗乱、胸廓前后径增大、双肺透亮度增高，肺A段凸出，右心室增大（图3-10）等。

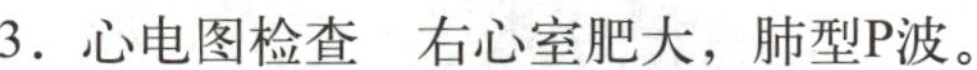

3．心电图检查　右心室肥大，肺型P波。

4．肺功能检查　FEV1/FVC比值减少，残气量增加等。

5．动脉血气分析　早期无异常，随病情发展可出现低氧血症、高碳酸血症等。

（五）治疗要点

COPD急性加重期（急性发作期）应控制感染、解痉平喘、祛痰、维持呼吸道通畅；稳定期应加强呼吸功能锻炼、改善肺功能。对老人、体弱者及痰多者，不应使用强镇咳剂，如可待因等。肺心病肺心功能代偿期采用中西医结合治疗，失代偿期应在积极控制感染基础上，通畅呼吸道，改善呼吸功能，纠正缺氧和二氧化碳潴留，控制呼吸衰竭和心力衰竭，处理并发症。

三、护理诊断

1．气体交换受损　与气道阻塞、分泌物过多、肺泡呼吸面积减少有关。

2．清理呼吸道无效　与呼吸道感染、痰液过多而黏稠、咳嗽无力有关。

3．活动无耐力　与心肺功能减退有关。

4．体液过多　与体循环淤血有关。

5．焦虑　与病程长、疗效差等有关。

护理目标

病人呼吸困难减轻；能有效咳痰；活动耐力增加；尿量增加；情绪稳定。

四、护理措施

表 3-10　慢性阻塞性肺疾病、肺源性心脏病病人的护理

护理流程	护理要点	案例重点分析
1．一般护理 半卧位	（1）休息与体位：肺、心功能代偿期增加休息，活动应量力而行；肺、心功能失代偿期应卧床休息，保证其充分休息，降低机体耗氧量，促进心、肺功能恢复。呼吸困难严重者取半卧位。 （2）饮食：应摄入高蛋白、高维生素、易消化、清淡饮食，少食多餐；有水肿的病人宜限制水、钠摄入。 （3）氧疗：肺心病病人给予持续低流量（1～2L/min）、低浓度（25%～29%）吸氧（COPD病人每天低流量、低浓度吸氧不少于15小时，尤其夜间不可间断）。	王大爷的体位________，给氧流量________，饮食护理________。
2．病情监测	（1）观察病人生命体征及意识状态，咳嗽咳痰的性质、发绀和呼吸困难的程度，有无水肿，观察记录24小时尿量。 （2）定期监测动脉血气。	王大爷的监测重点________。
3．治疗配合	（1）用药护理：遵医嘱使用抗感染、抗心衰、平喘、祛痰、呼吸兴奋剂等药物，观察疗效及不良反应。病人烦躁不安时，切勿随意使用安眠、镇静剂，以免诱发或加重肺性脑病。 （2）指导稳定期病人进行腹式呼吸与缩唇呼吸，以加强膈肌运动，提高支气管内压，延缓小气道陷闭，改善呼吸功能。	指导王大爷康复锻炼的目的________。

续表

护理流程	护理要点	案例重点分析
4．心理护理	安慰病人，帮助其了解疾病过程，提高应对能力；积极协助其取得家庭及社会支持，增强抗病信心。	
5．健康指导  呼吸锻炼	（1）疾病预防指导：介绍疾病相关知识，注意保暖，避免上呼吸道感染，戒烟等。 （2）康复锻炼指导：进行缩唇－腹式呼吸锻炼（如图）。训练时根据病人病情可取立位或半坐位，两手分别放于腹部及胸前，用鼻深吸气，尽量挺腹，经口呼出，口唇缩成吹口哨状持续缓慢呼气，同时收缩腹部，胸廓保持最小的活动度，以能使距离口唇20cm水平处的烛火随气流倾斜而不熄灭为宜。吸气与呼气时间比例为1：2或1：3，每分钟呼吸7～8次，每次10～20分钟，每日2次。视病情增减。 （3）家庭氧疗指导：让病人及家属了解家庭氧疗的目的及注意事项等。 （4）用药指导：嘱病人遵医嘱用药，教会其及家属观察药物不良反应的方法。一旦病情加重立即就诊。	指导王大爷康复锻炼的方法________。

护理评价

护理目标的达成情况。

护考知识链接……

1．慢性肺源性心脏病病人出现头痛、白天嗜睡、夜间兴奋、神志恍惚、谵妄、躁动、抽搐，提示出现了肺性脑病。肺性脑病为慢性肺源性心脏病的首要死亡原因。

2．慢性肺源性心脏病可出现红细胞及血红蛋白升高；心电图检查的特点为右心室肥大、肺型P波等。

3．慢性肺源性心脏病急性加重期的治疗原则：积极控制感染；通畅呼吸道，改善呼吸功能；纠正缺氧和二氧化碳潴留；控制呼吸和心力衰竭。

（1）控制感染：参考痰菌培养及药敏试验选择抗生素。

（2）氧疗：给予持续低流量（1～2L/min）、低浓度（25%～29%）吸氧。

（3）控制心力衰竭：慢性肺源性心脏病时应用利尿剂以缓慢、小量、间歇为原则；应用洋地黄类强心剂时应以快速、小剂量为原则。

4．慢性阻塞性肺疾病、慢性肺源性心脏病病人应给予低流量、低浓度吸氧不少于15小时，尤其夜间不可间断。

护考练兵场……

A_1型题（单选题）

1．诊断慢性阻塞性肺疾病的必备条件是（　　）

A．完全可逆的气流受限　B．不完全可逆的气流受限　C．可逆的气流受限
D．不可逆的气流受限　E．完全气流受限

2．下列哪种疾病是慢性肺源性心脏病最常见的原发病（　　）

A．支气管哮喘　B．胸廓畸形　C．肺结核
D．慢性阻塞性肺疾病　E．支气管扩张

3．预防COPD的措施，首选（　　）

A．增强体质　B．参加体育活动　C．戒烟
D．预防感冒　E．保持心情愉快

4．COPD合并慢性肺心病，引起死亡最常见的并发症是（　　）

A．心律失常　B．电解质紊乱　C．休克
D．肺性脑病　E．消化道出血

5．治疗慢性肺心病急性发作最重要的措施是（　　）

A．应用利尿剂　B．应用呼吸兴奋剂　C．控制肺部感染
D．应用血管扩张剂　E．应用强心剂

A_2/A_3型题（单选题）

6．病人，女性，62岁。慢性咳嗽、咳痰10年，气促2年，逐渐加重。查体：桶状胸，叩诊过清音，两肺底部散在湿啰音。X线示：两肺透亮度增加，肋间隙增宽，两下肺纹理增多、紊乱。该病人最可能的诊断为（　　）

A．支气管哮喘　B．慢性支气管炎、肺气肿　C．支气管扩张
D．肺心病　E．肺栓塞

7．病人，女性，65岁。长期咳嗽伴咳脓痰，近日下肢水肿。查体：桶状胸、颈静脉怒张，肝大，肝颈静脉回流征（+）。最可能患有的疾病是（　　）

A．慢性支气管炎伴哮喘　B．COPD　C．支气管扩张
D．慢性肺源性心脏病　E．肝炎

8．病人，男性，70岁，诊断为慢性肺源性心脏病。病人的血气分析结果显示pH 7.35，PaO_2 62mmHg，$PaCO_2$ 45mmHg。护士为病人给氧，设置的氧流量应为（　　）

A．1～2L/min　B．2～3L/min　C．3～4L/min
D．先高流量后低流量　E．先低流量后高流量

（9～10题共用题干）病人，男性，77岁。反复咳嗽、咳痰伴喘息20年，6年前出现逐

渐加重的呼吸困难，诊断为COPD。

9．目前处于缓解期，指导病人进行呼吸功能锻炼的方法是（　　）

A．加强胸式呼吸，用鼻吸气，经口用力快速呼气

B．加强腹式呼吸，用鼻深吸，经口缓呼，呼气时口唇收拢

C．加强腹式呼吸，用鼻吸气，经口用力快速呼气

D．加强胸式呼吸，经鼻用力呼气

E．同时加强胸式和腹式呼吸

10．该病人近日并发上呼吸道感染、咳嗽、咳痰加重，体温38.5℃，脉搏80次/分，呼吸28次/分。护士判断该病人呼吸发生的改变是（　　）

A．呼吸困难　　B．频率改变　　C．节律改变

D．呼吸类型改变　　E．声调改变

综合运用……

（接前述案例）王大爷病情好转出院。

问题：作为责任护士，请结合案例制定一份健康教育处方。

我学会了……

我掌握了……

我的问题……

任务五　支气管哮喘病人的护理

我们的目标是……

- 了解支气管哮喘的发病原因、发病机制、辅助检查。
- 熟悉支气管哮喘病人的治疗要点、护理诊断。
- 掌握支气管哮喘病人的身体状况、护理措施。

我们的任务是……

- 学会支气管哮喘病人的护理评估。
- 根据情景案例提出主要的护理诊断。
- 初步实施支气管哮喘病人的护理措施。

任务实施中……

临床情景——呼吸内科

金某，女性，24岁。春游时出现发作性呼吸困难、胸闷、咳嗽等。两年来类似发作5次，脱离环境，休息后缓解。体检：T 37.2℃，R 35次/分，P 125次/分，BP 120/75mmHg，端坐呼吸，大汗淋漓，双肺可闻及散在呼气相为主的哮鸣音，呼气流量明显降低。血液检查：嗜酸性粒细胞升高；血气分析：$PaCO_2$ 50mmHg，PaO_2 50mmHg。变应原检测：血清IgE升高。

问题1. 金某可能得了什么病？存在哪些身心状况？

问题2. 根据金某的身心状况，她存在哪些护理问题？

问题3. 若你是当班护士，你如何护理金某？

根据本任务的临床情景，完成表3-11。

表 3-11 情景案例病人的护理评估分析

评估项目	评估要点
1．健康史	性别________；年龄________ 现病史（病情、诊疗过程、现自觉症状等）________ 起病情况（时间、原因或诱因、症状体征等）________ 既往史（疾病、生活、家族史等）________
2．身体状况	症状________ 体征________
3．心理-社会状况	（伴有的心理状况）________
4．辅助检查	（项目名称及结果）________
结论：病人可能得了________，伴有________	

一、概述

支气管哮喘（简称哮喘）是由多种细胞及细胞组分参与的慢性气道炎症。以气道变应性炎症和气道高反应性为特征。气道炎症导致支气管平滑肌痉挛、黏膜肿胀、分泌物增加引起不同程度的可逆性气道狭窄。哮喘是全球最常见疾病之一，成年男女患病率大致相同。哮喘的发病机制见图3-11。

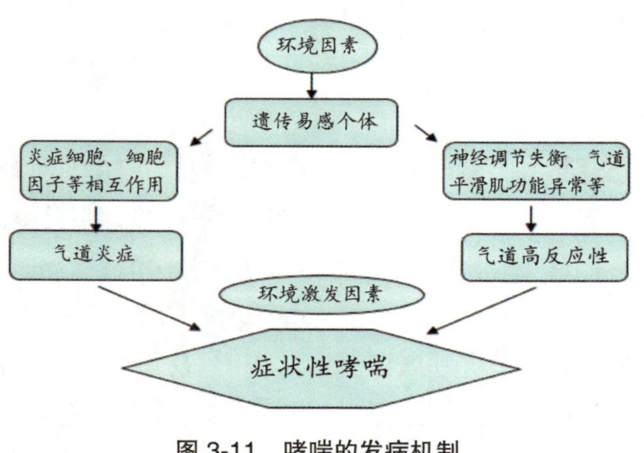

图 3-11　哮喘的发病机制

二、护理评估

（一）健康史

目前对哮喘病因不完全清楚，其可能受遗传与环境双重影响。环境因素中可能引起哮喘的激发因素有以下几种：① 吸入变应原（又称过敏原）：花粉、动物毛屑等；② 食物：鱼、虾、蟹、蛋类、牛奶等；③ 感染：细菌、病毒等；④ 某些药物：普萘洛尔、阿司匹林等；⑤ 其他：气候变化、剧烈运动、精神因素等。

（二）身体状况

1．症状　哮喘发作前常有先兆症状如干咳、打喷嚏、流鼻涕、胸闷等（图3-12），典型症状为发作性呼气性呼吸困难伴广泛哮鸣音或发作性胸闷、咳嗽等。常于夜间和（或）清晨发作、加重，经治疗或自行缓解。

图 3-12　哮喘发作先兆

2．体征　哮喘发作时胸廓呈过度充气状态，双肺听诊可闻及广泛性哮鸣音伴呼气延长。当气道严重阻塞时哮鸣音减弱或消失。非发作期可无异常体征。

3．重症哮喘　若哮喘病人发作持续超过24小时，经一般支气管扩张剂治疗不缓解，说明发生了重症哮喘。常表现为极度呼吸困难、端坐呼吸、发绀明显、大量出汗，甚至出现张口呼吸、循环衰竭。

4．并发症　可并发自发性气胸、慢性支气管炎、肺心病等。

（三）心理-社会状况

病情反复发作或发作时出现呼吸困难、濒死感，易导致病人精神紧张，甚至恐惧，而不良的情绪常会诱发或加重哮喘发作。

（四）辅助检查

1．血常规检查　哮喘发作时可见嗜酸性粒细胞（图3-13）增多，合并感染时白细胞总数和中性粒细胞增高。

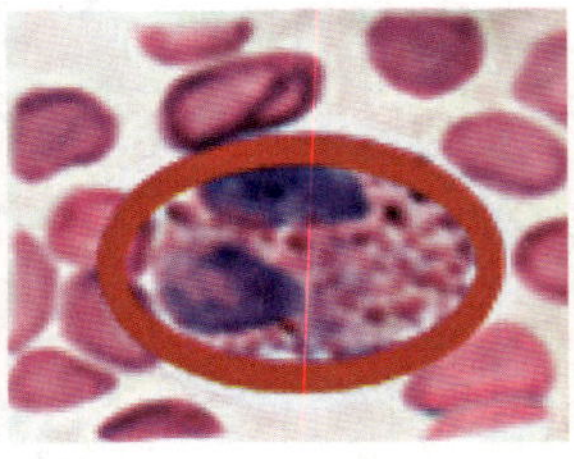

图 3-13　嗜酸性粒细胞

2．痰液检查　痰涂片可见大量嗜酸性粒细胞。

3．呼吸功能检查　通气功能检测、气管激发试验、支气管舒张试验、呼气峰流速（PEF）及其变异率测定。

4．胸部X线检查　哮喘发作时双肺透亮度增高，感染时，肺纹理增粗及炎症浸润阴影。

5．变应原检测　血清IgE升高；变应原皮试可呈阳性反应。

（五）治疗要点

目前尚无特效治疗方法。治疗原则：避免诱因、控制急性发作、预防复发。

1．脱离变应原　是治疗哮喘的最有效方法。

2．药物治疗

（1）支气管扩张剂：① β_2-受体激动剂（沙丁胺醇）是控制支气管哮喘发作的首选药；② 茶碱类（氨茶碱）等主要不良反应为恶心、呕吐、心律失常、血压下降等。

（2）糖皮质激素是控制哮喘最有效的抗炎药。

（3）色甘酸钠是预防运动和变应原诱发哮喘最有效的药物。

三、护理诊断

1．低效性呼吸形态　与支气管痉挛、气道炎症、黏液分泌增加、气道阻塞有关。

2．清理呼吸道无效　与气道平滑肌收缩、痰液黏稠、排痰不畅、无效咳嗽、疲乏有关。

3．知识缺乏　缺乏正确使用吸入器的有关知识。

4．潜在并发症　自发性气胸、呼吸衰竭、肺心病等。

护理目标

病人能有效呼吸，呼吸困难缓解；能进行有效咳痰；能正确使用吸入器等。

四、护理措施

表 3-12　支气管哮喘病人的护理

护理流程	护理要点	案例重点分析
1．一般护理	（1）环境与体位：安置病人采用舒适体位。保持空气流通，避免花草、地毯、毛皮等。提供安静、舒适、冷暖适宜的环境。保证休息与睡眠。重症哮喘发作时需专人守护。 （2）给氧：氧流量1～3L/min。 （3）饮食护理：多饮水，饮水量＞2500ml/d，进食清淡易消化饮食，不宜进食鱼、虾、蟹、蛋类、牛奶等易过敏食物。	金某的环境布置________，给氧流量________，饮食护理________。
2．病情监测	加强夜间巡视，观察病人意识、面容、出汗、发绀、呼吸困难程度等，监测呼吸音、哮鸣音等的变化，了解病情和治疗效果。	金某的监测重点________。
3．用药护理 氨茶碱注射液	（1）遵医嘱使用平喘、抗炎等药物，观察疗效及不良反应。如氨茶碱需稀释后静脉缓慢注射；糖皮质激素吸服后应注意漱口，防止口咽部真菌感染。 （2）重症哮喘者根据医嘱给予静脉补液，注意补液速度及观察水、电解质、酸碱失衡纠正情况。	
4．心理护理	安慰病人，动员其家属、好友给予更多关心照顾，减轻焦虑，病情许可下鼓励其参加体育锻炼，促使早日康复。	
5．健康指导 准纳器的使用 定量雾化吸入器（MDI）	（1）疾病预防指导：避免诱发因素（居住环境、饮食、情绪等）；加强腹式呼吸。 （2）病情自我监测：识别哮喘发作先兆和加重征象，做好哮喘日记。 （3）用药指导：① 了解药物的用法与不良反应；② 掌握正确吸入技术是治疗成功的关键（定量雾化吸入器使用方法如下图）。	金某的健康指导侧重点________，指导金某正确吸入技术的方法、技巧________。

开盖摇匀

深呼气至不能再呼时……

双唇包住咬口

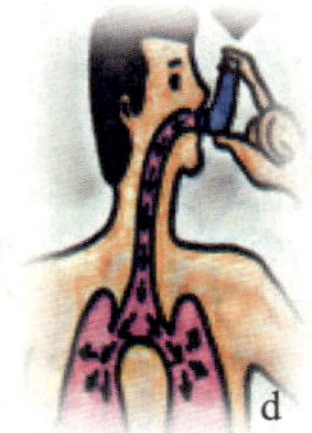

吸气时按压喷药

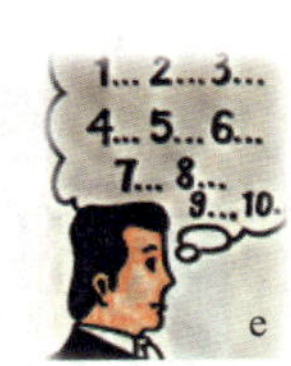

屏气、缓呼休息3分钟后重复

护理评价

护理目标的达成情况。

护考知识链接……

1．支气管哮喘的诱发因素，如吸入花粉、动物毛屑等变应原等。

2．支气管哮喘发作的典型表现为发作性呼气性呼吸困难。

3．控制支气管哮喘发作的首选药为β_2受体激动剂（沙丁胺醇）。

4．氨茶碱的主要不良反应为胃肠道、心血管症状，可有呼吸中枢兴奋。

5．控制哮喘最有效的抗炎药物为糖皮质激素，但不宜长期使用，吸药后应注意漱口，防止口咽部真菌感染。

6．对预防运动和变应原诱发哮喘最有效的药物是色甘酸钠。

7．支气管哮喘病人的一般护理措施：避免诱因，多饮水，饮水量>2500ml/d，不宜进食鱼、虾、蟹、蛋、奶等易过敏食物。

护考练兵场……

A_1型题（单选题）

1．通过兴奋β_2肾上腺素受体缓解支气管痉挛的药物是（　　）

A．氨茶碱　B．麻黄碱　C．阿托品

D．肾上腺素　E．沙丁胺醇

2．支气管哮喘的临床特征主要是（　　）

A．吸气性呼吸困难　B．反复发作，阵发性，呼气性呼吸困难

C．反复发作，混合性呼吸困难　D．夜间阵发性呼吸困难

E．肺部有较多喘鸣伴肺底湿性啰音

3．静脉注射氨茶碱速度要慢，否则可出现（　　）

A．皮肤潮红、头痛、恶心　B．心律失常、血压下降

C．四肢麻木、腰酸背痛　D．支气管痉挛，喉头水肿

E．耳鸣和高血压

4．预防哮喘复发的措施是（　　）

A．循序渐进地参加有氧运动，增强体质

B．避免进食鱼肉和鸡蛋等可能诱发哮喘的食物

C．可在室内摆放鲜花，保持精神愉悦

D．使用哮喘疫苗，有效时应坚持半年以上

E．应避免使用色甘酸钠等抗炎药物

5．判定哮喘病人病情严重的最主要的指标是（　　）

A．双肺哮鸣音　　B．血压升高　　C．体温升高

D．$PaCO_2$升高　　E．白细胞数升高

A_2/A_3型题（单选题）

6．病人，女性，21岁。两年来反复喘息发作，近一年来发作频繁，夜间加重，双肺散在呼气性哮鸣音，心音正常。心率110次/分，呼吸频率32次/分，胸片示双肺纹理增强，血白细胞11×10^9/L，嗜酸性粒细胞7%。该病人有可能发生了（　　）

A．支气管扩张　　B．肺结核　　C．肺炎

D．哮喘　　E．COPD

7．病人，女性，40岁。诊断哮喘5年。近来每当给宠物狗洗澡后病人即出现咳嗽、咳痰伴喘息发作。护士考虑最可能的变应原是（　　）

A．花粉　　B．尘螨　　C．狗毛

D．精神因素　　E．真菌

8．病人，女性，28岁。因外出春游后出现咳嗽、咳痰伴喘息1天入院。体检：体温36.5℃，脉搏90次/分，呼吸28次/分，血压110/80mmHg，喘息貌、口唇发绀，在肺部可闻及广泛哮鸣音。护士考虑最可能的变应原是（　　）

A．花粉　　B．尘螨　　C．狗毛

D．精神因素　　E．真菌

（9～10题共用题干）病人，女性，17岁。因支气管哮喘严重发作，住院治疗。

9．为病人制定护理计划，最主要的健康问题是（　　）

A．气体交换障碍　　B．与缺乏营养有关　　C．呼吸形态改变

D．有感染的危险　　E．缺乏防病知识

10．护士应为病人采取的体位是（　　）

A．半坐卧位　　B．右侧卧位　　C．端坐位

D．截石位　　E．俯卧位

综合运用……

（接前述案例）金某出院后遛狗时出现咳嗽、喘息2天，未治疗。此次发作以来，进食进水较少。张口呼吸，频率为28次/分，口唇紫绀，两肺叩诊过清音，呼气明显延长，呼吸音及哮鸣音明显减弱，全身湿冷。

问题：（1）金某又发生了什么情况？

（2）若你是当班护士，如何救护？

（3）请结合案例制定一份健康教育处方。

学习反思……

我学会了……

我掌握了……

我的问题……

任务六 气胸病人的护理

我们的目标是……

- 了解气胸的定义、治疗要点。
- 熟悉气胸病人的护理评估、护理诊断。
- 掌握气胸病人的护理措施。

我们的任务是……

- 学会气胸病人的护理评估。
- 根据情景案例提出主要的护理诊断。
- 初步实施气胸病人的护理措施。

任务实施中……

临床情景——心胸外科

王先生，26岁。胸部外伤致左侧第6肋骨骨折，现呼吸极度困难，发绀。体格检查：血压75/50mmHg，气管向右侧移位，左侧胸廓饱满，叩诊鼓音，听诊呼吸音消失，颈、胸部广泛皮下气肿。胸部X线检查显示左侧胸腔严重积气。既往体健。

问题1. 王先生可能得了什么病？存在哪些身心状况？

问题2. 根据王先生的身心状况，他存在哪些护理问题？

问题3. 若你是当班护士，你如何护理王先生？

根据本任务的临床情景，完成表3-13。

表 3-13　情景案例病人的护理评估分析

评估项目	评估要点
1．健康史	性别________；年龄________ 现病史________ 既往史________
2．身体状况	症状________ 体征________
3．心理-社会状况	（伴有的心理状况）________
4．辅助检查	（项目名称及结果）________
结论：病人可能得了________，伴有________	

一、概述

气体进入胸膜腔造成积气状态，称为气胸。根据损伤后病理特点，可分为闭合性气胸、开放性气胸和张力性气胸三类。

二、护理评估

（一）健康史

有胸部受伤史，可见钝器、锐器、火器等所致胸壁组织损伤。

（二）身体状况

1．闭合性气胸　其表现取决于气体进入胸膜腔的量。小量积气（肺萎陷≤30%），无明显症状；大量积气（肺萎陷＞30%），可有胸闷、气促、胸痛等症状。体检：患侧肋间隙饱满，气管向健侧移位，叩诊鼓音，听诊呼吸音减弱或消失。

2．开放性气胸　常有胸闷、胸痛、气促、呼吸困难、发绀，甚至休克。体检：胸壁见到一个开放性伤口，在呼吸时发出“嘶嘶”（吸吮样）声。气管、心脏向健侧移位。伤侧叩诊呈鼓音，听诊呼吸音减弱或消失，可出现纵隔扑动（吸气时，健侧胸膜腔负压升高，与伤侧压力差增大，纵隔向健侧进一步移位；呼气时，两侧胸膜腔压力差减少，纵隔移回伤侧，这种反常运动称为纵隔扑动）。

3．张力性气胸　病人极度呼吸困难、大汗淋漓、发绀、烦躁不安、昏迷、休克，甚至窒息。体检：气管和心影向健侧偏移，伤侧胸部饱满，呼吸幅度减小，皮下、纵隔下气肿（图3-14），叩诊呈高度鼓音，听诊呼吸音消失。胸膜腔穿刺有高压气体向外冲。

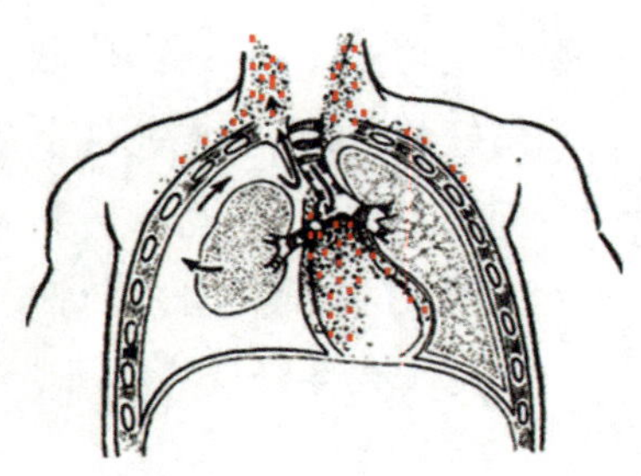

图 3-14　纵隔、皮下气肿

（三）心理–社会状况

病人常处于高度应急状态，出现焦虑、恐惧、愤怒等情绪。

（四）辅助检查

胸部X线检查可显示肺压缩和胸腔积气及纵隔移位情况，并可反映有无伴随肋骨骨折、血胸等情况。

（五）治疗要点

1．闭合性气胸　小量气胸可自行吸收，无需治疗；大量气胸需行胸膜腔穿刺或胸膜腔闭式引流，排除积气。

2．开放性气胸　现场急救处理首要的是紧急封闭伤口，变开放性气胸为闭合性气胸（多层油纱布，加棉垫包扎），然后按闭合性气胸处理。

3．张力性气胸　张力性气胸是能迅速致死的危重急症，急救处理为立即在患侧锁骨中线第2肋间穿刺，排气减压。

血胸

胸部损伤引起胸膜腔积血称血胸。心脏和大血管受伤引起的血胸出血多而急，易造成循环衰竭，甚至失血性休克。血胸病人的治疗原则：① 非进行性血胸：小量积血可自行吸收，量多者需行胸膜腔穿刺抽出积血，必要时行胸腔闭式引流；② 进行性血胸：立即剖胸止血。

三、护理诊断

1．气体交换受损　与肺萎陷、肺损伤及胸廓活动受限有关。

2．低效性呼吸形态　与肺扩张能力下降、疼痛及缺氧有关。

3．焦虑　与强烈的意外损伤及担心预后有关。

4．疼痛　与创伤、穿刺或放置引流管有关。

护理目标

病人能维持正常呼吸功能；情绪稳定，能配合医护人员治疗及护理；疼痛得到缓解和控制。

四、护理措施

表 3-14　气胸病人的护理

护理流程	护理要点	案例重点分析
1．急救护理 张力性气胸的急救处理	（1）开放性气胸：现场急救首要的是紧急封闭伤口，变开放性气胸为闭合性气胸（多层油纱布，加棉垫包扎），然后按闭合性气胸处理。 （2）张力性气胸：张力性气胸是能迅速致死的危重急症，急救处理为立即在患侧锁骨中线第2肋间穿刺，排气减压（可使用粗针头在患侧锁骨中线第2肋间穿刺，并外接单向活瓣装置）。	现场急救要点________。
2．病情监测	严密观察生命体征，注意神志、瞳孔、胸部和腹部体征及四肢活动情况。若病人出现以下征象提示进行性血胸，需立即通知医生并配合救护：① 脉搏逐渐增快，血压持续下降；② 经输血补液后，血压不升或升高后又迅速下降；③ 血红蛋白、红细胞计数和红细胞压积重复测定呈持续下降；④ 胸穿时因血液凝固抽不出血液，但X线检查示阴影增大；⑤ 胸腔闭式引流后，引流液持续3小时，每小时大于200ml。	
3．一般护理	（1）及时给氧：根据病情间断或持续给氧。 （2）休息与活动：限制活动，以卧床休息为主，病情稳定者取半坐卧位，以利于呼吸。 （3）减轻疼痛：病人咳嗽时，用双手按压患侧胸壁，以减轻疼痛，必要时遵医嘱给予镇痛药。	

续表

护理流程	护理要点	案例重点分析
4．胸腔闭式引流的护理 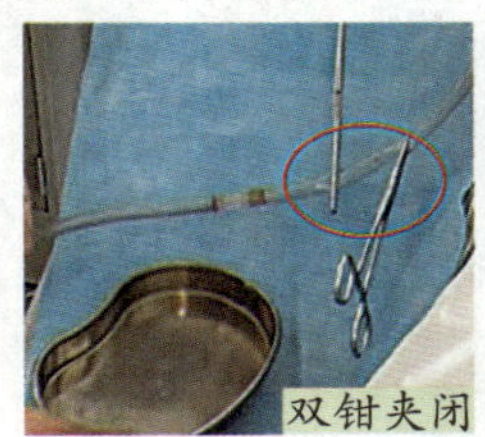 双钳夹闭 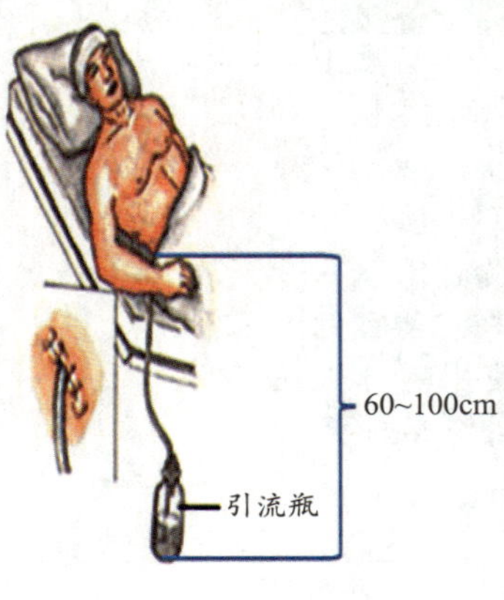 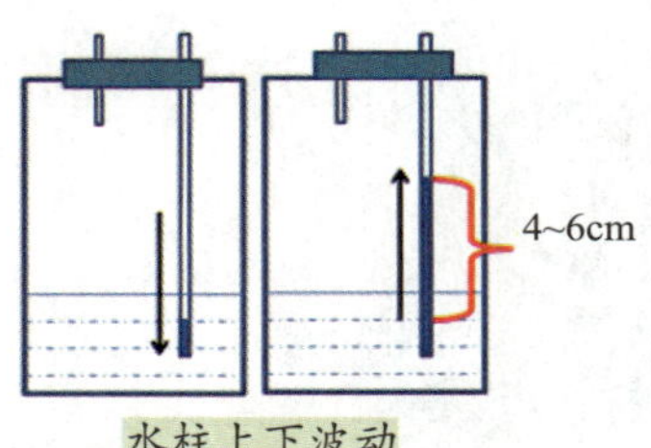 水柱上下波动	（1）妥善固定，保持管道密闭。①随时检查引流装置是否密闭及引流管有无脱落；②水封瓶长玻璃管没入水中3～4cm，并始终保持直立；③引流管周围用油纱布包盖严密；④搬动病人或更换引流瓶时，需双重夹闭引流管，以防空气进入；⑤引流管连接处脱落或引流瓶损坏，应立即双钳夹闭胸壁引流导管，并更换引流装置；⑥若引流管从胸腔滑脱，立即用手捏闭伤口处皮肤，消毒处理后，用凡士林纱布封闭伤口，并协助医师做进一步处理。 （2）严格无菌操作，防止逆行感染。①引流装置应保持无菌；②保持胸壁引流口处敷料清洁干燥，一旦渗湿，及时更换；③引流瓶应低于胸壁引流口平面60～100cm，以防瓶内液体逆流入胸膜腔；④按规定时间更换引流瓶，更换时严格遵守无菌操作规程。 （3）维持引流通畅。①病人取半坐卧位；②定时挤压胸腔引流管，防止引流管阻塞、扭曲、受压；③鼓励病人做咳嗽、深呼吸运动及变换体位，以利胸腔内液体、气体排出，促进肺扩张。 （4）胸腔引流的观察与记录。①注意观察长玻璃管中的水柱波动：一般情况下水柱上下波动4～6cm，水柱随呼吸上下波动是观察胸腔闭式引流通畅的最简单方法，水柱无波动提示引流管不通畅或肺已完全扩张；②观察引流瓶内液体的量、性质、颜色，并准确记录。 （5）胸腔引流管的拔除。①拔管的指征：引流48～72小时后，24小时引流液小于50ml，脓液小于10ml，无气体溢出，病人无呼吸困难，听诊呼吸音恢复，X线检查示肺膨胀良好，可拔除胸腔引流管；②拔管时嘱病人先深吸气后屏气，在病人吸气末迅速拔管，拔管后24小时内观察病人有无胸闷、发绀、渗液、出血、皮下气肿等。	胸腔闭式引流的护理________。

护理评价

护理目标的达成情况。

护考知识链接……

1．不同病理类型气胸时身体状况。

2．不同病理类型气胸的急救处理。

3．胸腔闭式引流的护理措施。

4．进行性血胸的判断。

护考练兵场……

A_1/A_2型题

1．病人，男性，27岁。胸部外伤，右侧第4~7肋骨骨折，呼吸极度困难，发绀、出冷汗。血压65/40mmHg，右胸饱满、气管移向左侧，叩诊鼓音，颈、胸部有广泛的皮下气肿。处理应首选（　　）

A．即刻开胸手术　　B．胸腔穿刺排气减压　　C．气管插管辅助呼吸

D．输血、输液　　E．应用抗生素

2．判断开放性气胸的可靠体征是（　　）

A．呼吸困难　　B．发绀　　C．脉快

D．伤口有气体出入的“嘶嘶”声　　E．气管向健侧移位

3．李某，男性，开胸手术后行闭式胸膜腔引流48小时，水封瓶长玻璃管内的水柱波动消失，嘱病人咳嗽时水柱波动又出现，提示（　　）

A．肺膨胀良好　　B．引流管有阻塞　　C．患侧肺不张

D．呼吸道不通畅　　E．并发支气管胸膜瘘

4．留置闭式胸膜腔引流的病人引流管脱出，首先要（　　）

A．立即报告医生　　B．用凡士林纱布、厚层纱布封闭引流口

C．把脱出的引流管重新插入　　D．给病人吸氧　　E．急送手术室处理

5．胸腔闭式引流选用（　　）

A．橡皮片引流条　　B．T形引流管　　C．凡士林纱布引流条

D．烟卷引流条　　E．橡皮管引流

综合运用……

（接前述案例）王先生病情好转出院。

问题：作为责任护士，请结合案例制定一份健康教育处方。

学习反思……

我学会了……

我掌握了……

我的问题……

任务七　呼吸衰竭病人的护理

我们的目标是……

- ▲ 了解呼吸衰竭的发病原因。
- ▲ 熟悉呼吸衰竭的分类、辅助检查、护理诊断。
- ▲ 掌握呼吸衰竭病人的身体状况、护理措施。

我们的任务是……

- ▲ 学会呼吸衰竭病人的护理评估。
- ▲ 根据情景案例提出主要的护理诊断。
- ▲ 初步实施呼吸衰竭病人的护理措施。

任务实施中……

临床情景——呼吸内科

张大爷，68岁。咳、痰、喘20余年，近2个月来因受风寒，咳嗽加剧，痰呈黄色，不易咳出，夜间烦躁不安，白天嗜睡。查体：T 38.9℃，P 116次/分，R 32次/分，BP 160/90mmHg，答话有时不切题，半卧位，发绀，皮肤湿暖，球结膜轻度水肿，颈静脉怒张；桶状胸，呼吸浅快，肺部叩诊呈过清音，两肺散在哮鸣音，双肺底小水泡音；心尖搏动向左移位，心率116次/分，肺动脉瓣区第二心音亢进；肝于右肋缘下4cm可触及，肝颈静脉回流征（+），脾未及，移动性浊音（+），双下肢轻度水肿。实验室检查：血红细胞

5.6×10^{12}/L，血红蛋白160g/L，白细胞14.5×10^{9}/L，PaO_2 45mmHg，$PaCO_2$ 75mmHg。

问题1. 张大爷可能得了什么病？存在哪些身心状况？

问题2. 根据张大爷的身心状况，他存在哪些护理问题？

问题3. 若你是当班护士，你如何护理张大爷？

根据本任务的临床情景，完成表3-15。

表 3-15　情景案例病人的护理评估分析

评估项目	评估要点
1．健康史	性别________；年龄________ 现病史（病情、诊疗过程、现自觉症状等）________ 起病情况（时间、原因或诱因、症状体征等）________ 既往史（疾病、生活、家族史等）________
2．身体状况	症状________　体征________
3．心理-社会状况	(伴有的心理状况)________
4．辅助检查	(项目名称及结果)________
结论：病人可能得了________，伴有________	

一、概述

（一）定义

呼吸衰竭（简称呼衰）是各种原因引起的肺通气和（或）换气功能严重障碍，以致不能进行有效的气体交换，导致缺氧伴（或不伴）二氧化碳潴留，从而引起一系列生理功能和代谢紊乱的临床综合征。在海平面大气压下，于静息条件下呼吸室内空气，并排除心内解剖分流和原发于心排血量降低等情况后，$PaO_2<60$mmHg或伴有$PaCO_2>50$mmHg，即为呼吸衰竭。

（二）分类

1．依据动脉血气分析分为Ⅰ型呼吸衰竭和Ⅱ型呼吸衰竭两类，单纯$PaO_2<60$mmHg为Ⅰ型呼吸衰竭；$PaO_2<60$mmHg，伴有$PaCO_2>50$mmHg为Ⅱ型呼吸衰竭。

2．按发病的急缓可分为急性呼吸衰竭和慢性呼吸衰竭。

本任务主要介绍慢性呼吸衰竭病人的护理。

二、护理评估

（一）健康史

引起慢性呼吸衰竭的病因很多，以COPD最常见。① 呼吸道疾病：COPD、哮喘等；

② 肺组织病变：肺炎、肺结核等；③ 肺血管病变：肺栓塞等；④ 胸廓及胸膜的病变：胸腔积液、气胸等；⑤ 神经肌肉病变：脑血管病变、脑肿瘤等。呼吸道感染是引起慢性呼吸衰竭最常见的诱因。

（二）身体状况

1．症状　除原发病症状外，主要表现为缺氧和二氧化碳潴留引起的多脏器功能障碍。

（1）呼吸困难：是最早、最突出的症状。

（2）发绀：是缺氧的主要表现。

（3）精神神经症状：轻度缺氧时，注意力分散、智力或定向力减退；缺氧加重时，逐渐出现烦躁不安、神志恍惚、嗜睡及昏迷等。二氧化碳潴留早期，表现为兴奋症状，如昼睡夜醒等；二氧化碳潴留加重时，表现为抑制症状，如表情淡漠、肌肉震颤、间歇抽搐、嗜睡及昏迷等。

（4）循环系统症状：病人可出现心动过速，严重缺氧和酸中毒时可导致周围循环衰竭、血压下降、心律失常，甚至心脏骤停等。

（5）消化和泌尿系统症状：严重者可出现上消化道出血、黄疸、蛋白尿及氮质血症等肝肾功能损害症状，少数病人出现休克及弥散性血管内凝血（DIC）等。

2．体征　外周体表静脉充盈、皮肤潮红、温暖多汗及球结膜水肿；血压早期升高，后期下降；心率多数增快；部分病人可出现视神经乳头水肿（图3-15），瞳孔缩小，腱反射减弱或消失，锥体束征阳性等。右心衰竭病人可出现体循环淤血体征。

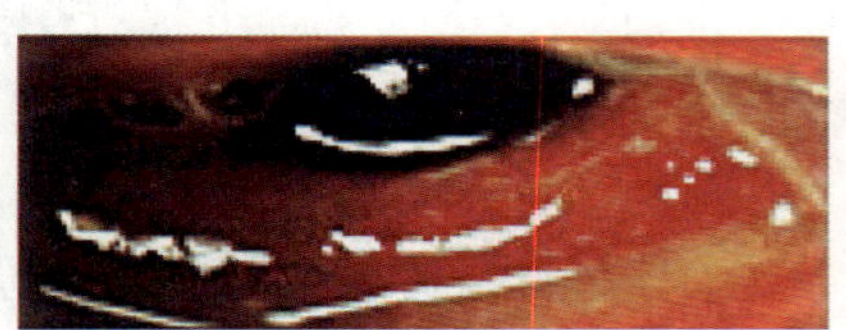

图3-15　视神经乳头水肿

（三）心理-社会状况

病人长期受疾病折磨，发生呼吸衰竭后常表现出对预后感到绝望；当病情恶化，用力呼吸仍不能满足机体对氧的需要时，会感到死亡的威胁而产生恐惧感等。

（四）辅助检查

1．动脉血气分析　可确诊呼吸衰竭。PaO_2＜60mmHg或伴有$PaCO_2$＞50mmHg，为呼吸衰竭的诊断标准。pH＜7.35为失代偿性酸中毒，pH＞7.45为失代偿性碱中毒。

2．肺功能检查　有助于判断原发病的种类和气道阻塞的严重程度。

3．胸部X线检查　有助于分析引起呼吸衰竭的原因。

（五）治疗要点

在保持呼吸道通畅前提下，迅速纠正缺氧与二氧化碳潴留、纠正酸碱失调和电解质紊乱，防止多器官功能受损，积极治疗原发病，消除诱因，防治并发症等。

三、护理诊断

1．低效性呼吸形态　与肺泡通气不足、通气与血流比例失调等有关。
2．清理呼吸道无效　与痰液黏稠、咳嗽无力等有关。
3．急性意识障碍　与缺氧和二氧化碳潴留导致中枢神经系统抑制有关。
4．恐惧　与病情危重、死亡威胁等有关。
5．潜在并发症　水、电解质紊乱，上消化道出血等。

护理目标

病人呼吸困难缓解，血气分析指标得到改善；气道通畅，能有效咳痰；意识转清；恐惧减轻或消除。

四、护理措施

表 3-16　慢性呼吸衰竭病人的护理

护理流程	护理要点	案例重点分析
1．一般护理 安置病人于ICU	（1）休息与体位：安置病人于抢救室或ICU，采用半卧位或坐位，利于呼吸，给予病人必要的生活协助；对呼吸衰竭代偿期的病人可根据其肺功能情况合理选择体力活动方式与活动量，防止增加心肺负担。 （2）改善通气：保持呼吸道畅通是纠正呼吸衰竭的关键，意识不清、咳痰无力者给予吸痰；对病情严重或昏迷的病人，可给予机械吸痰或气管插管、气管切开，使用机械通气。 （3）合理用氧：① 根据动脉血气分析结果和病情，采用低流量（1～2L/min）、低浓度（25%～29%）鼻导管（鼻塞）持续给氧或面罩给氧、气管内给氧；② 吸氧后病人呼吸困难缓解、发绀减轻、心率减慢，表明氧疗有效；呼吸过缓或意识障碍加深，警惕二氧化碳潴留。应根据血气分析和病人表现，遵医嘱及时调整吸氧流量和氧浓度。 （4）饮食：鼓励神志清醒的病人自行进食，给予高热量、高蛋白、富含多种维生素、低碳水化合物饮食；昏迷病人给予鼻饲提供营养，促进康复。	张大爷的体位________，给氧流量________，疗效观察________。

续表

护理流程	护理要点	案例重点分析
2. 病情监测	密切观察生命体征及神志改变，及时发现肺性脑病及休克；注意观察尿量及粪便颜色，及时发现上消化道出血。观察缺氧和二氧化碳潴留的症状和体征、血气分析指标、24小时出入液量等。	张大爷的监测重点________。
3. 用药护理	（1）按医嘱正确应用抗生素、祛痰平喘药物、呼吸兴奋药，观察疗效和不良反应。 （2）遵医嘱使用呼吸兴奋剂如尼可刹米、洛贝林等，必须保持呼吸道通畅，根据病人病情调整用药量及给药速度。若出现恶心、呕吐、烦躁、面色潮红及皮肤瘙痒等现象，提示呼吸兴奋剂使用过量，需减量或停药。 （3）对烦躁不安的病人慎用吗啡等镇静药，以防引起呼吸抑制。	
4. 机械通气护理 通气管道护理	机械通气是严重呼吸衰竭病人抢救生命的主要治疗措施。 （1）做好术前准备工作，减轻或消除紧张、恐惧情绪。 （2）按规程连接呼吸机导管。 （3）加强病人监护和呼吸机参数及功能的监测。 （4）注意吸入气体加温和湿化，及时吸痰。 （5）停用呼吸机前后做好撤机护理。	
5. 心理护理	安慰病人，提供必要的协助，争取家属多关心病人，提供多方面心理支持，减轻恐惧。	
6. 健康指导	（1）康复指导：指导病人缩唇腹式呼吸，改善通气。指导并教会病人及家属合理的家庭氧疗方法及注意事项。戒烟，减少呼吸道黏膜的刺激，预防呼吸道感染，避免着凉。 （2）生活指导：① 少食多餐，进食高蛋白、丰富维生素、易消化饮食；② 合理安排活动与休息，劳逸结合，维护心肺功能状态。 （3）用药指导：遵医嘱正确用药，了解药物的用法、用量、注意事项及不良反应。 （4）定期复查：若有发热、气急、发绀等变化，及时就诊。	张大爷的保健指导侧重点________。

护理评价

护理目标的达成情况。

知识拓展……

➤ 急性呼吸衰竭

急性呼吸衰竭是指病人由于某种原因在短期内呼吸功能迅速失去代偿，出现严重缺氧和（或）呼吸性酸中毒。其原因多为溺水、电击、创伤、药物中毒等，起病急骤，病情发展迅速，须及时抢救才能挽救生命。近年来，成人呼吸窘迫综合征成为急性呼吸衰竭日益多见的一种类型。

➤ 急性呼吸窘迫综合征

1．急性呼吸窘迫综合征（ARDS）是指肺内、外严重疾病导致以肺毛细血管弥漫性损伤、通透性增强为基础，以肺水肿、透明膜形成和肺不张为主要病理变化，以进行性呼吸窘迫和难治性低氧血症为临床特征的急性呼吸衰竭综合征。该病起病急骤，发展迅猛，预后极差，死亡率高达50%以上。其临床特征为呼吸频速和窘迫，进行性低氧血症，X线呈现弥漫性肺泡浸润。

2．ARDS的常见病因：多发性肋骨骨折、肺挫伤、肺破裂、血胸和气胸等造成胸廓及胸腔内的直接损伤。

3．ARDS主要临床表现：进行性加重的呼吸困难、发绀，常伴有烦躁、焦虑、出汗等。

4．ARDS的主要诊断依据是动脉血气分析，$PaO_2 \leqslant 60mmHg$，氧合指数（PaO_2/FiO_2）$<300mmHg$。

5．ARDS X线胸片的特点：早期可无异常，或呈轻度间质改变，表现为边缘模糊的肺纹理增多；继之出现斑片状以致融合成大片状的浸润阴影，大片阴影中可见支气管充气征。

6．ARDS病人首要的治疗措施为迅速纠正缺氧。一般需高浓度（>50%）给氧，使$PaO_2 \geqslant 60mmHg$或$SaO_2 \geqslant 90\%$。

7．ARDS机械通气时需采用呼气末正压通气（PEEP）。

护考知识链接……

1．呼吸衰竭最早出现的症状是呼吸困难。

2．呼吸衰竭病人出现神志恍惚、昼睡夜醒、多语躁动等提示发生了肺性脑病。

3．呼吸衰竭主要的诊断依据是动脉血气分析。

4．呼吸衰竭诊断标准：单纯$PaO_2 < 60mmHg$为Ⅰ型呼吸衰竭；$PaO_2 < 60mmHg$，伴有$PaCO_2 > 50mmHg$为Ⅱ型呼吸衰竭。

5．Ⅱ型呼吸衰竭病人应持续低浓度（25%～29%）、低流量（1～2L/min）吸氧。

护考练兵场……

A_1型题（单选题）

1．Ⅱ型呼吸衰竭最早、最突出的表现为（　　）

A．呼吸困难　　B．紫绀　　C．水肿
D．胸痛　　E．皮肤湿暖

2．慢性呼吸衰竭最常见的病因是（　　）

A．重症肺结核　　B．胸廓病变　　C．阻塞性肺疾病
D．肺间质纤维化　　E．尘肺

3．慢性呼吸衰竭用呼吸兴奋剂时的给氧方法是（　　）

A．不必给氧　　B．给高浓度氧（50%以上）
C．给低浓度氧（25%～30%）　　D．间断给氧　　E．给氧浓度可稍高（40%）

4．肺性脑病病人烦躁不安的处理是（　　）

A．必要时可用吗啡、杜冷丁　　B．可给大量安定　　C．不宜用水合氯醛保留灌肠
D．可用大量的奋乃静肌注　　E．重点改善通气功能

5．下列哪项为慢性呼吸衰竭的主要诱因（　　）

A．呼吸道感染　　B．吸烟　　C．寒冷
D．刺激性烟雾　　E．花粉

A_2/A_3型题（单选题）

6．病人，女性，70岁，慢性呼吸衰竭。近5天病人呼吸困难加重，伴头痛、昼睡夜醒，精神恍惚、肌肉抽搐。判断该病人并发了（　　）

A．脑疝　　B．脑水肿　　C．呼吸性碱中毒
D．呼吸性酸中毒　　E．肺性脑病

7．病人，男性，63岁。因呼吸衰竭入院，应用辅助呼吸和呼吸兴奋剂过程中，出现恶心、呕吐、烦躁、面颊潮红、肌肉颤动等现象。考虑为（　　）

A．肺性脑病先兆　　B．呼吸兴奋剂过量　　C．痰液堵塞
D．通气量不足　　E．呼吸性碱中毒

8．病人，男性，82岁。有慢性阻塞性肺病史30年。近两周来咳嗽咳痰加剧，两天来神志不清，胡言乱语。下列哪项检查对慢性呼吸衰竭的诊断和病情判断有重要意义（　　）

A．血气分析　　B．纤维支气管镜检查　　C．血流动力学监测
D．X线检查　　E．血氧饱和度监测

（9～10题共用题干）病人，女性，72岁。肺气肿病史15年。近日咳嗽、咳痰、气促、精神差。查体：口唇发绀，呼吸30次/分，神志恍惚，多汗和皮肤湿暖，肋骨上抬，肋间

隙增宽。动脉血气分析：pH 7.31，PaO_2 50mmHg，$PaCO_2$ 65mmHg。

9．该病人最可能患有（　　）

A．肺源性心脏病　　B．支气管哮喘　　C．肺栓塞

D．心力衰竭　　E．呼吸衰竭

10．为病人行氧疗，最佳的给氧方式是（　　）

A．高浓度、高流量持续吸氧　　B．高浓度、高流量间歇吸氧

C．75%乙醇湿化吸氧　　D．低浓度、低流量间歇吸氧

E．低浓度、低流量持续吸氧

综合运用……

（接前述案例）护士查房时发现张大爷神志模糊，嗜睡，表情淡漠，呼吸急促。体检：T 38.5℃，P 110次/分，R 32次/分，BP 150/90mmHg，两肺闻及干、湿啰音。血气分析结果：PaO_2 50mmHg，SaO_2 84%，$PaCO_2$ 78mmHg。

问题：（1）张大爷又发生了什么？

（2）若你是当班护士，如何救护？

（3）请结合案例制定一份健康教育处方。

学习反思……

我学会了……

我掌握了……

我的问题是……

任务八　肺结核病人的护理

我们的目标是……

- 了解肺结核的定义、分类。
- 熟悉肺结核病人的护理诊断。
- 掌握肺结核病人的典型症状、护理措施。

我们的任务是……

▲ 学会肺结核病人的护理评估。

▲ 根据情景案例提出主要的护理诊断。

▲ 初步实施肺结核病人的护理措施。

任务实施中……

临床情景——呼吸内科

徐某，女性，28岁，进城务工人员。病人近1个月来低热，下午明显，偶有夜间出汗，体温最高不超过38℃。咳嗽，咳少量白色黏痰，无咯血及胸痛，自认为“感冒”，服用各种感冒药和止咳药，症状未见明显好转。自觉乏力感逐渐加重，工作力不从心，遂来医院就诊。患病后进食和睡眠稍差，体重稍有下降，大小便正常。曾有肺结核接触史。体检：T 37.8℃，P 86次/分，R 20次/分，BP 120/80mmHg，气管居中，右上肺叩诊音稍浊，语颤稍增强，可闻及支气管肺泡呼吸音和少量湿啰音。血沉：35mm/h；PPD试验强阳性；X线显示：右上肺叶尖后段、下叶背段见较多密度增高、较均匀的云絮状影，边缘模糊；痰检：结核分枝杆菌（+）。

问题1. 徐某可能得了什么病？存在哪些身心状况？

问题2. 根据徐某的身心状况，她存在哪些护理问题？

问题3. 若你是当班护士，你如何护理徐某？

根据本任务的临床情景，完成表3-17。

表 3-17 情景案例病人的护理评估分析

评估项目	评估要点
1. 健康史	性别________；年龄________；职业________ 现病史（病情、诊疗过程、现自觉症状等）________ 起病情况（时间、原因或诱因、症状体征等）________ 既往史（疾病、生活、家族史等）________
2. 身体状况	症状________ 体征________
3. 心理–社会状况	（伴有的心理状况）________
4. 辅助检查	（项目名称及结果）________
结论：病人可能得了________，伴有________	

一、概述

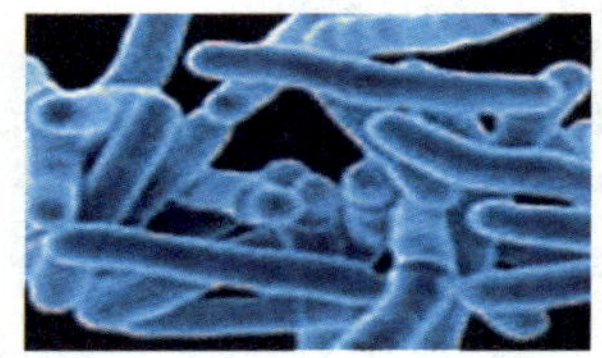
图 3-16　结核分枝杆菌

肺结核病是由结核分枝杆菌（图3-16）引起的肺部慢性传染性疾病，占各器官结核病总数的80%～100%。临床主要有低热、乏力、盗汗、食欲减退及消瘦等全身症状和咳嗽、咳痰、咯血等呼吸系统表现。结核分枝杆菌侵入人体4～8周后，与代谢产物刺激机体产生Ⅳ型（迟发型）变态反应，导致组织损伤、坏死。

肺结核病分为以下六类四型：① 原发型肺结核（Ⅰ型）：包括原发综合征和胸内淋巴结结核；② 血行播散型肺结核（Ⅱ型）：包括急性血行播散型、恶急性和慢性血行播散型肺结核；③ 继发型肺结核（Ⅲ型）：包括浸润性肺结核、空洞性肺结核、结核球、干酪样肺炎及纤维空洞性肺结核；④ 结核性胸膜炎（Ⅳ型）：结核性干性胸膜炎、结核性渗出性胸膜炎和结核性脓胸；⑤ 其他肺外结核：如骨关节结核、肾结核、肠结核等；⑥ 菌阴肺结核：为3次痰涂片及1次培养阴性的肺结核。

二、护理评估

（一）健康史

1．病原体　结核分枝杆菌分为人型、牛型、非洲型和鼠型4类，引起人类结核病的主要为人型结核分枝杆菌，为需氧菌，又称抗酸杆菌，对干燥、冷、酸、碱等抵抗力强；阳光下暴晒、紫外线消毒、乙醇浸泡、煮沸等方法可杀灭。将痰吐在纸上直接焚烧是最简便有效的灭菌方法。

结核菌在繁殖过程中由于染色体基因突变而产生耐药性，是其重要的生物学特性。耐药是导致治疗失败的主要原因，因此避免或减少结核菌耐药性的产生，是保证结核病治疗成功的关键。

2．流行病学特征

（1）传染源：痰中排菌的肺结核病人，主要是继发性肺结核病人，尤其是痰涂片阳性、未经治疗者。

（2）传播途径：呼吸道飞沫传播是最重要的传播途径（图3-17），也可通过消化道传染。

图 3-17　呼吸道飞沫传播

（3）易感人群：人体对结核分枝杆菌的免疫力分为非特异性和特异性两种。后者通过接种卡介苗或感染结核分枝杆菌后获得，其免疫力强于前者，但两种免疫力对防止结核病的保护作用都是相对的。少量、毒力弱的结核分枝杆菌多能被人体防御功能杀灭，只有遭受大量、毒力强的结核菌侵袭而人体免疫力低下时才发病。

(4) 流行病学特征：肺结核是全球流行的传染病之一，结核病仍是成年人的主要死因。中国是世界上结核病疫情负担最重的22个国家之一，疫情呈“三高一低”，即患病率高、死亡率高、耐药率高、年递减率低。因此结核病仍是我国重点控制的主要疾病之一。

（二）身体状况

1．症状

(1) 全身症状：发热为最常见的全身毒性症状，多为午后低热，伴乏力、盗汗、食欲减退及消瘦等。若病灶播散则出现高热，呈稽留热或弛张热。女性病人可有月经失调或闭经。

(2) 呼吸系统症状：咳嗽、咳痰是肺结核最常见症状，多为干咳或咳少量黏痰。有空洞形成时，痰量增多；合并细菌感染时，痰量增多且呈脓性；若合并支气管结核，表现为刺激性咳嗽。1/3～1/2的病人有咯血，多为小量咯血，少数严重者可大咯血，甚至发生窒息或失血性休克。病变累及胸膜时出现胸部针刺样疼痛，随呼吸和咳嗽而加重。干酪样肺炎、纤维空洞性肺结核或大量胸腔积液病人可伴呼吸困难。

2．体征　取决于病变性质、部位、范围和程度。病变范围小或位置深者多无异常体征；渗出性病变范围较大或干酪样坏死时可有肺实变体征，听诊有细湿啰音；较大的空洞性病变听诊可闻及支气管呼吸音；结核性胸膜炎时有胸腔积液体征。

（三）心理-社会状况

本病为传染病，病人及家属没有思想准备而出现焦虑等。

（四）辅助检查

1．痰结核分枝杆菌检查　是确诊肺结核的主要方法。痰菌阳性说明病灶是开放的，具有传染性。

2．影像学检查　胸部X线检查是诊断肺结核的重要方法。

3．纤维支气管镜检查　可获取组织标本进行病理学检查和结核分枝杆菌培养。

4．结核菌素试验　对儿童、青少年的结核病诊断有参考意义。目前WHO推荐使用的结核菌素为纯蛋白衍生物（PPD）。

（五）治疗要点

合理抗结核化疗是治愈肺结核的主要方法，辅以适当休息、加强营养和对症治疗。

化疗的原则是早期、规律、适量、联合、全程，达到早期杀菌、避免耐药、降低不良反应、提高疗效和减少复发的目的。伴有咯血的病人应卧床休息，应用酚磺乙胺（止血敏）及垂体后叶素等药物止血。对高热或大量胸腔积液病人可在使用有效抗结核药物的同时，加用糖皮质激素如泼尼松，以减轻炎症和变态反应。常用抗结核药物及其不良反应见表3-18。

表 3-18　常用抗结核药物及其不良反应

药物	不良反应
异烟肼（H，INH）	周围神经炎、消化道反应、偶有肝功能损害
利福平（R，RFP）	肝损害、过敏反应
链霉素（S，SM）	听力障碍、眩晕、口周麻木、肾损害、过敏反应
吡嗪酰胺（Z，PZA）	胃肠道不适、肝损害、高尿酸血症、关节痛
乙胺丁醇（E，EMB）	球后视神经炎、胃肠道反应、偶有肝损害
对氨基水杨酸钠（P，PAS）	胃肠道反应、过敏反应、肝损害

三、护理诊断

1．知识缺乏　缺乏配合肺结核药物治疗和消毒隔离措施的相关知识。

2．营养失调：低于机体需要量　与结核菌毒性症状导致机体消耗增加和摄入减少有关。

3．体温过高　与结核菌感染有关。

4．潜在并发症　咯血、胸腔积液及自发性气胸、肺源性心脏病、呼吸衰竭。

护理目标

病人能获得有关结核病的防治知识；按医嘱规律用药；体温正常；情绪稳定。

四、护理措施

表 3-19　肺结核病人的护理

护理流程	护理要点	案例重点分析
1．一般护理	（1）呼吸道隔离。 （2）按呼吸系统疾病常见症状护理，加强营养。	徐某的饮食护理________，休息指导________。

续表

护理流程	护理要点	案例重点分析
2．病情监测	（1）观察生命体征、瞳孔、意识状态的变化。 （2）观察咳嗽、咳痰及有无咯血等。 （3）及时发现呼吸衰竭、肺源性心脏病、气胸、窒息等情况。	徐某的监测重点________。
3．用药护理	（1）全程督导化疗（DOTC）：在医务人员的直接监督下进行，保证病人按医嘱规律用药，争取其积极配合治疗。 （2）介绍并观察抗结核化疗药物的疗效及不良反应。	徐某的抗结核药物________。
4．心理护理	（1）尊重并充分理解病人，帮助病人适应角色转换。 （2）引导病人减少对疾病的关注，并注重家庭和亲友的支持，指导家属既做好消毒隔离，又能关心爱护病人。	
5．健康指导 切断传播途径 卡介苗	（1）疾病预防指导：① 控制传染源：早期发现病人并登记管理；② 切断传播途径：痰菌阳性的肺结核病人需住院进行呼吸道隔离；注意个人卫生，咳嗽或打喷嚏时，遮住口鼻处，外出时应戴口罩，痰吐在纸上用火焚烧，接触痰液后清洗双手；注意餐具煮沸消毒，同桌共餐使用公筷或分餐制，被褥、书籍暴晒6小时以上；③ 保护易感人群：接种卡介苗是最有效的预防措施。 （2）生活指导：嘱病人戒烟、戒酒、保证营养，劳逸结合，避免情绪激动及呼吸道感染。 （3）用药指导：强调坚持规律、全程用药的重要性并严格按医嘱用药，定期复查。	指导徐某保健的侧重点________。

护理评价

护理目标的达成情况。

护考知识链接……

1．烈日暴晒2小时或煮沸1分钟可杀死结核杆菌。

2．结核分枝杆菌侵入人体4～8周后，与代谢产物刺激机体产生Ⅳ型（迟发型）变态反应，导致组织损伤、坏死。

3．结核菌素试验测定人体是否受过结核菌感染。目前多采用结核菌纯蛋白衍化物。通常取0.1ml，即5个结素单位（TU）于左前臂屈侧中、上1/3交界处做皮内注射，注射后48～72小时测量皮肤硬结的直径，小于5mm为阴性，5～9mm为弱阳性，10～19mm

为阳性，20mm或不足20mm出现水疱、坏死为强阳性。结核菌素试验阳性仅表示曾有结核感染，并不一定患病。若呈强阳性，常提示活动性结核病。3岁以下强阳性反应者，应视为有新近感染的活动性结核病，须予治疗。

4．结核病的化疗原则是早期、规律、适量、联合、全程，达到早期杀菌、避免耐药、降低不良反应、提高疗效和减少复发的目的。

5．被结核病病人痰液污染的纸张应采取的消毒方法为焚烧。

6．小儿结核中最严重的类型是结核性脑膜炎。

7．结核性脑膜炎患儿脑脊液的特点：压力增高，外观透明或呈毛玻璃状；白细胞增高，分类以淋巴细胞为主；蛋白定量增加；糖和氯化物均降低是结核性脑膜炎的典型改变。脑脊液中找到结核杆菌可确诊。

护考练兵场……

A_1型题（单选题）

1．肺结核最重要的传播途径是（　　）

A．经消化道传播　　B．经皮肤接触传播　　C．飞沫传播

D．血液传播　　E．母婴传播

2．肺结核病人最常见的全身症状是（　　）

A．午后低热　　B．晨起高热　　C．全身乏力

D．食欲减退　　E．体重减轻

3．早期发现肺结核的最主要方法是（　　）

A．询问病史　　B．胸部X线检查　　C．痰菌检查

D．血沉检查　　E．结核菌素试验

4．对肺结核病人痰液简单有效的处理方法是（　　）

A．70%乙醇浸泡　　B．焚烧　　C．阳光下暴晒

D．紫外线消毒　　E．5%苯酚浸泡

5．切断肺结核传播途径的最有效措施是（　　）

A．积极开展爱国卫生运动，广泛性的环境消毒

B．在全民范围内进行科普宣传

C．帮助病人与防痨机构沟通

D．隔离并治疗痰菌涂片阳性的病人

E．全民接种卡介苗

A_2/A_3型题（单选题）

6．病人，男性，45岁。因低热、乏力、盗汗2个月，加重伴咳嗽、咳痰1周，入院进一

步诊治。护士指导该病人留取痰标本时不恰当的是（　　）

A．晨起后清水漱口数次后留取痰标本　　B．用力咳出深部第一口痰并留取

C．痰液留取后应尽量于2小时内送检　　D．将痰液留置在清洁容器中

E．需要多次留取痰液送检

7．病人，男性，28岁。消瘦、乏力、食欲减退、盗汗、咳嗽、咳痰、午后低热2个月入院。胸部X线检查：左肺中上叶可见云雾状、边缘模糊的阴影，PPD检查为强阳性。判断病人最可能的疾病是（　　）

A．肾结核　　B．结核性心包炎　　C．浸润型肺结核

D．肠结核　　E．结核性胸膜炎

8．病人，男性，42岁。肺结核病史8年未治愈。今日咳嗽后突然大咯血500ml，送来急诊中仍不断咯血，紧急处理措施应首选（　　）

A．输血　　B．6-氨基乙酸+止血敏

C．云南白药+止血敏+安络血　　D．垂体后叶素5单位+葡萄糖静推

E．纤维支气管镜+1%肾上腺素

（9~10题共用题干）病人，女性，38岁。因肺结核咯血收住院。夜班护士查房时发现该病人咯血约200ml后突然中断，呼吸极度困难，喉部有痰鸣音，表情恐怖，两手乱抓。

9．护士应首先采取的措施是（　　）

A．立即通知医生　　B．立即气管插管　　C．清除呼吸道积血

D．给予高流量氧气吸入　　E．应用呼吸兴奋剂

10．此病人最有可能发生的并发症是（　　）

A．出血性休克　　B．窒息　　C．肺不张

D．肺部感染　　E．贫血

综合运用……

（接前述案例）如徐某出现气促，查体：口唇发绀，T 38℃，P 92次/分，R 30次/分，BP 120/85mmHg，左上肺呼吸音粗，下肺呼吸音消失。X线显示左胸腔大量积液。

问题：（1）徐某又发生了什么情况？

（2）若你是当班护士，如何救护？

（3）请结合案例制定一份健康教育处方。

学习反思……

我学会了……

我掌握了……

我的问题……

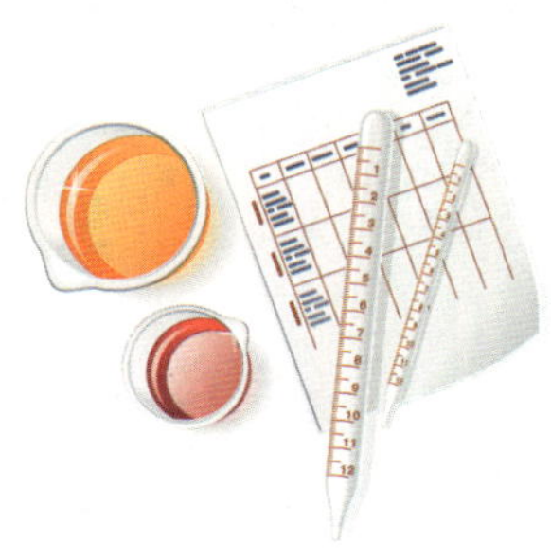

项目四

泌尿系统疾病病人的护理

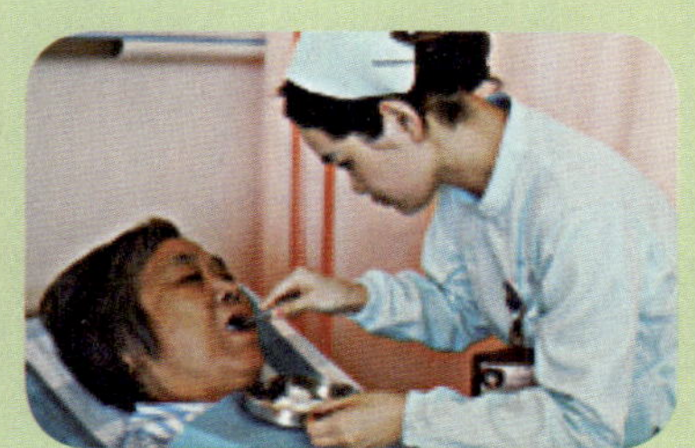

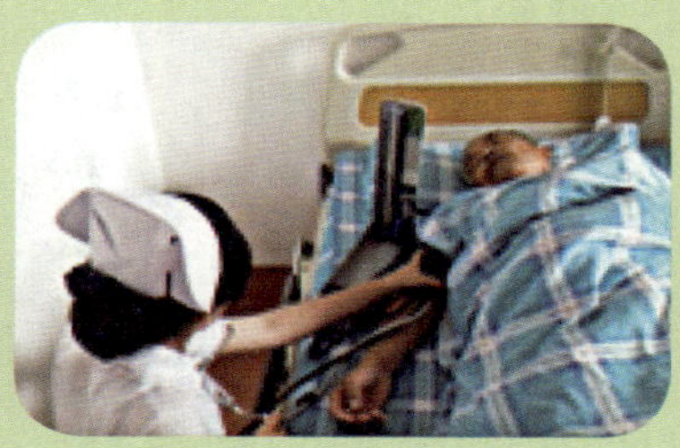

任务一　泌尿系统常见症状与体征的护理

我们的目标是……

- 了解泌尿系统疾病常见症状与体征的定义。
- 熟悉泌尿系统疾病常见症状与体征的护理诊断。
- 掌握泌尿系统疾病常见症状与体征的护理措施。

我们的任务是……

- 学会泌尿系统疾病常见症状与体征的护理评估。
- 提出泌尿系统疾病常见症状与体征的主要护理诊断。
- 初步实施泌尿系统疾病常见症状与体征的护理措施。

任务实施中……

一、概述

泌尿系统由肾脏、输尿管、膀胱、尿道及有关的血管、淋巴和神经等组成。肾单位是肾结构和功能的基本单位，每个肾由约100万个肾单位组成，每个肾单位由肾小体和肾小管组成。泌尿系统主要功能是生成和排出尿液，排泄体内代谢产物及调节水、电解质和酸碱平衡，维持机体内环境的稳定。肾脏疾病多呈慢性病程，持续发展可造成肾脏的损害，而各种肾脏疾病均可导致严重肾功能不全，进而使全身各个系统受到损害，严重威胁病人生命。

泌尿系统疾病常见症状和体征有肾性水肿、肾性高血压、膀胱刺激征、尿异常等。

1．肾性水肿　是肾脏疾病导致体内水、钠潴留，引起人体组织间隙有过多的液体积聚，从而使组织肿胀，是肾小球疾病最常见的临床表现。肾炎性水肿主要是由于肾小球滤过率下降，而肾小管重吸收功能正常，引起水、钠潴留而产生水肿。肾病性水肿主要是由于大量蛋白尿造成血浆蛋白减少，血浆胶体渗透压降低，导致液体从血管内进入组织间隙而产生水肿。

2．肾性高血压　由肾实质性疾病或肾动脉狭窄、堵塞而引起，为肾脏疾病的常见症状。按解剖结构分为肾血管性高血压和肾实质性高血压。按发生机制又可分为容量依赖型高血压和肾素依赖型高血压。

3．膀胱刺激征　是指膀胱颈和膀胱三角区受炎症或机械刺激而引起的尿频、尿急及尿痛，可伴有排尿不尽感和下腹坠痛。尿频是指单位时间内排尿次数增多；尿急是指一有尿意即迫不及待需要排尿，难以控制；尿痛指排尿时伴有会阴或下腹部疼痛。

4．尿异常　包括少尿、无尿、多尿、蛋白尿、血尿、白细胞尿、脓尿、菌尿及管型尿。

二、护理评估

（一）健康史

1．既往病史　如糖尿病、原发性高血压、结缔组织疾病、泌尿系统畸形、妇科炎症、结核病等。

2．家族史　如多囊肾、遗传性肾炎等。

3．发病情况　是否水肿，水肿出现的经过、时间、部位、特点、伴随症状、体征及诱因，每日排尿次数，是否有尿痛、尿急及排尿不尽感等。

4．治疗经过　如病人首次发现高血压的时间、血压升高最高水平、降压药物治疗情况及效果，使用过哪些抗生素、药物的剂量、用法、疗程、疗效及不良反应，有无尿路器械检查，病人遵医行为等。

5．是否伴有心血管危险因素　如吸烟、过量饮酒、高盐饮食、高脂血症、超重、长期精神紧张、忧郁等。

（二）身体状况

1．水肿的表现

（1）水肿出现的时间和部位：肾炎性水肿多从眼睑、颜面部开始，以后可发展为全身性水肿。肾病性水肿多从下肢部位开始，水肿显著，常呈全身性，伴胸水和腹水，指压凹陷明显。

（2）伴随症状：肾炎性水肿常可伴血尿、蛋白尿、红细胞管型、高血压等。肾病性水肿除全身水肿外，还有蛋白尿、低蛋白血症和高脂血症。

2．肾性高血压的表现

（1）肾血管性高血压：大部分有显著持续高血压，多数收缩压高于200mmHg和（或）舒张压高于120mmHg，易进展为急进型高血压病。一般降压药治疗效果不佳。

（2）肾实质性高血压：临床表现与原发性高血压基本类似。

3．尿路刺激征的表现　尿路感染时，可出现尿频、尿急及尿痛，伴发热、脓尿、排尿不尽和下腹坠痛感；膀胱结石时，可出现尿痛伴血尿、排尿困难或尿流突然中断；膀胱肿瘤时，可出现尿频、尿急、尿痛伴血尿；前列腺增生时，可出现尿频、尿急伴排尿困难；精神因素和排尿反射异常时，常表现为白天尿频和夜间排尿次数不增加，尿急不伴尿痛。

4．尿异常的表现

（1）尿量异常：常见的尿量异常包括多尿、少尿、无尿。正常成年人每日尿量为1000～2000ml，24小时尿量＜400ml为少尿；24小时尿量＜100ml为无尿；24小时尿量＞2500ml为多尿；夜尿量超过白天尿量或夜尿持续＞750ml称为夜尿增多。

（2）尿液性质异常：包括蛋白尿、血尿、白细胞尿、脓尿、菌尿及管型尿。

1）蛋白尿：每日尿蛋白含量持续超过150mg，蛋白质定性试验呈阳性反应，称蛋白尿，若持续＞3.5g/d，称大量蛋白尿。主要见于肾小球病变、肾小管病变、肾外疾病及功能性因素等。

2）血尿：新鲜尿沉渣每高倍镜视野红细胞计数超过3个，或1小时尿红细胞计数超过10万，称为镜下血尿；尿外观呈血样或洗肉水样，称为肉眼血尿。主要见于泌尿系统疾病。

3）白细胞尿、脓尿、菌尿：新鲜离心尿液每高倍镜视野白细胞计数超过5个，或1小时新鲜尿液白细胞计数超过40万，称为白细胞尿或脓尿；中段尿标本涂片镜检每高倍镜视野均可见细菌，或培养菌落计数超过10^5/ml，称为菌尿。见于泌尿系统感染。

4）管型尿：管型是由蛋白质、细胞或其碎片在肾小管内凝集而成的，包括透明管型、细胞管型、颗粒管型及蜡样管型等，正常人尿中偶见透明和颗粒管型。

（三）心理-社会状况

由于起病急，临床表现明显，病人常感到烦躁不安；涉及外阴及性生活等方面询问时，病人常有害羞感和精神负担。反复发作迁延不愈者，因需长期服药和反复尿液检查，经济负担较重，病人易产生焦虑和消极情绪。

（四）辅助检查

1．尿液检查　通常以清晨第一次清洁中段尿标本最理想。尿标本一般只需30ml。

2．肾功能检查　内生肌酐清除率是检查肾小球滤过功能最常用的指标。肾小管功能测定包括近端和远端肾小管功能测定。

3．免疫学检查　有助于疾病类型及病因的判断。

4．肾活检　有助于确定肾脏病的病理类型。

5．影像学检查　可了解泌尿系统器官的形态、位置、功能及有无占位性病变，以协助诊断。

三、护理诊断

1．体液过多　与水、钠潴留，肾小球滤过率下降，低蛋白血症致血浆胶体渗透压下降等有关。

2．皮肤完整性受损　与皮肤水肿、机体抵抗力降低有关。

3．慢性疼痛：头痛　与血压增高有关。

4．排尿异常　与尿路感染、尿道损伤或功能障碍等有关。

5．体液不足　与严重腹泻导致体液丢失有关。

6．排尿障碍：尿频、尿急、尿痛　与尿路感染所致的尿路刺激征有关。

护理目标

病人生命体征正常；无头痛；无尿频、尿急、尿痛；水肿减轻或消失；情绪稳定；能积极配合治疗和护理。

四、护理措施

表 4-1　泌尿系统疾病病人常见症状与体征的护理

护理流程	护理要点	护理措施重点分析
1．一般护理	（1）休息与体位：轻度水肿病人卧床休息与活动可交替进行，限制活动量；严重水肿病人应卧床休息。 （2）饮食护理：水肿病人限制水、钠摄入，严重水肿伴低蛋白血症病人，给予优质蛋白质饮食；尿路感染病人多饮水、勤排尿，以达到自然冲洗尿路的目的。	水肿病人休息与体位________，饮食护理________。
2．病情监测	监测病人生命体征和尿量变化，准确记录24小时出入液量，定期测量体重，观察水肿的消长情况，有无隐性水肿、急性心力衰竭和高血压脑病的表现。	病情监测重点________。
3．皮肤护理	保持皮肤、黏膜清洁，告知病人应坚持每日温水擦浴或淋浴，勤换内裤，穿棉质内裤，每日冲洗会阴一次，女性月经期间增加外阴清洗次数，防止水肿皮肤破损。	皮肤护理________。
4．用药护理	水肿病人遵医嘱应用利尿药、肾上腺皮质激素等，观察药物疗效及不良反应。使用肾上腺皮质激素或其他免疫抑制剂时，应交代病人及家属不可擅自改变剂量或停药。	药物的选择及注意事项________。
5．健康指导	保持情绪稳定；遵医嘱服药，观察药物疗效及不良反应；门诊定期复查。	保健的侧重点________。

护理评价

护理目标的达成情况。

护考知识链接……

1．肾分为皮质和髓质两部分，其中皮质由肾小体及肾小管曲部构成，髓质由髓袢和集合管构成。每个肾单位由肾小体和肾小管组成。
2．肾性水肿分为肾炎性水肿和肾病性水肿。肾炎性水肿主要由于炎症使滤过膜受损引起水、钠潴留。肾病性水肿如肾病综合征使尿液中丢失大量蛋白质，肾小管重吸收能力增强引起。
3．肾炎性水肿多从眼睑、颜面部开始，以后可发展为全身性水肿；肾病性水肿多从下肢开始，常为全身性、体位性和凹陷性。轻度水肿尿量＞1000ml/d，不用过分限水，钠盐限制在3g/d以内。
4．正常成人24小时尿量为1000～2000ml；24小时尿量＜400ml为少尿；24小时尿量＜100ml为无尿；24小时尿量＞2500ml为多尿；夜尿量超过白天尿量或夜尿持续＞750ml称为夜尿增多。
5．尿蛋白定性检查呈阳性称为蛋白尿。
6．新鲜尿沉渣每高倍镜视野红细胞＞3个或12小时尿沉渣计数（Addis计数）排泄的红细胞数＞50万，称为镜下血尿。
7．有尿路刺激征时，嘱病人尽量多饮水，勤排尿，以达到不断冲洗尿路的目的，减少细菌在尿路中的停留时间。
8．逆行肾盂造影为上行性尿路造影，造影剂不入血，故检查前可不做碘过敏试验。逆行肾盂造影是一种易致泌尿系统感染的检查。

护考练兵场……

A_1/A_2型题（单选题）

1．肾炎性水肿最明显的部位是（　　）

A．双下肢　　B．踝关节　　C．骶尾部

D．眼睑　　E．腹水

2．引起肾病性水肿最重要的原因是（　　）

A．肾小球滤过率下降　　B．肾小球重吸收增多　　C．毛细血管通透性增加

D．抗利尿素分泌增加　　E．血浆胶体渗透压降低

3．少尿是指24小时尿量少于（　　）

A．100ml　　B．200ml　　C．300ml

D．400ml　　E．500ml

4．病人表现为尿频、尿急及尿痛，伴发热、脓尿、排尿不尽和下腹坠痛感，最可能的原因是（　　）

A．尿路感染　　B．膀胱结石　　C．膀胱肿瘤

D．精神因素　　E．前列腺增生

我学会了……

我掌握了……

我的问题……

任务二　肾盂肾炎病人的护理

我们的目标是……

- ▲ 了解肾盂肾炎的定义。
- ▲ 熟悉肾盂肾炎病人的治疗要点、主要护理诊断。
- ▲ 掌握肾盂肾炎病人的病因及易感因素、身体状况、护理措施。

我们的任务是……

- ▲ 学会肾盂肾炎病人的护理评估。
- ▲ 根据情景案例提出主要的护理诊断。
- ▲ 初步实施肾盂肾炎病人的护理措施。

马某，女性，40岁。1天前突发高热、发寒，伴腰痛，尿频、尿急、尿痛前来就诊。病人焦虑不安，营养良好，肾区有压痛和叩击痛。护理体检：T 39.9℃，P 106次/分，R 24次/分，BP 110/70mmHg。检查：尿蛋白（+），白细胞管型，肾功能正常，中段尿培养有大肠杆菌，菌落计数＞10^5/ml，X线检查显示尿路梗阻。治疗方法：去除易感因素，合理应用抗生素。

问题1. 马某可能得了什么病？存在哪些身心状况？

问题2. 根据马某的身心状况，她存在哪些护理问题？

问题3. 若你是当班护士，你如何护理马某？

根据本任务的临床情景，完成表4-2。

表 4-2 情景案例病人的护理评估分析

评估项目	评估要点
1．健康史	性别________；年龄________ 现病史（病情、诊疗过程、现自觉症状等）________ 起病情况（时间、原因或诱因、症状体征等）________ 既往史（疾病、生活、家族史等）________
2．身体状况	症状________ 体征________
3．心理-社会状况	（伴有的心理状况）________
4．辅助检查	（项目名称及结果）________
结论：病人可能得了________，伴有________	

一、概述

尿路感染简称尿感，是由各种病原微生物感染所引起的尿路急、慢性炎症。根据感染发生的部位，可分为上尿路感染和下尿路感染。上尿路感染主要是肾盂肾炎，下尿路感染主要是膀胱炎。肾盂肾炎主要指发生于肾盂和肾实质的感染性炎症。尿路感染多见于育龄女性、老年人、免疫功能低下者。

二、护理评估

（一）健康史

1．病原体　尿路感染最常见致病菌为革兰阴性杆菌，其中以大肠埃希菌最常见。

2．感染途径　① 上行感染：最为常见，占90%；② 血行感染；③ 淋巴道感染；④ 直接感染。

3．易感因素　① 尿路梗阻或畸形；② 膀胱–输尿管反流；③ 医源性感染：如导尿、尿路器械检查等；④ 性别和性活动：如女性尿道短、宽、直，与阴道口及肛门距离较近；⑤ 机体抵抗力下降；⑥ 妊娠。

（二）身体状况

1．症状

（1）急性肾盂肾炎：① 全身表现：多数起病急骤，寒战、高热（体温可高达39℃以上），伴头痛、全身不适、乏力、食欲缺乏，可有恶心、呕吐等；② 泌尿系统表现：常有尿频、尿急、尿痛、排尿不畅及下腹部不适等膀胱刺激症状。

（2）慢性肾盂肾炎：全身表现较轻，甚至可无；泌尿系统表现亦不典型，可间断出现尿频、尿急、尿痛等。

2．体征　急性肾盂肾炎体检肾区有压痛或叩击痛，上、中输尿管点及肋腰点有压痛。

（三）心理–社会状况

由于起病急，发热，疼痛，病人常烦躁、紧张、焦虑等。

（四）辅助检查

1．血常规检查　急性期白细胞计数和中性粒细胞比例升高。

2．尿常规检查　尿液外观浑浊，尿沉渣镜检可见大量白细胞、脓细胞，白细胞管型有助于肾盂肾炎的诊断。

3．尿细菌学检查　尿细菌菌落计数≥10^5/ml，则为真性菌尿；如菌落计数＜10^4/ml为污染，（10^4～10^5）/ml为可疑阳性。

4．影像学检查　急性期可做B超检查。

（五）治疗要点

治疗原则是去除易感因素，合理应用抗生素，在未有药物敏感试验结果时，应选用对革兰阴性杆菌有效的抗菌药物，获得尿培养结果后，根据药敏试验选择药物，常用喹诺酮类及第三代头孢菌素类抗生素。急性膀胱炎初诊用药可用3日疗法，疗程完毕7日后复查；急性肾盂肾炎抗菌药物疗程通常为10～14日。

三、护理诊断

1．排尿障碍：尿频、尿急、尿痛　与尿路感染所致的尿路刺激征有关。

2．体温过高　与急性肾盂肾炎有关。

3．焦虑　与病程长、病情反复发作有关。

护理目标

病人体温逐渐恢复正常；排尿形态正常；情绪稳定；能积极配合治疗和护理，简单陈述预防保健知识。

四、护理措施

表 4-3　肾盂肾炎病人的护理

护理流程	护理要点	案例重点分析
1．一般护理	（1）休息：发作时应增加休息与睡眠，肾区疼痛明显时应卧床休息，嘱病人少站立或弯腰。 （2）饮食护理：给予高蛋白、高维生素和易消化的清淡饮食，多饮水，不少于2000ml/d。	马某休息________，饮食护理________。
2．用药护理	首选对革兰阴性杆菌有效的药物，如喹诺酮类抗生素，疗程常为10～14天，解释药物的作用、剂量、疗程及注意事项。服用磺胺类药物期间应多饮水，减少磺胺结晶形成。	马某药物的选择及注意事项________。
3．病情监测	监测病人生命体征和尿量变化，准确记录24小时出入液量，定期测量体重，观察水肿的消长情况，有无隐性水肿、急性心力衰竭和高血压脑病的表现。	马某病情监测重点________。
4．心理护理	安慰病人，给予更多关心照顾，减轻焦虑、紧张心理，促进早日康复。	
5．健康指导	（1）疾病预防指导：积极治疗并消除易感因素，定期复查尿常规和细菌培养。 （2）生活指导：嘱咐病人多饮水，勤排尿，注意会阴部清洁。 （3）用药指导：按医嘱服药，学会观察药物疗效和不良反应，不随意停药或减量，避免复发。	马某保健的侧重点________。

护理评价

护理目标的达成情况。

护考知识链接……

1．肾盂肾炎时泌尿系统表现常有尿频、尿急、尿痛、排尿不畅及下腹部不适等膀胱刺激症状，体检肾区有压痛或叩击痛，上、中输尿管点及肋腰点有压痛。

2．尿细菌学检查：尿细菌菌落计数≥10^5/ml，则为真性菌尿；如菌落计数＜10^4/ml为污染，（10^4～10^5）/ml为可疑阳性。

3．尿细菌培养标本采集方法：① 在应用抗生素之前或停用抗生素5天后留取尿标本；② 取清晨第一次尿液（保证尿液在膀胱内停留6～8小时），弃掉前段尿，取清洁、新鲜的中段尿送检；③ 留取尿标本时严格无菌操作，充分清洗会阴部，消毒尿道口，再留取中段尿；④ 尿液应在1小时内做细菌培养，否则容易造成污染。

4．肾盂肾炎病人遵医嘱合理选用抗生素，注意观察药物疗效及不良反应。磺胺类药物，口服可引起恶心、呕吐、厌食等胃肠道反应，经肾脏排泄时易析出结晶，还可引起粒细胞减少等，服用时应多饮水，减少磺胺结晶的形成和减轻尿路刺激征。

护考练兵场……

A_1/A_2型题（单选题）

1．病人，女性，40岁。遵医嘱欲做中段尿细菌培养及药敏试验。护士对其做如下采集标本的指导，其中不正确的是（　　）

A．采集前清洁外阴，苯扎溴铵消毒尿道口

B．弃去前段尿液　　C．尿液排尽前停止采集尿液

D．将尿液排到清洁干燥容器内　　E．将标本立即送检

2．病人，女性，25岁，生殖系统感染。在服用磺胺类药物时，护士嘱其多饮水的目的是（　　）

A．减少对消化道的刺激　　B．降低药物在体内的血药浓度

C．降低药物的毒性　　D．减轻肝脏的负担

E．增加融解，避免尿少时析出结晶

A_3/A_4型题（单选题）

（3~4题共用题干）病人，女性，34岁。发热3天，腰痛伴尿急、尿频、尿痛。查尿白细胞30个/HP。

3．护士嘱病人多饮水，并告诉其目的是（　　）

A．补充体液　　B．排毒　　C．缓解腰痛

D．缓解尿频　　E．冲洗尿路

4．护士所采取的护理措施中属于预防泌尿系统感染的是（　　）

A．注意保持会阴部卫生　　B．经常运动　　C．定期服用抗生素

D．加强营养　　E．保证睡眠

综合运用……

（接前述案例）马某病情好转出院。

问题：作为责任护士，请结合案例制定一份健康教育处方。

我学会了……

我掌握了……

我的问题……

任务三　慢性肾小球肾炎病人的护理

我们的目标是……

- 了解慢性肾小球肾炎的病因、辅助检查。
- 熟悉慢性肾小球肾炎的治疗原则、主要护理诊断。
- 掌握慢性肾小球肾炎的定义、病人身体状况及护理措施。

我们的任务是……

- 学会慢性肾小球肾炎病人的护理评估。
- 根据情景案例提出主要的护理诊断。
- 初步实施慢性肾小球肾炎病人的护理措施。

任务实施中……

临床情景——泌尿科

老李，男性，56岁，退休工人。贫血貌，颜面部轻度浮肿，下肢浮肿明显。一周前受凉感冒后眼睑及下肢浮肿加重伴恶心、呕吐、腹胀、不能进食。既往有高血压、糖尿病等慢性病，双眼睑、下肢浮肿反反复复发作3年余。护理体检：T 36.9℃，P 86次/分，R 20次/分，BP 150/95mmHg。检查：尿蛋白（++），轻度贫血；B超显示：双肾缩小，皮质变薄。治疗方法：对症处理，防治并发症。

问题1. 老李可能得了什么病？存在哪些身心状况？

问题2. 根据老李的身心状况，他存在哪些护理问题？

问题3. 若你是当班护士，你如何护理老李？

根据本任务的临床情景，完成表4-4。

表 4-4　情景案例病人的护理评估分析

评估项目	评估要点
1．健康史	性别________；年龄________；职业________ 现病史（病情、诊疗过程、现自觉症状等）________ 起病情况（时间、原因或诱因、症状体征等）________ 既往史（疾病、生活、家族史等）________
2．身体状况	症状________ 体征________
3．心理-社会状况	（伴有的心理状况）________
4．辅助检查	（项目名称及结果）________
结论：病人可能得了________，伴有________	

一、概述

慢性肾小球肾炎简称慢性肾炎，是一组以蛋白尿、血尿、高血压、水肿为临床表现的肾小球疾病。病情迁延，可有不同程度肾功能减退，病情时轻时重，病变进展缓慢，最终发展为慢性肾衰竭。可发生于任何年龄，但以青、中年为主。

二、护理评估

（一）健康史

绝大多数病因不明，仅少数病人是由急性肾小球肾炎发展而来。一般认为本病的起始因素多为免疫介导性炎症。

（二）身体状况

1．症状　蛋白尿（本病必有的表现，尿蛋白定量常在1～3g/d）、血尿、高血压、水肿、肾功能损害等。

2．体征　颜面部和（或）下肢轻、中度凹陷性水肿。

（三）心理-社会状况

病人常因病程迁延、反复发作、疗效不佳、肾功能逐渐下降而产生紧张、焦虑甚至恐惧心理等。

（四）辅助检查

1．尿常规检查　尿蛋白（+～+++），尿蛋白定量为1～3g/d。

2．血常规检查　早期多正常或轻度贫血。晚期可有红细胞计数和血红蛋白浓度明显下降。

3．肾功能检查　早期内生肌酐清除率、血肌酐和血尿素氮在正常范围内。当内生肌酐清除率下降至正常值的50%以下时，出现氮质血症，内生肌酐清除率降低，血肌酐、血尿素氮升高。

4．B超检查　双肾可有结构紊乱、皮质回声增强及缩小等改变。

（五）治疗要点

治疗原则：防止或延缓肾功能进行性恶化，改善或缓解临床症状，防治严重并发症。治疗措施：① 积极控制高血压：首选血管紧张素转换酶抑制剂，如贝那普利；② 应用抗血小板药物：常用双嘧达莫或小剂量阿司匹林；③ 避免加重肾损伤因素：如感染、劳累、妊娠及应用肾毒性药物等。

三、护理诊断

1．体液过多　与肾小球滤过率降低，水、钠潴留增多，低蛋白血症有关。

2．营养失调：低于机体需要量　与蛋白丢失、代谢紊乱等有关。

3．潜在并发症　慢性肾衰竭。

护理目标

病人生命体征正常；血压控制正常；无蛋白尿、血尿；水肿减轻或消失；情绪稳定；能积极配合治疗和护理，简单陈述预防保健知识。

四、护理措施

表 4-5　慢性肾小球肾炎病人的护理

护理流程	护理要点	案例重点分析
1．一般护理	（1）休息与活动：充分休息和睡眠，适度活动，病情减轻后可适当增加活动量，但应避免劳累。 （2）饮食护理：优质低蛋白、低磷饮食，蛋白质0.6～0.8g/（kg·d），其中50%以上为优质蛋白。有明显水肿和高血压者需低盐饮食。	老李休息________，饮食护理________。
2．病情监测 量血压	密切观察血压的变化。准确记录24小时出入液量，监测尿量及肾功能变化，及时发现肾衰竭。	病情监测重点________。
3．用药护理	应用利尿剂应注意有无电解质、酸碱平衡紊乱；应用血管紧张素转换酶抑制剂，应防止高血钾；应用激素或免疫抑制剂，应注意观察有无感染、上消化道出血、肝功能损害、骨质疏松等。	药物选择及注意事项________。
4．心理护理	安慰病人，主动与病人沟通，减轻焦虑，促进早日康复。	
5．健康指导	（1）疾病预防指导：预防呼吸道和泌尿道感染，定期复查，及时复诊。 （2）生活指导：严格按照饮食计划进餐，加强休息，保持情绪稳定。 （3）用药指导：遵医嘱正确服药，学会观察药物疗效和不良反应。	保健的侧重点________。

护理评价

护理目标的达成情况。

护考知识链接……

1．发病的起始因素是免疫介导炎症，多数病例肾小球内有免疫复合物沉积。

2．慢性肾小球肾炎的临床表现：蛋白尿；血尿；出现眼睑水肿和（或）下肢轻、中度可凹陷性水肿；轻度或持续的中度以上的高血压；慢性进行性肾功能损害。

3．慢性肾小球肾炎尿常规：尿蛋白（+～+++），24小时尿蛋白定量常在1~3g/d；尿沉渣镜检可见多形性红细胞及红细胞管型；也可有肉眼血尿。当内生肌酐清除率下降至正常值的50%以下时，出现氮质血症，内生肌酐清除率降低，血肌酐、血尿素氮升高。

4. 治疗的主要目的在于防止或延缓肾功能进行性减退，改善症状，防治严重并发症，而不以消除尿蛋白及血尿为目标。治疗措施：① 积极控制高血压：首选血管紧张素转换酶抑制剂，如贝那普利；血管紧张素Ⅱ受体拮抗剂，如氯沙坦；② 应用抗血小板药：常用双嘧达莫或小剂量阿司匹林；③ 避免加重肾损伤因素：如感染、劳累、妊娠及应用肾毒性药物等。
5. 休息与饮食：若病人尿蛋白不多、水肿不明显、无明显的高血压及肾功能损害时，可以从事轻工作，但应避免重体力活动、受凉，防止感染。宜采取低蛋白、低磷饮食，蛋白质的摄入量为0.6~0.8g/（kg·d），其中60%以上为高生物效价蛋白质；热量由糖供给；盐的摄入量为1～3g/d。

护考练兵场……

A_1/A_2型题（单选题）

1. 某病人既往曾有肾小球肾炎史，近日发现血压升高，来医院复查，诊断为慢性肾小球肾炎发作。护士采取的下列哪项措施可迅速而有效地缓解其症状（　　）
   A. 戒烟、戒酒　　B. 低盐、低脂饮食　　C. 利尿、降压
   D. 激素疗法　　E. 理疗
2. 治疗慢性肾小球肾炎的主要目的是（　　）
   A. 防止肾功能进行性恶化　　B. 消除蛋白尿　　C. 消除血尿
   D. 消除水肿　　E. 控制血压在正常范围内

A_3/A_4型题（单选题）

（3~4题共用题干）病人，女性，39岁，下肢水肿3天。病人5年来反复上呼吸道感染。3天前出现恶心、呕吐，下肢水肿、尿少。查血压180/105mmHg（24/14kPa），尿蛋白（+），尿红细胞2.5×10^{12}/L。

3. 该病人可能的诊断是（　　）
   A. 慢性肾小球肾炎　　B. 慢性肾功能不全　　C. 慢性肾盂肾炎
   D. 急性肾小球肾炎　　E. 急性肾功能不全
4. 该病人发病原因可能是（　　）
   A. 病毒感染　　B. 免疫介导炎症反应　　C. 尿路感染
   D. 高血压　　E. 盐分摄入过多

综合运用……

（接前述案例）老李病情好转出院。

问题：作为责任护士，请结合案例制定一份健康教育处方。

我学会了……

我掌握了……

我的问题……

任务四 肾病综合征病人的护理

我们的目标是……

- 了解肾病综合征的病因、辅助检查。
- 熟悉肾病综合征病人的治疗原则及主要护理诊断。
- 掌握肾病综合征的定义、病人身体状况及护理措施。

我们的任务是……

- 学会肾病综合征病人的护理评估。
- 根据情景案例提出主要的护理诊断。
- 初步实施肾病综合征病人的护理措施。

任务实施中……

临床情景——泌尿科

王阿姨，53岁，农民。颜面部轻度浮肿，腹部膨隆。1周前受凉后咳嗽、咳痰，颜面、下肢水肿，以晨起为重，尿量较前明显减少，尿中泡沫较前明显增加。护理体检：T 36.5℃，P 90次/分，R 20次/分，BP 120/74mmHg。检查：尿蛋白（++++），颗粒管型5～8个/HP；血常规示：白细胞13.8×10^9/L，红细胞4.4×10^{12}/L，血红蛋白135g/L；血生化示：甘油三酯3.5mmol/L，低密度脂蛋白5.4mmol/L，白蛋白28g/L。治疗方法：以抑制免疫反应与炎症反应为主，同时防治并发症。

问题1．王阿姨可能得了什么病？存在哪些身心状况？

问题2．根据王阿姨的身心状况，她存在哪些护理问题？

问题3．若你是当班护士，你如何护理王阿姨？

根据本任务的临床情景，完成表4-6。

表 4-6　情景案例病人的护理评估分析

评估项目	评估要点
1．健康史	性别________；年龄________；职业________ 现病史（病情、诊疗过程、现自觉症状等）________ 起病情况（时间、原因或诱因、症状体征等）________ 既往史（疾病、生活、家族史等）________
2．身体状况	症状________ 体征________
3．心理–社会状况	（伴有的心理状况）________
4．辅助检查	（项目名称及结果）________
结论：病人可能得了________，伴有________	

一、概述

肾病综合征是各种原因所致的以大量蛋白尿（尿蛋白>3.5g/d）、低蛋白血症（血浆清蛋白<30g/L）、高度水肿和高脂血症为基本特征的临床综合征，其中前两项为诊断的必备条件。

肾病综合征可分为原发性和继发性两大类。原发性肾病综合征指原发于肾本身的肾小球疾病，为免疫介导性炎症所致的肾损害；继发性肾病综合征是指继发于全身性或其他系统的疾病。感染是肾病综合征常见的并发症和引起死亡的原因，肾衰竭是肾病综合征导致肾损伤的最终后果。

二、护理评估

（一）健康史

1．病因　急、慢性肾炎等；系统性红斑狼疮、糖尿病、过敏性紫癜等。

2．诱因　感冒发热、皮肤感染、尿路感染和劳累等。

（二）身体状况

1．症状　大量蛋白尿（肾病综合征的起病根源）、低蛋白血症、水肿（肾病综合征最突出的体征）、高脂血症。

2．体征　水肿从眼睑、颜面部开始，严重水肿病人可合并胸腔、腹腔和心包积液。

3．并发症　感染（肾病综合征常见的并发症）、血栓、栓塞（肾静脉血栓最多见）、肾衰竭、蛋白质及脂肪代谢紊乱。

（三）心理-社会状况

本病病程长、易复发、预后差，病人和家属可出现焦虑和悲观情绪。

（四）辅助检查

1．尿液检查　尿蛋白（+++～++++），24小时尿蛋白超过3.5g/d，尿中可有红细胞和管型等。

2．血液检查　血浆清蛋白低于30g/L，血中胆固醇、甘油三酯、低密度和极低密度脂蛋白增高。

3．肾功能检查　肾衰竭时，血尿素氮和血肌酐升高，内生肌酐清除率降低。

（五）治疗要点

治疗原则以抑制免疫与炎症反应为主，同时防治并发症。治疗措施包括抑制免疫与炎症反应，常用药物有泼尼松、环磷酰胺和环孢素；利尿（如氢氯噻嗪）；提高血浆胶体渗透压；减少尿蛋白，应用血管紧张素转换酶抑制剂（如卡托普利）。

三、护理诊断

1．体液过多　与低蛋白血症致血浆胶体渗透压下降等有关。

2．营养失调：低于机体需要量　与大量蛋白尿、摄入减少及吸收障碍有关。

3．潜在并发症　感染、急性肾衰竭、血栓、栓塞。

护理目标

病人生命体征正常；无蛋白尿；水肿减轻或消失；情绪稳定；能积极配合治疗和护理，简单陈述预防保健知识。

四、护理措施

表 4-7 肾病综合征病人的护理

护理流程	护理要点	案例重点分析
1. 一般护理 口腔护理	(1) 休息：严重水肿明显、低蛋白血症者，卧床休息，预防呼吸道感染。 (2) 口腔护理：每日早晚刷牙两次，刷牙时选用软毛刷，动作轻柔。 (3) 饮食护理：① 蛋白质：给予正常量的优质蛋白饮食；② 供给足够的热量；③ 脂肪：多吃富含多聚不饱和脂肪酸的食物；④ 限制水、钠摄入；⑤ 补充各种维生素及微量元素。	王阿姨休息________，口腔护理________，饮食护理________。
2. 病情监测	监测生命体征、体重、腹围及出入液量的变化，结合身体状况和辅助检查结果判断病情进展。如根据病人有无体温升高、咳嗽、咳痰、肺部啰音、尿路刺激征及皮肤破溃化脓等，判断是否合并感染；根据病人有无少尿、无尿及血尿素氮、肌酶升高等，判断有无肾衰竭。	
3. 用药护理 地塞米松注射液	(1) 糖皮质激素：注意不良反应，使用过程中应注意：① 起始用量要足；② 撤、减药要慢；③ 维持用药要久。 (2) 免疫抑制剂：在使用环磷酰胺时注意出血性膀胱炎等不良反应。定期进行血液、尿液、肝肾功能和血生化检查，注意监测血药浓度。 (3) 利尿剂：用药期间应准确记录24小时出入液量。	药物选择及注意事项________。
4. 心理护理	安慰病人，减轻悲观、焦虑心理，使其积极配合治疗，康复后正常工作、生活、学习。	
5. 健康指导	(1) 疾病预防指导：避免受凉感冒，教会病人自我监测水肿、尿蛋白和肾功能变化，定期随访。 (2) 生活指导：注意休息，并适度活动。 (3) 用药指导：坚持遵医嘱服药，勿自行减量或停药。	保健的侧重点________。

护理评价

护理目标的达成情况。

护考知识链接……

1. 肾病综合征为一组临床综合征，临床表现为大量蛋白尿（24小时尿蛋白定量>3.5g），低蛋白血症（血浆蛋白低于30g/L），常伴有高度水肿、高脂血症。

2．原发性肾病综合征是指原发于肾本身的疾病，如急性肾炎、急进性肾炎、慢性肾炎等疾病过程中发生的肾病综合征，病因为免疫因素。

3．水肿是肾病综合征病人最突出的体征。低蛋白血症导致血浆胶体渗透压降低、水分外渗，是水肿的主要原因。

4．由于肾小球滤过膜通透性增加，大量血浆蛋白漏出，远远超过近曲小管的重吸收能力，形成大量蛋白尿。大量蛋白尿是肾病综合征的始动因素，对机体的影响最大。

5．肾病综合征的诊断标准包括4条：大量蛋白尿（>3.5g/d）；低蛋白血症（血浆白蛋白<30g/L）；水肿；高脂血症。前两条必备，存在第3或4条时，肾病综合征的诊断即成立。

6．蛋白摄入量应为正常入量[1.0g/（kg·d）]的优质蛋白（富含必需氨基酸的动物蛋白），热量不少于126~147kJ/（kg·d）[30~35kcal/（kg·d）]。应少进富含饱和脂肪酸的食物（如动物油脂），多吃不饱和脂肪酸（如植物油及鱼油），水肿时应低盐（食盐<3g/d）。

7．环磷酰胺是目前最常用的细胞毒性药物，适用于激素治疗无效或拮抗的病人。

8．原发性肾病综合征的特效治疗药物是糖皮质激素。

9．全身严重水肿，合并胸腔积液、腹水，出现呼吸困难者应绝对卧床休息，取半卧位。

护考练兵场……

A_1/A_2题（单选题）

1．病人，男性，37岁。肾病综合征，长期服用糖皮质激素。护士应告知该药的常见不良反应除外（　　）

A．感染　B．血糖升高　C．多毛症
D．血压升高　E．末梢神经炎

2．慢性肾炎病人，血压正常，全身明显水肿，尿蛋白（+++），血肌酐正常，血浆清蛋白20g/L。饮食宜（　　）

A．低盐、高蛋白　B．高蛋白、不限制盐　C．低盐、正常量优质蛋白
D．低蛋白、不限制盐　E．低盐、低量优质蛋白

A_3/A_4型题（单选题）

（3~4题共用题干）病人，男性，52岁，慢性肾炎。病人农民，小学文化。查体：血压正常，全身明显水肿。实验室检查：尿蛋白（+），血脂酐正常，血浆白蛋白20g/L。

3．病人可能的诊断是（　　）

A．慢性肾小球肾炎　B．慢性肾功能不全　C．慢性肾盂肾炎
D．急性肾小球肾炎　E．肾病综合征

4．病人住院1个月后症状消失拟出院，护士为其进行健康教育，其中不包括（　　）

A．避免劳累　　B．遵医嘱坚持服药，定期复检

C．加强锻炼，提高抵抗力　　D．禁烟、酒　　E．增强抵抗力，预防感冒

综合运用……

（接前述案例）王阿姨病情好转出院。

问题：作为责任护士，请结合案例制定一份健康教育处方。

我学会了……

我掌握了……

我的问题……

任务五　慢性肾衰竭病人的护理

我们的目标是……

- 了解慢性肾衰竭的病因、辅助检查。
- 熟悉慢性肾衰竭病人的治疗原则、主要护理诊断。
- 掌握慢性肾衰竭的定义、病人身体状况及护理措施。

我们的任务是……

- 学会慢性肾衰竭病人的护理评估。
- 根据情景案例提出主要的护理诊断。
- 初步实施慢性肾衰竭病人的护理措施。

任务实施中……

临床情景——泌尿科

张先生，52岁，私企老板。面色萎黄，轻度浮肿，呈“尿毒症”面容。10年前偶然发现蛋白尿，医院诊断为慢性肾小球肾炎。近一周明显食欲缺乏、恶心、呕吐。护理体检：T 36.5℃，P 88次/分，R 20次/分，BP 165/94mmHg；神志清醒，精神萎靡，心肺听诊无异常，双下肢水肿。检查：尿蛋白（++），尿比重1.010，内生肌酐清除率25ml/min，血肌酐450 μmol/L，尿素氮28mmol/L，血红蛋白50g/L。治疗方法：治疗原发病，延缓慢性肾衰竭的发展，同时防治并发症。

问题1. 张先生可能得了什么病？存在哪些身心状况？

问题2. 根据张先生的身心状况，他存在哪些护理问题？

问题3. 若你是当班护士，你如何护理张先生？

根据本任务的临床情景，完成表4-8。

表 4-8 情景案例病人的护理评估分析

评估项目	评估要点
1．健康史	性别________；年龄________；职业________ 现病史（病情、诊疗过程、现自觉症状等）________ 起病情况（时间、原因或诱因、症状体征等）________ 既往史（疾病、生活、家族史等）________
2．身体状况	症状________ 体征________
3．心理-社会状况	（伴有的心理状况）________
4．辅助检查	（项目名称及结果）________
结论：病人可能得了________，伴有________	

一、概述

慢性肾衰竭（CRF），简称肾衰，是由于各种慢性肾脏疾病发展到后期，肾实质广泛性损害，使肾脏不能维持其基本功能时（肾功能缓慢进行性减退），最终出现以代谢产物潴留，水、电解质紊乱和酸碱失衡及全身各系统症状为主要表现的临床综合征，又称尿毒症。我国慢性肾衰竭最常见的病因是慢性肾小球肾炎。

二、护理评估

（一）健康史

1. 病因　原发性肾脏疾病，如慢性肾小球肾炎（最常见）、慢性肾盂肾炎等；继发性肾脏疾病，如糖尿病肾病、高血压肾小动脉硬化症、过敏性紫癜、痛风等；尿路梗阻性肾病，如尿路结石、前列腺肥大等。

2. 诱因　渐进发展的危险因素，如高血糖、高血压、高血脂、低蛋白血症等；急性加重的危险因素，如严重感染、血容量不足、肾毒性药物、手术及创伤等。

（二）身体状况

1. 水、电解质和酸碱平衡失调　可出现高钾或低钾血症、高钠或低钠血症、水肿或脱水、低钙血症、高磷血症、高镁血症和代谢性酸中毒等。

2. 各系统主要表现

（1）胃肠道表现：食欲减退是最早、最常出现的症状。

（2）心血管系统表现：高血压、心力衰竭、尿毒症性心包炎、动脉粥样硬化。

（3）血液系统表现：贫血（慢性肾衰竭尿毒症病人必有的症状）、出血倾向等。

（4）呼吸系统表现：尿毒症晚期，呼气常有尿味和金属味。代谢产物潴留可有尿毒症性支气管炎、肺炎、胸膜炎等，酸中毒时，呼吸深而长。

（5）神经、肌肉系统表现：早期常有疲乏、失眠等症状，后期出现性格改变、谵妄、昏迷等。晚期病人常有周围神经病变，出现肢体麻木等。

（6）皮肤症状：皮肤瘙痒是常见症状。病人面色萎黄，轻度浮肿呈尿毒症面容（图4-1）。

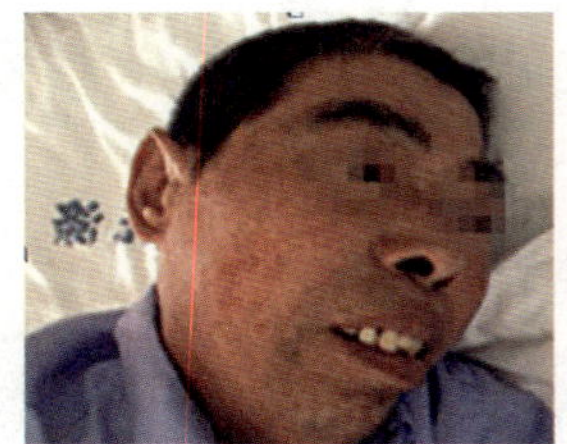

图 4-1　尿毒症面容

（7）肾性骨病：病人可有骨痛、行走不便等表现。

（8）内分泌失调：病人常有性功能障碍，女性病人月经不规则甚至闭经，男性病人性欲缺乏和阳痿。

（9）感染：尿毒症病人易并发严重感染，以肺部和尿路感染常见。

（三）心理-社会状况

慢性肾衰竭病人因预后不佳，治疗费用昂贵，病人及家属心理压力大，可出现抑郁、恐惧、悲观和绝望等心理。

（四）辅助检查

1. 血液检查　血红蛋白＜80g/L，最低达20g/L。

2．尿液检查 夜尿增多，尿比重降低，因此，尿比重测定是判断肾功能最简单的方法。尿沉渣蜡样管型对诊断有意义。

3．肾功能检查 肾衰竭时，血尿素氮和血肌酐升高，内生肌酐清除率＜30ml/min。

（五）治疗要点

治疗原则是按照慢性肾衰竭的不同阶段（肾衰竭分期），选择不同的防治策略，早期、系统防治。具体措施：治疗原发疾病；延缓慢性肾衰竭的发展；并发症的治疗；透析、肾移植等替代治疗。

三、护理诊断

1．营养失调：低于机体需要量 与长期限制蛋白质摄入、消化功能紊乱、水和电解质代谢紊乱等因素有关。

2．皮肤完整性受损 与水肿、机体抵抗力下降有关。

3．活动无耐力 与心脏病变、贫血及水、电解质和酸碱平衡失调有关。

4．潜在并发症 水、电解质和酸碱平衡失调。

护理目标

病人生命体征正常；无高血压；无蛋白尿；水肿减轻或消失；情绪稳定；能积极配合治疗和护理，简单陈述疾病预防保健知识。

四、护理措施

表 4-9 慢性肾衰竭病人的护理

护理流程	护理要点	案例重点分析
1．一般护理	（1）休息：尿毒症期应卧床休息，以减轻肾脏负担。 （2）饮食护理：低量优质蛋白质、高热量、高维生素、低磷高钙饮食，尽量少摄入植物蛋白。	张先生休息______，饮食护理______。
2．病情监测 透析	严密监测病人的生命体征、意识状态；准确记录24小时出入液量；有无各系统症状；有无电解质代谢紊乱和代谢性酸中毒表现；有无感染的征象。	病情监侧重点________。

续表

护理流程	护理要点	案例重点分析
3．用药护理	遵医嘱用药，观察药物疗效及不良反应。 （1）应用红细胞生成素时，注意有无头痛、高血压及癫痫发作等，定期查血常规。禁输库存血。 （2）应用骨化三醇治疗肾性骨病时，要随时监测血钙、血磷的浓度。 （3）必需氨基酸疗法，输液过程中若有恶心、呕吐，应给予止吐剂，同时减慢输液速度。	药物选择及注意事项________。
4．心理护理	安慰病人，减轻悲观心理，使其积极配合治疗，争取早日康复。	
5．健康指导	（1）疾病预防指导：消除和避免加重病情的各种因素，注意个人卫生，保持口腔、皮肤、会阴部的清洁。 （2）生活指导：合理饮食，注意劳逸结合，避免劳累。 （3）用药指导：遵医嘱用药，血液透析者，注意保护好动静脉瘘管，腹膜透析者，保护好腹膜透析管道。	保健的侧重点________。

护理评价

护理目标的达成情况。

知识拓展……

➢ 急性肾衰竭

1．急性肾衰竭是由各种原因引起的肾功能损害，在短时间内出现血氮质代谢产物积聚，水、电解质和酸碱平衡失调及全身并发症，是一种严重的临床综合征。病因分为肾前性、肾后性和肾性。肾后性主要与各种原因引起尿流受阻有关，如双肾结石、双侧肾盂输尿管梗阻等。肾性由肾缺血、肾中毒等肾实质病变引起，最常见的原因为挤压伤。

2．急性肾衰竭少尿期每日补充液量为前1天总排出量加500ml。在少尿期3天以内，不宜摄入蛋白质，严禁含钾食物，适当摄入少量蛋白质，仍严格禁止摄入含钾食物或药物等。

3．高钾血症是少尿或无尿期最主要的电解质紊乱和最危险的并发症，也是引起病人死亡的最常见原因。纠正高血钾及酸中毒，禁用含钾食物及含钾药物，不输库存血。密切注意血钾情况，如血钾超过5.5mmol/L，应及时处理。

➢ 透析疗法

透析疗法分为血液透析和腹膜透析。血液透析（HD）简称血透，主要利用弥散对流作用来清除血液中的毒性物质。血液透析适应证包括急性肾衰竭、慢性肾衰竭和急性药物或毒物中毒。相对禁忌证有严重感染、严重活动性出血、恶性肿瘤晚期等。血液透析病人注意预防低血压、失衡综合征、致热源反应、出血等并发症。腹膜透析（PD）简称腹透，是利用人体天然的半透膜（腹膜）作为透析膜，将适量透析液引入腹腔并停留一段时间，使腹膜毛细血管内血液和透析液之间进行水和溶质交换的过程，达到清除体内代谢产物和多余水分的目的。适应证同血液透析，腹膜炎、腹膜广泛粘连、腹部大手术病人不宜进行腹膜透析。腹膜透析病人应注意引流不畅或腹膜透析管堵塞、腹痛、腹膜炎等并发症。

护考知识链接……

1．胃肠道症状是慢性肾衰竭最早、最常见的症状。

2．慢性肾衰竭分期见表4-10。

表 4-10　慢性肾衰竭分期

分期	肾小球滤过率（%）	内生肌酐清除率（ml/min）	血肌酐（μmol/L）	临床症状
肾储备能力下降期	50～80	80～50	正常	无症状
氮质血症期	25～50	50～25	高于正常但<450	通常无明显症状，可有轻度贫血、多尿和夜尿增多
肾衰竭期	10～25	25～10	450～707	贫血较明显，夜尿增多，水、电解质紊乱，有轻度胃肠道、心血管系统和中枢神经系统症状
尿毒症期	<10	<10	≥707	肾衰竭晚期，临床表现和血生化异常十分显著

3．高血压是慢性肾衰竭最常见的并发症，主要与水、钠潴留有关。

4．贫血是慢性肾衰竭尿毒症病人必有的症状，为正色素性正细胞性贫血，主要是由于红细胞生成素减少，致红细胞生成减少和破坏增加。皮肤瘙痒是常见症状，病人面色萎黄，轻度浮肿，呈“尿毒症”面容。

5．慢性肾衰竭病人血红蛋白多在80g/L以下，最低达20g/L。白细胞与血小板正常或偏低。

6．慢性肾衰竭病人尿量可正常但夜尿多，尿比重低，严重者尿比重固定在1.010~1.012，尿蛋白（+~+++），晚期可阴性。

7．指导水肿病人限制液体摄入量，控制水的入量＜1500ml/d，并给予低盐（＜2g/d）饮食。

8．透析病人要进蛋白饮食，蛋白质摄入量为0.6~0.8g/（kg·d），优质蛋白占50%以上。

9．慢性肾衰竭病人尽量保留前臂、肘部等部位的大静脉。血液透析者应注意保护好动静脉瘘管，腹膜透析者保护好腹膜透析管道。

护考练兵场……

A_1/A_2型题（单选题）

1．慢性肾衰竭病人，以下何种情况会发生手足抽搐（　　）。

A．并发高血压　B．并发上呼吸道感染　C．补充优质蛋白质

D．补充电解质　E．纠正酸中毒并发低钙

2．慢性肾衰竭常见的病因是（　　）。

A．慢性肾小球肾炎　B．糖尿病肾病　C．多囊肾

D．急性肾盂肾炎　E．梗阻性肾病

A_3/A_4型题（单选题）

（3~4题共用题干）病人，女性，45岁，患慢性肾炎4年。近日发现尿量减少，晨起眼睑肿胀，内生肌酐清除率为35ml/min。

3．内生肌酐清除率试验结果提示（　　）。

A．肾衰竭　B．肾功能轻度损害　C．肾功能中度损害

D．肾功能重度损害　E．急性肾功能不全

4．护士告诉病人试验前3天内病人的饮食原则，该饮食属于（　　）。

A．低蛋白饮食　B．低脂饮食　C．高蛋白饮食

D．高脂饮食　E．低糖饮食

综合运用……

（接前述案例）张先生病情好转出院。

问题：作为责任护士，请结合案例制定一份健康教育处方。

我学会了……

我掌握了……

我的问题……

任务六　泌尿系统结石病人的护理

我们的目标是……

- 了解泌尿系统结石的病因、治疗要点。
- 熟悉泌尿系统结石病人的临床表现。
- 掌握泌尿系统结石病人的护理措施。

我们的任务是……

- 学会泌尿系统结石病人的护理评估。
- 根据情景案例提出主要的护理诊断。
- 初步实施泌尿系统结石病人的护理措施。

任务实施中……

临床情景——泌尿外科

张先生，29岁，建筑工人。经常在高温环境下工作和生活，平时不爱喝水。运动后突发右腰腹部阵发性剧烈绞痛，并向右中下腹、会阴及大腿内侧放射，面色苍白，恶心、呕吐。肾区叩击痛明显，腹部无明显压痛和反跳痛，无肌紧张。既往体健。尿常规检查红细胞（+++），腹部X线平片（KBU）提示右肾结石，右肾仅见一直径约1.0cm的结石。医生初步打算进行体外冲击波碎石术。

问题1. 张先生可能得了什么病？存在哪些身心状况？

问题2. 根据张先生的身心状况，他存在哪些护理问题？

问题3. 若你是当班护士，你如何护理张先生？

根据本任务的临床情景，完成表4-11。

表 4-11　情景案例病人的护理评估分析

评估项目	评估要点
1．健康史	性别________；年龄________；职业________ 现病史（病情、诊疗过程、现自觉症状等）________ 起病情况（时间、原因或诱因、症状体征等）________ 健康史（病人生活环境，平时饮食饮水情况、生活、家族史、既往健康状况等）________
2．身体状况	症状________ 体征________
3．心理–社会状况	(伴有的心理状况)________
4．辅助检查	(项目名称及结果)________
结论：病人可能得了________，伴有________	

一、概述

泌尿系统结石又称尿路结石或尿石症，包括上尿路结石和下尿路结石。上尿路结石指肾、输尿管结石，以草酸钙结石多见，典型表现为与活动有关的肾绞痛和血尿；下尿路结石指膀胱、尿道结石，以磷酸镁铵结石多见。结石可引起泌尿系统损伤、感染、梗阻等。

二、护理评估

(一)上尿路结石

1．健康史

(1) 流行病学：与年龄、性别、职业、饮水量、饮食、代谢等有关。

(2) 泌尿系统疾病：尿路梗阻、尿路感染等。

(3) 尿液因素：酸性尿中易形成尿酸结石、胱氨酸结石；碱性尿中易形成磷酸镁铵结石、磷酸钙结石。

2．身体状况

(1) 疼痛：当结石在肾盂或输尿管嵌顿时，引起平滑肌痉挛而发生肾绞痛。表现为腰部或上腹部阵发性剧痛，并向同侧中下腹部、外生殖器及大腿内侧放射。

(2) 血尿：于疼痛或绞痛发作后出现，多为镜下血尿。

(3) 其他：脓尿、肾积水、肾功能不全等。

3．心理–社会状况　因疼痛和排尿异常引起烦躁不安，反复发作或面临手术时，可出现焦虑甚至恐惧。

4．辅助检查

(1) 实验室检查：尿液检查、血生化检查、结石成分分析。

(2) 影像学检查：腹部X线平片可显示绝大多数泌尿系统结石，B超能发现X线不能显示的小结石和透X线的结石。

5．治疗要点

(1) 非手术治疗：适用于直径小于0.6cm、光滑、不引起尿路梗阻的肾结石。① 解痉止痛，肾绞痛发作时用阿托品加哌替啶或吲哚美辛、黄体酮等止痛；② 大量饮水并适当运动；③ 调节尿液pH；④ 调节饮食。

(2) 体外冲击波碎石（ESWL）：此法适用于肾功能良好、直径小于2.5cm、结石以下输尿管通畅、未发生感染的上尿路结石病人。

(3) 手术治疗：包括输尿管肾镜取石或碎石术、经皮肾镜取石或碎石术及开放手术。

（二）膀胱结石和尿道结石

1．健康史　对怀疑有膀胱结石的患儿应了解是否存在营养不良、低蛋白饮食经历；对成人，应了解有无上尿路结石病史，有无良性前列腺增生等病史。

2．身体状况

(1) 膀胱结石：典型表现为排尿突然中断，蹦跳或改变体位后又能继续排尿。

(2) 尿道结石：主要表现为排尿困难，严重者可发生急性尿潴留伴会阴部剧痛。

3．心理–社会状况　由于影响排尿、剧痛及尿潴留，病人常烦躁不安、焦虑。

4．辅助检查　X线平片和B超能显示绝大多数结石，膀胱镜可直接见到结石。

5．治疗要点

(1) 膀胱结石：经膀胱镜取石或碎石术、耻骨上膀胱切开取石术。

(2) 尿道结石：前尿道结石可向尿道内注入润滑剂，将结石推挤出体外。不易推挤时，可用细钢丝将结石套出。后尿道结石常用尿道探条将结石推入膀胱，再按膀胱结石处理。

三、护理诊断

1．急性疼痛　与结石梗阻、活动刺激、合并感染等有关。

2．排尿障碍　与结石梗阻、感染有关。

3．有感染的危险　与尿路梗阻、黏膜损伤等有关。

4．焦虑　与疼痛、排尿异常及担心手术或碎石预后有关。

护理目标

病人疼痛减轻或消失；排尿恢复正常；未发生感染；焦虑减轻或解除，情绪稳定。

四、护理措施

表 4-12　泌尿系统结石病人的护理

护理流程	护理要点	案例重点分析
1. 非手术治疗的护理	（1）疼痛的护理：卧床休息，遵医嘱用解痉止痛药。 （2）促进排石：大量饮水（保持每天尿量在2000～3000ml及以上）、适当活动，给予排石药物。 （3）病情观察：观察结石排出情况；尿道结石嵌顿时，协助医生尽可能及时排除结石或解除嵌顿。 （4）控制感染：遵医嘱用抗生素。 （5）饮食调节：根据结石成分指导合理饮食。	张先生肾绞痛发作的护理________，促进排石的护理________，观察病情________，饮食________。
2. 体外冲击波碎石的护理	（1）肠道准备：碎石前3天内禁食易产气的食物，如肉类、奶类、豆制品等。碎石前1日服缓泻剂或灌肠，术日晨禁食。 （2）术后观察：① 碎石后并发症的观察：常见的并发症有肾绞痛、血尿；② 观察并记录排尿情况；③ 定期进行X线或B超检查，了解排石情况。再次治疗时间间隔不小于7天。 （3）促进排石：鼓励病人多饮水，适当活动。	对张先生进行体外冲击波碎石的护理________。
3. 手术治疗的护理 肾镜 结石 经皮肾镜取石术	（1）术前做好病人的心理护理；协助病人进行术前各项检查，做好术前常规；手术当天临手术前送病人到放射科再摄片确定结石位置有无移动。 （2）术后护理：① 肾实质切开者，术后绝对卧床2周，以防出血；上尿路结石术后侧卧位或半卧位，以利引流；② 观察病情：观察有无出血、漏尿情况；③ 引流管的护理：保持引流通畅，引流袋的放置要低于肾或膀胱，直立位时应低于髋部，以防逆流；肾盂造瘘管拔管后取健侧卧位，以防漏尿；④ 鼓励病人多饮水，每天饮水量3000～4000ml。	
4. 健康指导	（1）饮水防石：每天饮水3000ml以上，尤其睡前及半夜饮水效果更好。 （2）饮食指导：① 含钙结石者多食纤维丰富的食物，限制含钙、草酸高的食物；② 尿酸结石者避免嘌呤高的食物，如动物内脏。	张先生保健的侧重点______。

护理评价

护理目标的达成情况。

护考知识链接……

1. 上尿路结石临床表现为肾绞痛、血尿。
2. 上尿路结石肾绞痛发作时用阿托品加哌替啶或吲哚美辛、黄体酮等止痛。
3. 体外冲击波碎石（ESWL）最适用于直径小于2.5cm的结石。
4. 膀胱结石典型表现为排尿突然中断，蹦跳或改变体位后又能继续排尿。
5. 体外冲击波碎石的护理。
6. 手术治疗的护理。

护考练兵场……

A_1/A_2型题（单选题）

1. 病人，男性，35岁。右下腹突发性绞痛，右肾区酸胀，恶心、呕吐，伴肉眼血尿，诊断为肾结石。关于保守排石的陈述不正确的是（　　）
   A．积极应用药物解痉止痛　B．每日饮水量1000ml左右　C．适当加强运动
   D．必要时应用抗生素　E．适当减少蛋白质摄入
2. 病人出现排尿突然中断，变换体位又能继续排尿，多见于（　　）
   A．膀胱结石　B．输尿管结石　C．肾结石
   D．肾盂结石　E．尿道结石
3. 体外冲击波碎石术前3天禁食（　　）
   A．高纤维食物　B．高蛋白食物　C．易产气食物
   D．低蛋白食物　E．高糖食物

A_3/A_4型题（单选题）

（4~7题共用题干）病人，男性，60岁。上腹部隐痛2个月余，伴肾区叩击痛，镜下血尿。B超显示双肾肾下盏各有一结石，直径约0.8cm。肾盂静脉造影（IVP）显示肾功能正常，双侧输尿管通畅。

4. 目前适宜的治疗方法是（　　）
   A．中药排石　B．多饮水
   C．体外冲击波碎石（ESWL）　D．经皮肾镜取石　E．肾切开取石

5．术后应取的体位是（　　）

A．半卧位　　B．俯卧位　　C．患侧卧位

D．半坐卧位　　E．头低足高位

6．治疗后当天出现血尿，且有碎石排出，次日出现肾绞痛、发热，尿闭。考虑病人出现了（　　）

A．肾挫伤　　B．急性肾盂肾炎　　C．输尿管碎石梗阻

D．急性肾小管坏死　　E．血块梗阻

7．若病人需再次接受ESWL治疗，间隔时间至少为（　　）

A．3天　　B．5天　　C．7天

D．10天　　E．2周

综合运用……

（接前述案例）张先生病情好转出院。

问题：作为责任护士，请结合案例制定一份健康教育处方。

我学会了……

我掌握了……

我的问题……

任务七　泌尿系统损伤病人的护理

我们的目标是……

- 了解泌尿系统损伤的病因、病理。
- 熟悉泌尿系统损伤病人的护理评估。
- 掌握泌尿系统损伤病人的护理措施。

我们的任务是……

- 学会泌尿系统损伤病人的护理评估。
- 根据情景案例提出主要的护理诊断。
- 初步实施泌尿系统损伤病人的护理措施。

任务实施中……

临床情景——泌尿科

王某，男性，58岁。骑自行车时被汽车撞伤右腰部，当时感觉右腰部疼痛，心慌，出汗，送医院途中曾排尿一次，尿色为洗肉水色。入院体检：急性面容，面色苍白，脉搏112次/分，血压85/55mmHg。右腰腹部疼痛明显，可触及痛性包块。血常规显示红细胞3.8×10^{12}/L，血红蛋白110g/L；尿常规显示红细胞（+++）、白细胞（+）；B超显示右肾轮廓不清，肾周有少量积液。既往体健。

问题1. 王某可能得了什么病？存在哪些身心状况？

问题2. 根据王某的身心状况，他存在哪些护理问题？

问题3. 若你是当班护士，你如何护理王某？

根据本任务的临床情景，完成表4-13。

表 4-13　情景案例病人的护理评估分析

评估项目	评估要点
1. 健康史	性别________；年龄________ 现病史（受伤原因及部位、受伤经过、诊疗过程、现自觉症状等）____ 既往史（疾病、生活、家族史等）________
2. 身体状况	症状________ 体征________
3. 心理–社会状况	（伴有的心理状况）________
4. 辅助检查	（项目名称及结果）________
结论：病人可能得了________，伴有________	

一、概述

（一）肾损伤

1．病因

（1）开放性损伤：见于枪弹、刀刃等锐器损伤。

（2）闭合性损伤：见于撞击、跌打、挤压等。

2．病理

（1）肾挫伤：是最轻的肾损伤，肾包膜和肾盂黏膜完整，症状轻，血尿较轻，多为镜下血尿。可自愈。

（2）肾部分裂伤：常有肾包膜破裂及肾周血肿。

（3）肾全层裂伤：肾包膜、肾实质、肾盂肾盏黏膜均破裂，血尿明显。

（4）肾蒂损伤：是最严重的肾损伤，可引起大出血、休克甚至死亡。

（二）膀胱损伤

1．病因

（1）开放性损伤：火器、利刃损伤。

（2）闭合性损伤：下腹部撞击、骨盆骨折等。

（3）医源性损伤：见于膀胱镜检查、膀胱手术等。

2．病理

（1）膀胱挫伤：仅伤及膀胱黏膜或肌层，无尿外渗，可有血尿。

（2）膀胱破裂：① 腹膜外型：腹膜完整，尿外渗入盆腔内膀胱周围间隙；② 腹膜内型：伴腹膜破裂，尿液进入腹腔。

（三）尿道损伤

尿道损伤在泌尿系统损伤中最常见，包括尿道挫伤、尿道破裂和尿道断裂。

1．病因　会阴部骑跨伤多引起前尿道球部损伤，骨盆骨折多引起后尿道膜部损伤。

2．病理　损伤后引起尿外渗。

二、护理评估

（一）肾损伤

1．健康史　详细了解受伤的原因、部位、时间、姿势、受伤经过、致伤物；就诊前的急救措施、效果等。

2．身体状况

（1）血尿：是肾损伤最常见的症状，血尿与损伤的程度可不一致。

（2）疼痛：患侧腰腹部疼痛，尿液渗入腹腔等可引起全腹痛、腹膜刺激征；血尿通过输尿管时受阻可引起肾绞痛。

（3）腰腹部包块：血或尿外渗至肾周围组织而出现肿块。

（4）休克：严重肾损伤易引起休克。

（5）发热：可由创伤性炎症反应、渗液分解产物吸收等引起低热；继发感染等引起的发热较重。

3．心理–社会状况　由于突然暴力致伤，或因损伤出现大量肉眼血尿、疼痛、腰腹部肿块等导致病人出现焦虑、恐惧等心理状态。

4．辅助检查

（1）实验室检查：尿常规监测血尿程度，血常规监测有无活动性出血和感染。

（2）影像学检查：B超、CT等可发现肾损伤的部位、程度、有无血肿和尿外渗等。

5．治疗要点

（1）非手术治疗：肾损伤多数可用非手术治疗。非手术治疗期间绝对卧床休息2～4周。镇静止痛、止血、抗感染、抗休克等。

（2）手术治疗：非手术治疗无效和开放性肾损伤者，宜手术治疗。

（二）膀胱损伤

1．健康史　主要了解受伤原因、部位、经过，致伤物性质，受伤当时膀胱是否充盈。

2．身体状况

（1）休克：伴骨盆骨折等可引起休克。

（2）排尿困难、血尿：病人有尿意但不能排尿，或仅有少量血尿。

（3）腹痛、腹膜刺激征：腹膜内型膀胱破裂，由尿液刺激腹膜引起。

（4）尿瘘：开放性损伤可见尿液自伤口溢出。

3．心理–社会状况　因损伤后出现血尿、排尿困难，病人常有恐惧、焦虑等情绪。

4．辅助检查

（1）导尿试验：对膀胱破裂有诊断价值；并与尿道损伤有鉴别诊断价值。

（2）X线检查：X线平片可发现是否合并骨盆骨折等。

5．治疗要点　膀胱破裂者，行膀胱造口及膀胱周围引流术，其他同肾损伤；膀胱挫伤者，留置尿管持续导尿。

（三）尿道损伤

1．健康史　主要了解受伤原因、受伤时姿势，是否有骑跨伤、骨盆骨折或经尿道器械检查等病史。

2．身体状况

（1）休克：合并骨盆骨折可引起休克。

（2）尿道出血：前尿道损伤可见尿道外口滴血；后尿道损伤可见排尿前或排尿后少量滴血。

（3）疼痛：尿道球部损伤者会阴部肿胀疼痛；后尿道损伤伴骨盆骨折者活动时下腹部疼痛。

（4）排尿困难和尿潴留：尿道完全断裂时出现急性尿潴留；尿道挫裂伤时可出现排尿困难甚至尿潴留。

（5）血肿和尿外渗：可引起会阴、阴囊部肿胀。前尿道损伤时尿外渗至会阴、阴囊、阴茎部；后尿道损伤时尿外渗至耻骨后间隙和膀胱周围。

3．心理–社会状况　病人常因尿道出血、排尿困难或尿潴留而焦虑、恐惧。

4．辅助检查

（1）导尿试验：可判断尿道损伤的轻重。

（2）X线检查：可发现是否合并骨盆骨折，通过尿道造影明确尿道损伤的部位、范围。

5．治疗要点

（1）紧急处理：有大出血、休克等危及生命的情况应立即抗休克处理，并做好急诊术前准备。

（2）非手术治疗：轻者不需特殊治疗；排尿困难者，若能插入导尿管则留置导尿2周左右。

（3）手术治疗：有尿外渗者，切开引流；尿道完全断裂者，采用手术治疗（如尿道会师术等）。

三、护理诊断

1．急性疼痛　与泌尿系统损伤、血肿、尿外渗有关。

2．焦虑　与损伤后出血、排尿困难及担心预后有关。

3．排尿障碍　与损伤后疼痛、膀胱或尿道损伤有关。

4．潜在并发症　休克、感染、尿道狭窄。

护理目标

病人疼痛减轻或消失；焦虑减轻或消失，情绪稳定；排尿恢复正常。

四、护理措施

表 4-14　泌尿系统损伤病人的护理

护理流程	护理要点	案例重点分析
1．非手术治疗和术前的护理 血尿	（1）一般护理：能进食的轻症病人，多饮水，进高热量、高蛋白、高维生素饮食。休克病人取抗休克体位或平卧位；肾损伤病人嘱其绝对卧床2～4周，待病情稳定、血尿消失后1周方可离床活动。 （2）病情观察：每1～2小时测量血压、脉搏、呼吸一次，并注意观察血尿、腰腹部包块及腹膜刺激征等变化。经积极非手术治疗后出现下列情况，应及时报告医生并做好术前准备：① 生命体征未好转；② 血尿加重；③ 腰腹部包块逐渐增大。 （3）治疗配合：立即建立静脉通路，遵医嘱输血、输液，给予止血剂；早期常规应用对肾脏无毒性作用的广谱抗生素。积极做好术前准备。	王某饮食________，休息________，病情观察的侧重点________，协助医生治疗的侧重点________。
2．术后护理	（1）一般护理：① 休息：麻醉作用消失且血压平稳者，取半卧位。肾切除术后卧床休息2～3天，肾修补术、肾部分切除术后卧床休息2～4周。② 饮食：肾损伤、膀胱破裂、后尿道损伤术后病人需禁食2～3天，肠蠕动恢复后开始进食。前尿道损伤术后6小时无麻醉反应者即可进食。鼓励病人多饮水。 （2）病情观察：注意观察生命体征、伤口敷料、引流管情况。对于肾损伤术后病人注意观察尿量及血尿变化。 （3）治疗配合：① 做好各种引流管的护理；② 预防感染：严格无菌操作，遵医嘱应用抗菌药；③ 肾损伤术后：注意尿量及血尿变化，肾切除病人输液速度不要太快；④ 膀胱及尿道损伤术后：留置尿管者定时冲洗膀胱；暂时性膀胱造瘘者，一般留置1～2天，拔管前先夹管，排尿通畅后方可拔除。 （4）并发症的护理：① 尿瘘时，保持引流通畅和局部清洁，防治感染，加强营养；② 尿道狭窄者配合医生定时行尿道扩张术，术后嘱多饮水。	术后指导王某饮食________，休息________，病情观察的侧重点________，协助医生治疗的侧重点________，并发症观察护理的侧重点________。
3．心理护理	术后给予病人及家属心理上的支持，减轻焦虑，促使早日康复。	
4．健康指导	（1）3个月内不宜参加重体力劳动或竞技运动。 （2）肾切除后病人应注意保护对侧肾，尽量不要应用对肾有损害的药物。 （3）鼓励病人适当多饮水，增加尿量、稀释尿液，预防泌尿系统感染及结石的形成。 （4）嘱尿道狭窄病人出院后仍坚持定期到医院行尿道扩张术。	指导王某保健的侧重点________。

护理评价

护理目标的达成情况。

护考知识链接……

1．肾损伤最常见的症状是血尿，血尿与损伤的程度可不一致。
2．膀胱损伤伴骨盆骨折等可引起休克。腹膜内型膀胱破裂者，尿液刺激腹膜引起腹痛和腹膜刺激征。
3．尿道损伤包括前尿道损伤和后尿道损伤。前尿道损伤常因骑跨伤所致，后尿道损伤常因骨盆骨折所致。
4．肾损伤非手术治疗：嘱病人绝对卧床休息2～4周，待病情稳定、血尿消失1周后方可离床活动。
5．手术后护理：① 休息：肾切除术后卧床休息2～3日，肾修补术、肾部分切除术、肾周引流术后卧床休息2～4周；② 饮食：肾损伤、膀胱破裂、后尿道损伤术后需禁食2～3日，肠蠕动恢复后开始进食，鼓励病人多饮水。
6．健康指导：告知病人绝对卧床休息2～4周的重要性。保肾手术者出院后2～3个月避免重体力劳动，宣教一侧肾切除者保护对侧肾的重要性及方法。

护考练兵场……

A_1/A_2型题（单选题）

1．尿道球部外伤的受伤类型是（　　）

A．会阴刺伤　　B．会阴撕裂伤　　C．碾挫伤
D．骑跨伤　　E．击打伤

2．病人，女性，25岁，因外伤致肾损伤住院治疗。应特别引起护士注意的信息是（　　）

A．血尿颜色变浅　　B．血红蛋白增加　　C．腹围增加
D．持续疼痛　　E．体温稍高

A_3/A_4型题（单选题）

（3~4题共用题干）病人，男性，27岁。右腰部撞伤2小时，局部疼痛，肿胀，有淡红色血尿，初步诊断为右肾挫伤，采用非手术治疗。

3．与肾损伤程度密切相关的信息是（　　）

A．面色、意识　　B．腰部疼痛程度　　C．血压、脉搏

D．肢体温度　　E．血尿颜色

4．护士发现血液检查血红蛋白与血细胞比容持续降低提示（　　）

A．肾损伤严重　　B．细菌感染　　C．有活动性出血

D．血液可能渗入腹腔　　E．失血性休克

综合运用……

（接前述案例）王某病情好转出院。

问题：作为责任护士，请结合案例制定一份健康教育处方。

我学会了……

我掌握了……

我的问题……

任务八　前列腺增生病人的护理

我们的目标是……

- 了解前列腺增生症的病因、治疗要点。
- 熟悉前列腺增生症病人的护理评估、护理诊断。
- 掌握前列腺增生症病人的护理措施。

我们的任务是……

- 学会前列腺增生病人的护理评估。
- 根据情景案例提出主要的护理诊断。
- 初步实施前列腺增生病人的护理措施。

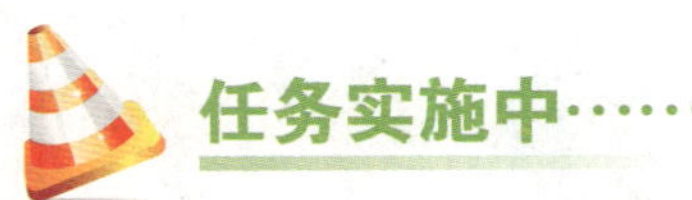

任务实施中……

临床情景——泌尿外科

张先生，56岁，因尿频、排尿困难10年来院就诊。10年前病人出现尿频、夜尿3～5次，尿流变细，排尿无力，尿后滴沥等排尿困难表现，之后症状逐渐加重，夜尿7～10次，曾口服各种药物治疗效果不佳。遂来院寻求手术治疗。直肠指检：触及前列腺增大，无压痛，表面光滑，质韧有弹性，中央沟变浅。辅助检查：彩超检查示前列腺体积增大。治疗方法：经尿道前列腺电切术，同时配合药物治疗。

问题1. 张先生可能得了什么病？存在哪些身心状况？

问题2. 根据张先生的身心状况，他存在哪些护理问题？

问题3. 若你是当班护士，你如何护理张先生？

根据本任务的临床情景，完成表4-15。

表 4-15　情景案例病人的护理评估分析

评估项目	评估要点
1．健康史	性别________；年龄________ 现病史（病情、诊疗过程、现自觉症状等）________ 起病情况（时间、原因或诱因、症状体征等）________ 既往史（疾病、生活、家族史等）________
2．身体状况	症状________ 体征________
3．心理-社会状况	（伴有的心理状况）________
4．辅助检查	（项目名称及结果）________
结论：病人可能得了________，伴有________	

一、概述

良性前列腺增生（BPH）简称前列腺增生，是老年男性常见病。男性在35岁以后前列腺可有不同程度的增生，50岁以后可出现轻重不等的临床症状。其典型临床表现是进行性加重的排尿困难。引起前列腺增生的原因尚不完全清楚，目前公认老龄和有功能的睾丸是两个主要的发病原因。

二、护理评估

（一）健康史

凡50岁以上男性，有进行性排尿困难，应考虑有前列腺增生的可能。询问有无因受寒、饮酒、劳累等发生过尿潴留；有无长期排尿困难；详细了解病人排尿困难的程度，是否有尿潴留存在等。

（二）身体状况

1．刺激症状　尿急、尿频、夜尿增多。其中尿频是最早出现的症状，以夜间较明显。

2．梗阻症状　表现为尿等待、尿线变细无力、射程短、排尿费力、排尿后滴沥、尿不尽感等。其中进行性排尿困难是最重要的症状。梗阻达到一定程度时，可导致慢性尿潴留，严重梗阻可引起肾积水、肾功能损害而出现相应症状。用力排便甚至可以引起痔疮、脱肛等。气候变化、饮酒劳累等诱因可导致前列腺充血、水肿加重，病人突然不能排尿而发生急性尿潴留。

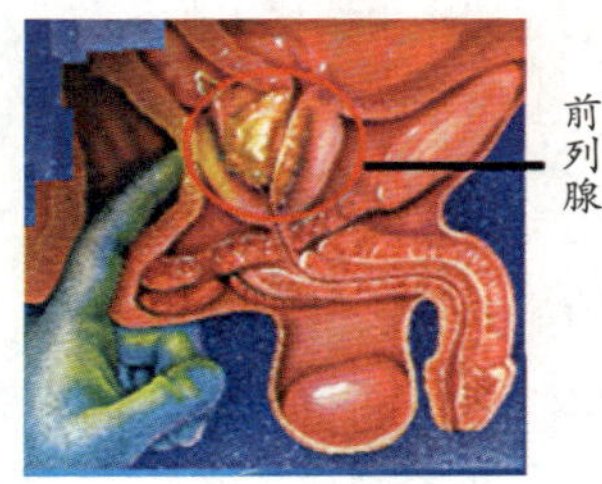

图 4-2　直肠指检

3．直肠指检　检查时可触及前列腺增大，表面光滑，质韧有弹性，中央沟变浅、消失甚至隆起，一般无压痛。这是最重要的体征（图4-2）。

（三）心理-社会状况

发病早期，症状不明显，病人往往不重视，甚至有些病人误认为是老年男性的“正常现象”；随着病情发展，尤其夜尿次数明显增多，影响病人休息、睡眠及其他日常生活时，即开始出现烦躁、焦虑；常希望尽早得到治疗；当需要手术治疗时，病人又担心手术会出现危险而产生恐惧。

（四）辅助检查

1．实验室检查　血、尿常规，肾功能检查。

2．B超检查　了解前列腺大小、结构、增生的腺体是否突入膀胱等。

3．膀胱残余尿量测定　导尿法或超声法，正常人残余尿量小于10ml。残余尿量超过50ml为手术指征。

（五）治疗要点

1．药物治疗　α-受体阻滞剂，5α-还原酶抑制剂等。

2．手术治疗　经尿道前列腺切除术（TURP）、经尿道前列腺汽化电切术等。

三、护理诊断

1．焦虑　与反复排尿困难，出现并发症及手术有关。

2．排尿困难　与下尿路梗阻有关。

3．睡眠形态紊乱　与夜尿次数多有关。

4．有感染的危险　与尿路梗阻造成引流不畅有关。

护理目标

病人焦虑减轻或消失，情绪稳定；排尿困难得到缓解；睡眠良好；未发生感染或发生感染能被及时发现和处理。

四、护理措施

表 4-16　良性前列腺增生病人的围手术期护理

护理流程	护理要点	案例重点分析
1．术前护理 耻骨上膀胱造瘘管 气囊导尿管	（1）完善检查：如血、尿、粪常规，出凝血时间，凝血酶原时间及心、肺、肝、肾功能检查，以对其功能状况做出判断。 （2）饮食指导：进易消化、高营养、富含粗纤维食物，保持大便通畅；忌烟酒及辛辣食物；多饮水，勤排尿，严禁憋尿，以防发生急性尿潴留。 （3）引流尿液：尿路梗阻明显者，需留置导尿引流尿液，以改善膀胱逼尿肌和肾功能。插管困难时可行耻骨上膀胱造瘘。	张先生的饮食________，引流尿液护理________。
2．术后护理 冲洗 气囊压迫止血 引流 三腔气囊导尿管	（1）体位：平卧2小时后改半卧，固定或牵拉气囊导尿管。 （2）病情观察：术后早期的护理重点是观察和防治出血。放置三腔气囊导尿管压迫止血。术后常规用生理盐水持续膀胱冲洗3～7天，根据尿液颜色决定冲洗速度（色深则快，色浅则慢）。冲洗过程中注意观察有无TUR综合征表现，以防发生急性肺水肿、脑水肿或心力衰竭。 （3）饮食：术后6小时若无恶心、呕吐，可进流食，1～2天后恢复正常饮食。 （4）预防感染：遵医嘱应用抗生素；每日2次用消毒棉球清洁、消毒尿道外口。 （5）预防并发症：术后1周逐渐离床活动；避免腹内压增高；术后1周内禁止灌肠或肛管排气，以免诱发前列腺窝出血。	张先生术后体位________，饮食________，病情观察的侧重点________，预防感染及并发症________。

续表

护理流程	护理要点	案例重点分析
3. 健康指导	(1) 给予易消化、高纤维素饮食，预防便秘，必要时可服用缓泻药。多饮水，预防泌尿系统感染。 (2) 术后1～2个月内避免剧烈活动，如提举重物、骑自行车、跑步等，防止继发出血。术后2个月内禁止性生活。	指导张先生保健的侧重点________。

护理评价

护理目标的达成情况。

护考知识链接……

（一）前列腺增生病人最早的表现是尿频，最主要的表现是进行性排尿困难。最重要的体征是直肠指检

（二）前列腺增生病人的护理措施

1. 保持尿液排出通畅

(1) 观察排尿情况：注意排尿次数和特点，特别是夜尿次数增多。为保证病人的休息和减轻焦虑的心情，可遵医嘱给予镇静安眠药物。

(2) 避免急性尿潴留的发生：鼓励病人多饮水，勤排尿。多摄入粗纤维食物，忌饮酒及辛辣食物，以防便秘。一旦发生急性尿潴留，立即导尿或行耻骨上膀胱造瘘。

(3) 及时引流尿液：残余尿量多或有尿潴留致肾功能不全者，及时留置尿管引流尿液，改善膀胱逼尿肌和肾功能，做好留置导尿管或耻骨上膀胱造瘘病人的护理。

(4) 避免膀胱内血块形成

1) 保证入液量：鼓励手术后病人多饮水，保证足够尿量。

2) 做好膀胱冲洗护理：前列腺切除术后都有肉眼血尿，术后需用生理盐水持续冲洗膀胱3～7日。① 冲洗速度，可根据尿色而定，色深则快，色浅则慢。随冲洗持续时间延长，血尿颜色逐渐变浅；若尿色深红或逐渐加深，说明有活动性出血，应及时通知医师处理。② 确保冲洗及引流管道通畅。③ 准确记录尿量、冲洗量和排出量，尿量=排出量－冲洗量。

2. 缓解疼痛：前列腺术后病人可因逼尿肌不稳定、导管刺激、血块堵塞冲洗管等原因引起膀胱痉挛，导致下腹部阵发性剧痛，此时，嘱病人深呼吸或遵医嘱给予止痛剂。

3．并发症的预防与护理

（1）TUR综合征：行TURP的病人因术中大量的冲洗液被吸收可致血容量急剧增加，出现稀释性低钠血症，病人可在几小时内出现烦躁、恶心、呕吐、抽搐、昏迷，严重者出现肺水肿、脑水肿、心力衰竭等，称为TUR综合征。应加强观察，一旦出现，遵医嘱给予利尿剂、脱水剂，减慢输液速度，对症处理。

（2）尿频、尿失禁：为减轻拔管后出现的尿失禁或尿频现象，一般在术后第2～3天嘱病人练习收缩腹肌、臀肌及肛门括约肌；也可辅以针灸或理疗等。尿失禁或尿频现象一般在术后1～2周内可缓解。

（3）出血：加强观察。指导病人在术后1周，逐渐离床活动；避免增加腹内压的因素、禁止灌肠或肛管排气，以免造成前列腺窝出血。

4．饮食：术后6小时无恶心、呕吐者，可进流食，1～2日后无腹胀即可恢复正常饮食。鼓励病人多饮水、进食富含纤维的食物，以免便秘。

5．健康教育

（1）采用非手术治疗的病人，应避免受凉、劳累、饮酒、便秘而引起的急性尿潴留。

（2）预防出血：术后1～2个月内避免剧烈运动，如跑步、骑自行车、性生活等，防止继发性出血。

护考练兵场……

A_1型题（单选题）

1．老年男性尿潴留最常见的原因是（　　）

A．尿道狭窄　　B．膀胱结石　　C．膀胱肿瘤

D．前列腺增生　　E．膀胱结核

2．前列腺增生最早出现的症状是（　　）

A．尿线变细　　B．尿频及夜尿次数增多　　C．尿滴沥

D．急性尿潴留　　E．尿失禁

A_2型题（单选题）

3．病人，男性，70岁。排尿犹豫，夜尿增多，与家人饮烈性酒后，小便不能自解，体检发现膀胱区明显膨隆。最可能的诊断是（　　）

A．尿道结石　　B．尿道狭窄　　C．膀胱结石

D．肾衰竭　　E．前列腺增生

4．病人，男性，70岁。因前列腺增生造成排尿困难，尿潴留，已10小时未排尿。目前正确的护理措施是（　　）

A．让病人坐起来试排尿　　B．让病人听水声试排尿　　C．温水冲会阴部诱导排尿
D．让病人放松自主排尿　　E．行导尿术排尿

综合运用……

（接前述案例）张先生在进行膀胱冲洗过程中出现烦躁、恶心、呕吐、抽搐，进而昏迷。
问题：（1）张先生又发生了什么情况？
（2）若你是当班护士，如何救护？
（3）请结合案例制定一份健康教育处方。

我学会了……
我掌握了……
我的问题……

聚焦二十大……

习近平总书记在二十大报告中指出：人民健康是民族昌盛和国家强盛的重要标志。

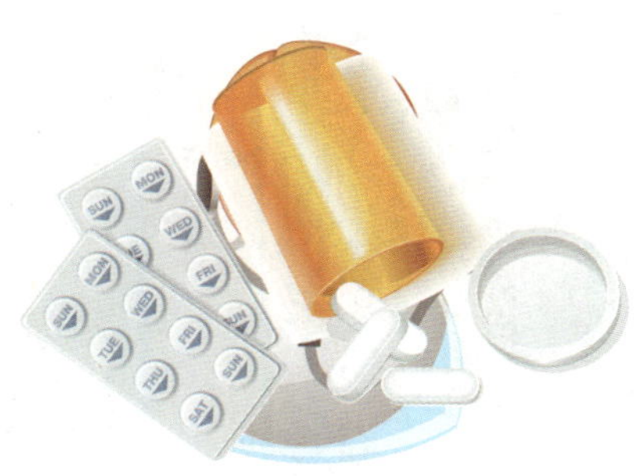

项目五

损伤病人的护理

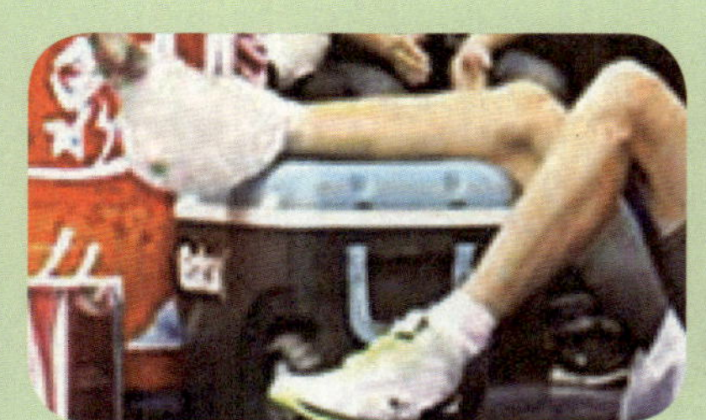

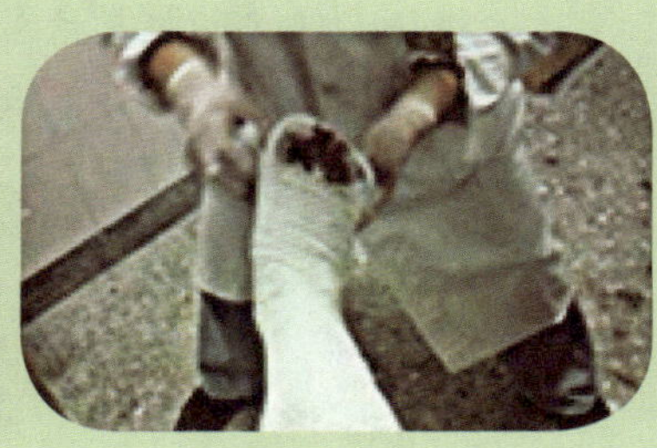

任务一　创伤病人的护理

我们的目标是……

- 了解创伤的分类、致伤因素。
- 熟悉创伤病人的护理诊断、护理评估。
- 掌握创伤病人的护理措施。

我们的任务是……

- 学会创伤病人的护理评估。
- 根据情景案例提出主要的护理诊断。
- 初步实施创伤病人的护理措施。

任务实施中……

临床情景——急诊外科

病人，李四，男性，30岁，建筑工人。施工时不小心右下肢被预制板压住，3小时后送达医院。病人自诉口渴，乏力。体格检查：BP 90/60mmHg，P 120次/分。尿少，呈暗红色。右下肢明显肿胀、麻木，皮肤有散在瘀斑及水泡，足趾发凉，右足背动脉搏动较左侧弱，X线检查无骨折现象。既往体健。

问题1. 李四可能得了什么病？存在哪些身心状况？

问题2. 根据李四的身心状况，他存在哪些护理问题？

问题3. 若你是当班护士，你如何护理李四？

根据本任务的临床情景，完成表5-1。

表 5-1　情景案例病人的护理评估分析

评估项目	评估要点
1. 健康史	性别________；年龄________；职业________ 现病史（受伤原因、受伤经过、诊疗过程、现自觉症状等）___ 既往史（疾病、生活、家族史等）________

续表

评估项目	评估要点
2．身体状况	症状________ 体征________
3．心理-社会状况	(伴有的心理状况)________
4．辅助检查	(项目名称及结果)________
结论：病人可能得了________，伴有________	

一、概述

各种致伤因子作用于人体，导致组织结构破坏和生理功能障碍者，统称为损伤。按损伤原因分为机械性损伤、物理性损伤、化学性损伤、生物性损伤。其中，机械性损伤又称为创伤。

根据创伤时皮肤黏膜是否完整，创伤可分为闭合性创伤和开放性创伤。

1．闭合性创伤　受伤部位的皮肤或黏膜仍保持完整、无开放性伤口，多由钝性暴力所致。分为挫伤、扭伤、挤压伤、爆裂伤。其中挤压伤要注意挤压综合征，挤压伤严重者受伤部位肌组织广泛缺血坏死，解压后受伤部位迅速肿胀、麻木、运动功能障碍，甚至会发生休克、急性肾衰竭，临床上称为挤压综合征。

2．开放性创伤　受伤部位的皮肤或黏膜完整性遭到破坏，其特点有伤口出血、易被污染和发生感染。分为擦伤、切割伤、刺伤、裂伤、撕脱伤、火器伤。

二、护理评估

（一）健康史

询问有无锐器、弹片、钝性暴力、高气浪等暴力作用于身体。了解受伤时间、部位、所处姿势以及伤后处理经过。

（二）身体状况

1．局部表现　疼痛与压痛；肿胀与瘀斑；功能障碍；组织损害。

2．全身表现　轻者无明显全身表现，重者可有以下表现。

(1) 发热：创伤出血、组织坏死分解或创伤产生的致热因子均可引发外科热，体温一般不超过38℃。

(2) 生命体征变化：心率加快，血压稍高或偏低，呼吸深快等改变。

(3) 因失血、失液，病人可有口渴、乏力、体重减轻，严重损伤者可发生休克或伴有内脏损害，甚至多器官功能衰竭。

（三）心理-社会状况

创伤发生时，病人可能出现焦虑、恐惧、暴躁易怒等。

（四）辅助检查

1．血、尿常规及血生化检查。

2．影像学检查　X线透视、超声波、CT等。

3．试验穿刺检查　胸腔、腹腔穿刺可有助于了解体腔内改变，如血胸、气胸、血腹、腹膜炎等，判断内脏器官有无损伤。

（五）治疗要点

1．急救处理原则　抢救生命、重点检查、包扎伤口、固定转运。

2．一般软组织闭合性损伤的处理　无深部重要组织、器官损伤时多不需特殊处理，可自行修复，不留瘢痕和后遗症。

3．软组织开放性损伤的处理　尽早清创，争取一期愈合。

三、护理诊断

1．急性疼痛　与组织损伤有关。

2．焦虑　与组织受损、担心影响生活和工作有关。

3．潜在并发症　挤压综合征。

护理目标

病人疼痛缓解或消失；焦虑减轻或消失，情绪稳定；无相关并发症发生。

四、护理措施

表 5-2　创伤病人的护理

护理流程	护理要点	案例重点分析
1．急救护理	迅速抢救生命；保持呼吸道通畅；控制外出血；迅速补充血容量；有效固定骨折、脱位；妥善转送。	

续表

护理流程	护理要点	案例重点分析
2．软组织闭合性损伤的护理 抬高患肢 冷敷	（1）休息和体位：患肢制动休息，抬高患肢15°～30°，以减轻局部肿胀和疼痛。 （2）治疗配合：早期冷敷以减轻疼痛和肿胀，48小时后热敷、理疗以促进消肿和损伤愈合。遵医嘱口服或局部外敷活血化瘀、消肿止痛中草药。病情稳定后指导病人配合理疗、按摩、功能锻炼。 （3）病情观察：注意病人症状体征的演变，特别注意观察尿量、尿色、尿比重，注意有无发生挤压综合征。	李四休息和体位________，配合医生治疗的侧重点________。
3．软组织开放性损伤的护理	（1）术前准备：按术前常规进行准备。 （2）病情观察：观察生命体征变化、伤肢末梢循环情况、伤口有无感染征象。 （3）治疗配合：① 防治感染：遵医嘱应用抗生素及破伤风抗毒素；② 防治休克：遵医嘱输液、输血；③ 功能锻炼：病情稳定后鼓励病人早期活动，指导功能锻炼。	

护理评价

护理目标的达成情况。

护考知识链接……

1．创伤的分类：按皮肤黏膜是否完整分为闭合性损伤和开放性损伤。其中挤压伤时注意观察有无急性肾衰竭。

2．创伤修复过程分为充填期、增生期、塑型期。

3．创伤局部症状：疼痛、局部肿胀、功能障碍、创口或创面（开放性损伤特有征象）。

4．伤口分类：清洁伤口（无菌手术切口）、污染伤口（被细菌或异物沾染，但未发生感染的伤口，一般指伤后8小时以内的伤口，需要及时清创）、感染伤口。

5．创伤急救时应首先救护窒息、大出血、开放性气胸、休克、腹腔内脏脱出等特别危急的伤员。

6．小范围软组织创伤的处理措施：制动，抬高患肢，24小时内冷敷，24小时后热敷。

7．挤压综合征：挤压伤严重者受伤部位肌组织广泛缺血坏死，解压后受伤部位迅速肿胀、麻木、运动功能障碍，甚至会发生休克、急性肾衰竭，临床上称为挤压综合征。

护考练兵场……

A_1/A_2型题（单选题）

1. 病人，男性，25岁。因车祸造成多发性损伤，急救时发现有窒息，腹部内脏脱出，股骨开放性骨折，病人血压低，脉微速。首先要处理的情况是（　　）
   A．窒息　B．腹部受伤　C．股骨开放性骨折　D．休克　E．脉搏微弱
2. 小而深的伤口多见于（　　）
   A．刺伤　B．切割伤　C．擦伤　D．撕脱伤　E．裂伤
3. 容易发生急性肾衰竭的创伤是（　　）
   A．挤压伤　B．切割伤　C．挫伤　D．撕脱伤　E．裂伤

综合运用……

（接前述案例）李四病情好转出院。

问题：作为责任护士，请结合案例制定一份健康教育处方。

我学会了……

我掌握了……

我的问题……

任务二　烧伤病人的护理

我们的目标是……

- 了解烧伤的概念。
- 熟悉烧伤面积和深度的护理评估。
- 掌握烧伤病人的护理措施。

我们的任务是……

- ▲ 学会烧伤病人的护理评估。
- ▲ 根据情景案例提出主要的护理诊断。
- ▲ 初步实施烧伤病人的护理措施。

任务实施中……

临床情景——烧伤科

某工厂发生火灾，35岁王某（体重60kg）在火灾中受重伤，烧伤后一小时救护车送入医院。专科检查：左前臂和右大腿可见大水泡，基底潮红、水肿明显、剧痛，头面部、右上臂、右前臂、前胸、后背、左小腿可见少量较小水泡，基底红白相间，渗出较多、肿胀明显、有拔毛痛；双手和双足呈蜡白色，可见树枝状静脉栓塞网。既往体健。

问题1. 王某可能得了什么病？存在哪些身心状况？

问题2. 根据王某的身心状况，他存在哪些护理问题？

问题3. 若你是当班护士，你如何护理王某？

根据本任务的临床情景，完成表5-3。

表 5-3　情景案例病人的护理评估分析

评估项目	评估要点
1．健康史	性别________；年龄________；职业________ 现病史________ 起病情况（致伤性质、受伤时间及部位、伤后处理方式及时间等）________ 既往史（疾病、生活、家族史等）________
2．身体状况	烧伤程度估计：面积估计________，深度估计________ 烧伤程度判断________ 病程分期估计________
3．心理-社会状况	（伴有的心理状况）________
4．辅助检查	（项目名称及结果）________
结论：病人可能得了________，伴有________	

一、概述

广义的烧伤泛指由各种热力（火焰、热液、蒸汽及高温固体）、电能、放射线或化学物质等致伤因子作用于人体引起的损伤。狭义的烧伤指由热力引起的损伤，临床上最多见。

二、护理评估

（一）健康史

了解病人致伤性质，询问病人受伤时间、部位、伤后处理方式和处理时间。

（二）身体状况

1．烧伤程度估计　烧伤程度主要取决于烧伤面积和深度。

（1）烧伤面积的估算

1）新九分法：

成人新九分法口诀：3（发部）、3（面部）、3（颈部）；5（双手）、6（双前臂）、7（双上臂）；5（双臀）、7（双足）、13（双小腿）、21（双大腿）；13（腹侧）、13（背侧）、1（会阴）。

儿童（头大，下肢小）新九分法口诀：

头：9+(12–年龄)

双上肢：5+6+7=18

躯干：13+13+1=27

双下肢：46–(12–年龄)

2）手掌法：以病人自己的一个手掌（五指并拢）面积为1%。

（2）烧伤深度的识别和估计：三度四分法（表5-4）。

表 5-4　烧伤深度的评估要点

烧伤深度	损伤深度	外观及体征	感觉、温度	拔毛试验	转归
Ⅰ度	表皮层	红斑，无水泡，轻度肿胀	痛觉明显，温度增高	痛	3～5天痊愈，无瘢痕
浅Ⅱ度	真皮浅层	水泡大，基底红润，渗出多，水肿重	剧痛、温度增高	痛	1～2周痊愈，色素沉着，无瘢痕
深Ⅱ度	真皮深层	水泡有或无，基底粉白，创面微潮，水肿较重，可见毛细血管网	迟钝微痛，温度略低	微痛	3～5周愈合，瘢痕较重
Ⅲ度	伤及皮肤全层，甚至脂肪，肌肉，骨骼	创面苍白，焦黄炭化，干燥，硬如皮革，表面肿胀不明显，见粗大血管网	痛觉丧失，发凉	不痛	周围上皮向中心生长或植皮愈合

（3）烧伤程度判断：按照1970年全国烧伤会议提出的标准分4类。

1）轻度烧伤：总面积在9%以下的Ⅱ度烧伤。

2）中度烧伤：总面积在10%～29%或Ⅲ度烧伤9%以下。

3）重度烧伤：① 面积在30%～49%或Ⅲ度烧伤10%～19%；② 烧伤面积未达上述标准，但有下列情况之一者：伴休克；伴有复合伤或合并伤（严重创伤、冲击伤、放射伤、化学中毒等）；中、重度吸入性损伤。

4）特重度烧伤：总面积超过50%或Ⅲ度烧伤超过20%或有严重并发症。

2．病程分期评估

（1）休克期：发生在伤后48小时内。大量血浆外渗，血容量减少导致低血容量性休克。其中6～12小时渗出最快。迅速恢复血容量是防治根本。

（2）感染期：烧伤使皮肤失去防御功能，细菌在坏死组织中生长繁殖并产生毒素。伤后48小时开始，渗液回吸收。伤后2～3周，Ⅲ度烧伤的焦痂开始大片溶解脱落，创面暴露，细菌可侵入血液循环，为又一次感染高峰。感染是烧伤病人死亡的主要原因之一。

（3）修复期：组织烧伤后，在炎症反应的同时，创面开始修复。浅度（Ⅰ度和浅Ⅱ度）烧伤自行修复，深Ⅱ度烧伤创面靠残存上皮岛融合，Ⅲ度创面靠植皮愈合。

（三）心理-社会状况

剧烈疼痛、皮肤大面积缺损易给病人造成心理打击和压力。

（四）辅助检查

1．实验室检查　较严重的烧伤可出现血红蛋白尿，尿量减少。感染时血白细胞计数及中性粒细胞比例明显增高。

2．肾功能检查　烧伤后体内蛋白质分解代谢增强，尿素氮可增高。

（五）治疗要点

1．处理创面　清创，选用包扎疗法或暴露疗法，Ⅲ度烧伤者去痂或植皮。

2．防治休克　中度以上病人及早采用液体疗法，维持有效循环血量，防治并发症。

3．防止感染　选用有效抗生素，在创面局部和全身应用；同时应用免疫增强疗法，提高免疫力。

三、护理诊断

1．皮肤完整性受损　与创面烧伤、失去皮肤屏障功能有关。

2．体液不足　与大量体液渗出、血容量减少有关。

3．疼痛　与创伤和细菌感染有关。

4．营养失调　与机体处于高分解代谢状态、摄入量不足有关。

护理目标

病人体液平衡得到恢复和维持；疼痛缓解或消失；焦虑减轻或消除，情绪稳定；营养状况得以改善。

四、护理措施

表 5-5 烧伤病人的护理

护理流程	护理要点	案例重点分析
1．现场急救护理	（1）迅速消除致伤因素 1）火焰伤：尽快脱去着火衣服，或就地卧倒滚压灭火，或用毛毯等覆盖着火部位消除火焰，或用水浇灭火焰。切忌用手扑火、在火中来回跑动、大声喊叫。 2）热液伤：尽快脱去或剪开浸湿的衣服，面积小的四肢烫伤，可将肢体浸泡在凉水中，或用水冲淋。 3）电击伤：迅速切断电源。 4）化学物质烧伤：立即脱去衣物，大量清水冲洗；生石灰烧伤，应先去除石灰粉粒，再用清水长时间冲洗，以防石灰遇水产热加重损伤。 （2）抢救生命：首先处理大出血、气胸等危急情况。 （3）防治休克：中度以上烧伤远途转送者途中持续输液。 （4）保护创面：创面勿涂任何药物，仅用无菌或清洁布类包裹创面。 （5）转送病人：尽早转运，途中补充液体。	
2．病情监测	（1）观察全身情况：观察神志、呼吸、血压、脉搏等。 （2）观察创面情况：出现紫黑色出血性坏死斑为铜绿假单胞菌感染征象。	对王某病情观察______。
3．一般护理	（1）在保持呼吸道通畅前提下吸氧。 （2）对发热病人给予降温处理。 （3）饮食护理：予高热量、高蛋白、高维生素饮食，根据不同病情给予口服、鼻饲或胃肠外营养。	王某饮食______。
4．休克期护理	（1）严密观察病情：监测生命体征、中心静脉压（CVP）、尿量等，其中尿量是判断休克是否纠正的重要指标之一，一般成人维持每小时30ml以上，有血红蛋白尿者应维持在每小时50ml以上。 （2）液体疗法的护理 1）补液量的估算：伤后第一个24小时补液总量=Ⅱ度和Ⅲ度烧伤面积×体重(kg)×1.5ml+日需量(2000ml)。晶体和胶体的比例一般为2∶1（特重度1∶1）。 2）补液种类：电解质首选平衡盐，其次生理盐水。胶体常用血浆或全血。 3）液体分配：第一个8小时输入晶、胶体总量的一半，余下一半在后两个8小时内平均分配。日需量：24小时内均匀输入。	王某48小时内补液量______，液体的分配______，补液的种类______。

续表

护理流程	护理要点	案例重点分析
5．创面护理  烧伤翻身床	（1）包扎疗法：适用于四肢浅度烧伤、病室条件差或门诊处理的小面积烧伤。包扎时自肢体远端向近心端缠绕绷带，注意显露指（趾）末端以观察血液循环。 （2）暴露疗法：适用于Ⅲ度烧伤或头、面、颈、会阴部等特殊部位烧伤创面。治疗环境：单室，消毒，室温28～32℃，湿度60%～80%，无菌床单，烧伤翻身床。 （3）去痂和植皮：适用于深度烧伤创面。	王某适宜的创面护理方法________。
6．康复护理	（1）大部分深Ⅱ度创面及Ⅲ度创面愈合后大多有瘢痕形成，瘢痕预防措施除烧伤后早期植皮、预防创面感染、维持功能位固定外，愈合后坚持体疗、广泛应用压力疗法及外用预防瘢痕增生的药物，可有效减轻瘢痕增生。 （2）烧伤愈合后瘢痕增生影响外观及功能者，一般于伤后半年行整复手术，手术方式为瘢痕松解、植皮或皮瓣移植，但如累及功能部位，如严重睑外翻等，则可提早手术。	指导王某保健的侧重点________。

护理评价

护理目标的达成情况。

护考知识链接……

1．烧伤病人本人五指并拢的手掌面积约为体表总面积的1%。

2．成人烧伤面积的评估：3（发部）、3（面部）、3（颈部）；5（双手）、6（双前臂）、7（双上臂）；5（双臀）、7（双足）、13（双小腿）、21（双大腿）；13（腹侧）、13（背侧）、1（会阴）。

3．浅Ⅱ度烧伤仅伤及表皮的生发层和真皮的乳头层。

4．烧伤后48小时内最大的危险是低血容量性休克。大面积烧伤后24小时内主要的护理措施是保证液体输入。

5．包扎疗法适用于四肢浅度烧伤、病室条件差或门诊处理的小面积烧伤创面；暴露疗法适用于Ⅲ度烧伤或头、面、颈、会阴部等特殊部位烧伤创面。

护考练兵场……

A_1/A_2型题（单选题）

1．浅Ⅱ度烧伤创面的特点是（　　）

A．水泡基底苍白　　B．水泡基底潮红　　C．皮肤干燥、红斑

D．创面焦黄失去弹性　　E．树枝状栓塞静脉

2．深Ⅱ度烧伤局部损伤的深度达（　　）

A．表皮层，生发层健在　　B．表皮层，甚至真皮乳头层

C．真皮深层，有皮肤附件残留　　D．脂肪层　　E．脂肪下层

3．烧伤后引起休克的最主要原因是（　　）

A．创面剧烈疼痛　　B．精神刺激　　C．大量水分蒸发

D．大量血浆自创面外渗和渗向组织间隙　　E．大量组织坏死分解产物吸收

4．吸入性烧伤最危险的并发症是（　　）

A．感染　　B．窒息　　C．心衰　　D．败血症　　E．肺炎

5．病人，女性，35岁，双上肢烧伤患处疼痛较为迟钝。体检：双上肢布满小水泡，泡皮较厚。估计烧伤程度和预后正确的是（　　）

A．Ⅰ度烧伤愈后无瘢痕　　B．Ⅲ度烧伤愈合后有挛缩

C．浅Ⅱ度烧伤如无感染不留瘢痕　　D．深Ⅱ度烧伤可留瘢痕

E．深Ⅱ度烧伤仅有色素痕迹

6．病人，男性，35岁，烧伤头、面部、双下肢和双手。估计烧伤面积时，下列哪项不确切（　　）

A．头、面、颈部各为3%　　B．双前臂为6%　　C．躯干为27%

D．双手为5%　　E．双大腿、双小腿共为33%

A_3型题（单选题）

（7~9题共用题干）病人，男性，25岁，体重60kg。不慎被开水烫伤，自觉剧痛，头面部、颈部及双上肢均有水泡。

7．此病人的烧伤面积为（　　）

A．30%　　B．20%　　C．27%　　D．32%　　E．35%

8．此病人的烧伤程度为（　　）

A．轻度烧伤　　B．中度烧伤　　C．重度烧伤　　D．特重度烧伤　　E．轻、中度烧伤

9．若对该病人实施补液治疗，伤后第一个8小时应输入的电解质溶液量为（　　）

A．810ml　　B．910ml　　C．1620ml　　D．1215ml　　E．8100ml

综合运用……

（接前述案例）王某病情好转出院。

问题：作为责任护士，请结合案例制定一份健康教育处方。

学习反思……

我学会了……

我掌握了……

我的问题……

任务三　毒蛇咬伤病人的护理

我们的目标是……

- ▲ 了解毒蛇咬伤病人的护理评估。
- ▲ 熟悉毒蛇咬伤病人的护理诊断。
- ▲ 掌握毒蛇咬伤病人的护理措施。

我们的任务是……

- ▲ 学会毒蛇咬伤病人的护理评估。
- ▲ 根据情景案例提出主要的护理诊断。
- ▲ 初步实施毒蛇咬伤病人的护理措施。

任务实施中……

临床情景——急诊科

家住高邮菱塘的周先生晚上穿着拖鞋在路上散步，没想到草地里钻出一条蛇，当时只觉得脚后跟被“袭击”了一下，随即脚后跟刺痛、麻木，后跟处红肿，有两个深深的牙印。后被家人送入医院。既往体健。

问题1. 如何判断周先生为毒蛇咬伤？

问题2. 对周先生的护理诊断有哪些？

问题3. 若你是当班护士，如何救护周先生？

根据本任务的临床情景，完成表5-6。

表 5-6　情景案例病人的护理评估分析

评估项目	评估要点
1．健康史	性别________；年龄________；职业________ 现病史（病情、诊疗过程、现自觉症状等）________ 既往史（疾病、生活、家族史等）________
2．身体状况	症状________ 体征________
3．心理-社会状况	（伴有的心理状况）________
4．辅助检查	（项目名称及结果）________
结论：病人可能得了________，伴有________	

一、概述

（一）毒蛇及无毒蛇的区别

1．毒蛇　头部呈三角形，色彩斑纹鲜明，有一对毒牙。

2．无毒蛇　头部呈椭圆形，色彩不鲜明，无毒牙。

（二）蛇毒的分类

1．神经毒　对神经系统产生毒性作用。

2．血循毒　对血液循环系统有毒性作用。

3．混合毒　两者都有。

二、护理评估

（一）健康史

询问病人受伤时间及部位、伤后处理方式和时间。

（二）身体状况

毒蛇咬伤后，局部疼痛，肢体肿胀，伤口有两个深深的牙印（图5-1），周围有大片瘀斑、血泡甚至局部组织坏死，有淋巴结肿大。

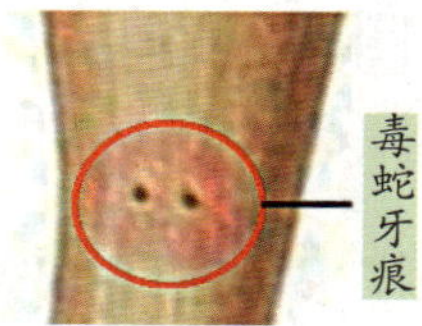

图 5-1 毒蛇咬伤

（三）心理-社会状况

病人突然被蛇袭击，易出现焦虑、恐惧情绪。

（四）辅助检查

1．血常规检查 血循毒类蛇咬伤时，红细胞及血红蛋白减少，严重者血小板减少，凝血时间延长，纤维蛋白原下降。

2．尿常规检查 混合毒类及血循毒类蛇咬伤时，尿中有蛋白管型及红细胞。

（五）治疗要点

1．急救处理

（1）缚扎：立即施行急救措施，减少蛇毒吸收。

（2）冲洗：用大量清水、肥皂水冲洗伤口及周围皮肤，以破坏蛇毒。

（3）排毒：反复冲洗伤口，缓慢挤压伤肢，促进蛇毒液从伤肢排出。

2．伤口处理 ① 伤口湿敷或外敷中草药；② 局部阻滞疗法。

3．全身治疗 ① 中和蛇毒；② 对症支持治疗，防治并发症。

三、护理诊断

1．恐惧 与毒蛇咬伤、知识缺乏、生命受到威胁及担心预后有关。

2．皮肤完整性受损 与毒蛇咬伤、组织结构破坏有关。

3．潜在并发症 感染、多脏器功能障碍。

护理目标

病人焦虑、恐惧情绪减轻或消失；伤口愈合良好；未发生相关并发症或发生后及时发现并处理。

四、护理措施

表 5-7 毒蛇咬伤病人的护理

护理流程	护理要点	案例重点分析
1．急救护理 在伤口近心端5~10cm或上一个关节处绑扎	(1) 稳定情绪：保持镇静，千万不要跑动。 (2) 绑扎伤肢，减少蛇毒吸收。立即放低被咬的肢体，在伤口近心端5～10cm或上一个关节处，用领带、手帕等扎紧。 (3) 伤口排毒：挤压法（用手向肢体远端挤压伤口）；用工具吸（拔火罐、吸奶器等）。 (4) 清洗伤口：在将伤口切开前，必须先用肥皂水、清水清洗伤口周围皮肤，然后用消毒药液消毒。 (5) 切开伤口排毒：以蛇的牙痕为中心，呈“+”或“++”形切开伤口（但血液毒蛇咬伤者禁忌切开，防止出血不止），后进行冲洗和排毒。 (6) 转运病人：如伤在下肢，将下肢制动并放低，抬着去医院，以防加速毒液扩散，诱发全身中毒。	
2．伤口护理	伤肢下垂，伤口周围多处切开，抽吸残余蛇毒。病情严重者彻底清创，切除被注入毒液的组织。用3%过氧化氢溶液或1：5000的高锰酸钾溶液反复冲洗伤口。局部降温可减少毒素吸收速度。	周先生伤口的处理________。
3．用药护理	静脉输液，促进蛇毒从尿中排出。胰蛋白酶有直接分解蛇毒作用，在伤口四周做局部浸润或在伤口上方做环状封闭。	周先生用药护理________。
4．病情监测	密切观察生命体征、神志、尿量变化。	
5．健康指导	(1) 宣传相关知识，强化自我防护意识。 (2) 告知人们被毒蛇咬伤后切忌慌乱奔跑，学会就地绑扎、冲洗、排毒等急救方法。	指导周先生保健的侧重点________。

护理评价

护理目标的达成情况。

护考知识链接……

1．毒蛇咬伤的急救处理：缚扎、冲洗、排毒。

2．毒蛇咬伤的急救：告知人们被毒蛇咬伤后切忌慌乱奔跑，学会就地绑扎、冲洗、排毒等急救方法。

护考练兵场……

A_1/A_2型题（单选题）

1．毒蛇咬伤的可靠标志是（　　）

A．蛇头呈椭圆形　　B．蛇身色彩单调　C．咬伤处有两个大牙痕

D．伤口出血少，红肿较轻，无麻木感　E．无全身中毒症状

2．病人，男性，23岁，野外露营时不慎被毒蛇咬伤。现场急救错误的是（　　）

A．切勿奔跑　B．用止血带或就地取材加以缚扎　C．安静休息

D．抬高伤肢　E．向肢体远端挤压伤口

A_3型题（单选题）

（3~5题共用题干）病人，男性，26岁。在树丛行走时被蛇咬伤后，局部皮肤留下一对大而深的齿痕，伤口出血不止，周围皮肤迅速出现瘀斑、血泡。

3．应优先采取下列何种急救措施（　　）

A．伤口排毒　B．首先呼救　C．早期绑扎伤处近心端的肢体

D．立即奔跑到医院　E．反复挤压伤口

4．为减慢毒素吸收，伤肢应（　　）

A．限动并下垂　B．抬高　C．局部热敷

D．与心脏置于同一高度　E．局部按摩

5．为降解伤口内蛇毒，可用于伤口外周封闭的是（　　）

A．糜蛋白酶　B．胰蛋白酶　C．淀粉酶

D．脂肪酶　E．地塞米松

综合运用……

（接前述案例）周先生病情好转出院。

问题：作为责任护士，请结合案例制定一份健康教育处方。

我学会了……

我掌握了……

我的问题……

任务四　腹部损伤病人的护理

我们的目标是……

- 了解腹部损伤的病因、分类、辅助检查和处理原则。
- 熟悉腹部损伤病人的临床表现、护理诊断。
- 掌握腹部损伤病人的护理措施。

我们的任务是……

- 学会腹部损伤病人的护理评估。
- 根据情景案例提出主要的护理诊断。
- 初步实施腹部损伤病人的护理措施。

任务实施中……

临床情景——急诊科

张某，男性，30岁，被车撞倒后送来医院急诊。病人诉腹痛，值班护士检查发现病人面色苍白、出冷汗、脉速、四肢湿冷，血压86/76mmHg，全腹压痛，反跳痛，以左上腹为著。医生进行左下腹腹腔穿刺时，抽出不凝固血液5ml，准备急症手术。既往体健。

问题1．张某可能得了什么病？存在哪些身心状况？

问题2．根据张某的身心状况，他存在哪些护理问题？

问题3．若你是当班护士，你如何护理张某？

根据本任务的临床情景，完成表5-8。

表 5-8　情景案例病人的护理评估分析

评估项目	评估要点
1．健康史	性别________；年龄________ 现病史（受伤原因、诊疗过程、现自觉症状等）________ 既往史（疾病、生活、家族史等）________
2．身体状况	症状________ 体征________

续表

评估项目	评估要点
3．心理-社会状况	（伴有的心理状况）________
4．辅助检查	（项目名称及结果）________
结论：病人可能得了________，伴有________	

一、概述

腹部损伤是指腹壁和（或）腹腔内脏器损伤，是常见的创伤性疾病。腹部损伤按腹壁有无伤口可分为开放性损伤和闭合性损伤两类。开放性损伤常为锐器或火器伤所致；闭合性损伤常为钝性暴力所致，损伤可能仅局限于腹壁，也可同时兼有内脏损伤。

二、护理评估

（一）健康史

了解病人受伤原因、时间、部位、姿势、致伤物的性质及暴力的大小和方向等。

（二）身体状况

1．单纯腹壁损伤症状轻，不详述。

2．腹腔内脏器损伤分为实质性脏器损伤和空腔脏器损伤。

（1）实质性脏器（脾、肝、肾、胰等）损伤：主要表现为腹腔内或腹膜后出血。① 面色苍白，脉搏加快，血压不稳或下降，甚至休克；② 腹痛和腹膜刺激征较轻，但肝、胰破裂时，胆汁和胰液漏入腹腔，可出现明显的腹痛和腹膜刺激征；③ 出血量多时可有腹胀和移动性浊音。

（2）空腔脏器（胃、肠、胆道、膀胱等）损伤：主要表现为急性腹膜炎，持续性剧烈腹痛，伴恶心、呕吐。① 腹膜刺激征明显，为最突出的体征；② 肝浊音界缩小或消失；③ 肠鸣音减弱或消失；④ 稍后出现体温升高、脉快、呼吸急促等全身中毒表现，严重者可发生感染性休克。

（三）心理-社会状况

腹部损伤多在意外情况下发生，加之腹壁伤口、出血、内脏脱出等，病人多表现出紧张、焦虑、恐惧等心理变化。

（四）辅助检查

1．实验室检查　实质性脏器破裂时，红细胞、血红蛋白、血细胞比容进行性下降；空腔脏器破裂时，白细胞计数及中性粒细胞比例明显增高；胰腺损伤时，血、尿淀粉酶值增高；尿常规检查发现红细胞，提示有泌尿系统损伤。

2．影像学检查　立位腹部X线平片见到膈下游离气体，提示胃肠道破裂；B超检查、CT检查主要用于诊断实质性脏器损伤。

3．诊断性腹腔穿刺和腹腔灌洗　对怀疑有腹部损伤的病人，诊断性腹腔穿刺是最有意义的检查（图5-2）。通过观察穿刺抽出液的性状，如血液、胆汁、胃肠内容物、尿液等，来分析受损脏器的情况。有胰腺损伤时，淀粉酶含量增高。实质性脏器或血管损伤时，可抽出不凝血（因腹膜的去纤维作用使血液不凝）。

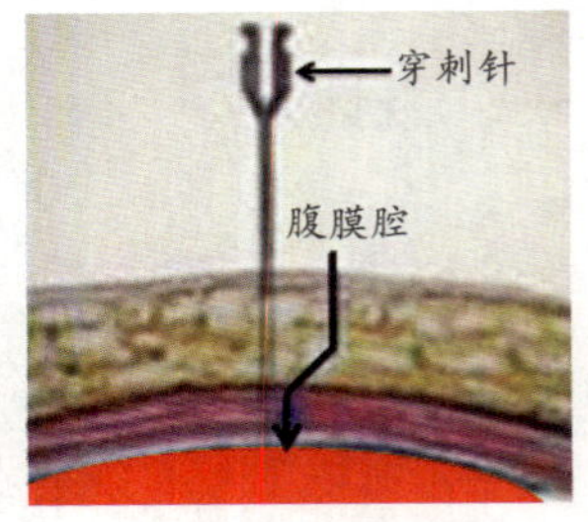

图 5-2　诊断性腹腔穿刺

（五）治疗要点

单纯腹壁损伤的处理原则同一般软组织损伤；轻微内脏损伤者可考虑非手术治疗。已确诊或高度怀疑腹腔内脏器损伤者，尽早手术；实质性脏器损伤可行修补、部分切除或切除等手术。

三、护理诊断

1．体液不足　与创伤所致出血、渗出、呕吐等有关。

2．疼痛　与腹部损伤、手术有关。

3．焦虑或恐惧　与意外受伤的刺激、疼痛、出血及担心预后有关。

4．潜在并发症　失血性休克、腹腔脓肿。

护理目标

病人体液平衡得到恢复和维持；疼痛缓解或消失；焦虑减轻或消除，情绪稳定；未发生相关并发症。

四、护理措施

表 5-9　腹部损伤病人的护理

护理流程	护理要点	案例重点分析
1．急救护理	现场急救首先处理危及生命的情况，如心跳和呼吸骤停、窒息、大出血、张力性气胸等；如有肠管脱出，切勿强行回纳腹腔，以免加重腹腔污染，可用消毒碗覆盖保护后包扎，送医院处理。病情不明者，禁用止痛药。	
2．术前护理 	（1）休息：绝对卧床休息，不随意搬动病人，在病情许可的情况下宜取半卧位。如需做X线、B超等检查，应有专人护送。 （2）严格执行外科急腹症的“四禁”：禁食禁饮、禁灌肠、禁用泻药、禁用吗啡等镇痛药。 （3）治疗配合：确定腹腔脏器损伤后，尽早输血输液抗休克和应用足量抗生素抗感染；禁食、胃肠减压，营养支持。一旦决定手术，应及时完成腹部急症手术的术前准备。 （4）病情观察：① 注意生命体征及腹部症状、体征的变化，每15～30分钟测呼吸、脉搏和血压各一次；② 动态监测红细胞计数，红细胞比容和血红蛋白值；③ 注意有无失血性休克、急性腹膜炎等并发症的发生。	指导张某休息________，四禁________，配合医生治疗________，观察病情的侧重点________。
3．术后护理	（1）术后体位：麻醉未清醒时平卧6小时；血压平稳后改半卧位，有利于腹腔引流、减轻疼痛、改善呼吸和循环。 （2）预防肺部感染：协助病人有效咳嗽，翻身拍背，痰液黏稠时多饮水，防止肺部感染。 （3）病情观察：观察腹部体征及腹腔引流情况，及早发现腹腔脓肿等并发症；观察切口情况，及早发现切口出血和感染。 （4）术后饮食：术后禁食2～3天，做好胃肠减压的护理。禁食期间静脉补液，维持水、电解质、酸碱平衡。 （5）术后活动：病人病情好转后，鼓励早期离床活动，可减轻腹胀，促进肠蠕动恢复，防止肠粘连。	张某术后体位________，活动________，饮食________，观察病情________，预防肺部感染的侧重点________。
4.健康指导	（1）加强安全教育，避免意外损伤的发生。 （2）普及各种急救知识。 （3）发生腹部损伤后一定要及时到医院就诊。 （4）出院后适当休息，加强营养。如有相关不适及时复诊。	

护理评价

护理目标的达成情况。

护考知识链接……

1. 腹部损伤分为开放性和闭合性两大类，腹部开放性损伤多由利器或火器伤引起，闭合性损伤多由钝性暴力引起。
2. 肝、脾等实质性脏器损伤时，主要以腹腔内出血的临床表现为主，腹腔穿刺可抽出不凝血；空腔脏器损伤时，主要表现为恶心、呕吐、呕血、便血、腹膜刺激征、腹腔内游离气体及全身感染症状。
3. B超检查对实质性脏器损伤的作用更大；胃、十二指肠穿孔时X线检查可见膈下游离气体。
4. 根据腹腔穿刺抽出液体的性状判断是何种脏器损伤。疑有胰腺损伤时，淀粉酶含量会增高。

护考练兵场……

A_1/A_2型题（单选题）

1. 实质性脏器破裂时，腹腔内积血不凝固的主要原因是（　　）
   A．血液被腹膜渗液稀释　B．凝血因子生成障碍　C．血小板数量降低
   D．出血速度快　E．腹膜的去纤维作用
2. X线检查示膈下游离气体，其临床意义是（　　）
   A．实质性脏器损伤　B．胃肠道破裂　C．脾破裂
   D．肾损伤　E．嵌顿性疝
3. 病人，男性，46岁。因车祸撞伤左上腹，出现腹痛、面色苍白、出冷汗、脉细速、血压下降。首先考虑损伤的脏器是（　　）
   A．胃　B．脾　C．胰
   D．胆囊　E．小肠

A_3型题（单选题）

（4~5题共用题干）病人，女性，32岁。因车祸撞伤腹部，诉腹痛剧烈，伴恶心、呕吐，疑有外伤性肠穿孔。

4. 对诊断有重要价值的体征是（　　）
   A．腹式呼吸消失　B．腹膜刺激征　C．肠鸣音消失

D．移动性浊音阳性　　E．高热、脉快

5．急诊护士采取的护理措施应除外（　　）

A．禁食、胃肠减压　　B．建立静脉通路，补液　C．纠正酸碱平衡紊乱

D．肌内注射吗啡　　E．做好手术前准备

综合运用……

（接前述案例）张某病情好转出院。

问题：作为责任护士，请结合案例制定一份健康教育处方。

学习反思……

我学会了……

我掌握了……

我的问题……

任务五　破伤风病人的护理

我们的目标是……

- 了解破伤风的病因。
- 熟悉破伤风病人的护理评估、护理诊断。
- 掌握破伤风病人的典型症状、护理措施。

我们的任务是……

- 学会破伤风病人的护理评估。
- 根据情景案例提出主要的护理诊断。
- 初步实施破伤风病人的护理措施。

临床情景——感染科

陈某，男性，42岁。在田间行走时，不小心足底被锈铁钉刺伤，未进行特殊处理，继续下地干活。约一周后，感觉全身乏力、咀嚼肌酸胀，后逐渐出现咀嚼不便、牙关紧闭、苦笑面容、颈项强直、角弓反张、呼吸困难。轻微刺激就会诱发肌肉阵发性痉挛的发作。病人神志清醒，表情痛苦，面唇发绀，呼吸急促。体温37.1℃。伤口渗出物涂片检查发现破伤风梭菌。既往体健。

问题1. 陈某可能得了什么病？存在哪些身心状况？

问题2. 根据陈某的身心状况，他存在哪些护理问题？

问题3. 若你是当班护士，你如何护理陈某？

根据本任务的临床情景，完成表5-10。

表 5-10　情景案例病人的护理评估分析

评估项目	评估要点
1．健康史	性别________；年龄________ 现病史（受伤经过、伤后伤口处理经过、现自觉症状等）___ 起病情况（时间、原因或诱因、症状体征等）________ 既往史（疾病、生活、家族史等）________
2．身体状况	症状________ 体征________
3．心理-社会状况	（伴有的心理状况）________
4．辅助检查	（项目名称及结果）________
结论：病人可能得了________，伴有________	

一、概述

破伤风是由破伤风梭菌侵入人体伤口并生长繁殖所导致的一种特异性感染。破伤风梭菌是一种革兰染色阳性厌氧菌，产生的外毒素包括痉挛毒素和溶血毒素，痉挛毒素是引起临床症状的主要毒素。

破伤风发病需具备3个条件：① 病原菌侵入伤口（尤其是窄而深的伤口）；② 无氧环境；③ 病人抵抗力低下。

二、护理评估

（一）健康史

询问病人有无开放性损伤病史，受伤后伤口处理经过。

（二）身体状况

1．潜伏期　破伤风的潜伏期为6～12日，少数病人1～2日，长者数月或数年。潜伏期越短，死亡率越高。

2．前驱期　一般持续12～24小时，症状无特异性，可有全身乏力、头痛、头晕、咀嚼肌紧张和酸胀、烦躁不安等。以张口不便为特点。

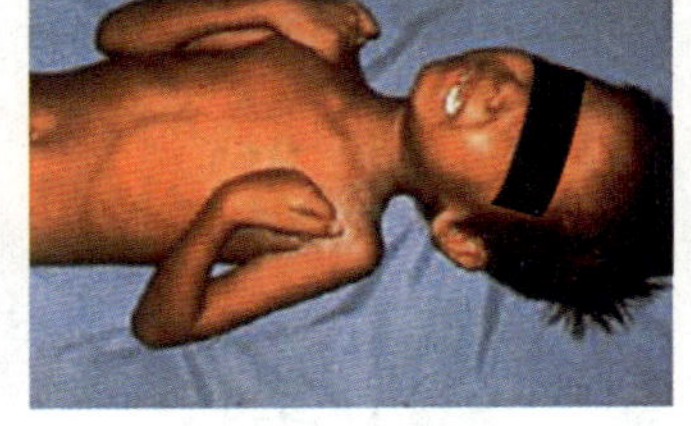

图 5-3　破伤风发作表现

3．发作期　典型的表现是肌肉强直性收缩（图5-3）。① 最早受累的肌群是咀嚼肌，表现为咀嚼不能、张口困难、牙关紧闭；② 面肌受累：苦笑面容；③ 颈项肌受累：颈项强直；④ 背腹肌受累：角弓反张；⑤ 呼吸肌受累：发绀、呼吸困难甚至窒息。

任何轻微刺激（声、光、震动）均可诱发肌肉痉挛。发作期神志清楚。发作越频繁、持续时间越长、间歇时间越短、病情越严重。主要死亡原因为窒息、心力衰竭、肺部感染。

（三）心理-社会状况

病人反复发生痉挛、呼吸困难或窒息，产生恐惧感、濒死感。

（四）辅助检查

1．血常规检查　合并肺部感染时，白细胞计数升高，中性粒细胞比例升高。

2．渗出物检查　伤口渗出物涂片检查可发现破伤风梭菌。

（五）治疗要点

1．清除毒素来源　彻底清创、完全敞开伤口，冲洗伤口使用3%过氧化氢溶液。

2．中和游离毒素　注射破伤风抗毒素（TAT），损伤后应早期应用。

3．控制和解除痉挛　是治疗的中心环节。

4．防治并发症　保持呼吸道通畅，预防窒息，严重时尽早气管切开。防治感染，首选抗生素为青霉素。

三、护理诊断

1．恐惧　与病情危急、反复发作及担心预后有关。

2．有受伤的危险　与肌肉强直痉挛有关。

3．营养失调：低于机体需要量　与摄入不足、能量消耗增加有关。

4．潜在并发症　窒息、肺部感染、心力衰竭。

护理目标

病人恐惧感减轻；未发生意外伤害；营养需求得到维持；未发生相关并发症，或发生较早及时处理。

四、护理措施

表 5-11　破伤风病人的护理

护理流程	护理要点	案例重点分析
1．一般护理	（1）保持呼吸道通畅：雾化吸入，翻身、拍背排痰，必要时吸痰，呼吸道梗阻时及时通知医生气管切开。 （2）环境：安置隔离病室，保持安静，限制探视，避免声、光刺激，治疗及护理操作尽可能集中在使用镇静药的30分钟内进行。室内急救用品备齐，以便及时处理窒息等严重并发症。病室温度15～20℃，湿度约60%。 （3）饮食护理：给予高热量、高蛋白、高维生素饮食；少食多餐，进食时注意防止呛咳、误吸。病情严重者可提供肠内、肠外营养。 （4）防止损伤：保护病人，必要时加约束带，防止坠床或自我伤害；应用合适的牙垫，防止舌咬伤；关节部位放置软垫保护，防止骨折或肌腱断裂。 （5）接触隔离：破伤风梭菌具有传染性，应做好接触隔离。所有器械敷料均需专用；使用过的敷料应焚烧；病人的用品及排泄物均应消毒；护理人员应穿隔离衣，防止交叉感染；病室定期空气消毒。 （6）治疗配合：① 伤口护理：伤口未愈合者，配合医生彻底清创，敞开伤口，用3%过氧化氢溶液或1：5000高锰酸钾溶液冲洗或湿敷；② 用药护理：遵医嘱应用破伤风抗毒素，以中和游离毒素；遵医嘱首选青霉素抑制破伤风梭菌的繁殖体，并控制其他混合感染。	陈某入院后病房的选择＿＿＿＿＿，饮食＿＿＿＿，如何保持呼吸道通畅及防治损伤＿＿＿＿，隔离＿＿＿＿，配合医生治疗的侧重点＿＿＿＿。

续表

护理流程	护理要点	案例重点分析
2．健康指导	（1）注意劳动保护，避免皮肤受伤。 （2）普及科学接生，防止新生儿及产妇发生破伤风。 （3）宣传破伤风主动免疫或被动免疫：① 儿童定期注射破伤风类毒素，以获得主动免疫；② 受伤者立即注射破伤风抗毒素，以获得被动免疫。 （4）出现下列情况及时就诊，注射破伤风抗毒素：任何深而窄的伤口如木刺、锈钉刺伤；伤口虽浅但沾染人、畜粪便；医院外的急产或流产，未经消毒处理者；陈旧性异物摘除术前。	指导陈某保健的侧重点________。

护理评价

护理目标的达成情况。

护考知识链接……

1．破伤风潜伏期平均为6～12天。
2．破伤风病人最先受累的是咀嚼肌。以后依次出现牙关紧闭、苦笑面容、颈项强直、角弓反张等表现。最终呼吸肌受累导致的窒息是常见死亡原因。
3．将破伤风病人安置于隔离病房，保持安静、限制探视，减少一切刺激，避免声、光刺激，所有护理操作尽可能集中进行。
4．破伤风预防的关键在于创伤后早期彻底清创。
5．预防破伤风的方法包括主动免疫和被动免疫。主动免疫是按计划注射破伤风类毒素，被动免疫是伤后12小时内注射破伤风抗毒素。
6．控制和解除痉挛是治疗破伤风的中心环节。

护考练兵场……

A_1/A_2型题（单选题）

1．不会并发破伤风发病的情况是（　　）

A．不洁分娩　B．伤口污染严重　C．伤口窄而深，局部缺氧
D．伤口有大量坏死组织　E．伤口浅而阔，坏死组织少

2．病人，女性，30岁。足底刺伤后发生破伤风，频繁抽搐。最重要的治疗环节是（　　）
A．补充水分和电解质　B．镇静，解痉　C．中和游离毒素
D．气管切开　E．病室安静，减少刺激

3．病人，女性，41岁，外伤后破伤风。护士巡视病房时，发现病人角弓反张、四肢抽搐、牙关紧闭。此时应先采取的措施是（　　）
A．立即做人工呼吸　B．立即给予氧气吸入　C．通知医生，镇惊止痉
D．注射破伤风抗毒素　E．纱布包绕压舌板，放于上、下臼齿之间

4．病人，男性，22岁，建筑工人。左下肢外伤后未得到及时、正确的处理，而导致破伤风。护士为该病人更换敷料后，污染敷料的处理方法是（　　）
A．紫外线杀毒后再清洗　B．戊二醛浸泡后清洗　C．送焚烧炉焚烧
D．丢入污物桶后再集中消毒处理　E．在日光下暴晒后再清洗

5．破伤风病人注射破伤风抗毒素的治疗作用是（　　）
A．控制和解除痉挛　B．防止感染　C．中和游离毒素
D．防止窒息　E．被动免疫

6．病人，女性，45岁。因足底被锈钉刺伤后出现全身肌肉强制性收缩，阵发性痉挛，诊断为破伤风。易导致病人死亡的常见原因是（　　）
A．休克　B．窒息　C．肺部感染
D．肾衰竭　E．脱水、酸中毒

7．病人，男性，38岁。因腿部被锈钉刺伤后数日，出现咀嚼不便、张口困难，随后牙关紧闭及全身肌肉强直性收缩，阵发性痉挛，诊断为破伤风。治疗此病人应首选的抗生素是（　　）
A．青霉素　B．甲硝唑　C．红霉素
D．四环素　E．磺胺类药

综合运用……

（接前述案例）陈某病情好转出院。

问题：作为责任护士，请结合案例制定一份健康教育处方。

我学会了……

我掌握了……

我的问题……

任务六　休克病人的护理

我们的目标是……

- 了解休克的发病机制、辅助检查。
- 熟悉休克类型及病人临床表现、护理诊断。
- 掌握休克病人的护理措施。

我们的任务是……

- 学会休克病人的护理评估。
- 根据情景案例提出主要的护理诊断。
- 初步实施休克病人的护理措施。

任务实施中……

临床情景——急症科

张先生，28岁。2小时前因车祸撞到左上腹急诊入院。查体：T 37℃，P 98次/分，R 24次/分，BP 85/65mmHg；病人腹痛，面色苍白，烦躁不安，肢体湿冷；腹部膨隆明显，叩诊移动性浊音。CT显示腹腔积液。既往体健。

问题1．张先生可能得了什么病？存在哪些身心状况？

问题2．根据张先生的身心状况，他存在哪些护理问题？

问题3．若你是当班护士，你如何护理张先生？

根据本任务的临床情景，完成表5-14。

表 5-14　情景案例病人的护理评估分析

评估项目	评估要点
1．健康史	性别________；年龄________ 现病史（受伤经过、现自觉症状等）________ 既往史（疾病、生活、家族史等）________
2．身体状况	症状________ 体征________

续表

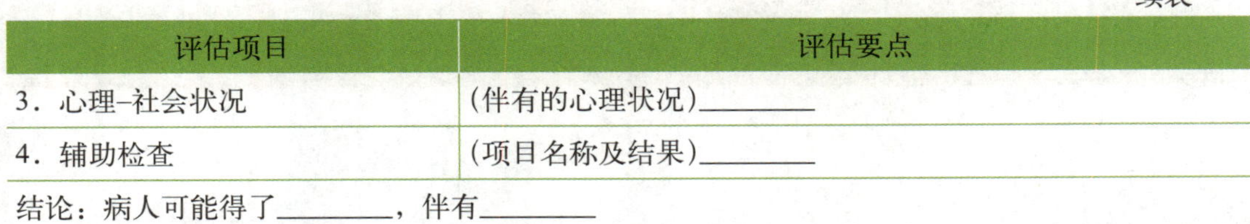

评估项目	评估要点
3．心理–社会状况	（伴有的心理状况）________
4．辅助检查	（项目名称及结果）________
结论：病人可能得了________，伴有________	

一、概述

休克是机体受到强烈有害侵袭造成有效循环血量锐减，组织灌注不足，微循环障碍，代谢紊乱，细胞受损等一系列病理改变为特征的危急临床综合征。

（一）休克类型

1．低血容量性休克

（1）失血性休克：由有效循环血量锐减引起，如上消化道大出血、肝脾破裂出血等。

（2）创伤性休克：常见于严重损伤，如骨折、挤压综合征等。

2．感染性休克　由细菌及毒素作用引起，常见于严重胆道感染、急性化脓性腹膜炎、绞窄性肠梗阻、脓毒症、菌血症等。

3．心源性休克

4．神经源性休克

5．过敏性休克

其中外科最常见的是低血容量性休克和感染性休克。

（二）病理生理

休克共同的病理生理基础是有效循环血量锐减和组织灌注不足导致的微循环代谢改变及内脏器官继发性损害。

二、护理评估

（一）健康史

了解病人有无外伤大出血病史；有无肠梗阻、严重腹泻、大面积烧伤渗液等大量失液史；是否存在严重感染。

（二）身体状况

按照休克病理和临床特征，病人身体状况可分为两期。

1．代偿期　神志清醒，兴奋紧张或烦躁不安，口渴、面色苍白，四肢湿冷，心率及呼吸加快，尿量正常或减少；舒张压可升高，脉压差减小。

2．抑制期　神志不清，表情淡漠，反应迟钝甚至意识模糊或昏迷；皮肤黏膜发绀；四肢厥冷，脉搏细数或摸不清，血压进行性下降，脉压差缩小；尿量减少或无尿；晚期可发生昏迷；生命体征可无；发生DIC。

其中代偿期即休克早期，抑制期包括休克期和休克晚期（表5-15）。

表 5-15　休克病人身体状况评估要点

评估项目	休克早期	休克期	休克晚期
神志	清楚，烦躁不安	表情淡漠，迟钝	模糊，甚至昏迷
口渴	明显	很明显	非常明显
皮肤黏膜	开始苍白，发凉	发绀，发冷	显著苍白，紫斑、厥冷
脉搏	＜100次/分，有力	100～120次/分	速而细弱，摸不清
血压	血压正常，脉压缩小	血压下降，收缩压90～70mmHg，脉压小	收缩压＜70mmHg或测不到
尿量	正常或减少	少尿	少尿或无尿
失血量	＜800ml（＜20%）	800～1600ml	＞1600ml（＞40%）

（三）心理-社会状况

因病情危重、并发症多、监护设备及抢救措施繁多，病人可出现焦虑或恐惧心理。

（四）辅助检查

1．血、尿、粪常规　红细胞计数、血红蛋白值和血细胞比容测定，了解血液稀释或浓缩程度；白细胞计数增多和中性粒细胞比例增高提示感染存在；尿比重增高提示血容量不足；黑便或粪便隐血试验阳性表明消化道出血。

2．动脉血气分析　反映呼吸功能和酸碱平衡动态。休克病人因组织细胞缺氧，血pH和PaO_2降低、$PaCO_2$升高。

3．中心静脉压（CVP）　反映相对血容量和右心功能。正常值5～12cmH_2O。通过颈内、颈外静脉等置入导管可以监测中心静脉压。

4．肺毛细血管楔压（PCWP）　用血流导向气囊飘浮导管（Swan-Ganz管）可以监测肺动脉压（APP）与肺毛细血管楔压。肺毛细血管楔压应能反映左心室舒张末压，提供左室前负荷的情况。

（五）治疗要点

纠正休克的关键是尽早去除病因，迅速恢复有效循环血量，改善微循环障碍，增强心肌功能，恢复正常代谢。

三、护理诊断

1．组织灌注量改变　与大量失血引起微循环障碍有关。

2．体液不足　与创伤后大量失血等有关。

3．气体交换受损　与有效循环血量锐减、缺氧及呼吸改变有关。

4．焦虑　与担心疾病误工造成经济损失有关。

护理目标

微循环灌注改善；病人体液平衡得到改善；呼吸平稳，焦虑缓解或消失，情绪稳定，能配合治疗及护理工作。

四、护理措施

表 5-16　休克病人的护理

护理流程	护理要点	案例重点分析
1．急救护理	（1）处理原发伤和原发病，对大出血的病人，立即采取措施控制大出血，如加压包扎、扎止血带、上血管钳等，必要时可使用抗休克裤。 （2）保持呼吸道通畅：为病人松解领口等，解除气道压迫；使头部仰伸，清除呼吸道异物或分泌物，保持气道通畅。早期以鼻导管或面罩给氧，增加动脉血氧含量，改善组织缺氧状态。严重呼吸困难者，可做气管插管或气管切开，予以呼吸机人工辅助呼吸。 （3）取休克体位，以增加回心血量及减轻呼吸困难。 （4）注意保暖，尽量减少搬动，骨折处临时固定，必要时应用止痛剂。	
2．一般护理 中凹卧位（休克卧位）	（1）休息与体位：卧床休息，不随意搬动病人，限制探视。采取平卧位或中凹卧位。 （2）止血：应用抗休克裤，在腹部与腿部加压。当休克纠正后，由腹部开始缓慢放气，每15秒测量血压一次，若血压下降超过5mmHg，应停止放气并重新注气。 （3）快速建立静脉通道，按医嘱补充液体。 （4）在保持呼吸道通畅的情况下吸氧，氧流量6～8L/min。 （5）注意保暖：禁用热水袋、电热毯等体表加温。 （6）预防损伤：烦躁或神志不清者加床栏，输液肢体宜用夹板固定。	张先生休息与体位________，吸氧________，保暖________，止血________。

续表

护理流程	护理要点	案例重点分析
3．病情监测 零点对应 腋中线第4肋间 测量CVP装置示意图	(1) 神志：反映脑部血液灌流情况及缺氧程度。 (2) 皮肤色泽温度：反映末梢循环血液灌流情况。 (3) 生命体征。 (4) 尿量：是护理人员观察休克变化简便而有效的重要指标。每小时尿量＞30ml，提示休克好转。 (5) 中心静脉压：指右心房及胸腔内上、下腔静脉的压力，了解血容量与心脏排血功能的关系。	监测病情的侧重点________。
4．治疗配合 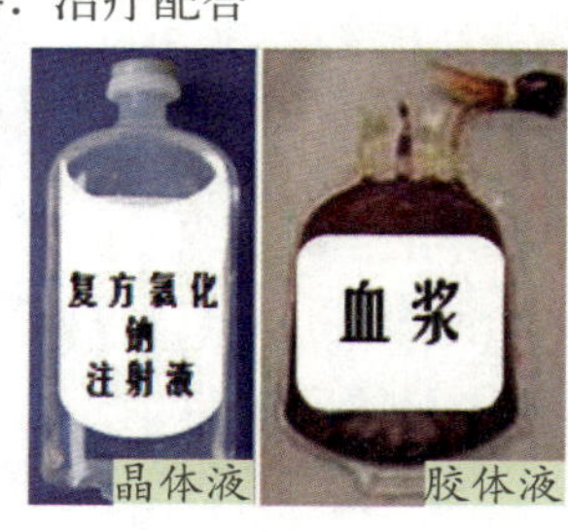 晶体液　胶体液	(1) 补充血容量：是治疗休克最基本和首要的措施，也是纠正休克引起的组织低灌注和缺氧状态的关键。原则是及时、快速、足量。在连续监测血压、中心静脉压和尿量的基础上，判断补液量。输液种类主要有两种：晶体液和胶体液。一般先输入扩容作用迅速的晶体液（首选平衡盐溶液），再输入扩容作用持久的胶体液，必要时进行成分输血或输入新鲜全血。 (2) 积极处理原发病：由外科疾病引起的休克，多存在需手术处理的原发病变，如内脏大出血、消化道穿孔出血、肠绞窄、急性梗阻性化脓性胆管炎和腹腔脓肿等。对此类病人，应在尽快恢复有效循环血量后及时手术处理原发病变，才能有效纠正休克。有时甚至需要在积极抗休克的同时施行手术，以赢得抢救时机。故应在抗休克的同时积极做好术前准备。 (3) 纠正酸碱平衡失调：处理酸中毒的根本措施是快速补充血容量，改善组织灌注，适时和适量地给予碱性药物。轻度酸中毒的病人，随扩容治疗时输入平衡盐溶液所带入的一定量的碱性物质和组织灌流的改善，无需应用碱性药物即可得到缓解。对酸中毒明显、经扩容治疗不能纠正者，仍需应用碱性药物，如5%碳酸氢钠溶液纠正。 (4) 应用血管活性药物：在血容量基本补足的前提下使用辅助扩容治疗。理想的血管活性药物既能迅速提升血压，又能改善心脏、脑血管、肾和肠道等内脏器官的组织灌注。血管活性药物主要包括血管收缩剂、扩张剂及强心药物三类。 (5) 改善微循环：休克发展到DIC阶段，需应用肝素抗凝治疗。DIC晚期，纤维蛋白溶解系统功能亢进，可应用抗纤溶药。 (6) 控制感染：包括处理原发感染灶和应用抗菌药。	配合医生治疗的侧重点________。

护理评价

护理目标的达成情况。

知识拓展……

➢ 水、电解质、酸碱平衡失调病人的护理

一、概述

1．体液组成及分布　成年男性体液约占体重的60%；女性约占50%；婴幼儿可高达70%～80%。体液由细胞内液和细胞外液两部分组成。细胞内液约占体重的40%；细胞外液均约占体重的20%，主要由血浆和组织间液组成，其中血浆约占体重的5%。

2．体液平衡及调节

（1）水平衡：人体内环境的稳定有赖于体内水分的恒定，人体每日摄入一定量的水，同时也排出相应量的水，达到每天出入水量的动态平衡。

正常成人每日摄入量（ml）：饮水1600ml，食物700ml，代谢氧化生水200ml，合计2500ml；

正常成人每日排出量（ml）：尿1500ml，粪200ml，呼吸300ml，皮肤蒸发500ml，合计2500ml。

（2）电解质平衡：维持体液电解质平衡的主要电解质为Na^+和K^+。

（3）体液平衡的调节：体液容量及渗透压的稳定主要由神经-内分泌系统调节。

3．酸碱平衡及调节　人体主要依靠体液中存在的缓冲对、肺和肾调节酸碱平衡。缓冲系统以HCO_3^-/H_2CO_3最为重要，其比值保持于20∶1。

二、水和钠代谢紊乱

	等渗性缺水	低渗性缺水	高渗性缺水
血钠（mmol/L）	130～150	小于130	大于150
病因	消化液、体液急性丧失，如大量呕吐和肠瘘、肠梗阻、急性腹膜炎、大面积烧伤早期等	胃肠道消化液持续性丢失，反复呕吐、腹泻，长期胃肠减压等	水分摄入不足，如长期禁食，食管癌吞咽困难，高热大量出汗，大面积烧伤经创面蒸发大量水分
水钠丢失比例	水和钠成比例丧失	失钠多于失水	失水多于失钠
主要丧失液区	细胞外液	细胞外液	细胞内液

续表

	等渗性缺水	低渗性缺水	高渗性缺水
临床表现	恶心、呕吐、厌食、口唇干燥、眼窝凹陷、皮肤弹性降低和少尿等症状，但不口渴。当短期内体液丧失达体重的5%时，可表现为心率加快、脉搏减弱、血压不稳定或降低、肢端湿冷等休克症状，可伴代谢性酸中毒	病人口渴不明显，因缺钠出现疲乏、头晕、软弱无力，恶心呕吐、表情淡漠、腓肠肌痉挛性疼痛较明显；较早出现站立性昏倒、血压下降甚至休克。早期尿量正常或略增多，但尿比重低，尿钠、氯含量下降；后期尿少，但尿比重仍低	（1）轻度：缺水量占体重的2%～4%。除口渴外，无其他临床症状 （2）中度：缺水量占体重的4%～6%。除极度口渴外，常伴烦躁、乏力、皮肤弹性差、眼窝凹陷、尿少和尿比重增高 （3）重度：缺水量大于体重的6%。除上述症状外，可出现躁狂、幻觉、谵妄甚至昏迷等
治疗原则	治疗病因是关键；一般可用等渗盐水或平衡盐溶液补充血容量	轻、中度缺钠病人，一般补充5%葡萄糖氯化钠溶液；重度缺钠病人静脉滴注适量高渗盐水	应鼓励病人饮水及经静脉补充5%葡萄糖溶液或0.45%的氯化钠溶液，以补充已丧失的液体

三、钾代谢异常

体内钾总含量98%在细胞内，K^+是细胞内液主要的阳离子，血钾正常值为3.5～5.5mmol/L。

	低钾血症	高钾血症
血钾浓度	血清钾<3.5mmol/L	血清钾>5.5mmol/L
病因	（1）摄入不足，如长期禁食、少食或静脉补充钾盐不足 （2）体液丧失增加，应用促使排抻的利尿剂等 （3）K^+向细胞内转移，如大量输入高渗葡萄糖和胰岛素、代谢性碱中毒等	（1）排钾障碍：多见于肾衰竭，是引起高血钾的常见原因 （2）体内分布异常：缺氧、酸中毒，大量钾由细胞内释出，导致血清钾过高 （3）摄入过多：静脉补钾过量、过快、过浓，以及大量输入保存期较久的库血等
临床表现	（1）肌无力：为最早的临床表现，一般先出现四肢肌软弱无力 （2）消化道功能障碍：有恶心、呕吐、腹胀和肠麻痹等症 （3）心脏功能异常：表现为心动过速、血压下降、心室颤动和心脏停搏 （4）代谢性碱中毒和反常性酸性尿	（1）心脏：抑制心脏传导系统，抑制心肌收缩，出现心动过缓、心脏停搏 （2）骨骼肌：四肢软弱无力甚至软瘫 （3）神经系统：精神萎靡、嗜睡
心电图	T波降低、QT延长和U波	T波高而尖和QT间期延长、QRS波增宽和P–R间期延长

续表

	低钾血症	高钾血症
治疗原则及护理	寻找和去除原因，制订补钾计划： （1）尽量口服补钾：常选用10%氯化钾溶液或枸橼酸钾口服 （2）禁止静脉注射钾 （3）见尿补钾：一般以尿量超过40ml/h方可补钾 （4）总量限制：补钾量为氯化钾3～6g/d （5）控制补钾浓度：补液中钾浓度不宜超过40mmol/L（10%氯化钾3g/L） （6）滴速勿快：补钾速度不宜超过20mmol/h	（1）立即停止输注或口服含钾药物，避免进食含钾量高的食物 （2）发生心律不齐时，可用10%葡萄糖酸钙加入在等量25%葡萄糖溶液内静脉注射 （3）促使K^+转移入细胞内 （4）促使K^+排泄

四、酸碱平衡失调

正常体液的pH为7.35～7.45。

	代谢性酸中毒	代谢性碱中毒	呼吸性酸中毒	呼吸性碱中毒
病因	（1）体内酸性物质生成过多：严重损伤、腹膜炎、缺氧、高热、休克时酸性代谢产物不断生成；又如长期不能进食而能量供应不足，体内脂肪分解过多形成酮体 （2）氢离子排出减少：急性肾衰竭时肾小管排H^+和重吸收HCO_3^-受阻 （3）碱性物质丢失过多：腹泻、胆瘘、肠瘘或胰瘘等致大量碱性消化液丧失	（1）H^+丢失过多：幽门梗阻、长期胃肠减压丢失大量H^+、Cl^- （2）碱物质摄入过多：长期服用碱性药物或大量输注库血。 （3）低钾血症：钾缺乏时，细胞内钾向细胞外转移，K^+–Na^+交换增加 （4）利尿剂的作用：呋塞米等排钾利尿剂可导致低钾低氯性碱中毒	凡能引起肺泡通气不足的疾病均可导致呼吸性酸中毒。如全身麻醉过深、镇静剂过量、呼吸机管理不当、喉或支气管痉挛、急性肺水肿、严重气胸、胸腔积液、慢性阻塞性肺疾病和心跳骤停等	凡引起过度通气的因素均可导致呼吸性碱中毒。常见于癔症、高热、中枢神经系统疾病、疼痛、呼吸机辅助通气过度等
临床表现	较典型的症状为呼吸深而快，呼出气体有酮味，病人面色潮红、心率加快、血压偏低	轻者常无明显表现。较重的病人呼吸变浅变慢或有精神方面的异常	胸闷、气促、呼吸困难、发绀和头痛，失眠、躁动、昼睡夜醒，严重者可伴血压下降、谵妄、昏迷等	多数病人有呼吸急促的表现。可有眩晕、手足和口周麻木及针刺感、肌震颤、手足抽搐，常伴有心率加快

续表

	代谢性酸中毒	代谢性碱中毒	呼吸性酸中毒	呼吸性碱中毒
动脉血气分析	血浆pH<7.35，HCO_3^-降低，$PaCO_3$定程度降低或正常	血浆pH和HCO_3^-增高，$PaCO_3$正常	血浆pH和$PaCO_3$增高，HCO_3^-可正常	血浆pH增高，$PaCO_3$和HCO_3^-下降
治疗原则及护理	积极处理原发病，轻度代谢性酸中毒经补液后多自行纠正。重症首选5%碳酸氢钠	关键在于解除病因，轻者补等渗盐水或葡萄糖盐水。碱中毒几乎都合并低钾血症，同时补充氯化钾可终止反常性酸性尿，加速纠正碱中毒	积极治疗原发疾病和改善通气功能，必要时行气管插管或气管切开术	在治疗原发疾病的同时对症治疗。如用纸袋罩住口鼻呼吸等

护考知识链接……

1. 休克类型：低血容量性休克、感染性休克、心源性休克、神经源性休克、过敏性休克，外科最常见的是低血容量性休克和感染性休克。
2. 休克共同的病理生理基础：有效循环血量锐减和组织灌注不足导致的微循环代谢改变及内脏器官继发性损害。
3. 休克分期：休克早期（微循环痉挛期）、休克期（微循环扩张期）、休克晚期（微循环衰竭期）。
4. 各期休克的典型临床表现。
5. 休克病人的护理措施。
6. 根据血压和中心静脉压的关系调整输液速度（表5-17）。

表 5-17　中心静脉压及血压与补液的关系

中心静脉压	血压	原因	处理原则
低	低	血容量严重不足	充分补液
低	正常	血容量不足	适当补液
高	低	心功能不全或血容量相对过多	强心、纠酸、扩管
高	正常	容量血管（静脉）过度收缩	舒张血管
正常	低	心功能不全或血容量不足	补液试验

注：补液试验——用250ml生理盐水在5~10分钟内经静脉快速滴入，若血压升高而中心静脉压不变，提示血容量不足；若血压不变而中心静脉压升高3~5cmH_2O，则提示心功能不全。

护考练兵场……

A_1/A_2型题（单选题）

1．各种类型休克的基本病理生理变化是（　　）

A．血压下降　　B．脉搏细速　　C．代谢性酸中毒
D．心排出量减少　　E．有效循环血量锐减

2．休克病人血压和中心静脉压均低，提示（　　）

A．血容量严重不足　　B．心功能不全　　C．血管过度收缩
D．肺功能不全　　E．血容量严重过多

3．病人，女性，37岁。以“急性化脓性梗阻性胆管炎”收入院。观察发现：寒战使体温升至40℃，脉率118次/分，血压75/55mmHg。护士判断其休克的类型为（　　）

A．感染性休克　　B．失血性休克　　C．心源性休克
D．神经源性休克　　E．创伤性休克

4．病人，女性，31岁。车祸导致开放性骨折、大出血，送急诊救治。测血压71/49mmHg。医生未到之前，护士首先应（　　）

A．观察病人的生命体征变化　　B．询问受伤经过
C．止血、测量血压、配血、建立静脉输液通道　　D．给予镇痛药
E．请病人家属在抢救室外等候

5．病人，女性，27岁，车祸致脾破裂。查体：血压55/31mmHg，脉率122次/分，病人烦躁不安、皮肤苍白、四肢湿冷。护士给予病人的哪项护理措施应除外（　　）

A．吸氧，输液　　B．置热水袋保暖
C．中凹卧位　　D．留置导尿管，观察每小时尿量
E．观察病人意识状态

综合运用……

（接前述案例）张先生病情好转出院。

问题：作为责任护士，请结合案例制定一份健康教育处方。

我学会了……

我掌握了……

我的问题……

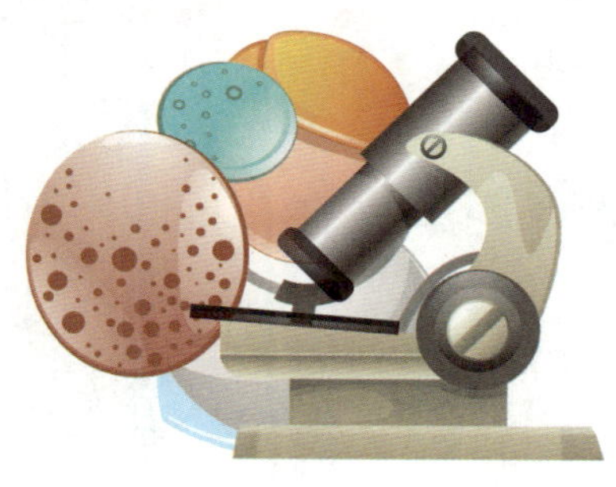

项目六

皮肤与皮下组织疾病病人的护理

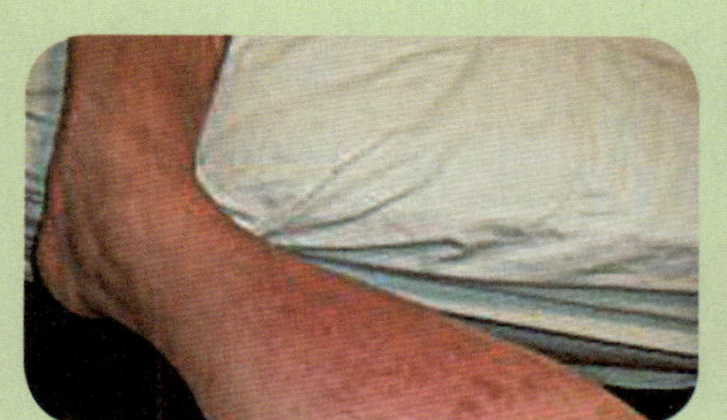

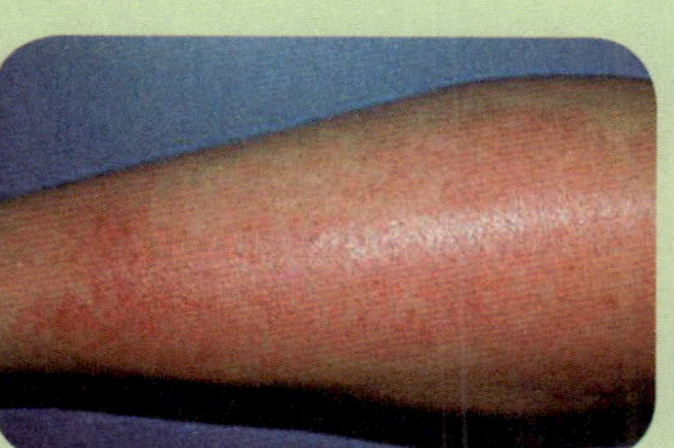

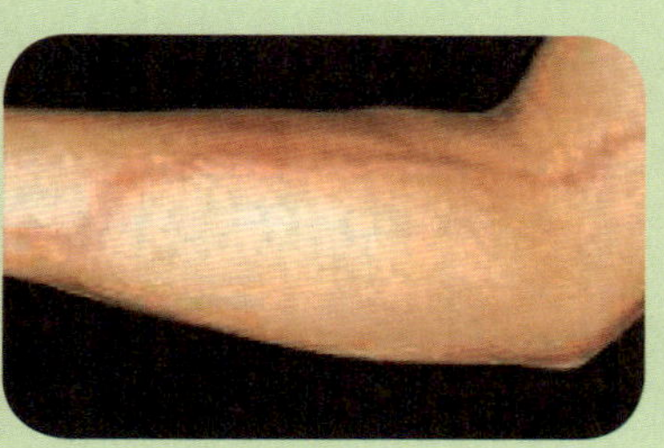

任务一　皮肤及皮下软组织化脓性感染病人的护理

我们的目标是……

- 了解皮肤及皮下软组织化脓性感染的概念。
- 熟悉皮肤及皮下软组织化脓性感染病人的主要护理诊断。
- 掌握皮肤及皮下软组织化脓性感染病人的典型症状和主要护理措施。

我们的任务是……

- 学会皮肤及皮下软组织化脓性感染病人的护理评估。
- 根据情景案例提出主要的护理诊断。
- 初步实施皮肤及皮下软组织化脓性感染病人的护理措施。

任务实施中……

临床情景——普外科

王某，45岁，已婚，家庭妇女，有足癣史10年。因突然畏寒、发热2天来院就诊。2天前王某在家打扫了一整天卫生备感疲劳，之后出现畏寒、发热，未予重视，今天病情加重，伴有小腿疼痛、食欲缺乏、无法行走，故来院就诊。体格检查：T 39.5℃，P 84次/分，R 20次/分，BP 108/75mmHg；神志清楚，精神委靡，全身皮肤黏膜无黄染，头颈、心肺、腹部检查无阳性体征；右小腿有片状红斑，边界清楚，触痛明显，右腹股沟淋巴结肿大及触痛。化验：血白细胞14×10^9/L，中性粒细胞比例91%。

问题1. 王女士可能得了什么病？存在哪些身心状况？

问题2. 根据王女士的身心状况，她存在哪些护理问题？

问题3. 若你是当班护士，你如何护理王女士？

根据本任务的临床情景，完成表6-1。

表 6-1　情景案例病人的护理评估分析

评估项目	评估要点
1．健康史	性别________；年龄________；职业________ 现病史（病情、诊疗过程、现自觉症状等）________ 起病情况（时间、原因或诱因、症状体征等）________ 既往史（疾病、生活、家族史等）________
2．身体状况	症状________ 体征________
3．心理–社会状况	(伴有的心理状况)________
4．辅助检查	(项目名称及结果)________
结论：病人可能得了________，伴有________	

一、概述

常见的皮肤及皮下软组织化脓性感染包括疖、痈、急性蜂窝织炎、急性淋巴管炎与淋巴结炎、脓肿。主要致病菌常为存在于皮肤表面的金黄色葡萄球菌、溶血性链球菌等。

1．疖　是单个毛囊及其所属皮脂腺的急性化脓性感染，常扩散至皮下周围组织。疖常发生于毛囊和皮脂腺丰富的头、面部、颈部、背部等。其发病与皮肤不洁、擦伤、局部摩擦、环境温度较高或人体抗感染能力低下相关。致病菌以金黄色葡萄球菌为主。

2．痈　是多个相邻毛囊及其周围组织的急性化脓性感染，或由多个疖融合而成。多见于免疫力差的老年人和糖尿病病人，常发生在皮肤较厚的颈部和背部。痈的发生与皮肤不洁、擦伤、人体抵抗力低下有关。致病菌以金黄色葡萄球菌为主。

3．急性蜂窝织炎　是发生于皮下、筋膜下、肌间隙或深部疏松结缔组织的急性弥漫性化脓性感染。主要致病菌为β-溶血性链球菌（乙型溶血性链球菌），其次是金黄色葡萄球菌。本病发展迅速，致病菌产生毒性强的溶血素、透明质酸酶和链激酶等，可导致全身性感染如脓毒症或菌血症。

4．丹毒　是皮肤及其网状淋巴管的急性炎症，是一种具有传染性的非特异性感染。好发于小腿和面部。由β-溶血性链球菌经体表小伤口或足癣病灶处侵入。

5．急性淋巴管炎和淋巴结炎　是指细菌自皮肤损伤或其他原发感染灶侵入皮下结缔组织层淋巴管所引起的急性炎症。好发于下肢，常见的致病菌是乙型溶血性链球菌。

6．脓肿　是指化脓性感染发生后，组织或器官内病灶坏死、液化后形成脓液，积聚在体内，有完整的腔壁。常见的致病菌主要是金黄色葡萄球菌。一般在感染原发部位形成脓肿。

二、护理评估

（一）健康史

评估病人的年龄、发育、营养状况。了解病人个人卫生习惯、生活和工作环境，既往有无感染病史。目前是否伴随糖尿病等慢性消耗性疾病，有无足癣等皮肤病。近期是否应用糖皮质激素、化疗药物等免疫抑制剂。

（二）身体状况

1．局部表现　皮肤及皮下浅表软组织感染一般具有感染共性，即局部出现红、肿、热、痛的炎性肿块，中央部位逐渐坏死、化脓，最后脓肿破溃。不同浅表软组织感染各具特点（表6-2）。

2．全身表现　浅表软组织感染位置表浅、感染处于早期或化脓后引流通畅者可无明显全身表现；若病灶部位较深、感染扩散、脓液引流不畅，则可出现寒战、发热、头痛、食欲减退等全身表现。

表 6-2　常见浅表软组织化脓性感染

感染类型	主要特点
疖	初起时，局部皮肤出现红、肿、痛的小结节，后渐增大呈圆锥形隆起，数日后结节中央组织坏死而变软出现黄白色脓栓。面部危险三角区（上唇、鼻、鼻唇沟）的疖受到挤压时，细菌可沿眼静脉和内眦静脉进入颅内的海绵状静脉窦，引起（颅内感染）化脓性海绵状静脉窦炎，出现眼部及其周围组织的红肿和疼痛，并有寒战、高热、头痛，甚至昏迷，死亡率很高。
痈 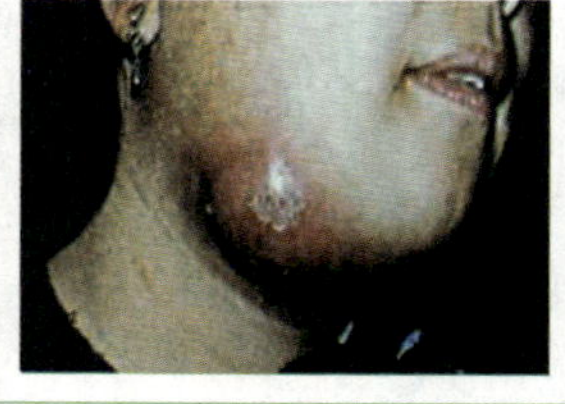	局部出现稍隆起的硬结，色暗红，界限不清，其中可能有数个脓点。早期疼痛较轻，随感染发展，在中央部皮肤坏死，呈火山口状，局部疼痛加剧，多有明显的全身症状。上唇痈可因口唇多动或挤压引起颅内的海绵状静脉窦炎，危险性更大。
急性蜂窝织炎 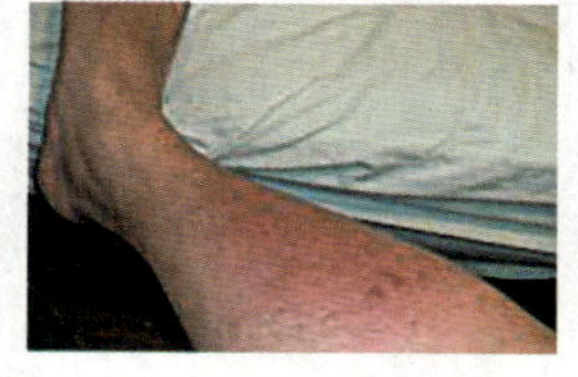	（1）一般性皮下蜂窝织炎：表现为局部皮肤肿胀疼痛，表皮发红发热，红肿边界不清，多伴有全身症状。 （2）口底、颌下、颈部急性蜂窝织炎：感染起源于口腔和面部，迅速波及咽喉部，可致喉头水肿而压迫气管，导致呼吸困难甚至窒息。

续表

感染类型	主要特点
丹毒	丹毒起病急，进展快，先有畏寒、发热、头痛等全身症状，高热可达39～40℃，继之局部出现片状红疹，色鲜红，中央较淡，边界清楚并略隆起，伴灼痛感。一般不化脓。反复发作可使淋巴管受阻而发生象皮肿。
急性淋巴管炎 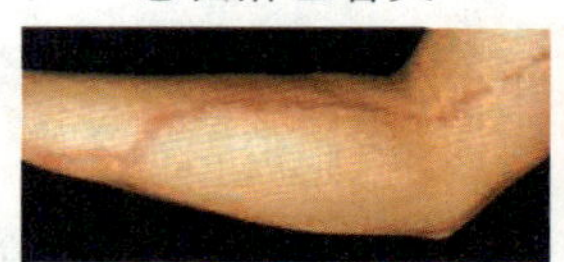	浅层急性管状淋巴管炎会在皮肤上出现一条或数条红线，自原发病灶向近心端延伸，硬且有压痛。深层淋巴管炎皮肤不出现红线，但患肢肿胀、压痛。
脓肿 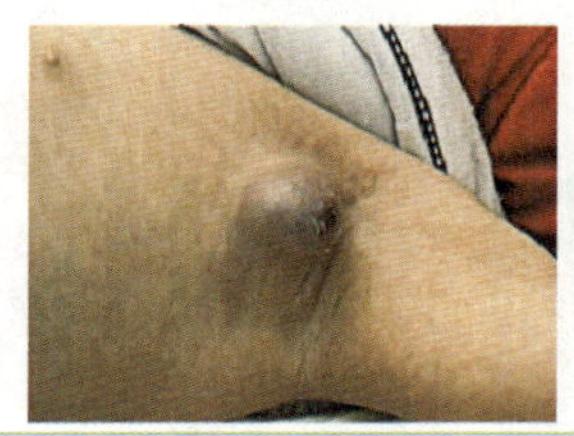	浅表脓肿局部红、肿、热、痛明显，有波动感。深部脓肿局部疼痛、压痛，有全身症状，穿刺抽到脓液可确诊。

（三）心理–社会状况

急性浅表软组织化脓性感染后，疼痛、寒战、发热等可引起病人焦虑、烦躁。女性病人常担忧面部感染影响容颜。

（四）辅助检查

1．血常规检查　有全身症状者，血白细胞计数和中性粒细胞比例增高。

2．血液、脓液细菌培养　细菌培养和药敏试验可确诊病原菌。

3．血生化检查　检查空腹血糖等，了解病人是否有糖尿病等慢性疾病。

4．影像学检查　B超、CT、MRI检查可早期发现深部脓肿。

（五）治疗要点

1．消除病因，及时处理原发病灶，脓肿形成时切开引流。较轻或范围较小的浅部感染，可局部热敷、理疗、外敷药物等；感染较深或范围较大者，应给予有效抗生素并加强支持治疗。脓肿一旦确诊，应立即切开引流。

2．危险三角区的疖严禁挤压。痈做“+”或“++”字切口，充分引流，唇痈禁忌切开。

3．口底、颌下及颈部的急性蜂窝织炎应及早切开，以防发生呼吸困难和窒息。注意密切观察呼吸情况。

4．丹毒病人应将患肢抬高并制动，局部硫酸镁湿敷，全身应用抗生素，首选青霉素。丹毒有接触传染性，应做好床边隔离。

5．急性淋巴管炎病人应积极治疗原发病灶，制动并抬高患肢，局部硫酸镁湿敷，全身应用抗生素。

三、护理诊断

1．体温过高　与感染后炎症反应有关。
2．疼痛　与感染有关。
3．焦虑　与疼痛不适和担心预后有关。
4．潜在并发症　感染性休克、呼吸困难或窒息、颅内感染等。

护理目标

病人体温恢复正常；疼痛减轻或消失；焦虑减轻，情绪稳定；病人营养状况逐渐恢复正常，抗感染能力增强。

四、护理措施

表 6-3　皮肤及皮下软组织化脓性感染病人的护理

护理流程	护理要点	案例重点分析
1．一般护理	（1）体位与休息：抬高患部并制动，以减轻局部肿胀和疼痛，利于炎症消散。 （2）饮食与营养：鼓励进食高蛋白、高维生素、高热量及易消化食物，高热及口唇、口底感染者进流质或半流质饮食。 （3）丹毒具有一定的传染性，做好床旁隔离防护。	护理王女士时工作人员的自我防护措施________。
2．病情监测 危险三角区	（1）观察病人神志、精神状态，密切监测生命体征，注意有无局部感染扩散、脓肿转移和全身性感染。 （2）“危险三角区”的疖和上唇痈需注意有无头痛、眼部周围组织红肿、意识障碍等颅内感染征象。 （3）对口底、颌下、颈部蜂窝织炎应严密观察有无呼吸困难，发现异常及时报告医生。	

续表

护理流程	护理要点	案例重点分析
3．治疗配合	（1）对年老体弱者，遵医嘱营养支持，必要时输新鲜血。 （2）全身感染者，遵医嘱合理应用抗生素，如丹毒首选青霉素。应注意观察药物疗效和不良反应。 （3）一般脓肿形成后，应配合医生及时切开引流及换药，保持引流通畅。	王女士的首选抗生素________。
4．心理护理	关心、鼓励病人，消除焦虑心理，增强战胜疾病的信心。	
5．健康指导	（1）指导病人加强营养、提高机体抵抗力。注意个人卫生和饮食卫生。 （2）做好劳动保护，预防损伤。 （3）积极治疗糖尿病等全身性疾病。	

护理评价

护理目标的达成情况。

护考知识链接……

1．危险三角区的疖和上唇痈禁忌挤压，需注意有无头痛、眼部周围组织红肿、意识障碍等颅内感染征象。唇痈禁忌切开。口底、颌下、颈部的急性蜂窝织炎应及早切开，以防发生呼吸困难和窒息。对口底、颌下、颈部蜂窝织炎病人应严密观察呼吸情况。
2．丹毒是皮肤及其网状淋巴管的急性炎症，好发于小腿和面部，是一种具有传染性的非特异性感染，一般不化脓，护理该病人时应注意床旁隔离。
3．脓肿一旦形成，应立即切开引流。

护考练兵场……

A_1型题（单选题）

1．疖与痈的主要区别在于（　　）

A．致病菌　　B．白细胞计数　　C．有无脓栓

D．感染范围　　E．全身症状

2．需要床旁隔离的软组织化脓性感染是（　　）

A．疖　B．痈　C．急性蜂窝织炎

D．丹毒　E．急性淋巴管炎

3．口底、颌下及颈部蜂窝织炎病人颈部肿胀明显，应特别密切观察下列哪项（　　）

A．意识　B．呼吸　C．血压

D．白细胞计数　E．脉搏

4．下列哪种方法能帮助诊断浅部脓肿（　　）

A．检查有无波动感　B．细菌培养　C．用针穿刺

D．X线检查　E．B超检查

5．皮肤多个相邻的毛囊和皮脂腺的急性化脓性感染是（　　）

A．疖　B．痈　C．丹毒

D．急性蜂窝织炎　E．急性淋巴管炎

A_2/A_3型题（单选题）

6．李某，男性，25岁。因颈部蜂窝织炎入院。下列护理中不正确的是（　　）

A．脓肿形成后切开引流　B．注意观察循环情况　C．给病人吸氧

D．物理降温　E．应用大剂量抗生素

7．病人，男性，16岁。上唇疖挤压后出现寒战、高热、头痛、昏迷。首先应考虑（　　）

A．败血症　B．菌血症　C．脓毒血症

D．蜂窝织炎　E．海绵状静脉窦炎

（8~10题共用题干）病人，女性，70岁。因“颌下急性蜂窝织炎”入院。病人颈部明显红肿、疼痛，伴严重全身感染症状，自感心慌、气紧、胸闷，口唇发绀。既往有冠心病及慢性支气管炎病史。入院后予以抗感染治疗。

8．目前病人最可能发生的并发症是（　　）

A．急性肺水肿　B．急性心肌梗死　C．急性呼吸衰竭

D．窒息　E．慢性支气管炎急性发作

9．导致病人发生该并发症的原因是（　　）

A．输液过多过快　B．喉头水肿　C．支气管痉挛

D．心肌缺血缺氧　E．支气管炎症性水肿

10．预防该并发症的最重要的措施是（　　）

A．尽早吸氧　B．应用支气管解痉剂

C．尽早行局部切开减压　D．舌下含化硝酸甘油

E．大剂量应用糖皮质激素

综合运用……

(接前述案例)王某病情好转出院。

问题:作为责任护士,请结合案例制定一份健康教育处方。

我学会了……

我掌握了……

我的问题……

任务二　手部急性化脓性感染病人的护理

我们的目标是……

- 了解甲沟炎和脓性指头炎的定义、病因。
- 熟悉甲沟炎和脓性指头炎病人的护理评估、护理诊断。
- 掌握甲沟炎和脓性指头炎病人的身体状况、护理措施。

我们的任务是……

- 学会手部急性化脓性感染病人的护理评估。
- 根据情景案例提出主要的护理诊断。
- 初步实施手部急性化脓性感染病人的护理措施。

任务实施中……

临床情景——骨外科

赵先生，56岁。右手食指末节手指被针刺伤，第2天自觉指头疼痛，有轻微红肿，未进行处理，第4天手指局部疼痛剧烈、张力高，于是到医院就诊。

问题1. 赵先生可能得了什么病？存在哪些身心状况？

问题2. 根据赵先生的身心状况，他存在哪些护理问题？

问题3. 若你是当班护士，你如何护理赵先生？

根据本任务的临床情景，完成表6-4。

表 6-4　情景案例病人的护理评估分析

评估项目	评估要点
1．健康史	性别________；年龄________ 现病史（病情、诊疗过程、现自觉症状等）________ 起病情况（时间、原因或诱因、症状体征等）________ 既往史（疾病、生活、家族史等）________
2．身体状况	症状________ 体征________
3．心理-社会状况	（伴有的心理状况）________
4．辅助检查	（项目名称及结果）________
结论：病人可能得了________，伴有________	

一、概述

手部急性化脓性感染包括甲沟炎、脓性指头炎、腱鞘炎、滑囊炎等。主要致病菌常为存在于皮肤表面的金黄色葡萄球菌。甲沟炎是甲沟或其周围组织的化脓性感染，多因手指轻微受伤如剪指甲、逆拔皮刺和刺伤等引起。脓性指头炎是指手指末节掌面皮下组织的急性化脓性感染，多因手指刺伤引起。

二、护理评估

（一）健康史

了解有无指甲剪得过短、逆拔皮刺和手指刺伤等情况。

（二）身体状况

1．甲沟炎　常先发生在一侧甲沟皮下，开始时出现红、肿、热、痛，炎症可自行好转或经过治疗后消退，也可迅速化脓。炎症自甲沟一侧可蔓延至甲根部或对侧甲沟，形成半环形脓肿，若未及时切开排脓，感染向深层蔓延可形成指头炎或指甲下脓肿性甲沟炎或指骨骨髓炎。甲沟炎多无全身症状。

2．脓性指头炎　初期患指发红、轻度肿胀、刺痛，逐渐出现指头肿胀加重、剧烈搏动样跳痛，下垂时更甚。病人多伴有寒战、发热等全身症状，感染加重可出现手指末节指骨缺血坏死，若治疗不及时，严重时可形成慢性骨髓炎，伤口经久不愈。

（三）心理–社会状况

因手指剧烈疼痛影响生活而担心、害怕。

（四）辅助检查

1．实验室检查　血常规检查示白细胞计数和中性粒细胞比例增加。指头炎者可采集脓液检测病菌种类。

2．X线检查　感染手指的X线摄片可明确有无指骨坏死。

（五）治疗要点

1．甲沟炎　早期局部热敷理疗，外敷药膏等。形成脓肿时，可在甲沟处切开引流。

2．脓性指头炎　初发时，应悬吊前臂平置患手，避免下垂以减轻疼痛，给予青霉素等抗菌药物，患指外敷金黄膏等。一旦出现跳痛，明显肿胀，及时切开减压和引流，不能等到波动出现后才手术。

三、护理诊断

1．疼痛　与炎症刺激、局部组织肿胀、压迫神经纤维有关。

2．知识缺乏　缺乏预防感染的知识。

3．潜在并发症　指骨坏死。

护理目标

病人疼痛减轻或消失；抗感染能力增强；无并发症发生。

四、护理措施

表 6-5　手部急性化脓性感染病人的护理

护理流程	护理要点	案例重点分析
1．缓解疼痛	（1）应嘱咐病人保持患指向上并制动，避免下垂，与前臂保持平置。患指抬高有利于改善局部血液循环，减轻炎性充血、水肿。 （2）创面换药时，操作轻柔、仔细，保持敷料清洁、干燥，及时更换浸湿的敷料。	
2．病情监测	（1）密切注意局部疼痛、红肿症状的进展，控制感染。护理时一旦发现患指出现搏动性跳痛、肿胀，应及时通知医生，切开减压引流，不能等到波动感出现后才手术。 （2）严密观察和预防指骨坏死。若脓性指头炎的创面经久不愈，应做X线摄片检查，以警惕骨髓炎的发生。	
3．治疗配合 脓性指头炎手术切口	（1）未形成脓肿时，给予热敷、理疗、外敷中西药等。 （2）行脓肿切开者，保持引流通畅，观察伤口渗出的情况、引流物的颜色和性质等。 （3）按医嘱合理应用抗生素，注意观察不良反应。 （4）手部感染愈合后，指导病人活动患处附近的关节，以尽早恢复手部功能。	
4．健康指导	（1）加强劳动保护，预防手损伤，保持手部清洁，指甲不宜剪得过短。 （2）重视手部的任何微小损伤，伤后局部应用碘酊消毒，以防感染。手部轻度感染时应该及早就医。	指导赵先生的保健________。

护理评价

护理目标的达成情况。

护考知识链接……

1．手部急性化脓性感染主要致病菌常为金黄色葡萄球菌。

2．指头炎应保持患指向上，避免下垂，与前臂保持平置。

3．脓性指头炎一旦出现搏动性跳痛，即应切开减压引流，不能等到波动感出现后才手术。脓性指头炎若不及时治疗，易发生指骨缺血性坏死。

护考练兵场……

A_1型题（单选题）

1．脓性指头炎若不及时治疗，易发生（　　）

A．示指化脓性腱鞘炎　　B．掌中间隙脓肿　　C．指骨缺血性坏死

D．脓毒症　　E．桡侧滑囊炎

2．脓性指头炎切开引流最适宜的时机是（　　）

A．指尖疼痛，肿胀时　　B．指尖跳痛，肿胀剧烈时　　C．炎症局限化时

D．指头软化，出现波动感时　　E．伴有指骨骨髓炎时

综合运用……

（接前述案例）赵先生病情好转出院。

问题：作为责任护士，请结合案例制定一份健康教育处方。

我学会了……

我掌握了……

我的问题……

聚焦二十大……

习近平总书记在二十大报告中指出：深化医药卫生体制改革，促进医保、医疗、医药协同发展和治理。促进优质医疗资源扩容和区域均衡布局，坚持预防为主，加强重大慢性病健康管理，提高基层防病治病和健康管理能力。

项目七

肌肉、骨骼系统疾病病人的护理

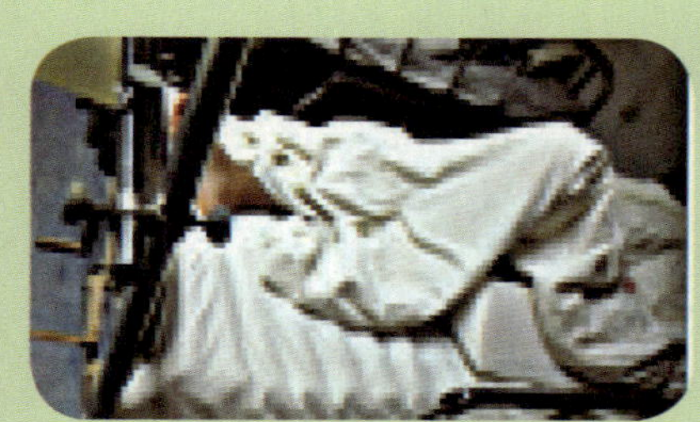

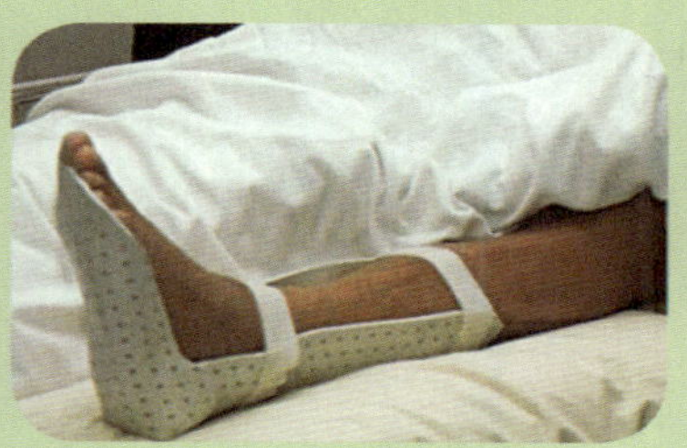

任务一 腰椎间盘突出症病人的护理

我们的目标是……

- 了解腰椎间盘突出症的定义、分类。
- 熟悉腰椎间盘突出症病人的护理评估、主要护理诊断。
- 掌握腰椎间盘突出症病人的主要护理措施。

我们的任务是……

- 学会腰椎间盘突出症病人的护理评估。
- 根据情景案例提出主要的护理诊断。
- 初步实施腰椎间盘突出症病人的护理措施。

任务实施中……

临床情景——骨外科

赵女士，45岁。因工作劳累反复下腰痛1年多，加重1个月入院。入院时神志清醒，T 37.1℃，P 75次/分，R 18次/分，BP 129/95mmHg，脊柱无明显侧弯畸形，腰部活动障碍伴放射性下肢痛、麻木、肌力降低、感觉异常，腰5棘突压痛（+），叩击痛（+），直腿抬高试验及加强试验阳性。腰椎MRI提示：腰5骶1椎间盘突出。病人要求保守治疗。

问题1. 赵女士可能得了什么病？存在哪些身心状况？

问题2. 根据赵女士的身心状况，她存在哪些护理问题？

问题3. 若你是当班护士，你如何护理赵女士？

根据本任务的临床情景，完成表7-1。

表 7-1　情景案例病人的护理评估分析

评估项目	评估要点
1．健康史	性别________；年龄________ 现病史（病情、诊疗过程、现自觉症状等）________ 起病情况（时间、原因或诱因、症状体征等）________ 既往史（疾病、生活、家族史等）________
2．身体状况	症状________ 体征________
3．心理–社会状况	（伴有的心理状况）________
4．辅助检查	（项目名称及结果）________
结论：病人可能得了________，伴有________	

一、概述

腰椎间盘突出症是指腰椎间盘变性、纤维环破裂和髓核组织突出、刺激或压迫脊神经根、马尾神经所引起的临床综合征，是腰腿痛最常见的原因之一。以20～50岁为多发年龄，男性多于女性。以腰4～腰5、腰5～骶1间隙发病率最高，占90%～96%。腰痛和坐骨神经痛为其常见临床症状，而以腰痛出现最早。腰椎检查可见直腿抬高试验和加强试验阳性。

二、护理评估

（一）健康史

了解有无腰椎慢性劳损或外伤病史，其病程长短、发作及治疗情况。

（二）身体状况

1．腰痛　是最早出现的症状，也是最常见的症状。早期仅有腰痛，常表现为急性剧痛或慢性隐痛，弯腰负重、咳嗽、打喷嚏时加重，休息时减轻。

2．坐骨神经痛　大多数伴有坐骨神经痛，这是因为腰椎间盘突出多发于腰4～腰5、腰5～骶1椎间隙之故。典型的坐骨神经痛是从下腰部向臀部、大腿后方、小腿外侧直到足背放射痛。最初为痛觉过敏或钝痛，逐渐加重，可伴有麻木感，可为麻痛、刺痛、胀痛等。

3．马尾神经受压表现　出现大小便障碍，鞍区感觉异常。

4．其他　腰椎检查可见腰椎侧凸，腰部活动受限，病变部位压痛及骶棘肌痉挛；下肢感觉、反射异常，肌力下降，踝反射减弱或消失。

5．直腿抬高试验及加强试验阳性　病人取平卧位，膝伸直抬高下肢，抬高在20°～40°时即出现坐骨神经痛，称直腿抬高试验阳性，其阳性率约为90%。在直腿抬高试验阳性的基础上，缓慢降低患肢高度到疼痛缓解，再将踝关节被动背屈，如又出现坐骨神经痛，则为加强试验阳性。

（三）心理–社会状况

长时间急慢性腰腿痛、下肢感觉异常，给病人带来痛苦。严重时影响病人正常生活与工作，使其产生不良情绪如焦虑、抑郁等。

（四）辅助检查

1．X线检查　可显示椎体边缘增生及椎间隙变窄等退行性变。

2．CT和MRI检查　可显示椎管形态、椎间盘突出的大小和方向等，MRI还能显示脊髓、髓核、马尾神经、脊神经根的情况。

（五）治疗要点

年轻、初次发作或病程较短，休息后症状可自行缓解的病人，以及X线检查无椎管狭窄者采用非手术治疗，包括绝对卧床休息，骨盆牵引、理疗和按摩推拿、应用腰围、皮质激素硬膜外注射等。症状较重者可采取手术治疗，常用髓核摘除术，近年来临床采用微创外科技术，创伤小，效果好。

三、护理诊断

1．疼痛　与椎间盘突出、肌肉痉挛、不舒适的体位有关。

2．焦虑　与担心预后和害怕手术有关。

3．躯体活动障碍　与椎间盘突出、牵引或手术有关。

护理目标

病人疼痛减轻或消失；情绪稳定；生活能自理；了解腰椎间盘突出的预防及功能锻炼知识。

四、护理措施

表 7-2　腰椎间盘突出症病人的护理

护理流程	护理要点	案例重点分析
1．一般护理 腰围	（1）体位与休息：急性期绝对卧硬板床休息，取仰卧位。3～4周后如好转，可起床活动，但须戴腰围，以防止扭伤。卧床期间行床上活动如深呼吸及肌肉收缩活动。 （2）饮食：卧床期间给予营养丰富且易消化与吸收的食物，多饮水，防止泌尿系统感染。 （3）其他：卧床者应注意皮肤、呼吸道、大小便的护理。	赵女士的休息与饮食护理________。
2．病情监测	牵引期间，观察是否有效，牵引带是否松动，疼痛是否减轻。	
3．治疗配合 飞燕式	（1）骨盆牵引：牵引增宽椎间隙，促进突出物回缩，减轻对神经根的刺激或压迫；牵引时抬高床尾15~30cm做反牵引，持续2周。但孕妇、高血压和心脏病病人禁用。 （2）理疗和推拿：可缓解肌肉痉挛，对某些早期或轻症病例有较好的效果。 （3）应用腰围：一般急性期过后，起床活动时用腰围做临时保护措施，休息时放松，但不宜久用。 （4）指导腰背肌功能锻炼：可增加脊柱的内在稳定性。在非急性期可进行，有飞燕式、三点或五点式等。应循序渐进，逐渐增加次数。	赵女士骨盆牵引的护理________。
4．健康指导 正确坐姿　错误坐姿	（1）腰背肌锻炼：出院后继续锻炼腰背肌。 （2）避免慢性损伤：长期坐位者需注意桌、椅高度，定时改变姿势；弯腰时注意采用正确姿势。 （3）3～6个月内避免剧烈活动及提取重物。 （4）加强营养，保持良好心情。注意保暖，避免寒冷刺激。	指导赵女士的保健________。

护理评价

护理目标的达成情况。

护考知识链接……

腰4～腰5和腰5～骶1是腰椎间盘突出最易发生的部位。腰椎间盘突出症最常见也是最早出现的症状是腰痛，大多数伴有坐骨神经痛。腰椎间盘突出症急性期需绝对卧床休息，卧硬板床，一般卧床3周。

护考练兵场……

A_1/A_2型题（单选题）

1．大多数腰椎病最常见的症状是（　　）

A．马尾综合征　　B．脊柱侧弯　　C．腰痛

D．腿痛　　E．背痛

2．椎间盘突出好发于下列哪个部位（　　）

A．腰1~腰2　　B．腰2~腰3　　C．腰2~腰3和腰3~腰4

D．腰3~腰4和腰4~腰5　　E．腰4~腰5和腰5~骶1

综合运用……

（接前述案例）赵女士病情好转出院。

问题：作为责任护士，请结合案例制定一份健康教育处方。

我学会了……

我掌握了……

我的问题……

任务二　颈椎病病人的护理

我们的目标是……

- 了解颈椎病的定义、分类。
- 熟悉颈椎病病人的护理评估、主要护理诊断。
- 掌握颈椎病病人的主要护理措施。

我们的任务是……

- 学会颈椎病病人的护理评估。
- 根据情景案例提出主要的护理诊断。
- 初步实施颈椎病病人的护理措施。

任务实施中……

临床情景——骨外科

孙某，女性，53岁。因左上肢麻木十来年，加重伴左上肢疼痛1年入院。入院时神志清醒，T 36.5℃，P 79次/分，R 17次/分，BP 139/85mmHg。体检：颈部生理曲度略变直，颈部活动受限，后颈部有压痛，压头试验（+）。经影像学检查以“神经根型颈椎病”收治入院。

问题1. 孙某存在哪些身心状况？

问题2. 根据孙某的身心状况，她存在哪些护理问题？

问题3. 若你是当班护士，你如何护理孙某？

根据本任务的临床情景，完成表7-3。

表 7-3　情景案例病人的护理评估分析

评估项目	评估要点
1．健康史	性别________；年龄________ 现病史（病情、诊疗过程、现自觉症状等）________ 起病情况（时间、原因或诱因、症状体征等）________ 既往史（疾病、生活、家族史等）________

续表

评估项目	评估要点
2．身体状况	症状________ 体征________
3．心理–社会状况	（伴有的心理状况）________
4．辅助检查	（项目名称及结果）________
结论：病人可能得了________，伴有________	

一、概述

颈椎病指因颈椎间盘退行性变及其继发性椎间关节退行性改变，刺激或压迫相邻脊髓、神经、血管等组织并引起相应的症状和体征。颈椎病主要分为神经根型（最常见）、脊髓型、交感神经型、椎动脉型四型。

二、护理评估

（一）健康史

了解有无颈椎慢性劳损或外伤病史；有无长时间低头伏案工作；其病程长短，发作及治疗情况；了解平常睡姿及枕头使用情况。

（二）身体状况

1．神经根型　此型最常见，占50%～60%。主要表现为与脊神经根分布区相一致的感觉、运动及反射障碍。其典型表现为颈肩痛、颈僵硬，疼痛沿神经根支配区放射至上臂、前臂、手和指，颈部活动受限，有时可有头皮痛、耳鸣、头晕，重者手指麻木、活动不灵，颈肩部有压痛。压头试验或臂丛神经牵拉试验阳性。

2．脊髓型　占10%～15%。缓慢起病，先有双下肢乏力、发麻及行走不稳，脚踩棉花感；随病情加重发生自上而下的运动神经源性瘫痪；躯体有束带感；大小便功能障碍。检查肢体有不同程度瘫痪。

3．交感神经型　表现为一系列的交感神经症状。① 兴奋性症状：头痛或偏头痛，可伴有恶心、呕吐等消化道反应；眼后部胀痛，视物模糊、畏光；耳鸣、听力减退；心率加快，心律不齐，血压升高；多汗等；② 抑制症状：头晕、眼花、流泪、鼻塞，心动过缓、血压下降，胃肠道胀气等。

4．椎动脉型　主要表现为椎动脉供血不足的症状。① 眩晕：是本型的主要症状，表现为旋转性或摇晃性，当头部活动时可诱发或加重；② 头痛：多为发作性胀痛，常见于枕部、顶部或颞部；③ 视觉改变：可有突发性弱视、复视、失明，在短期内自动恢复；④ 猝倒：多在头部突然旋转或伸屈时发生，倒地后再站立可恢复正常活动；⑤ 其他：还有不同程度的运动、感觉障碍，以及精神症状。

（三）心理-社会状况

颈椎病多发生于中老年人，症状复杂，反复发作，病人常常焦虑或烦躁；手术风险较大，担心预后，常有恐惧心理。

（四）辅助检查

1．X线检查　正、侧位X线片显示颈椎生理前凸变小或消失，椎间隙变窄，骨质增生等；斜位片可见椎间孔变形、缩小；过伸、过屈位片可见颈椎不稳。

2．CT和MRI检查　可见椎间盘突出、椎管及神经管狭窄、脊神经及脊髓受压情况。

3．椎动脉造影（DSA）　可显示椎动脉局部受压、梗阻、血流不畅迹象。

（五）治疗要点

1．非手术治疗　早期均采用非手术疗法，包括牵引治疗、应用颈托、理疗、药物治疗、推拿按摩等。颌枕带牵引是治疗颈椎病常用的方法，但脊髓型颈椎病不宜采用推拿按摩疗法，以免加重脊髓的损伤。

2．手术治疗　严重病例需手术治疗。根据手术的入路途径不同，分为前路手术、前外侧手术及后路手术。

三、护理诊断

1．疼痛　与神经根受刺激或压迫、椎动脉供血不足有关。

2．焦虑　与担心治疗效果不佳、手术风险较大有关。

3．躯体活动障碍　与脊髓受压或术后活动受限有关。

护理目标

病人疼痛减轻或消失；情绪稳定；生活能自理；了解颈椎病的预防及功能锻炼知识。

四、护理措施

表 7-4　颈椎病病人的护理

护理流程	护理要点	案例重点分析
1．一般护理	（1）体位与休息：自由体位，避免长久静坐，避免劳累。椎动脉型避免头颈急速旋转，以防猝倒。 （2）饮食：高热量、高蛋白、丰富维生素与粗纤维食物，多饮水，防止便秘。	孙女士的休息与饮食护理________。
2．病情监测	牵引期间，观察是否有效，牵引带是否松动，疼痛是否减轻。	
3．治疗配合 颈围	（1）牵引治疗：常用颌枕带做间断牵引或持续牵引，适用于除脊髓型以外的各型颈椎病。取坐位或卧位，头微屈。间断牵引时，每日数次，每次0.5～1小时，重量2～6kg；持续牵引时，一般取卧位牵引，每日6～8小时，2周为一疗程。 （2）缓解疼痛：对颈肩部进行热敷或适当按摩能促进血液循环和肌肉放松，必要时可遵医嘱给予药物缓解疼痛。 （3）选择和佩戴颈围：对于颈椎不稳者在非手术治疗期间，或病人在手术前，均应帮助其选择合适的围领，在起床活动时佩戴。围领上缘应抵住下巴，下缘达胸骨，并保证在站立或坐位时颈部均不能伸屈活动。	孙女士牵引的护理________。
4．心理护理	由于病情较重，手术风险较大，病人及家属均担忧预后，恐惧手术，应做好心理疏导，使其有充分的思想准备，同时也应向他们说明手术的必要性，从而增强治疗信心，配合治疗。	
5．术前训练	为了减少术后并发症，并且保证在术中能充分暴露手术野，在术前应要求病人严格戒烟，并进行以下训练。 （1）前路手术前训练：术前3～5天进行气管、食管推移训练。方法为用右手拇指将气管自右向左推过中线，开始为每次15～20分钟，以后逐渐增至每次30～60分钟。 （2）后路手术前训练：练习俯卧位，以适应术中体位。方法为胸下垫枕20～30cm，头部顶书本样硬物，收下颌，根据手术需要坚持2～3小时为宜。	
6．术后一般护理	（1）卧位与活动：根据手术方式决定卧床时限。颈椎内固定术只要固定牢固、稳定，术后第2日取半卧位并逐渐下床活动。 （2）颈部制动：颈部两侧置沙袋或佩戴颈围，颈围松紧适宜，搬动病人或翻身时切勿旋转颈部，且轻搬轻放，以减少对内固定的影响。 （3）其他：做好自理能力缺陷病人的生活护理、皮肤护理等。	

续表

护理流程	护理要点	案例重点分析
7．术后病情观察	密切观察生命体征尤其是呼吸状况，观察切口、引流、躯体和双侧肢体的感觉及运动情况，呼吸困难是前路手术后最危急的并发症，多发生在术后1～3日内。常见原因有内出血形成血肿压迫气管；喉头水肿；术中脊髓损伤；移植块移动、脱落而压迫气管。若病人出现呼吸费力、张口急速呼吸、应答迟缓或发绀等症状，应立即通知医生，做好气管切开的准备。	
8．健康指导	（1）指导病人做颈部功能锻炼，转头动作要轻和慢，并逐渐加大活动范围。 （2）选择正确睡姿：选用透气性好、松软适宜的枕头，高度以10cm为宜。 （3）避免颈部受伤：长期伏案者应间歇远视以缓解颈部肌肉慢性劳损，乘车时应抓好扶手，系好安全带，以防急刹车扭伤颈部。	指导孙女士的保健________。

护理评价

护理目标的达成情况。

护考知识链接……

神经根型颈椎病最常见；颌枕带牵引是治疗颈椎病常用的方法；脊髓型颈椎病慎用推拿按摩以防脊髓损伤；颈托适用于慢性病例。

护考练兵场……

A_1/A_2型题（单选题）

1．颈椎病中最常见的类型是（　　）

A．神经根型　　B．脊髓型　　C．椎动脉型

D．交感神经型　　E．以上都不是

2．病人，女性，68岁，诊断为脊髓型颈椎病。下列陈述中不恰当的是（　　）

A．可引起截瘫　　B．可导致大小便失禁

C．早期可行推拿按摩　　D．早期应积极手术治疗

E．MRI检查可见脊髓受压

3．病人，男性，65岁。近2个月来出现四肢无力、行走困难，有脚踩棉花感。病人最可能患了下列哪型颈椎病（　　）

A．神经根型　　B．脊髓型　　C．椎动脉型

D．交感神经型　　E．复合型

综合运用……

（接前述案例）孙女士病情好转出院。

问题：作为责任护士，请结合案例制定一份健康教育处方。

我学会了……

我掌握了……

我的问题……

任务三　化脓性骨髓炎——急性血源性骨髓炎病人的护理

我们的目标是……

- 了解急性血源性骨髓炎的定义、类型、病因。
- 熟悉急性血源性骨髓炎病人的护理评估、主要护理诊断。
- 掌握急性血源性骨髓炎病人的主要护理措施。

我们的任务是……

- 学会急性血源性骨髓炎病人的护理评估。
- 根据情景案例提出主要的护理诊断。
- 初步实施急性血源性骨髓炎病人的护理措施。

任务实施中……

患儿刘某，男，8岁。因一周前右小腿受伤，2天来出现高热、右下肢剧痛、活动受限来院就诊。专科检查：T 39.5℃，右小腿上段肿胀，皮肤发红，皮温高，触压痛阳性。血常规检查：白细胞计数18×10^9/L。中性粒细胞为76%。X线检查未见异常。局部分层穿刺抽出脓液。

问题1. 患儿刘某可能得了什么病？存在哪些身心状况？

问题2. 根据患儿刘某的身心状况，他存在哪些护理问题？

问题3. 若你是当班护士，你如何护理患儿刘某？

根据本任务的临床情景，完成表7-5。

表 7-5 情景案例病人的护理评估分析

评估项目	评估要点
1．健康史	性别________；年龄________ 现病史（病情、诊疗过程、现自觉症状等）________ 起病情况（时间、原因或诱因、症状体征等）________ 既往史（疾病、生活、家族史等）________
2．身体状况	症状________ 体征________
3．心理–社会状况	（伴有的心理状况）________
4．辅助检查	（项目名称及结果）________
结论：病人可能得了________，伴有________	

一、概述

化脓性骨髓炎是骨髓、骨质、骨膜的化脓性感染。按病因分为血源性骨髓炎和外伤性骨髓炎，其中以急性血源性骨髓炎最常见。急性血源性骨髓炎好发于骨骼生长快的儿童，发病部位多在胫骨、股骨、肱骨等长骨的干骺端，典型特点为骤起寒战与高热，患肢屈曲不能动；最常见的致病菌是金黄色葡萄球菌，经血液循环播散是最主要的感染途径，局部分层穿刺可协助早期诊断，影像学检查一般于2周后才有所表现。

二、护理评估

（一）健康史

了解病人的年龄和性别，询问感染病史及骨关节外伤史；了解全身疾病及营养状况。

（二）身体状况

1．全身症状　起病急，开始即有明显的全身中毒症状，出现寒战、高热，可达39～40℃，头痛、食欲缺乏等，重者可出现感染性休克。患儿可烦躁、惊厥，严重者可有谵妄、昏迷。

2．局部表现

（1）疼痛：早期局部剧痛，因肌肉痉挛患肢呈半屈曲状，病人不愿活动患肢，动则甚痛；当骨膜下脓肿突破骨膜形成深筋膜脓肿时，疼痛可减轻。

（2）炎症表现：早期局部红、肿、热不明显；形成骨膜下脓肿时，局部压痛明显；当脓肿破溃，脓液进入周围软组织时，有明显的红、肿、热、痛。

（3）病理性骨折：发病后如得不到及时治疗或治疗不当，可在发病后1～2周并发病理性骨折。

（三）心理–社会状况

由于起病急，病情发展快，病人和家属存在不同程度的焦虑、恐惧心理。

（四）辅助检查

1．实验室检查

（1）血液检查：血白细胞和中性粒细胞明显增高；血沉加快；血细菌培养为阳性。

（2）穿刺：局部分层穿刺可抽出脓液，做涂片检查、细菌培养及药敏试验。

2．影像学检查

（1）X线检查：早期无改变，最少2周才有所表现。2周后可见长骨的干骺端有散在的虫蚀样骨质破坏，向骨髓腔蔓延，骨皮质变薄，有死骨形成，骨膜呈洋葱皮样增生。

（2）CT检查：可较早发现骨膜下脓肿。

（五）治疗要点

1．非手术治疗　① 患肢制动：患肢做持续皮牵引或石膏固定于功能位，以减轻疼痛、防止肢体挛缩畸形和病理性骨折；② 抗感染：早期、足量、联合应用有效抗生素；③ 全身支持疗法：高热时降温、补液、补充维生素，纠正水、电解质及酸碱平衡紊乱，必要时给予少量多次输新鲜血。

2．手术治疗　早期经全身抗生素治疗48～72小时无效时即要手术，钻孔引流或开窗减压，伤口闭式灌洗引流。目的是引流脓液控制病变发展。

三、护理诊断

1．体温过高　与细菌感染毒素吸收、中毒有关。

2．急性疼痛　与炎性介质刺激有关。

3．躯体活动障碍　与疼痛及患肢制动有关。

护理目标

病人疼痛得到有效缓解；体温恢复正常；肢体最大限度地恢复功能。

四、护理措施

表 7-6　急性血源性骨髓炎病人的护理

护理流程	护理要点	案例重点分析
1．一般护理	（1）体位与休息：卧床休息，维持肢体功能位，抬高患肢并限制活动；移动肢体时，协助支撑与支托患肢上、下关节，动作轻稳以避免引起患肢病理性骨折。 （2）饮食：高蛋白、高热量、高维生素、富含纤维素饮食，鼓励多饮水。高热期间，给予流质或半流质饮食，如需手术，术日晨禁饮、禁食。 （3）皮肤护理：出汗多时及时擦洗，并更换床单和衣裤。	患儿刘某的体位________。
2．病情监测	密切观察生命体征特别是体温的变化；观察局部红、肿范围，了解药物治疗效果及不良反应；观察引流通畅程度、引流液的多少和性状；观察灌洗引流后患肢肿痛情况，引流液细菌培养是否转为阴性。观察抗生素的不良反应。	患儿刘某的观察重点________。

续表

护理流程	护理要点	案例重点分析
3．治疗配合 负压封闭引流	（1）控制体温：高热时给予物理降温，必要时遵医嘱给予药物降温。 （2）控制感染：遵医嘱应用抗生素；体温正常后，继续应用抗生素3周，以巩固疗效。 （3）全身支持：遵医嘱补液或输血。 （4）缓解疼痛：抬高患肢；皮牵引固定，解除肌肉痉挛；护理时动作轻柔；剧烈疼痛时遵医嘱应用镇痛剂。 （5）持续负压封闭引流（VSD）的护理：除引流一般护理外，应确保压力合适。引流不畅时可用20ml注射器向外抽吸或用生理盐水10~20ml冲洗管道，必要时更换引流管。一次负压密闭引流可维持有效引流5~7天，一般在7天后拔除或更换。	患儿刘某的治疗配合________。
4．心理护理	亲切和蔼地对待病人，耐心细致地做好护理工作，动作轻柔，安慰和稳定病人及家属情绪。	
5．健康指导	加强饮食营养，提高机体抵抗力。骨髓炎易反复，出院后应该注意加强观察，定期复诊。	

护理评价

护理目标的达成情况。

护考知识链接……

1．急性血源性骨髓炎常见致病菌是金黄色葡萄球菌，好发年龄是骨骼生长快的儿童，长骨的干骺端是其好发部位。经血液循环播散是最主要的感染途径。

2．局部表现：早期局部剧痛，但红、肿、热不明显。

3．早期X线检查无改变，最少2周后才有所表现。

护考练兵场……

A_1/A_2型题（单选题）

1．导致急性血源性骨髓炎的主要致病菌是（　　）

A．大肠杆菌　　B．溶血性链球菌　　C．产气杆菌

D．铜绿假单胞菌　　E．金黄色葡萄球菌

2．下列有关急性血源性骨髓炎说法不正确的是（　　）

A．常好发于儿童　　B．发病部位多在干骺端

C．早期局部即可出现红、肿、热、痛　　D．X线检查早期无改变

E．严重者可致病理性骨折

3．急性血源性骨髓炎最早病灶部位多在（　　）

A．长骨干骺端　　B．骨骺端　　C．骨髓腔

D．骨皮质　　E．骨膜下

4．急性血源性骨髓炎常见于下列哪类人群（　　）

A．30~40岁妇女　　B．20~30岁青年男性

C．10岁以下儿童　　D．中年男性

E．60岁以上老人

5．对急性化脓性骨髓炎具有早期诊断意义的检查是（　　）

A．X线检查　　B．CT检查　　C．血常规检查

D．关节穿刺检查　　E．局部分层穿刺检查

6．9岁男孩，有近期胫骨骨折史。突发高热、寒战、右下肢近膝关节处剧痛，活动受限。检查：局部深压痛，血白细胞20×10^9/L。最有可能的诊断是（　　）

A．骨结核　　B．膝关节缺血性坏死

C．化脓性骨髓炎　　D．一过性滑膜炎

E．急性血源性骨髓炎

综合运用……

（接前述案例）患儿刘某病情好转出院。

问题：作为责任护士，请结合案例制定一份健康教育处方。

学习反思

我学会了……

我掌握了……

我的问题……

任务四 骨折病人的护理

我们的目标是……

- 了解常见骨折的病因、分类、愈合过程和影响愈合的因素、辅助检查。
- 熟悉骨折的特殊体征及常见并发症、护理诊断。
- 掌握骨折病人的护理措施。

我们的任务是……

- 学会骨折病人的护理评估。
- 根据情景案例提出主要的护理诊断。
- 初步实施骨折病人的护理措施。

任务实施中……

临床情景——骨科

章女士，60岁。被车撞伤右小腿入院。病人2小时前不慎被车撞倒在地，当时感觉右小腿疼痛，并出现肿胀，子女将其送入院。查体：病人右小腿肿胀、疼痛，患肢活动障碍，右下肢畸形，无骨端外露，可闻及骨擦音。由于经济不富裕，病人思想负担很重。X线显示右胫骨骨质不连续，骨折线呈斜形，有移位。既往体健。

问题1. 章女士可能得了什么病？存在哪些身心状况？

问题2. 根据章女士的身心状况，她存在哪些护理问题？

问题3. 若你是当班护士，你如何护理章女士？

根据本任务的临床情景，完成表5-12。

表 5-12 情景案例病人的护理评估分析

评估项目	评估要点
1．健康史	性别________；年龄________ 现病史（受伤经过、受伤部位、现自觉症状等）________ 既往史（疾病、生活、家族史等）________

续表

评估项目	评估要点
2．身体状况	症状________ 体征________
3．心理-社会状况	（伴有的心理状况）________
4．辅助检查	（项目名称及结果）________
结论：病人可能得了________，伴有________	

一、概述

（一）定义

骨的连续性中断或完整性受损称为骨折。

（二）病因

1．外伤性骨折

（1）直接暴力：骨折发生在受力的部位，多为横断骨折和粉碎性骨折。

（2）间接暴力：骨折发生在远离暴力作用的部位，多为斜形骨折、螺旋形骨折、压缩性骨折。

（3）牵拉暴力：当受伤时，肌肉猛烈收缩，牵拉其附着处的骨质，使其发生骨折。

（4）疲劳应力：伤力较弱，但长期反复作用于骨的某个部位，导致骨折。如行军足。

2．病理性骨折　骨质被肿瘤、结核、骨髓炎等破坏，硬度下降，在轻微外力作用下导致骨折。

（三）分类

1．按骨折处与外界是否相通分类　闭合性骨折和开放性骨折。

2．按骨折的程度及形态分类　不完全性骨折（青枝骨折、裂缝骨折等）和完全性骨折（横断骨折、嵌插骨折、斜形骨折、螺旋骨折、粉碎性骨折、压缩性骨折等）。

3．按骨折处的稳定性分类　稳定骨折（横断骨折、嵌插骨折、青枝骨折、裂缝骨折等）和不稳定性骨折（斜形骨折、螺旋骨折、粉碎性骨折等）。

4．按骨折后时间长短分类　新鲜骨折（骨折后1～2周内）和陈旧骨折（骨折后2～3周后）。

（四）骨折的愈合

1．愈合过程　①血肿机化期，需2～3周；②骨痂形成期，需4～8周；③骨痂塑形期，需8～12周。

2．影响骨折愈合的因素 ①年龄；②全身健康情况；③局部因素：如骨折的部位、类型，骨折部的血运或感染等；④治疗方法是否恰当等。

二、护理评估

（一）健康史

评估病人外伤情况，受伤部位、姿势，暴力大小、性质，受伤时间，伤后急救处理经过等。

（二）身体状况

（1）有创伤的一般表现：①疼痛与压痛；②肿胀及瘀斑；③功能障碍。

（2）特殊体征：①创伤处畸形；②假关节活动（反常活动）；③骨擦音或骨擦感。其中畸形为骨折和脱位共有的体征，其余两项为骨折的特征性体征。

（3）骨折并发症：①早期并发症：休克、血管和神经损伤、内脏损伤、骨筋膜室综合征、脂肪栓塞、感染；②晚期并发症：关节僵硬、损伤性骨化、愈合障碍、畸形愈合、创伤性关节炎、缺血性骨坏死和缺血性肌挛缩（如“爪形手”）、褥疮、坠积性肺炎等。

（三）心理-社会状况

骨折后疼痛、行动不便，病人常出现焦虑、烦躁等心理。

（四）辅助检查

X线是诊断最可靠的、必不可少的检查（图5-4）。

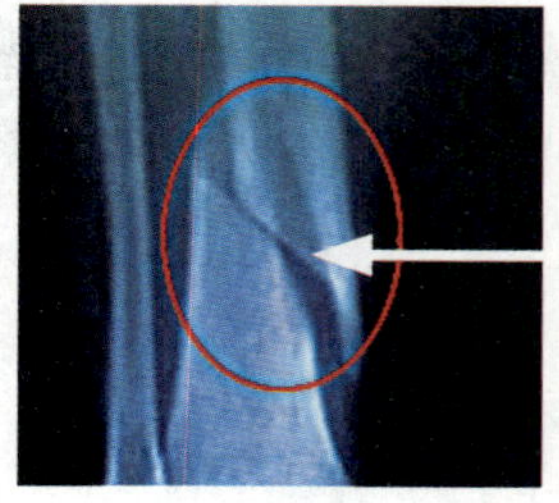

图 5-4 骨折 X 线片

（五）治疗要点

1．复位 复位方法有手法、手术和牵引复位。其中牵引又分为皮牵引和骨牵引。皮牵引操作简便、无创，对肢体损伤小，牵引重量一般不能大于5kg；骨牵引力量大，可较长时间牵引，但有创，牵引重量一般是身体重量的1/10～1/7。

2．固定 ①外固定：石膏、牵引、小夹板固定等；②内固定：用钢丝、钢针、接骨板等固定物直接固定于骨折两端。

3．功能锻炼 主要目的是恢复局部肢体的功能和全身健康，防止肌肉萎缩、关节僵硬。

三、护理诊断

1．急性疼痛 与骨折肢体肿胀、血肿压迫等有关。

2．肢体活动障碍 与疼痛、制动、外固定有关。

3．焦虑　与担心疾病造成经济损失有关。

4．潜在并发症　感染、压疮、股骨头坏死。

护理目标

病人疼痛得到缓解并逐渐消除；能在不影响固定的前提下有效活动，生活得到照顾；焦虑减轻或消失，情绪稳定。

四、护理措施

表 5-13　骨折病人的护理

护理流程	护理要点	案例重点分析
1．急救护理 下肢骨折临时固定	（1）抢救生命：先处理危及生命的损伤如窒息、大出血或开放性气胸。 （2）止血和包扎伤口，防止进一步损伤或污染；开放性骨折应首先加压包扎止血，尽早应用抗生素和破伤风抗毒素，预防感染。 （3）临时固定骨折部，外露骨端一般不进行现场复位。 （4）迅速转运病人。	
2．饮食护理	一般给予高蛋白、高能量、高维生素饮食。多饮水，多食粗纤维食物，防止便秘及泌尿系统感染和结石。	章女士饮食________。
3．疼痛护理 后浅、后深筋膜室 外侧骨筋膜室 胫后动、静脉和胫神经 前骨筋膜室 胫前动、静脉和腓深神经 小腿骨筋膜室	严密观察，仔细倾听病人的诉说，分析疼痛的原因。 （1）对于骨折断端移动刺激软组织引起的疼痛，固定前不要移动病人或临时牢固固定。 （2）对于肿胀压迫引起的疼痛，抬高患肢，早期冷敷，晚期热敷。 （3）前臂和小腿骨折要警惕骨筋膜室综合征，此类病人不要抬高患肢，病情严重者，要立即切开减压。 （4）以石膏固定的病人，石膏型内疼痛，要分析原因，严禁向石膏内塞纱布、棉花，若为石膏压迫所致，需拆除石膏，防止压疮形成。	章女士疼痛的护理________。
4．病情监测	急诊病人、手术后病人均应观察生命体征、神志。合并有休克的病人还要观察中心静脉压、尿量、24小时出入液量、输液输血反应及疗效。开放性骨折和手术后病人注意伤口的观察，防止感染发生。	对章女士观察病情的侧重点________。

护理流程	护理要点	案例重点分析
5．牵引护理	（1）观察患肢远端颜色、温度、感觉和运动功能，防止牵引不当或牵引压迫引起血管和神经损伤。 （2）设置对抗牵引：下肢牵引时床脚抬高15～30cm以对抗牵引力量。 （3）保持有效牵引：随时观察牵引的有效性，肢体纵轴应与牵引力线水平，防止牵引绳脱轨，牵引重锤拖地等。病人足不可抵床栏，滑轮应灵活。每日测量肢体长度，两侧对比，防止牵引力量不足或过度牵引。 （4）防止牵引针孔感染：牵引针孔滴75%乙醇。	
6．小夹板固定的护理	小夹板固定主要适用于四肢长骨的稳定性骨折。 （1）准备合适的夹板及衬垫。 （2）夹板外绷带松紧适宜，以能容易上下移动1cm为宜，注意绷带的松紧，适时调整。 （3）抬高患肢，利于静脉回流，减轻水肿。 （4）观察肢体远端，注意颜色、温度、感觉和运动功能。	
7．石膏固定的护理 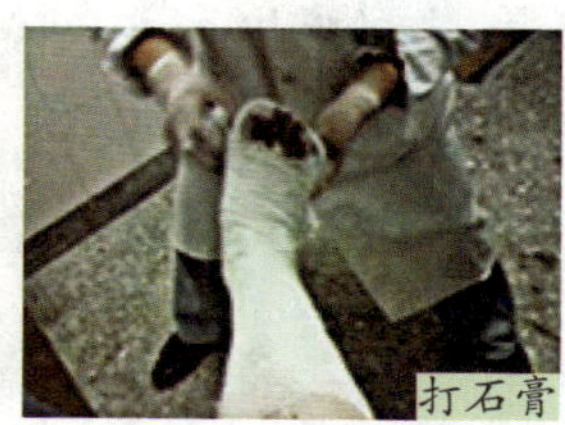 打石膏	固定躯干的石膏有石膏床、石膏围腰、石膏背心、石膏围领。固定肩部的有肩“人”字石膏，固定髋部的有髋“人”字石膏。固定上肢的有长臂石膏和短臂石膏；固定下肢的有长腿石膏和短腿石膏。 （1）石膏干固前严禁手指托扶和压迫，搬运病人应用手掌托扶。 （2）保持石膏管型的清洁干燥。 （3）观察血液循环情况：是护理中最重要的内容。如有患肢皮肤苍白、发绀、疼痛、冰凉、麻木，应及时通知医生，防止骨筋膜室综合征的发生。 （4）预防并发症 1）压疮：包扎石膏前加好衬垫，尤其是骨突处。包扎石膏时严禁指尖按压。严禁向石膏内填塞。 2）失用性骨质疏松和关节僵硬：长期卧床、石膏制动者容易发生关节僵硬。应指导病人加强功能锻炼，做肌肉的等长收缩运动。 3）骨筋膜室综合征：常见于前臂和小腿骨折。原因一是筋膜室内压力增高，二是包扎过紧。一旦发现应将患肢平放，做好切开减压的准备。 4）石膏综合征：大型石膏或包扎过紧，易导致病人呼吸费力，进食困难，胸部发憋，腹部膨胀等。预防方法是包扎石膏时留有余地，进食勿过多，上腹开窗等。	章女士应选择的固定方式________，相应的护理________。

续表

护理流程	护理要点	案例重点分析
8．功能锻炼	（1）目的：恢复局部肢体的功能和全身健康，防止肌肉萎缩、关节僵硬，预防骨质疏松，促进骨折愈合。 （2）原则：要遵循动静结合、主动运动与被动运动结合、循序渐进的原则。主动运动是功能锻炼的主要方法，适用于有活动能力的病人。被动运动完全靠自身以外的力量进行运动，适用于瘫痪的严重病人。 （3）方法：① 保持肢体功能位，防止畸形愈合；如肩关节外展45°、前屈30°、外旋15°；肘关节屈曲45°；腕关节背伸20°～30°；膝关节屈曲5°；髋关节外旋5°～10°；② 活动范围由小到大、次数由少到多、时间由短到长、强度由弱到强；③ 骨折的不同时期有不同的锻炼方法： A：2周内锻炼的主要形式是使患肢肌肉做舒缩活动；骨折部位上下关节暂不活动； B：2周后除继续上述活动外还要逐步活动骨折上下关节，并逐渐增加幅度和力量； C：6～8周后应加强患肢的主动和被动活动，加强负重练习。	指导章女士锻炼的侧重点________。

护理评价

护理目标的达成情况。

护考知识链接……

1．骨折病因及分类。

2．骨折的特殊体征：① 伤处畸形；② 假关节活动（反常活动）；③ 骨擦音或骨擦感。其中畸形为骨折和脱位共有的体征，其余两项为骨折的特征性体征。

3．X线检查：是诊断最可靠的、必不可少的检查。

4．骨折并发症。

5．骨折功能锻炼的方法。

6．常见骨折

（1）肋骨骨折：以第4～7肋骨骨折最多见。相邻多根多处肋骨骨折，局部胸壁因失去完整肋骨支撑而软化，可出现反常呼吸运动，即吸气时软化区胸壁内陷，呼气时外突，又称连枷胸。其急救首要措施是控制反常呼吸，即用坚硬的垫子或手掌施压于胸壁软化区。

(2) 肱骨髁上骨折：① 病因病理：儿童多见，分为伸直型和屈曲型骨折；伸直型骨折较常见，易合并肱动静脉、正中神经、尺神经、桡神经损伤；而屈曲型骨折较少引起血管神经损伤；② 临床表现：骨折专有体征，肘后三点关系正常。

(3) 桡骨远端伸直型骨折（Colles骨折）：典型表现为侧面观“餐叉样”畸形，正面观“枪刺样”畸形。

(4) 股骨颈骨折：多发生于中老年女性。患肢呈屈曲、内收、短缩、外旋畸形。易发生股骨头坏死或骨折不愈合。按骨折线部位可分为头下型和经颈型（易引起血供中断）、基底型骨折（对血供影响不大，愈合良好）。

(5) 股骨干骨折：多见于青壮年，中下1/3骨折易引起血管、神经损伤。3岁以下儿童采用垂直悬吊皮牵引。

(6) 胫腓骨干骨折：是长骨骨折中最多发的一种，易引起骨筋膜室综合征。

(7) 骨盆骨折：骨折后引起大量出血，易导致腹膜后血肿和出血性休克。非手术治疗时应嘱病人卧床休息，采用骨盆悬吊牵引。

7．骨筋膜室综合征：常见于前臂和小腿骨折。原因一是筋膜室内压力增高，二是包扎过紧。一旦发现应将患肢平放，做好切开减压的准备。

8．石膏综合征：大型石膏或包扎过紧，易导致病人呼吸费力，进食困难，胸部发憋，腹部膨胀等。预防方法是包扎石膏时留有余地，进食勿过多，上腹开窗等。

9．牵引护理：每日测量肢体长度，两侧对比，防止牵引力量不足或过度牵引。牵引针孔滴75%乙醇，防止牵引针孔感染。

护考练兵场……

A_1型题（单选题）

1．易发生骨折的肋骨是（　　）

A．第1~3肋　　B．第4~5肋　　C．第4~7肋

D．第7~10肋　　E．第11~12肋

2．胸外伤后，胸壁软化多见于（　　）

A．多根肋软骨骨折　　B．单根肋骨破碎性骨折　　C．开放性骨折

D．相邻多根、多处肋骨骨折　　E．闭合性单根肋骨骨折

3．骨折病人最常用的检查项目是（　　）

A．尿常规检查　　B．X线检查　　C．PRT检查

D．B超检查　　E．磁共振检查

4．骨折现场急救，不正确的是（　　）

A．止血带或压迫止血　　B．开放性骨折应现场复位

C．有呼吸困难及窒息时，就地抢救　　D．就地取材，固定伤肢

E．平托法搬移脊柱骨折病人

5．小夹板固定适用于（　　）

A．前臂骨折　　B．胸骨骨折　　C．脊柱骨折

D．多发骨折　　E．股骨转子间骨折

6．可引起病理性骨折的情况是（　　）

A．高空坠落　　B．暴力打击　　C．破伤风抽搐发作

D．骨肿瘤　　E．长途行军

7．用于骨科卧床病人预防尿路结石的护理措施是（　　）

A．扩张尿道　　B．应用广谱抗生素　　C．使用溶石药

D．床上活动　　E．多喝水

综合运用……

（接前述案例）章女士感觉小腿部位剧烈疼痛，局部肿胀和严重压痛，趾呈屈曲状，活动受限，被动牵拉剧烈疼痛，小腿表面皮肤发绀。

问题：（1）章女士又发生了什么情况？

（2）若你是当班护士，如何救护？

（3）请结合案例制定一份健康教育处方。

学习反思……

我学会了……

我掌握了……

我的问题……

任务五 关节脱位病人的护理

我们的目标是……

- ▲ 了解关节脱位的定义、分类。
- ▲ 熟悉关节脱位病人的护理评估、主要护理诊断。
- ▲ 掌握关节脱位病人的专有体征、护理措施。

我们的任务是……

- ▲ 学会关节脱位病人的护理评估。
- ▲ 根据情景案例提出主要的护理诊断。
- ▲ 初步实施关节脱位病人的护理措施。

任务实施中……

临床情景——骨外科

张某，女性，17岁。于2天前不慎摔倒，跌倒后右手掌着地，自觉右手剧烈疼痛来院。入院时以健手支托患肢前臂，肘关节呈伸直位，前臂旋后位，肘部变粗，肘后凹陷，鹰嘴后突显著，肘后三点失去正常解剖结构，上肢剧烈疼痛，急诊拍X线片，并收住入院。查体：T 36.8℃，P 76次/分，R 20次/分，BP 125/88mmHg，神志清醒，呼吸平稳，右上肢活动受限，指端血供良好，浅表感觉正常，其余肢体无异常。治疗方案：完善检查，向家属交代病情，进行手法复位及石膏固定。

问题1. 张某可能得了什么病？存在哪些身心状况？

问题2. 根据张某的身心状况，她存在哪些护理问题？

问题3. 若你是当班护士，你如何护理张某？

根据本任务的临床情景，完成表7-9。

表 7-9　情景案例病人的护理评估分析

评估项目	评估要点
1．健康史	性别________；年龄________ 现病史（病情、诊疗过程、现自觉症状等）________ 起病情况（时间、原因或诱因、症状体征等）________ 既往史（疾病、生活、家族史等）________
2．身体状况	症状________ 体征________
3．心理–社会状况	（伴有的心理状况）________
4．辅助检查	（项目名称及结果）________
结论：病人可能得了________，伴有________	

一、概述

（一）定义

组成关节的各骨面失去正常的对合关系称为关节脱位，俗称脱臼。关节脱位多发于儿童、青壮年。临床上以上肢脱位多于下肢，常见的有肩关节、肘关节及髋关节脱位。

（二）分类

1．按病因分类

（1）损伤性脱位：由外界暴力引起的脱位，是脱位的常见类型。

（2）先天性脱位：胚胎发育异常，骨关节结构缺陷，出生后已发生脱位。多见于髋关节。

（3）病理性脱位：骨关节结核、骨肿瘤等某些疾病，破坏了骨关节正常结构，关节失稳，受轻微外力即可发生脱位。

（4）习惯性脱位：创伤性脱位破坏了关节囊及其周围韧带，如处理方法不当致周围软组织松弛或薄弱，使关节失去稳定性，以后受到轻微外力即可引起再脱位，称为习惯性脱位，一般与初次脱位治疗不当有关。多见于肩关节和颞下颌关节。

2．其他分类

（1）按脱位后时间长短可分为新鲜脱位（脱位时间未超过2周）、陈旧性脱位（脱位时间超过2周）。

（2）按脱位程度分为全脱位（关节面对合关系完全失常）、半脱位（关节面对合关系部分失常）。

（3）按脱位后关节腔是否与外界相通分为闭合性脱位和开放性脱位。

（4）按远侧骨端关节面移位方向分为前脱位、后脱位、侧方脱位。

二、护理评估

（一）健康史

了解受伤经过，暴力大小、性质，受伤部位、时间及治疗情况；评估有无化脓性关节炎、关节结核、骨关节肿瘤等病史。

（二）身体状况

1．一般表现　关节疼痛、肿胀、淤血及功能障碍。有时可有伤口、出血等。

2．专有体征

（1）畸形：脱位后关节处有明显畸形，移位的关节端可在异常位置摸到，肢体缩短或延长等。

（2）弹性固定：脱位后由于关节周围韧带及肌肉牵拉、关节囊的牵制，患肢固定在异常的位置，在被动活动时可感到弹性抗力。

（3）关节盂空虚：因关节的骨端发生移位，触诊可发现关节盂空虚，邻近可触及移位骨端。

3．并发症　关节内外骨折，关节附近重要血管、神经损伤，晚期可发生骨化性肌炎或创伤性关节炎。

（三）心理–社会状况

因担心家庭生活和工作受到影响，可有不同程度的焦虑、恐惧等心理反应。

（四）辅助检查

1．X线检查　可明确脱位的类型、方向、程度，以及有无合并骨折。

2．CT检查　主要用于髋关节，通过三维成像，可明显看到是否合并髋臼骨折及股骨头坏死。

（五）治疗要点

脱位的治疗总原则是复位、固定、功能锻炼。对于新鲜的闭合性脱位，早期行手法复位外固定；对于开放性脱位及早行清创缝合，预防感染，复位固定。

常见的关节脱位

常见的关节脱位有肩关节脱位、肘关节脱位、髋关节脱位等。其中肩关节脱位最常见，约占全身关节脱位的50%，这与肩关节的解剖和生理特点有关，肩关节是全身活动范围最大的关节。肩关节脱位可分前脱位和后脱位等，以前脱位多见；肩关节脱位典型表现为“方肩”畸形；搭肩试验 (Dugas征) 阳性：患侧肘部紧贴胸部时，其手搭不到健侧肩部，或手搭在健侧肩部时，肘部不能贴近胸膛。肘关节脱位以后脱位为主，多发于青少年，多由间接暴力所致，即病人跌倒后，手掌着地引起，主要表现为肘部明显畸形，肘部变粗，上肢变短，肘后凹陷，鹰嘴后突显著，肘后三点失去正常关系，这一征象是区别于肱骨髁上骨折的要点。髋关节后脱位主要表现为下肢弹性固定于屈曲、内收、内旋位，足尖触及健侧足背，患肢外观变短。

三、护理诊断

1．疼痛　与关节脱位、周围软组织损伤等有关。

2．躯体活动障碍　与脱位后关节功能丧失、固定有关。

护理目标

病人疼痛得到缓解或消失；肢体功能恢复；逐步恢复生活自理能力。

四、护理措施

表 7-10　关节脱位病人的护理

护理流程	护理要点	案例重点分析
1．缓解疼痛	（1）及时给予病人精神安慰，转移注意力，必要时按医嘱给予止痛药。 （2）脱位早期局部冷敷，可减轻肌肉痉挛引起的疼痛。并适当抬高患肢，以利静脉回流，减轻肿胀。移动病人时需托扶固定患肢，动作轻柔。	
2．病情监测	（1）定时检查患肢末端的血液循环，患肢的感觉及运动，了解有无神经、动脉等受压情况。 （2）观察患肢皮肤的色泽与温度，防止皮肤受损。	

续表

护理流程	护理要点	案例重点分析
3．治疗配合	(1)早期及时配合医生复位及固定，以缓解疼痛。 (2)肘关节脱位常用拔伸屈肘复位法，复位后用超关节平板或长臂石膏托固定于屈肘90°位，用三角巾悬吊于胸前，一般固定2～3周。	张某治疗配合的要点________。
4．健康指导	指导病人进行功能锻炼。固定期间，非固定关节进行功能锻炼，固定关节进行肌肉舒缩活动。外固定解除后逐渐进行肢体功能的主动锻炼，防止肌肉萎缩及关节粘连。肩关节主要锻炼前屈、后伸、旋转、上举等功能；肘关节屈、伸功能；髋关节屈、伸、内收、外展、负重、行走功能。	指导张某保健的侧重点________。

护理评价

护理目标的达成情况。

护考知识链接……

1．关节脱位专有体征包括畸形、弹性固定、关节盂空虚。

2．肩关节脱位以前脱位多见。典型特点为呈“方肩”畸形。搭肩试验阳性。

3．肘关节脱位后肘后三点失去正常关系，这一征象是区别于肱骨髁上骨折的要点。

4．髋关节后脱位主要表现为下肢弹性固定于屈曲、内收、内旋位，足尖触及健侧足背，患肢外观变短。

护考练兵场……

A_1型题（单选题）

1．关节脱位与骨折共同的体征是（　　）

A．畸形　　B．弹性固定　　C．关节盂空虚

D．反常活动　　E．骨擦感

2．下列可以帮助鉴别肱骨髁上骨折和肘关节脱位的是（　　）

A．手臂功能障碍　　B．肘部剧烈疼痛　　C．是否可摸到尺骨鹰嘴

D．肘后三点关系是否正常　　E．跌倒后因手掌撑地而受伤

3．下列哪种情况可出现方肩畸形（　　）

A．肩关节脱位　　B．肘关节脱位　　C．Colles骨折

D．肱骨髁上骨折　　E．锁骨骨折

4．关节脱位的特有表现是（　　）

A．关节肿胀　　B．弹性固定　　C．关节腔积血

D．活动障碍　　E．局部疼痛

A_2/A_3型题（单选题）

5．魏同学，13岁。1年前曾发生右肩关节脱位复位，1年来反复发生右肩关节脱位。其形成的主要原因是（　　）

A．缺少自我保护意识　　B．年龄较小　　C．右侧习惯性脱位

D．体质较差　　E．初次脱位未行固定

（6~8题共用题干）病人，男性，22岁。踢足球时向后跌倒，摔伤右肩部来诊。检查见右肩部方肩畸形，肩关节空虚，弹性固定，Dugas征阳性。

6．可能的诊断是（　　）

A．肘关节脱位　　B．肩关节脱位　　C．肩锁关节脱位

D．肩峰骨折　　E．肱骨外科颈骨折

7．首选的处理方法是（　　）

A．手法复位外固定　　B．切开复位内固定　　C．骨牵引复位

D．悬吊牵引复位　　E．皮牵引复位

8．复位后正确的固定方法是（　　）

A．小夹板固定　　B．外展支架固定　　C．三角巾悬吊

D．石膏夹板固定　　E．皮牵引固定

综合运用……

（接前述案例）张某病情好转出院。

问题：作为责任护士，请结合案例制定一份健康教育处方。

我学会了……

我掌握了……

我的问题……

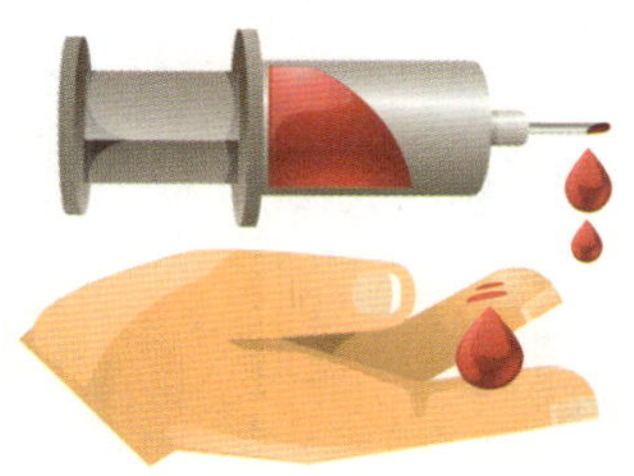

项目八

血液系统疾病病人的护理

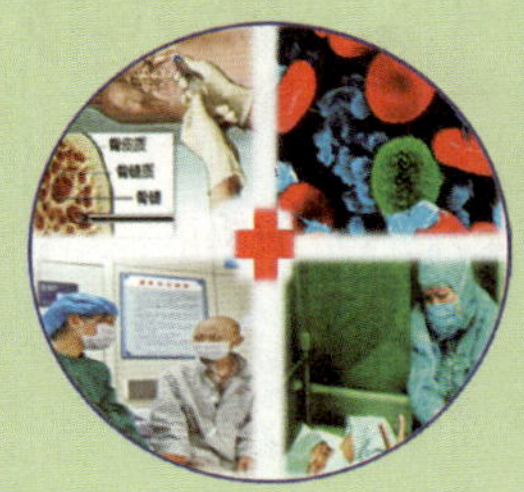

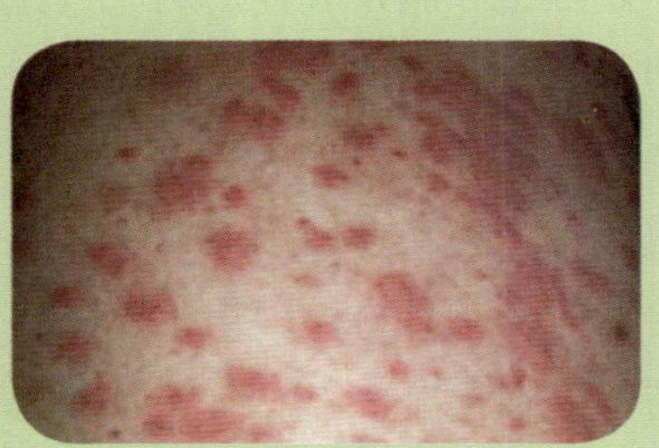

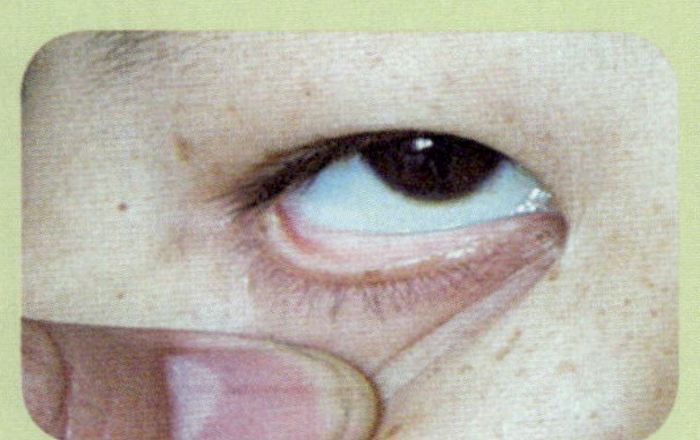

任务一 血液系统疾病常见症状与体征的护理

我们的目标是……

- 了解血液系统疾病常见症状与体征的辅助检查。
- 熟悉血液系统疾病常见症状与体征的定义、病因、护理诊断。
- 掌握血液系统疾病常见症状与体征的身体状况、护理措施。

我们的任务是……

- 学会血液系统疾病病人常见症状与体征的护理评估。
- 提出血液系统疾病病人常见症状与体征的主要护理诊断。
- 初步实施血液系统疾病病人常见症状与体征的护理措施。

任务实施中……

一、概述

血液系统由血液和造血器官组成。血液由血浆及悬浮在其中的血细胞组成（图8-1）。造血器官包括骨髓、胸腺、脾和淋巴结，其中骨髓是主要的造血器官，由造血干细胞和骨髓微循环构成。血液病多数表现为骨髓、脾、淋巴结等器官的病理损害，血细胞和血浆成分的病理改变，免疫功能障碍及凝血功能紊乱。

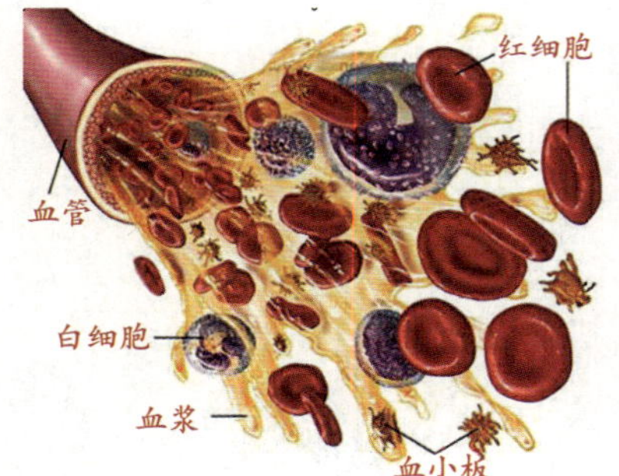

图 8-1 血液的组成

近年来由于现代工业的发展，环境污染的加重、生活方式的改变，目前血液病已成为常见病和多发病，相应的治疗和护理进展也很快。

血液系统疾病的常见症状与体征有贫血、出血、继发感染。

1．贫血是血液病最常见的症状，指单位容积外周血中血红蛋白（Hb）浓度、红细胞

（RBC）计数和（或）血细胞比容（HCT）低于正常值的一种常见临床症状。以血红蛋白浓度降低最为重要。成人贫血的诊断标准见表8-1。

表 8-1　成人贫血的诊断标准

人群 项目	成年男性	成年女性	孕妇
血红蛋白（g/L）	＜120	＜110	＜100

贫血按病因和发病机制分为红细胞生成减少、红细胞破坏过多、急慢性失血；按贫血发生的速度分为急性贫血和慢性贫血；按红细胞形态特点分类见表8-2；按贫血的严重度划分见表8-3。

表 8-2　贫血的红细胞形态分类

类型	大细胞性贫血	正常细胞性贫血	小细胞低色素性贫血
常见疾病	巨幼细胞性贫血	再生障碍性贫血、急性失血性贫血	缺铁性贫血、地中海贫血

表 8-3　贫血严重程度的划分标准

贫血严重度	血红蛋白浓度（g/L）	临床表现
轻度	＞90	症状轻微
中度	60～89	活动后心悸气促
重度	30～59	静息状态下仍感心悸气促
极重度	＜30	常并发贫血性心脏病

2．出血指机体止血和凝血功能障碍而引起自发性出血或轻微创伤后出血不止的一种症状。

3．继发感染是指血液病病人由于骨髓病变导致白细胞成熟障碍，加之贫血、化疗等因素造成营养不良、机体免疫力低下、易受病原微生物侵袭而发生的症状。

二、护理评估

（一）健康史

1．贫血常见原因

（1）红细胞生成减少：如铁缺乏引起缺铁性贫血，叶酸、维生素B_{12}缺乏引起的巨幼红细胞性贫血，再生障碍性贫血、白血病等。

（2）红细胞破坏过多：常见于各种溶血性贫血，如蚕豆病、地中海贫血，自身免疫性溶血性贫血、脾功能亢进等疾病。

（3）急、慢性失血：常见于消化道大出血、溃疡出血、痔疮出血及月经过多等，慢性失血是成人贫血最常见的原因。

2．出血　常见原因有血小板数量或质量异常如特发性减少性紫癜及再生障碍性贫血等，凝血功能障碍如血友病和严重肝病等，血管壁缺陷如过敏性紫癜等。

3．继发感染　常见原因有严重贫血、白血病、粒细胞缺乏症、再生障碍性贫血等。感染是血液病病人常见的死亡原因。

（二）身体状况

1．贫血　其症状的轻重，常与贫血发生的速度、程度、年龄以及机体的代偿能力等相关。

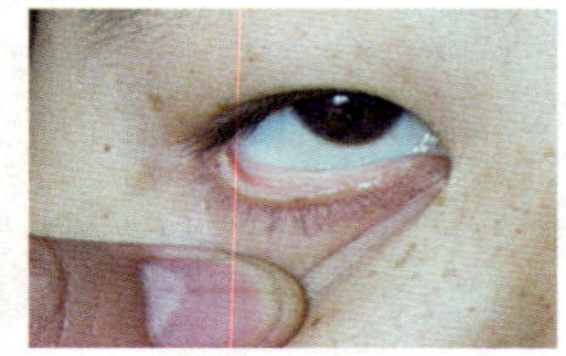

图 8-2　睑结膜苍白

（1）皮肤黏膜：疲乏无力是贫血最早、最常见的症状，皮肤黏膜苍白是贫血最主要的体征，以口唇、指甲、睑结膜（图8-2）及舌质最明显。

（2）神经系统：脑对缺氧最敏感，易出现头晕、耳鸣、记忆力减退等，重者晕厥。

（3）呼吸及循环系统：中度贫血者体力活动后出现心悸、气短；严重贫血者轻微活动或休息状态下均可出现不同程度的呼吸困难，二尖瓣区和肺动脉瓣区可听到收缩期杂音；严重或长期贫血者，心脏负荷增加，导致贫血性心脏病，表现为心绞痛、心律失常甚至全心衰。

（4）消化系统：胃肠黏膜因缺氧引起消化液分泌减少和胃肠功能紊乱，常有食欲减退、厌食、恶心、腹泻或便秘、舌炎、口腔炎等。

2．出血

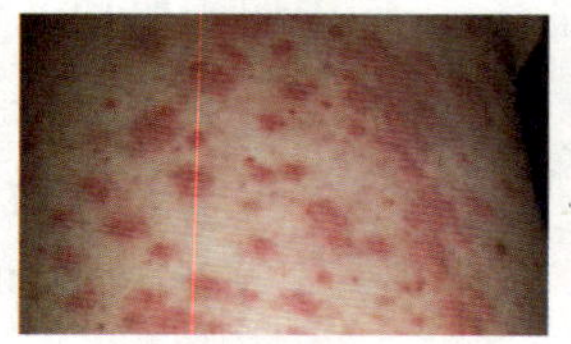

图 8-3　皮肤出血

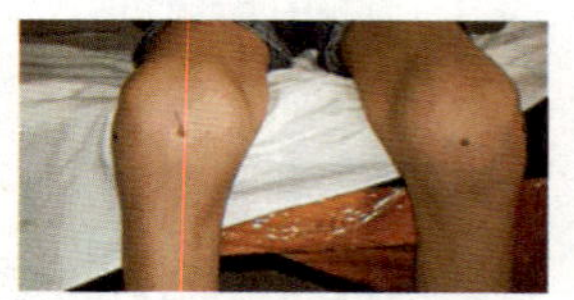

图 8-4　关节腔出血

（1）出血部位：① 皮肤、黏膜瘀点瘀斑（图8-3）最常见，多见于血管性疾病和血小板异常；② 皮下软组织、内脏、关节腔（图8-4）、眼底出血，多见于凝血机制异常；③ 鼻出血、咯血、消化道出血及月经过多，在各种有出血倾向的疾病均可发生；④ 颅内出血最严重，常危及生命。

（2）伴随症状：口腔黏膜血泡，提示血小板明显减少，是严重出血的征兆；突然视物模糊、呼吸急促、喷射性呕吐、颈项强直、昏迷，提示颅内出血；伴贫血、肝脾淋巴结肿大、骨骼疼痛时，怀疑血液系统恶性肿瘤；伴头昏、乏力、心悸、大汗淋漓、脉速、血压下降时，提示失血性休克。

3．继发感染　发热是感染最常见的症状。感染可发生在各个部位，以口腔炎、牙龈炎、咽峡炎最常见；肺部感染、皮肤或皮下软组织化脓性感染、肛周炎及肛周脓肿等亦常见；尿路感染以女性居多。

（三）心理–社会状况

多数血液病治疗周期长，病情易复发，需反复多次住院治疗，加上化疗等药物带来的不良反应，病人及家属易产生负性情绪，如焦虑、恐惧等。

（四）辅助检查

1．血常规检查　主要包括红细胞计数、血红蛋白测定、网织红细胞计数、白细胞计数及分类等。外周血细胞质和量的改变可反映骨髓造血的病理变化，因此血常规检查是血液病诊断和病情观察的重要手段。

2．骨髓细胞学检查　主要用于了解骨髓造血生成的质与量的变化，对多数血液病的诊断和鉴别诊断起决定性作用。

3．止血、凝血功能检查　出血时间测定、凝血时间测定、毛细血管脆性试验等。

三、护理诊断

1．活动无耐力　与血红蛋白减少导致机体组织缺氧有关。

2．组织完整性受损　与血小板减少、凝血因子缺乏有关。

3．恐惧　与反复出血或出血量大有关。

4．潜在并发症　颅内出血。

5．体温过高　与感染有关。

护理目标

病人缺氧症状减轻或消失，活动耐力增强；出血停止或减轻；恐惧感消失，情绪稳定；发热得到有效控制，体温恢复正常。

四、护理措施

表 8-4　血液系统疾病病人常见症状与体征的护理

护理流程	护理要点	护理措施重点分析
1．一般护理 吸氧护理	(1) 休息与活动 1) 贫血者：轻度贫血者，避免劳累；中度贫血者，增加卧床时间；重度贫血者，卧床休息并给予生活照顾，抬高床头。改变体位宜缓慢。 2) 出血者：轻者，原则上无需严格限制；血小板 $<50\times10^9$ /L者，减少活动多卧床；血小板 $<20\times10^9$/L时，警惕颅内出血，绝对卧床休息。 3) 继发感染者：卧床休息，采取舒适体位，若白细胞 $<1\times10^9$/L，中性粒细胞 $<0.5\times10^9$/L，实行保护性隔离。 (2) 饮食护理 1) 贫血者补充相应原料，高热量、高蛋白、高维生素、高纤维易消化饮食。 2) 出血者给予营养易消化温凉软食或半流质饮食，禁食过硬、粗糙的食物。餐前可用冷的苏打水漱口，避免损伤口腔黏膜。 3) 发热病人给予高热量、高蛋白、营养清淡易消化流质或半流质饮食，忌生冷不洁食物。补充营养及水分，鼓励多喝水，每天2000～3000ml。必要时遵医嘱静脉补液。	贫血病人的体位________。 出血病人的体位________。 继发感染病人的体位________。
2．专科护理 凡士林油纱条 物理降温	(1) 重症贫血和慢性心衰的病人给予吸氧，限制液体入量和输液速度。 (2) 保持大便通畅，有出血倾向者禁用力排便，因腹压增高易诱发内脏出血，禁灌肠、禁测肛温。剪短、磨平指甲，避免搔抓皮肤。使用棉签或软毛牙刷刷牙，不用牙签。尽量少用注射药物，必须使用时操作轻柔，不扎止血带，不拍打静脉，选用小针头，注射后充分按压。 (3) 口腔、牙龈渗血可用1%肾上腺素棉球或凝血酶吸收，明胶海绵贴敷或局部压迫止血，若鼻出血不止可用凡士林纱条行后鼻腔填塞术。忌挖鼻痂，可用液状石蜡滴鼻软化。 (4) 高热者采用物理降温，出血倾向者禁用乙醇擦浴，慎用解热镇痛药。做好口腔、皮肤、会阴、肛周等护理。 (5) 遵医嘱输血或输成分血。输血前须认真做好查对工作，同时需加强监测，及时发现和处理输血反应。	出血病人高热禁用________。
3．心理护理	鼓励病人表达自己的感受，及时发现病人需要，主动提供帮助；向病人及家属讲明疾病知识、各种诊疗护理的目的、方法等；耐心解释病情，鼓励病人正视疾病，以乐观态度积极配合治疗及护理；如有出血应尽快清除血迹和腥味，	

续表

护理流程	护理要点	护理措施重点分析
	进行各项护理操作时，沉着、冷静、敏捷、准确，从而增加病人的安全感，减轻病人的焦虑和恐惧心理。	
4．健康指导	讲解疾病知识、自我预防保健知识、用药知识，饮食、休息等生活方式的指导等。	

护理评价

护理目标的达成情况。

护考知识链接……

1．血红蛋白量是临床上诊断贫血和判断贫血程度最常用的指标，轻度贫血＞90g/L，中度贫血60～89g/L，重度贫血＜60g/L，极重度贫血＜30g/L。

2．疲乏无力是贫血最早、最常见的症状，皮肤黏膜苍白是贫血最主要的体征。

3．血液病以皮肤黏膜出血最常见；忌挖鼻痂，可用液状石蜡滴鼻软化；若突发视野缺损或视力下降，常提示眼底出血，应尽快让病人卧床休息，减少活动，避免揉擦眼睛；颅内出血最严重，常危及生命。

4．颅内出血的预防和抢救。

（1）血小板＜20×10^9/L时，警惕发生颅内出血，须绝对卧床休息。避免情绪激动、剧烈咳嗽和过度用力排便等。

（2）若突然出现头痛、视物模糊、喷射性呕吐甚至昏迷，双侧瞳孔大小不等颅内出血征象时：① 及时通知医生，做好急救配合工作；② 立即去枕平卧，头偏向一侧；③ 头置冰袋，保持呼吸道通畅，高流量吸氧；④ 迅速建立两条静脉通道，按医嘱应用脱水利尿剂等药物，以及进行输血或成分输血；⑤ 观察并记录病人生命体征、意识、瞳孔、尿量的变化。

5．血液病继发感染最常见的致病菌为革兰阴性杆菌，如大肠杆菌、克雷白杆菌、铜绿假单胞菌等。以口腔牙炎最常见，需注意肛周炎或肛周脓肿，重者可发生败血症。

6．发热是继发感染最常见的症状。高热者多采用物理降温，如在头颈、腋下、腹股沟等大动脉处放置冰袋等。有出血倾向者禁用乙醇擦浴，以防局部血管扩张引起出血。慎用解热镇痛药，因其可影响血小板数量和功能，诱发出血。

7．当血液病病人血常规示白细胞＜1×10^9/L，中性粒细胞＜0.5×10^9/L，需实行保护性隔离。

护考练兵场……

A$_1$型题（单选题）

1．正常成人主要造血器官为（　　）

A．肝脏　B．脾脏　C．淋巴结

D．骨髓　E．卵黄囊

2．血液病病人高热时最适宜的降温措施是（　　）

A．温水擦浴　B．乙醇擦浴　C．头部及大血管处放置冰袋

D．口服退热药　E．冰水灌肠

3．血液病伴高热时，错误的护理措施是（　　）

A．冰盐水擦浴　B．多饮水　C．输液

D．头部置冰袋　E．乙醇擦浴

4．血液病病人并发颅内出血时，错误的护理措施是（　　）

A．给予绝对卧床休息　B．头部冷敷　C．高流量吸氧

D．预防褥疮勤翻身　E．注意神志及瞳孔变化

5．血液病病人继发感染时最常见的病原体是（　　）

A．支原体　B．真菌　C．病毒

D．革兰阳性球菌　E．革兰阴性杆菌

6．成熟白细胞的主要功能是（　　）

A．参与机体免疫与防御功能　B．输送氧气和二氧化碳

C．止血，凝血　D．分化增殖　E．参与物质代谢

7．在我国成人贫血的诊断标准是（　　）

A．男性：血红蛋白＜160g/L；女性：血红蛋白＜150g/L

B．男性：血红蛋白＜150g/L；女性：血红蛋白＜140g/L

C．男性：血红蛋白＜140g/L；女性：血红蛋白＜130g/L

D．男性：血红蛋白＜130g/L；女性：血红蛋白＜120g/L

E．男性：血红蛋白＜120g/L；女性：血红蛋白＜110g/L

8．重度贫血是指血红蛋白低于（　　）

A．30g/L　B．60g/L　C．90g/L

D．120g/L　E．150g/L

9．贫血最常见的症状是（　　）

A．头晕　B．耳鸣　C．心悸

D．疲乏无力　E．食欲减退

10．对多数血液病诊断起决定作用的实验室检查是（　　）

A．血液一般检查　　B．红细胞沉降率　　C．骨髓细胞学检查

D．网织红细胞计数　　E．止血、凝血功能检查

11．贫血病人皮肤黏膜苍白最易察觉的部位是（　　）

A．面颊　　B．前额　　C．口腔黏膜

D．颈部皮肤　　E．睑结膜、口唇、甲床

12．血液病病人最严重的出血发生于（　　）

A．消化道　　B．泌尿道　　C．呼吸道

D．生殖道　　E．颅内

13．血液病病人成熟粒细胞低于多少时应对病人进行保护性隔离（　　）

A．$<0.5\times10^9/L$　　B．$<1.0\times10^9/L$　　C．$<2.0\times10^9/L$

D．$<3.0\times10^9/L$　　E．$<4.0\times10^9/L$

A_2/A_3型题（单选题）

14．刘女士，36岁。长期月经过多，临床表现为软弱无力、头晕、心慌、记忆力减退。诊断贫血下列最突出的体征是（　　）

A．低热　　B．脉搏加快　　C．皮肤黏膜苍白

D．呼吸急促　　E．心尖部收缩期杂音

（15~16题共用题干）尚女士，23岁。高热不退、鼻出血一周。护理体检：扁桃体肿大，表面有脓苔覆盖、肝脾不大。辅助检查：全身血细胞减少。病人情绪烦躁，经常在父母面前哭泣，诉说自己近几日常做噩梦。

15．确诊需进一步检查的项目是（　　）

A．血象　　B．血涂片　　C．血培养

D．骨髓象　　E．X线检查

16．该病人的心理处于（　　）

A．焦虑　　B．绝望　　C．愤怒

D．喜悦　　E．抑郁

我学会了……

我掌握了……

我的问题……

任务二 缺铁性贫血病人的护理

我们的目标是……

- 了解铁的代谢。
- 熟悉缺铁性贫血病人的辅助检查、护理诊断。
- 掌握缺铁性贫血的定义、病人典型症状及护理措施。

我们的任务是……

- 学会缺铁性贫血病人的护理评估。
- 根据情景案例提出主要的护理诊断。
- 初步实施缺铁性贫血病人的护理措施。

任务实施中……

临床情景——血液科

张女士，30岁。因头晕、乏力、食欲下降伴腹泻1个月入院。半年前不全流产后一直月经不调，1个月前出现上述症状。护理体检：T 36℃，P 96次/分，R 20次/分，BP 108/80mmHg，慢性病容，睑结膜苍白，皮肤干燥，无光泽，双肺听诊无殊，心律齐，腹平软，无压痛，肝脾肋下未触及，双下肢无水肿，神经系统检查无异常。血象检查：红细胞3.0×10^9/L，红细胞大小不一、中心淡染区扩大，血红蛋白65g/L，网织红细胞轻度增高，白细胞和血小板正常；骨髓铁染色阴性；血清蛋白13μg/L。

问题1. 张女士可能得了什么病？存在哪些身心状况？

问题2. 根据张女士的身心状况，她存在哪些护理问题？

问题3. 若你是当班护士，你如何护理张女士？

根据本任务的临床情景，完成表8-5。

表 8-5　情景案例病人的护理评估分析

评估项目	评估要点
1．健康史	性别________；年龄________ 现病史（病情、诊疗过程、现自觉症状等）________ 起病情况（时间、原因或诱因、症状体征等）________ 既往史（疾病、生活、家族史等）________
2．身体状况	症状________ 体征________
3．心理-社会状况	(伴有的心理状况)________
4．辅助检查	(项目名称及结果)________
结论：病人可能得了________，伴有________	

一、概述

（一）定义

缺铁性贫血是指体内用来制造血红蛋白的贮存铁耗尽，血红蛋白合成不足，红细胞生成障碍引起的一种小细胞低色素性贫血。缺铁性贫血是贫血中最常见的类型，各年龄组均可发病，以婴幼儿及育龄期妇女发病率较高。

（二）铁的代谢

1．人体铁来源　内源性铁来自衰老红细胞破坏后释放铁；外源性铁来自食物。

2．吸收　食物中三价铁在胃酸及还原酶（如VitC）作用下还原成二价铁，在十二指肠及空肠上段被吸收。铁的吸收受体内贮存铁的调控，即贮存铁充足时吸收就少，反之亦然。

3．体内铁的分布　二价铁被吸收后，大部分进入血液。其中67%组成血红蛋白，29%以铁蛋白和含铁血黄素的形式贮存于肝、脾、骨髓、肠黏膜等组织中，称为贮存铁，其余为组织铁。

4．排泄　主要通过胃肠黏膜脱落细胞、胆汁经粪便排出，育龄妇女还通过月经、妊娠、哺乳而丢失铁。

二、护理评估

（一）健康史

1．铁摄入不足　需要量增加而摄入不足，如婴幼儿、青少年，生长越快，需铁量越多，尤其人工喂养的婴儿。月经期或妊娠、哺乳期妇女需铁量都增加，若饮食中供给铁不足易发生缺铁性贫血。

2．铁吸收不良　胃切除术后或因胃空肠吻合术后，由于胃酸不足及食物在肠内蠕动过快，铁的吸收受到影响。肠道功能紊乱、小肠黏膜病变、胃酸缺乏等原因均可引起铁的吸收不良。

3．慢性失血　成人缺铁性贫血的最主要原因为慢性失血，如消化道出血、钩虫病、痔出血、月经过多等。

（二）身体状况

1．贫血共有表现　疲乏无力，面色苍白，头晕、耳鸣、记忆力减退，纳差，活动后心悸、气短等。

2．特殊表现　① 组织缺铁的表现：皮肤干燥、无光泽，毛发干枯易脱落，指甲扁平甚至出现匙状甲（图8-5）；② 黏膜损害：口角炎、舌炎、舌乳头萎缩、口角皲裂，食欲减退，腹胀、恶心，严重时吞咽困难；③ 神经精神异常：过度兴奋、好动、易激惹，注意力不集中，发育迟缓，少数有异食癖。

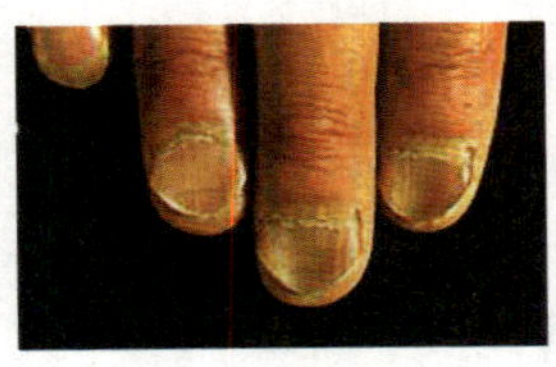

图 8-5　匙状甲

3．缺铁原发病表现　如消化性溃疡、肠道肿瘤或痔疮导致的黑便或腹部不适等，功能性子宫出血导致的月经过多，肿瘤导致的消瘦等。

（三）心理-社会状况

轻度贫血病人往往未给予足够重视，部分病人因活动无耐力等导致工作、学习能力下降而有自卑感，一旦病情加重，常有激动和烦躁情绪。

（四）辅助检查

1．血象检查　属小细胞低色素性贫血，白细胞、血小板均正常；网织红细胞正常或有轻度增高。

2．骨髓象检查　红细胞增生活跃，以中、晚幼红细胞比例为主。骨髓铁染色检示细胞外铁消失，可反映体内储存铁情况。

3．铁代谢检查　血清铁蛋白（SF）$<14\mu g/L$，一般可作为判断缺铁的依据，可准确反映体内储存铁情况。

（五）治疗要点

本病的关键在于病因治疗，积极治疗原发病。纠正缺铁性贫血的有效措施是铁剂治疗。首选口服铁剂，从小剂量开始，逐渐增量，常用硫酸亚铁、富马酸铁等。肌内注射铁剂，用于不能耐受口服铁剂、急于纠正贫血等，常用右旋糖酐铁等。

三、护理诊断

1．活动无耐力　与贫血所致的组织缺氧有关。

2．营养失调：低于机体需要量　与铁摄入不足或吸收不良等有关。

3．知识缺乏　缺乏缺铁性贫血的原因及防治方面的知识。

护理目标

病人活动耐力增强；营养失调改善至平衡；病人及家属能陈述缺铁性贫血的原因及预防保健知识。

四、护理措施

表 8-6　缺铁性贫血病人的护理

护理流程	护理要点	案例重点分析
1．一般护理	（1）休息与活动见任务一。 （2）饮食护理：指导病人“荤素搭配”，进食高蛋白、高维生素、含铁丰富的食物，如动物肝、瘦肉、动物血、紫菜、海带、香菇、木耳、豆类等，动物食物中的铁较易吸收。含铁较低的食物有谷类、部分蔬菜、水果，含铁量最低的是乳类如牛奶等。食用含维生素C丰富的食物，促进铁的吸收。	张女士饮食护理________。
2．用药护理 右旋糖酐铁注射液	（1）口服铁剂的护理：① 常有恶心、呕吐等胃部不适，应餐中或餐后服用；② 避免与茶、咖啡、牛奶、抗酸药、H_2受体阻滞剂等同服；③ 可服维生素C、乳酸、稀盐酸等酸性食物或药物；④ 用吸管吸服，以免牙齿被染黑；⑤ 向病人解释服药期间粪便会变黑；⑥ 铁剂有效者，网织红细胞首先上升，为进一步补足贮存铁，血红蛋白恢复正常后继续用药3~6个月。 （2）注射铁剂的护理：① 防止过敏反应：轻者表现为面色潮红、头痛、肌肉关节痛和荨麻疹，重者休克。首次用药先取0.5ml试验剂量深部肌注，同时备好肾上腺素，如1小时后无过敏反应，予常规剂量。② 防止硬结形成：选择肌肉丰厚处注射，用8号或9号针深部注射，经常更换注射部位；注射速度要慢。必要时局部热敷。③ 避免皮肤染色发黑：抽取药液后更换针头，采用“Z”形注射法。	张女士口服铁剂的护理________。

续表

护理流程	护理要点	案例重点分析
3．心理护理	向病人解释本病可痊愈，解除病人心理压力。	
4．健康指导 含铁丰富的食物	（1）疾病知识指导：讲解本病相关知识，对易患人群卫生知识宣教，积极治疗原发病。 （2）饮食指导：指导均衡饮食、荤素结合，改变不良饮食习惯，对需要量增加的人群应增加含铁食物，必要时预防性补充铁剂。	张女士的病因预防________。

护理评价

护理目标的达成情况。

知识拓展……

➢ 营养性巨幼红细胞性贫血

营养性巨幼红细胞性贫血是指机体缺乏叶酸、维生素B_{12}所引起的一种大细胞性贫血，食物供给不足是最主要的原因，多见于2岁以下的婴幼儿。

主要临床特点：① 贫血的一般表现，皮肤、面色苍黄等；② 神经精神症状（本病特有症状），如烦躁、易怒，或呆滞、嗜睡，智力发育落后或倒退，重者震颤、抽搐、共济失调等；③ 血涂片显示红细胞胞体变大且大小不一，中央淡染区不明显，血象检查显示红细胞下降比血红蛋白下降更为明显。

治疗重点是合理喂养，补充叶酸、维生素B_{12}是关键，同时服用维生素C可提高疗效。因人体不能合成叶酸、维生素B_{12}，主要依靠外源性摄入，动物肝肾、肉类、蛋类及绿色蔬菜、酵母、谷类等食物中含量较高。护理强调给婴儿及时添加辅食，如羊奶喂养加服叶酸，平时防止病儿受伤。

护考知识链接……

1．缺铁性贫血是因原料不足致红细胞生成减少的一种小细胞低色素性贫血。

2．铁的吸收部位主要在十二指肠及空肠上段。

3．慢性失血是成人缺铁性贫血最主要的原因，铁供应不足是小儿缺铁性贫血的主要原因。

4．缺铁性贫血病人的特殊表现：① 组织缺铁的表现：皮肤干燥、无光泽，毛发干枯易脱落，指甲扁平甚至出现反甲；② 黏膜损害：口角炎、舌炎、舌乳头萎缩、口角皲裂，食欲减退，腹胀、恶心，严重时吞咽困难；③ 神经精神异常：过度兴奋、好动、易激惹，注意力不集中，发育迟缓，少数有异食癖。

5．血清铁蛋白测定可准确反映体内储存铁情况。

6．缺铁性贫血治疗关键是病因治疗，首选口服补铁。

7．含铁丰富的食物有动物肝、瘦肉、动物血、蛋黄、海带及木耳等，牛奶是含铁较低的食物。

8．服用铁剂最佳时间是餐后或两餐之间，避免空腹用药。

护考练兵场……

A_1型题（单选题）

1．铁剂治疗缺铁性贫血有效时，外周血中首先升高的是（　　）

A．白细胞计数　　B．红细胞计数　　C．血小板计数

D．血红蛋白浓度　　E．网织红细胞计数

2．关于铁剂的用药，下列描述不妥的是（　　）

A．饭后服　　B．忌与浓茶、咖啡、牛奶同服　　C．液体制剂须用吸管

D．服药期间有黑便　　E．血红蛋白恢复正常可停药

3．含铁较丰富的食物除外（　　）

A．香菇、木耳　　B．海带、紫菜　　C．牛奶

D．瘦肉　　E．动物肝、血

A_3/A_4型题（单选题）

（4~5题共用题干）曹女士，34岁。患消化性溃疡4年，未正规治疗。近半年来乏力、头昏、心悸，2个月来出现咽下时有梗阻感。护理体检：睑结膜苍白，心尖部2/6级收缩期吹风样杂音。

4．目前该病人最主要的护理诊断是（　　）

A．知识缺乏　　B．活动无耐力　　C．营养失调：低于机体需要量

D．有受伤的危险　　E．有感染的危险

5．最重要的护理措施是（　　）

A．合理安排病人休息与活动　　B．给予心理支持

C．观察病情变化　　D．补充营养，纠正缺铁

E．健康指导

（6~7题共用题干）胡女士，22岁。一直偏食，因乏力、气促就诊。诊断为缺铁性贫血。

6．该病人目前首选的治疗措施是（　　）

A．纠正不良饮食习惯　B．口服硫酸亚铁　C．肌内注射铁剂

D．口服维生素　E．加强营养

7．指导铁剂在餐后服用的理由是（　　）

A．减少对胃肠道的刺激　B．防止过敏反应　C．防止肝脏损害

D．有利于铁的吸收　E．有利于铁的利用

综合运用……

（接前述案例）张女士病情好转出院。

问题：作为责任护士，请结合案例制定一份健康教育处方。

我学会了……

我掌握了……

我的问题……

任务三　再生障碍性贫血病人的护理

我们的目标是……

- 了解再生障碍性贫血的分类。
- 熟悉再生障碍性贫血的病因和发病机制、辅助检查、护理诊断。
- 掌握再生障碍性贫血的定义、病人典型症状及护理措施。

我们的任务是……

- 学会再生障碍性贫血病人的护理评估。
- 根据情景案例提出主要的护理诊断。
- 初步实施再生障碍性贫血病人的护理措施。

任务实施中……

临床情景——血液内科

钱某，女性，27岁，初中文化，外来务工人员。因反复心悸、晕眩5个月，鼻和牙龈出血，伴明显乏力2天入院。3周前经某非正规医疗机构以铁剂治疗效果不明显。护理体检：T 37.0℃，P 96次/分，R 24次/分，BP 130/70mmHg，神志清，精神软，面色苍白，心肺听诊无殊，腹软。血常规：红细胞2.9×10^{12}/L，血红蛋白75g/L，网织红细胞减少，白细胞3.5×10^{9}/L，血小板89×10^{9}/L。骨髓呈增生低下状态。B超示肝脾正常大小。病人2年前在老家因患“菌痢”用过氯霉素5日。

问题1. 钱某可能得了何种血液疾病？存在哪些身心状况？

问题2. 根据钱某的身心状况，她存在哪些护理问题？

问题3. 若你是当班护士，你如何护理钱某？

根据本任务的临床情景，完成表8-7。

表 8-7　情景案例病人的护理评估分析

评估项目	评估要点
1．健康史	性别________；年龄________；职业________ 现病史（病情、诊疗过程、现自觉症状等）________ 起病情况（时间、原因或诱因、症状体征等）________ 既往史（疾病、生活、家族史等）________
2．身体状况	症状________ 体征________
3．心理-社会状况	（伴有的心理状况）________
4．辅助检查	（项目名称及结果）________
结论：病人可能得了________，伴有________	

一、概述

再生障碍性贫血（AA）简称再障，是由多种原因引起的骨髓造血功能衰竭症，以外周血全血细胞减少为特征的疾病。临床主要表现为进行性贫血、出血、感染。各年龄组均可发病，以青壮年多见，男性略多于女性。根据病情、血象、骨髓象及预后，通常分为重型（急性）再障和非重型（慢性）再障。

二、护理评估

（一）健康史

1．发病因素

（1）化学因素：包括各类可引起骨髓抑制的药物（如氯霉素、解热镇痛药、抗癌药等）和化学物品（如苯是重要的骨髓抑制毒物）。

（2）物理因素：如X、γ射线等电离辐射。

（3）生物因素：各型病毒性肝炎、严重的细菌感染（急性血行播散型肺结核、伤寒等）等均能损害骨髓造血功能。

2．发病机制　上述病因损伤骨髓的造血干细胞（“种子”学说）和骨髓微环境（“土壤”学说），使骨髓各系造血干细胞明显减少，导致外周全血细胞减少。研究发现还可能与免疫机制异常有关（“虫子”学说）。

（二）身体状况

再障病人的主要临床表现为进行性贫血、出血及感染，肝、脾及淋巴结多无肿大。

1．重型再障（SAA）　起病急、进展快，严重的皮肤黏膜出血，甚至颅内出血；反复感染不易控制，高热畏寒，重者败血症；贫血进行性加重。病程短，死亡率高。

2．非重型再障（NSAA）　起病慢、进展缓，以进行性贫血为主，出血和感染较轻，也较易控制，久治无效者可发生颅内出血。病程长，预后较好，少数死亡。

（三）心理-社会状况

可因病情重、疗效差常有焦虑、恐惧、悲观、失望；因治疗引起形体变化而自卑或烦恼；因治疗费用高而忧虑，甚至对治疗失去信心。

（四）辅助检查

1．血象检查　属正细胞正色素性贫血，全血细胞减少，但三种细胞的减少程度不一定平行，网织红细胞绝对值低于正常。

2．骨髓象检查　为诊断再障的主要依据。重型再障的骨髓增生低下或极度低下，红、粒系显著减少，常无巨核细胞；非重型再障的骨髓增生减低或灶性增生，三系减少或正常。两者共同点是巨核细胞都减少。

（五）治疗要点

治疗原则是去除病因、支持及对症治疗即纠正贫血、止血及控制感染。重型再障应尽早进行造血干细胞移植或应用免疫抑制剂，非重型再障则以雄激素治疗为主。

三、护理诊断

1．活动无耐力　与全血细胞减少有关。
2．有感染的危险　与粒细胞减少有关。
3．组织完整性受损　与血小板减少有关。
4．焦虑、恐惧　与不能接受恶性疾病的诊断、恐惧死亡、担忧慢性病迁延不愈等有关。
5．自我形象紊乱　与雄激素引起的女性男性化有关。

护理目标

病人贫血减轻或纠正，活动耐力增强；无感染；出血减轻或缓解；情绪稳定；能正确面对药物的副作用，合理修饰外形。

四、护理措施

表 8-8　再生障碍性贫血病人的护理

护理流程	护理要点	案例重点分析
1．一般护理	贫血、出血及感染的护理，详见任务一。	
2．病情监测	观察病人皮肤瘀点、瘀斑的增减情况，有无破损或感染征象，并注意病人生命体征、神志、意识、瞳孔的变化，如病人出现头痛、呕吐、视物模糊、意识障碍等颅内出血征兆，应立即报告医师。	
3．用药护理	（1）免疫抑制剂：如抗胸腺细胞球蛋白（ATG）和抗淋巴细胞球蛋白（ALG）等。用药前需做过敏试验，加强支持疗法。 （2）雄激素：治疗3～6个月后见效，鼓励病人坚持完成疗程。① 丙酸睾酮为油剂，注射局部不易吸收而形成硬块，甚至发生无菌性坏死，故需深部、缓慢、分层肌内注射；② 长期使用可出现男性化作用，如痤疮、须毛增多、女性闭经及男性化，告知病人停药后会消失；③ 肝损害、水肿等副作用，应加强观察。	钱某使用雄激素的护理________。
4．心理护理	安慰病人，加强沟通，分散病人注意力，减轻焦虑。	

续表

护理流程	护理要点	案例重点分析
5．健康指导	（1）疾病知识指导：介绍本病的病因，应做好防护工作，定期体检，注意血象变化。解释本病的治疗措施，说明坚持用药的重要性，让病人认识到疾病治疗的长期性，学会自我护理，定期门诊复查。 （2）生活指导：说明合理休息和营养对疾病康复的意义，学会自我护理，学会倾诉，家属理解和支持病人，必要时请专业人士帮助。 （3）用药指导：坚持按时、按量、按疗程用药，不随便用药，如阿司匹林、安乃近等，需要时应在医生指导下使用。病人出院后要坚持治疗，定期复查血象等。	钱某的用药指导______。

护理评价

护理目标的达成情况。

护考知识链接……

1．氯霉素可引起骨髓造血细胞受抑制和损害骨髓微环境，苯是重要的骨髓抑制毒物。

2．急性再障首发症状是出血与感染，随病情进展出现进行性贫血；慢性再障时贫血往往是首发和主要表现，出血和感染较轻，即“贫血重而出血轻”。

3．再障的血象特点为正细胞正色素性贫血，全血细胞减少。

4．雄激素是治疗慢性再障的首选药，作用机制可能是刺激肾产生促红细胞生成素，对骨骼有直接刺激红细胞生成的作用。判断标准是网织红细胞或血红蛋白升高。

5．重度以上贫血（血红蛋白 <60g/L）病人要以卧床休息为主。

6．丙酸睾酮为油剂，需深部缓慢分层肌内注射。

护考练兵场……

A_1型题（单选题）

1．关于再生障碍性贫血的表现，以下错误的表现是（　　）

A．出血　　B．感染　　C．进行性贫血

D．肝、脾、淋巴结肿大　　E．巨核细胞减少

2．再生障碍性贫血的实验室检查，最重要的表现是（　　）

A．红细胞减少　　B．白细胞减少　　C．血小板减少

D．骨髓增生低下　　E．骨髓巨核细胞减少

3．再生障碍性贫血病人应用雄激素治疗的不良反应错误的是（　　）

A．须毛增多　　B．月经过多　　C．肝功能损害

D．痤疮　　E．水肿

A_3/A_4型题（单选题）

（4~6题共用题干）赵女士，22岁。近日感冒发热，皮肤紫癜，疲乏、无力1个月余。病人担心自己患了不治之症，进食少，睡眠差。体检：扁桃体肿大，双肺无啰音，肝脾无肿大。血常规检查：血红蛋白60g/L，白细胞2.2×10^9/L，血小板38×10^9/L。

4．该病人最可能的诊断是（　　）

A．白血病　　B．缺铁性贫血　　C．过敏性紫癜

D．再生障碍性贫血　　E．特发性血小板减少性紫癜

5．最可靠的诊断方法是（　　）

A．血常规检查　　B．网织红细胞计数　　C．骨髓穿刺活检

D．骨髓铁染色检查　　E．肝功能检查

6．病人今晨突然头痛，伴恶心、呕吐，视物模糊。该病人最可能发生了（　　）

A．消化道出血　　B．呼吸道出血　　C．骨髓癌

D．颅内出血　　E．继发感染

综合运用……

（接前述案例）钱某病情好转出院。

问题：作为责任护士，请结合案例制定一份健康教育处方。

学习反思……

我学会了……

我掌握了……

我的问题……

任务四 特发性血小板减少性紫癜病人的护理

我们的目标是……

- 了解特发性血小板减少性紫癜的病因。
- 熟悉特发性血小板减少性紫癜病人的辅助检查、护理诊断。
- 掌握特发性血小板减少性紫癜病人的身体状况、护理措施。

我们的任务是……

- 学会特发性血小板减少性紫癜病人的护理评估。
- 根据情景案例提出主要的护理诊断。
- 初步实施特发性血小板减少性紫癜病人的护理措施。

任务实施中……

临床情景——血液科

马某，女性，32岁。因月经过多2年，心悸、面色苍白、乏力1年，感冒后下肢皮肤散在出血点半个月入院。2年前无明显诱因出现月经过多，未重视。1年前开始出现心悸乏力、面色苍白，月经仍多，妇科诊断为功能性子宫出血，但疗效不佳。半个月前感冒后出现下肢皮肤出血点而来院求诊。体检：神志清，精神软，T 37.3℃，P 88次/分，R 22次/分，BP 102/64mmHg。血常规：白细胞5×10^9/L，红细胞2.8×10^{12}/L，血红蛋白65g/L，血小板47×10^9/L。骨髓穿刺结果显示：巨核细胞发育障碍，有血小板形成的巨核细胞明显减少。

问题1. 马某可能得了什么病？存在哪些身心状况？

问题2. 根据马某的身心状况，她存在哪些护理问题？

问题3. 若你是当班护士，你如何护理马某？

根据本任务的临床情景，完成表8-9。

表 8-9　情景案例病人的护理评估分析

评估项目	评估要点
1．健康史	性别________；年龄________ 现病史（病情、诊疗过程、现自觉症状等）________ 起病情况（时间、原因或诱因、症状体征等）________ 既往史（疾病、生活、家族史等）________
2．身体状况	症状________ 体征________
3．心理-社会状况	（伴有的心理状况）________
4．辅助检查	（项目名称及结果）________
结论：病人可能得了________，伴有________	

一、概述

特发性血小板减少性紫癜（ITP），也称为自身免疫性血小板减少性紫癜，系血小板免疫性破坏，外周血中血小板减少而引起的出血性疾病。急性型多见于儿童，慢性型多见于成人，男女之比为1∶4。

二、护理评估

（一）健康史

ITP的病因可能与下列因素有关：

（1）感染：约80%的急性ITP病人，在发病前2周左右有上呼吸道感染史；慢性ITP常因感染使病情加重。

（2）免疫因素：病人体内病理性免疫所产生的抗血小板抗体。

（3）脾：脾是抗血小板抗体产生的主要部位，也是血小板破坏的主要场所。

（4）雌激素：抑制血小板生成及促进单核-巨噬细胞对抗体结合血小板的吞噬有关。

（二）身体状况

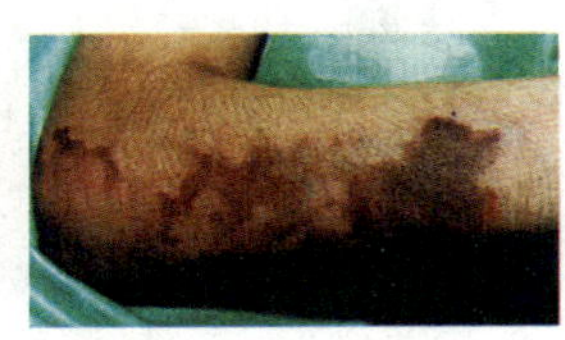

图 8-6　皮肤瘀斑

1．急性型　① 多见于儿童；② 起病急骤，起病前1～3周有呼吸道感染史，尤其是病毒感染史，可有畏寒、发热；③ 出血重，可出现大片皮肤瘀点或瘀斑（图8-6）、血肿，常先出现在四肢，尤以下肢为多；常见鼻、口腔出血；颅内出血是本病死亡的主要原因；④ 可出现不同程度的贫血、血压下降甚至休克。多在4～6周恢复，极少数病程超过半年转为慢性。

2．慢性型　① 以40岁以下青年女性多见；②起病缓慢隐匿；③出血症状较轻而局限，常表现为反复发作的皮肤及黏膜瘀点、瘀斑及外伤后出血不止，鼻出血、牙龈出血，女性病人常以月经过多为主要或唯一表现，部分病人可因感染等使病情骤然加重，出现广泛、严重的内脏出血；④每次发作常持续数周或数月，可迁延多年。长期月经过多可致贫血，超过半年可出现轻度脾肿大。

（三）心理–社会状况

起病急骤，病人及家属因病情迁延，出现烦躁、悲观等情绪。

（四）辅助检查

1．血小板检查　血小板减少程度不一，急性型常低于20×10^9/L，慢性型在50×10^9/L左右；血小板平均体积增大；血小板功能一般正常。

2．骨髓象检查　急性型巨核细胞数量轻度增多或正常，慢性型显著增多；巨核细胞发育成熟障碍，有血小板形成的巨核细胞显著减少。

（五）治疗要点

治疗首选糖皮质激素。如效果不佳时可给予免疫抑制剂及脾切除，对血小板低于20×10^9/L，出血严重、手术和分娩者，可给予血小板悬液、静脉注射丙种球蛋白、血浆置换等疗法。

三、护理诊断

1．组织完整性受损　与血小板减少有关。

2．焦虑　与反复发作的出血有关。

3．潜在并发症　脑出血。

护理目标

出血减轻或缓解；情绪稳定；无颅内出血发生。

四、护理措施

表 8-10 特发性血小板减少性紫癜病人的护理

护理流程	护理要点	案例重点分析
1．一般护理	血小板＜50×10^9/L时，多卧床，保持环境安静舒适；血小板＜20×10^9/L者，绝对卧床，避免外伤，防止颅内出血等。给予高热量、高蛋白及富维生素、少渣饮食。	马某的休息和饮食护理________。
2．病情监测	观察出血部位、范围和出血量，及时发现新的出血灶或内脏出血。监测血象变化，一旦血小板＜20×10^9/L，或出血严重而广泛，应及时报告医生并协助治疗。	
3．用药护理	向病人及家属解释糖皮质激素的药效及副作用。定期为病人检查血糖、血压、白细胞计数，发现血糖增高或血压升高，应及时报告医生。	观察糖皮质激素药效及副作用________。
4．心理护理	安慰病人和家属，减轻焦虑，促使早日康复。	
5．健康指导 拜阿司匹灵 阿司匹林肠溶片 抑制血小板的聚集，预防血栓的形成 BAYER 30片肠溶片 每片含100mg阿司匹林	（1）疾病知识指导：向病人及家属介绍本病的知识，教会压迫止血及识别出血征象。定期复查血象、血压、尿糖等变化。 （2）生活指导：注意保暖，预防感染，缓解期积极锻炼。 （3）用药指导：坚持遵医嘱服药，避免使用可能引起血小板减少或抑制其功能的药物，如阿司匹林、双嘧达莫、吲哚美辛、保泰松等。	用药指导________。

护理评价

护理目标的达成情况。

知识拓展……

➢ 过敏性紫癜

过敏性紫癜是一种以毛细血管炎为主要病变的变态反应性疾病。发病与感染、食物、药物、花粉、蚊虫叮咬及疫苗接种等相关。

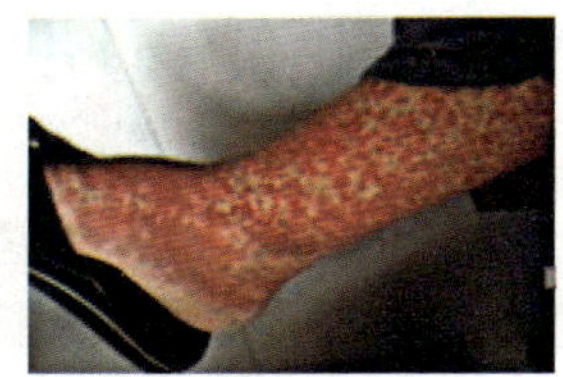

图 8-7 皮肤出血

本病多见于6岁以上的儿童和青少年。首发的特征性表现为皮肤紫癜（图8-7），多见于下肢和臀部，常有过敏性皮疹、关节肿痛、腹痛、便血和血尿。约半数病人毛细管脆性试验阳性，而血小板计数、出凝血时间和骨髓检查正常。治疗应尽可能找到并去除过敏原，积极防治感染等。护理时注意急性期卧床休息，腹型紫癜患儿给予无蛋白、无渣饮食，腹痛者禁止热敷。

➢ **血友病**

血友病是一组遗传性凝血功能障碍的出血性疾病。包括血友病甲、乙、丙。血友病甲，即凝血因子Ⅷ缺乏症；血友病乙，即凝血因子Ⅸ缺乏症；血友病丙，即凝血因子Ⅺ缺乏症。临床以血友病甲最多见。共同的特点是终身在轻微损伤后长时间出血。

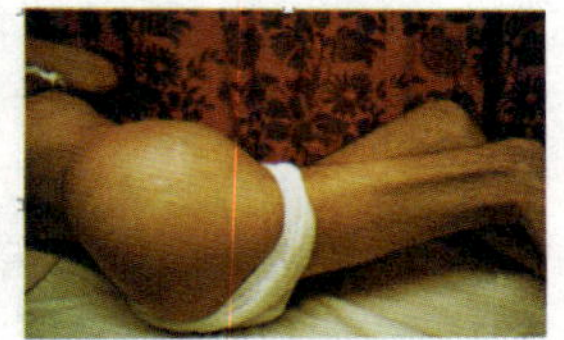

图 8-8 髋关节出血

出血是本病的主要表现：① 出生即有，伴随终身；②皮下软组织及肌肉出血常见。负重关节，如膝、髋、踝关节反复出血、积血甚为突出，可致关节畸形（图8-8）。皮肤紫癜少见，重者呕血、咯血、颅内出血。

采用对症支持治疗，补充凝血因子等，预防出血和局部止血。护理时注意避免剧烈活动，尽量避免注射、手术等。饮食营养、易消化，少带骨刺。早期关节出血者宜卧床休息，弹力绷带加压包扎，冷敷、抬高患肢、制动保持功能位；出血停止后可适当体疗以防关节畸形。

➢ **弥散性血管内凝血**

弥散性血管内凝血（DIC）是由多种致病因素激活机体的凝血系统，导致机体弥散性微血栓形成、凝血因子大量消耗并继发纤溶亢进，从而引起全身出血、微循环障碍乃至多器官功能衰竭的一种临床综合征。

病因以感染性休克最多见，恶性肿瘤、大手术及创伤、产科意外及全身各系统疾病等也可引起。

DIC可分为高凝期、消耗性低凝期、继发性纤溶亢进期3个阶段。

临床表现：出血是DIC最常见的症状，多突然发生，广泛、多发、持续的皮肤黏膜出血。常见伤口和注射部位渗血呈大片瘀斑。顽固性休克是病情严重预后不良的先兆。

在去除诱因、治疗原发病的基础上采用肝素抗凝疗法是治疗的首选，可与补充凝血因子同时进行。抗凝血酶与肝素可减少后者的用量，降低肝素停药后的血栓发生率。护理中注意密切观察病情，做好出血和微循环衰竭的护理，吸氧、保暖，休克者中凹卧位。

护考知识链接……

1. ITP按起病缓急可分为急性及慢性两型。急性型血小板常低于20×10^9/L，失血多可出现贫血，重者因颅内出血危及生命。

2．ITP治疗首选糖皮质激素。

3．血小板计数<50×10^9/L时，多卧床，注意休息；血小板计数<20×10^9/L，应绝对卧床休息，警惕脑出血。

4．避免服用阿司匹林等影响血小板功能的药物。

护考练兵场……

A_1/A_2型题（单选题）

1．禁用于特发性血小板减少性紫癜的药物是（　　）

A．泼尼松　　B．红霉素　　C．阿司匹林
D．阿莫西林　　E．地西泮

2．关于慢性特发性血小板减少性紫癜叙述错误的是（　　）

A．青年女性多见　　B．起病较缓慢　　C．常反复发作
D．多出现血肿或血泡　　E．出血量多且持续时间长者常引起贫血

3．治疗急性特发性血小板减少性紫癜的首选方案是（　　）

A．应用糖皮质激素　　B．输血及输入血小板　　C．应用止血剂
D．X线脾区照射　　E．脾切除

4．病人，女性，28岁。四肢皮肤反复出现瘀斑已2年余。血象：血红蛋白110g/L，血小板40×10^9/L；骨髓象：巨核细胞增多。在对该病人做保健指导时，应嘱咐病人避免使用的药物是（　　）

A．强的松　　B．长春新碱　　C．环磷酰胺
D．VitC　　E．消炎痛

A_3/A_4型题（单选题）

（5～8题共用题干）周女士，32岁。反复皮肤黏膜出血、鼻出血3个月，曾服维生素C、云南白药，效果差。护理体检：轻度贫血貌，皮肤散在瘀斑，胸骨无压痛，血红蛋白100g/L，白细胞7.8×10^9/L，血小板30×10^9/L。

5．该病人最可能的诊断是（　　）

A．血友病　　B．过敏性紫癜　　C．脾功能亢进
D．再生障碍性贫血　　E．特发性血小板减少性紫癜

6．为明确诊断需做进一步检查，应首选（　　）

A．肝功能检查　　B．出凝血时间测定　　C．血小板抗体测定
D．骨髓穿刺活检　　E．毛细血管脆性试验

7．该病人首选的治疗措施是（　　）

A．脾切除　　B．应用泼尼松　　C．应用雄激素

D．输全血　　E．输血小板

8．该病人首要的护理诊断是（　　）

A．活动无耐力　　B．知识缺乏　　C．营养失调：低于机体需要量

D．组织完整性受损　　E．抑郁

综合运用……

（接前述案例）马某病情好转出院。

问题：作为责任护士，请结合案例制定一份健康教育处方。

我学会了……

我掌握了……

我的问题……

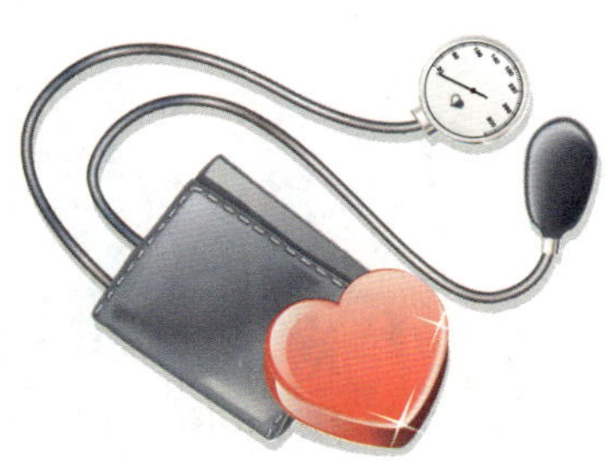

项目九

内分泌系统疾病病人的护理

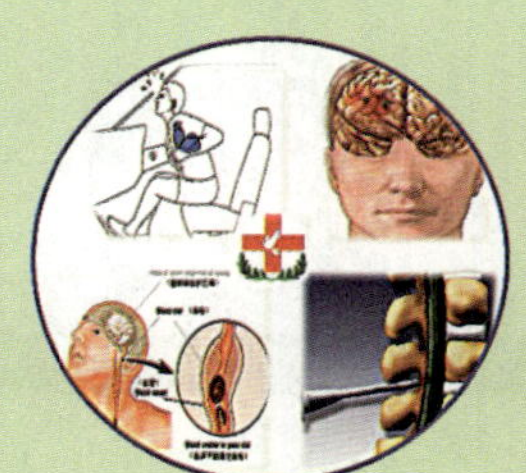

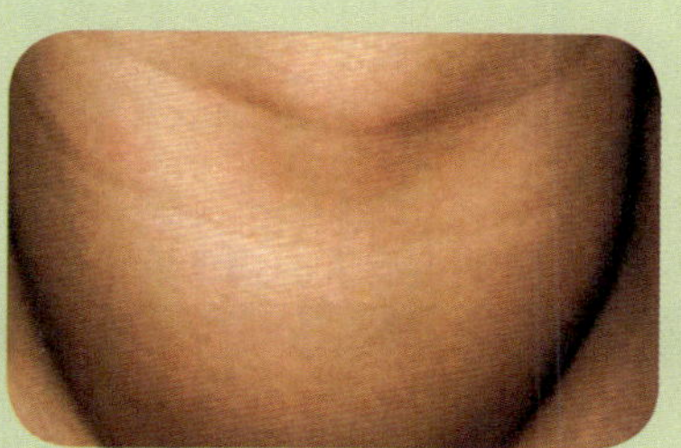

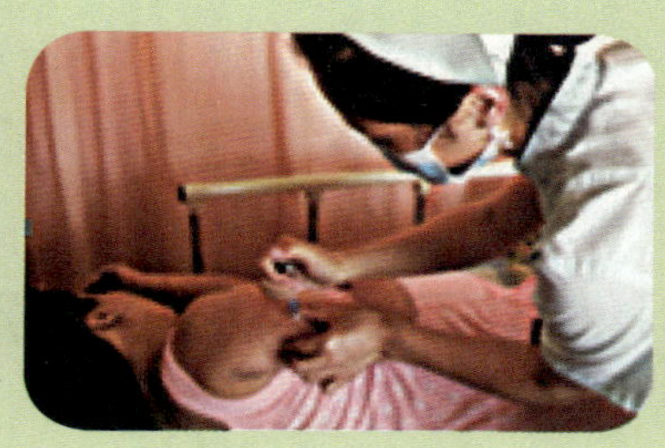

任务一　甲状腺功能亢进症病人的护理

我们的目标是……

- 了解甲状腺功能亢进症的病因、辅助检查。
- 熟悉甲状腺功能亢进症病人的治疗要点、主要护理诊断。
- 掌握甲状腺功能亢进症病人的身体状况、护理措施。

我们的任务是……

- 学会甲状腺功能亢进症病人的护理评估。
- 根据情景案例提出主要的护理诊断。
- 初步实施甲状腺功能亢进症病人的护理措施。

任务实施中……

临床情景——内分泌科

大眼妹王某，30岁。怕热、多汗、多食、体重下降、突眼、脖子增粗、脾气暴躁、心慌气短5个多月。体检：病人消瘦，神志清楚，心肺听诊无殊，T 37.1℃，P 112次/分，R 20次/分，BP 100/60mmHg，突眼，甲状腺肿大，可闻及血管杂音。实验室检查：FT4、FT3升高，TSH降低。

问题1. 王某可能得了什么病？存在哪些身心状况？

问题2. 根据王某的身心状况，她存在哪些护理问题？

问题3. 若你是当班护士，你如何护理王某？

根据本任务的临床情景，完成表9-1。

表 9-1　情景案例病人的护理评估分析

评估项目	评估要点
1. 健康史	性别________；年龄________ 现病史（病情、诊疗过程、现自觉症状等）________ 起病情况（时间、原因或诱因、症状体征等）________ 既往史（疾病、生活、家族史等）________

续表

评估项目	评估要点
2．身体状况	症状________ 体征________
3．心理-社会状况	(伴有的心理状况)________
4．辅助检查	(项目名称及结果)________
结论：病人可能得了________，伴有________。	

一、概述

甲状腺功能亢进症简称甲亢，是由各种原因导致血液中甲状腺激素分泌过多（T3/T4）而出现的以全身代谢亢进为特征的内分泌疾病的总称。按引起甲亢的原因可分为原发性、继发性和高功能腺瘤3类。原发性甲亢（Graves病）最多见，女性多于男性，以20～40岁女性为主。腺体肿大为弥漫性，两侧对称，常伴有突眼，故又称为突眼性弥漫性毒性甲状腺肿。继发性甲亢较少见，腺体呈结节性肿大，两侧多不对称，无眼球突出。高功能腺瘤少见。

Graves病（简称GD）又称毒性弥漫性甲状腺肿，是一种伴甲状腺激素（TH）分泌增多的器官特异性自身免疫病。临床上以甲状腺肿大、突眼、高代谢综合征为特征。

二、护理评估

（一）健康史

1．病因　遗传因素、免疫因素等。

2．诱因　精神刺激、感染、创伤等应激因素是本病发生和病情恶化的重要诱因。

（二）身体状况

1．甲状腺毒症

（1）高代谢综合征：病人常有疲乏无力、怕热多汗、多食善饥、体重显著下降等。

（2）精神、神经系统：多言好动、焦躁易怒、失眠不安、注意力不集中等。

（3）心血管系统：心悸气促、胸闷、心动过速，在休息和睡眠时心率仍快是甲亢的特征性表现之一，严重者可发生甲亢性心脏病。常出现：① 窦性心动过速（90～120次/分）；② 心律失常以心房颤动等多见；③ 心尖区第一心音亢进，出现收缩期杂音；④ 心脏扩大；⑤ 收缩压升高、舒张压降低，脉压增大，可出现周围血管征。脉压差增大，脉率增快可作为判断病情严重程度和治疗效果的重要标志。

（4）消化系统：多食消瘦是甲亢的另一特征性表现。胃肠蠕动快，消化吸收不良而

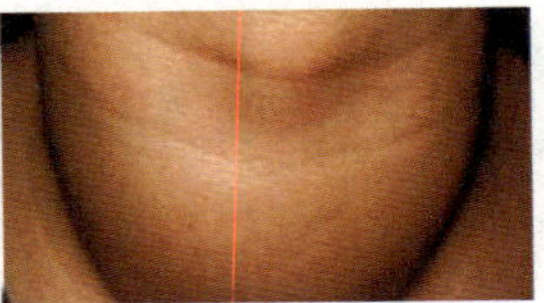
图 9-1　甲状腺肿大

使排便次数增加或腹泻。

(5) 肌肉、骨骼系统：主要是甲状腺毒症周期性瘫痪，多见于青年男性。

2．甲状腺肿　多数病人有不同程度的甲状腺肿大（图 9-1），为弥漫性、对称性肿大，随吞咽动作上下移动。

3．体征　甲状腺肿大、质软、无压痛，甲状腺上下极可触及震颤或听到血管杂音；突眼征典型者为双侧眼球突出，眼裂增宽，严重者上下眼睑难以闭合。

4．甲状腺危象　它是甲亢急性加重的一个综合征，发生原因是大量 T3、T4 释放入血。常见诱因有感染、手术准备不充分、放射性碘治疗等；严重躯体疾病；口服过量TH制剂；严重精神创伤；手术中过度挤压甲状腺等。主要临床症状：早期表现为原有甲亢症状加重，继而有高热（体温≥39℃），心率≥140次/分，恶心、畏食、呕吐、腹泻、大汗、休克，神情焦虑、烦躁、嗜睡或谵妄、昏迷，严重者合并心力衰竭、肺水肿等。

（三）心理-社会状况

由于情绪不稳定，病人在检查、治疗及护理等活动中出现不配合或不遵守医嘱、护嘱的行为，或在与其他人的交往中出现社交障碍。

（四）辅助检查

1．血清甲状腺激素的测定　血清总甲状腺素（TT4）、总三碘甲状腺原氨酸（TT3）增高，是临床诊断甲亢的首选指标。

2．血清游离甲状腺素（FT4）、游离三碘甲状腺原氨酸（FT3）测定　FT4、FT3直接反映甲状腺功能状况，较TT4、TT3更具敏感性和特异性，现已广泛应用于临床。

3．促甲状腺激素（TSH）测定　反映甲状腺功能的最敏感指标，甲亢时因TSH受抑制而减少。

4．基础代谢率（BMR）测定　基础代谢率（%）=脉压+脉率－111。用于判断甲亢程度（正常值：－10%～+10%；轻度甲亢：+20%～+30%；中度甲亢：+30%～+60%；重度甲亢：>+60%）。

5．甲状腺摄^{131}碘（^{131}I）率测定　甲亢时总摄取量增高，高峰前移。

6．影像学检查　超声、放射性核素、CT、MRI等检查有助于甲状腺、异位甲状腺肿和球后病变的诊断。

（五）治疗要点

治疗原则是消除病因，纠正激素异常所导致的功能紊乱，防止复发，避免并发症发生。治疗措施包括药物治疗、放射性碘治疗及手术治疗3种，目前以内科治疗为主。

1．药物治疗　适用于青少年病人，病情较轻者及老年人或伴有其他严重疾病不宜手术者。主要有硫脲类（甲硫氧嘧啶、丙硫氧嘧啶）及咪唑类（甲巯咪唑、卡比马唑），作用机制为抑制甲状腺合成甲状腺激素而达到治疗目的。

2．手术治疗　甲状腺大部分切除术是主要手术方式。手术治疗指征：① 继发性甲亢或高功能腺瘤；② 中度以上的原发性甲亢；③ 腺体较大，伴有压迫症状，或胸骨后甲状腺肿等类型的甲亢；④ 抗甲状腺药物或^{131}I治疗后复发者或长期坚持用药有困难者。

三、护理诊断

1．疼痛　与甲状腺肿块压迫、囊性肿块发生出血或手术创伤有关。

2．营养失调：低于机体需要量　与甲亢基础代谢率显著增高有关。

3．焦虑　与颈部肿块性质不明、环境改变、担心术后及预后有关。

4．自我形象紊乱　与甲状腺切除术后手术瘢痕影响外观有关。

5．潜在并发症　呼吸困难和窒息、喉返神经损伤、喉上神经损伤、手足抽搐、甲状腺危象。

护理目标

病人生命体征正常；体重恢复正常；情绪稳定；能积极配合治疗和护理，简单陈述预防保健知识。

四、护理措施

表 9-2　甲亢病人的护理

护理流程	护理要点	案例重点分析
1．一般护理 高蛋白饮食	（1）休息：保持环境安静，每日测量体重。与病人共同制定日常活动计划，轻者可适当活动，重者卧床。 （2）饮食护理：高热量、高蛋白、高维生素饮食。勿进食高纤维食物，以免加重腹泻。忌饮用咖啡、浓茶、烟酒及辛辣刺激性食物。	王某休息________，饮食护理________。
2．病情监测	观察病人精神状态等情况，注意有无焦虑、烦躁等甲亢加重的表现，必要时应用镇静药。	病情监测重点________。
3．用药护理	遵医嘱使用硫脲类及咪唑类药物，不可自行减量或停药，密切观察药物的不良反应，并及时处理。告知病人药物主要副作用有粒细胞减少和皮疹，需定期复查血象，当白细胞＜3×10^9/L，粒细胞＜1.5×10^9/L，出现肝脏损害、药疹时应停药。	药物选择及注意事项________。

续表

护理流程	护理要点	案例重点分析
4. 浸润性突眼护理	保护眼睛，防止结膜炎和角膜炎，早期选用免疫抑制药及非特异性抗炎药物。	王某突眼护理________。
5. 甲状腺危象的护理	（1）休息与体位：绝对卧床休息，必要时遵医嘱给予适量镇静剂，给氧，迅速建立静脉通路。 （2）用药护理：遵医嘱使用丙硫氧嘧啶、碘剂、糖皮质激素、β受体阻滞剂。 （3）病情监测：监测生命体征，评估意识状况和心肾功能。 （4）对症护理：高热时先物理降温，必要时施行人工冬眠降温。 （5）营养支持：维持营养与体液平衡。 （6）治疗配合：采用血透、腹透或血浆置换等措施降低TH浓度者应做好相应的护理。	甲状腺危象的护理________。
6. 心理护理	向病人及家属进行疾病知识教育，介绍手术前的准备对疾病预后的重要性，消除病人的顾虑和紧张心理。	
7. 术前护理 颈仰卧位	（1）体位训练：反复练习颈过伸体位，以适应手术需要。 （2）休息与活动：睡眠时应抬高枕头取侧卧位，颈部略微屈，以减少肿大的甲状腺对气管的压迫。 （3）治疗配合：用药物降低基础代谢率是术前准备的重要环节。先用硫氧嘧啶类药物，待甲亢症状控制后，改口服复方碘化钾溶液。碘剂的作用是抑制甲状腺激素的释放，从而减少甲状腺的血液循环，控制甲亢症状，使腺体变小、变硬。用法是每日3次，第1日每次3滴，以后逐日递增1滴，直至增到每次16滴，维持3～5日后手术。服用碘剂时要将其稀释，滴在冷开水中或馒头、面包上服用，以减少其对口腔和胃黏膜的刺激。当病人情绪稳定，睡眠好转，体重增加，脉率稳定在90次/分以下，基础代谢率在+20%以下，腺体缩小变硬，脉压差正常时即可施行手术。 （4）其他：做好术前紧急抢救的准备，如床旁备气管切开包、吸引器等。	王某术前护理________。
8. 术后护理	（1）一般护理：① 体位：血压稳定后取半卧位，有利于呼吸和渗出液的引流。② 饮食护理：病情稳定后先给病人试饮温水或凉水，若无呛咳、误咽等不适，术后1~2日可进微温流质饮食，食物不可过热，因过热可使手术部位血管扩张，加重渗血。以后逐渐过渡到半流质和普食。③ 病情观察：密切观察病人生命体征、发音情况，进食时有无呛咳，切口敷料及引流等。	王某术后护理________。

续表

护理流程	护理要点	案例重点分析
8．术后护理	（2）术后并发症的观察与护理 1）呼吸困难和窒息：是最危险的并发症，常发生于术后48小时内，多由血肿形成、喉头水肿、气管软化引起。术后应注意呼吸是否通畅，要做到早期发现、早期处理。 2）喉返神经损伤：一侧喉返神经损伤，多引起声音嘶哑；两侧喉返神经损伤可导致两侧声带麻痹，引起失声、呼吸困难，甚至窒息，多需立即做气管切开。 3）喉上神经损伤：若外支损伤，可使环甲肌瘫痪，引起声带松弛、声调降低。若内支损伤，则使喉部黏膜感觉丧失，病人丧失喉部的反射性咳嗽，在进食特别是饮水时，容易误吸发生呛咳。 4）手足抽搐：为甲状旁腺受损、血钙降低，神经、肌肉的应激性增高引起，临床症状多在2~3天出现，发作时，可用50%葡萄糖溶液40ml+10%葡萄糖酸钙20ml静脉注射。 5）甲状腺危象的护理如前。	
9．健康指导	（1）疾病预防指导：注意个人卫生，保持口腔、皮肤、会阴部清洁，注意保暖，避免受凉。 （2）生活指导：严格饮食治疗原则，合理摄入蛋白质和限制水、钠摄入。 （3）用药指导：遵医嘱服药，避免使用肾毒性较大的药物，定期门诊复查。	王某保健的侧重点________。

护理评价

护理目标的达成情况。

知识拓展……

➢ 单纯性甲状腺肿病人的护理

1．地方性甲状腺肿的常见原因为碘缺乏。

2．甲状腺肿的特点：甲状腺呈轻度或中度弥漫性肿大，不伴有甲亢或甲状腺功能减退（简称甲减）表现。

➢ 甲状腺功能减退病人的护理

1．甲减病人的主要表现：畏寒、少汗、乏力、少言、体温偏低。

2．甲减病人因甲状腺素分泌较少，导致基础代谢率低下，因此，病人可出现畏寒、体温偏低等表现。

3．甲减时，甲状腺功能检查结果为血清TSH升高，血TT4、TT3降低。

4．甲减主要治疗方法：甲状腺素替代治疗。

护考知识链接……

1．甲亢是一种高代谢性疾病，因此需要给予高热量、高蛋白、高脂肪、高维生素饮食；但甲亢病人大便频繁甚至慢性腹泻，因此需限制纤维素高的食物。

2．甲亢要求摄取高钙低磷食物如多吃绿叶蔬菜、豆制品和海产品，少食含磷较高的食物，如瘦肉、蛋黄、乳制品等。

3．甲状腺摄碘试验检查前，病人应禁食含碘食物4～6周。

4．发生甲状腺危象的主要原因是大量 T3、T4释放入血。主要诱因为感染、手术准备不充分、放射性碘治疗等；严重躯体疾病；口服过量TH制剂；严重精神创伤；手术中过度挤压甲状腺。早期表现为原有甲亢症状的加重，继而有高热（≥39℃），心率≥140次/分，恶心、畏食、呕吐、腹泻、大汗、休克、神情焦虑、烦躁、嗜睡或谵妄、昏迷，严重者合并心力衰竭、肺水肿等。

5．甲亢主要临床表现为突眼征、甲状腺肿大、T3和T4过多综合征。脉压差增大，脉率增快可作为判断病情严重程度和治疗效果的重要标志。

6．基础代谢率（BMR）测定：正常BMR为−10%～+10%，约95%的甲亢病人增高。测定应在禁食12小时、睡眠8小时以上、静卧、空腹状态下进行。常用BMR简易计算公式：BMR（%）=脉压+脉率−111。

7．血清甲状腺激素测定，甲亢最有意义的检查为血清T3、T4增高。血清TT3为诊断甲亢的特异性指标。血中TSH是反映甲状腺功能最敏感的指标。

8．甲亢的治疗：包括药物治疗、放射性碘治疗及手术治疗3种，目前以内科治疗为主。药物有硫脲类（甲硫氧嘧啶、丙硫氧嘧啶）及咪唑类（甲巯咪唑、卡比马唑）。作用机制为抑制甲状腺合成甲状腺激素而达到治疗目的。

9．青少年病人，病情较轻者及老年人或伴有其他严重疾病病人不宜手术。

10．术前使用碘剂的作用、用法及可以手术的指征。

11．甲亢手术并发症的观察与护理。

护考练兵场……

A_1型题（单选题）

1．病人在进行甲状腺摄碘试验检查前应禁食含碘食物的时间为（　　）

A．3天　　B．4~6天　　C．1~2周

D．3~4周　　E．4~6周

2．Graves病最具特征性的表现是（　　）

A．易激动　B．怕热多汗　C．多食易饥

D．皮肤湿润　E．突眼征

A_3/A_4型题（单选题）

（3～4题共用题干）病人，男性，62岁，甲状腺功能亢进5年。今日体温突然达40℃，心率150次/分，恶心、呕吐、腹泻，大汗淋漓，昏睡。查FT3及FT4显著增高，诊断为甲状腺危象，经过抗甲状腺药物治疗，近2天病人高热、咽痛等。

3．产生该现象的原因是（　　）

A．感染使代谢增加　B．机体消耗大量甲状腺素　C．腺垂体功能亢进

D．大量甲状腺素释放入血　E．自主神经功能紊乱

4．最可能发生的情况是（　　）

A．肝功能下降　B．上呼吸道感染　C．药物过量

D．粒细胞缺乏　E．药物过敏

综合运用……

（接前述案例）王某突然神志恍惚，烦躁不安，大汗淋漓，呼吸急促，伴有恶心、呕吐。查体：T 39.1℃，HR 142次/分，R 32次/分，BP 100/60mmHg，神志恍惚，精神委靡，皮肤潮湿多汗。

问题：（1）王某又发生了什么情况？

（2）若你是当班护士，如何救护？

（3）请结合案例制定一份健康教育处方。

学习反思……

我学会了……

我掌握了……

我的问题……

任务二 糖尿病病人的护理

我们的目标是……

- ▲ 了解糖尿病的病因、发病机制、分型。
- ▲ 熟悉糖尿病病人的治疗要点、辅助检查、主要护理诊断。
- ▲ 掌握糖尿病病人的身体状况、护理措施。

我们的任务是……

- ▲ 学会糖尿病病人的护理评估。
- ▲ 根据情景案例提出主要的护理诊断。
- ▲ 初步实施糖尿病病人的护理措施。

任务实施中……

临床情景——内分泌科

张某，男性，61岁，退休公务员。多饮、多尿、口渴2个月余，因“感冒”致上述症状加重，伴体重减轻半个月入院。体检：T 36.5℃，P 92次/分，R 20次/分，BP 135/88mmHg，身高170cm，体重80kg。空腹血糖8.5mmol/L，餐后2小时血糖12.1mmol/L，血脂、血电解质正常，心肺检查无异常。既往无重大疾病史。其弟弟3年前确诊糖尿病。

问题1. 张某发生了什么情况？存在哪些身心状况？

问题2. 根据张某的身心状况，有哪些护理问题？

问题3. 若你是当班护士，你如何护理张某？

根据本任务的临床情景，完成表9-3。

表 9-3 情景案例病人的护理评估分析

评估项目	评估要点
1．健康史	性别______；年龄______；职业______ 现病史（病情、诊疗过程、现自觉症状等）______ 起病情况（时间、原因或诱因、症状体征等）______ 既往史（疾病、生活、家族史等）______

续表

评估项目	评估要点
2．身体状况	症状________ 体征________
3．心理-社会状况	(伴有的心理状况)________
4．辅助检查	(项目名称及结果)________
结论：病人可能得了________，伴有________。	

一、概述

糖尿病（DM）是一种由遗传和环境因素引起的机体胰腺内的胰岛细胞（图9-2）分泌胰岛素绝对或相对不足以及靶细胞对胰岛素敏感性降低（胰岛素抵抗），致使体内糖、蛋白质和脂肪代谢异常，以慢性高血糖为突出表现的内分泌代谢性疾病。临床上出现多尿、多饮、多食及消瘦等表现，久病可引起多系统损害，致眼、肾、神经、心血管等组织的慢性进行性病变，引起功能缺陷及衰竭。病情严重或应急时可发生急性代谢紊乱，如酮症酸中毒、高渗性昏迷等。

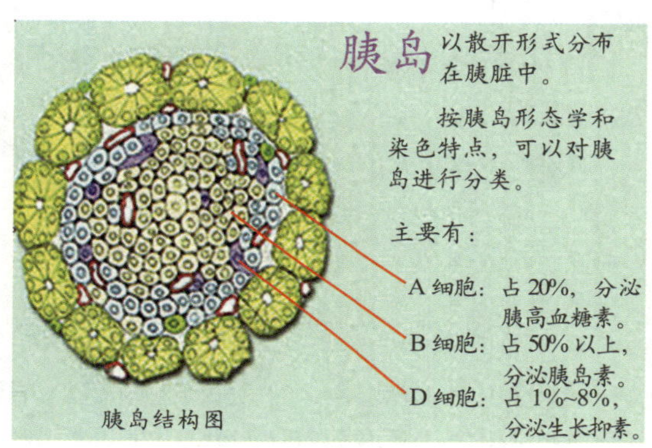

图 9-2　胰岛及胰岛细胞

目前将糖尿病分为四大类型：1型糖尿病、2型糖尿病、妊娠期糖尿病、其他特殊类型糖尿病，临床上以2型糖尿病最为多见。1型与2型糖尿病的鉴别见表9-4。

表 9-4　1 型与 2 型糖尿病的鉴别

鉴别项目	1 型糖尿病	2 型糖尿病
起病年龄	青少年	中老年
发病时体型	消瘦	肥胖
“三多一少”症状	明显	多不明显
对胰岛素	依赖	多不依赖
常见急性并发症	酮症酸中毒	高渗性昏迷
主要死因	糖尿病肾病	冠心病、脑血管病

二、护理评估

（一）健康史

目前认为遗传和环境因素共同参与发病。

1．1型糖尿病　有遗传倾向的个体，在环境因素的诱导下，胰岛B细胞发生自身免疫反应。多数病人胰岛B细胞完全破坏，从而导致胰岛素分泌绝对缺乏，血糖升高。

（1）病毒感染：如风疹病毒、腮腺炎病毒、柯萨齐病毒等。

（2）化学物质和饮食因素：如化学毒物吡甲硝苯脲；缺乏母乳喂养等。

2．2型糖尿病　由于多基因遗传和环境因素的综合作用，胰岛B细胞功能缺陷，从而导致胰岛素分泌相对缺乏。

（1）环境因素：人口老龄化、体力活动过少、营养过剩、单纯性肥胖等。

（2）胰岛素抵抗（IR）：是指胰岛素作用的靶器官（主要是肝脏、肌肉和脂肪组织）对胰岛素作用的敏感性降低。

（3）胰岛素分泌缺陷：即某些因素导致胰岛分泌胰岛素的功能下降。如低体重儿、胎儿期或出生早期营养不良均可损伤胰岛B细胞的发育，或在糖尿病的发生发展过程中进一步降低胰岛素的敏感性和损伤B细胞的功能。

（二）身体状况

1．代谢紊乱症候群　本病为慢性进行性疾病，早期可无症状。当疾病逐渐进展时，典型病人可出现“三多一少”，即多尿、多饮、多食、体重减轻的典型症状。常伴有软弱、乏力、女性外阴瘙痒等现象。部分病人无明显症状，体检或检查其他疾病时偶然发现血糖升高。

2．急性并发症

（1）糖尿病酮症酸中毒（DKA）：是最常见的急性并发症。1型糖尿病有自发糖尿病酮症酸中毒倾向，2型糖尿病在感染、胰岛素剂量不足或治疗中断、饮食不当、妊娠和分娩、创伤、手术等诱因下也可发生。是由于代谢紊乱进一步加重，脂肪分解加速产生大量酮体，血清酮体超过正常水平时出现酮血症和酮尿，统称为酮症。

图 9-3　酮症酸中毒的症状

早期表现为疲乏无力、极度口渴、厌食、多饮多尿。当出现酸中毒时则表现为食欲缺乏、恶心、呕吐，常伴头痛、烦躁或嗜睡、呼吸深大、有烂苹果味。后期脱水明显、尿少、血压下降、休克、昏迷。血糖、血酮明显升高，尿糖、尿酮强阳性（图9-3）。

（2）高渗性非酮症糖尿病昏迷（简称高渗性昏迷）（HHS）：以严重高血糖和高渗透压为特征，高血糖导致进行性脱水、血浆渗透压升高。表现为多饮、多尿、血糖高、烦躁或嗜睡、昏迷。多见于50～70岁糖尿病病人，约2/3病史不明显。诱因与DKA相似。血糖、血钠及血浆渗透压显著升高。尿糖强阳性，多无酮症。

（3）感染：感染可诱发急性并发症，也是糖尿病的重要死因之一。

3．慢性并发症

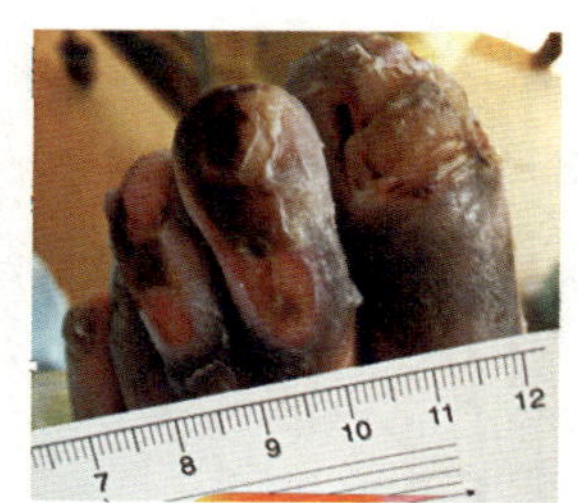

图 9-4　糖尿病足

（1）大血管病变：心、脑及肢体动脉粥样硬化，引起高血压、冠心病、脑血管意外、下肢动脉病变等。

（2）微血管病变：视网膜、肾、神经、心肌组织的微循环障碍等病理改变，以糖尿病肾病和视网膜病变最常见。

（3）神经病变：以周围神经病变最常见。

（4）糖尿病足：WHO将糖尿病足定义为与下肢远端神经异常和不同程度的周围血管病变相关的足部（踝关节或踝关节以下的部位）感染、溃疡和（或）深层组织破坏（图9-4）。

（三）心理-社会状况

本病是慢性代谢性疾病，病人需终身治疗及严格控制饮食，可产生痛苦及消极情绪，有的病人因不能控制饮食导致疾病加重，由于缺乏疾病知识可持无所谓态度或过度担忧等。儿童或青少年病人可有自卑心理。

（四）辅助检查

1．血糖测定　是诊断糖尿病的主要依据，也是判断病情和控制情况的主要指标。空腹血糖正常范围是3.9～6.0mmol/L。

2．糖尿病诊断标准　糖尿病症状+任意时间血浆葡萄糖水平≥11.1mmol/L或空腹血浆葡萄糖水平≥7.0mmol/L或口服葡萄糖耐量试验（OGTT）中餐后2小时血浆葡萄糖≥11.1mmol/L。

3．其他检查

（1）尿糖测定：是诊断糖尿病的重要线索，也可作为判断疗效和调整药量的参考。

（2）口服葡萄糖耐量试验：适用于可疑而空腹或餐后血糖未达标准者。

（3）糖化血红蛋白A1（GHbA1）和果糖胺的测定：可分别反映取血前4～12周和2～3周血糖的总水平，有助于监测病情控制情况。

（4）血胰岛素和C-肽测定：有助于了解胰岛B细胞功能。

（五）治疗要点

国际糖尿病联盟提出糖尿病现代治疗五大要点：饮食控制、运动疗法、血糖监测、药物治疗、糖尿病教育。以饮食治疗和适当的运动锻炼为基础，根据病情选用口服降糖药物或胰岛素治疗。

三、护理诊断

1．营养失调：低于机体需要量　与糖尿病病人胰岛素分泌和（或）作用缺陷引起糖、蛋白质、脂肪代谢紊乱有关。

2．有感染的危险　与血糖增高、脂代谢紊乱、营养不良、微循环障碍等有关。

3．知识缺乏　缺乏糖尿病预防和自我护理知识。

4．潜在并发症　酮症酸中毒、高渗性昏迷、低血糖、糖尿病足等。

护理目标

病人血糖、体重达到或接近正常水平；无严重感染发生；能陈述相关疾病知识及自我防护知识；无并发症出现。

四、护理措施

表 9-5　糖尿病病人的护理

护理流程	护理要点	案例重点分析
1．一般护理	（1）饮食护理：饮食控制是重要的基础治疗，可减轻胰岛的负担，应严格和长期进行。 1）以控制总热量为原则：实行低糖、低脂、低胆固醇、适当蛋白质、高纤维素、高维生素饮食。 2）热量计算：按理想体重及每日劳动量计算每日总热量，儿童、孕妇、乳母、营养不良、伴消耗性疾病者酌情增加10%～20%，肥胖者酌减。使体重逐渐恢复至理想体重的5%左右。理想体重（kg）=身高（cm）－105。 3）三大营养素比例：碳水化合物占50%～60%，提倡粗制米、面和一定量杂粮；蛋白质占15%～20%，脂肪占30%，应选用不饱和脂肪酸。 4）热量分配：每餐按1/5、2/5、2/5或1/3、1/3、1/3，或1/7、2/7、2/7、2/7分配。 5）注意事项：① 严格按时、按量进食；② 严格限制甜食，出现饥饿时可增加蔬菜、豆制品；③ 少盐、戒烟、限酒；④ 体育锻炼前可进食少量食物；⑤ 每周测体重，如改变超过2kg，应报告医生。 （2）运动护理：运动利于减轻体重，提高胰岛素敏感性、改善血糖和脂代谢紊乱。合理运动亦是基础治疗之一，应根据自身条件循序渐进和长期坚持。 1）运动方式和运动量：选择步行、慢跑、骑自行车、打太极拳、游泳等；每天20～30分钟，每天1～2次，每周≥3次；适宜的运动强度（运动后的脉率=170－年龄）达到个体最大耗氧量的60%左右即可。 2）注意事项：① 身体不佳时如血糖＞13.3mmol/L、收缩压＞180mmHg者等不宜运动；② 不在寒风或酷暑中运动；③ 随身携带糖果或饼干，出现低血糖反应时及时食用；④ 随身携带糖尿病识别卡以备急用；⑤ 做运动记录，以便观察疗效和不良反应。	张某的饮食护理________。

续表

护理流程	护理要点	案例重点分析
2．用药护理 胰岛素注射部位 胰岛素注射	（1）口服药 1）促胰岛素分泌剂： ① 磺脲类：甲苯磺丁脲、格列本脲、格列齐特等。最常见副作用是低血糖，餐前半小时服用。 ② 非磺脲类：瑞格列奈、那格列奈等。 2）双胍类：常用二甲双胍，是肥胖或超重的2型糖尿病病人第一线药物。常见副作用是胃肠道反应，餐中或餐后服用。 3）α-葡萄糖苷酶抑制剂：常用阿卡波糖等，是2型糖尿病病人一线用药，进餐第一口饭嚼服。 （2）胰岛素 1）适应证：1型糖尿病、2型糖尿病经饮食及口服降糖药未获良好控制、DKA、高渗性昏迷等病人。 2）制剂类型：按作用类型和维持作用时间，可分为速效（短效）、中效和长效（慢效）三类。 3）用药注意事项： ① 正确保存：4～8℃冷藏保存。 ② 准确用药：剂型、剂量准确，按时注射。多采用皮下注射，普通胰岛素饭前0.5小时，用专用注射器，紧急情况下可静脉滴注。 ③ 吸药顺序：长、短效胰岛素混合使用时，先抽短效再抽长效，轻轻摇匀，不可逆行操作，以免影响吸收速率。 ④ 注射部位：选择皮肤疏松部位如上臂三角肌、臀大肌、大腿前侧、腹部等，注射部位应交替使用。每次注射部位距前次注射处＞2cm，重复注射时间间隔＞2周。吸收速率不同，腹壁＞上臂＞大腿＞臀部。 ⑤ 观察及处理不良反应：包括低血糖反应、胰岛素过敏（注射局部瘙痒及荨麻疹）、注射部位皮下脂肪萎缩或增生等；可分别采取及时补充糖分、更换胰岛素制剂种类及抗过敏、停止在该部位注射等利于自然恢复的措施。	张某的药物选择及注意事项________。
3．DKA与高渗性昏迷的护理	（1）重症监护，绝对卧床休息、保暖、吸氧。寻找和去除诱因。 （2）迅速建立两条静脉通路，准确执行医嘱，确保电解质、大量生理盐水等液体和小剂量速效胰岛素的输入。 （3）严密观察病情变化和记录神志、生命体征、呼吸气味、皮肤弹性及24小时出入液量等变化。监测并记录血糖、尿糖、血酮、尿酮水平以及血气和电解质变化。	
4．低血糖护理	（1）原因：与胰岛素或口服药剂量过大、未按时进食或进食过少、运动过量、老年人等有关。 （2）表现：面色苍白、头晕、强烈饥饿感、恶心、呕吐、心慌、冷汗、四肢无力或颤抖，重者可致昏迷、死亡；患者血糖＜3.9mmol/L即可出现。	张某的低血糖预防和处理________。

续表

护理流程	护理要点	案例重点分析
4．低血糖护理	（3）处理：立即平卧，及时检测血糖，根据病情进食糖类食物如糖果、饼干，含糖饮料或遵医嘱静脉推注50%葡萄糖注射液40~60ml或静滴10%的葡萄糖液。注意监测血糖变化，以防再次发生低血糖。	
5．足部护理	（1）促清洁：保持足部及鞋袜的整洁，每晚温水洗脚。 （2）勤检查：每日至少检查双足一次，趾甲不可修剪过短。 （3）促循环：适度运动、保暖、按摩、戒烟。 （4）善保养：穿柔软棉质袜子和宽头轻便鞋子；不赤足走路。 （5）治疾患：及时去医院处理足部的鸡眼、脚癣和外伤等。	预防张某糖尿病足的发生________。
6．心理护理	讲解糖尿病知识，使病人和家属了解本病虽不能根治，但通过治疗和自我护理可避免或延缓并发症的发生，仍可获得高质量的生活；鼓励多参加各类团体活动，保持心情愉悦。	
7．健康指导  自我胰岛素注射	（1）疾病知识指导：通过各种途径宣传糖尿病的危害性，使病人和家属认识本病是需终身治疗的疾病，了解各种治疗方法的作用，自觉地配合各项治疗。外出时随身携带识别卡。 （2）饮食指导：指导病人和家属正确执行饮食控制措施，为病人准备常用食物营养素含量和替换表，使之学会自我饮食调节。 （3）运动指导：知晓体育锻炼具体方法和注意事项。 （4）用药指导：教会口服降糖药、胰岛素等药物使用和保存方法，低血糖的原因、表现及自我应急处理措施。 （5）疾病监测：指导病人定期医院复诊，监测血糖、尿糖，复查果糖胺、糖化血红蛋白的变化；每年定期检查眼底、血脂、心血管功能和肾功能等以早期发现慢性并发症。 （6）并发症预防指导：指导病人养成良好的生活习惯；讲解酮症酸中毒及高渗性昏迷的诱因、表现、应急措施、各类慢性并发症的种类及预防。	张某保健指导的侧重点________。

护理评价

护理目标的达成情况。

护考知识链接……

1．空腹和餐后2小时血糖升高是糖尿病诊断的主要依据，空腹血糖正常为3.9～6.0mmol/L，OGTT用于可疑糖尿病的诊断，糖化血红蛋白A1的测定可反映近期8～12周血糖的总水平，是糖尿病控制情况的主要监测指标之一。

2．糖尿病典型的代谢紊乱综合征是“三多一少”，即多饮、多食、多尿和体重减轻，消瘦是由于蛋白质消耗。

3．1型糖尿病多见于青少年，症状多典型，在感染、胰岛素治疗不规范或中断、饮食不当等情况下最易发生酮症酸中毒。糖尿病酮症酸中毒特征性表现是呼吸深大（库斯莫呼吸）、有烂苹果味（丙酮味）。由于胰岛素分泌绝对缺乏，需终身使用胰岛素。

4．2型糖尿病多见于中老年人，发病前症状多不明显，可因体检偶然发现血糖升高或高渗性昏迷而入院。胰岛素分泌相对缺乏伴胰岛素抵抗，在口服降糖药物控制不佳时可联合使用胰岛素注射。

5．急性并发症糖尿病酮症酸中毒与高渗性昏迷在发病的诱因、血糖升高和脱水的发病机制及表现、治疗及护理方面相似，二者的区别主要是酮症酸中毒有酮体生成。

6．糖尿病病人常合并眼盲及肾衰竭的原因是微血管病变。周围神经病变可出现四肢远端麻木、刺痛、蚁走感、感觉过敏或消失等不适。

7．糖尿病现代治疗的“五驾马车”需并驾齐驱，其中饮食控制和运动疗法是基础。对任何糖尿病病人均适用的护理措施是控制饮食，目的在于维持理想体重，纠正已发生的代谢紊乱，使血糖、血脂达到或接近正常水平。

8．使用胰岛素治疗应警惕低血糖的发生，口服磺脲类降糖药后如不按时进食也易出现低血糖，格列本脲（优降糖）最易引起严重而持久的低血糖反应。

9．胰岛素的给药途径通常采用皮下注射。短效胰岛素于餐前半小时皮下注射，紧急情况下可小剂量经稀释后静脉滴注。采用1ml注射器，5号针头抽取药液，抽吸混悬液制剂时需轻轻摇匀，注射完后应停留10秒再拔针。

10．胰岛素需避光冷藏保存，避免冻结，如出现颗粒时不得使用。

护考练兵场……

A_1型题（单选题）

1．关于1 型糖尿病，下列叙述正确的是（　　）

A．起病缓慢　　B．“三多一少”症状明显　　C．多见于成年人与老年人

D．血糖波动小　　E．主要病因为胰岛素抵抗

2．糖尿病的典型表现为（　　）

A．感染　B．酮症酸中毒　C．呼气有烂苹果味

D．微血管病变　E．“三多一少”

3．关于2型糖尿病的叙述正确的是（　　）

A．主要与免疫、环境有关　B．主要见于年轻人　C．胰岛素绝对缺乏

D．有家族性发病倾向　E．依赖胰岛素治疗

4．使用长效胰岛素发生低血糖反应的时间常在（　　）

A．清晨注射后半小时　B．午饭前　C．下午

D．晚餐前　E．夜间

5．糖尿病最基本的治疗措施是（　　）

A．饮食治疗　B．口服降糖药物治疗　C．胰岛素治疗

D．合适的体育锻炼　E．胰岛细胞移植

6．糖尿病病人常合并眼盲及肾衰竭，原因是（　　）

A．小动脉病变　B．大动脉病变　C．微血管病变

D．小静脉病变　E．大静脉病变

7．糖尿病的基本病理生理改变是（　　）

A．肾上腺素分泌过多　B．胰高血糖素分泌过多　C．肾上腺皮质激素分泌过多

D．胰岛素分泌绝对或相对不足

E．生长激素分泌相对或绝对不足

8．关于应用胰岛素的护理注意事项，下列哪项不妥（　　）

A．采用1ml注射器　B．使用时保存在室温20℃以下

C．剂量必须准确　D．短效胰岛素在早饭前1小时注射

E．注射部位应经常更换

9．对可疑糖尿病病人最有诊断价值的检查是（　　）

A．尿糖定性试验　B．尿糖定量测定　C．空腹血糖测定

D．口服葡萄糖耐量试验　E．胰岛细胞抗体测定

10．糖尿病最易并发的感染为（　　）

A．肺结核　B．皮肤化脓性感染　C．肾盂肾炎

D．真菌感染　E．膀胱炎

A_2型题（单选题）

11．病人，女性，25岁。1型糖尿病，病程3年余，使用胰岛素治疗。近两日出现恶心、呕吐，不能正常进食，突然发生昏迷，测即刻血糖3.3mmol/L。考虑为（　　）

A．低血糖昏迷　B．糖尿病酮症酸中毒昏迷　C．糖尿病肾病尿毒症昏迷

D．高渗性非酮症糖尿病昏迷　　E．乳酸性酸中毒

12．病人，男性，28岁。糖尿病病程已有11年余，使用中效胰岛素治疗，但血糖未规律监测。近3个月出现眼睑及下肢水肿，尿糖（++），尿白细胞0~4/HP，尿蛋白（+++）。考虑诊断是（　　）

A．胰岛素性水肿　　B．肾动脉硬化　　C．肾盂肾炎

D．急性肾炎　　E．糖尿病肾病

13．病人，女性，55岁。某次体检发现糖尿病，医嘱予口服格列齐特80mg，一日 3 次。作为护士，指导病人服用该药正确的是（　　）

A．进餐第一口时嚼服　　B．饭前半小时口服　　C．饭后半小时口服

D．早餐前顿服　　E．该药的主要不良反应为水肿

14．病人，男性，55岁。患糖尿病，不规则服药，血糖波动在8.6~9.8mmol/L，尿糖（++～+++）。近日感尿频、尿痛，昨日起突然神志不清，查血糖28mmol/L，尿素氮7.8mmol/L，血钠148mmol/L，尿糖（+++），酮体（++）。其诊断为（　　）

A．低血糖昏迷　　B．糖尿病酮症酸中毒　　C．乳酸性酸中毒

D．高渗性非酮症糖尿病昏迷　　E．急性脑血管病

15．病人，女性，60岁。因视力障碍收入院，查空腹血糖10mmol/L，餐后血糖18mmol/L。该病人可能是（　　）

A．老花眼　　B．糖尿病视网膜病变　　C．动脉硬化

D．黄斑变性　　E．角膜溃疡

16．病人，男性，55岁。患2型糖尿病多年，体态肥胖，“三多一少”症状不明显，血糖偏高。饮食控制、口服降糖药效果均不理想。病人向你咨询，宜建议他（　　）

A．减少主食量　　B．静脉滴注胰岛素　　C．接受运动疗法

D．增加降糖药剂量　　E．测血酮和尿酮

17．病人，女性，58岁。糖尿病病史6年，近1个月来因药物不能控制好病情而采用胰岛素治疗，某日凌晨突然感到饥饿难忍、全身无力、心慌、出虚汗，继而神志恍惚。护士应首先考虑发生了（　　）

A．胰岛素过敏　　B．低血糖反应　　C．酮症酸中毒早期

D．高渗性昏迷先兆　　E．血容量不足

18．病人，男性，19岁。1型糖尿病，酮症酸中毒，经注射胰岛素及静滴生理盐水后，血糖降低，失水纠正，尿量增多。此时最应注意防止（　　）

A．低钠血症　　B．低钾血症　　C．低钙血症

D．低血糖　　E．低血压

19．病人，男性，65岁。为2型糖尿病病人，今日出院，对其健康宣教进行适当运动的目的哪项除外（　　）

A．改善情绪　　B．改善脂肪代谢紊乱　　C．降低血糖

D．避免诱发低血糖反应　　E．提高胰岛素敏感性

20．病人，女性，21岁。因感冒而诱发糖尿病酮症酸中毒。病人的呼吸气味可能为（　　）

A．烂苹果味　　B．肝腥味　　C．氨臭味

D．芳香味　　E．大蒜味

综合运用……

（接前述案例）张某因急性胃肠炎大量呕吐和腹泻一天后，突然出现意识模糊。体检：T 37.9℃，BP 80/50mmHg，R 28次/分，HR 124次/分，面色苍白，尿糖强阳性，血糖30.6mmol/L，血尿酮阴性。

问题：（1）张某可能又发生了什么情况？

（2）若你是当班护士，如何救护？

（3）请结合案例制定一份健康教育处方。

我学会了……

我掌握了……

我的问题……

项目十

神经系统疾病病人的护理

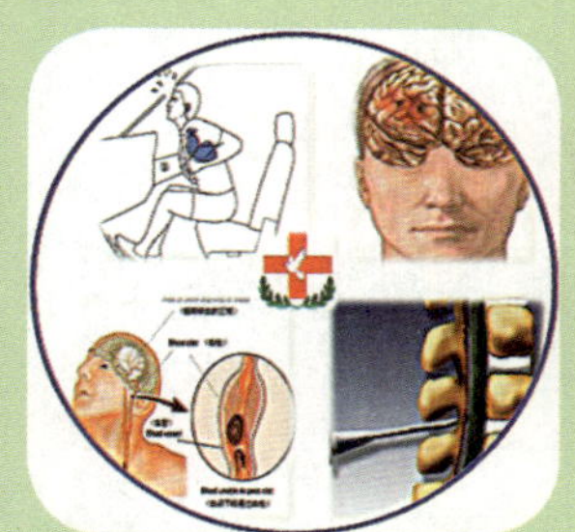

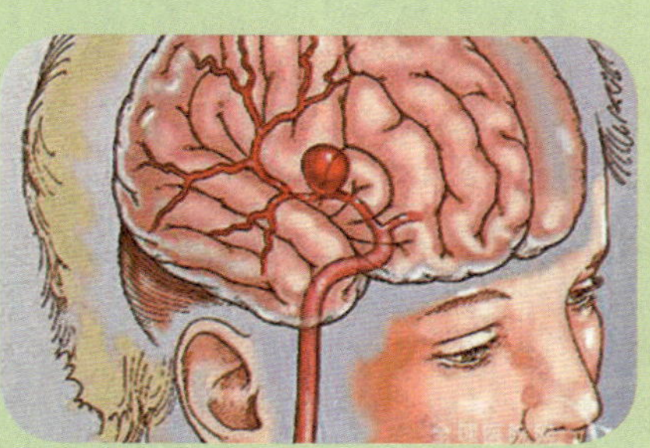

任务一　颅内压增高病人的护理

我们的目标是……

- 了解正常颅内压的形成和调节、颅内压增高的处理原则。
- 熟悉颅内压增高病人的护理评估和护理诊断、小脑幕切迹疝及枕骨大孔疝病人的临床特点。
- 掌握颅内压增高病人的护理措施、脑疝病人的急救。

我们的任务是……

- 学会颅内压增高和脑疝病人的护理评估。
- 根据情景案例提出主要的护理诊断。
- 初步实施颅内压增高和脑疝病人的护理措施。

任务实施中……

临床情景——脑外科

朱先生，48岁。头痛6个月，用力时加重，多见于清晨及晚间，常伴有恶心，有时呕吐，呕吐物为胃内容物，近一周头痛加剧，疼痛评分4～6分，呕吐频繁，呈喷射性。经CT检查诊断为颅内占位性病变，为行手术治疗入院。体检：P 52次/分，R 14次/分，BP 172/94mmHg。既往体健。

问题1. 朱先生可能得了什么病？存在哪些身心状况？

问题2. 根据朱先生的身心状况，他存在哪些护理问题？

问题3. 若你是当班护士，你如何护理朱先生？

根据本任务的临床情景，完成表10-1。

表 10-1　情景案例病人的护理评估分析

评估项目	评估要点
1．健康史	性别________；年龄________ 现病史（病情、诊疗过程、现自觉症状等）________ 起病情况（时间、原因或诱因、症状体征等）________ 既往史（疾病、生活、家族史等）________

续表

评估项目	评估要点
2．身体状况	症状________ 体征________
3．心理-社会状况	（伴有的心理状况）________
4．辅助检查	（项目名称及结果）________
结论：病人可能得了________，伴有________。	

一、概述

颅内压增高是因各种原因颅腔内容物体积增加或颅腔容积减少，超过颅腔可代偿的容量，导致颅内压持续高于200mmH_2O，并出现头痛、呕吐和视神经乳头水肿三大病征。脑疝是当颅腔内某一分腔有占位性病变时，该分腔的压力高于邻近分腔，脑组织由高压区向低压区移动，部分脑组织被挤入颅内生理空间或裂隙，产生相应的临床症状和体征。脑疝是颅内压增高的危象和引起死亡的主要原因。

二、护理评估

（一）健康史

1．一般情况　注意病人的年龄，婴幼儿和小儿的颅缝未闭合或融合未牢固，老年人脑萎缩，均可使颅腔代偿能力增加，延缓病情进展。

2．引起颅内压增高的原因　了解病人有无脑外伤、颅内炎症、脑肿瘤、高血压、脑动脉硬化病史。

3．导致颅内压急骤升高的相关因素　有无呼吸道梗阻、便秘、尿潴留、剧烈咳嗽、癫痫、高热等。

（二）身体状况

1．颅内压增高“三主征”　头痛、呕吐和视神经乳头水肿（图10-1）。

2．进行性意识障碍。

3．生命体征紊乱　颅内压增高代偿期（早期）生命体征变化呈“库欣反应”，即二慢一高（脉搏慢、呼吸慢、血压高）。后期一旦失代偿，则可表现为血压下降、脉搏细速、呼吸浅促。

4．脑疝表现

（1）小脑幕切迹疝：在颅内压增高的基础上出现进行性

图10-1　颅内压增高“三主征”

意识障碍、患侧瞳孔暂时缩小后逐渐扩大、病变对侧肢体瘫痪、生命体征紊乱，最后呼吸、心跳停止。

(2) 枕骨大孔疝：病情变化快、头痛剧烈、呕吐频繁、颈项强直、生命体征改变显著，而意识障碍和瞳孔改变出现晚。由于延髓的呼吸中枢受压，病人可突发呼吸、心跳停搏而死亡。

（三）心理-社会状况

了解病人有无因头痛、呕吐等不适所致烦躁不安、焦虑等心理反应；了解病人及家属对疾病的认知和适应程度。

（四）辅助检查

1．腰椎穿刺　直接测量颅内压并取脑脊液检查，但当颅内压明显增高时应禁忌，以防出现脑疝。

2．影像学检查　X线片对于诊断颅骨骨折有重要价值；头部CT、MRI、DSA等检查有助于明确病因和病变部位。

（五）脑疝处理要点

立即脱水降低颅内压，确诊后尽快手术去除病因；难以确诊或虽确诊但病变无法切除者，可通过脑脊液分流术、侧脑室外引流术或病变侧颞肌下、枕肌下减压术等姑息性手术来降低颅内压。

三、护理诊断

1．急性头痛　与颅内压增高有关。

2．皮肤完整性受损　与长期卧床自主活动减少有关。

3．潜在并发症　脑疝。

护理目标

病人头痛减轻或消除；皮肤无破损，未发生压疮。

四、护理措施

表 10-2　颅内压增高病人的护理

护理流程	护理要点	案例重点分析
1．一般护理	（1）体位：平卧位，床头抬高15°～30°，有利于脑静脉回流，减轻脑水肿。 （2）给氧：改善脑缺氧，减轻脑水肿。 （3）控制液体入量：每日补液量不超过2000ml，控制输液速度。	朱先生体位________，吸氧________，输液________。
2．病情监测	（1）意识：评估意识障碍程度目前多用的是格拉斯哥昏迷评分法（GCS），评定睁眼、语言、运动反应。 （2）观察瞳孔、生命体征、肢体功能等。	监测病情的侧重点________。
3．治疗配合	（1）脱水疗法：遵医嘱快速静脉输入20%甘露醇250ml，15～30分钟快速滴完。 （2）应用糖皮质激素：遵医嘱静脉注射地塞米松，以改善毛细血管通透性，防治脑水肿。 （3）冬眠低温疗法：病人体温过高，物理降温无效时采用此法，以降低脑组织代谢，减轻脑水肿，降低颅内压。 （4）防止颅内压骤升：① 病人保持安静、卧床休息，减少搬动，不要坐起，避免情绪激动；② 避免剧烈咳嗽；③ 避免用力排便；④ 保持呼吸道通畅；⑤ 控制癫痫发作。 （5）脑疝的急救与护理：采取紧急降低颅内压的措施，为手术争取时间。① 快速静脉输入20%甘露醇、呋塞米等强脱水剂和利尿剂；② 保持呼吸道通畅，给氧，呼吸功能障碍者，立即气管插管行人工或机械辅助呼吸；③ 密切观察病人呼吸、心跳、瞳孔变化；④ 紧急做好术前准备。 （6）对症护理：高热者物理降温；头痛者遵医嘱用止痛剂，但禁用吗啡（以免抑制呼吸）；躁动者遵医嘱用镇静药，切忌强制约束。	配合医生治疗的侧重点________。
4．术前护理	（1）完善检查：如血、尿、粪常规，出凝血时间，凝血酶原时间及心、肺、肝、肾功能检查，对其功能状况做出判断；影像学CT及MRI检查，有助于明确颅内占位性病变的定位、定性诊断。 （2）饮食指导：进易消化、高营养、富含粗纤维食物，保持大便通畅；对营养不良、脱水、贫血、低蛋白血症的病人，遵医嘱适当补液、输血。 （3）心理护理：有针对性地做好病人心理护理，帮助病人宣泄焦虑、恐惧等不良情绪，增强治疗信心；帮助病人认识疾病、手术的相关知识，提高应对能力。	术前护理的侧重点________。

续表

护理流程	护理要点	案例重点分析
5．术后护理 脑室引流	（1）体位：病人全麻未清醒时取平卧位，头转向健侧，清醒后血压平稳者头部抬高15°～30°，以利颅内静脉回流，减轻颅内压。 （2）病情观察：严密观察意识、瞳孔、血氧饱和度、生命体征、肢体活动等。开颅术后有发生血肿、水肿的危险，若病人意识清醒转入昏迷，双侧瞳孔不等大，对侧肢体瘫痪，血压升高，脉搏和呼吸减慢等，立即通知医生做好抢救准备。 （3）饮食：手术当日禁食，隔日起酌情给予流质饮食，逐渐改为半流质、普食，宜给予高蛋白、高热量、高维生素饮食，适当限盐。昏迷及吞咽困难者予鼻饲饮食，暂时不能进食或入量不足者，按医嘱补液。 （4）手术切口和引流管护理：密切观察切口敷料渗血、渗液情况，保持清洁干燥，发现敷料潮湿及时通知医生更换；头部引流管妥善固定，保持导管无折叠、扭曲和受压；若引流液为鲜红、黏稠，要怀疑有活动性出血，若引流液为粉红色呈水样液，要怀疑为脑脊液，均应及时通知医生。	术后护理的侧重点________。

护理评价

护理目标的达成情况。

护考知识链接……

1．颅内压增高代偿期（早期）生命体征变化呈“库欣反应”，即二慢一高（脉搏慢、呼吸慢、血压高）。

2．颅内压增高的主要临床表现：头痛、呕吐和视神经乳头水肿，三者合称为颅内压增高“三主征”。

3．颅内压增高的后果：主要是脑血流量减少和脑疝形成。

4．脑疝的急救护理：脱水治疗，维持呼吸，紧急做好术前准备。

5．小脑幕切迹疝和枕骨大孔疝的临床表现：小脑幕切迹疝病人有进行性意识障碍、瞳孔改变、运动障碍，生命体征变化相对较晚；而枕骨大孔疝病人生命体征紊乱出现较早，意识障碍出现较晚，病人早期即可突发呼吸骤停而死亡。

6．急性颅内压增高、脑疝病人禁忌腰椎穿刺，因其可诱发或加重脑疝；颅内压增高病人便秘时不可高压灌肠。

护考练兵场……

A_1型题（单选题）

1．颅内压增高三主征是（　　）

A．血压升高、脉搏有力、呼吸深慢　B．头痛、眩晕、呕吐
C．头痛、呕吐、视神经乳头水肿　D．头痛、颈项强直、复视
E．昏迷，一侧瞳孔散大，对侧肢体瘫痪

2．颅内压增高病人安置床头抬高15°~30°体位，主要目的是为了（　　）

A．有利于改善呼吸功能　B．有利于改善心脏功能
C．有利于鼻饲　D．有利于颅内静脉回流
E．防止呕吐物误入呼吸道

3．小脑幕切迹疝病人瞳孔变化及肢体瘫痪的特点是（　　）

A．病变同侧瞳孔扩大及同侧肢体瘫痪
B．病变同侧瞳孔散大及对侧肢体瘫痪
C．病变对侧瞳孔散大及同侧肢体瘫痪
D．病变对侧瞳孔散大及对侧肢体瘫痪
E．双侧瞳孔散大及对侧肢体瘫痪

4．枕骨大孔疝不同于小脑幕切迹疝的临床表现是（　　）

A．呼吸骤停出现早　B．意识障碍　C．呕吐频繁
D．血压升高，脉搏缓慢有力　E．头痛剧烈

5．小脑幕切迹疝时瞳孔扩大的机制是（　　）

A．脑干受压迫　B．瞳孔括约肌麻痹　C．交感神经兴奋
D．动眼神经受压迫　E．动眼神经核损伤

6．急性颅内压增高病人的典型生命体征表现为（　　）

A．脉搏快，呼吸慢，血压低　B．脉搏快，呼吸快，血压高
C．脉搏慢，呼吸慢，血压高　D．脉搏慢，呼吸慢，血压低
E．脉搏快，血压高

A_2型题（单选题）

7．病人，女性，40岁。2天前因车祸伤及头部，诉头痛剧烈，呕吐渐加重，用力咳嗽后突然意识丧失。体检：昏迷状态，左侧瞳孔散大，对光反射消失，右侧肢体瘫痪，呼吸和血压不稳。病人可能出现了（　　）

A．原发性脑干损伤　B．大脑镰下疝　C．枕骨大孔疝
D．左侧小脑幕切迹疝　E．右侧小脑幕切迹疝

8．病人，男性，55岁。因头痛3个月，常出现癫痫发作，经检查诊断为颅内占位性病变，颅内压增高，拟行开颅术，入院后出现便秘。不正确的处理方法是（　　）

A．使用开塞露　　B．腹部按摩　　C．使用肥皂水灌肠

D．遵医嘱服用酚酞　　E．鼓励病人多食蔬菜和水果

9．病人，男性，60岁。颅内压升高，医嘱给予滴注20%甘露醇250ml，输注时间至多（　　）

A．10分钟　　B．30分钟　　C．60分钟

D．90分钟　　E．120分钟

综合运用……

（接前述案例）朱先生在入院第2天，因便秘、用力排便，突然出现剧烈头痛、呕吐，左侧肢体瘫痪，随即意识丧失。右侧瞳孔5mm，对光反射消失，左侧瞳孔3mm，对光反射存在。

问题：（1）朱先生又发生了什么情况？

（2）若你是当班护士，如何救护？

（3）请结合案例制定一份健康教育处方。

我学会了……

我掌握了……

我的问题是……

任务二　颅脑损伤病人的护理

我们的目标是……

- 了解头皮损伤、颅骨骨折病人的身体评估和处理原则。
- 熟悉脑损伤病人的护理评估、护理诊断。
- 掌握颅骨骨折、脑损伤病人的护理措施。

我们的任务是……

▲ 学会颅脑损伤病人的护理评估。

▲ 根据情景案例提出主要的护理诊断。

▲ 初步实施颅脑损伤病人的护理措施。

任务实施中……

临床情景——脑外科

张女士，35岁。骑电瓶车被汽车撞伤头部，当即昏迷，送医院途中清醒，并可与家人谈话，但头痛、呕吐明显。入院体检：昏迷状态，右侧瞳孔5mm，左侧瞳孔2.5mm，左侧肢体无自主活动。颅脑CT检查显示颅骨内板与脑表面之间有双凸镜形密度增高影，为幕上出血，出血量约20ml。既往体健。

问题1. 张女士可能得了什么病？存在哪些身心状况？

问题2. 根据张女士的身心状况，她存在哪些护理问题？

问题3. 若你是当班护士，你如何护理张女士？

根据本任务的临床情景，完成表10-3。

表 10-3　情景案例病人的护理评估分析

评估项目	评估要点
1. 健康史	性别________；年龄________ 现病史（病情、诊疗过程、现自觉症状等）________ 起病情况（时间、原因或诱因、症状体征等）________ 既往史（疾病、生活、家族史等）________
2. 身体状况	症状________ 体征________
3. 心理-社会状况	（伴有的心理状况）________
4. 辅助检查	（项目名称及结果）________
结论：病人可能得了________，伴有________	

一、概述

颅脑损伤是由外界暴力作用于头部引起的，由于伤及中枢神经系统，死亡率和致残率均较高。脑震荡是最常见的轻度原发性脑损伤，为一过性脑功能障碍，无肉眼可见的神经病理改变。颅内血肿是颅脑损伤中最多见、最危险、却又可逆的继发性病变。其中硬脑膜外血肿出血积聚在颅骨与硬脑膜之间；硬脑膜下血肿出血积聚在硬脑膜下腔；脑内血肿出血积聚在脑实质内。颅骨骨折，可引起脑膜、脑、血管和神经损伤，可合并脑脊液漏、颅内血肿及颅内感染等。

二、护理评估

（一）健康史

1．受伤史及现场情况　了解受伤过程，如暴力大小、方向、性质、速度；受伤后有无意识障碍、程度及持续时间，有无逆行性遗忘；受伤当时有无口鼻、外耳道出血或脑脊液漏发生；是否出现头痛、恶心、呕吐、呼吸困难等情况；了解现场急救及转送过程。

2．既往史　了解病人既往健康状况。

（二）身体状况

1．局部　病人头部有无破损、出血，呼吸道是否通畅。

2．全身　检查病人的生命体征、意识状态、瞳孔及神经系统体征的变化，了解病人有无颅内压增高和脑疝症状。

（1）头皮损伤：① 帽状腱膜下血肿，因该处组织疏松，出血较易扩散，严重者血肿可蔓延至全头部，有明显波动，小儿和体弱者，可致贫血甚至休克；② 头皮撕脱伤是最严重的头皮损伤，使头皮自帽状腱膜下或连同骨膜一并撕脱，常因剧烈疼痛和大量出血而发生休克。

（2）颅骨骨折：按骨折部位可分为颅盖骨折和颅底骨折。颅盖骨折以线性骨折发生率高。颅盖凹陷性骨折时，若骨折片损伤脑功能区，可出现偏瘫、失语、癫痫等神经系统定位体征。颅底骨折的临床表现见表10-4。

表 10-4　颅底骨折的临床表现

骨折部位	脑脊液漏	瘀斑部位	可能损伤的脑神经
颅前窝	鼻漏	眶周、球结膜下（“熊猫眼”征）	嗅神经、视神经
颅中窝	鼻漏和耳漏	乳突区（Battle区）	面神经、听神经
颅后窝	无	乳突区、枕下部、咽后壁	第Ⅸ～Ⅻ对脑神经

（3）脑损伤

1）意识障碍：是脑挫裂伤最突出的症状之一，常伤后立即出现昏迷，其程度和持续时间与损伤程度、范围直接相关。脑震荡病人伤后立即出现短暂意识障碍，一般不超过30分钟，有逆行性遗忘，各项检查基本无阳性发现。硬膜外血肿典型的意识障碍是伤后昏迷有“中间清醒期”。硬膜下血肿原发性昏迷时间长，少有“中间清醒期”。脑内血肿以进行性意识障碍为主。

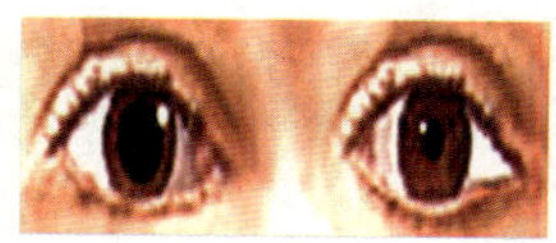
图 10-2　一侧瞳孔散大

2）瞳孔：瞳孔变化可因动眼神经、视神经及脑干部位的损伤引起。伤后一侧瞳孔进行性散大（图10-2）、对侧肢体瘫痪、意识障碍，提示脑受压或脑疝；双侧瞳孔散大、对光反应消失、眼球固定伴深昏迷或去皮质强直，多为原发性脑干损伤或临终表现；有无间接对光反应可以鉴别视神经损伤和动眼神经损伤。

3）若伤及脑皮质功能区，伤后立即出现相应的神经功能障碍症状或体征，如语言中枢损伤出现失语，运动区损伤出现锥体束征、肢体抽搐、偏瘫等。

（三）心理-社会状况

了解病人及家属的心理反应；了解家属对病人的支持能力和程度。

（四）辅助检查

X线检查可了解有无颅骨骨折，CT和MRI检查能清楚显示脑挫裂伤、颅内血肿部位、范围和程度。

（五）治疗要点

1．非手术治疗　头皮血肿加压包扎，警惕是否合并颅骨骨折和脑损伤；头皮撕脱加压包扎止血，及早清创、抗感染治疗；颅盖骨折一般无须特殊处理，颅底骨折重点在于预防颅内感染；脑损伤以非手术治疗为主，防止脑水肿，减轻脑损伤后的病理生理反应，预防并发症。

2．手术治疗　头皮撕脱伤必要时行植皮术；大面积颅骨骨折片陷入颅腔导致颅内压升高有脑疝、骨折片压迫脑重要部位引起神经功能障碍、开放性颅骨骨折，均需手术整复或摘除陷入的骨片；颅底骨折脑脊液漏超过4周未停止的可行手术修补硬脑膜；脑损伤经非手术治疗无效或颅内压增高明显，甚至出现脑疝迹象时，应及时行开颅血肿清除术、脑挫裂伤灶清除、去骨瓣减压术等。

三、护理诊断

1．意识障碍　与颅内血肿、颅内压增高有关。

2．清理呼吸道无效　与脑损伤后意识障碍有关。

3．营养失调：低于机体需要量　与脑损伤后高代谢、呕吐、高热等有关。

4．潜在并发症　颅内压增高、脑疝、消化道出血。

护理目标

病人意识恢复；能有效清理呼吸道；营养得到改善。

四、护理措施

表 10-5 颅脑损伤病人的护理

护理流程	护理要点	案例重点分析
1. 一般护理	(1) 体位：颅骨骨折脑脊液漏的病人取半卧位，头偏向患侧，借重力作用封闭漏口，脑脊液漏停止3～5天后可改平卧位；脑损伤病人意识清醒者取斜坡卧位，以利颅内静脉回流。 (2) 保持呼吸道通畅：意识障碍的病人丧失正常的咳嗽反射和吞咽功能，应及时清除口腔、咽部血块或呕吐物，定时吸痰；深昏迷者，抬起下颌或放置口咽通气道，以免舌根后坠堵塞呼吸；短期不能清醒者，行气管插管或气管切开，做好护理。 (3) 营养支持：创伤后应激反应产生严重的分解代谢，早期可采用肠外营养，对肠蠕动恢复后、无消化道出血者可尽早行肠内营养支持。 (4) 其他护理：加强皮肤护理，预防压疮；预防便秘可给予缓泻剂，禁忌高压灌肠。	张女士体位________，营养________，保持呼吸道通畅的措施________。
2. 病情监测 两侧瞳孔等大等圆 一侧瞳孔缩小 一侧瞳孔散大	(1) 意识状态：意识障碍程度可反映脑损伤的轻重；意识障碍出现早晚和有无加重是区别原发性脑损伤和继发性脑损伤的重要依据。 (2) 生命体征：为避免病人躁动影响准确性，应先测呼吸、脉搏，最后测血压。 (3) 瞳孔：其变化可因动眼神经、视神经、脑干损伤引起。伤后一侧瞳孔进行性散大、对侧肢体瘫痪伴意识障碍提示脑受伤或脑疝；双侧瞳孔散大、对光反射消失、眼球固定伴深昏迷，提示脑干受伤或临终状态。	监测病情的侧重点________。
3. 治疗配合	(1) 遵医嘱应用脱水剂、糖皮质激素、冬眠低温疗法等措施降低颅内压。 (2) 预防感染：遵医嘱应用抗生素防治颅内感染；颅底骨折脑脊液外漏者重点防止脑脊液外漏逆行所致颅内感染。① 绝对卧床，颅前窝骨折者取平卧头高位；颅中窝骨折者取患侧卧位；② 清洁并消毒外耳、鼻前庭及口腔；③ 严禁填塞鼻腔、耳道；④ 禁止耳鼻滴药和冲洗；⑤ 禁止从鼻腔吸氧、吸痰和插胃管；⑥ 避免用力打喷嚏、擤鼻涕、咳嗽和用力排便；⑦ 观察和记录脑脊液流出量，有无颅内感染征象；⑧ 切忌腰穿。	配合医生治疗的侧重点________。

续表

护理流程	护理要点	案例重点分析
3．治疗配合	（3）预防并发症：昏迷病人预防压疮、呼吸道感染、失用综合征、泌尿系感染和暴露性角膜炎；下丘脑或脑干损伤可引起应激性溃疡导致消化道出血，应用大剂量激素也可诱发；任何部位的脑损伤均可能导致外伤性癫痫，尤其是大脑皮层运动区受损。 （4）避免颅内压骤升：勿用力屏气排便、咳嗽、擤鼻涕或打喷嚏等；严格执行吸痰的操作规程，避免刺激病人剧烈咳嗽导致颅内压升高。	配合医生治疗的侧重点________。
4．心理护理	安慰病人，减轻焦虑，对于在疾病恢复过程中产生的症状给予适当的解释和安慰。	心理护理的侧重点________。
5．健康指导	康复训练：协助制定康复计划，耐心指导，以改善生活自理能力和社会适应能力。	指导保健的侧重点________。

护理评价

护理目标的达成情况。

护考知识链接……

1．脑损伤病人注意预防颅内压增高和脑疝。

2．严重颅脑损伤病人的急救首先应保持呼吸道通畅。

3．为避免躁动影响测量结果的准确性，颅脑损伤病人生命体征测量的顺序是呼吸、脉搏、血压。

4．颅盖骨折易形成硬膜外血肿，颅底骨折易撕裂硬脑膜产生脑脊液外漏。

5．颅底骨折应预防颅内感染，促进颅内外漏通道尽早闭合。

6．颅底骨折脑脊液外漏的护理：重点防止脑脊液外漏逆流所致颅内感染。① 绝对卧床，颅前窝骨折者取平卧头高位，颅中窝骨折者取患侧卧位；② 清洁并消毒外耳、鼻前庭及口腔；③ 严禁填塞鼻腔、耳道；④ 禁止耳鼻滴药和冲洗；⑤ 禁止从鼻腔吸氧、吸痰和插胃管；⑥ 避免用力打喷嚏、擤鼻涕、咳嗽和用力排便；⑦ 观察和记录脑脊液流出量，有无颅内感染征象；⑧ 切忌腰穿。

7．脑震荡病人伤后立即出现短暂的意识障碍，一般不超过30分钟，大多数有逆行性遗忘；硬脑膜外血肿最典型的意识障碍是伤后昏迷有“中间清醒期”。

护考练兵场……

A_1型题（单选题）

1．急性硬膜外血肿病人意识障碍的典型表现是（　　）

A．短暂昏迷　　B．持续昏迷　　C．中间清醒期

D．昏迷程度时轻时重　　E．昏迷进行性加重

2．诊断颅底骨折最可靠的临床表现是（　　）

A．意识障碍　　B．颅骨骨质凹陷1cm以上　　C．头皮撕裂出血

D．脑脊液漏　　E．耳鼻流血

3．对脑损伤病人要密切观察病情变化，最重要的是（　　）

A．意识　　B．瞳孔　　C．生命体征

D．肢体活动　　E．恶心、呕吐

4．关于颅前窝骨折病人的护理，错误的是（　　）

A．床头抬高15~30cm　　B．用抗生素溶液冲洗鼻腔　　C．禁忌堵塞鼻腔

D．禁止腰椎穿刺　　E．枕部垫无菌巾

5．对于昏迷病人，最重要的护理措施是（　　）

A．给予足够的营养　　B．解除尿潴留　　C．床头抬高30°

D．保持呼吸道通畅　　E．促醒

6．下列不符合颅前窝骨折临床表现的是（　　）

A．“熊猫眼”征　　B．脑脊液鼻漏　　C．眼睛球结膜下淤血

D．周围性面神经瘫痪　　E．一侧嗅觉丧失

A_2型题（单选题）

7．病人，男性，32岁。自2米高处坠落，头部受到撞击。体检：呼之不应，压迫眶上神经，出现皱眉，肢体活动。其意识障碍属于（　　）

A．嗜睡　　B．昏迷　　C．昏睡

D．浅昏迷　　E．深昏迷

8．某病人头部损伤后，球结膜下出血，鼻孔出血且有脑脊液流出，首先考虑为（　　）

A．鼻骨骨折　　B．颅盖骨折　　C．颅前窝骨折

D．颅中窝骨折　　E．颅后窝骨折

综合运用……

（接前述案例）张女士病情好转出院。

问题：作为责任护士，请结合案例制定一份健康教育处方。

我学会了……

我掌握了……

我的问题……

任务三　脑血管疾病病人的护理

我们的目标是……

- 了解脑血管疾病的分类、治疗要点。
- 熟悉脑血管疾病的病因及发病机制、辅助检查、护理诊断。
- 掌握各类脑血管疾病病人的身体状况、护理措施。

我们的任务是……

- 学会脑血管疾病病人的护理评估。
- 根据情景案例提出主要的护理诊断。
- 初步实施脑血管疾病病人的护理措施。

任务实施中……

临床情景——神经内科

小李，高一男生，17岁。因与同学争吵后突然出现剧烈头痛、呕吐1小时入院。体检：T 36.8℃，P 64次/分，R 16次/分，BP 148/90mmHg，神志清，右侧眼睑下垂，右眼球活动受限，瞳孔6mm，对光反应消失，左侧瞳孔3mm，对光反应存在；颈项强直，克氏征（+）。家长反映2年前曾经类似发作一次，去上海某大医院检查发现脑部有先天性动脉瘤，经止血、控制颅内压等对症支持治疗后好转出院。头颅CT示血管破裂处有凝血块、蛛网膜下腔高密度阴影。

问题1. 小李可能得了什么病？存在哪些身心状况？

问题2. 根据小李的身心状况，他存在哪些护理问题？

问题3. 若你是当班护士，你如何护理小李？

根据本任务的临床情景，完成表10-6。

表 10-6 情景案例病人的护理评估分析

评估项目	评估要点
1. 健康史	性别________；年龄________；职业________ 现病史（病情、诊疗过程、现自觉症状等）________ 起病情况（时间、原因或诱因、症状体征等）________ 既往史（疾病、生活、家族史等）________
2. 身体状况	症状________ 体征________
3. 心理–社会状况	（伴有的心理状况）________
4. 辅助检查	（项目名称及结果）________
结论：病人可能得了________，伴有________	

一、概述

（一）定义

脑血管疾病（CVD）是由各种脑部血管病变引起脑功能障碍的一组疾病的总称。其发病率和死亡率都较高，与恶性肿瘤、冠心病一起构成人类死亡的三大疾病。随着人们生活方式的改变，有发病率增高和发病人群年轻化的趋势。脑部的血液供应主要来自颈内动脉系统和椎–基底动脉系统（图10-3）。

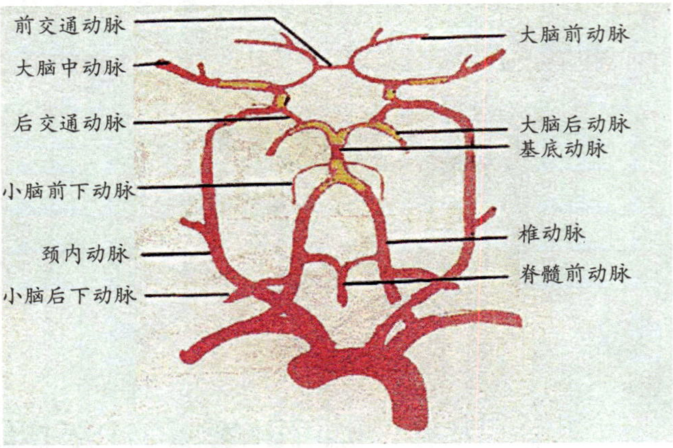

图 10-3 脑部各动脉分支示意图

（二）分类

1．按神经功能缺失持续时间

（1）短暂性脑缺血发作：<24小时。短暂性脑缺血发作（TIA）是颈内动脉系统或椎–基底动脉系统历时短暂但反复发作的脑供血障碍，导致供血区局限性神经功能缺失症状。

（2）脑卒中：>24小时。

2．按病理性质

（1）缺血性脑卒中（又称脑梗死）：包括脑血栓形成和脑栓塞。脑梗死（CI）是指局部脑组织由于血液供应中断而发生的缺血性坏死或脑软化。脑血栓形成为脑血管疾病中最常见的一种，指颅内外供应脑部的动脉血管壁因各种原因发生狭窄或闭塞，在此基础上形成血栓。脑栓塞是脑血管疾病中起病最快的一种，指脑外的各种栓子随血流进入颅内动脉系统，使血管腔急性闭塞，引起相应供血区脑组织缺血坏死及脑功能障碍。

（2）出血性脑卒中：包括脑出血和蛛网膜下腔出血。脑出血（ICH）是指原发性非外伤性脑实质内出血；蛛网膜下腔出血（SAH）多为脑底部动脉瘤或动静脉畸形破裂，血液直接流入蛛网膜下腔所致。

（三）致病因素

1．病因　① 血管壁病变：动脉粥样硬化最常见；② 血液成分改变：与血液黏滞度增高、凝血机制异常有关；③ 心脏病和血流动力学改变：高血压、心律失常等，特别是心房颤动最常见。

2．危险因素　① 可干预因素：以高血压、糖尿病、心脏病最重要，动脉硬化、高脂血症、血黏度增高、吸烟、肥胖、高盐、高脂、酗酒等也与发病有关；② 不可干预因素：年龄、性别、种族和遗传等。

二、护理评估

（一）健康史

1．短暂性脑缺血发作　多认为与动脉粥样硬化、动脉狭窄、心脏病、血液成分改变及血流动力学改变等因素导致微栓子阻塞脑血管或致脑血管痉挛有关。

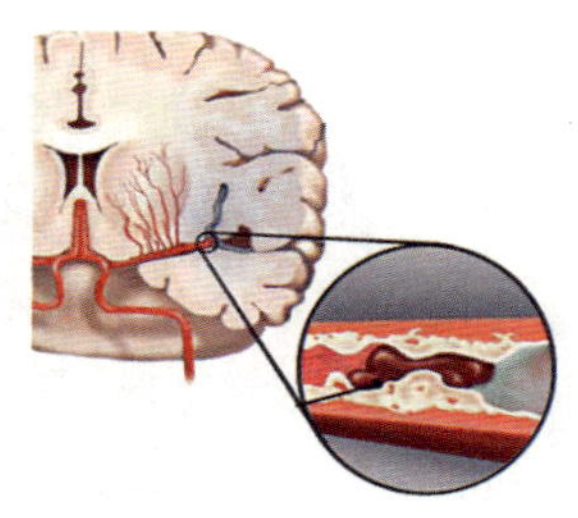

图 10-4　大脑中动脉血栓形成

2．脑血栓形成　最常见的病因是脑动脉硬化，由于其动脉粥样硬化斑块导致颈内动脉和椎-基底动脉系统的任何部位管腔狭窄和血栓形成而发病（图10-4）。睡眠时血流缓慢和血压下降，常诱发脑血栓形成。

3．脑栓塞　根据脑栓塞的栓子来源不同，可分为心源性（多见于风湿性心瓣膜病）、非心源性（多为主动脉弓及其发出的大血管动脉粥样硬化斑块和附着物脱落）、来源不明三大类，其中心源性为最常见的原因，占脑栓塞的60%～75%。

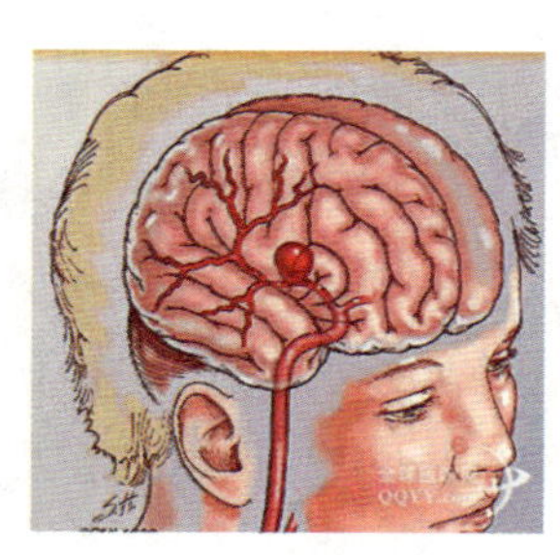

图 10-5　大脑先天性动脉瘤

4．脑出血　最常见的原因是高血压合并细小动脉硬化，情绪激动、剧烈活动、用力排便、酗酒等可诱发脑出血。脑出血是高血压最严重的并发症。

5．蛛网膜下腔出血　多为脑部先天性动脉瘤（图10-5）

或动静脉畸形破裂，血液直接流入蛛网膜下腔所致。

（二）身体状况

1．短暂性脑缺血发作　好发于50～70岁的中老年人，男性多于女性。特点：① 突然发病；② 持续数分钟至数十分钟，通常不超过1小时；③ 24小时内可完全恢复；④ 常反复发作，每次的症状相似。临床分型：① 颈内动脉系统TIA：常见症状为病灶对侧单肢无力或不完全性瘫痪，对侧感觉障碍，眼动脉缺血时出现短暂的单眼失明，优势半球缺血时可有失语；② 椎－基底动脉系统TIA：以眩晕、平衡失调为常见症状，其特征性的症状有跌倒发作、短暂性全面遗忘症、双眼视力障碍发作等。

2．脑血栓形成　多见于50～60岁及以上有动脉硬化、糖尿病、高脂血症的中老年人，起病较缓，常在安静或睡眠状态下发病，部分病人在发作前有头昏头痛、肢体麻木等前驱症状。

神经系统局灶性表现视脑血管闭塞的部位及梗死的范围而定，常在发病后十多小时或1～2日内达到高峰，多数病人无意识障碍及生命体征的改变。

颈内动脉闭塞可出现病灶侧单眼一过性黑蒙或病灶侧Horner征，大脑中动脉主干闭塞时出现“三偏”症状和不同程度的意识障碍，大脑前动脉主干闭塞时可出现对侧中枢性面瘫及偏瘫、尿潴留或尿急、精神障碍等。

3．脑栓塞　多在白天活动中发病。风心病引起者，以青壮年为多；冠心病引起者多为老年人。起病急骤，瞬间即达高峰。发病后的表现同脑血栓形成。

4．脑出血　好发人群及年龄同TIA，多在情绪激动和活动时突然发病。往往在数分钟至数小时内病情发展到高峰。病人先有进行性加重的头痛、头晕、呕吐，随即出现意识障碍，颜面潮红、呼吸深沉而有鼾声，脉搏缓慢有力、血压升高（收缩压180mmHg以上）、全身大汗、大小便失禁。根据出血部位的不同，出现不同的神经系统局灶体征。

（1）基底节出血：包括壳核、丘脑、尾状核头出血。壳核、丘脑出血累及内囊，可有典型的“三偏”症状，即出血灶对侧偏瘫、偏身感觉障碍和对侧同向偏盲。如出血灶在优势半球，可伴有失语。尾状核头出血常有头和眼转向出血病灶侧，呈双眼“凝视病灶”状。轻症病人多意识清楚，而重症病人的临床特点为发病急，昏迷快而深，反复呕吐。如呕吐物为咖啡样液体时，多系丘脑下部功能障碍引起应激性溃疡而致上消化道出血。如有两侧瞳孔不等大，出血侧瞳孔散大或先缩小后散大，多为天幕疝的表现。

（2）脑桥出血：小量出血可无意识障碍，表现为交叉性瘫痪，头和眼转向非出血侧，呈“凝视瘫肢”状；大量出血常破入第四脑室，病人迅即进入昏迷状态、双侧瞳孔缩小呈针尖样、呕吐咖啡样胃内容物、中枢性高热、中枢性呼吸障碍，病情常迅速恶化，多数在24～48小时内死亡。

（3）小脑出血：常表现为枕部剧烈头痛、眩晕、频繁呕吐和平衡障碍，但无肢体瘫痪。当出血量较多时，很快陷入昏迷，因枕骨大孔疝而死亡。

5．蛛网膜下腔出血　以青壮年为多见，起病急骤，多于激动、活动时突然发病，典型表现是剧烈全头痛和脑膜刺激征。头痛呈胀痛或爆裂样疼痛，难以忍受，可持续数日，2周后缓慢减轻，头痛再发常提示再次出血。伴呕吐，面色苍白，冷汗，半数有不同程度的意识障碍。数小时后出现脑膜刺激征（颈项强直、凯尔尼格征、布鲁金斯基征）是蛛网膜下腔出血最具特征性的表现。一般无肢体瘫痪，少数病人可有偏瘫或失语等。严重颅内压增高者可致脑疝、死亡。

（三）心理-社会状况

因病情严重程度及对疾病知识了解的差异，病人及家属可出现不同程度的焦虑、抑郁或恐惧等。

（四）辅助检查

1．CT、MRI检查　① TIA多正常；② CT检查：缺血性卒中在24～48小时后可见低密度梗死灶，发现高密度阴影见于出血性卒中；③ MRI检查可发现CT不能确定的脑干或小脑的小量出血，可在数小时内检出脑梗死病灶。

2．脑脊液检查　① 缺血性卒中时多正常，大面积梗死时脑脊液压力可增高；② 出血性卒中时可见血性脑脊液伴压力增高。

3．血液检查　TIA、脑血栓形成者血脂或血糖可增高，血液黏滞度及血小板聚集性增高。

4．脑血管造影（DSA）、彩色多普勒超声检查（TCD）　① TIA、脑血栓形成者可发现动脉的狭窄、动脉粥样硬化斑块或血栓形成；② DSA可确定动脉瘤的位置，有助于出血性卒中的诊断。

5．超声心动图检查　脑栓塞病人可发现心腔内附壁血栓，有助于证实心源性栓子的存在。

（五）治疗要点

1．短暂性脑缺血发作　病因治疗，抗凝、抗血小板聚集，对确定的颈部大血管明显狭窄或闭塞者，可选用颈动脉内膜切除术或血管内介入治疗。

2．脑出血　急性期减轻脑水肿、降低颅内压，防止再出血，必要时手术；维持生命功能。恢复期坚持正确的肢体功能锻炼。

3．蛛网膜下腔出血　急性期绝对卧床休息，降低颅内压，止血、预防再出血，防治脑血管痉挛，必要时手术。偏瘫者恢复期坚持正确的肢体功能锻炼。

4．脑血栓形成　急性期溶栓治疗，减轻脑水肿，缩小梗死灶；恢复期坚持正确的康复锻炼。

5．脑栓塞　与脑血栓形成相同；积极治疗风心病，控制房颤，消除栓子来源。

三、护理诊断

1．急性意识障碍　与脑水肿、颅内高压有关。

2．疼痛：头痛　与脑血管痉挛、颅内压增高有关。

3．语言沟通障碍　与失语有关。

4．躯体活动障碍　与偏瘫有关。

5．生活自理缺陷　与肢体瘫痪、意识障碍有关。

6．焦虑、恐惧或抑郁　与突发眩晕或偏瘫、失语及损伤性检查、治疗，不能适应病人角色等有关。

7．有受伤的危险　与TIA发作时一过性眩晕及失明有关。

8．知识缺乏　缺乏疾病相关的防治与护理知识。

9．潜在并发症　脑血栓形成、消化道出血、再出血、脑疝等。

护理目标

意识障碍减轻或逐渐恢复；病人头痛缓解；言语表达能力逐渐增强，能保持与人沟通；无肢体肌肉萎缩、关节挛缩；无皮肤压疮、尿路感染等长期卧床的并发症出现；能正确对待疾病，情绪稳定；TIA病人学会自我保护的方法；能说出疾病的预防保健知识；无并发症发生。

四、护理措施

表 10-7　脑血管疾病病人的护理

护理流程	护理要点	案例重点分析
1．缺血性脑血管疾病的护理措施	（1）短暂性脑缺血发作：① 发作时平卧休息，防止外伤，活动时有人陪伴；② 讲解疾病知识，防受伤、防止进展为脑卒中；③ 指导本病病因、常见症状、预防、治疗及自我护理方法。 （2）脑梗死：① 充分休息，取平卧位；② 头部禁用冷敷或冰袋；③ 按医嘱使用降压、溶栓药等；④ 发病后1周瘫痪肢体即可开始功能锻炼。	

续表

护理流程	护理要点	案例重点分析
2．出血性脑血管疾病的护理措施	（1）脑出血：① 绝对卧床休息，头部抬高15°～30°，侧卧位，发病24~48小时内避免搬动；② 24小时内禁食，以后如病情平稳给予鼻饲流质饮食；③ 头部可用冷敷或冰袋；④ 按医嘱使用降压、止血药等，摄入液体每日控制在1500ml以内；⑤ 行手术或血管介入治疗者做好相应护理；⑥ 康复训练应在病情稳定后尽早开始。 （2）蛛网膜下腔出血：① 绝对卧床4~6周，头痛烦躁者遵医嘱使用有效镇痛、镇静药；② 讲解需卧床的原因是因为本病再发率高，1个月内再出血危险性最大，2周再发率最高；③ 按医嘱使用止血、防治脑血管痉挛等药物；④ 行手术或血管介入治疗者做好相应护理。	李同学绝对卧床休息时间________，原因________。
3．缺血性与出血性脑卒中的护理措施共同点  与病人交流用的写字板	（1）一般护理：① 严密监测意识、瞳孔、生命体征、肢体感觉和运动、伤口等变化；② 持续鼻导管氧气吸入；③ 避免颅内压增高的诱因如用力排便、屏气、剧烈咳嗽、情绪紧张激动等，保持大便通畅，便秘者使用缓泻剂；④ 吞咽障碍者喂食时取坐位或高侧卧位，健侧在下，速度宜慢，将食物送至健侧舌根处，勿用吸水管，鼻饲者做好相应护理；⑤ 必要时留置导尿的护理；⑥ 对语言障碍者在清醒后采取相应的康复措施；⑦ 预防长期卧床所致并发症如压疮、肺炎、尿路感染、肌肉萎缩、关节僵硬、下肢静脉血栓形成等。 （2）用药护理：① 降低颅内压，使用脱水剂甘露醇、利尿剂呋塞米等，甘露醇必须在15~30分钟滴完，冬季如有结晶需加热溶解后再用；② 应用保护脑细胞的药物；③ 防治应激性溃疡使用西咪替丁等。 （3）维持血压稳定：避免血压骤升骤降，血压升高可加重或继发出血，遵医嘱使用降压药物，避免血压过低造成脑供血不足。 （4）心理护理：建立良好护患关系，向病人及家属解释病情，及时发现病人心理问题，充分利用亲朋好友的力量关心病人，请康复理想的病人介绍经验是很好的措施。 （5）健康指导：① 注意休息，避免情绪激动和剧烈运动；② 能进食者予低脂、低胆固醇、高蛋白、高维生素、营养易消化食物，有糖尿病者执行相关饮食原则，戒烟酒，保持大便通畅；③ 遵医嘱服用降压、降糖、降脂药等，积极治疗基础疾病，控制危险因素；④ 尽量不单独外出活动或锁上门洗澡，防意外发生时影响抢救；⑤ 讲解脑血管病知识，做好自我护理和定期复查；⑥ 康复训练指导。	李同学的一般护理________，心理护理________，健康教育________。

护理评价

护理目标的达成情况。

知识拓展……

1. 肌力是受试者主动运动时产生的收缩力。多采用0~5级6级肌力记录法，可判断瘫痪的程度，肌力的分级见表10-9。

表 10-9 肌力分级

分级	临床表现
0级	肌肉无任何收缩(完全瘫痪)
1级	有肌肉收缩，但不产生运动
2级	肢体仅能做水平运动，但不能克服地心引力，即不能抬起
3级	肢体能抵抗重力离开床面，但不能对抗阻力
4级	肢体能作抗阻力动作，未达到正常
5级	正常肌力

2. 瘫痪按病变部位和瘫痪的性质，分为上运动神经元瘫痪（痉挛性/中枢性瘫痪）和下运动神经元性瘫痪（弛缓性/周围性瘫痪），见表10-10。

表 10-10 上、下运动神经元瘫痪

	上运动神经元瘫痪	下运动神经元瘫痪
瘫痪分布	整个肢体为主	肌群为主
肌张力	增高	减低
腱反射	增强	减低或消失
病理反射	阳性	阴性
肌萎缩	无或轻度失用性萎缩	明显
肌束颤动	无	有

3. 按瘫痪的形式，可分为单瘫、截瘫、交叉瘫、偏瘫、四肢瘫等，见表10-11。

表 10-11 瘫痪的常见形式

瘫痪形式	临床表现	常见原因
单瘫	单个肢体瘫痪	大脑半球、周围神经或肌肉病变

续表

瘫痪形式	临床表现	常见原因
截瘫	双下肢瘫痪	脊髓横贯性损伤
交叉瘫	病变侧脑神经麻痹和对侧肢体瘫痪	一侧脑干病变
偏瘫	病变侧面部和肢体瘫痪	一侧大脑半球病变
四肢瘫	四肢不能运动或肌力减退	高颈段脊髓病变、周围神经病变

护考知识链接……

1．脑血管疾病的分类。

2．脑血管疾病的致病因素。

3．几种脑血管疾病的鉴别见表10-12。

表 10-12　几种脑血管疾病的鉴别

鉴别项目	短暂性脑缺血发作	脑血栓形成	脑栓塞	脑出血	蛛网膜下腔出血
发病年龄	中老年	中老年	青壮年多见	中老年	青壮年多见
常见病因及发病机制	颈动脉粥样硬化、狭窄，附壁血栓微栓子脱落、脑动脉痉挛	脑动脉粥样硬化附壁血栓逐步扩大以致堵塞局部脑动脉	风心病二尖瓣狭窄合并房颤，左房附壁血栓脱落随血流堵塞局部脑动脉	高血压、动脉粥样硬化	先天性脑动脉瘤、血管畸形
TIA发作史	可反复有	有	可有	多无	无
发病时情况	安静休息时	安静休息时	活动中多见	活动及情绪激动时多见	活动及情绪激动时多见
意识障碍	无	多无	多无	多有	多有
血压	正常	正常	正常	明显升高	正常或升高
偏瘫	一过性	多有	多有	多有	多无
头痛、呕吐、颈项强直	无	多无	多无	可有	明显
CT检查	正常	24～48小时后脑内低密度阴影	24～48小时后脑内低密度阴影	脑内高密度阴影	蛛网膜下腔高密度阴影

续表

鉴别项目	短暂性脑缺血发作	脑血栓形成	脑栓塞	脑出血	蛛网膜下腔出血
脑脊液	正常	正常	正常	压力高、血性	压力高、均匀一致血性
治疗要点	病因治疗、药物（抗血小板聚集、抗凝、钙通道阻滞剂）、小手术或介入治疗	超早期溶栓治疗、降低颅内压、改善脑循环、介入治疗	同脑血栓形成、积极治疗原发病	温和降压、控制脑水肿、止血药物、酌情钻孔减压或手术	控制脑水肿、止血药物、解除脑痉挛、酌情手术或介入治疗

4．短暂性脑缺血发作，俗称小中风，是颈动脉系统或椎－基底动脉系统历时短暂但反复发作的供血障碍，导致供血区局限性神经功能缺失症状。一般每次发作持续数分钟至数小时，24小时内完全恢复。好发于50～70岁，男性多于女性。频繁发作的TIA是脑血栓形成的特级警报。

5．脑梗死是指局部脑组织由于血液供应中断而发生的缺血性坏死或脑软化。其梗死的部位最多见于内囊区，可出现“三偏征”，意识多清楚，需注意与脑出血区分。

6．脑血栓形成为脑血管疾病中最常见的一种。睡眠时血流缓慢和血压下降，常诱发脑血栓形成。脑栓塞是脑血管疾病中起病最快的一种；心源性栓子为最常见的原因，占脑栓塞的60%～75%。

7．脑梗死的超早期（起病6小时内）溶栓治疗，可选用尿激酶、链激酶等药物溶栓治疗。急性期取平卧位，头部禁用冷敷或冰袋，发病后1周即可开始瘫痪肢体的功能锻炼。

8．脑出血是指原发性非外伤性脑实质内出血，好发于50~70岁的高血压动脉硬化的中老年人。发生于大脑半球者占80%，在脑干或小脑者约占20%。豆纹动脉自大脑中动脉近端呈直角分支，受高压血流冲击最大，是脑出血最好发部位。

9．基底节脑出血的典型表现是“三偏征”。脑水肿、颅内压增高和脑疝形成是导致病人死亡的主要原因。

10．脑出血急性期绝对卧床休息，头部抬高15°~30°，侧卧位，发病24～48小时内避免搬动。头部可用冷敷或冰袋。

11．蛛网膜下腔出血多为脑底部动脉瘤或动静脉畸形破裂，血液直接流入蛛网膜下腔所致。典型表现是剧烈头痛和脑膜刺激征。近年来脑血管介入治疗相继开展。手术切除是颅内动静脉畸形最根本的治疗方法；再出血最易发生在起病2周左右，需绝对卧床4~6周。

12．吞咽障碍者喂食时健侧在下，将食物送至健侧舌根处。

护考练兵场……

A_1型题（单选题）

1．诊断颅内动脉瘤的最主要影像学检查是（　　）

A．头颅X线平片　B．脑CT　C．脑MRI

D．全脑血管造影　E．脑PET

2．颅内动静脉畸形常见的首发症状是（　　）

A．癫痫　B．出血　C．头痛

D．运动障碍　E．视力障碍

3．高血压脑出血最好发部位是（　　）

A．小脑　B．脑干　C．脑室

D．脑桥　E．基底节壳部

4．脑出血最常见的原因是（　　）

A．颅内肿瘤破裂　B．颅内动静脉畸形　C．颅内动脉瘤破裂

D．高血压脑动脉硬化　E．头部创伤

5．高血压脑出血最常见的诱因是（　　）

A． 睡眠状态　B．寒冷　C．头部创伤

D．情绪激动、剧烈活动　E．使用抗凝药

A_3/A_4型题

（6~9题共用题干）病人，男性，69岁。高血压病史10余年。搓麻将时赢了一副大牌，突然头痛、呕吐、言语不清，跌倒在地，之后大小便失禁，神志不清。体检：昏迷，左侧瞳孔6mm，对光反射消失，右侧瞳孔3mm，对光反射存在，血压186/100mmHg，呼吸14次/分，脉搏52次/分。头颅CT示左侧基底节区内囊高密度影。

6．考虑病人出现上述病症的原因是（　　）

A．脑出血　B．脑梗死　C．蛛网膜下腔出血

D．短暂性脑缺血发作　E．脑肿瘤破裂

7．病人目前已经出现（　　）

A．高血压危象　B．大脑镰下疝　C．左侧小脑幕切迹疝

D．右侧小脑幕切迹疝　E．枕骨大孔疝

8．目前首先应采取的措施是（　　）

A．脱水降颅压　B．使用强效降血压药物　C．使用止血药物

D．手术治疗　E．使用醒脑的药物

9．如果病人存在肢体瘫痪，最有可能是（　　）

A．左侧偏瘫　　B．右侧偏瘫　　C．四肢瘫痪

D．左下肢瘫痪　　E．右下肢瘫痪

综合运用……

病人，男性，55岁。昨日晨起发现左侧肢体麻木，中午开始不能活动。有高血压病史3年。查体：血压160/90mmHg，神志清楚，语言流利，左侧鼻唇沟浅，伸舌偏左，左侧肢体偏瘫，左侧病理征阳性，左侧痛觉减退，双眼左侧偏盲。

问题：（1）该病人可能发生了什么？

（2）若你是当班护士，如何救护？

（3）请结合案例制定一份健康教育处方。

我学会了……

我掌握了……

我的问题……

任务四　癫痫病人的护理

我们的目标是……

- 了解癫痫的病因、诱因、临床类型。
- 熟悉癫痫病人的治疗要点、主要护理诊断。
- 掌握常见癫痫病人的身体状况、护理措施。

我们的任务是……

- 学会癫痫病人的护理评估。
- 根据情景案例提出主要的护理诊断。
- 初步实施癫痫病人的护理措施。

临床情景——神经内科

刘某，女性，20岁。因发作性全身抽搐伴意识丧失一周入院。发作时突发意识丧失、跌倒在地、全身对称性抽搐，伴双眼球凝视、口吐白沫、大小便失禁。症状持续5～10分钟后逐渐减轻并恢复，清醒后感头痛、全身肌肉酸痛、乏力，但发作过程全然不知。护理体检：T 37℃，P 80次/分，R 20次/分，BP 120/80mmHg。脑电图检查示轻度异常。头颅CT未见异常。其母亲有癫痫发作史。

问题1. 刘某可能得了什么病？存在哪些身心状况？

问题2. 根据刘某的身心状况，她存在哪些护理问题？

问题3. 若你是当班护士，你如何护理刘某？

根据本任务的临床情景，完成表10-13。

表 10-13　情景案例病人的护理评估分析

评估项目	评估要点
1．健康史	性别________；年龄________ 现病史（病情、诊疗过程、现自觉症状等）________ 起病情况（时间、原因或诱因、症状体征等）________ 既往史（疾病、生活、家族史等）________
2．身体状况	症状________ 体征________
3．心理-社会状况	（伴有的心理状况）________
4．辅助检查	（项目名称及结果）________
结论：病人可能得了________，伴有________	

一、概述

癫痫是由不同病因导致脑部神经元高度同步化异常放电所引起的、以短暂性中枢神经系统功能失常为特征的慢性脑部疾病，是大脑神经元异常的、过度的同步性放电。癫痫是发作性意识丧失的常见原因，也是神经系统疾病中仅次于脑血管疾病的第二大顽症。每次发作或每种发作称为痫性发作。

二、护理评估

（一）健康史

1．病因　①原发性（特发性）癫痫：与遗传因素有关，多在儿童或青春期首次发病；

② 继发性（症状性）癫痫：由脑部器质性病变如脑血管病、颅脑外伤或感染、脑肿瘤引起；缺氧、中毒、代谢性疾病等亦可引起。

2．诱因　睡眠不足、疲劳、饥饿、便秘、饮酒、声光刺激、过度饮水或换气、情绪激动等。

（二）身体状况

癫痫的表现极多，均有短暂性、刻板性、间歇性、反复发作性的特征。

1．部分性发作　为成年期最常见的类型，痫性放电源于一侧大脑半球。

（1）单纯部分性发作：多为症状性癫痫，起始症状常提示痫性灶在对侧脑部，一般不超过1分钟，无意识障碍。常以发作性一侧肢体、局部肌肉感觉障碍或节律性抽动为特征。

（2）复杂部分性发作：又称精神运动性发作，主要特征是意识障碍，常出现精神症状及自动症。病灶多在颞叶，故又称颞叶癫痫。

2．全面性发作　发作时伴有意识障碍或以意识障碍为主要表现，痫性放电源于双侧大脑半球。

（1）全面性强直-阵挛发作（GTCS）：又称大发作，是最常见的发作类型之一，以意识丧失和全身抽搐为特征。发作前可有极短的前驱症状如头晕、胸腹气上冲、无名恐惧、幻觉等。发作可分三期：① 强直期：病人突然意识丧失，发出尖叫后跌倒，全身骨骼肌呈强直性收缩，眼球上翻、喉部痉挛、口先强张而后突闭、颈部和躯干先屈曲后反张、上肢屈曲、下肢伸直、呼吸暂停、瞳孔扩大及对光反射消失，此期持续10～30秒（图10-6）；② 阵挛期：全身肌肉节律性抽动，频率由快变慢，最后一次强烈阵挛后抽搐突然终止，此期持续1~2分钟；③ 惊厥后期：抽搐停止后病人生命体征逐渐恢复正常，进入昏睡，后逐渐清醒，醒后常感头昏头痛、疲乏无力，对发作过程全无记忆。发作开始至意识恢复达5～10分钟。

图 10-6　癫痫大发作

（2）失神发作：又称小发作，多见于儿童，表现为意识短暂中断，持续3～15秒，病人停止当时的活动，呼之不应，两眼茫然瞪视，一般不会跌倒，手中持物可坠落，事后立即清醒，继续原先的活动，但对发作无记忆。

（3）肌阵挛发作：表现为突然、快速、短暂的肌肉或肌群收缩。

（4）阵挛性发作：仅见于婴幼儿，为全身阵挛性抽搐，恢复快。

（5）强直性发作：常睡眠中短暂发作，表现为全身强直性收缩，不伴痉挛。

（6）失张力性发作：部分或全身肌张力突然降低，发作后立即清醒和站起。

3．癫痫持续状态　指一次癫痫发作持续30分钟以上，或连续多次发作、发作间期意识或神经功能未恢复至正常水平。任何类型的癫痫均可出现癫痫持续状态，但通常是指大发作的持续状态。多由突然停用抗癫痫药或因饮酒、合并感染、孕产等所致，常伴有高热、脱水和酸中毒，重者死亡。

（三）心理-社会状况

因发作出现抽搐、尿失禁、跌伤有碍自身形象，常严重伤及病人自尊心。此癫痫反复发作影响正常生活与工作，对生活缺乏信心。如缺乏家庭、社会的支持，病人可产生绝望心理。

（四）辅助检查

1．脑电图（EEG）检查　对本病诊断有重要价值，且有助于分型、估计预后及手术前定位。可见尖波、棘波、尖-慢波或棘-慢波。

2．影像学检查　包括头颅X线、脑血管造影、头颅CT及MRI检查。有助于发现继发性癫痫的病因。

（五）治疗要点

癫痫是可治性疾病，大多数病人预后较好。治疗原则是抑制大脑异常放电，降低突触传递的兴奋冲动。治疗措施是间歇期以药物治疗为主，癫痫发作持续状态应尽快制止发作，积极治疗原发病，能对癫痫源精确定位时可行合理的手术治疗。

三、护理诊断

1．有窒息的危险　与癫痫发作时意识丧失、喉痉挛、口腔和气道分泌物增多有关。

2．有受伤的危险　与癫痫发作时意识突然丧失、判断力失常有关。

3．知识缺乏　缺乏疾病及用药相关知识。

4．社交孤立　与害怕在公众场合发病引起窘迫有关。

5．潜在并发症　脑水肿等。

护理目标

癫痫发作时无窒息、误吸发生；无意外伤害发生；能陈述疾病相关知识和用药、自我防护知识；能保持良好的心态，间歇期能参加社会活动；无并发症出现。

四、护理措施

表 10-14　癫痫病人的护理

护理流程	护理要点	案例重点分析
1．大发作时的护理	目的是保持呼吸道通畅和防止受伤。 （1）有发作先兆时，立即平卧，头偏向一侧或头低侧卧位。 （2）移开身旁危险物品，取下眼镜和义齿，手边的柔软物垫在病人头下，解开衣领和裤带。 （3）在病人张口间隙将牙垫或厚纱布等置于一侧上下臼齿之间，以防舌咬伤，切不可强行塞入。 （4）及时清除口腔、鼻腔分泌物。 （5）适度扶住病人，切忌用力按压抽搐肢体，以免造成骨折、脱臼或肌肉拉伤。	刘某发作时如何防止窒息和受伤________。
2．癫痫持续状态的护理	（1）保持呼吸道通畅，遵医嘱给氧。床边备吸引器和气管切开包。 （2）迅速建立静脉通道，遵医嘱缓慢静脉注射地西泮以制止发作，若癫痫持续或复发，可于15分钟后重复给药，或于12小时内缓慢静脉滴注地西泮。如出现呼吸抑制、昏迷加深、血压下降立即报告医生，遵医嘱停药。 （3）严密观察生命体征、意识、瞳孔、抽搐情况，遵医嘱心电监护，定时检测血气和血电解质等。 （4）专人护理，保持病室安静，避免各种刺激，加用保护性床档，必要时用约束带。 （5）查找癫痫持续状态的原因，遵医嘱应用苯妥英钠、水合氯醛等控制发作，以及防治脑水肿、感染或水、电解质紊乱的措施。	制止癫痫持续状态发作的首选药是________。
3．用药护理	（1）强调间歇期按医嘱服药的重要性。常用的抗癫痫药物有苯妥英钠、卡马西平、苯巴比妥、乙琥胺等。 （2）用药原则：① 偶发或首次发病者，查清病因后用药；② 根据不同的类型和药物反应正确选用药物；③ 坚持单一用药，尽量避免联合用药；④ 坚持长期规律服药，部分病人需终身服药，不得自行停药或间断服药；⑤ 停药应根据病情，通常需1~2年减量。 （3）药物不良反应及处理：① 多有胃肠道反应，宜分次餐后口服；② 苯妥英钠可出现牙龈增生、共济失调等，苯巴比妥、卡马西平均可出现嗜睡、共济失调等，应告知病人及家属，出现异常及时就医；③ 服药期间对肝、肾功能有损害，应定期抽血做肝、肾功能检查。	刘某如何遵医嘱服药________。

续表

护理流程	护理要点	案例重点分析
4．心理护理	帮助病人正确对待自己的疾病；理解病人，鼓励其说出心理感受，指导病人承担力所能及的社会工作，主动地参与各种社交活动。	
5．健康指导	（1）疾病知识指导：向病人及家属介绍本病及药物相关知识、家庭紧急救护方法，指导避免诱因，按医嘱正确服药；定期门诊复查。 （2）生活指导：保持良好的生活习惯，劳逸结合，保证充足的睡眠。癫痫发作时和发作后应卧床休息。饮食注意避免刺激性食物、过饥过饱，戒烟酒及咖啡。 （3）安全指导：禁止从事攀高、游泳、驾驶、在炉火旁或高压带电作业等危险的工作或活动。随身携带个人信息卡以备急用。	刘某的安全指导________。

护考知识链接……

1．癫痫是大脑神经细胞异常的、过度的同步性放电。
2．癫痫可分为原发性（特发性）和继发性（症状性），睡眠不足、声光刺激、情绪激动等是发作诱因。
3．全面性强直-阵挛发作（GTCS）又称大发作，以意识丧失和全身抽搐为特征。可有前驱症状，发作分三期：强直期、阵挛期、惊厥后期。
4．典型的失神发作又称小发作，状如“愣神”。
5．癫痫持续状态是指癫痫连续发作之间意识尚未完全恢复又频繁发作，或癫痫发作持续30分钟以上不能自行停止。癫痫持续状态控制发作首选地西泮静脉注射，用药时特别注意病人有无呼吸抑制。
6．脑电图检查是癫痫首选的辅助检查。
7．癫痫发作时的治疗和护理原则是预防外伤和保持气道通畅。
8．间歇期强调按医嘱长期规律服药的重要性，切不可随意增减药量或撤换药物。

护考练兵场……

A_1型题（单选题）

1．癫痫发作时最重要的护理措施是（　　）

A．安全护理　　B．病情观察　　C．知识指导

D．保持呼吸道通畅　E．心理护理

2．诊断癫痫最重要的辅助检查方法是（　　）

A．头部磁共振　B．脑部CT　C．脑电图

D．血液检查　E．B超

3．癫痫发作间歇期最应注意的是（　　）

A．避免过劳　B．良好的休息　C．规律应用抗癫痫药物

D．防止紧张或饥饿　E．保证充足睡眠

4．癫痫持续状态是指（　　）

A．长期用药不能控制　B．一侧肢体痉挛不止　C．连续小发作

D．精神运动性发作　E．癫痫连续发作之间意识尚未完全恢复又频繁发作

5．癫痫治疗原则正确的是（　　）

A．脑电图恢复正常即可停药　B．按发作类型选择用药类型

C．联合用药　D．从大剂量开始逐渐减量

E．发作控制后可立即停药

6．小发作首选药物是（　　）

A．苯妥英钠　B．卡马西平　C．丙戊酸钠

D．乙琥胺　E．苯巴比妥

7．抗癫痫药物治疗时，下列哪项最易诱发癫痫持续状态（　　）

A．从小剂量开始　B．联合用药　C．更换药物

D．骤然停药　E．服药次数多

8．癫痫大发作首选药物是（　　）

A．苯妥英钠　B．卡马西平　C．丙戊酸钠

D．乙琥胺　E．苯巴比妥

9．癫痫发作期护理，哪项不适宜（　　）

A．放牙垫，取下义齿

B．为防止外伤，发作时应用力按压肢体

C．癫痫持续状态病人，及时补液

D．设专人护理，防止坠床

E．头偏向一侧，保持呼吸道通畅

A_3型题（单选题）

（10~12题共用题干）病人，男性，25岁。突然出现意识丧失，全身抽搐，眼球上翻，瞳孔散大，牙关紧闭，大小便失禁，持续约2分钟，清醒后对抽搐全无记忆。

10．根据临床征象，该病人最可能的诊断是（　　）

A．肌阵挛发作　B．低钙性手足搐搦　C．精神分裂症

D．癫痫　E．癔症

11．对该病人的急救处置首先是（　　）

A．急诊做CT检查，查找病因

B．安全护理，防止外伤

C．保持呼吸道通畅，防止窒息

D．遵医嘱快速给药，控制发作

E．注意保暖，避免受凉感冒

12．该病人存在哪些护理问题（　　）

A．有窒息的危险　B．有受伤的危险　C．潜在并发症：脑水肿

D．应对无效　E．以上都是

综合运用……

（接前述案例）刘某出院后半年病情稳定而自行停药，2周后在与家人吵架后一次癫痫发作持续30分钟以上未自行停止，被送来医院抢救。

问题：（1）刘某又发生了什么情况？

（2）若你是当班护士，如何救护？

（3）请结合案例制定一份健康教育处方。

我学会了……

我掌握了……

我的问题……

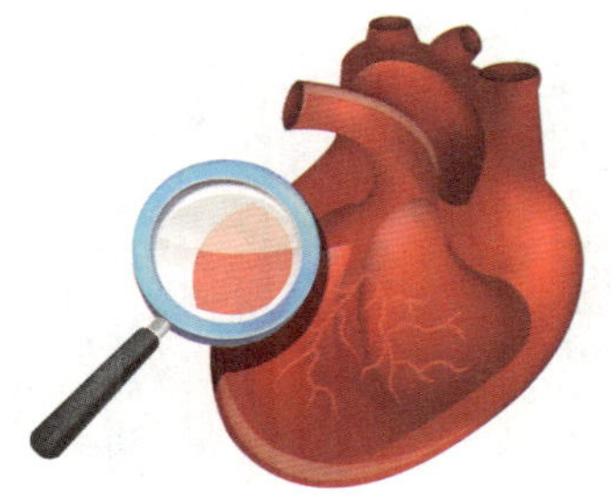

项目十一

肿瘤病人的护理

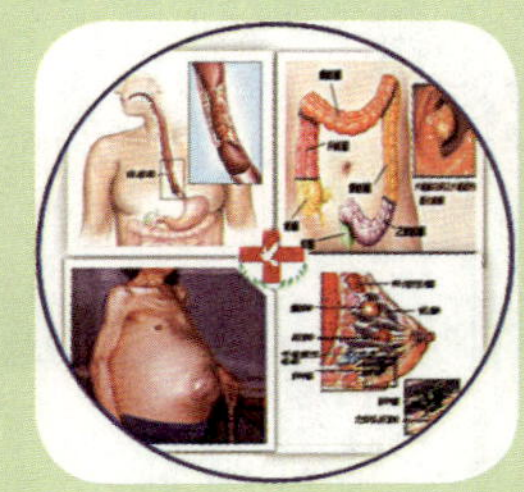

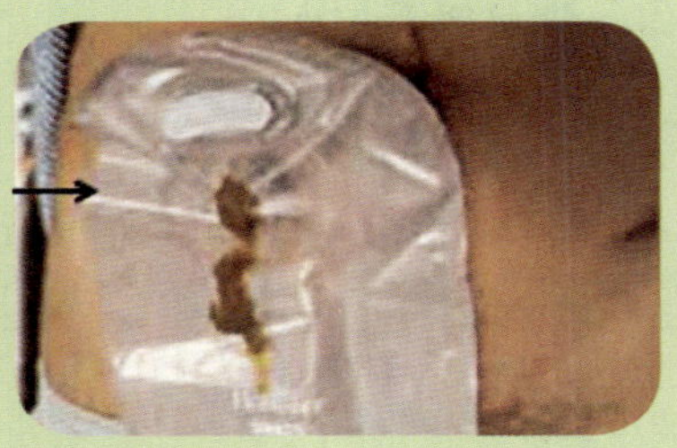

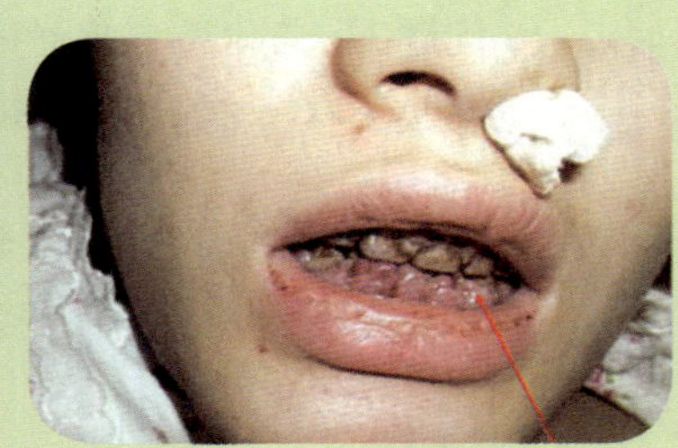

任务一　食管癌病人的护理

我们的目标是……

- ▲ 了解食管癌的病因、治疗要点。
- ▲ 熟悉食管癌病人的护理评估、护理诊断。
- ▲ 掌握食管癌病人的护理措施。

我们的任务是……

- ▲ 学会食管癌病人的护理评估。
- ▲ 根据情景案例提出主要的护理诊断。
- ▲ 初步实施食管癌病人的护理措施。

任务实施中……

临床情景——肿瘤科

李先生，58岁。平时极其喜欢吃辛辣烫类的食物，基本上是餐餐食辣。几个月前，他出现了干咳，吃食物时难以下咽，并伴有哽噎感、身体消瘦等症状，到医院检查。病人消瘦，轻度贫血貌，T 37.2℃，P 80次/分，BP 130/90mmHg。做食管钡餐检查显示：食管黏膜皱襞紊乱，有偏心性充盈缺损。食管镜检查可见突入管腔的新生物。有慢性食管炎病史。

问题1．李先生可能得了什么病？存在哪些身心状况？

问题2．根据李先生的身心状况，他存在哪些护理问题？

问题3．若你是当班护士，你如何护理李先生？

根据本任务的临床情景，完成表11-1。

表 11-1　情景案例病人的护理评估分析

评估项目	评估要点
1．健康史	性别________；年龄________ 现病史________ 既往史（饮食习惯、疾病、家族史等）________

续表

评估项目	评估要点
2．身体状况	症状________ 体征________
3．心理–社会状况	（伴有的心理状况）________
4．辅助检查	（项目名称及结果）________
结论：病人可能得了________，伴有________	

一、概述

食管癌多见于男性，发病年龄多在40岁以上。我国是世界上食管癌高发地区之一。食管癌多位于胸中段，下段次之，上段较少。转移扩散途径以淋巴转移为主，病理类型以鳞癌最多见。食管癌的发病与病人进食过快、食物过硬过热，长期饮烈性酒、吸烟、化学物质如亚硝胺、缺乏某些微量元素或维生素、遗传因素等有一定的关系。

二、护理评估

（一）健康史

询问病人有无进食过快、食物过硬过热，长期饮烈性酒、吸烟等。

（二）身体状况

1．症状

（1）早期：症状不明显。早期的典型表现：吞咽粗硬食物时哽噎感、异物感。

（2）中晚期：典型症状是进行性吞咽困难。病人逐渐消瘦、贫血、营养不良。声音嘶哑、呕血、食管–气管瘘、进食时呛咳及肺部感染。持续胸痛、背痛。晚期出现恶病质。

2．体征　锁骨上淋巴结肿大，肝肿块，胸水、腹水等转移体征。

（三）心理–社会状况

病人出现不同程度的焦虑、恐惧、悲哀、绝望感。

（四）辅助检查

1．食管拉网细胞学检查　用于早期诊断、防癌普查。

2．食管钡餐造影检查　了解有无黏膜破坏、充盈缺损、管腔狭窄等。

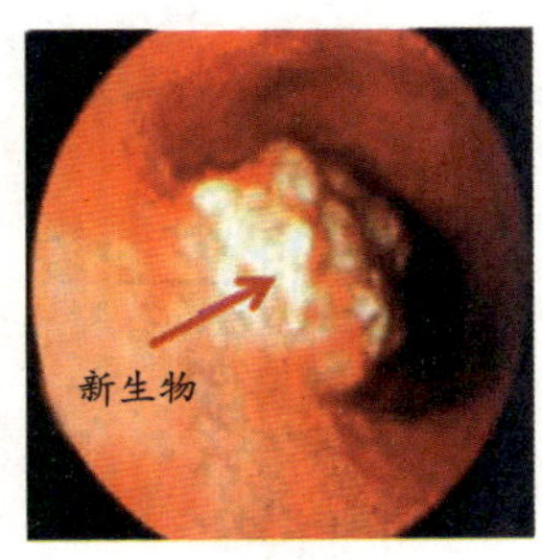

图 11-1　纤维食管镜检查

3．纤维食管镜检查　直视病变部位（图11-1），取活组织进行病理检查。

（五）治疗要点

以手术治疗为主，辅以化疗、放疗等综合治疗。

三、护理诊断

1．营养失调：低于机体需要量　与进食不足、消耗过多有关。
2．体液不足　与吞咽困难、摄入不足有关。
3．焦虑　担心疾病造成经济损失及癌症预后有关。
4．潜在并发症　吻合口瘘、乳糜胸等。

护理目标

病人营养状况得到改善；体液失衡改善；焦虑症状缓解或消失，情绪稳定。

四、护理措施

表 11-2　食管癌病人的围手术期护理

护理流程	护理要点	案例重点分析
1．术前护理	（1）术前常规：按术前常规做好营养支持、口腔护理、呼吸道准备及心理护理。 （2）饮食护理：术前给予高热量、高蛋白、富含维生素的流质或半流质饮食。术前1天禁食。 （3）胃肠道准备：① 术前1周口服抗生素；② 术前3天给予流质饮食，术前12小时禁食；③ 对进食后有食物滞留或反流者，术前3天每晚用抗生素生理盐水冲洗食管；④ 术日晨常规置胃管。	术前护理的侧重点______。
2．术后护理 吻合口瘘	（1）饮食护理：① 严格禁食3～5天，行胃肠减压，禁食期间静脉补充营养和水分，禁食期间不可下咽唾液，以免引起吻合口瘘；② 肛门排气后可考虑拔除胃肠减压管，拔管12～24小时后先试饮少量水，若无不适可进食，进食原则是少食多餐，由稀到干，食量逐渐增加；③术后2周进软食；④术后3周可进普食。 （2）术后并发症的护理：吻合口瘘是最常见的并发症，多发生于术后5～10天。① 表现：呼吸困难，胸腔积液，体温增高、脉搏加快（全身中毒症状）；② 护理：嘱病人立即禁食；行胸腔闭式引流；加强抗感染治疗及营养支持；严密观察生命体征，若出现休克症状，积极抗休克治疗；吻合口瘘需再次手术者，积极配合医生完善术前准备。	术后护理的侧重点______。

护理评价

护理目标的达成情况。

护考知识链接……

1．食管癌最好发的部位是食管中段。
2．中晚期食管癌的典型表现是进行性吞咽困难。
3．纤维食管镜检查是可靠的检查方法。
4．早、中期食管癌首选手术治疗。
5．吻合口瘘是食管癌术后最严重的并发症。
6．食管癌术后的饮食护理。

护考练兵场……

A_1型题（单选题）

1．属于食管癌好发部位的是（　　）
A．食管腹段　B．食管中段　C．食管颈段
D．食管全段　E．食管上段和中段

2．关于食管癌的早期表现，正确的描述是（　　）
A．吞咽哽噎感　B．呼吸困难　C．失音
D．持续性腹痛　E．腹胀

3．食管癌的主要扩散方式为（　　）
A．局部浸润和种植转移　B．局部浸润和淋巴转移　C．直接浸润
D．种植性转移　E．血液和淋巴转移

4．病人，女性，48岁。进行性吞咽困难，确诊为食管癌，拟行根治术。术前准备不必要的是（　　）
A．加强营养　B．皮肤准备　C．深呼吸、有效咳嗽练习
D．练习床上排便　E．术前3天每晚洗胃

5．病人，男性，45岁。行食管癌根治术后21天，无特殊不适。其饮食安排最好是（　　）
A．可进坚硬食物　B．可进高脂肪饮食　C．可进半流质饮食
D．可食烂饭或面条　E．可进普食

6．病人，女性，61岁，食管癌。拟行根治手术治疗，术前准备不包括（　　）
A．备皮、皮试　B．胃肠道准备　C．呼吸道准备
D．术前用药　E．强心治疗

A_3/A_4型题（单选题）

（7~9题共用题干）病人，男性，48岁。吞咽食物易哽噎，胸骨后有异物感和烧灼样痛2个月，经纤维食管镜检查证实为食管癌，准备入院手术治疗。既往吸烟15年。

7．食管癌最典型的临床表现是（　　）

A．呛咳　　B．胸骨后异物感　　C．胸骨后针刺样疼痛

D．进食滞留感　　E．进行性吞咽困难

8．对食管癌根治术后的病人，宜采取的特殊护理措施是（　　）

A．做好胃肠减压的护理　　B．切口护理　　C．严格控制饮食

D．胸腔闭式引流的护理　　E．早期下床活动

9．病人术后最常见的和最严重的并发症是（　　）

A．深静脉血栓形成　　B．肺不张　　C．吻合口瘘

D．切口渗血　　E．反流性食管炎

综合运用……

（接前述案例）李先生术后第5天进少量流质饮食后，出现呼吸困难、发热、胸痛等症状，胸片示大量胸腔积液。

问题：（1）李先生又发生了什么情况？

（2）若你是当班护士，如何救护？

（3）请结合案例制定一份健康教育处方。

学习反思……

我学会了……

我掌握了……

我的问题……

任务二　大肠癌病人的护理

我们的目标是……

- 了解大肠癌的病因、治疗要点。
- 熟悉大肠癌病人的护理评估、护理诊断。
- 掌握大肠癌病人的护理措施。

我们的任务是……

- 学会大肠癌病人的护理评估。
- 根据情景案例提出主要的护理诊断。
- 初步实施大肠癌病人的护理措施。

任务实施中……

临床情景——肿瘤科

郑某，女性，56岁。黏液血便3个月，便意频繁，每日排便3～5次，便前有肛门坠胀感，伴里急后重，大便变形变细。平时爱吃高脂肪、高蛋白食物，不爱吃蔬菜，有家族性肠息肉病。3个月来体重减轻约5kg。体检：外观消瘦、贫血，腹稍胀，无明显压痛，未扪及包块。直肠指检：肛门口较松弛，距肛缘3cm处触及高低不平的硬块，肠腔狭窄，指套染血迹。

问题1. 郑某可能得了什么病？存在哪些身心状况？

问题2. 根据郑某的身心状况，她存在哪些护理问题？

问题3. 若你是当班护士，你如何护理郑某？

根据本任务的临床情景，完成表11-3。

表 11-3　情景案例病人的护理评估分析

评估项目	评估要点
1. 健康史	性别________；年龄________ 现病史（病情、诊疗过程、现自觉症状等）________ 起病情况（时间、症状体征等）________ 既往史（疾病、饮食习惯、家族史等）________

续表

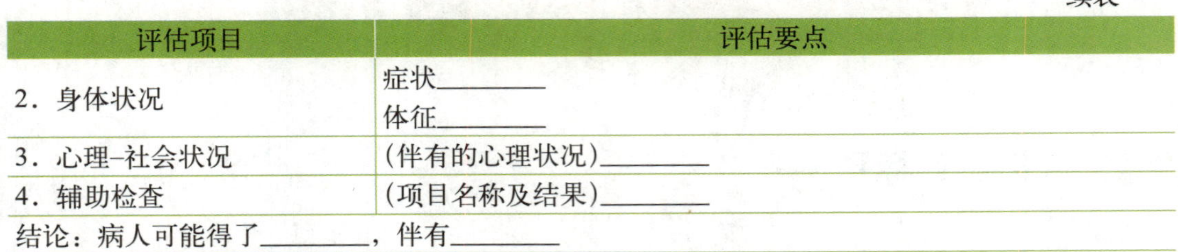

评估项目	评估要点
2．身体状况	症状________ 体征________
3．心理-社会状况	(伴有的心理状况)________
4．辅助检查	(项目名称及结果)________
结论：病人可能得了________，伴有________	

一、概述

大肠癌是发生在结肠和直肠的恶性肿瘤，发病年龄多在40～60岁。直肠癌的发病率高于结肠癌。大肠癌的病因不确切，高危因素有饮食习惯改变（高脂、高蛋白、低纤维饮食），家族性结肠息肉病（癌前病变），结、直肠慢性炎性疾病，结、直肠腺瘤癌变，遗传因素等。扩散和转移方式以淋巴转移为主。病理类型有肿块型（多见于右半结肠）、浸润型、溃疡型（多见于左半结肠）。其中溃疡型最多见。

二、护理评估

（一）健康史

询问病人有无高脂、高蛋白、低纤维饮食习惯，是否有家族性多发性息肉病。

（二）身体状况

1．结肠癌　排便习惯和粪便性状改变，常较早出现。① 右半结肠癌：全身中毒症状为主，常有贫血、腹部包块、消瘦等表现，肠梗阻少见；② 左半结肠癌：以不全性或完全性低位肠梗阻为主，排便困难、便血、腹泻等症状。

2．直肠癌　① 直肠刺激症状：是最早出现的症状；② 肠腔狭窄症状：大便变细变形，重者有低位肠梗阻表现；③ 肿瘤破溃感染症状：黏液血便、脓血便。

（三）心理-社会状况

结肠癌病人具有恶性肿瘤病人的心理反应，同时由于结、直肠癌的症状涉及排泄等个人隐私，病人产生较严重的焦虑和烦恼情绪。若病情需要做人工肛门时，病人会因感到自尊和自我形象受损而失去对生活、工作的信心。

（四）辅助检查

1．大便隐血试验　多呈阳性，用于普查。

2．直肠指检　是直肠癌的首选检查方法。

3．内镜检查　纤维结肠镜可早期发现病变，是可靠的诊断方法。

4．癌胚抗原（CEA）测定　用于预测预后和监测复发。

（五）治疗要点

1．结肠癌

（1）手术治疗：① 结肠癌根治性手术；② 姑息性手术：晚期癌肿，有远处转移者或并发急性肠梗阻者的处理。手术范围包括肿瘤局部广泛切除与引流区域的淋巴结清除。

（2）非手术治疗：化疗、中医药治疗。

2．直肠癌

（1）手术治疗：直肠癌根治术。① Miles手术：用于腹膜返折以下的直肠癌，需做永久性人工肛门；② Dixon手术：直肠癌下缘距肛门边缘5cm以上保留正常肛门。

（2）非手术治疗：放疗、化疗、免疫治疗、基因治疗等。

三、护理诊断

1．焦虑　与担心预后和生活方式有关。

2．营养失调　与营养摄入不足、肠梗阻有关。

3．自我形象紊乱　与腹部结肠造口的建立、排便方式改变有关。

4．知识缺乏　缺乏肠道手术的注意事项及结肠造口的护理知识。

5．潜在并发症　感染、吻合口瘘、出血。

护理目标

病人焦虑症状减轻或消除；营养状况改善；能正视自我形象的改变，适应新的排便方式；学会自我护理人工肛门。

四、护理措施

表 11-4　大肠癌病人的围手术期护理

护理流程	护理要点	案例重点分析
1．术前护理	（1）术前常规：按术前常规做好营养支持、心理护理等。 （2）肠道准备：① 控制饮食：术前3日流质饮食；② 清洁肠道：术前3日番泻叶泡服或术前2日硫酸镁口服，术前1日晚和术晨清洁灌肠；③ 抑制肠道细菌：口服肠道不吸收的抗生素（新霉素、甲硝唑等），同时肌注维生素K。	术前护理的侧重点____。

续表

护理流程	护理要点	案例重点分析
1．术前护理	（3）其他准备：直肠癌病人术前2日每晚用1:5000高锰酸钾溶液坐浴，女病人同时做阴道冲洗。术日晨留置胃管和导尿管。	
2．术后护理  	（1）体位：病情稳定后取半卧位。 （2）饮食：肛门排气或结肠造口开放后拔胃管。 （3）引流管护理：① 导尿管：Miles手术后尿管留置2周；② 骶前引流管：接负压瓶，保持负压，术后5天考虑拔管，拔管后每日以1:5000高锰酸钾溶液坐浴2次。 （4）结肠造口的护理：① 造口开放前：及时更换渗湿敷料，注意观察肠段有无回缩、出血、坏死；② 保护腹壁切口：术后2～3日造口开放后取左侧卧位，防止粪便污染腹壁切口；③ 1周后造口处伤口基本愈合时，每日扩张造口1次，防止造口狭窄，隔日1次用温盐水经结肠造口灌肠，以促进形成规律的排便习惯；④ 饮食指导：恢复饮食后注意保持大便通畅，避免进食胀气、刺激性气味的食物，防便秘，若发生便秘可用液体石蜡或肥皂水经结肠造口做低压灌肠；⑤ 正确使用造口袋，造口袋盛装达1/3时即应更换，粪便成型及养成定时排便习惯后可不戴肛门袋。	术后护理的侧重点____。

护理评价

护理目标的达成情况。

护考知识链接……

1．大肠癌的典型表现

（1）结肠癌：排便习惯和粪便性状改变，常较早出现。① 右半结肠癌：全身中毒症状为主，常有贫血、腹部包块、消瘦等表现，肠梗阻少见；② 左半结肠癌：以不全性或完全性低位肠梗阻为主，排便困难、便血、腹泻等症状。

（2）直肠癌：① 直肠刺激症状：是最早出现的症状；② 肠腔狭窄症状：大便变细变形，重者有低位肠梗阻表现；③ 肿瘤破溃感染症状：黏液血便、脓血便。

2．直肠癌的首选检查是直肠指检。具有预测直肠癌预后及监测复发作用的指标是癌胚抗原。

3．直肠癌的根治术：① Miles手术：用于腹膜返折以下的直肠癌，需做永久性人工肛门；② Dixon手术：直肠癌下缘距肛门边缘5cm以上，保留正常肛门。

4．术前肠道准备和结肠造口的护理。

护考练兵场……

A_1型题（单选题）

1．结肠癌最早出现的症状是（　　）

A．排便习惯及粪便形状改变　B．腹痛　C．便秘

D．低热　E．消瘦

2．具有预测直肠癌预后及监测复发作用的指标是（　　）

A．神经元特异性烯醇化酶（NSE）测定

B．癌胚抗原（CEA）测定

C．谷氨酰转肽酶（GGT）测定

D．鳞状细胞癌抗原（SCC）测定

E．癌抗原-50（CA-50）测定

3．中年人便血及排便习惯改变应首先进行的检查是（　　）

A．纤维结肠镜检查　B．腹部超声检查　C．粪便隐血试验

D．X线钡剂造影检查　E．直肠指检

4．人工肛门的护理，不正确的是（　　）

A．以氧化锌软膏保护皮肤

B．避免进食胀气性、刺激气味的食物

C．肛袋应长期坚持使用

D．肛袋用后清洗、浸泡消毒

E．肛袋充满1/3排泄物时，应予以更换

5．直肠癌根治术后的病人在人工肛门开放初期宜采取的体位是（　　）

A．左侧卧位　B．右侧卧位　C．头低脚高位

D．1/4侧卧位　E．半坐卧位

6．病人，男性，62岁。近2个月来反复出现黏液血便，疑为直肠癌。对其最简便有效的检查是（　　）

A．腹部CT　B．大便隐血试验　C．纤维直肠镜

D．腹部B超　E．直肠指诊

7．病人，女性，45岁，直肠癌距离肛缘9cm以上。宜采取的手术方式为（　　）

A．Miles手术　B．Dixon手术　C．毕Ⅰ式手术

D．局部切除术　E．远端封闭术

8．病人，男性，32岁，直肠癌根治术（Miles手术）后。病人恢复良好，但不愿意与人交往。该病人的护理问题是（　　）

A．恐惧　B．自我形象紊乱　C．知识缺乏

D．体液不足　E．皮肤完整性受损

(接前述案例) 郑某病情稳定，病人及家属要求出院。

问题：作为责任护士，请结合案例制定一份健康教育处方。

学习反思……

我学会了……

我掌握了……

我的问题……

任务三　肝癌病人的护理

我们的目标是……

- 了解肝癌的病因、治疗要点。
- 熟悉肝癌病人的护理评估、护理诊断。
- 掌握肝癌病人的护理措施。

我们的任务是……

- 学会肝癌病人的护理评估。
- 根据情景案例提出主要的护理诊断。
- 初步实施肝癌病人的护理措施。

任务实施中……

临床情景——肿瘤科

李先生，53岁。上腹部胀痛、进食减少2个月。体检：营养欠佳，无浅表淋巴结肿大，皮肤巩膜无黄染，心肺未见异常。上腹部稍隆起，剑突下触及肿块，质硬，表面不光滑。有病毒性肝炎病史。甲胎蛋白（+）。B超提示肝占位性病变。肝穿刺活检：原发性肝癌。

问题1. 李先生可能得了什么病？存在哪些身心状况？

问题2. 根据李先生的身心状况，他存在哪些护理问题？

问题3. 若你是当班护士，你如何护理李先生？

根据本任务的临床情景，完成表11-5。

表 11-5　情景案例病人的护理评估分析

评估项目	评估要点
1．健康史	性别________；年龄________ 现病史（病情、现自觉症状等）________ 起病情况（时间、症状体征等）________ 既往史（疾病、生活、家族史等）________
2．身体状况	症状________ 体征________
3．心理-社会状况	（伴有的心理状况）________
4．辅助检查	（项目名称及结果）________
结论：病人可能得了________，伴有________	

一、护理评估

（一）健康史

病因尚不明确。目前认为与肝炎病毒感染（我国肝癌最常见的病因是乙型肝炎）、黄曲霉素（源于霉变的玉米、花生）污染、饮水污染等有关。肝癌病人常有肝炎—肝硬化—肝癌（三部曲）病史。

（二）身体状况

1．肝区疼痛　多为首发症状，为最常见和最主要的症状。多为持续性钝痛、胀痛或刺痛，夜间和劳累后加重。

2．全身和消化道症状　食欲缺乏、体重下降、乏力、恶心、黄疸等。

3．肝肿大　为中、晚期肝癌最主要的体征。

4．转移的症状　如转移至肺可引起胸痛和血性胸腔积液。

5．并发症　肝昏迷、上消化道出血、癌肿破裂出血和继发感染。

（三）心理–社会状况

肝癌病人多伴有肝硬化或慢性肝炎病史，长期治疗效果不佳，病人丧失信心，经济负担较重，容易产生焦虑、恐惧、抑郁甚至绝望等心理变化。

（四）辅助检查

1．实验室检查

（1）甲胎蛋白（AFP）：是当前诊断原发性肝癌常用且十分重要的方法，是肝癌的定性检查，有助于诊断早期肝癌，用于普查。

（2）血清酶γ-谷氨酰转肽酶同工酶Ⅱ（GGT2）：原发性和转移性肝癌的阳性率可达90%。

2．影像学检查

（1）B超检查：是肿瘤定位检查的首选，对早期定位诊断有较大价值，结合AFP检测，已广泛用于肝癌普查。

（2）CT、MRI检查：可提高小肝癌的检出率。

3．细针肝穿刺细胞学检查　可进行肝癌确诊（图11-2）。

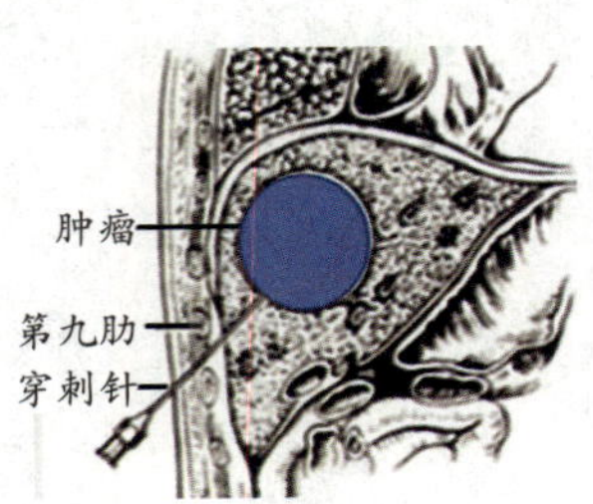

图 11-2　肝细胞穿刺活检

（五）治疗要点

早期诊断、早期治疗，以手术治疗为主，辅以其他综合治疗。

1．手术治疗　是目前治疗肝癌最有效的方法，主要采用肝切除术（肝叶切除、半肝切除、肝三叶切除或局部肝切除等），不能切除者可采用肝动脉结扎或肝动脉栓塞等。

2．肝动脉化疗栓塞（TACE）　是肝癌非手术治疗中的首选方法。

二、护理诊断

1．疼痛　与癌肿进行性肿大、肝包膜张力增加有关。

2．恐惧　与担心疾病预后有关。

3．营养失调：低于机体需要量　与癌肿消耗有关。

4．潜在并发症　上消化道出血、肝性脑病。

护理目标

病人疼痛减轻；恐惧感减轻或消除；营养状况得到改善。

三、护理措施

表 11-6　原发性肝癌病人的围手术期护理

护理流程	护理要点	案例重点分析
1．疼痛护理	观察疼痛特点，指导并协助病人减轻疼痛，按医嘱采取镇痛措施。	李先生的疼痛护理_________。
2．肝动脉化疗栓塞的护理 栓塞颗粒 肿瘤 肝动脉栓塞	（1）术前护理：① 术前行碘过敏和普鲁卡因过敏试验；② 术前6小时禁食、禁水；③ 术前半小时遵医嘱给予镇静药；④ 测量血压。 （2）术后护理：① 术后禁食2～3天，后逐渐过渡，注意少食多餐，以减轻恶心、呕吐；② 穿刺部位压迫止血15分钟再加压包扎，沙袋压迫6小时，保持穿刺侧肢体伸直24小时；③ 鼓励病人深呼吸，必要时吸氧，利于肝细胞代谢。	
3．术前护理	（1）观察病情变化。 （2）营养：高蛋白、适当高热量、高维生素饮食。 （3）术前3天给予维生素K_1肌内注射，改善凝血功能，预防术中和术后出血。 （4）预防感染：术前2天应用抗生素。 （5）肠道准备：术前3天进行必要的肠道准备。	李先生术前护理的侧重点_________。
4．术后护理	（1）观察病情：观察有无腹腔内出血、胃肠出血、肝衰竭或肝性脑病、胆汁渗漏、腹腔感染、胸腔积液、腹水等。 （2）体位与活动：病情平稳后半卧位。术后24小时内卧床休息，一般不宜过早起床活动。 （3）饮食与输液：术后禁饮食，胃肠减压，逐步给予流质、半流质至正常饮食。开始进食后给予高蛋白、适当高热量、高维生素饮食，必要时提供肠内外营养支持。有肝性脑病倾向者应减少蛋白质摄入。禁食期间静脉给予葡萄糖溶液。 （4）防治措施：继续采取保肝治疗，防治肝性脑病。 （5）预防感染：继续应用抗生素防治各种术后感染。 （6）引流管护理：保持各种引流管通畅，妥善固定，详细观察并记录引流情况。肝叶切除术后肝周引流管一般放置3～5天，渗液减少时及时去除引流管。	李先生术后护理的侧重点_________。

护理评价

护理目标的达成情况。

护考知识链接……

1．我国肝癌最常见的病因是乙型肝炎，真菌及其毒素中黄曲霉菌最为重要，亚硝胺类化合物在腌制食品中含量最高。
2．肝癌病理类型以结节型最多见，组织学类型在我国以肝细胞型为主。
3．转移：癌栓经肝门静脉系统在肝内转移。
4．症状：肝区疼痛多为首发症状，为最常见和最主要的症状，多为持续性钝痛、胀痛或刺痛。
5．转移的症状：如转移至肺可引起胸痛和血性胸腔积液。
6．并发症有上消化道大出血、肝性脑病、肝癌结节破裂出血，其中肝性脑病常为肝癌终末期的并发症，约1/3病人因此死亡。
7．甲胎蛋白（AFP）：是当前诊断原发性肝癌常用且十分重要的方法，是肝癌的定性检查，有助于诊断早期肝癌，用于普查。
8．血清酶γ-谷氨酰转肽酶同工酶Ⅱ（GGT2）在原发性和转移性肝癌的阳性率可达90%。
9．B超检查：是肿瘤定位检查的首选，对早期定位诊断有较大价值，结合AFP检测，已广泛用于肝癌普查。
10．CT、MRI检查：可提高小肝癌的检出率。
11．手术治疗是目前治疗肝癌最有效的方法，肝动脉化疗栓塞（TACE）是肝癌非手术治疗中的首选方法。
12．肝动脉化疗栓塞术前半小时遵医嘱给予镇静药。穿刺部位压迫止血15分钟再加压包扎，沙袋压迫6小时，保持穿刺侧肢体伸直24小时。
13．手术治疗病人术前3天给予维生素K_1肌内注射，改善凝血功能，预防术中和术后出血。术后病情平稳后半卧位，一般不宜过早起床活动。
14．有肝性脑病倾向者应减少蛋白质摄入。

护考练兵场……

A_1/A_2型题（单选题）

1．属于原发性肝癌促进因素的是（　　）

A．油腻饮食　　B．乙型肝炎病毒　　C．亚硝胺类化学物质
D．酒精肝　　E．吸烟

2．原发性肝癌肝区疼痛的特点是（　　）

A．间歇性隐痛　　B．持续性胀痛　　C．阵发性绞痛
D．压榨样疼痛　　E．烧灼样疼痛

3．对原发性肝癌确诊率高且简便的检查是（　　）

A．甲胎蛋白测定　　B．乙肝五项　　C．CT检查
D．肝功能　　E．磁共振

4．病人，女性，56岁，患肝炎30年。近1个月来肝区疼痛，食欲减退，进行性消瘦，肝呈进行性增大，质硬，触诊有结节，面部有蜘蛛痣，腹膨隆。应首先考虑的是（　　）
A．原发性肝癌　　B．胆囊炎　　C．肝硬化
D．胰腺炎　　E．结核性腹膜炎

综合运用……

（接前述案例）李先生病情缓解，要求出院。

问题：作为责任护士，请结合案例制定一份健康教育处方。

我学会了……

我掌握了……

我的问题……

任务四　白血病病人的护理

我们的目标是……

- 了解白血病的病因、发病机制、分类。
- 熟悉白血病病人的治疗要点、护理诊断。
- 掌握白血病病人的身体状况、护理措施。

我们的任务是……

- 学会白血病病人的护理评估。
- 根据情景案例提出主要的护理诊断。
- 初步实施白血病病人的护理措施。

任务实施中……

临床情景——血液科

王某，女性，26岁，化纤厂工人。因牙龈溃破1个月，鼻出血1周，高热、寒战伴咽痛4天，于当地医院治疗无效入院。护理体检：T 39℃，P 108次/分，BP 120/82mmHg，贫血貌，全身皮肤散在瘀点，颈部及颌下可触及1.0cm大小的淋巴结数枚，牙龈肿胀，有多处溃疡，扁桃体Ⅱ度肿大，胸骨有压痛，肝肋下2.0cm，脾肋下2.0cm。血象：血红蛋白100g/L，红细胞3.1×10^{12}/L，白细胞60×10^{9}/L，血小板43×10^{9}/L，可见多量原始单核细胞和幼稚单核细胞。骨髓象：增生极度活跃，全片未见巨核细胞，粒、红二系增生明显受抑，以单核细胞增生为主，占90%，其中原始单核细胞40%，幼稚单核细胞45%，成熟单核细胞5%。

问题1. 王某可能得了什么病？存在哪些身心状况？

问题2. 根据王某的身心状况，她存在哪些护理问题？

问题3. 若你是当班护士，你如何护理王某？

根据本任务的临床情景，完成表11-7。

表 11-7 情景案例病人的护理评估分析

评估项目	评估要点
1. 健康史	性别________；年龄________；职业________ 现病史（病情、诊疗过程、现自觉症状等）________ 起病情况（时间、原因或诱因、症状体征等）________ 既往史（疾病、生活、家族史等）________
2. 身体状况	症状________ 体征________
3. 心理-社会状况	（伴有的心理状况）________
4. 辅助检查	（项目名称及结果）________
结论：病人可能得了________，伴有________	

一、概述

白血病是一类起源于造血干细胞的恶性克隆性疾病。其克隆的白血病细胞失去进一步分化成熟的能力，而停滞在细胞发育的不同阶段，在骨髓及其他造血组织中异常增生，进入血流并浸润、破坏其他器官和组织，而正常造血功能被抑制。

根据病情缓急和白血病细胞的分化成熟程度，白血病可分为急性和慢性两类。

（1）急性白血病起病急，病程进展快，自然病程仅数月；骨髓及外周血中多以原始细胞及早幼细胞为主，原始细胞一般超过30%。按主要受累细胞系列，目前通用法美英FAB 分类法将急性白血病分为急性淋巴细胞白血病（简称急淋）与急性非淋巴细胞白血病（简称急粒）。

（2）慢性白血病起病缓，进展慢，自然病程可达数年。骨髓及外周血中以接近成熟细胞为主，伴幼稚细胞，原始细胞一般不超过10%～15%。按细胞类型分为粒细胞、淋巴细胞、单核细胞三型，我国以慢性粒细胞性白血病（简称慢粒）多见。慢粒以中年人最多见，慢性淋巴细胞性白血病（简称慢淋）以老年人多见。

（3）急性白血病比慢性白血病多见，成人以急粒最多见，儿童以急淋多见。

我国白血病发病率约为2.76/10万人口，在恶性肿瘤死亡率中居第六位（男）和第八位（女），儿童及35岁以下成人居第一位。

二、护理评估

（一）健康史

1．病因　目前尚不完全清楚，可能发病因素主要为以下几种。

（1）病毒感染：如人类T淋巴细胞病毒能引起成年人T细胞白血病。

（2）物理因素：如电离辐射。

（3）化学因素：苯及其衍生物已被认为可致白血病，氯霉素、保泰松、烷化剂及细胞毒药物均有可能致白血病。

（4）遗传因素：染色体异常。

2．发病机制　上述因素促发遗传基因突变或染色体畸变，加上人体免疫功能缺陷而致病。

（二）身体状况

1．急性白血病　起病急缓不一，急者多为突然高热类似感冒，或严重出血；缓者常为面色苍白，皮肤紫癜，月经过多或拔牙后出血不止就医而发现。

（1）正常骨髓造血功能受抑制的表现

1）贫血：半数病人就诊时已有重度贫血，常为首发症状，呈进行性加重。由于骨髓中白血病细胞极度增生与干扰，造成红细胞生成减少。

2）发热：半数病人以不同程度的发热为早期表现。白血病本身可发热，但高热往往提示继发感染，常不易控制，严重感染是病人死亡的主要原因。最常见部位是口腔炎，任何部位均可发生，重者败血症。由成熟的粒细胞缺乏所致。

3）出血：以出血为早期表现者占40%。可发生于全身任何部位，以皮肤瘀点、紫癜、鼻出血、牙龈出血、月经过多较为常见，急性早幼粒细胞白血病易合并DIC，重者因颅内出血而死亡。主要原因是血小板减少等。

（2）白血病细胞浸润器官和组织的表现

1）肝、脾淋巴结肿大：可有轻至中度肝、脾肿大，淋巴结肿大以急淋多见。

2）骨和关节疼痛：常有胸骨下段局部压痛，四肢关节痛和骨痛以儿童多见。

3）眼：急粒可在眼眶等部位形成绿色瘤，眼球突出、复视或失明。

4）口腔和皮肤：出现牙龈增生（图11-3）、肿胀，皮肤蓝灰色斑丘疹、皮下结节等。

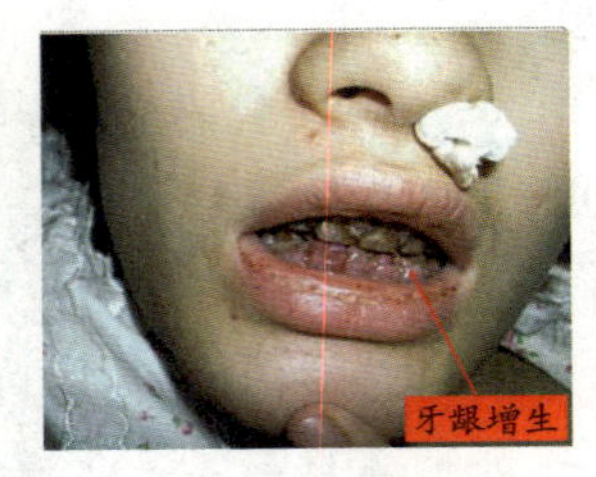

图 11-3　白血病细胞浸润症状

5）中枢神经系统性白血病（CNSL）：最常发生在化疗缓解期，因化疗药物难以透过血脑屏障，隐藏在中枢神经系统的白血病细胞不能被杀灭，是髓外复发的根源。以急淋最常见，多见于儿童。轻者表现为头痛、头晕，重者呕吐，颈项强直、抽搐及昏迷等。

6）睾丸：无痛性肿大，多为单侧。

2．慢性白血病

（1）慢粒：特点为病程缓慢，粒细胞明显增多，可有脾大。按病程分为三期。

1）慢性期：早期常无自觉症状，病情发展可出现乏力、消瘦、低热、多汗或盗汗等代谢亢进的表现。脾大常为最突出的体征，可达脐水平甚至伸入盆腔。多数病人可有胸骨中下段压痛。

2）加速期及急变期：起病后1～4年，约80%慢粒病人进入加速期。加速期主要表现为不明原因的发热、骨关节痛、贫血、出血加重，脾迅速肿大。加速期从数月至1～2年即进入急变期，表现与急性白血病相似。

（2）慢淋：起病十分缓慢，常因淋巴结肿大首先引起注意，50%～70%病人有轻中度肝脾淋巴结肿大。晚期易发生出血、贫血、感染。

（三）心理-社会状况

确诊后病人会异常恐惧，化疗、保护性隔离、疗效不佳以及巨额费用给家庭带来严重影响。

（四）辅助检查

1．血象检查　是常用的检查方法。大多数急性病人白细胞计数增多，为（5～10）$\times 10^9$/L，少数病人白细胞数正常或减少。周围血大量原始细胞和（或）幼稚细胞是主要特点，一般为30%～90%，甚至高达95%以上。血红蛋白和血小板减少。

慢性病人白细胞总数显著升高。慢粒病人白细胞计数早期$<50\times 10^9$/L，晚期$>100\times 10^9$/L；各阶段中性粒细胞均增多，以接近成熟的粒细胞为主，原始粒细胞及早幼粒细胞$<10\%$。慢淋病人淋巴细胞持续增多，常占白细胞总数的50%；晚期血红蛋白和血小板降低。

2．骨髓象检查　是确诊的主要依据（图11-4）。急性白血病时增生极度或明显活跃，细胞分类以原始细胞为主，＞30%。慢性白血病增生明显活跃，细胞分类以接近成熟细胞为主，原始细胞＜10%。

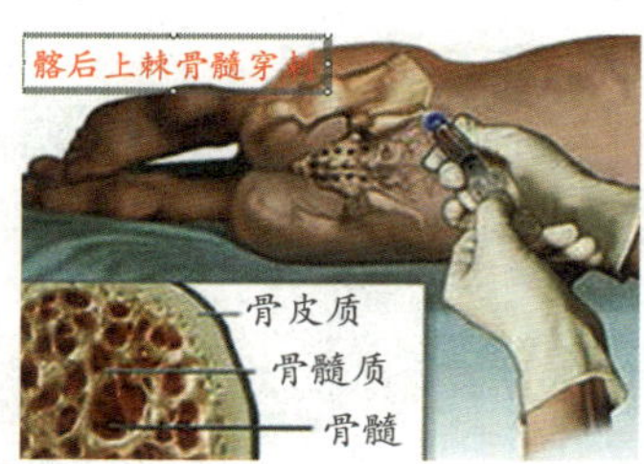

图 11-4　骨髓穿刺

3．染色体检查　绝大多数慢粒病人血细胞中出现Ph染色体，少数病人Ph染色体（－），则预后较差。

4．尿酸检查　血液及尿液中尿酸↑，化疗期间更显著，因大量白血病细胞被破坏所致。

5．脑脊液检查　中枢神经系统白血病，脑脊液可见大量白血病细胞。

（五）治疗要点

1．对症支持治疗

（1）防治感染：应做咽拭子培养、血培养及药敏试验，同时应用广谱抗生素，待阳性结果出来再更换细菌敏感的抗生素。有条件者输注浓缩粒细胞。

（2）控制出血：血小板$<20\times10^9$/L严重出血者，输注浓缩血小板悬液或新鲜血；轻度出血可使用各种止血剂。

（3）纠正贫血：严重贫血时输注浓缩红细胞或全血。积极争取白血病缓解是纠正贫血最有效的方法。

（4）预防尿酸肾病：大量白血病细胞破坏可产生尿酸性肾结石，阻塞肾小管，重者可致肾衰竭。要求病人每日饮水1500ml以上，给予别嘌醇抑制尿酸形成。

2．化学治疗　分为诱导缓解和巩固强化治疗两个阶段，常用化疗药物见表11-8。

表 11-8　急性白血病化疗常用药物

药物名称	类别	药理作用	主要不良反应
长春新碱（VCR）	生物碱	抑制有丝分裂	神经炎、腹痛、脱发
泼尼松（P）	糖皮质激素	破坏淋巴细胞	类库欣综合征、高血压、易感染、糖尿病
甲氨蝶呤（MTX）	抗叶酸代谢	干扰DNA合成	骨髓抑制、胃肠道反应、肝脏损害
阿糖胞苷（Ara-C）	抗嘧啶代谢	阻碍DNA合成	恶心、骨髓抑制
左旋门冬酰胺酶（L-Asp）	酶类	影响瘤细胞蛋白质的合成	肝脏损害、过敏反应
6-巯嘌呤（6-MP）	抗嘌呤代谢	阻碍DNA合成	骨髓抑制、肝脏损害、胃肠反应
柔红霉素（DNR）	抗生素	抑制DNA、RNA合成	骨髓抑制、心脏损害
阿霉素（Adr）	抗生素	抑制DNA、RNA合成	骨髓抑制、心脏损害
三尖杉酯碱（H）	生物碱		骨髓抑制、心脏损害、消化道反应

续表

药物名称	类别	药理作用	主要不良反应
环磷酰胺（CP）	烷化剂	破坏DNA	骨髓抑制、脱发、胃肠反应、出血性膀胱炎
羟基脲	抗嘧啶、抗嘌呤代谢	阻碍DNA合成	胃肠反应、骨髓抑制

（1）诱导缓解是指从化疗开始到完全缓解阶段。指标为白血病症状和体征消失，血象和骨髓象基本正常。目前多采用联合化疗，药物作用在细胞周期的不同阶段，提高疗效。

（2）巩固强化阶段继续消灭体内残存的白血病细胞，防止复发，延长缓解期，争取治愈。

（3）常用化疗方案：① 急淋：VP方案，长春新碱+泼尼松；② 急粒：DA方案，柔红霉素或阿霉素+阿糖胞苷。

（4）慢粒首选羟基脲，其次为白消安等化疗药物。

（5）中枢神经系统白血病：常用甲氨蝶呤鞘内注射，需同时做头颅或脊髓放射治疗。

3．外周、骨髓或胎儿造血干细胞移植　原理是先用全身放疗和强烈的免疫抑制剂尽量将体内的白血病细胞全部杀灭，同时充分抑制病人的免疫功能，然后植入正常人的造血干细胞，恢复病人正常造血功能。

4．其他　细胞因子治疗、放射治疗（用于CNSL或睾丸白血病等）、中医中药治疗等。

其中化疗是最主要的方法，造血干细胞移植是最有效的方法。

三、护理诊断

1．有感染的危险　与正常粒细胞减少、免疫力低下有关。

2．活动无耐力　与白血病引起贫血、代谢率增高、化疗药物副作用有关。

3．组织完整性受损　与血小板过低引起皮肤、黏膜出血有关。

4．疼痛　与白血病细胞浸润骨骼有关。

5．预感性悲哀　与白血病久治不愈、死亡率高有关。

护理目标

病人白血病细胞减少，成熟粒细胞增多，未发生严重感染；营养不良改善，贫血纠正，活动耐力增强；血小板数量增多，出血减少；正确面对疾病，减轻焦虑和恐惧，能积极配合治疗和护理；正确面对现实，正确进行自我病情监测及预防感染、出血的发生。

四、护理措施

表 11-9　白血病病人的护理

护理流程	护理要点	案例重点分析
1．一般护理 单人隔离病房	（1）休息与活动：根据病人的体力，以休息为主，缓解期和化疗间歇期坚持每天适当活动。病情重者须卧床，安置在单间隔离室；骨髓移植病人应在无菌层流室。巨脾者宜左侧卧位，尽量避免弯腰和碰撞腹部，以免脾破裂。 （2）饮食护理：予高热量、高蛋白、高维生素、适量纤维素、清淡易消化饮食，半流质饮食为主，少食多餐，尽量满足病人的饮食要求。	王某的饮食护理______。
2．病情监测	询问有无恶心、呕吐和进食情况，疲乏有无改善。观察生命体征及出血、感染、贫血、骨痛等，监测白细胞的计数和分类，血象、骨髓象的变化。发现异常及时汇报并处理。	
3．化疗用药护理 外周静脉穿刺 中心静脉置管	（1）局部静脉炎及组织坏死的预防和处理 1）最好采用中心静脉或深静脉留置导管（PICC）注射、浅表静脉应选择有弹性且直的大血管，注意轮流使用血管以减轻刺激。 2）输注化学药物前先用生理盐水冲管，确保针头在血管内无渗漏；输注数种化疗药时先用刺激性强的药物并用生理盐水冲管；药物输完时用生理盐水冲管后拔针。 3）注射前必须稀释，输注速度宜慢。一旦药物外渗，立即停止输注，边回抽边退针，局部用生理盐水+地塞米松或相应的解毒剂做皮下菱形注射，也可冷敷。 4）已发生静脉炎的血管局部禁止注射、勿受压，可使用药物外敷或热敷，休息数天直至静脉炎痊愈。鼓励多活动肢体，促进血液循环。 （2）骨髓抑制：定期查血象和骨髓象，当白细胞 $<4\times10^9/L$，血小板 $<80\times10^9/L$ 时，须暂停化疗。 （3）胃肠道反应：饮食宜清淡、易消化富营养，大量饮水减轻药物的刺激并促进毒素排泄，对恶心呕吐者指导进行深呼吸和有意识的吞咽，避免化疗前后2小时内进食和饭后立即平卧。必要时用止吐镇静剂。 （4）脱发：通常在用药后2个月发生，应告知是可逆的，停药3～6个月后可再生。为便于清洁消毒可先剃除头发。 （5）预防尿酸性肾病和出血性膀胱炎：保证液体输入，每日饮水3000～4000ml。	对王某静脉保护的护理______。

续表

护理流程	护理要点	案例重点分析
4．心理护理 帮助病人树立治疗疾病的信心	鼓励病人表达内心的感受，如对病情的认识、治疗效果及预后的担忧，给予耐心细致的解释和针对性的疏导，消除病人的顾虑和不良信息的干扰。鼓励病人家属参与护理过程。	王某的心理支持______。
5．健康指导	（1）疾病知识指导：向病人及家属介绍有关白血病的知识，避免接触对造血系统有害的物质，教会识别白血病常见的表现及加重的迹象。缓解期安排好休息、锻炼、睡眠、饮食，提高抵抗力。 （2）定期门诊复查：复查血象和骨髓象；有出血、发热、贫血加重、脾大、骨骼疼痛时及时就诊。	

护理评价

护理目标的达成情况。

护考知识链接……

1．白血病主要表现是发热、出血、贫血及各种器官浸润所引起的症状和体征。
2．急性白血病多数病人以发热为早期表现，也是本病最常见的症状，主要原因是感染，由于成熟粒细胞缺乏及机体免疫力低下所致。常见致病菌为革兰阴性菌，严重感染是白血病病人的主要死亡原因。贫血也常为首发表现，随病情发展而加重，主要是由于白血病细胞过度增生与干扰，正常红细胞生成减少。出血最主要的原因是血小板减少，可发生在身体任何部位，以颅内出血最严重。
3．急性白血病细胞可浸润不同部位：常有胸骨下段局部压痛，四肢关节痛和骨痛以儿童多见，肝、脾及淋巴结肿大，CNSL多发生在疾病缓解期，多见于儿童。
4．慢粒自然病程分为慢性期、加速期、急性变期。慢性期脾大为最突出的体征。
5．骨髓检查是诊断白血病的重要依据。骨髓一般增生明显活跃或极度活跃。多数病人白细胞计数增多。
6．病人血及尿液中尿酸浓度增加，在化疗期间更显著，由于大量白血病细胞被破坏所致。要求病人每日饮水1500ml以上，给予别嘌醇抑制尿酸形成。
7．治疗要点主要包括对症支持治疗、化疗、造血干细胞移植。

8．慢粒首选白消安，CNSL常用甲氨蝶呤鞘内注射。

9．化疗药物最常见的不良反应是胃肠道反应，最严重的不良反应是骨髓抑制。

10．化疗药物使用中应充分注意静脉保护等护理措施。

护考练兵场……

A_1型题（单选题）

1．白血病化疗期间哪项护理不妥（　　）

A．多饮水　　B．保护性隔离　　C．饮食要清淡，少食多餐

D．选择最细静脉开始　　E．加强口腔、皮肤及肛周护理

2．目前急性早幼粒细胞白血病常用的首选治疗是（　　）

A．全反式维甲酸　　B．DA方案　　C．HA方案

D．VP方案　　E．VADP方案

3．下列哪项是慢性粒细胞性白血病常有的症状（　　）

A．发热　　B．出血　　C．贫血

D．巨脾　　E．肝、脾、淋巴结肿大

4．急性白血病引起出血的主要原因是（　　）

A．血小板生成减少　　B．血小板破坏增加　　C．血小板寿命缩短

D．抗凝物质增多　　E．凝血因子缺乏

5．对急性白血病病人的口腔、皮肤护理错误的是（　　）

A．定时用氯己定（洗必泰）或生理盐水漱口

B．饭后用牙签及时剔除食物残渣

C．勤剪指甲，以免抓伤皮肤

D．定期洗澡，轻擦不可用力

E．各种穿刺，局部加压时间延长，并观察有无渗血

6．确诊白血病的主要依据是（　　）

A．血常规检查　　B．免疫学检查　　C．染色体检查

D．脑脊液检查　　E．骨髓检查

7．中枢神经系统性白血病选用下列哪种药物鞘内注射（　　）

A．长春新碱　　B．阿糖胞苷　　C．甲氨蝶呤

D．环磷酰胺　　E．维甲酸

8．白血病化疗最严重的不良反应是（　　）

A．骨髓抑制　　B．末梢神经炎　　C．出血性膀胱炎

D．肝功能损害　　E．肾功能损害

A_2型题（单选题）

9．一例急性淋巴细胞性白血病病人，经用长春新碱、柔红霉素、强的松治疗28天后，出现头痛、呕吐、颈项强直。最可能发生了（　　）

A．颅内感染　　B．颅内出血　　C．颅内肿瘤

D．CNSL　　E．高尿酸血症

10．李小妹，16岁。发热、咽痛1周入院，经检查诊断为急性淋巴细胞白血病。下列属于白血病细胞浸润所致的体征是（　　）

A．胸骨下端压痛　　B．皮肤紫癜　　C．扁桃体充血、肿大

D．皮肤黏膜苍白　　E．口腔血泡

11．陈女士，32岁。发热伴牙龈出血1周。护理体检：贫血貌，胸骨压痛，血红蛋白68g/L，血小板35×10^9/L。为明确诊断，应首选哪项检查（　　）

A．骨髓检查　　B．测定出凝血时间　　C．血小板计数

D．血小板平均寿命　　E．网织红细胞计数

12．黄先生，47岁。确诊为急性白血病。在化疗期间，以下护理措施最重要的是（　　）

A．多吃蔬菜　　B．多吃水果　　C．少食多餐

D．多饮水　　E．高蛋白质饮食

A_3/A_4型题（单选题）

（13~16题共用题干）宋女士，39岁。发热、乏力5天。护理体检：体温38.4℃，贫血貌，皮肤散在出血点，浅表淋巴结肿大，胸骨压痛，血红蛋白78g/L，白细胞计数24.5×10^9/L，其中幼稚白细胞32%，血小板69×10^9/L。

13．该病人最可能的诊断是（　　）

A．淋巴结炎　　B．溶血性贫血　　C．急性白血病

D．再生障碍性贫血　　E．特发性血小板减少性紫癜

14．治疗该病人应首选（　　）

A．化疗　　B．放疗　　C．手术治疗

D．支持治疗　　E．糖皮质激素治疗

15．如病人的白细胞低于下列哪项时需进行保护性隔离（　　）

A．1.0×10^9/L　　B．1.5×10^9/L　　C．2.0×10^9/L

D．2.5×10^9/L　　E．3.0×10^9/L

16．如突然出现头痛、头晕、视力模糊、呕吐，疑为颅内出血。首先应给予病人（　　）

A．头部置冰袋　　B．低流量吸氧　　C．头低脚高位

D．保持口腔清洁　　E．鼻饲流质饮食

综合运用……

（接前述案例）王某病情缓解，要求出院。

问题：作为责任护士，请结合案例制定一份健康教育处方。

学习反思……

我学会了……

我掌握了……

我的问题……

任务五　乳腺癌病人的护理

我们的目标是……

- 了解乳腺癌的病因、治疗要点。
- 熟悉乳腺癌病人的护理诊断。
- 掌握乳腺癌病人的典型症状、护理措施。

我们的任务是……

- 学会乳腺癌病人的护理评估。
- 根据情景案例提出主要的护理诊断。
- 初步实施乳腺癌病人的护理措施。

任务实施中……

临床情景——肿瘤科

张某，女性，55岁，农民。因发现右乳房外上象限有一大小3cm×4cm质硬包块1周，要求手术治疗入院。体格检查：T 36.8℃，P 72次/分，R 16次/分，BP 110/78mmHg；心肺无明显异常，双乳对称，右乳外上象限可触及大小约3cm×4cm的质硬肿块，边界不清，活动可，无压痛，右侧乳头凹陷，乳头无溢液，橘皮征，左乳未触及明显异常，右侧腋下触及单个淋巴结。实验室及其他辅助检查：钼靶示右乳多发点状钙化灶。外婆因为乳腺癌去世。

问题1. 张某可能得了什么病？存在哪些身心状况？

问题2. 根据张某的身心状况，她存在哪些护理问题？

问题3. 若你是当班护士，你如何护理张某？

根据本任务的临床情景，完成表11-10。

表 11-10　情景案例病人的护理评估分析

评估项目	评估要点
1．健康史	性别________；年龄________；职业________ 现病史（病情、现自觉症状等）________ 起病情况（时间、症状体征等）________ 既往史________
2．身体状况	症状________ 体征________
3．心理–社会状况	（伴有的心理状况）________
4．辅助检查	（项目名称及结果）________
结论：病人可能得了________，伴有________	

一、概述

乳腺癌是发生于乳腺导管上皮的恶性肿瘤，占女性恶性肿瘤的首位，男性也有可能患乳腺癌，但发生率仅在1%左右。病因尚不清楚，目前认为可能与雌酮和雌二醇升高、有乳腺癌家族史、月经初潮早（<12岁）绝经晚（>50岁）、不孕和未哺乳以及饮食、环境因素和生活方式等有关。根据其病理特点分为非浸润性癌、早期浸润性癌、浸润性特殊癌、浸润性非特殊癌。前两型属于早期，预后较好；浸润性特殊癌分化较高，预后尚好；浸润性非特殊癌分化较低，预后较差。

乳腺癌的临床分期多采用国际抗癌联盟（UICC）建议的T（原发癌瘤）、N（局部淋巴结）、M（远处转移）分期法，将乳癌分为0～Ⅳ期。

0期：原位癌，$T_{is}N_0M_0$

Ⅰ期：癌肿直径＜2cm，无腋淋巴结转移，$T_1N_0M_0$ 。

Ⅱ期：癌肿直径＜5cm，已有腋淋巴结转移。

Ⅲ期：癌组织有锁骨上、下淋巴结转移或患侧上肢有水肿。

Ⅳ期：癌组织发生远距离转移。

二、护理评估

（一）健康史

评估病人月经史、孕育史、哺乳情况以及生活方式，既往有无乳房良性肿瘤、有无乳腺癌家族史等情况。

（二）身体状况

1．乳房肿块　肿块多发生于乳房外上象限，其次为内上象限。早期多为无痛性、单发小肿块，质硬、表面不光滑、边缘不清楚且不易推动，常在无意中或自我检查时发现。

2．乳房外形改变　随着病情进展，常引起乳房大小、形态等的改变（图11-5）。

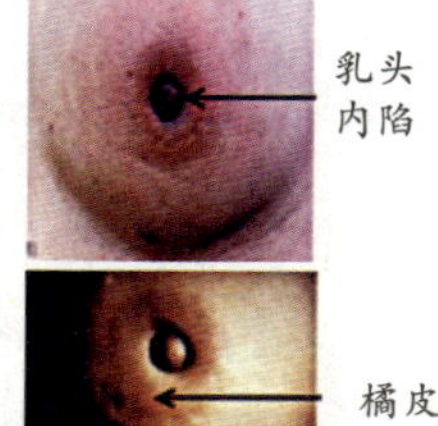

图 11-5　乳房外形改变

（1）酒窝征：癌肿累及乳房Cooper 韧带，使其短缩而致肿瘤表面皮肤凹陷。

（2）橘皮样改变：癌细胞堵塞皮下淋巴管至淋巴回流障碍，出现真皮水肿，乳房皮肤呈橘皮样改变。

（3）乳头扁平、回缩、内陷：因乳头或乳晕区的癌肿，将乳头牵向癌肿一侧所致；少数病人有乳头血性溢液。

晚期癌肿侵入胸膜和胸肌，而固定于胸壁；出现卫星结节（癌细胞侵犯大片乳房皮肤，在皮肤表面出现多个坚硬结节或条索，呈卫星样围绕原发病灶）；少数病人有铠甲胸而使呼吸受限或出现皮肤溃破伴恶臭，易出血。

3．转移征象

（1）局部浸润：癌细胞沿导管或筋膜间隙直接蔓延至胸肌及周围组织、皮肤。

（2）淋巴转移：癌细胞最先沿淋巴管侵入同侧腋窝淋巴结（最常见）或胸骨旁淋巴结，引起淋巴结肿大、质地变硬，甚至融合成团块，与皮肤及深部组织粘连，最终经锁骨上淋巴结侵入血循环。

（3）血行转移：癌细胞经淋巴途径侵入静脉或直接侵入血循环转移至远处。最常见的远处转移部位依次为肺、骨和肝，出现胸痛、气急、咯血、病理性骨折、肝大、黄疸等相应症状。

4．特殊类型乳腺癌

（1）炎性乳腺癌：多见于年轻女性，患侧乳房皮肤红、肿、热且硬，犹似急性乳房炎，但无明显肿块，癌肿恶性程度高，发展迅速，常累及对侧乳房，预后极差。

（2）乳头湿疹样乳腺癌（Paget病）：乳头瘙痒、烧灼感，乳头和乳晕区皮肤如湿疹样，形成溃疡；覆盖黄褐色鳞屑样痂，病变皮肤较硬。该型淋巴转移较迟，恶性程度相对较低。

（三）心理-社会状况

乳房对于女性来说，是优美生理曲线的体现，乳房的缺失及手术、放疗、化疗等治疗方法带来的痛苦，常常给病人身心带来巨大创伤，尤其是年轻的、知识层次比较高的女性，更容易出现焦虑、忧郁、自卑甚至绝望等心理反应。同时，家属（特别是配偶）的心理承受力以及对本病治疗、预后的认识也会对病人产生深远影响。

（四）辅助检查

1．影像学检查

（1）乳房钼靶X线摄片：用于普查，能显示出不同致密度的乳房软组织阴影，是早期发现乳腺癌最有效的方法。建议40岁以上女性每年做一次乳腺钼靶X线检查。

（2）B超检查可显示直径在0.5cm以上的肿块。

（3）近红外线扫描可显示乳房肿块以及周围血管情况。

2．细胞学和活体组织病理检查　是确诊乳腺癌的可靠方法。

3．乳腺导管内镜检查　可以对乳管内乳头状病变做出明确诊断和定位，是乳头溢液病因诊断的有效方法。

（五）治疗要点

手术治疗是乳腺癌最根本的治疗方法。目前主张缩小手术范围，同时辅以化疗、放疗、内分泌、生物等综合治疗措施。

（1）乳癌改良根治术：适用于Ⅰ、Ⅱ期乳腺癌病人，分为保留胸大肌及胸小肌或保留胸大肌切除胸小肌的两种术式，术后外观效果好，是目前最常用的手术方式。

（2）乳癌根治术：切除整个乳房、胸大肌、胸小肌、腋窝及锁骨下淋巴结及脂肪组织。

（3）保留乳房的乳癌切除术：完整切除肿块及其周围1cm的组织并行腋窝淋巴结清扫。适用于年纪较轻、有保留乳房意愿的Ⅰ期或Ⅱ期乳腺癌病人，术后必须辅以化疗、放疗。

（4）扩大根治术：包括清除胸骨旁淋巴结。

（5）单纯乳房切除术：切除整个乳房，包括腋窝部及胸大肌筋膜。

根治性手术后可出现皮瓣下积液、皮瓣坏死、患侧上肢肿胀等并发症。

三、护理诊断

1．焦虑、恐惧　与癌症的威胁、担心手术造成身体外观改变及预后有关。

2．躯体活动障碍　与手术后疼痛、胸肌缺损及瘢痕牵拉有关。

3．自我形象紊乱　与乳房切除、瘢痕生成及化疗后脱发有关。

4．潜在并发症　皮瓣坏死、患侧上肢水肿、气胸。

5．知识缺乏　缺乏有关术后患肢功能锻炼的知识。

护理目标

病人情绪稳定，能配合治疗；患侧伤肢逐渐恢复正常活动；能正视自己形象的改变；会自己进行术后患肢的功能锻炼。

四、护理措施

表 11-11　乳腺癌病人的围手术期护理

护理流程	护理要点	案例重点分析
1．术前护理	（1）心理护理：与类似手术病人进行交流；告知乳房重建的可能，鼓励家庭成员给予病人支持和关爱。 （2）皮肤准备：除要求按备皮范围准备外，如需植皮，应备好供皮区皮肤，避免割伤。 （3）术前指导：讲解疾病相关知识，告知手术的必要性及注意事项；指导术前训练深呼吸及有效咳嗽，让病人学会放松疗法，减轻术后切口疼痛；训练床上大小便。 （4）其他：妊娠期及哺乳期病人应立即终止妊娠或停止哺乳。	张某术前护理的侧重点________。
2．术后护理 肩肘部放小枕 皮下引流管 胸带固定 前臂稍弯置于腹部	（1）体位：麻醉清醒、生命体征平稳后取半卧位，有利于引流和呼吸。 （2）饮食：术后6小时，无恶心、呕吐后即可进食。鼓励病人多饮水，进食高蛋白、高维生素、富含纤维、易消化饮食，适当减少脂肪摄入。 （3）病情观察：① 生命体征：注意血压、心率的变化及伤口有无渗血渗液情况；对于扩大根治术的病人注意有无胸闷、呼吸困难等胸膜损伤的表现；② 皮瓣颜色、皮下积液情况：若皮瓣暗红、皮下有积液应及时报告医生处理；③ 手术侧上肢：注意有无手指发麻、皮肤发绀、皮温下降等循环障碍情况。	张某术后护理的侧重点________。

续表

护理流程	护理要点	案例重点分析
2．术后护理 举杆运动 手指爬墙运动	（4）治疗配合：① 防止皮瓣滑动：弹性绷带加压包扎维持7～10天，使皮瓣与胸壁贴合紧密，松紧度适宜，告知病人不能自行松解；患肩制动3天，搀扶健侧；② 维持有效引流：保证负压引流通畅，观察引流液颜色、质、量并记录，妥善固定引流管，防止产生皮下积液；③ 预防患侧上肢肿胀：禁止在患侧上肢测血压、抽血、注射；平卧位时患肢下垫枕抬高15°～20°并制动，半卧位时屈肘90°，下床时用吊带托将患肢抬高于胸前；按摩患肢或握拳及屈、伸肘运动以促进淋巴回流。 （5）指导早期功能锻炼：① 手术后24小时内：活动手指及腕部，可做伸指、握拳、屈腕等锻炼；② 术后1～3日：可用健侧上肢或他人协助患侧上肢进行屈肘、伸臂等锻炼，逐渐过渡到肩关节的小范围前屈、后伸运动（前屈小于30°，后伸小于15°）；③ 术后4～7日：病人可坐起，鼓励病人用患侧手洗脸、刷牙、进食等，并做以患侧手触摸对侧肩部及同侧耳朵的锻炼，注意避免上臂外展；④ 术后1～2周：开始肩关节锻炼，锻炼方法包括手指爬墙运动、转绳运动、举杆运动、拉绳、展肘、推墙运动等。	
3．健康指导	（1）活动：术后近期避免用患侧上肢搬动、提取重物。 （2）避孕：术后5年内避免妊娠。 （3）自我检查：术后每月一次（最好在月经后9~11天），并定期到医院复查。 （4）义乳或假体：是病人改善自我形象的方法，根治术后3个月可行乳房再造术。	

护理评价

护理目标的达成情况。

护考知识链接……

1．身体状况

（1）乳房肿块：肿块多发生于乳房外上象限。早期多为无痛性、单发小肿块，质硬、表面不光滑、边界不清楚且不易推动，常在无意中或自我检查时发现。

（2）乳房外形改变：① 酒窝征：癌肿累及乳房Cooper 韧带，使其短缩而致肿瘤表面皮肤凹陷；② 橘皮样改变：癌细胞堵塞皮下淋巴管至淋巴回流障碍，出现真皮水肿，乳房皮肤呈橘皮样改变；③ 乳头扁平、回缩、内陷：因乳头或乳晕区的癌肿，将乳头牵向癌肿一侧所致；少数病人有乳头血性溢液。

2．乳癌病变发展过程中最易受累的淋巴结是腋窝淋巴结。

3．早、中期乳癌首选手术治疗，术后5年内避免妊娠，以免乳癌复发。

4．乳癌术后的功能锻炼。

5．乳房良性肿块（表11-12）。

表 11-12　乳房良性肿块的类型及特征

肿瘤类型	好发年龄	临床表现	治疗
乳房纤维腺瘤	20～25岁	乳房外上象限单发肿块，表面光滑，易于推动	手术
乳管内乳头瘤	40～50岁	乳头血性溢液	手术
乳腺囊性增生	30～50岁	乳房胀痛与月经周期有关	观察病情，对症治疗，疑恶变时尽早手术

护考练兵场……

A_1/A_2型题（单选题）

1．乳腺癌最好发的部分是乳房的（　　）

A．外上象限　　B．内上象限　　C．外下象限
D．内下象限　　E．中心

2．癌肿侵犯Cooper韧带后会出现下列哪种情况（　　）

A．橘皮样改变　　B．乳头内陷　　C．卫星结节
D．局部隆起　　E．酒窝征

3．Ⅰ、Ⅱ期乳腺癌主要治疗方法是（　　）

A．放射治疗　　B．化学治疗　　C．内分泌治疗
D．手术治疗　　E．免疫治疗

4．病人，女性，28岁。产后4周，右侧乳腺出现红、肿、热、痛，经处理后乳腺出现波动感。请问应采取哪项处理措施（　　）

A．B超检查　　B．经静脉输注抗生素　　C．穿刺引流
D．切开引流　　E．口服清热解毒中药

5．病人行乳腺癌根治术后，为预防皮下积液及皮瓣坏死的主要措施是（　　）

A．半卧位　　B．加压包扎伤口　　C．抬高同侧上肢
D．局部沙袋压迫　　E．引流管持续负压吸引

综合运用……

（接前述案例）张某病情缓解，要求出院。

问题：作为责任护士，请结合案例制定一份健康教育处方。

我学会了……

我掌握了……

我的问题……

任务六　原发性支气管肺癌病人的护理

我们的目标是……

- 了解原发性支气管肺癌的发病因素、分类。
- 熟悉原发性支气管肺癌病人的护理诊断。
- 掌握原发性支气管肺癌病人的护理措施。

我们的任务是……

- 学会原发性支气管肺癌病人的护理评估。
- 根据情景案例提出主要的护理诊断。
- 初步实施原发性支气管肺癌病人的护理措施。

任务实施中……

临床情景——肿瘤科

汤大爷，70岁。吸烟近40年，每天20支。3个月前出现刺激性咳嗽，痰中带血，有低热，体重减轻，近2周感背部疼痛，胸部CT示右下肺可见毛刺状阴影。体检：T 37.7℃，P 96次/分，R 20次/分，BP 120/76mmHg；意识清，精神软，右肺呼吸音低，心律齐，腹软，肝脾未及，全身浅表淋巴结无肿大。家属要求给病人进行痛苦小的放疗。

问题1. 汤大爷可能得了什么病？存在哪些身心状况？

问题2. 根据汤大爷的身心状况，他存在哪些护理问题？

问题3. 若你是当班护士，你如何护理汤大爷？

根据本任务的临床情景，完成表11-13。

表 11-13　情景案例病人的护理评估分析

评估项目	评估要点
1．健康史	性别________；年龄________ 现病史（病情、诊疗过程、现自觉症状等）________ 起病情况（时间、原因或诱因、症状体征等）________ 既往史（疾病、生活、家族史等）________
2．身体状况	症状________ 体征________
3．心理-社会状况	（伴有的心理状况）________
4．辅助检查	（项目名称及结果）________
结论：病人可能得了________，伴有________	

一、概述

原发性支气管肺癌（简称肺癌）是起源于支气管黏膜或腺体的恶性肿瘤。为发生于男性肿瘤的首位。是一种与环境因素和生活方式有关的疾病，其中吸烟是重要因素。石棉、无机砷化物的多环芳烃是确认的职业因素。空气污染、电离辐射、食物中缺乏维生素A及其衍生物β胡萝卜素也使患肺癌的危险性增高。肺结核病人的危险性是正常人群的10倍。

肺癌分类如下：

1．按解剖学部位分类

（1）中央型肺癌：发生在段支气管以上到主支气管的癌肿，约占3/4，以鳞状上皮细胞癌和小细胞未分化癌较多见。

（2）周围型肺癌：发生在段支气管以下的肿瘤称为周围型，约占1/4，以腺癌较为多见。

2．按组织学分类

（1）小细胞癌：是肺癌中恶性程度最高的一种，病人年龄较轻，多在40~50岁，多有吸烟史，癌细胞生长快，侵袭力强，远处转移早，对化疗、放疗较其他类型敏感，但预后最差。

（2）非小细胞癌：① 鳞癌最为常见，占原发性肺癌的40%~50%，好发于老年男性，与吸烟关系最密切，癌细胞生长缓慢，转移晚，手术切除的机会相对多，但放疗、化疗不如小细胞未分化癌敏感；② 腺癌，约占原发性肺癌的25%，女性好发，与吸烟关系不大，对化疗、放疗敏感性较差；③ 大细胞癌在临床上较为罕见，其恶性程度高，治疗效果差，预后不良。

二、护理评估

（一）健康史

1．长期吸烟（主动或被动吸烟） 目前认为吸烟是肺癌最重要的高危因素，烟草中有超过3000种化学物质，其中多链芳香烃类化合物（如苯并芘）和亚硝胺均有很强的致癌活性。多链芳香烃类化合物和亚硝胺可通过多种机制导致支气管上皮细胞DNA损伤，使得癌基因（如ras基因）激活和抑癌基因（如p53，FHIT基因等）失活，进而引起细胞的转化，最终癌变。

2．职业性因子 如石棉、无机砷化物、铬化合物、焦炭炉、芥子气、含镍的杂质、氯乙烯、放射线、工业废气等。

3．既往肺部慢性感染 如肺结核、支气管扩张症等病人，支气管上皮在慢性感染过程中可能化生为鳞状上皮致使癌变，但较为少见。

4．遗传等因素 家族聚集、遗传易感性以及免疫功能降低，代谢、内分泌功能失调等也可能在肺癌的发生中起重要作用。许多研究证明，遗传因素可能在对环境致癌物易感的人群和（或）个体中起重要作用。

5．大气污染 主要与工业和交通发达地区，石油、煤和沥青公路尘埃产生的含有苯并芘致癌烃等有害物质污染大气有关。大气污染与吸烟对肺癌的发病率可能互相促进，起协同作用。

（二）身体状况

1．原发肿瘤的症状和体征 ① 咳嗽是最常见的症状，以咳嗽为首发症状者占35%～75%，典型表现为阵发性刺激性干咳，一般止咳药常不易控制，肿瘤引起支气管狭窄时咳嗽呈高调金属音；② 痰中带血或咯血，其特征为间断性或持续性、反复少量的痰中带血丝，或少量咯血，偶因较大血管破裂、大的空洞形成或肿瘤破溃入支气管与肺血管而导致难以控制的大咯血；③ 胸痛，常表现为胸部不规则的隐痛或钝痛；④ 可有发热，炎性发热或癌性发热，多在38℃左右，很少超过39℃；⑤ 晚期较突出的症状是呼吸困难，消瘦，呈现恶病质。

2．局部扩散的症状和体征 ① 压迫或侵犯膈神经、喉返神经，出现同侧膈肌麻痹、声带麻痹、声音嘶哑等；② 压迫上腔静脉引起上腔静脉阻塞综合征如胸前部静脉曲张，皮下组织水肿等；③ 压迫气管、食管，引起呼吸困难、吞咽困难等；④ 压迫颈交感神经，引起病侧眼睑下垂、瞳孔缩小、眼球内陷，同侧额部与胸壁无汗或少汗，称Horner综合征（霍纳综合征）。

3．肺外转移相应的症状和体征　① 转移至中枢神经系统，发生颅内高压、脑神经麻痹等神经系统表现；② 转移至骨骼，局部疼痛和压痛等；③ 转移至肝脏，肝区疼痛、黄疸和腹水等消化系统表现；④ 锁骨上淋巴结无痛性肿大是肺癌淋巴转移的常见体征。

4．伴癌综合征　包括内分泌、神经肌肉、结缔组织、血液系统及血管异常改变等。

（三）心理-社会状况

病人未知疾病，可产生多疑、焦虑；获知疾病后产生恐惧、抑郁、愤怒等。

（四）辅助检查

1．胸部X线、CT检查　是发现肿瘤最重要的方法之一。

2．痰液脱落细胞检查　找到癌细胞可明确诊断。

3．纤维支气管镜　做病理或细胞学检查，可确诊。

（五）治疗要点

采用手术治疗、化学药物治疗及放射治疗等综合治疗手段。其中外科治疗是肺癌首选和最主要的治疗方法，也是唯一能使肺癌治愈的治疗方法。小细胞肺癌以化疗为主，辅以手术和（或）放射治疗。非小细胞肺癌早期以手术治疗为主，晚期多采取综合治疗。

三、护理诊断

1．气体交换受损　与肿瘤阻塞气道、继发感染有关。

2．慢性疼痛：胸痛、骨痛、头痛　与癌细胞浸润、肿瘤压迫或转移有关。

3．恐惧　与对癌症的恐惧、认为治疗无望、治疗效果不佳等有关。

4．营养失调：低于机体需要量　与癌肿致过度消耗、化疗反应致食欲下降、摄入不足、压迫食管致吞咽困难有关。

护理目标

病人呼吸困难缓解，情绪稳定；疼痛缓解，能维持基本营养需要。

四、护理措施

表 11-14　原发性支气管肺癌病人的护理

护理流程	护理要点	案例重点分析
1．一般护理 戒烟	（1）保持室内空气流通与新鲜，维持适宜的温度和湿度。保证患者的休息与睡眠。劝说其戒烟。 （2）饮食护理：提供营养丰富、易消化吸收的食物，鼓励进食。	汤大爷的生活方式________。
2．病情监测	（1）监测体温、脉搏、呼吸、血压、体重、尿量等。 （2）观察肺癌常见症状的动态变化，注意有无肿瘤转移的症状。 （3）观察放、化疗的疗效与不良反应，如放射性食管炎、放射性肺炎，有无恶心、呕吐、口腔溃疡、脱发以及皮肤损害等。	汤大爷的监测重点________。
3．放疗护理 床单位舒适	（1）协助舒适体位，勿随意移动身体，以免损伤皮肤。 （2）衣服宽松柔软，保持照射部位的干燥，勿擦去照射标记。 （3）照射部位只能用清水洗，忌用肥皂或用力搓擦，避免直接阳光照射、热敷或吹冷风。	汤大爷的皮肤护理________。
4．手术护理	参见本任务中护考知识链接。	
5．疼痛护理	（1）护理时采取局部按摩、冷敷，变换体位，支托痛处等措施。 （2）必要时使用止咳剂，尽早使用止痛药物；晚期病人采用自控镇痛法（PCA），指导并掌握操作方法。	
6．心理护理 安慰疏导	（1）适当介绍病情及放疗计划、效果，调动其积极性。 （2）重视家属的心理，帮助病人增加社会支持，以减轻心理压力。	
7．健康指导	（1）疾病知识指导：宣传肺癌的防治知识，改变生活方式如戒烟等，控制环境污染，降低发病率。 （2）生活指导：合理安排休息和活动，加强营养支持。 （3）出院指导：督促病人坚持化疗或放疗，出现呼吸困难、疼痛加重等时应及时随访。对晚期肿瘤转移病人，指导家属做好临终前的护理。	指导汤大爷保健的侧重点________。

护理评价

护理目标的达成情况。

护考知识链接……

1．肺癌的主要病因为长期大量吸烟，早期为刺激性干咳。

2．肺癌手术护理

（1）术前护理：呼吸道管理是重点。

1）防治呼吸道感染：病人术前应戒烟2周以上，以减少呼吸道分泌物；注意口腔卫生，若有龋齿、口腔溃疡或慢性感染者应先治疗；有呼吸系统感染或肺气肿的病人，遵医嘱应用抗生素。

2）保持呼吸道通畅：训练病人腹式呼吸、有效咳嗽、咳痰；若有大量支气管分泌物，应先体位引流；痰液黏稠不易咳出者，可行超声雾化，遵医嘱应用支气管扩张剂、祛痰剂等药物；大量咯血时，用吸引器吸出或取头低足高位引流出口腔和呼吸道内的血液，以防窒息，并遵医嘱给予镇静剂、止血剂及静脉输液等；对呼吸功能失常的病人，根据需要应用机械通气。

（2）术后护理

1）维持呼吸道通畅。

2）维持生命体征稳定：术后2～3小时每15分钟测生命体征一次，直到血压和脉搏稳定后改为30分钟到1小时一次。

3）体位：病人意识未恢复时采用平卧位，头偏向一侧，防误吸，血压稳定后采用半卧位；肺叶切除者可采用平卧或侧卧位；肺段切除术或楔形切除术者，应避免手术侧卧位，最好选择健侧卧位；全肺切除术者，应避免过度侧卧，可采取1/4侧卧位；若有血痰或支气管瘘管，应取患侧卧位；避免采用垂头仰卧式，以防因横膈上升而妨碍通气。

4）维持体液平衡和补充营养：严格掌握输液的量和速度，一般24小时补液量控制在2000ml内，速度以20～30滴/分为宜，防止肺水肿；全肺切除术后应控制钠盐摄入量；记录出入液量，维持体液平衡；维持胸腔引流通畅，密切观察引流液量、颜色、性状，当引流出多量血液（每小时100～200ml）时，应考虑有活动性出血，对全肺切除术后所置的胸腔引流管一般呈夹闭状态，每次放液量不宜超过100ml，速度宜慢。当病人意识恢复且无恶心现象，拔出气管插管后即可开始饮水；肠蠕动恢复后，即可进食清淡流质、半流质饮食；饮食宜为高蛋白、高热量、丰富维生素、易消化食物。

护考练兵场……

A_1型题（单选题）

1．关于中央型肺癌的叙述，正确的是（　　）

A．生长在段支气管至主支气管　B．以腺癌为多见
C．位于肺门附近，生长在气管　D．比周围型肺癌少见
E．生长在段支气管以下

2．下列关于肺癌的叙述，正确的是（　　）

A．以腺癌最常见　B．鳞癌与吸烟无关　C．小细胞癌对放疗敏感性高
D．呈恶病质者首选放疗　E．出现杵状指提示肺癌已进入晚期

3．临床上最常见的肺癌是（　　）

A．鳞癌　B．小细胞未分化癌　C．大细胞未分化癌
D．腺癌　E．肺转移癌

4．支气管肺癌恶性程度最高的类型是（　　）

A．鳞状上皮细胞癌　B．小细胞未分化癌　C．大细胞未分化癌
D．腺癌　E．细支气管肺泡癌

5．支气管肺癌早期表现为（　　）

A．刺激性咳嗽　B．吞咽困难　C．声音嘶哑
D．霍纳综合征　E．恶液质

A_2/A_3型题（单选题）

6．陆某，男性，64岁。因咳痰带血1周，诊断为中心型肺癌。病人出现的下列症状中，哪项不是由原发肿瘤引起的（　　）

A．咳嗽　B．声音嘶哑　C．发热
D．气短　E．血痰

7．病人，男性，68岁。因患肺癌住院接受化疗，但效果不佳，病人时常伤心流泪。护士应如何与病人沟通（　　）

A．与其聊天　B．通知家属　C．问其流泪原因
D．讲述自己的事情　E．给予安慰

8．病人，男性，60岁。半年前冬季曾有咳嗽，咳少量白痰，经抗炎治疗效果不明显，近半年咳嗽，偶有血痰，乏力，低热。吸烟20年，每日半包，其他检查均为阴性。应首先考虑为（　　）

A．急性支气管炎　B．慢性支气管炎　C．支气管扩张
D．肺癌　E．肺结核

（9~10题共用题干）病人，男性，56岁。近3个月来咳嗽，痰中带血，经抗感染、对症治疗后症状改善，但胸片示右肺门旁3cm×3cm左右肿块影，边缘模糊，右肺尖有钙化。有吸烟史，10年前曾患右上肺结核，已治愈，平素体健。

9．为确诊，最恰当的检查方法是（　　）

A．再次吸痰检查找癌细胞　　B．经胸壁穿刺活检

C．支气管纤维镜检查　　D．胸部CT检查

E．纵隔镜检查

10．该病人手术后第1天，其护理措施中错误的是（　　）

A．协助病人深呼吸及咳嗽　　B．适当给予止痛剂

C．24小时补液量控制在2000ml以内　　D．取头低仰卧位引流排痰

E．病人生命体征平稳后，协助其床旁站立移步

综合运用……

（接前述案例）护士查房时发现汤大爷头颈部水肿，颈静脉扩张，前胸壁可见扩张的静脉侧支循环，病人主诉领口逐渐变紧，自觉头痛、头晕。

问题：（1）汤大爷又发生了什么情况？

（2）若你是当班护士，如何救护？

（3）请结合案例制定一份健康教育处方。

我学会了……

我掌握了……

我的问题……

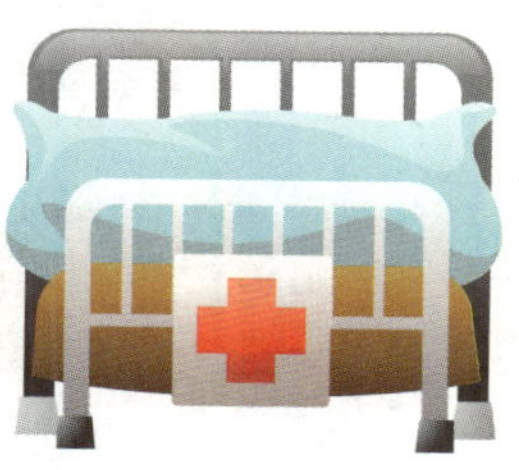

项目十二

围手术期病人的护理

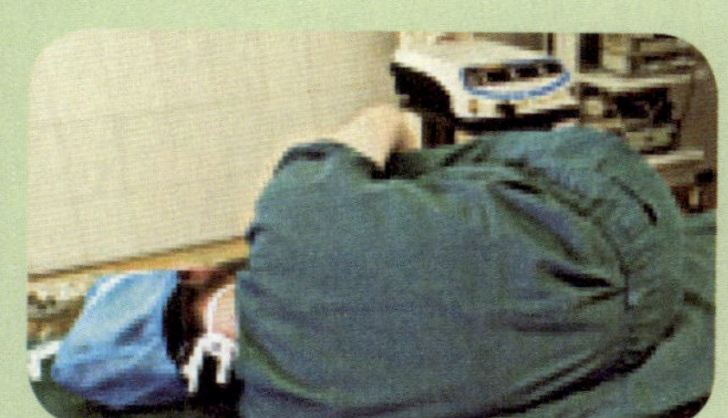

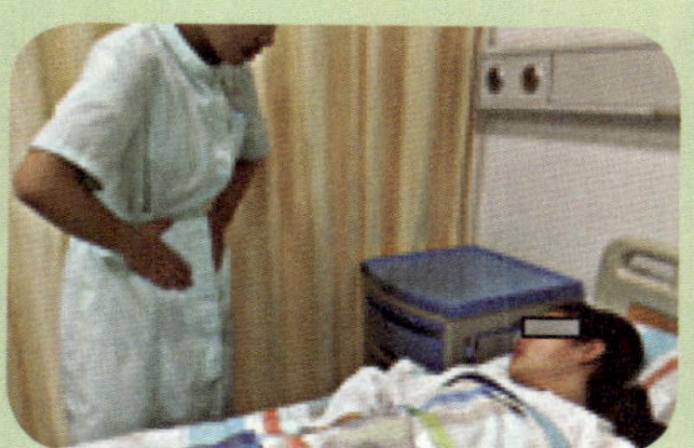

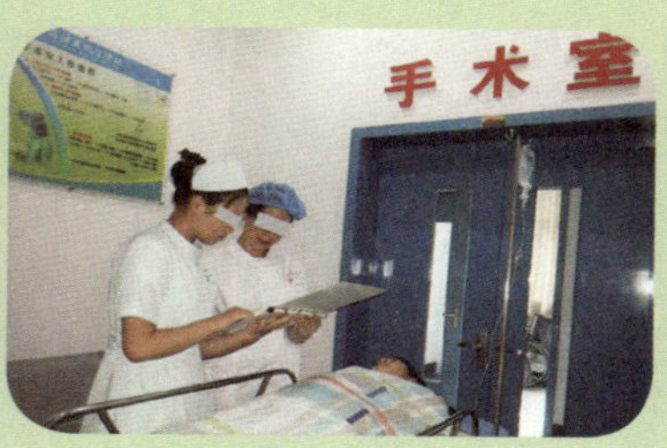

围手术期：也称全手术期，指病人从住院后决定手术治疗开始到手术后痊愈出院这段时期，分为手术前期、手术中期和手术后期。

围术期护理：指在围手术期实施的护理，包括术前评估病人身心情况、创造良好手术条件、配合手术顺利完成、术后帮助病人尽快康复、确保病人安全所采取的各项护理措施。

任务一　认识麻醉

我们的目标是……

- 了解麻醉的分类、作用机制及适用范围。
- 熟悉麻醉前常用药物的种类及作用。
- 掌握麻醉常见的并发症及其防治。

我们的任务是……

- 正确区分全身麻醉、椎管内麻醉、局部麻醉。
- 初步判别麻醉后常见并发症，学会其护理。
- 解释麻醉、全脊髓麻醉等有关概念。

任务实施中……

临床情景——麻醉科

张女士，58岁，农民。因上腹部隐痛不适6个月，加重2个月入院。半年前上腹部时时隐痛不适，伴反酸，嗳气，因担心疾病花费，未去医院诊治。近2个月来，上腹疼痛明显，进食不能缓解，食欲下降，子女发现其明显消瘦劝其就医。胃镜检查显示胃窦部肿块，要求手术入院。查体：T 36.5℃，P 82次/分，R 20次/分，BP 150/90mmHg；贫血貌，浅表淋巴结未见肿大，有轻度肺气肿体征，未闻及干湿啰音。初步诊断："胃窦占位性病变，胃癌考虑"。既往慢性支气管炎6年。医生检查后认为，张女士有手术指征，需完善相关检查，做好术前准备，择日在全身麻醉下行"剖腹探查，胃大部切除术"。

问题1. 什么是麻醉？麻醉分哪几种？

问题2. 麻醉安全吗？有什么样的并发症？该怎么预防和处理？

一、概述

麻醉是指应用药物和其他方法使病人完全或部分失去感觉，达到手术时无痛的目的，理想的麻醉应达到使病人安全、无痛、精神安定、适当肌肉松弛的效果。目前麻醉的应用不仅仅局限于消除术中切口疼痛，更是拓展到了镇静镇痛、重症监测以及急救复苏领域。根据麻醉作用部位和所用药物的不同，可分为全身麻醉和部位麻醉（又称局部麻醉），但临床上习惯将椎管内麻醉自成一类（图12-1）。

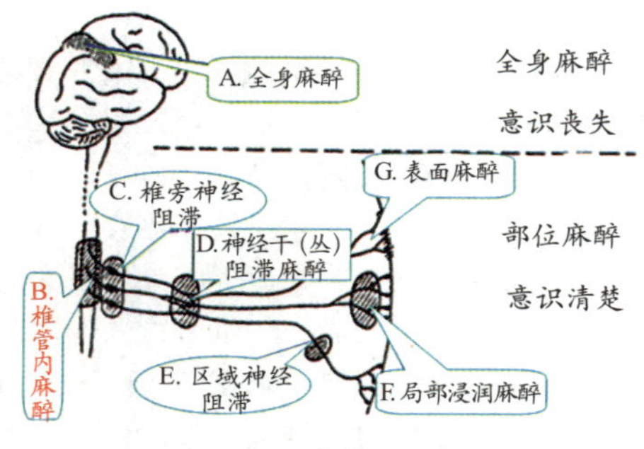

图 12-1 麻醉分类

二、麻醉分类

（一）全身麻醉

1．定义 麻醉剂作用于中枢神经系统并抑制其功能，以使病人的意识和全身痛觉暂时消失、肌肉松弛的麻醉方法，称为全身麻醉（简称全麻），可用于全身各部位的手术。

2．分类与作用 根据麻醉药进入机体的途径不同，可分为吸入麻醉和静脉麻醉（表12-1）。

表 12-1 全身麻醉分类、作用机制及特点

分类	作用机制及特点
吸入麻醉	麻醉药进入途径：经呼吸道吸入挥发性液体麻醉药或气体麻醉药，吸收入血，抑制中枢神经系统而产生全身麻醉作用。现常用密闭式气管内吸入麻醉，需气管插管。 常用药物：氧化亚氮、异氟烷、恩氟烷、七氟烷等。 作用特点：可控性好，应用广泛。
静脉麻醉	麻醉药进入途径：经静脉注射进入体内，通过血液循环作用于中枢神经系统产生全身麻醉作用。 常用药物：硫喷妥钠、芬太尼、氯胺酮、异丙酚、羟丁酸钠等。 作用特点：操作简便、见效快、作用平稳持久，麻醉深度可控性不如吸入麻醉。

临床上将两种或两种以上的全麻药物和（或）麻醉方法复合应用，以达到最佳的麻醉效果，称为复合麻醉。全身麻醉多为复合麻醉，有多种短效静脉麻醉药联合应用镇痛剂、肌松剂的全静脉复合麻醉以及静吸复合麻醉等。

3．并发症及防治 主要是循环、呼吸和神经系统的并发症（表12-2）。

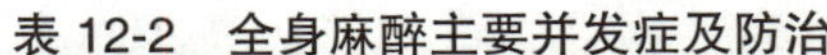

表 12-2 全身麻醉主要并发症及防治

并发症	原因及防治
呼吸道梗阻、窒息	常因呕吐与误吸、舌根后坠、呼吸道分泌物增多、喉痉挛等引起。 处理： （1）术前：① 消化道准备：成人禁食8～12小时，禁饮4～6小时；② 呼吸道准备：术前2周戒烟，减少分泌物，指导病人练习深呼吸、有效咳嗽及排痰方法；③ 麻醉前用药：阿托品等。 （2）术中及术后：① 面罩吸氧；② 未清醒者平卧，头偏向一侧，及时清除呼吸道分泌物；③ 舌后坠者托下颌、头后仰，置入口咽或鼻咽通气管；④ 喉头水肿者应用糖皮质激素，严重者行气管切开。
低血压	表现为收缩压低于80mmHg或下降超过基础值的30%，常因麻醉过深、术中脏器牵拉迷走神经引起反射、术中失血过多使容量补充不及时等引起。 防治：① 应及时补足血容量；② 术中减少牵拉内脏。
高血压	表现为舒张压高于100mmHg或收缩压高于基础值的30%，是全身麻醉中最常见的并发症。常见原因有原发性高血压、颅内压增高、手术麻醉操作引起的心血管反应等。 防治：① 术前有效控制高血压；② 术中密切监测，积极对症处理。
坠积性肺炎	常因呕吐物误吸或反流、呼吸道分泌物增加、无力咳嗽等原因造成。 防治：① 保持呼吸道通畅，及时清除口、鼻腔分泌物；② 稀释痰液，协助翻身、拍背，鼓励有效咳嗽，促进排痰，必要时吸痰；③ 加强观察，按医嘱应用抗生素，同时予以吸氧、全身支持治疗。
麻醉意外	出现昏睡不醒、瞳孔散大、心跳骤停等情况。 防治：术中应加强监测，减少刺激，充分供氧，积极对症救治。

（二）椎管内麻醉

1．定义　局部麻醉药选择性地注入椎管内的蛛网膜下隙或硬脊膜外隙，使部分脊神经传导功能暂时性阻滞，导致其所支配的区域发生可逆性的痛觉消失且肌肉松弛的麻醉方法称为椎管内麻醉，属于部位麻醉，但临床上习惯自成一类。穿刺时病人取侧卧、低头、弓腰、抱膝姿势（图12-2）。

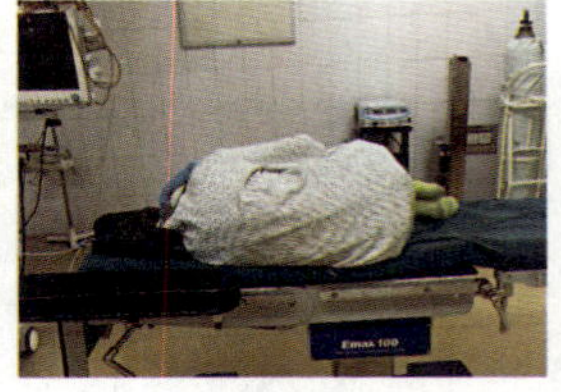

图 12-2　椎管内麻醉体位

2．分类、作用机制及特点见表12-3。

表 12-3　椎管内麻醉分类、作用机制及特点

分类	作用机制及特点
蛛网膜下隙阻滞麻醉（腰麻） 蛛网膜下隙阻滞注药部位	穿刺部位：成人一般经L_3～L_4、L_4～L_5椎间隙穿刺给药。 注药部位：蛛网膜下隙。 作用范围：使麻醉平面以下所有脊神经阻滞。 适用范围：手术时间在2～3小时内的下腹部、盆腔、会阴部、下肢手术。 作用特点：腰麻平面以下大量血管扩张，对循环干扰显著，术中病人血压多有下降。

续表

分类	作用机制及特点
硬膜外隙阻滞麻醉 （硬麻） 硬膜外隙 阻滞注药部位	穿刺部位：根据手术部位选定，一般取支配手术范围中央的相应棘突间隙。 注药部位：硬脊膜外间隙。 作用范围：使注射点周围产生节段性脊神经传导阻滞。 适用范围：最常用于横膈以下的各种腹部、腰部手术和下肢手术，尤其适用于上腹部手术。 作用特点：① 生理干扰较轻；② 可留置导管实现连续性硬膜外隙阻滞麻醉；③ 但若穿刺不慎致大剂量局麻药物进入蛛网膜下隙，可导致全脊髓麻醉。

3．并发症及防治见表12-4。

表 12-4　椎管内麻醉主要并发症及防治

并发症	原因及防治
循环功能异常 （腰麻术中常见）	因脊神经阻滞后麻醉区域血管扩张、回心血量减少引起，表现为血压下降、心率减慢或心动过缓，甚至心跳骤停。 防治：① 快速输液，增加血容量；② 血压骤降者用麻黄碱15～30mg静脉注射（收缩血管，维持血压）；③ 心动过缓者按医嘱给予阿托品静脉注射。
呼吸功能异常	常见于胸段脊神经阻滞者，表现为胸闷气短、咳嗽及说话无力、发绀等，甚至呼吸骤停。 防治：① 术前：禁烟2周，深呼吸锻炼，促排痰；② 术中：面罩吸氧，保证足够的通气量，一旦发生呼吸停止，立即气管插管，人工呼吸。
尿潴留 （腰麻术后早期常见）	常因麻醉后骶神经阻滞、膀胱排尿反射障碍、会阴部手术后切口疼痛及病人不习惯卧床排尿等所致。 防治：① 术前床上排尿练习；② 鼓励病人术后及时床上排尿，无禁忌者可协助下床排尿，排尿困难者下腹部、膀胱区热敷；③ 针刺、诱导排尿等；④ 遵医嘱应用副交感神经兴奋药（如卡巴胆碱）促进排尿；⑤ 上述措施无效时无菌操作下予以留置导尿。
头痛 （腰麻术后常见）	常因脑脊液漏出导致颅内压降低和颅内血管扩张而引起，表现为枕部、顶部和额部搏动性疼痛，抬头或坐起时加重，术后2～7日常见。 防治：① 麻醉前：不暗示；② 麻醉中：细针穿刺、补足液体；③ 麻醉后：常规去枕平卧6~8小时，一旦出现头痛应卧床休息，足量补液，遵医嘱给予镇静止痛药物，严重者可经硬膜外腔注入生理盐水或5%葡萄糖注射液。
消化功能异常	常因迷走神经兴奋、手术牵拉刺激、脑缺血缺氧致呕吐中枢兴奋等引起。表现为恶心、呕吐。 防治：① 术前准备：成人禁食8～12小时，禁饮4～6小时；② 术前肌注阿托品，以降低迷走神经兴奋性；③ 术中：减少牵拉，及时予以升血压、吸氧等对症处理。

（三）局部麻醉

1．定义　局部麻醉又称部位麻醉，简称局麻。麻醉药作用于周围神经系统，手术区域内神经阻滞，病人痛觉暂时消失。

2．分类与作用　常见的局部麻醉有表面麻醉、局部浸润麻醉、区域阻滞麻醉、神经干阻滞麻醉（表12-5）。常用的局麻药物有：① 酯类药物如普鲁卡因、丁卡因，此类药物可引起过敏，需做药物过敏试验；② 酰胺类药物如利多卡因、丁哌卡因、罗哌卡因等。

表 12-5　局部麻醉分类、作用机制及适用范围

分类	作用机制及特点
表面麻醉	注药部位：黏膜表面。 作用范围：局麻药透过黏膜，使神经末梢接触，产生表浅的麻醉作用。 适用范围：眼科、鼻腔、口腔、咽喉、气管、尿道等浅表手术或内镜检查的前驱步骤。
局部浸润麻醉	注药部位：手术区各组织内，自浅入深，分层注射局麻药。 作用范围：阻滞手术范围内神经末梢的传导而达到麻醉效果。 适用范围：一般应用于较小范围的手术。
区域阻滞麻醉	注药部位：手术区的周围和底部。 作用范围：阻滞支配手术区的神经干和神经末梢。 适用范围：某些肿块切除手术（如乳房良性肿瘤切除术）、头皮手术、腹股沟疝修补手术等。
神经干阻滞麻醉	注药部位：神经干、丛、节的周围。 作用范围：阻滞其冲动和传导，使其所支配的区域产生麻醉作用。 适用范围：① 臂丛神经阻滞：上肢手术；② 颈丛神经阻滞：颈部手术；③ 指（趾）间神经阻滞：指、趾末节手术。

3．并发症及防治

(1) 过敏反应：见于酯类局麻药。表现为使用少量局麻药后出现荨麻疹、喉头水肿、低血压等皮肤、呼吸道、循环系统症状，严重者可危及生命。须做好过敏试验，麻醉过程中加强观察，一旦发生反应，立即停药，配合医生抢救。

(2) 毒性反应：是指局麻药吸收入血液后，在单位时间内血中局麻药浓度超过机体耐受能力而出现的一系列中毒表现。轻者眩晕、多言、烦躁不安，重者抽搐、意识丧失，极重者甚至呼吸、心跳停止。所以，在实施局部麻醉过程中，应加以防范，一旦发生，需立即采取措施紧急处理。

1）局部麻醉毒性反应的预防：麻醉前用巴比妥类药、地西泮、抗组胺类药，可预防或减轻毒性反应；局麻药限量使用，一次用量不超过最大剂量，避免药物浓度过高、用量过大超过机体耐受力；注药前回抽，防止局麻药误入血管；每100ml局麻药中加0.1%盐酸肾上腺素0.3ml，使局部血管收缩，防止局麻药吸收过快；病人体质衰弱，对局麻药的耐

受能力低者，药量个体化。

2）局部麻醉毒性反应的急救：一旦发生毒性反应应立即停药，对症处理，维持生命体征；保持呼吸道通畅，给予氧气吸入；采取积极有效的措施预防和控制抽搐，轻者肌内注射苯巴比妥或安定，抽搐、惊厥者静脉注射硫喷妥钠，反复惊厥发作者，静注氯琥珀胆碱，行气管插管及人工呼吸；维持循环功能，低血压者扩容、应用血管收缩剂如麻黄碱、间羟胺等，心率慢者静脉注射阿托品；若发生心跳、呼吸停止立即进行心肺复苏（CPR）。

三、麻醉前用药

麻醉前常会选择抗胆碱药、镇静催眠药、镇痛药等。目的是为了稳定病人情绪，缓解焦虑；抑制腺体分泌，保持呼吸道通畅；减少麻醉药物的毒副作用，避免不良神经反射；提高痛阈，减少药量，提升麻醉效果。这是不可缺少的麻醉前准备工作，一般在术前30分钟给病人应用（表12-6）。

表 12-6　麻醉前常用药物的种类及作用机制

常用药物	作用原理及禁忌证
抗胆碱药	常用药物：阿托品0.5mg肌内注射；东莨菪碱0.3mg肌内注射。 作用原理：全麻、椎管内麻醉不可缺少，可抑制腺体分泌，减少呼吸道黏液，保持呼吸道通畅，抑制迷走神经兴奋，防术中心动过缓或心跳骤停。但甲状腺功能亢进、心动过速、高热病人不宜使用阿托品。
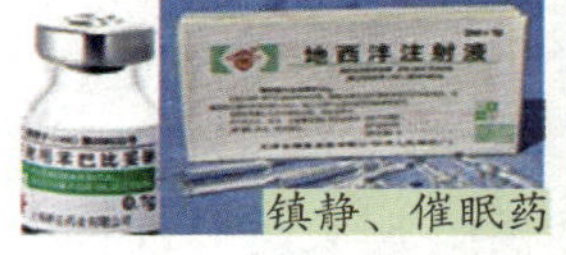	常用药物：苯巴比妥100mg肌内注射；安定5～10mg肌内注射。 作用原理：镇静、催眠、抗惊厥以及中枢性肌松作用；抑制病人的情绪激动和多种生理功能，有助于麻醉诱导；可预防局麻药的毒性反应。
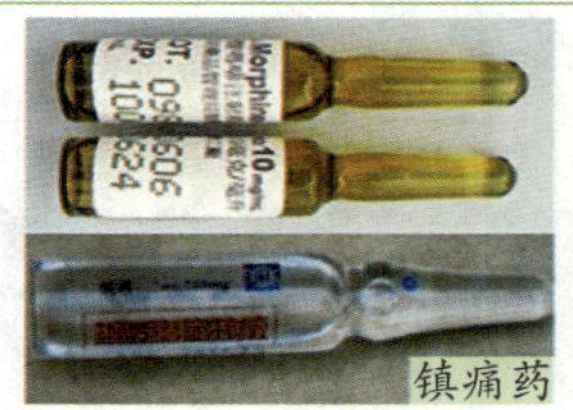	常用药物：哌替啶50～100mg肌内注射；吗啡5～15mg皮下注射。 作用原理：与全麻药起协同作用，增强麻醉效果，提高痛阈，减少麻醉药用量；椎管内麻醉者可减轻内脏牵拉反应。有呼吸抑制作用，故小儿、老年人慎用；6小时内即将分娩的孕妇、新生儿、呼吸功能障碍者禁用。

知识拓展……

- 腰硬联合麻醉（CSEA）：随着穿刺技术“针内针”法的出现，将硬脊膜外隙阻滞麻醉和蛛网膜下隙阻滞麻醉同时使用，用于妇产科、泌尿科等下腹及腹部与会阴联合手术，可提高麻醉效果、延长作用时间。

- 施行全身麻醉的病人或椎管内麻醉平面过高者，术后应先留在麻醉恢复室监测生命体征、心电图、氧饱和度、尿量、引流量等情况，提高手术病人的安全性。当全麻病人完全清醒，能正确回答问题且呼吸循环功能稳定，动脉血氧饱和度>95%，或椎管内麻醉病人通气量满意，生命体征稳定后方可送回病房。
- 病人自控镇痛（PCA），是目前临床较普遍采用的一种经硬膜外（PCEA）或静脉途径(PCIA)，由病人自控的镇痛方法。麻醉医生事先配置好镇痛药液后，通过镇痛泵持续小剂量输入，允许病人根据自身的疼痛感受在一定时间内可追加一次镇痛药，灵活、方便、及时，深受病人喜爱。另外还有皮下PCA、神经干旁阻滞镇痛。
- 局麻药中加肾上腺素能使局部血管收缩，延缓药物吸收，增强麻醉效果，延长麻醉时间，减轻局麻药的毒性反应，还能减少创面出血，但在手指、足趾、阴茎等接受末梢动脉供血的部位应禁忌使用肾上腺素，避免组织缺血坏死；老年、甲亢、高血压、心脏病病人也不宜使用。
- 全脊髓麻醉是指硬麻时穿刺针或硬膜外导管误入蛛网膜下隙，大剂量局麻药注入蛛网膜下腔导致全部脊神经广泛阻滞，是硬麻最危险并发症。表现为病人迅速出现血压下降，进行性呼吸困难，呼吸循环停止，意识丧失。应立即面罩加压给氧，必要时气管插管、人工呼吸、快速输液、使用升压药等，维持呼吸循环功能。

护考知识链接……

1. 围手术期也称全手术期，指病人从住院后决定手术治疗开始到手术后痊愈出院这段时期，分为手术前期、手术中期和手术后期。在此段时期实施的护理称为围术期护理，包括术前评估病人身心情况、创造良好手术条件、配合手术顺利完成、术后帮助病人尽快康复、确保病人安全所采取的各项护理措施。
2. 麻醉是指应用药物和其他方法使病人完全或部分失去感觉，达到手术时无痛的目的。
3. 全脊髓麻醉是指大剂量局麻药注入蛛网膜下隙导致全部脊神经广泛阻滞，是硬脊膜外隙阻滞麻醉最危险的并发症。表现为病人迅速出现血压下降，进行性呼吸困难，呼吸循环停止，意识丧失。应立即面罩正压通气，必要时气管插管、人工呼吸、快速输液、使用升压药等，维持呼吸循环功能。

护考练兵场……

A_1型题（单选题）

1．全麻病人清醒前最危险的并发症是（　　）

A．窒息　　B．低血压　　C．苏醒延迟

D．躁动　　E．意外损伤

2．硬膜外麻醉最严重的并发症是（　　）

A．血压下降　　B．全脊髓麻醉　　C．尿潴留

D．呼吸变慢　　E．血管扩张

3．提示全身麻醉病人意识完全清醒的指标是（　　）

A．对光反射灵敏　　B．能唤醒　　C．眼球转动

D．轻拍或轻推时，出现呻吟　　E．能准确回答问题

4．为避免手术病人术中呕吐及腹胀，应于（　　）

A．麻醉前6小时禁食，4小时禁水　　B．麻醉前24小时禁食，12小时禁水

C．麻醉前12小时禁食，4小时禁水　　D．麻醉前24小时禁食，4小时禁水

E．麻醉前8小时禁食，2小时禁水

5．全麻和腰麻前30分钟肌内注射阿托品0.5mg的作用是（　　）

A．对抗局麻药毒性　　B．减轻内脏牵拉反射

C．镇痛　　D．减少呼吸道分泌物，防止误吸

E．镇静、催眠、抗惊厥

6．对腰麻后头痛的预防措施是（　　）

A．给予消炎痛预防疼痛

B．给予苯巴比妥钠镇静

C．额部冷湿敷或针刺止痛

D．静脉输注生理盐水或中分子右旋糖酐30ml

E．术后常规去枕平卧6小时

A_2型题（单选题）

7．病人，男性，52岁，吸烟25年。今在全麻下行直肠癌根治术后，已拔除气管插管，病人意识未完全恢复。护士目前采取的最重要的护理措施是（　　）

A．保持呼吸道通畅　　B．防坠床　　C．观察神志的变化

D．密切观察生命体征的变化　　E．保暖

8．病人，女性，52岁。在硬脊膜外麻醉下接受小肠切除术，术中突然呼吸停止，血压下降，意识消失。考虑病人可能出现的并发症是（　　）

A．脑脊液外漏　　B．全脊髓麻醉　　C．神经损伤

D．脑神经麻痹　　E．局麻药中毒

9．病人，女性，35岁。腰麻下行子宫肌瘤切除术后4小时，烦躁不安，测血压、脉搏、呼吸均正常。主诉下腹部胀痛，查体下腹部膨隆，叩诊浊音。首先考虑为（　　）

A．肠梗阻　　B．急性胃扩张　　C．内出血

D．深静脉血栓　　E．尿潴留

综合运用……

（接前述案例）张女士将在静吸复合麻醉下进行剖腹探查、胃大部切除术。你认为在麻醉过程中可能出现哪些并发症？该怎样防治？

我学会了……

我掌握了……

我的问题……

任务二 手术前病人的护理

我们的目标是……

- ▲ 了解手术的概念和分类。
- ▲ 熟悉手术前病人的护理评估及主要的护理诊断。
- ▲ 掌握手术前病人的护理措施。

我们的任务是……

- ▲ 学会手术前病人的护理评估。
- ▲ 根据情景案例提出主要的护理诊断。
- ▲ 正确实施病人手术前的指导与准备。

任务实施中……

临床情景——外科病房

（接前述情景案例）张女士入院后，外科病房护理人员应该怎样为张女士实施身心整体护理以保证手术的顺利实施?

问题1. 张女士存在哪些身心状况?

问题2. 根据张女士的身心状况，她存在哪些护理问题?

问题3. 若你是责任护士，你认为术前护理的侧重点有哪些?

一、概述

手术俗称“开刀”，医生用医疗器械或仪器在活体上所进行的切除、缝合等各种操作，是治疗疾病和创伤的一种重要的外科手段。按照疾病种类、时限性及性质，手术可分为以下三种：

（1）急症手术：需在最短的时间内做好必要的准备工作，迅速手术，否则将有生命危险，如肝、脾破裂大出血等。

（2）限期手术：由于病情影响，手术时间不宜过久延迟，应在尽可能短的时间内做好术前准备，如各种恶性肿瘤根治手术等。

（3）择期手术：病情允许，手术准备时间充分，如胃、十二指肠溃疡胃大部分切除手术，良性肿瘤切除手术及腹股沟疝修补术等。

手术前护理是指病人从决定手术治疗开始至进入手术室为止这段时期所实施的护理。护理工作的重点在于全面评估病人身心社会整体情况，积极采取措施，纠正病人存在的及潜在的身心问题，做好必要的术前准备，提高手术耐受力，降低手术风险。

二、护理评估

（一）健康史

了解病人的一般情况、既往健康状况，特别要注意与本次患病相关的病史和治疗用药情况以及药物过敏史、手术史，女病人的月经史和生育史，有无高血压、糖尿病、心脏病等，以判断其手术耐受性。新生儿、婴幼儿对手术耐受力较差，老年人因器官功能减退、营养不良、慢性疾病等容易发生代谢紊乱、切口愈合不良等情况，对手术耐受力也较差，而儿童、中青年人的手术耐受力相对较好。

（二）身体状况

通过观察、交谈和护理体检，评估病人生命体征及主要症状和体征，心、肺、肝、肾等主要脏器功能情况，有无营养不良及水、电解质代谢紊乱等高危因素，评估手术安全性。

（三）心理-社会状况

疾病对病人来说是一个较大的应激源，而对手术相关知识的不了解更容易使病人产生焦虑、恐惧、抑郁、情绪激动等不良的心理反应，从而影响其对麻醉、手术的耐受力，最终影响手术效果、疾病的预后。正确判别病人的心理状态，有助于及时采取有针对性的心理护理。

（四）辅助检查

了解血、尿、粪常规和凝血功能、血液生化等实验室检查结果，心肺功能、X线、B超、内镜、CT及MRI等检查情况，以判断病情，完善术前检查。

三、护理诊断

1．焦虑　与担心住院环境陌生、疾病预后、手术费用等有关。

2．营养失调：低于机体需要量　与原发疾病造成营养物质摄入不足和消耗过多有关。

3．知识缺乏　缺乏有关手术治疗、术前配合等知识。

4．睡眠形态紊乱　与疾病影响、住院环境陌生、担心预后等有关。

5．潜在并发症　感染、休克、多器官功能障碍综合征（MODS）、切口裂开等。

护理目标

病人情绪稳定，能配合各项治疗和检查；对疾病的认识提高，了解有关治疗、术前准备的相关知识；营养改善，体重无明显减轻，睡眠充足。

四、护理措施

表 12-7　手术前病人的护理

护理流程	护理要点	案例重点分析
1．心理护理	（1）讲解有关疾病和手术知识。安排麻醉师和手术护士术前访视病人，解释术中病人担心的有关问题。 （2）请同类手术成功病人现身说法，以增强病人的自信心。 （3）动员其社会支持系统，给予更多关心照顾。	张女士术前的心理护理________。

续表

护理流程	护理要点	案例重点分析
2．术前指导与准备 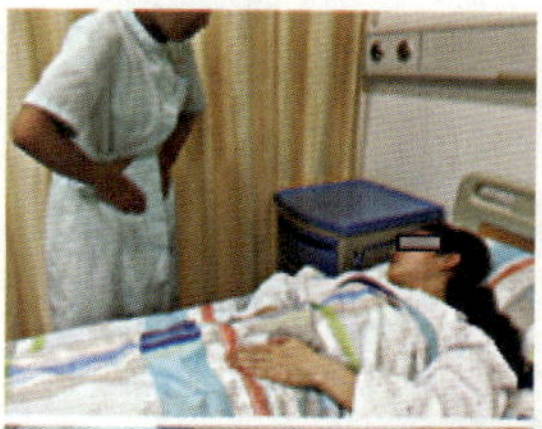 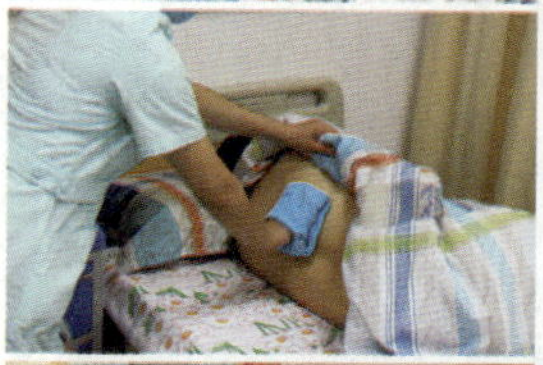 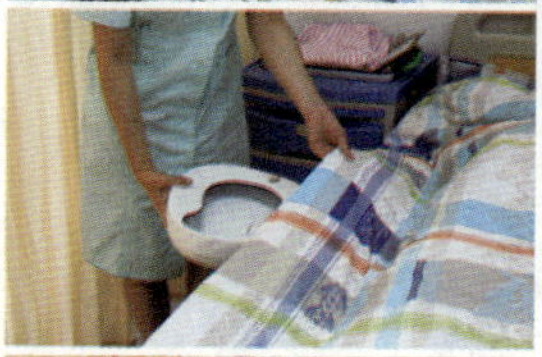 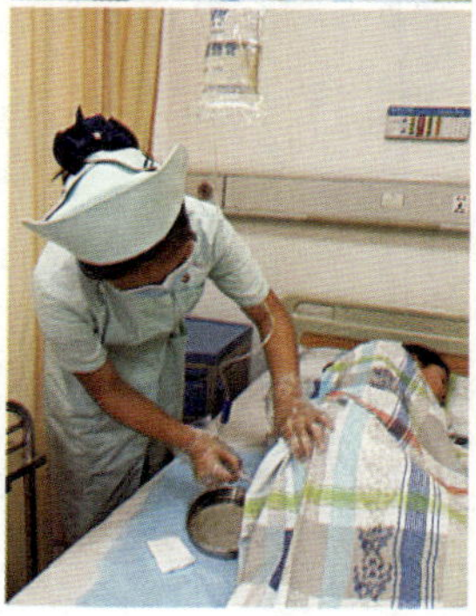	（1）呼吸系统准备：① 吸烟者术前1～2周开始戒烟；② 进行深呼吸及有效咳嗽、排痰练习，胸部手术者练习腹式呼吸，腹部手术练习胸式呼吸，防止因手术麻醉的影响、术后伤口疼痛不敢咳嗽而导致肺炎、肺不张。 （2）消化系统准备：① 饮食：消化道手术病人，入院后即给予少渣饮食，术前1~2日进流质饮食，术前8～12小时禁食，术前4～6小时禁饮水，术日晨留置胃管；其他手术只需术前禁食、禁饮，防止麻醉手术过程中呕吐引起窒息或吸入性肺炎；② 肠道准备：术前1日晚常规0.1%~0.2%肥皂水灌肠一次，防止麻醉后肛门括约肌松弛，大便排出，污染手术台以及术后腹胀与便秘。 （3）皮肤准备：① 术前1日洗头、理发，修剪指（趾）甲，沐浴，清除皮肤污垢；② 充分清洁手术区域皮肤，若有毛发影响手术则予剃除。 （4）术前适应性训练：① 术前练习床上大小便；② 教会病人自行调整卧位及床上翻身的方法。	张女士的呼吸道准备________。 消化道准备________。 皮肤准备方案________。 术前训练内容________。
3．维持内环境稳定 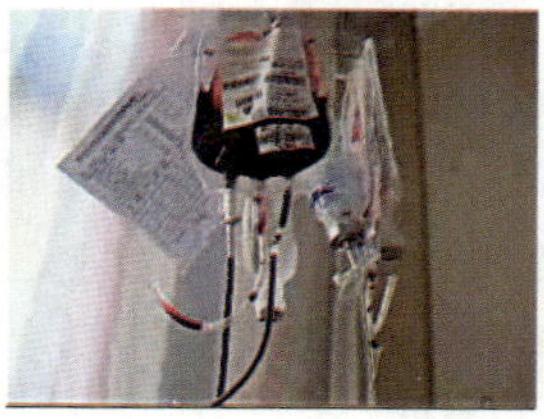	（1）术前根据医嘱备血，做好血型鉴定及交叉配血试验。 （2）积极纠正水、电解质、酸碱平衡失调及贫血。	张女士的血常规、生化等检验指标________。
4．营养护理	合理膳食，术前给予高蛋白、高热量、高维生素、少渣饮食，提高手术耐受力。	张女士术前营养方案________。
5．睡眠与休息	（1）创造安静、舒适的环境，利用放松技术消除病人的焦虑，促进病人睡眠。 （2）必要时遵医嘱应用镇静药物。	张女士术前睡眠________。

续表

护理流程	护理要点	案例重点分析
6．手术日晨准备	（1）测量生命体征，检查手术野皮肤，换清洁衣裤，若病人有发热或其他影响手术的情况，应及时报告医生。 （2）督促病人排空大小便，考虑手术时间在4小时以上者根据医嘱留置导尿管。 （3）胃肠道手术及上腹部大手术者应留置胃管。 （4）术前30分钟根据医嘱予以麻醉前用药。 （5）取下病人手表、饰物、活动性义齿交家属或护士长保管。检查手术中所需病历、X线片、CT片等用物，一并带至手术室，和手术护士认真做好交接。 （6）准备病床单元，根据麻醉手术情况准备好相应的麻醉床、麻醉护理盘、心电监护仪，以及吸氧、吸引装置等。	张女士手术日晨准备内容________。

护理评价

护理目标的达成情况。

知识拓展……

➢ 急症手术的处理

对于病情紧急，需立即手术者，护士应该在密切观察病情变化的同时，协助做好辅助检查，嘱病人禁食、禁饮，建立静脉通路，及时补液，按医嘱术前正确用药，备皮、备血，以最短的时间做好手术前的各项准备，争取手术时机。术前不灌肠、不导泻，予以禁食、胃肠减压，诊断未明确前禁用止痛剂。同时向病人及家属做好心理护理，简要介绍手术麻醉相关知识，减轻恐惧心理。

➢ 指导有效咳嗽及排痰

具体方法：病人取坐位或半坐卧位，上身微向前倾，胸腹手术病人嘱其用双手放在切口两侧，并向切口方向轻压，轻咳5～6次使痰液松动，再深吸气后用力咳嗽，使痰液顺利排出。

➢ **手术区皮肤准备**

手术区皮肤准备简称备皮，主要是对手术区皮肤（以手术切口为中心，周围20cm范围内）实施清洁及皮肤上毛发的剔除或剪除，腹部手术或腹腔镜手术时还应注意脐孔的清洁。一般于手术当天术前2小时内进行，不超过24小时，目的是预防术后切口感染，利于消毒，关键是彻底清除手术切口部位和周围皮肤的污染，确需去除手术部位毛发时，应当使用不损伤皮肤的方法，避免使用刀片刮除毛发。

附：各手术区皮肤准备范围

1. 颅脑手术：整个头部及颈部，保留眉毛（术前3天剪短发，每天洗头，术前2小时剃尽头发，洗头、戴帽子）。
2. 颈部手术：由下唇至乳头连线，两侧至斜方肌前缘。
3. 乳房及前胸手术：上至锁骨上部，下至脐水平，患侧至腋后线，对侧至锁骨中线或腋前线，包括同侧上臂上1/3和腋窝、肩部。
4. 胸部后外侧切口：上至锁骨上及肩上，下至肋缘下（平脐）前后胸都超过中线5cm以上，包括患侧上臂和腋窝、肩部。
5. 上腹部手术：上起乳头水平，下至耻骨联合，两侧至腋后线，包括清洁脐部。
6. 下腹部手术：上起剑突水平，下至大腿上1/3的前、内侧（包括会阴部），两侧到腋后线，清洁脐部。
7. 肾区手术：上起乳头水平，下至耻骨联合，前后均过正中线（剔除阴毛，清洁脐部）。
8. 腹股沟手术：上起脐部水平，下至大腿上1/3的前、内侧，两侧到腋后线，包括会阴部。
9. 会阴部及肛门手术：自髂前上棘连线至大腿上1/3前、内、后侧，包括会阴部、臀部、腹股沟部。
10. 四肢手术：以切口为中心上下20cm以上，一般多为整个肢体备皮，修剪指（趾）甲。

护考知识链接……

1. 术前皮肤准备：原则上应超出切口范围四周15cm以上。
2. 术前呼吸道准备：戒烟、练习深呼吸及有效咳嗽咳痰、控制炎症等。
3. 术前胃肠道准备：目的是减少麻醉引起的呕吐和误吸，也可以预防消化道手术中的污染。术前8～12小时禁食，术前4～6小时禁饮，胃肠道手术病人应在术前1～2日进流质饮食；术前留置胃管，幽门梗阻者术前3日每晚温热等渗盐水洗胃，减轻胃黏膜水肿；结肠或直肠手术者术前3日进流质饮食，口服肠道不吸收抗生素，术前常规清洁灌肠。
4. 其他：手术日晨测量生命体征，若术前病人体温＞38.5℃、血压升高或女性病人月经来潮，及时通知医生，必要时延期手术；排尽尿液，手术时间长或盆腔手术者应留置导尿，以免术中误伤。

护考练兵场……

A$_1$型题（单选题）

1. 上腹部手术的备皮范围是（　　）
   A. 自乳头至耻骨联合平面，两侧到腋后线　　B. 上起肋弓缘，下至耻骨联合
   C. 上起剑突，下至会阴部　　D. 上起剑突，下至大腿上1/3
   E. 自乳头至脐部，两侧到腋后线
2. 胸外科病人术前护理重点是（　　）
   A. 心理护理，消除恐惧　　B. 监测体温
   C. 做好呼吸道准备，改善肺功能　　D. 床上排便训练
   E. 维持体液平衡
3. 乳腺癌根治术属于（　　）
   A. 择期手术　　B. 限期手术　　C. 急症手术
   D. 诊断性手术　　E. 姑息性手术
4. 备皮范围原则上应超出切口四周距离至少（　　）
   A. 10cm　　B. 15cm　　C. 20cm
   D. 25cm　　E. 30cm
5. 一般择期手术病人的术前呼吸道准备措施是（　　）
   A. 进行体位引流　　B. 应用抗生素　　C. 应用支气管扩张剂
   D. 口服地塞米松　　E. 戒烟
6. 病人，女性，45岁。拟行胆囊切除术，护士向其做术前指导时，告诉病人术前常规禁食的时间不得少于（　　）
   A. 4小时　　B. 6小时　　C. 8小时
   D. 10小时　　E. 12小时

综合运用……

王某，女性，38岁。因车祸致腹腔内出血、全身多处软组织挫伤急诊入院。入院时病人面色苍白，精神淡漠，呼之能应，血压70/30mmHg，心率126次/分，B超提示“脾破裂，腹腔中等量积液”，准备进手术室行急诊剖腹探查术。若你是病区当班护士，如何进行术前护理？

我学会了……

我掌握了……

我的问题……

任务三　手术室护理

我们的目标是……

- 了解手术室的布局、常用物品。
- 熟悉常用手术器械、常见手术体位的安置要求、手术室护士主要岗位与配合。
- 掌握手术室的分区、无菌管理要求以及手术人员的无菌准备。

我们的任务是……

- 学会手术人员的无菌准备(无菌洗手法及穿脱无菌手术衣)。
- 学会常用手术体位的安置。
- 学会手术室常用物品和器械的识别与使用。

任务实施中……

临床情景——手术室

(接前述情景案例) 张女士在病房护士的护送下来到了手术室。手术室护士轻声问候，并按手术通知单仔细核对床号、姓名、性别、年龄、住院号、手术名称、手术部位、术前用药、手术同意书和手术间，点收用物，检查术前准备情况，给张女士戴好帽子，换乘了手术室的平车，护送张女士来到了第一手术间。手术室护士认真仔细的工作态度让张女士紧张的心情略微有些放松。你知道手术室这个神秘的地方有什么特点，医生和护士们是怎样开展工作的吗?

问题1. 手术室分哪些区域? 各有什么要求?

问题2. 手术开始前要做哪些准备工作?

问题3．手术过程中医护人员是怎样配合的？术中怎样保持无菌？

问题4．手术结束后护理人员还要做些什么？

一、概述

手术室是医院的重要组成部分，承担着对病人进行各项手术治疗的工作，并担负重要的抢救任务。其先进的设施、设备，严格无菌管理制度是外科手术高效率和高质量的保证。手术室护理具有业务面广、专科技术要求高、无菌操作严格等特点。现代手术室一般位于主楼的3层或4层，与ICU相邻，楼下为消毒供应中心（便于开展手术室—供应室一体化管理），并和外科病房、血库、病理科、检验科相近，有专用的电梯，以保持洁净、安静及方便病人接送和联系。

手术室护理指的是手术病人进入手术室至手术结束后回病房此阶段中由护士为其实施的全方位整体护理。包括麻醉手术前病人、洗手护士、巡回护士的各项准备，术中医护人员的各项配合技术、无菌管理，术后的整理、清洁、消毒工作。

1．手术室的分区　手术室应认真执行各项消毒隔离制度，严格分区手术室的三个区域和三通道。三通道即工作人员通道、病人出入通道、污物出口通道；从外到内分别为非限制区、半限制区、限制区三个区域，标识明确。目的是减少各区之间的相互干扰，保证手术区域的洁净度，防止院内感染的发生。

（1）非限制区（非洁净区）：包括办公室、会议室、值班室、更衣室、更鞋室、医护人员休息室、病人家属等候室、标本室等，一般设在最外侧。医务人员先在隔离凳外换鞋，再入内更换洗手衣、裤，内衣不外露，戴专用帽子包住全部头发；病人入室需戴帽子、换鞋，平车需换乘。

（2）半限制区（准洁净区）：包括器械室、辅料室、洗涤室、消毒室、病人恢复室、石膏室、手术间外走廊，设在中间。此区为过渡性区域，进入前必须戴好口罩；已做好手臂消毒或穿好手术衣者不可再进入此区。

（3）限制区（洁净区）：包括手术间、洗手间、手术间内走廊、无菌物品间、药品室和麻醉准备室，设在内侧，洁净要求最为严格。非手术人员或非在岗人员禁止入内，在此区内所有人员及其活动均需遵守无菌原则。

2．手术间的设置　外科病床与手术间之比一般为20∶1～25∶1，小手术间30～40m^2，大手术间50～60m^2，手术室内走廊宽度一般不少于2.5m。

（1）分类：由内向外可分为无菌手术间、相对无菌手术间、有菌手术间。无菌手术及有菌手术严格分开，特殊感染手术时建议使用一次性物品，手术后按有关规定及方法进行消毒处理。

（2）构造：一般为封闭式无窗手术间，手术间的门宜宽大，采用自动平拉门。地面多用聚氯乙烯（PVC）卷材等铺设，防火、耐磨、耐腐蚀、不起尘、易清洗。手术室墙壁和天花板光滑无孔隙，墙角呈弧形。

（3）环境：室内应设有隔音、空调和净化装置，手术灯光无影，手术室温度22～24℃，相对湿度40%～60%，洁净手术室内必须保持正压，以确保开门时手术室外的空气不能进入手术室内。

（4）设备：手术间的基本配备包括多功能手术床、大小器械桌、升降台、麻醉机、无影灯、药品柜、敷料柜、读片灯、吸引器、输液轨、踏脚凳、各种扶托及固定病人的物品；大型手术间还设有X线摄影和显微外科装置、电视录像装置及多功能吊塔等设备。

（5）清洁与消毒：为保证手术的无菌环境，手术室要执行严格的卫生消毒制度。每日晨湿式打扫地面及物品表面，再用紫外线消毒30～60分钟，各区卫生洁具不混用。手术后及时清除污物，室内通风、消毒，每日术后用紫外线消毒。每周大扫除，对室内物体表面、空气彻底消毒。每月定期做细菌培养，特殊感染病例手术时建议使用一次性物品，并按相关规定进行消毒处理。

随着手术技术越来越高、难、复杂，医院对手术室洁净条件、功能要求也越来越高，故洁净手术室的建设是当代医院发展的必然趋势。洁净手术室采用不同气流方式（乱流、垂直层流或水平层流）和换气次数，可使空气达到一定级别的净化。在手术前提前1小时运转净化空调系统，每天手术结束后进行清洁工作，净化空调系统一直运行，直至恢复到规定洁净级别为止。不同级别手术间清洁工具不混用，使手术室内的细菌菌落数控制在一定范围内，空气洁净度达到规定要求（表12-8）。

表 12-8　洁净手术室的分类及适用范围

分类	适用范围	≥ 0.5μm 微粒数
Ⅰ级特别洁净手术室（100级）	关节置换手术、器官移植手术及脑外科、心脏外科、眼科等无菌手术	≤3500粒/m^3
Ⅱ级标准洁净手术室（1000级和1万级）	胸外科、整形外科、泌尿外科、肝胆胰外科、骨外科及取卵移植手术和普通外科中的一类无菌手术	1000级　≤3.5万粒/m^3，1万级 ≤35万粒/m^3
Ⅲ级一般洁净手术室（10万级）	普通外科（除一类无菌手术外）和妇产科等二类手术	≤350万粒/m^3
Ⅳ级准洁净手术室（30万级）	肛肠外科及污染类等手术	≤1050万粒/m^3

二、手术前准备

（一）护士准备

手术人员应保持身体清洁，在非限制区除去所有饰物，更换手术室专用鞋、专用洗手衣裤，将上衣扎入裤中，自身衣物不外露；戴专用手术帽及口罩，遮盖全部头发、口鼻；指甲长度适合、无垢、平整；无皮肤感染及破损，方可进入限制区。

1．巡回护士　巡回护士是指派在固定的手术间内，在台下负责手术全过程的各类物品准备和供给，主动配合器械护士、麻醉师、手术医师工作的护士（表12-9）。

表 12-9　巡回护士手术前准备

操作流程	操作要点
1．物品准备 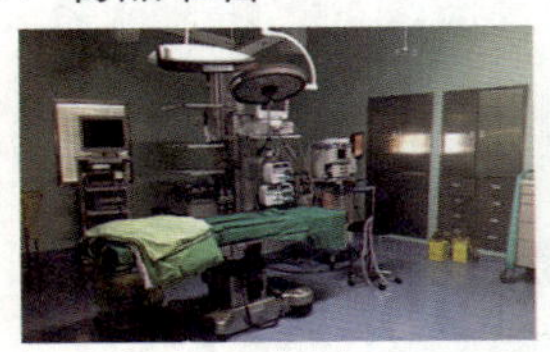	手术前提前1小时运转净化空调系统，术前检查手术间内各种药物、物品是否备齐，电源、吸引装置和供气系统等固定设备是否安全有效，调节好适宜的室温及光线。
2．迎接病人 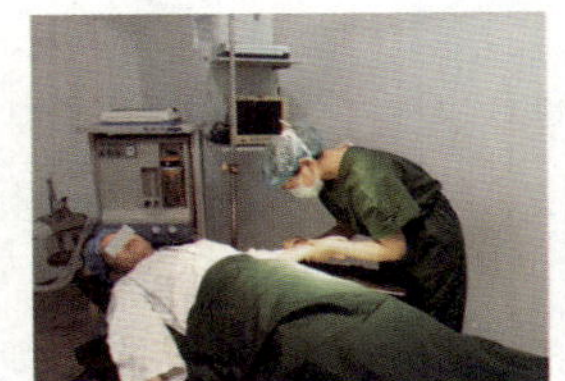	仔细核对病人床号、姓名、性别、年龄、住院号、手术名称、手术部位、术前用药、手术同意书和手术间，接病人入手术间，为病人建立静脉通路。
3．安置手术体位 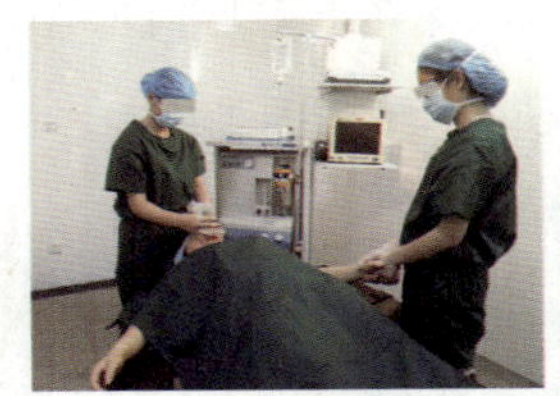	协助麻醉，根据麻醉要求安置体位并注意看护；待麻醉后，和麻醉师一起按手术要求摆放手术体位，正确固定，保证病人舒适安全。
4．准备无菌桌 	将敷料包放在器械桌上，待体位安置好以后，用手打开包布（双层）外层，由里向外展开，手臂不可跨越无菌区，用无菌持物钳打开第二层包布，先对侧后近侧。
5．协助手术准备 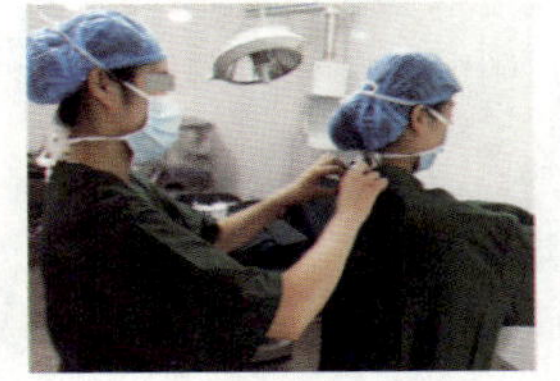	帮助手术人员穿无菌手术衣，皮肤消毒前暴露病人手术区，并调整照明光源，接好电刀、电凝及吸引器等。

续表

操作流程	操作要点
6．术前物品清点 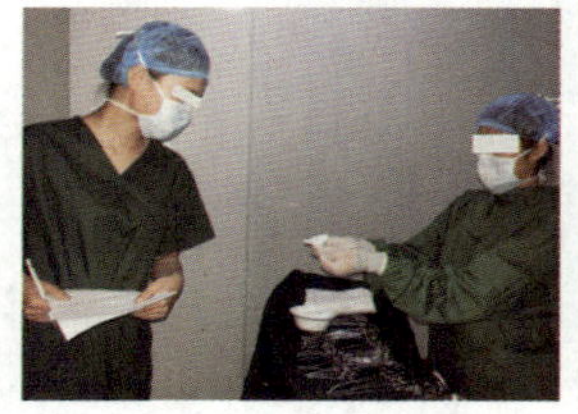	与器械护士共同核对手术器械、敷料等（术中关闭腹、胸腔前及关闭体腔后缝合切口前，须再次与洗手护士共同清点以防遗留），核实后及时登记。

2．洗手护士　洗手护士是指直接上手术台参与手术，负责手术全过程中所需器械、物品和敷料的供给，主动配合手术医师完成手术的护士，也称为器械护士。一般要求于手术前一日访视病人，准备好手术所需器械及物品等。手术前15~20分钟进行外科洗手、穿无菌手术衣、戴无菌手套，管理无菌器械台，默契配合手术操作（表12-10）。

表 12-10　洗手护士手术前准备

操作流程	操作要点
1．手臂的清洗与消毒	
（1）清洁洗手  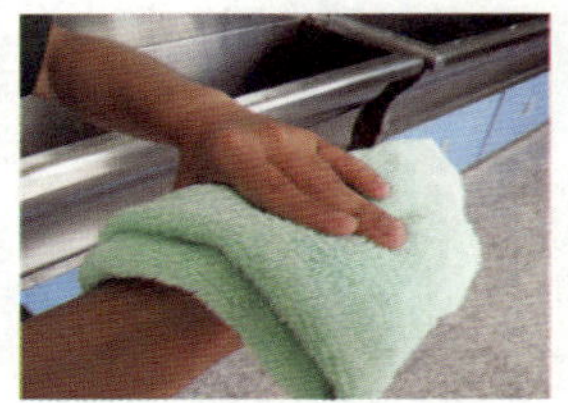	① 流动水下清洁指甲缝下的污垢； ② 取适量抗菌洗手液按七步洗手法均匀涂布双手及肘上10cm，揉搓双手及手臂，时间不少于30秒； ③ 用流动纯净水（软水）自双手、上臂至肘部方向冲洗，彻底冲净，抬起双手保持高过肘部呈拱手姿势，并远离身体； ④ 用纸巾或清洁毛巾擦干手及前臂（从手腕往上拭干至肘上，不得往回擦拭），换纸巾同法擦干另一手；确认手及手臂的清洁。

续表

操作流程	操作要点
（2）消毒洗手 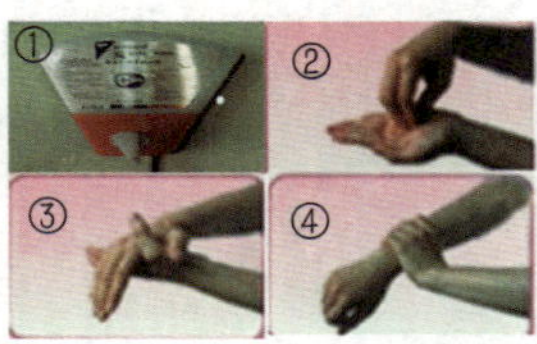 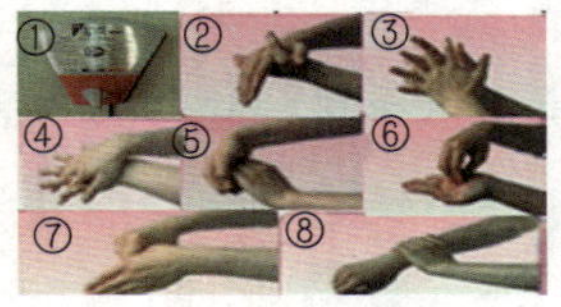 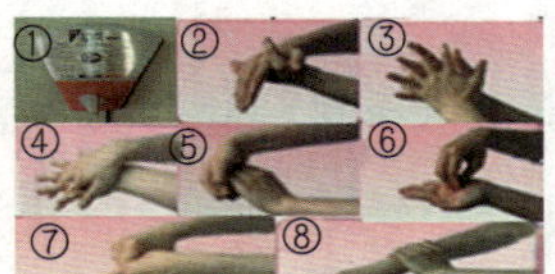 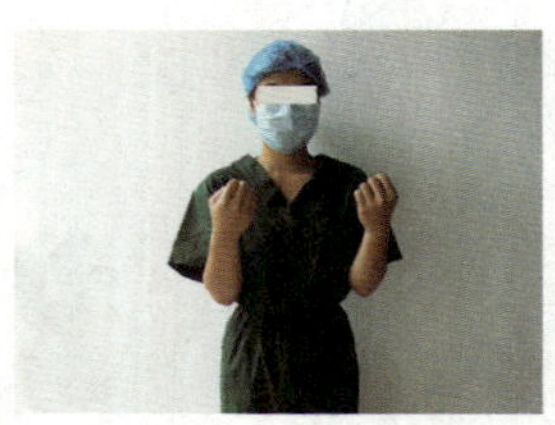	① 取适量手消毒液于一手掌心，另一手手指尖在该掌心揉搓，用剩余的洗手液涂抹手掌及前臂；换另一手，重复上述步骤； ② 再取适量手消毒液，七步洗手法揉搓双手及手腕，直至干燥； ③ 保持双手屈肘向上姿势进手术间穿无菌手术衣。
2．穿无菌手术衣、戴无菌手套（手不应接触手术衣和手套的外面）	
（1）穿无菌手术衣 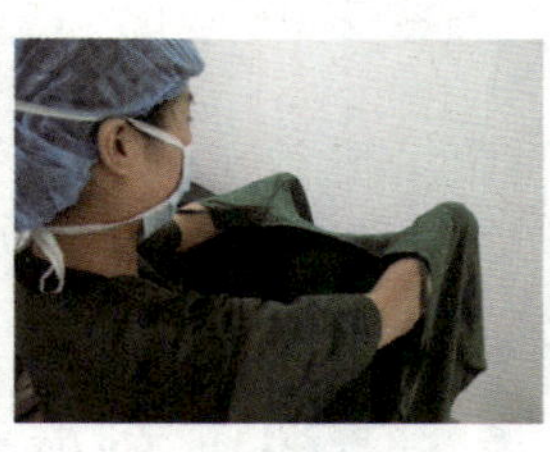 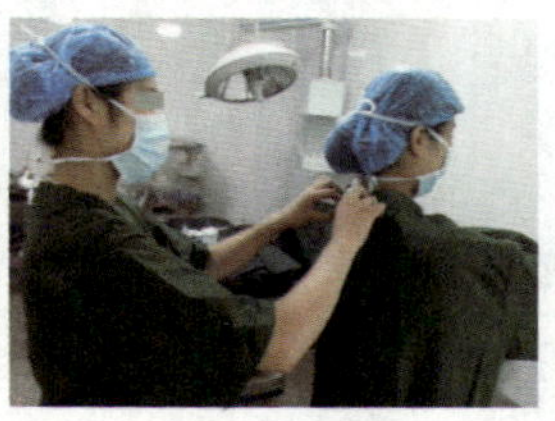	① 外科洗手后，取手术衣，选择宽敞的地方站立，手持衣领，袖洞面向自己轻轻抖开； ② 将手术衣轻掷向上的同时，顺势将双手和前臂伸入衣袖内，并向前平行伸展，先不伸出袖口外；巡回护士协助提拉并系好领口的一对系带及左襟背部与右襟内侧腋下的一对系带。

续表

操作流程	操作要点
（2）无接触式戴手套 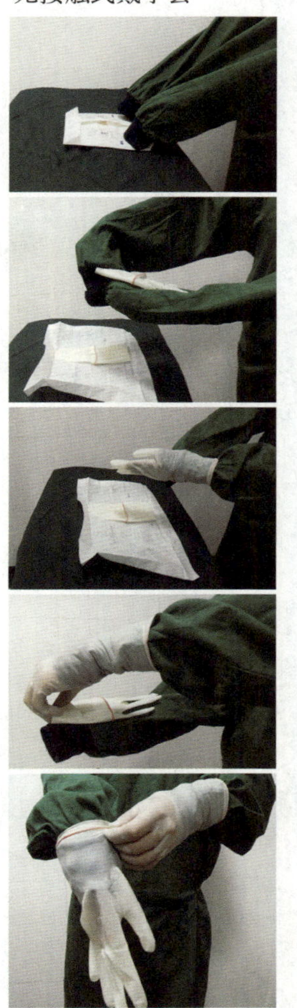	① 在袖内取出无菌手套； ② 隔着衣袖将无菌手套放于另一只手的袖口处，手套的指端朝向手臂，并与各手指相对应； ③ 放有手套的手隔着衣袖将手套的侧翻折边抓住，另一只手隔着衣袖拉另一侧翻折边将手套翻于袖口上，手迅速伸入手套内； ④ 再用已戴手套的手同法戴另一只手。 注：接触式戴手套法同《护理技术》介绍的戴无菌手套法。
（3）系好手术衣腰带 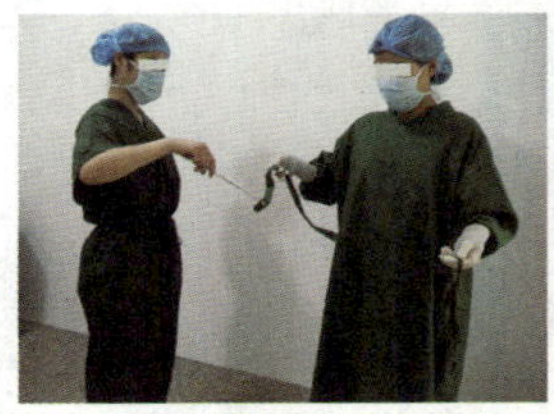	戴好无菌手套后解开腰间活结，递右侧腰带给巡回护士，巡回护士以无菌持物钳（镊）夹住，或将右侧腰带递给已经穿好手术衣戴好手套的人员，绕过背后使手术衣的外片遮盖内片，再将腰带递回给穿衣者右手，将腰带与胸前另一腰带结扎。

续表

操作流程	操作要点
（4）冲洗无菌手套 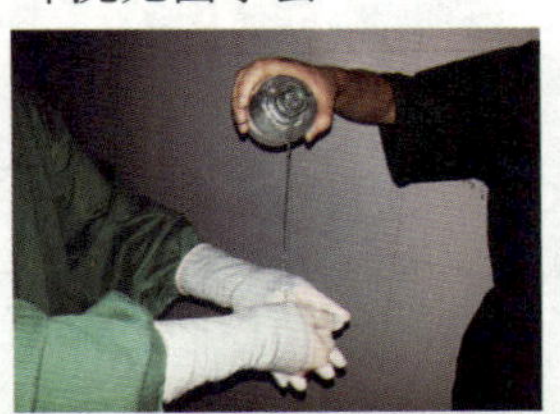	若使用的是有粉无菌手套，须用无菌生理盐水将手套表面残留滑石粉冲洗干净，防止手术时带入体腔。
3．手术器械物品准备	
（1）准备整理器械台 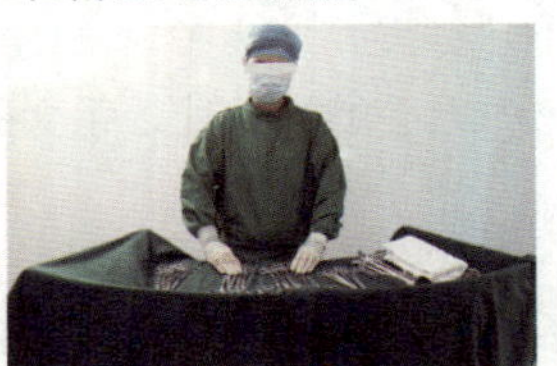	垫在无菌器械桌面上的无菌巾共有6层，铺无菌单时应下垂至桌面下30cm；将器械按使用的先后次序及类别整齐地摆放在无菌器械台上，不能超出无菌桌的边缘。
（2）协助手术区消毒铺巾 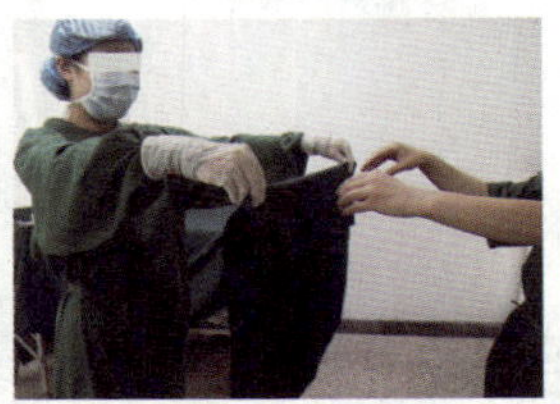	协助手术医师进行手术区皮肤消毒和铺巾。
（3）清点用物 	术前与巡回护士共同清点器械、缝针、敷料等的数目，确保准确无误。

（二）病人准备

表 12-11　病人手术前准备

操作流程	操作要点
1．安置手术体位 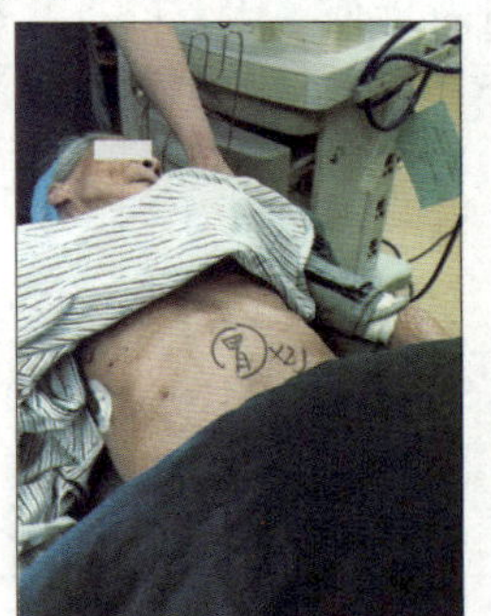	麻醉完成后，巡回护士、麻醉师一起根据手术部位，安置病人合适的手术体位，用垫枕、沙袋及固定带等物件保持病人位式，充分暴露手术野，同时最大限度地保证病人的安全与舒适。

续表

操作流程	操作要点
2．消毒皮肤 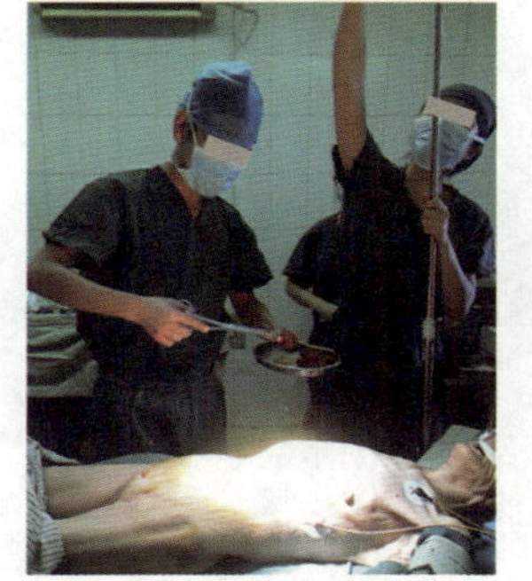	巡回护士协助暴露手术野，第一助手手臂消毒后暂不穿手术衣，对确定的手术切口及其周围至少15~20cm的皮肤由内向外、从上到下进行消毒。
3．铺手术单 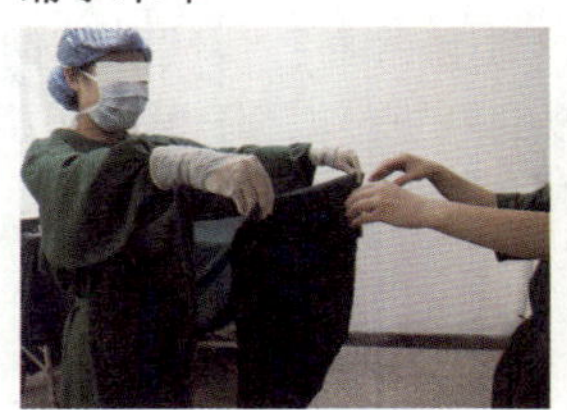 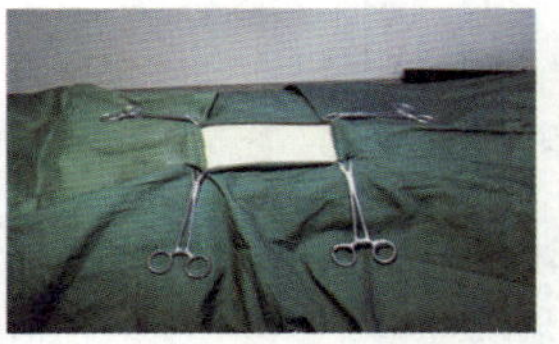 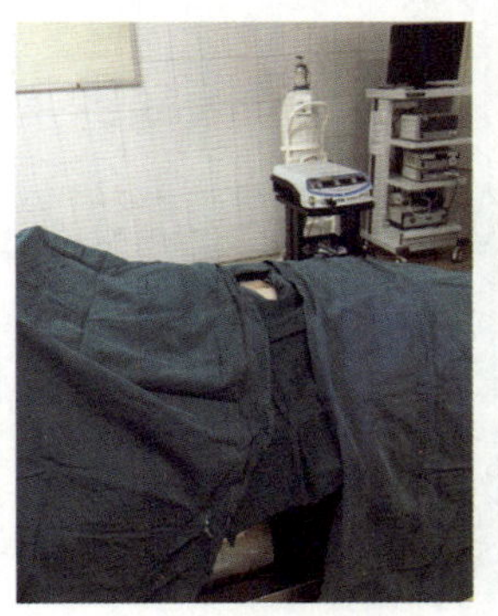 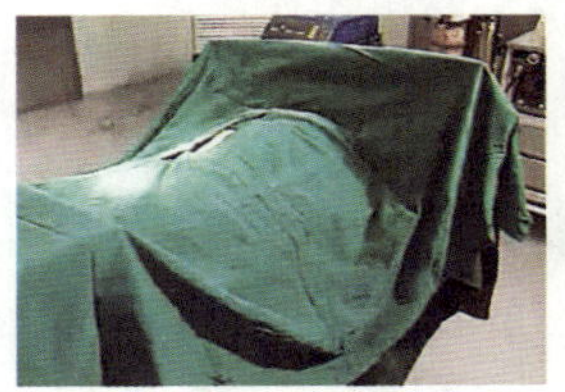	铺单原则：手术区周围要求有4~6层无菌布单覆盖，外周最少2层。 （1）铺切口巾：器械护士将无菌巾折边1/3，按顺序递给第一助手，四角用巾钳固定，用无菌薄膜粘贴可防止皮肤上残存的细菌在术中进入伤口。第一助手再次手臂消毒，穿无菌手术衣戴无菌手套后，再进行下面的铺巾。 （2）铺手术中单：将两块无菌中单分别铺于切口的上、下方，展开时铺巾者手卷在单子内面避免污染。 （3）铺手术洞单：将有孔洞的剖腹大单正对切口，短端向上、长端向下，先上后下分别展开。头端盖住麻醉架，尾端盖住器械托盘，两侧和足端应垂下超过手术床边30cm。

三、手术中管理

（一）手术配合

表 12-12　洗手护士、巡回护士手术中的配合

操作流程	操作要点
洗手护士	
1．传递用物	手术过程中，向手术医师传递器械、敷料、缝针等，准确无误、迅速主动，传递时以器械柄端轻击手术者伸出的手掌。
2．管理用物	器械使用后，及时取回擦净，做到快递、快收，随时整理。始终保持手术野、器械盘、器械桌的整洁、干燥和无菌状态。各类标本放于器械台角上，确保无误。
3．观察病情 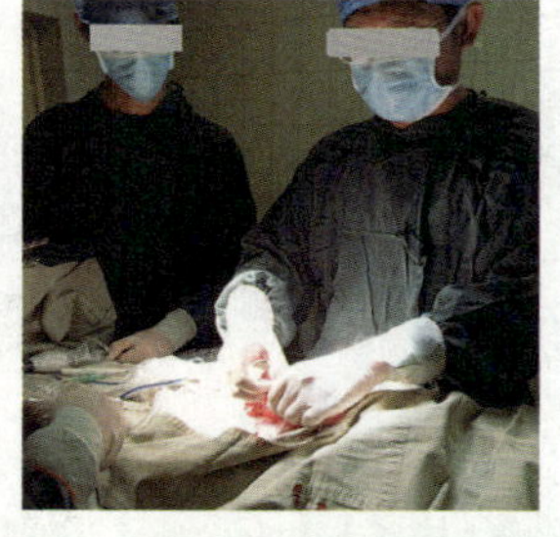	随时注意手术进展情况，如发现病人大出血、心跳骤停等意外时，沉着、冷静，及时与巡回护士联系，积极配合抢救。妥善保管术中采集的各类标本，术后交手术医师。
巡回护士	
术中巡回 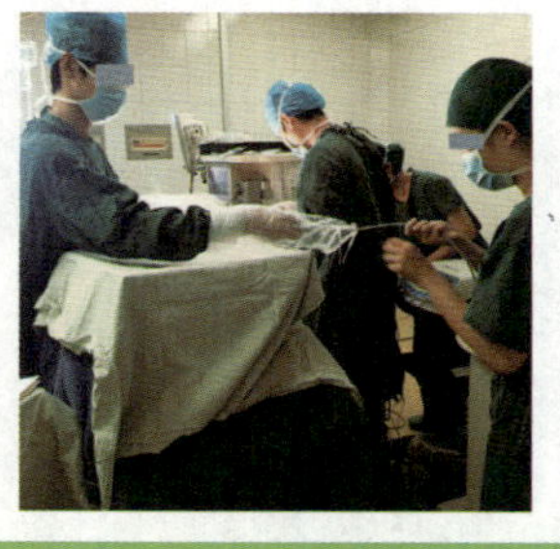	术中注意手术进展，供应术中所需物品。密切观察病情变化，保证输血、输液径路通畅。保持手术间整洁安静，监督手术人员严格执行无菌操作技术。
两者共同	
清点用物	术中关腹、关胸腔前及关闭体腔后缝合切口前，洗手护士再次和巡回护士共同清点器械、缝针、敷料等的数目，术毕再清点一次并记录，确保准确无误。

（二）无菌管理

表 12-13　洗手护士、巡回护士手术中的无菌管理

操作流程	操作要点
1．确保物品无菌 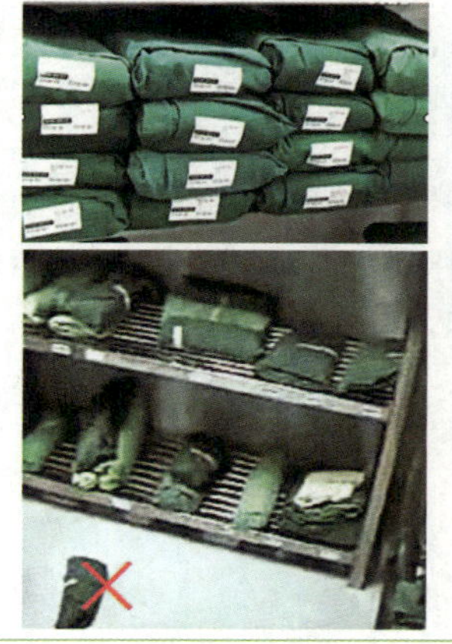 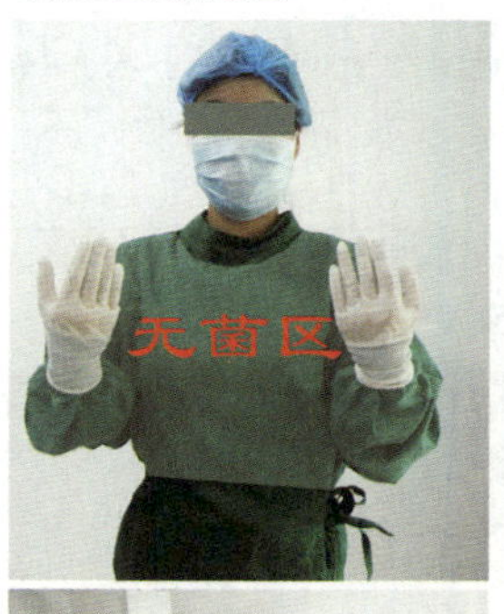	使用前严格查对物品名称、灭菌日期、指示胶带、指示卡的变色情况以及包装是否完整，若无菌包坠落在地面、潮湿或破损、灭菌有效时间和效果不能肯定等应视为有菌，不得使用。
2．确保区域无菌  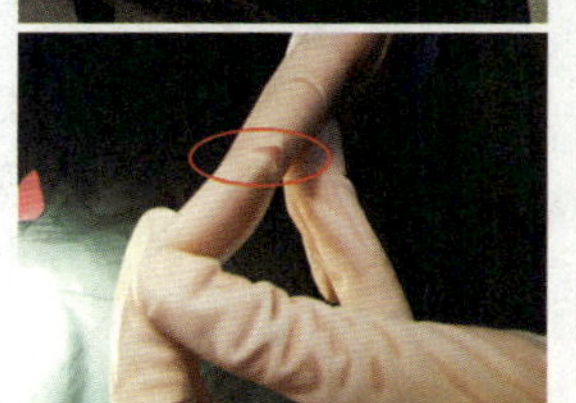 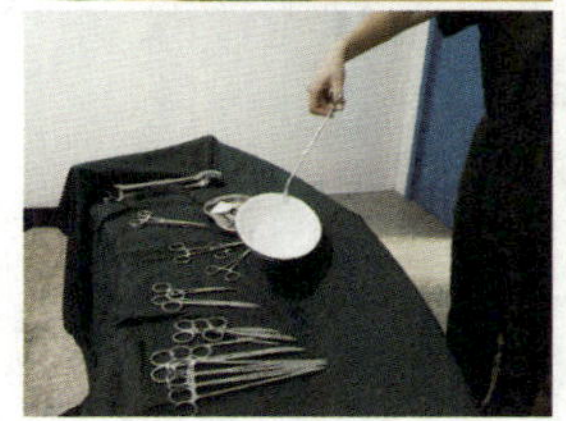	（1）进入手术室，不可高声谈笑、大声喧哗，尽量避免交谈，防止口罩潮湿影响过滤效果。 （2）穿上无菌手术衣、戴好无菌手套后，方可接触无菌区。等待时应肘部内收、靠近身体，双手需保持在腰部以上视线范围内，前臂不可下垂。 （3）手术台、无菌桌仅其边缘以上属无菌，边缘以下为有菌，无菌物品坠落至桌面、手术台边缘以下应视为有菌，不能再取回使用；无菌布单被水或血液浸湿时，应加盖或更换新的无菌单。 （4）手术过程中应面向无菌区，手术器械及无菌物品应由器械护士自器械台侧正面方向传递，不可从背后或头顶方向传递。 （5）同侧手术人员若需交换位置，应先后退一步，转过身，与另一手术人员背对背地转到另一位置。 （6）如无菌手套不小心被器械刺破，应立即更换。 （7）巡回护士取用无菌物品时需使用无菌持物钳，并与无菌物、无菌区保持一定的距离，倾倒溶液时只许瓶口进入无菌区的边缘。

续表

操作流程	操作要点
3．保护无菌组织 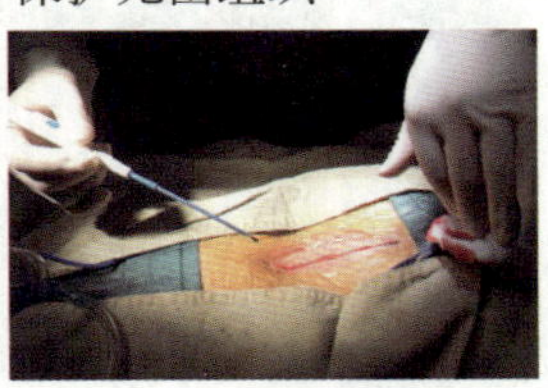 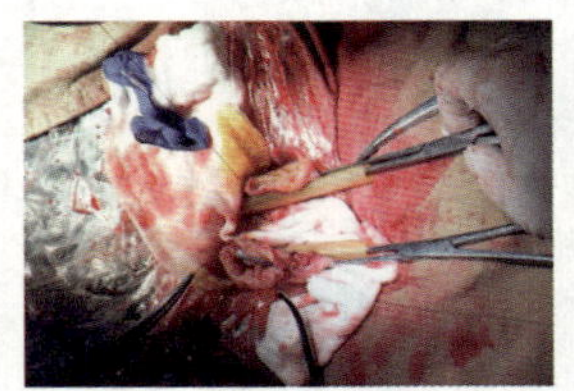	（1）皮肤切开前应用无菌纱布垫遮住切口两旁，或用无菌聚乙烯薄膜盖于手术野皮肤上，经薄膜切开皮肤，以保护切口不被污染；与皮肤接触的刀片和器械不应再用。 （2）进行胃肠道、呼吸道、宫颈等沾染手术时，在切开空腔前应用纱布垫保护周围组织，并随时吸除外流的内容物；被污染的器械和其他物品应放在专用区域内，实行隔离；沾染步骤全部完成后，手术人员应用无菌水冲洗或更换手套、更换器械。
4．保持空气洁净 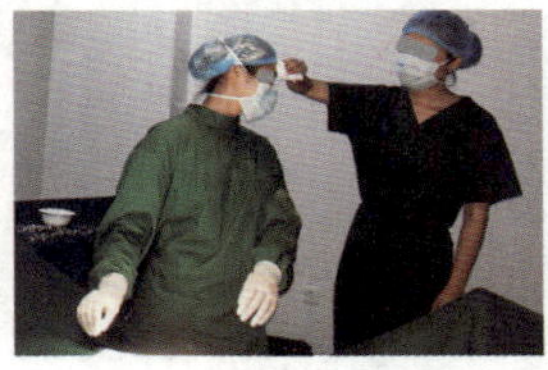	（1）手术室门窗应关闭，减少人员走动，每间参观手术人员≤2人，不可太靠近手术人员或站得太高；布类物品轻拿轻放，不可抖动。 （2）为防手术人员滴汗，可于额部加一无菌汗带。请他人擦汗时，头应转向一侧，不使纱布纤维落入无菌区。 （3）每台及每日手术结束后，及时进行手术室的清洁与消毒。

四、手术后处理

表 12-14　洗手护士、巡回护士手术后的处理

操作流程	操作要点
洗手护士	
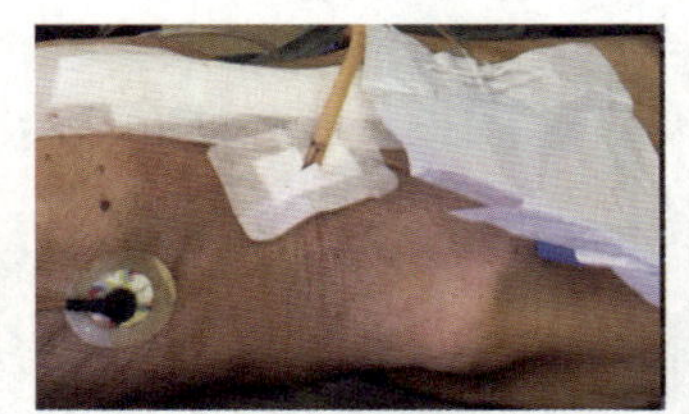	（1）手术完毕协助包扎，固定好各种引流管。

续表

操作流程	操作要点
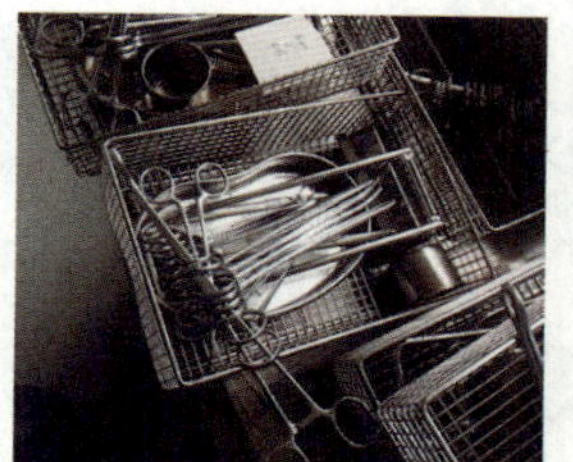	（2）处理手术器械。术后将手术器械用洗涤剂浸泡擦洗，注意各轴节部位，用流水冲洗干净，涂润滑油保护，擦干或烘干后分类放到器械柜内，手术前按需要将手术器械打包后进行高压蒸汽灭菌；手供一体化管理的医院可直接送消毒供应中心采用超声自动清洗机一体化处理。不耐热手术用品、各类导管，采用环氧乙烷灭菌或化学消毒剂浸泡。污染手术后的器械先浸泡消毒后再按普通器械处理。
巡回护士	
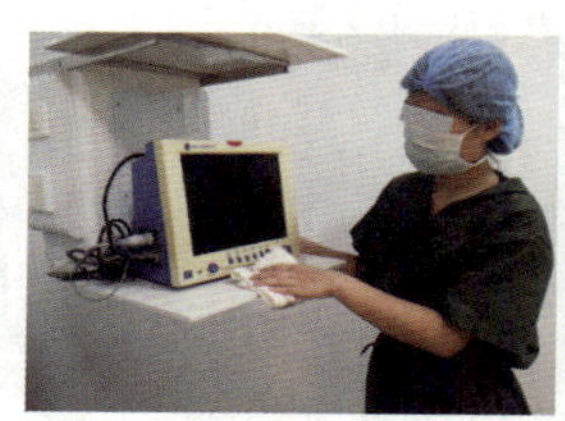	（1）护送病人回病房或ICU，与病房护士或ICU护士进行交接班。 （2）整理手术间，物归原处，每天手术结束后进行清洁工作。净化空调系统一直运行，直至恢复到规定洁净级别为止。不同级别手术间清洁工具不混用，每月定期做空气洁净度和生物微粒检测。

护理评价

在手术人员密切配合下，张女士顺利地在全身麻醉下进行了胃大部切除手术，清醒后由麻醉师和巡回护士护送回到病房。

知识拓展……

➤ 手术室物品管理

（一）器械类

手术器械是外科手术操作的必备物品，一般用不锈钢制成。现代外科手术质量和速度的提高一定程度上得益于手术器械的更新与发展，但最基本、最常用的还是刀、剪、钳、镊、针、拉钩等器械（表12-15）。

表 12-15　常用手术器械

<table>
<tr><th colspan="4">1．基本器械</th></tr>
<tr><td>（1）手术刀
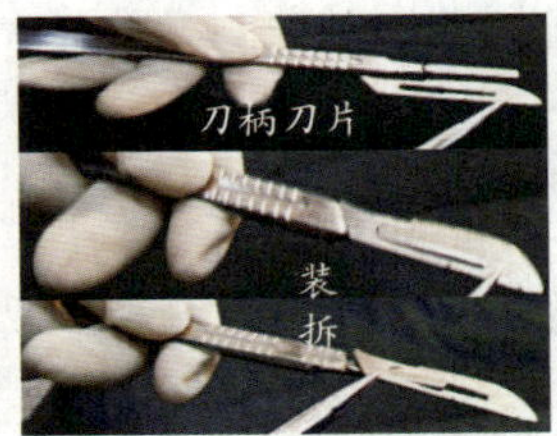</td><td>手术刀用于切开和剥离组织。刀锋不要向着自己或别人，以免受伤。</td><td>（4）血管钳
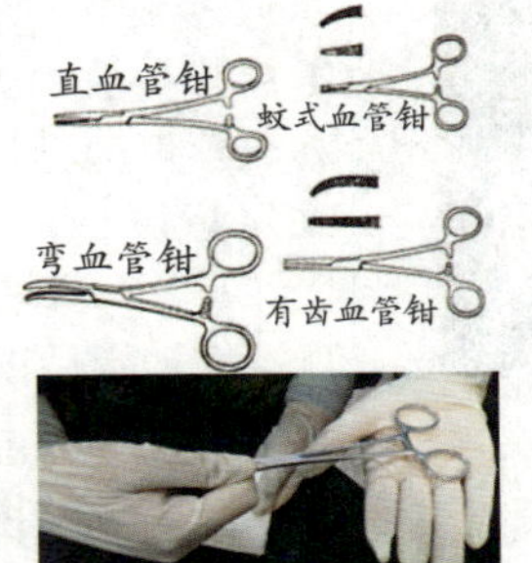</td><td>血管钳主要用于钳夹血管或出血点，亦称止血钳。血管钳不得夹持皮肤、肠管等，以免组织坏死。止血时只扣上一、二齿即可。</td></tr>
<tr><td>（2）手术镊
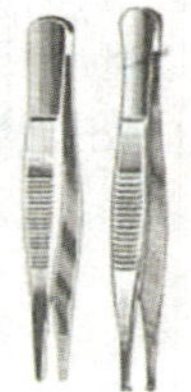</td><td>手术镊分为无齿镊和有齿镊，使用时用拇指对食指与中指，执二镊脚中、上部。</td><td>（5）持针钳
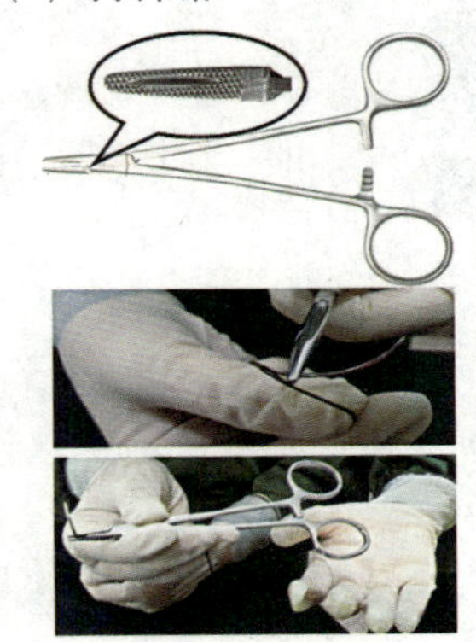</td><td>持针钳也叫持针器，钳嘴粗短。用持针器的尖夹住缝针的中、后1/3交界处为宜，多数情况下夹持的针尖应向左，缝线重叠1/3左右，将绕线重叠部分也放于针嘴内。</td></tr>
<tr><td>（3）手术剪
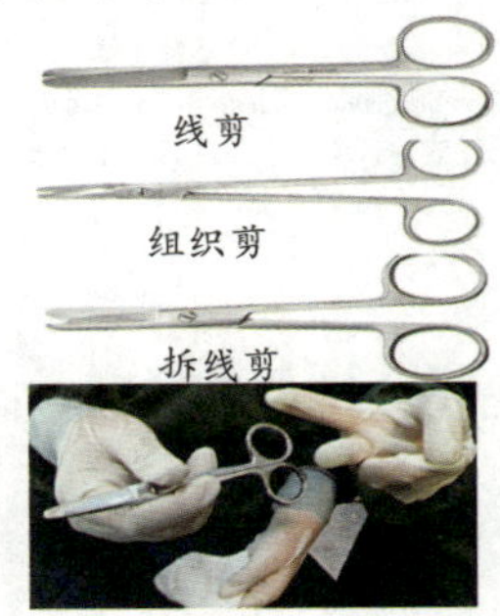</td><td>手术剪不能以组织剪代替线剪，以免损坏刀刃。</td><td colspan="2">（6）其他常用钳类器械
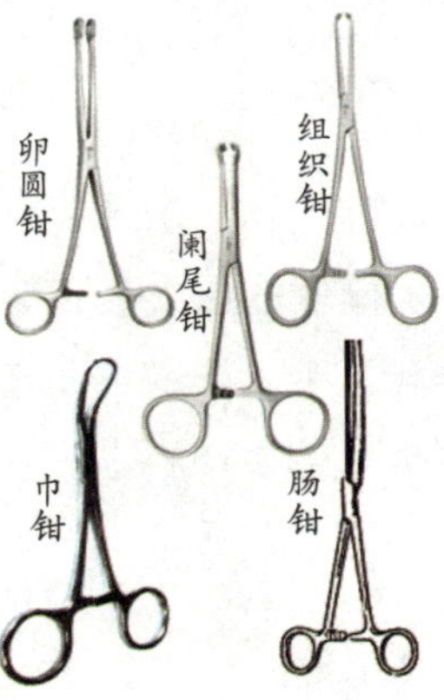</td></tr>
</table>

续表

2．牵引钩类器械

（1）手动拉钩

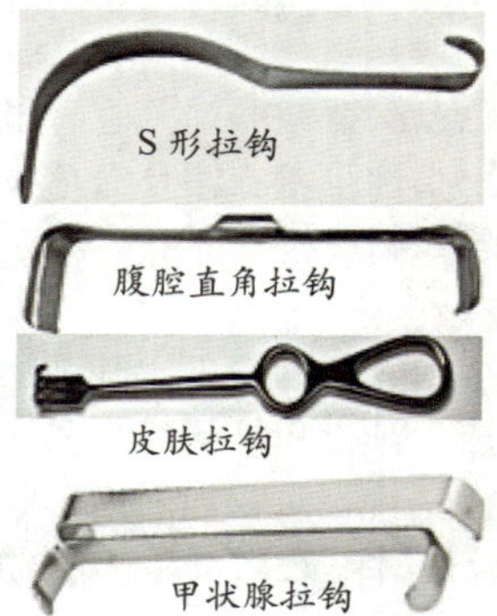

（2）自动拉钩

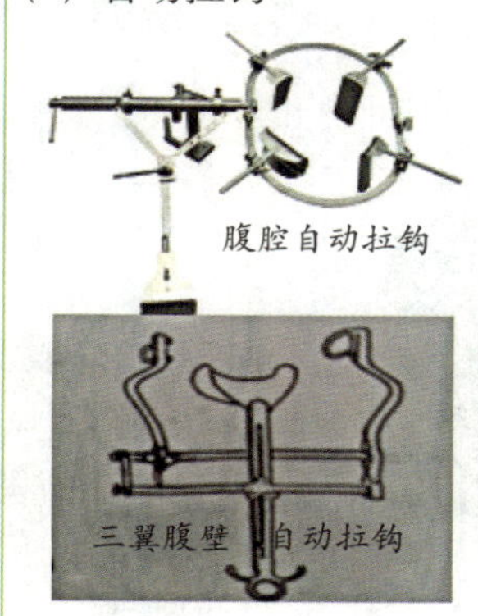

3．缝针及缝线类

（1）缝针

1）三角针：缝合皮肤或韧带等坚韧组织。

2）圆针：用于缝合血管、神经、脏器肌肉等软组织。

3）针线一体的缝合针：从针到线粗细一致，对组织造成的损伤小，并可防止缝针在术中操作时脱离。

（2）缝线

缝线的粗细以号码标明，常用的有1~10号线，号码越大表示线越粗。细线则以0表明，0数越多，线越细。

1）可吸收缝线类：在伤口愈合过程中，因体内酶的消化可被组织吸收，主要为羊肠线和合成纤维线。

2）不吸收缝线类：丝线、不锈钢丝、尼龙线等，丝线最常用，缺点是在组织内为永久性的异物。

（3）现代缝合新技术

1）医用黏合剂：主要用于皮肤切口，植皮和消化道漏口的黏合；

2）金属钉直接钉合。

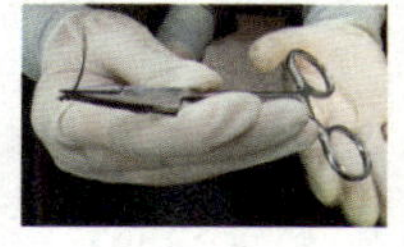

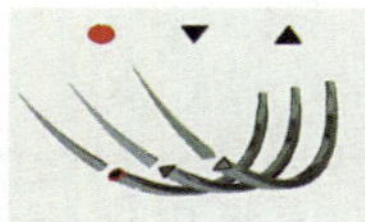

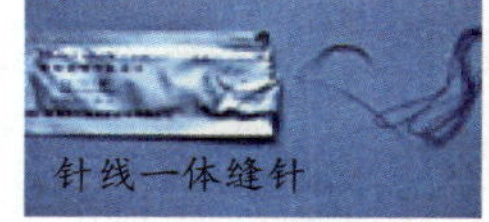

（二）其他类

表 12-16　布类、敷料及引流物

<table>
<tr><th colspan="2">1．布类物品</th></tr>
<tr><td>手术衣
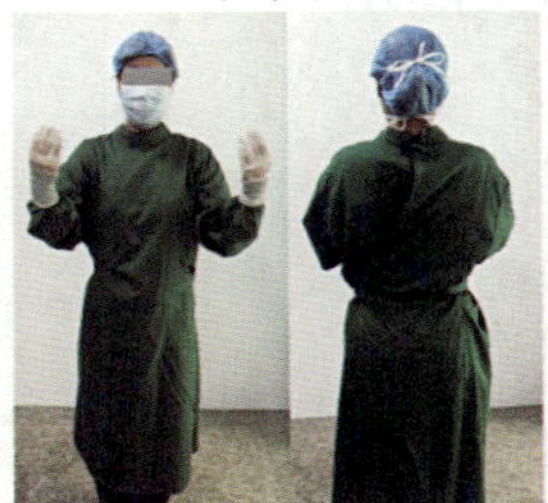
手术单
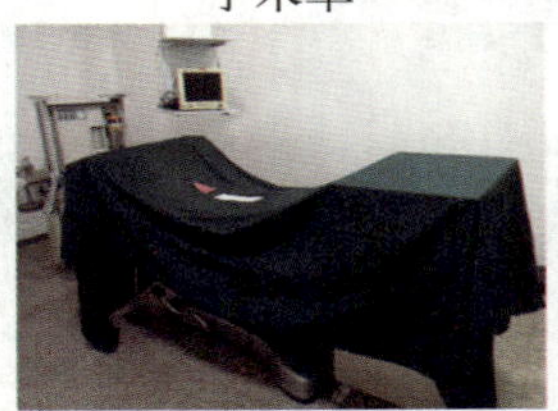</td><td>应选择致密且厚实的棉布，颜色以深蓝或深绿为宜。目前，由无纺布制作并经灭菌处理的一次性手术衣帽及布单类临床应用较多，但不可完全代替布类敷料。

手术衣：要求穿上后能遮盖至手术人员的膝下，其前襟及腰部为双层，防手术中被血水浸透；袖口用纯棉针织品制成松紧口，便于手套腕部盖于袖口上；折叠时衣面向内，领子在最外面（临床均包裹在内），取用时不致污染手术衣的无菌面。

手术单：包括大单、中单、手术巾、各部位手术单和各种包布等，手术巾和包布多为双层。各类手术单均需采用高压蒸汽灭菌处理。</td></tr>
<tr><th colspan="2">2．敷料类</th></tr>
<tr><td colspan="2">用于术中止血、拭血、压迫、包扎等，用吸水性强的脱脂棉花和纱布制作。纱布类包括大小、尺寸不同的纱布垫、纱布块、纱布球和纱布条；棉花类包括棉垫、带线棉片、棉球、棉签。</td></tr>
<tr><th colspan="2">3．引流物</th></tr>
<tr><td>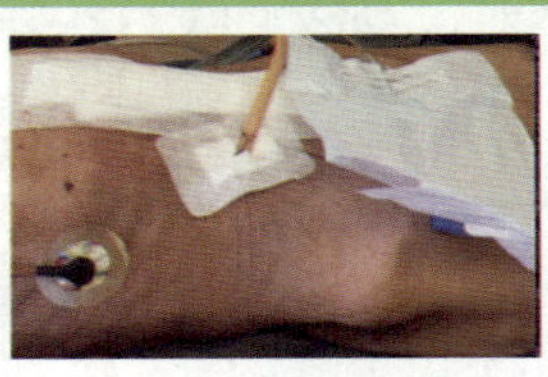
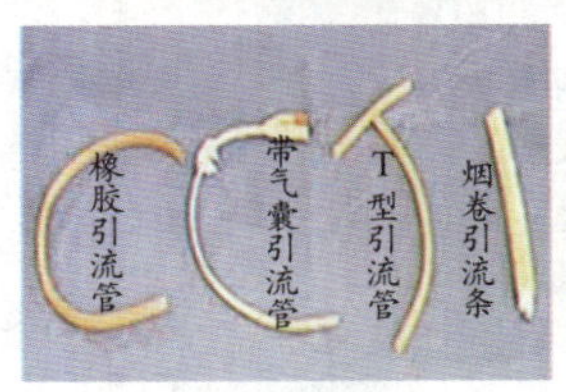
</td><td>外科引流是指将人体组织间或体腔中积聚的脓液、血液或其他液体通过引流物导流于体外的技术。
（1）乳胶片引流条：一般用于浅部切口和小量渗液的引流。
（2）烟卷式引流条：主要用于腹腔或深部组织较短时间的引流。
（3）纱布引流条：常用于浅表部位、感染创口的引流。
（4）管状引流管：种类繁多、用途最广，现多为独立灭菌包装，一次性使用。在各引流管外都应贴有明确标识以防止连接错误。</td></tr>
</table>

➢ 常用手术体位

巡回护士在安置病人手术体位时，应注意最大限度地保证病人的安全与舒适，同时要充分暴露手术野，不影响呼吸循环，肢体及关节衬垫固定稳妥不悬空，避免血管、神经受压及压疮等并发症的发生。常用的手术体位有以下几种（表12-17）。

表 12-17　常用手术体位

1．仰卧位　最常用，适用于腹部、颈部、颌面部、骨盆及下肢手术等。

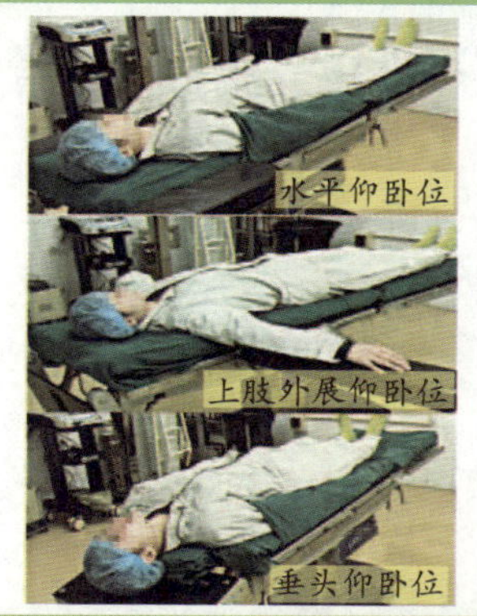

（1）水平仰卧位：病人仰卧于手术床上，双上肢自然放于身体两侧，中单固定，双下肢伸直，双膝下放一软垫，防止双下肢伸直时间过长引起神经损伤，约束带轻轻固定膝部。

（2）上肢外展仰卧位：将患侧身体靠近手术床沿，上肢外展于托手架上，外展不得超过90°，以免损伤臂丛神经，其余同水平仰卧位。

（3）垂头仰卧位：双肩下垫一肩垫，抬高肩部20°，头后仰，颈下垫一圆枕，防止颈部悬空，头两侧置小纱袋，固定头部。

2．侧卧位　适用于胸部、腰部及肾脏手术，侧卧30°~50°体位适用于胸腹联合手术、心包手术。

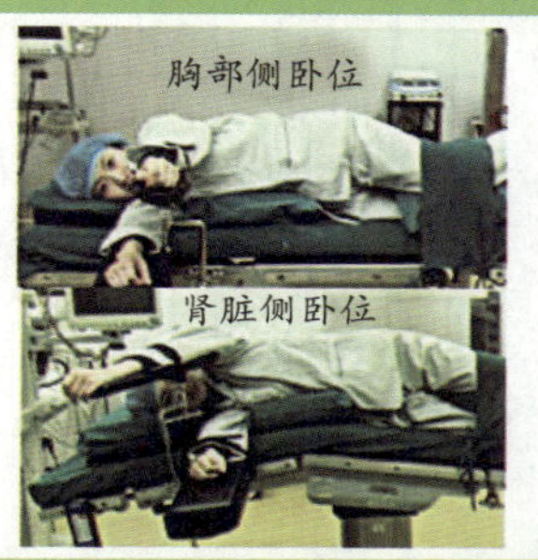

（1）胸部侧卧位：病人健侧卧90°，腋下垫一腋垫，双手臂向前伸展于双层托手架上并固定，头下垫枕，胸背部两侧各上一个挡板，与身体间放软垫，上腿屈曲90°，下腿伸直，两腿之间放软枕，约束带固定髋部及膝部。

（2）肾脏侧卧位：病人健侧卧位90°于手术床上，病人肾区对准腰桥关节，腰部垫软枕；其余同胸外科手术侧卧位。

3．俯卧位　用于脊椎、背部及后脑部大手术。

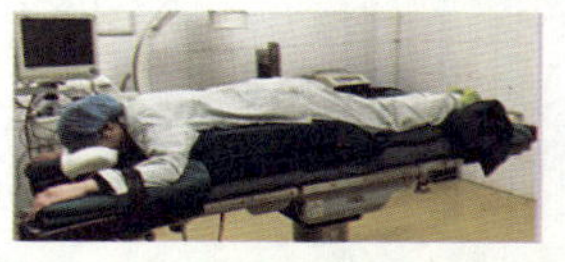

待病人麻醉后将病人俯卧至弓形架上，头部置于头托上，病人的胸腹部呈悬空状，有利于呼吸和循环，双上肢自然弯曲置于头侧并固定，双足部垫一大软枕，使踝关节自然弯曲下垂，防止足背过伸引起足背神经损伤。

4．截石位　适用于会阴部、尿道、肛门部手术。

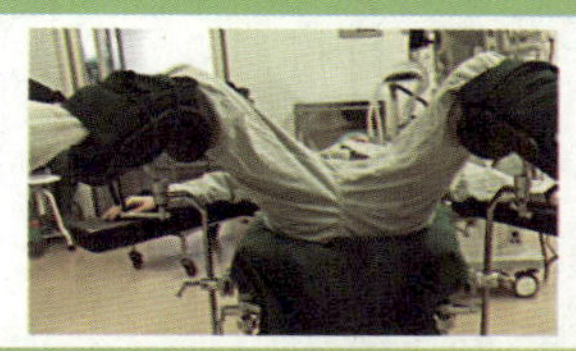

病人仰卧，两腿屈髋，膝放于腿架上，腿与腿架之间垫一棉垫，并用约束带固定；两腿高度以病人腘窝自然弯曲下垂为准，防止因过高或过低引起大腿内收肌拉伤，将膝关节摆正，防止腓总神经损伤，摇下床尾。

5．半坐卧位　适用于鼻、咽部手术，可减少出血、防止血液流入气管导致窒息。

将手术床头端摇起75°，足端摇下45°，病人两腿半曲，坐靠在摇起的手术床上，双上肢自然放于身体两侧并用中单固定，手术床再后倾15°。

➢ 外科洗手

外科洗手又称外科手消毒，是消除指甲、手和前臂的异物以及杀灭手部暂居菌和减少常居菌的过程。外科洗手经历了传统的肥皂水刷手—消毒液浸泡、肥皂水刷手—消毒液擦洗和目前的免刷式外科洗手。免刷式外科洗手是在七步法清洁洗手的基础上用手直接取含乙醇的外科洗手消毒液原液来进行手消毒，不需要棉球和手刷，由于它消毒效果可靠，操作流程简单，操作时间短，为危急重症手术病人赢得了抢救时间；也由于减少了手术者皮肤损伤，大大提高了对洗手规范的依从性。值得注意的是：① 不同病人手术之间、手套破损或手被污染时，应重新进行外科洗手和外科手消毒；② 手术人员指甲必须短、干净，揉搓仔细到位，每个动作重复5次以上，洗手时间为2～6 分钟。

护考练兵场……

A_1型题（单选题）

1．巡回护士的职责不包括（　　）

A．检查手术间设备及手术需用物品

B．核对病人姓名、床号、施术部位

C．术中观察病情变化，执行口头医嘱，配合抢救

D．术毕整理手术台和清洗器械

E．关闭体腔前与手术护士共同清点器械物品

2．无菌操作原则中，错误的是（　　）

A．手术者的上肢前臂一旦触及有菌物后，应更换手套

B．发现手套有破口时，应立即更换

C．无菌手术单湿透时，应加盖干无菌单

D．禁止越过头部或从术者背后传递无菌器械物品

E．坠落在手术台边缘以下的器械物品，不准拾回再用

3．手术室器械护士的主要任务不包括（　　）

A．铺好无菌台　　B．传递器械　　C．与巡回护士清点手术物品

D．执行口头医嘱　　E．密切配合术者共同完成手术

4．术者已穿好无菌手术衣，戴好无菌手套，手术未开始时，双手应置于（　　）

A．胸前部　　B．腹前部　　C．夹于腋下

D．双手下垂　　E．双手往后背

5．手术人员手臂消毒后，手臂应保持的姿势是（　　）

A．手臂向上高举　　B．手臂自然下垂　　C．胸前拱手姿势

D．手臂向前伸　　E．双手放置背后

6．肾手术的手术体位是（　　）

A．仰卧位　　B．侧卧位　　C．俯卧位

D．截石位　　E．半坐卧位

综合运用……

（接P480前述案例）若你是手术室护士，如何进行手术开始前准备？术中配合时要注意什么？

学习反思……

我学会了……

我掌握了……

我的问题……

任务四　手术后病人的护理

我们的目标是……

- 了解手术切口的分类、愈合分级及拆线时间。
- 熟悉手术后病人的护理评估、主要护理诊断。
- 掌握手术后病人的护理措施。

我们的任务是……

- 学会对不同麻醉、不同术式、不同病情病人做出全面护理评估。
- 根据情景案例提出相应的护理诊断。
- 为手术后病人实施正确的护理措施。

任务实施中……

临床情景——外科病房

（接前述情景案例）张女士在静吸复合麻醉下行胃大部切除术，术中出血约150ml，手术经过顺利，术后诊断“胃窦癌”，安全返回病房。体检：病人神志清楚，对答正确，生命体征稳定，伤口敷料干燥，腹腔负压引流管、胃肠减压管、输液管通畅，安置张女士平卧位，给予吸氧、心电监护。

问题1. 术后张女士存在哪些身心状况？

问题2. 根据张女士的身心状况，她存在哪些护理问题？

问题3. 若你是责任护士，你如何护理张女士？护理的侧重点有哪些？

根据本任务的临床情景，完成表12-18。

表 12-18　情景案例病人的护理评估分析

评估项目	评估要点
1．术中情况	手术名称________，麻醉方式________ 术中出血________，术中补液________ 手术经过________，术后诊断________
2．目前身体状况	生命体征__________ 切口________，引流管________根，部位________， 伤口疼痛（无、轻微、较重）________
3．心理–社会状况	（伴有的心理状况）________
结论：病人目前情况________，伴有________	

一、概述

手术后护理是指病人手术结束返回病房到康复出院这段时期所实施的护理。护理工作的重点在于根据病人的麻醉手术情况和病情变化等身心状况，发现并确认护理问题，加强术后监护，有预见性地采取护理措施，减轻不适，预防并发症，促进病人康复。

1．手术切口分类

（1）清洁切口（Ⅰ类切口）：即Ⅰ期缝合的无菌切口，如颅脑、视觉器官、四肢躯干及不切开空腔脏器的胸、腹部手术切口。

（2）可能污染的切口（Ⅱ类切口）：即手术切口部位可能有污染的Ⅰ期缝合切口，如手术中必须切开或离断与体表相通并有污染可能的空腔器官的手术切口，包括消化道、呼吸道、泌尿道、阴道等，以及不易彻底消毒皮肤的阴囊、会阴部等切口。

（3）污染切口（Ⅲ类切口）：即在邻近感染区域组织及直接暴露于感染物的切口，如各个系统或部位的脓肿切开引流，化脓性腹膜炎等手术切口均属此类。

2．切口愈合情况分级

（1）甲级愈合：用“甲”字表示，指愈合良好，无不良反应。

（2）乙级愈合：用“乙”字表示，指愈合处有炎症反应，如红肿、硬结、血肿、积液等，但未化脓。

（3）丙级愈合：用“丙”字表示，指切口已化脓。

手术切口的愈合情况可记录为Ⅰ/甲（即清洁切口甲级愈合）或Ⅰ/乙，愈合时间与切口部位、局部血液供应情况、病人年龄及营养状况等有关。头、面、颈部手术切口缝线拆除时间一般为4～5天，下腹部、会阴部手术6～7天，胸部、上腹部、背部、臀部7～9天，四肢手术10～12天，减张缝合14天，年老体弱、营养不良者适当延长拆线时间。

二、护理评估

（一）手术情况

了解手术类型、麻醉方式，手术进程及术中出血、输血和补液情况。

（二）身体状况

1．生命体征　术后每小时监测体温、脉搏、呼吸、血压、神志变化，对施行大手术、全身麻醉及危重病人，应每15～30分钟测量一次，有条件者使用心电监护仪连续监测。病情稳定后改为每2～4小时观察一次；其他手术后病人稳定后每4小时观察一次。发现下列情况马上通知医师，及时处理：① 收缩压低于80mmHg；② 收缩压下降超过20mmHg；③ 每次测量血压数值逐次降低5～10mmHg；④ 心率大于120次/分或低于60次/分；⑤ 呼吸超过30次/分；⑥ 体温持续增高，超过39℃等。

2．切口及引流情况　切口部位敷料干燥与否，有无渗血、渗液等情况；了解放置引流管种类、数目、引流部位以及引流液性状、颜色、量，保持引流通畅。

3．肢体功能　感知觉恢复情况，四肢活动度，皮肤颜色与温度。

4．术后不适　评估有无切口疼痛、恶心、呕吐、呃逆、腹胀、尿潴留等不适情况。

（1）切口疼痛：麻醉作用消失后发生，术后24小时内最剧，任何增加切口张力的动作如咳嗽、翻身均可加剧病人疼痛。

（2）发热：术后3日内，组织损伤后的分解产物以及渗血、渗液的吸收，使体温升高，变化幅度为0.5～1℃，一般不超过38℃，称为外科吸收热，又称外科手术热，不需特殊处理。如体温过高或3～6天后仍持续发热，则提示存在感染。

（3）恶心、呕吐：常见原因是麻醉反应，腹部手术后频繁呕吐有急性胃扩张或肠梗阻可能。

（4）呃逆：神经中枢或膈肌受刺激，顽固性呃逆警惕膈下脓肿。

（5）腹胀：术后早期因胃肠蠕动受抑制引起，一般术后2～3天肛门排气后自然缓解。术后数日未排气并严重腹胀、肠蠕动消失，考虑肠麻痹；腹胀伴阵发性绞痛、肠鸣音亢进，警惕机械性肠梗阻。严重腹胀影响呼吸功能、压迫下腔静脉血液回流以及胃肠吻合口、腹部切口的愈合，需及时处理。

（6）尿潴留：多发于腹部或肛门会阴部术后。原因有全麻或腰麻后排尿反射受抑制、切口疼痛引起膀胱与后尿道括约肌反射性痉挛、病人不习惯床上排尿等。若病人术后6～8小时尚未排尿或排尿量极少，耻骨上叩诊有浊音区，应考虑尿潴留。

（三）心理-社会状况

了解术后病人的心理感受，对手术及预后的认识，术后不适、失去肢体或外观改变、术后恢复情况、医疗费用等引起的心理变化，以及家属对手术的看法、配合支持程度等。

三、护理诊断

1．急性疼痛　与手术创伤有关。
2．营养失调：低于机体需要量　与代谢增高、术后禁食、分解代谢增高等有关。
3．尿潴留　与麻醉影响、伤口疼痛、手术后卧床等有关。
4．知识缺乏　缺乏有关术后康复、保健的知识。
5．潜在并发症　内出血或休克、切口或肺部感染、下肢静脉血栓形成等。

护理目标

病人术后生命体征平稳，术后不适程度减轻，营养状况得以改善，能复述有关术后康复知识；术后并发症得到有效预防或及时发现和处理，术后恢复良好。

四、护理措施

表 12-19　手术后病人的护理

护理流程	护理要点	案例重点分析
1．一般护理	（1）安置体位：① 全身麻醉病人未完全清醒前安置去枕平卧位，头偏向一侧，防止口腔分泌物或呕吐物误吸；② 蛛网膜下腔阻滞麻醉（腰麻）者应去枕平卧6小时，防止脑脊液外渗致头痛；硬膜外阻滞麻醉者平卧4～6小时可不去枕；③ 病人麻醉清醒，生命体征平稳后可根据手术部位及病情调整体位（表12-20）。 （2）饮食护理：术后应根据麻醉方式和手术部位的不同，合理安排病人饮食（表12-21）。 （3）休息和活动：保持病室安静，保证病人休息。病情稳定无治疗禁忌者，鼓励早期床上活动，争取尽早离床活动。	张女士术后体位________，饮食________，活动安排________。
2．病情监测	（1）一般术后每小时监测体温、脉搏、呼吸、血压、神志、瞳孔一次并及时记录。对施行大手术、全身麻醉及危重病人，应每15～30分钟测量一次，有条件者使用心电监护仪连续监测。病情稳定后改为每2～4小时观察一次，其他术后病人病情稳定后每4小时观察一次。 （2）观察尿量和颜色，若每小时尿量少于50ml应及时汇报医生。记录24小时出入液量。	张女士的病情监测方案________。
3．切口与引流管护理	（1）切口护理：保持切口敷料清洁干燥，观察切口有无出血、渗液、感染。 （2）引流护理：① 正确连接、妥善固定引流管，安全放置，防止脱落；② 防止导管扭曲、折叠、受压、堵塞；③ 观察和记录引流液颜色、性质和量；④ 每日更换引流袋，注意无菌操作，防止感染。	张女士的切口、引流护理方法________。
4．及时处理术后不适 自控型镇痛泵	（1）切口疼痛：① 安置舒适体位，妥善固定引流管，翻身、咳嗽等增加腹压时按扶伤口，减轻切口张力；② 遵医嘱给予止痛剂，或采用病人自控镇痛技术。 （2）发热：① 术后3日内，体温不超过38.5℃不需特殊处理；② 体温>39℃者予以物理降温，必要时遵医嘱应用解热镇痛药，加强口腔皮肤护理，保证足够液体摄入；③ 有感染者遵医嘱抗感染治疗。	张女士可能出现的不适及处理________。

续表

护理流程	护理要点	案例重点分析
	(3) 尿潴留：解除病人焦虑情绪，病情允许者可协助坐起或站立，采取热敷、听流水声等诱导排尿，必要时在严格无菌操作下导尿。 (4) 恶心、呕吐：有恶心未吐时鼓励病人做深呼吸与有效咳嗽；呕吐时稳定病人情绪，将病人头偏向一侧；呕吐后做好口腔护理；注意观察并记录时间、量、颜色、性质；遵医嘱给予镇静、止吐药物。 (5) 腹胀：① 术后鼓励病人多翻身、早期下床活动；② 严重者暂禁食，腹部热敷，遵医嘱持续胃肠减压、肛管排气、高渗溶液低压灌肠等；③ 若为机械性肠梗阻致低血钾等情况应及时对应处理。	
5. 心理护理	心理活动贯穿护理的全过程。护理人员应及时告知病人手术效果，主动关心和细致照顾，动员家属一起参与，创造良好环境，以利于病人尽早康复。	

护理评价

护理目标的达成情况。

知识拓展……

➢ 手术后并发症的观察和处理

手术后常见的并发症有术后出血、感染、切口裂开、深静脉血栓形成等，护理人员应及时观察，注意有无相关因素的存在，做到早预防、早发现、早处理。

1. 术后出血　常发生在手术切口、空腔脏器和体腔内。术后1～2日内多见，尤其是术后数小时内。常由于术中止血不彻底、创面渗血未完全控制、病人凝血功能障碍、血管缝扎线脱落等引起。表现为：① 外出血：伤口敷料有新鲜血迹，并逐渐扩大；② 内出血：伤口周围血肿，引流管引流出大量血液；③ 大量出血：失血性休克的表现，如面色苍白、脉搏细速、呼吸急促、血压下降、烦躁不安等，中心静脉压＜5cmH_2O，尿量＜25ml/h，补液后未改善甚至恶化。

护理措施：术后严密观察伤口敷料、引流液的性状以及生命体征的动态变化，及时发现出血征象。切口出血者给予加压包扎；活动性出血者，及时通知医生，迅速建立静脉通路，遵医嘱输液、输血，做好手术止血的准备。

2．术后感染

（1）切口感染：清洁切口和可能污染切口并发感染，常发生于术后3～5天。常因术中无菌操作不严、污染手术隔离不彻底、细菌入侵及局部组织血液供应不良、全身抵抗力降低等引起。表现为切口疼痛加重或减轻后又加重，局部红、肿、热、痛或有波动感，有脓性分泌物，可伴有体温升高、脉搏加速，白细胞计数和中性粒细胞比例增高。

护理措施：术前完善皮肤和肠道准备，术后保持伤口敷料清洁干燥，严格无菌操作，炎症早期勤换敷料、局部理疗，遵医嘱应用抗生素，形成脓肿时拆线引流。

（2）肺不张及肺部感染：常见于胸腹部大手术后，多见于老年人、长期吸烟和患急慢性呼吸道感染者。常因全麻气管插管后、术前吸烟或患有呼吸道疾病致呼吸道分泌物增加、术后呼吸运动受限、呼吸道分泌物积聚及排出不畅等引起。早期表现为发热、呼吸加快、心率增快；继发感染后体温明显升高、白细胞及中性粒细胞计数增高，患侧胸部叩诊为浊音或实音，听诊呼吸音减弱或消失，有局限性啰音。动脉血气分析显示氧分压降低，二氧化碳分压增高；胸部X线显示典型肺不张征象。

护理措施：术前完善呼吸道准备。全麻拔管前吸尽气管内分泌物，术后取平卧位，头偏向一侧，防止分泌物、呕吐物误吸；持续低流量或中流量给氧；指导病人深呼吸及有效咳嗽，每2~3小时翻身、拍背一次，必要时吸痰；保证足够水分的摄入（2000～3000ml/d）；遵医嘱应用有效抗生素。

（3）泌尿系统感染：常继发于尿潴留、长时间留置导尿、多次导尿等。上尿路感染主要为肾盂肾炎，女病人居多，表现为畏寒发热、肾区疼痛；下尿路感染主要为急性膀胱炎，表现为尿频、尿急、尿痛、排尿困难等膀胱刺激征。

护理措施：指导病人术后自主排尿，防止尿潴留发生；导尿或留置导尿者应严格无菌操作；鼓励病人多饮水或静脉补液，维持充足的尿量（>1500ml/d），保持排尿通畅；根据尿培养和药物敏感试验结果选用有效抗菌药物控制感染。

3．切口裂开　多见于腹部及邻近关节部位肢体的手术。好发于术后1周左右或拆除皮肤缝线后24小时内。常因营养不良、切口缝合技术缺陷、腹腔内压突然增高（如剧烈咳嗽、呕吐及严重腹胀）或并发切口感染等引起。切口裂开分为全层裂开和部分裂开两种，表现为腹压突增时或有切口的关节伸屈幅度较大时，病人自觉切口剧痛和突然松开，大量淡红色液体溢出，腹部切口完全裂开可有肠管和网膜脱出。

护理措施：① 术后腹带包扎，消除使腹压增高的因素，教会病人腹压增高时保护切口的方法；② 关节活动部位的伤口拆线后应避免大幅度动作；③ 腹部切口全层裂开者应立即平卧并安慰病人→无菌生理盐水纱布覆盖→腹带包扎→送手术室缝合→术后胃肠减压；内脏脱出者切忌床旁回纳腹腔；④ 切口部分裂开者用蝶形胶布固定伤口，腹带加压包扎。

4．深静脉血栓形成　多见于下肢深静脉。老年或肥胖病人术后长期卧床、活动减少、下肢静脉多次输注高渗液体和刺激性药物等容易引起。表现为小腿腓肠肌疼痛、压痛与紧束感，也可有腹股沟区疼痛，常伴下肢凹陷性水肿，腓肠肌挤压试验或足背屈曲试验阳性。

护理措施：① 抬高患肢、制动；② 禁止经患肢静脉输液；③ 严禁按摩患肢，以防血栓脱落；④ 遵医嘱溶栓和抗凝治疗，同时加强出凝血时间和凝血酶原时间的监测。

➢ **术后早期活动**

1．术后早期活动的目的　① 改善全身血液循环，减少深静脉血栓形成；② 有利于增加肺活量，减少肺部并发症的发生；③ 促进肠蠕动和膀胱收缩，减少腹胀和尿潴留；④ 胃肠手术病人早期下床活动还可促进肠蠕动，预防肠粘连；⑤ 防止压疮。

2．术后早期活动的方法　麻醉清醒后的病人可在床上进行活动，如翻身、四肢关节的屈伸活动，术后2～3天病情稳定后可酌情下床活动。

3．术后早期活动的注意事项　活动时注意安全，观察病人的面色及生命体征，防跌倒，妥善固定管道；病重及衰竭者及某些手术需要限制活动者，如腹外疝修补手术、肝肾损伤修补术等，不宜早期下床活动。

➢ **术后病人的体位与饮食见表12-20和表12-21。**

表 12-20　不同类型手术病人稳定后的术后体位

手术类别	术后体位
颅脑手术	无休克或昏迷，可取15°～30°头高足低斜坡卧位。
颈胸部手术	取高半坐卧位，以利于血液循环，增加肺通气量。
腹部手术	取低半坐卧位或斜坡卧位，以利于引流，防止发生膈下脓肿，并降低腹壁张力，减轻疼痛。
脊柱或臀部手术	可取俯卧或仰卧位。
休克病人	可取中凹卧位。
四肢手术	术后抬高患肢，利于静脉、淋巴回流，减轻肢体肿胀。

表 12-21　不同麻醉、不同类型手术病人的术后饮食安排

麻醉种类	非胃肠道手术	胃肠道手术
局部麻醉或小手术	一般术后便可进食。	需酌情禁食24～72小时，待胃肠道功能恢复、肛门排气后可进食易消化流质食物，少食多餐，以后酌情改为半流质饮食，7～9日逐步过渡到软食、普食，此时的饮食宜高蛋白、高热量、高维生素。
椎管内麻醉	术后无恶心、呕吐，4～6小时后可饮水或进少量流质饮食，以后根据病情酌情给予半流质或普食。	
全身麻醉	完全清醒后4～6小时可先饮少量水，如无呛咳，次日进流质饮食。	

护考知识链接……

1. 生命体征的观察

（1）术后体温会略有升高，一般低于38℃，1～2天后恢复正常。

（2）全麻病人意识完全清醒的指标：对正常声音呼名反应迅速，能正确回答问题。

2. 术后病人卧位

（1）全麻未清醒者：采取去枕平卧位，头偏向一侧，防止口腔分泌物或呕吐物误吸。

（2）蛛网膜下腔麻醉（腰麻）者应去枕平卧6小时，防止脑脊液外渗致头痛；硬膜外麻醉者平卧4～6小时，可不去枕。

（3）麻醉清醒，生命体征平稳后，颈、胸、腹部手术一般取低半坐卧位或斜坡卧位，以利于呼吸和血液循环，减轻腹部张力，使腹腔渗出物流入盆腔，防止发生膈下脓肿。

（4）颅脑手术后无休克或昏迷，可取15°～30°头高足低斜坡卧位。

3. 术后饮食

椎管内麻醉、非胃肠道手术者，术后无恶心、呕吐，4～6小时后可饮水或进少量流质食物，以后根据病情酌情半流质或普食；胃肠道手术者需酌情禁食24～72小时，待胃肠道功能恢复、肛门排气后开始进水、少量流质食物，逐步过渡到半流质食物、软食、普食。术后胃肠减压拔管的可靠指征为胃肠功能恢复、肛门排气。

4. 术后活动

术后早期活动有利于改善全身血液循环，减少深静脉血栓形成；增加肺活量，减少肺部并发症的发生；促进肠蠕动和膀胱收缩，减少腹胀和尿潴留；防止压疮；胃肠手术病人早期下床活动还可预防肠粘连，防止粘连性肠梗阻。但有休克、心衰、严重感染、出血、极度衰弱或特殊制动者，特别是门静脉分流术后、肝叶切除术、肾部分切除术等手术病人，不宜早期下床活动。

5. 术后并发症的观察和处理

（1）术后内出血常发生在术后1～2天，特别是术后数小时内。

（2）肺部感染常发生在胸腹部大手术后。

（3）切口感染常发生在术后3～5天。腹部切口全层裂开者应立即用无菌生理盐水纱布覆盖切口及脱出脏器，通知医生处理，内脏脱出者切忌床旁回纳腹腔，以免引起腹腔感染。

（4）下肢静脉血栓形成多见于下肢深静脉。老年或肥胖病人术后长期卧床、活动减少、下肢静脉多次输注高渗液体和刺激性药物等容易引起。护理措施有抬高患肢、制动，禁止经患肢静脉输液，严禁按摩患肢，以防血栓脱落，遵医嘱溶栓和抗凝治疗，同时加强出凝血时间和凝血酶原时间的监测。

护考练兵场……

A_1型题（单选题）

1．手术后病人咳嗽，痰黏稠，不能咳出，主要的护理措施是（　　）

A．给予镇咳药物　　B．鼓励翻身　　C．戒烟

D．给予抗生素　　E．超声雾化吸入

2．下列不是手术后并发症的是（　　）

A．出血　　B．肺不张和肺炎　　C．切口感染和裂开

D．伤口疼痛　　E．血栓性静脉炎

3．腹部手术中胃肠道切开前，用纱布垫进行保护的目的是（　　）

A．防止手术野外的细菌进入腹腔　　B．防止周围组织器官误伤

C．防止胃肠内容物污染腹腔　　D．防止肠管水分蒸发

E．便于出血时及时压迫止血

4．术后早期不宜下床活动的是（　　）

A．部分回肠切除术后　　B．门脉高压分流术后

C．肠粘连分解术后　　D．胆囊切除术后

E．肠套叠复位术后

A_2/A_3型题（单选题）

5．病人，男性，45岁。术后护士在进行体温监测时发现病人体温升至38℃，2天后恢复正常。护士应考虑其最可能的原因是（　　）

A．切口感染　　B．肺部感染　　C．泌尿系统感染

D．血栓性静脉炎　　E．手术热

6．病人，女性，61岁。全麻下行胆囊切除术。术后3小时，病人生命体征平稳，呼之能应，答非所问。护士宜为病人采取的体位是（　　）

A．去枕平卧位，头偏向一侧　　B．半卧位　　C．平卧位

D．侧卧位　　E．中凹卧位

7．病人，女性，71岁。结肠癌术后6天。病人剧烈咳嗽后感伤口疼痛，有缝线断裂和内脏脱出。该护士应采取的措施不包括（　　）

A．加强心理护理，保持镇静　　B．立即在病床上将内脏还纳

C．立即用灭菌盐水纱布覆盖　　D．禁食、胃肠减压

E．通知医师，做好术前准备

8．一女病人，阑尾炎术后5天，切口疼痛，发热38.5℃。应首先考虑为（　　）

A．外科热　　B．腹部切口感染　　C．盆腔脓肿

D．肺部感染　　E．膈下脓肿

（9~11题共用题干）病人，男性，70岁。脊柱手术后卧床2周，出现右小腿疼痛、紧束感，并逐渐出现水肿。

9．应考虑到病人出现的术后并发症是（　　）

A．肌肉萎缩　　B．水、电解质紊乱　　C．关节炎

D．切口感染　　E．下肢静脉血栓形成

10．可能的原因是（　　）

A．术后卧床时间较长　　B．手术损伤较大　　C．病人为男性

D．手术时间较长　　E．生活护理不到位

11．在护理病人时，应注意要禁止（　　）

A．抬高患肢　　B．热敷　　C．理疗

D．按摩患肢　　E．应用抗生素

综合运用……

1．病人王某，女性，36岁。在全身麻醉下进行剖腹探查、脾脏切除手术。术后诊断：脾破裂、腹腔内出血。现术毕返回病房。问：病人应取何种体位？目前病人最重要的护理问题是什么？可能会出现哪些术后不适？怎样预防术后并发症？

2．若是一位蛛网膜下隙阻滞麻醉下行阑尾切除术的病人，可能会出现哪些术后不适？怎样预防？

我学会了……

我掌握了……

我的问题……

参考答案

项目一

任务一：1. D　2. C　3. C　4. D　5. A

任务二：1. E　2. D　3. C　4. D　5. D

任务三：1. A　2. D　3. B

任务四：1. A　2. E　3. D　4. D　5. A　6. A

任务五：1. D　2. D　3. D　4. B　5. B

任务六：1. E　2. C　3. C

任务七：1. A　2. B　3. D

任务八：1. B　2. A　3. D　4. B　5. C

任务九：1. C　2. C　3. A　4. A　5. C　6. C

任务十：1. A　2. C　3. D　4. D　5. B

项目二

任务一：1. A　2. A　3. B

任务二：1. C　2. B　3. A　4. B

任务三：1. B　2. D　3. C　4. E

任务四：1. D　2. C　3. B　4. A　5. E　6. C

任务五：1. E　2. A　3. C　4. B　5. B

任务六：1. B　2. B　3. C　4. C　5. A

任务七：1. B　2. B　3. C　4. A　5. D　6. D　7. C　8. D

任务八：1. D　2. E　3. E　4. C　5. D　6. A　7. E　8. E

任务九：1. C　2. A　3. A　4. E　5. D　6. C　7. E　8. C

任务十：1. B　2. E　3. B

任务十一：1. B　2. C　3. B　4. C　5. A

任务十二：1. D　2. B　3. B　4. B　5. D　6. C　7. C　8. B　9. B

任务十三：1. D　2. D　3. D　4. C　5. B

任务十四：1. B　2. A　3. A　4. C　5. D　6. B

项目三

任务一：1. A　2. E　3. A　4. D　5. A　6. C　7. B　8. E　9. E　10. B

任务二：1. B　2. D　3. D　4. B　5. E　6. D　7. E　8. B　9. D　10. C

任务三：1. D　2. C　3. B　4. B　5. B　6. C　7. C　8. B　9. D　10. B
任务四：1. B　2. D　3. D　4. D　5. C　6. B　7. D　8. A　9. B　10. B
任务五：1. E　2. B　3. B　4. B　5. A　6. D　7. C　8. A　9. C　10. C
任务六：1. B　2. D　3. A　4. B　5. E
任务七：1. A　2. C　3. E　4. E　5. A　6. E　7. B　8. A　9. E　10. E
任务八：1. C　2. A　3. B　4. B　5. D　6. A　7. C　8. D　9. C　10. B

项目四

任务一：1. D　2. E　3. D　4. A
任务二：1. D　2. E　3. E　4. A
任务三：1. C　2. A　3. A　4. B
任务四：1. E　2. C　3. E　4. C
任务五：1. E　2. A　3. C　4. A
任务六：1. B　2. A　3. C　4. C　5. E　6. C　7. C
任务七：1. D　2. C　3. E　4. C
任务八：1. D　2. B　3. E　4. E

项目五

任务一：1. A　2. A　3. A
任务二：1. B　2. C　3. D　4. B　5. D　6. E　7. C　8. B　9. A
任务三：1. C　2. D　3. C　4. A　5. B
任务四：1. E　2. B　3. B　4. B　5. D
任务五：1. E　2. B　3. C　4. C　5. C　6. B　7. A
任务六：1. E　2. A　3. A　4. C　5. B

项目六

任务一：1. D　2. D　3. B　4. A　5. B　6. A　7. E　8. D　9. B　10. C
任务二：1. C　2. B

项目七

任务一：1. C　2. E
任务二：1. A　2. C　3. B
任务三：1. E　2. C　3. A　4. C　5. E　6. E
任务四：1. C　2. D　3. B　4. B　5. A　6. D　7. E

任务五：1. A 2. D 3. A 4. B 5. E 6. B 7. A 8. C

项目八

任务一：1. D 2. C 3. E 4. D 5. E 6. A 7. E 8. B 9. D 10. C
11. E 12. E 13. A 14. C 15. D 16. A

任务二：1. E 2. E 3. C 4. B 5. D 6. A 7. A

任务三：1. D 2. D 3. B 4. D 5. C 6. D

任务四：1. C 2. D 3. A 4. E 5. E 6. D 7. B 8. D

项目九

任务一：1. E 2. E 3. D 4. D

任务二：1. B 2. E 3. D 4. E 5. A 6. C 7. D 8. D 9. D 10. B
11. A 12. E 13. B 14. B 15. B 16. C 17. B 18. B 19. D 20. A

项目十

任务一：1. C 2. D 3. B 4. A 5. D 6. C 7. D 8. C 9. B

任务二：1. C 2. D 3. A 4. B 5. D 6. D 7. D 8. C

任务三：1. D 2. C 3. E 4. D 5. D 6. A 7. C 8. A 9. B

任务四：1. D 2. C 3. C 4. E 5. B 6. D 7. D 8. C 9. B 10. D
11. C 12. E

项目十一

任务一：1. B 2. A 3. B 4. E 5. E 6. E 7. E 8. C 9. C

任务二：1. A 2. B 3. E 4. C 5. A 6. E 7. B 8. B

任务三：1. B 2. B 3. A 4. A

任务四：1. D 2. B 3. D 4. A 5. B 6. E 7. C 8. A 9. D 10. A
11. A 12. D 13. C 14. D 15. A 16. A

任务五：1. A 2. E 3. D 4. D 5. E

任务六：1. A 2. C 3. A 4. B 5. A 6. C 7. E 8. D 9. C 10. D

项目十二

任务一：1. A 2. B 3. E 4. C 5. D 6. E 7. A 8. B 9. E

任务二：1. A 2. C 3. B 4. C 5. E 6. C

任务三： 1．D　2．A　3．D　4．A　5．C　6．B

任务四： 1．E　2．D　3．C　4．B　5．E　6．A　7．B　8．B　9．E　10．A　11．D

参考文献

1. 金中杰. 内科护理. 第2版. 北京：人民卫生出版社，2008
2. 姚蕴伍，周菊芝. 内外科护理学. 杭州：浙江大学出版社，2006
3. 尤黎明. 内科护理学. 第4版. 北京：人民卫生出版社，2007
4. 李秋萍. 内科护理学. 第2版. 北京：人民卫生出版社，2006
5. 杨丽丽，陈小杭. 急重症护理学. 北京：人民卫生出版社，2009
6. 叶任高，陆再英. 内科学. 第6版. 北京：人民卫生出版社，2004
7. 成守珍. 内科护理学. 第2版. 北京：人民卫生出版社，2007
8. 严鹏霄，禹海波. 外科护理学. 北京：人民卫生出版社，2008
9. 鲁连桂. 外科护理学. 第2版. 北京：人民卫生出版社，2007
10. 熊云新. 外科护理学. 第2版. 北京：人民卫生出版社，2006
11. 陆再英，钟南山. 内科学. 第7版. 北京：人民卫生出版社，2008
12. 吴在德. 外科学. 第5版. 北京：人民卫生出版社，2008
13. 何国平，喻坚. 实用护理学. 北京：人民卫生出版社，2005
14. 叶国英，胡建伟. 内外科护理. 杭州：浙江大学出版社，2011
15. 胡敏，朱京慈. 内科护理技术. 北京：人民卫生出版社，2012
16. 钱晓路，桑未心. 临床护理技术操作规程. 北京：人民卫生出版社，2011
17. 王平. 护考急救包. 北京：人民军医出版社，2011
18. 罗先斌，姜平. 护士执业资格考试随身记. 北京：人民卫生出版社，2011
19. 全国护士执业资格考试用书编写专家委员会. 全国护士执业资格考试指导. 北京：人民卫生出版社，2011